Wanderparadies Kaukasus

EXTRA

Glockenturm der Sveti-Tskhoveli-Kathedrale in Mtskheta

Vorwort

Als Gott das Land an die Völker verteilte, verspäteten sich die Georgier. Zuerst zürnte der Herr, denn alles Land war bereits verteilt. Doch die Fröhlichkeit und der Charme der Abgesandten dieses Volkes versöhnten ihn, und er schenkte den Georgiern den Flecken Erde, den er eigentlich sich selbst vorbehalten hatte. Wenn man das Land kennenlernt, kann man sich vorstellen, dass es so, wie es die Legende berichtet, gewesen sein könnte. Georgien bietet auf engstem Raum eine Vielzahl landschaftlicher Reize. Und die Georgier selbst sind ein sprichwörtlich gastfreundliches Volk, dessen Temperament ansteckend ist.

Die Geschichte Georgiens war und ist wechselvoll. Erst mit dem Zerfall der Sowjetunion gewann das Land seine Unabhängigkeit wieder, die es vor vielen Jahrhunderten, erst an Perser und Türken, dann an den russischen Zaren, verloren hatte. In der sowjetischen Ära war die Georgische Sowjetrepublik eine der blühendsten und reichsten Regionen der UdSSR und ein Zentrum des Tourismus. Die Unabhängigkeit begann mit Bürgerkrieg und Konflikten, die im August 2008 in einer militärischen Auseinandersetzung zwischen Georgien und Russland kulminierten. Reisen in die abtrünnigen Landesteile Abchasien und Südossetien sind nach wie vor problematisch, weshalb wir auf eine Beschreibung verzichtet haben.

Mit der ›Rosenrevolution‹ im Herbst 2003 endete die Ära Schewardnadse und begann die Ära Saakaschwili. Diese endete im November 2013. Die Regierung Saakaschwili unternahm enorme Anstrengungen, um den einstigen Ruf Georgiens als Paradies für Erholungssuchende und Kulturinteressierte wiederherzustellen. Die private Initiative in der Tourismusindustrie hat neuen Auftrieb erhalten. Dieser Reiseführer war der erste im deutschsprachigen Raum, nachdem Georgien seine Unabhängigkeit wiedererlangt hatte. Mittlerweile liegt die siebente, komplett überarbeitete und erweiterte Auflage vor. Mit einer Vielzahl von Informationen und anhand persönlicher Eindrücke wollen wir mit diesem Buch Interesse für ein Land wecken, über das hierzulande bislang wenig bekannt ist.

Georgien liegt am äußersten Rand Europas und war nach Armenien das zweite Land, dessen Könige in der ersten Hälfte des 4. Jahrhunderts das Christentum als Staatsreligion annahmen. Den geschichtlichen Ereignissen und Zusammenhängen widmen wir mehr Raum, als sonst in Reiseführern üblich, weil sie der Schlüssel sind zum Verständnis Georgiens, seiner Kultur und Kunst sowie seiner Menschen. Dies erscheint uns auch deshalb gerechtfertigt, weil es nach wie vor schwierig ist, deutschsprachige Informationen über Georgien zu beschaffen.

Georgien ist ein Land der touristisch unbegrenzten Möglichkeiten. Hier gibt es alles: Berge, Flüsse, Seen, das Schwarze Meer, unberührte Landschaften, eine vielfältige Tier- und Pflanzenwelt, Archäologie und Kirchenkunst, die vor allem in Gestalt der unzähligen pittoresken Klosteranlagen jden Besucher begeistert. Wer sich vor Überraschungen nicht fürchtet und Abstriche an Bequemlichkeit und zivilisatorischer Perfektion in Kauf nimmt, wird in jedem Fall auf seine Kosten kommen. Wir hoffen, dass es uns gelingt, möglichst vielen Menschen ein Land nahezubringen, das in all seiner Schönheit lange Zeit unverdient von Europa vergessen wurde und leider allzu oft nur im Kontext von Krisen Erwähnung findet.

Das Wichtigste in Kürze

Anreise

Nach Georgien gelangt man am besten mit dem Flugzeug, am günstigsten über Istanbul, Riga, Prag oder Warschau. Direktverbindungen gibt es u.a. zwischen Frankfurt/Main, München, Wien und Tbilisi sowie zwischen Warschau und dem Flughafen Kutaisi. Mit dem Auto nimmt man entweder die Fähre aus Italien bzw. Griechenland in einen der türkischen Schwarzmeerhäfen und reist von dort an der Küste bis zum Grenzpunkt Sarpi unweit der georgischen Stadt Batumi, oder man folgt den alten Karawanenwegen durch die Zentraltürkei bis zur georgischen Grenze.

Die Formalitäten an der Grenze sind unkompliziert. Der Aufenthalt mit dem eigenem Auto in Georgien ist auf 20 Tage befristet.

Einreise

Diese ist problemlos, da Georgien die Visapflicht für Reisende aus den meisten westeuropäischen Ländern abgeschafft hat (bis zu 90 Tage im Halbjahr). Der Pass muss bei der Einreise noch mindestens sechs Monate gültig sein.

Informationen

Zahlreiche Reiseagenturen unterbreiten heute ihre vielseitigen Angebote auch im Internet. Die Nationale Behörde für Tourismus hat in den touristisch wichtigsten Orten und auf den Flughäfen Touristeninformationszentren (TIC) eingerichtet, in denen Reisende informiert werden.

Klima

Im Sommer kann es sehr heiß werden, doch da das Land überwiegend gebirgig ist, sollten entsprechend warme Kleidung, ein Regenschutz und festes Schuhwerk nicht vergessen werden.

Sicherheit

Die Kriminalitätsrate ist relativ gering, und die meisten Georgier sind sehr auf ihren sprichwörtlich guten Ruf als exzellente Gastgeber bedacht. Auf eigene Faust in die Berge zu reisen, sollte man jedoch vermeiden. Derzeit gibt es bereits genügend Anbieter von organisierten Trekking-Touren unterschiedlichen preislichen Niveaus, auch in die entlegensten Bergregionen.

Transportwesen

Das wichtigste öffentliche Verkehrsmittel im Land sind Kleinbusse, ›Marschrutka‹ (Plural: ›Marschrutki‹) genannt. Diese sind recht billig – für die Strecke von Tbilisi nach Kutaisi (ca. 240 km) bezahlt man umgerechnet ca. 5 Euro. Die meisten georgischen Autofahrer nehmen für einen kleinen Obolus Anhalter mit.

Das Streckennetz der Eisenbahn ist eher dünn, die Züge in der Regel langsam. Beliebt ist der Nachtexpress zwischen Tbilisi und Batumi. In der Saison sollte man sich rechtzeitig um Tickets bemühen.

Mietwagen

Einige der wichtigsten europäischen Autoverleiher besitzen auch in Georgien Filialen. Darüber hinaus vermieten manche Reiseveranstalter Autos. In den Bergen und auf abgelegenen Strecken empfiehlt es sich, ein robustes und pflegeleichtes Allradfahrzeug zu mieten, z. B. einen russischen Lada ›Niwa‹.

Touristeninformation in Telavi

Tuschetisches Holzhaus

Ernährung

Georgien ist ein kulinarisches Wunderland. Die meisten Georgier essen ebenso gern wie sie trinken. Berühmt waren einst die georgischen Weine. Sie sind es immer noch, nur dass man sie außer bei den Winzern selbst nur in ausgewählten Geschäften bekommt. Der georgischen Küche haben wir ein umfangreiches Kapitel gewidmet (→ S. 118).

Unterkunft

Übernachtungsmöglichkeiten lassen sich im ganzen Land problemlos finden. Die Bedingungen sind nicht überall berauschend, aber man hat meistens die Wahl zwischen Hotels, Gästehäusern und Privatunterkünften. Die Preise der größeren Hotels in Tbilisi liegen um einiges über dem Landesdurchschnitt.

Wer mit dem Zelt unterwegs ist, sollte aus Sicherheitsgründen darauf verzichten, dieses in freier Natur aufzuschlagen. Es empfiehlt sich, mit Menschen vor Ort zu vereinbaren, deren Grundstück gegen ein paar Lari zu benutzen.

Gesundheit

Es gibt keine vorgeschriebenen Impfungen, doch empfiehlt sich der Schutz gegen Diphtherie, Polio, Tetanus und Hepatitis-A sowie bei längeren Aufenthalten oder Trekking-Reisen gegen Tollwut und Hepatitis-B. Eine kleine Reiseapotheke sollte man dabei haben, auch wenn man in den Apotheken vor Ort das Nötigste bekommt. In Tbilisi kann man sich an die Gemeinschaftspraxis Curatio (Tel. +995/32/2430101, www.curatio.ge, 24 Stunden Service), mit Filialen in Rustawi, Telavi, Poti, Kutaisi, Zugdidi und Batumi wenden.

Alle Behandlungen müssen zunächst selbst bezahlt werden (bar oder Kreditkarte). Der Abschluss einer Reisekrankenversicherung, die auch die Kosten eines Rücktransports abdeckt, ist in jedem Fall empfehlenswert.

Geld

Die Landeswährung ist der Lar (GEL). Ein Lar sind 100 Tetri. Anfang 2015 bekam man für 1 Dollar etwa 1,7 Lari und für 1 Euro etwa 2,4 Lari. Dollar und Euro kann man in den zahlreichen Wechselstuben problemlos tauschen. EC- und Kreditkarten werden meist nur in den großen Hotels und Geschäften akzeptiert. In allen Städten gibt es zahlreiche Bankautomaten, an denen man mit EC- und Kreditkarten Bargeld abheben kann. Es funktionieren allerdings nur EC-Karten, die das Maestro-Zeichen tragen. Mit Karten, die dem V-Pay-System angehören, bekommt man in Georgien kein Geld! Im Zweifel sollte man vor der Reise seine Bank kontaktieren.

Die Bischofskirche von Nikortsminda

Telefonieren

Die internationale Vorwahl für Georgien ist +995 (bzw. 00995), die für Tbilisi +995/(0)32.

Eine Abdeckung durch Mobilfunknetze ist in der Regel im Umkreis der größeren Städte und Ortschaften, aber nicht überall in den Bergen gegeben.

Wichtige Rufnummern:

Schnelle Medizinische Hilfe: 113

Polizei: 112

Feuerwehr: 111

Zentrale Notrufnummer zum Sperren von EC-, Kredit- und Handykarten: +49/116116 (Deutschland).

Verständigung

Sehr gut dran sind jene, die Russisch sprechen. Die meisten älteren Georgier, ab 35, beherrschen noch die Sprache ihrer ehemals sowjetischen Heimat; die jüngeren dagegen eher ein paar Worte oder recht gut Englisch. Die meisten Straßen- und Hinweisschilder sind georgisch beschriftet, in größeren Städten und auf den wichtigsten Überlandstraßen auch in lateinischer Transskription; in kleineren Orten fehlen sie oft völlig. Ortsschilder sind fast durchgehend georgisch und englisch beschriftet. Für georgische geopgraphische Namen sowie Adressangaben haben wir in diesem Buch die englische Umschrift gewählt, da diese auch von den Georgiern selbst verwendet wird.

Häufig vorkommende Begriffe in geographischen Namen

აღმართი	achmarti	Abhang, Hang
მოედანი	moedani	Platz
ქუჩა	kutscha	Straße
გამზირი	gamsiri	Allee, Prospekt
რიგი	rigi	Gasse, Reihe
მდინარე	mdinare	Fluss
მთა	mta	Berg
ციხე	ziche	Burg
სამება	sameba	Dreieinigkeit
წმინდა	zminda	heilig

Ausführliche Informationen in den Reisetipps von A bis Z ab → S. 402

Kartenregister → S. 451

Entfernungstabelle

	Achalziche	Batumi	Bordshomi	Kutaissi	Kazbegi	Lagodechi	Lentechi	Mestia	Ninotsminda	Poti	Rustawi	Signagi	Sugdidi	Tbilissi	Telawi
Telawi	302	475	255	331	244	79	395	543	262	429	125	45	435	95	
Tbilissi	225	380	160	236	150	156	300	448	147	334	30	115	339		95
Sugdidi	284	157	237	103	436	495	175	138	375	81	359	454		339	435
Signagi	322	492	175	351	264	40	415	563	282	449	145		454	115	45
Rustawi	237	410	190	266	179	167	330	478	197	364		145	359	30	125
Poti	250	76	232	98	431	490	170	219	341		364	449	81	334	429
Ninotsminda	91	265	138	272	316	323	365	513		341	197	282	375	147	262
Mestia	422	295	375	241	574	633	148		513	219	478	563	138	448	543
Lentechi	274	226	227	93	397	456		148	365	170	330	415	175	300	395
Lagodechi	363	536	316	392	305		456	633	323	490	167	40	495	156	79
Kazbegi	306	477	257	333		305	397	574	316	431	179	264	436	150	244
Kutaissi	181	144	134		333	392	93	241	272	98	266	351	103	236	331
Bordshomi	47	221		134	257	316	227	375	138	232	190	175	237	160	255
Batumi	174		221	144	477	536	226	295	265	76	410	492	157	380	475
Achalziche		174	47	181	306	362	274	422	91	250	237	322	284	225	302

Die wichtigsten Sehenswürdigkeiten

Altstadt von Tbilisi ▾

Das Zentrum Tbilisis liegt terrassenförmig zu beiden Seiten der Mtkvari. Im 18. Jahrhundert bis auf die Grundmauern niedergebrannt, wird es durch die Residenzen und Wohnhäuser aus zaristischer Zeit geprägt. An die 1500-jährige Geschichte der Stadt erinnern die verwinkelten Gassen und uralten Kirchen (→ S. 133).

Höhlenkloster Davit Gareja ▸

Davit Gareja liegt in einer Steppenlandschaft an der aserbaidschanischen Grenze und gilt als der östlichste Vorposten des frühen Christentums. Die Ursprünge der weitläufigen Anlage gehen auf einen der 13 syrischen Väter namens Davit zurück. Auch wenn die Anreise etwas mühsam ist, sollte man den zahlreichen Höhlen mit ihren Wandmalereien einen Besuch abstatten (→ S. 196).

Alaverdi

Die von einer wehrhaften Mauer umgebenen Kirche erhebt sich wie eine Fata Morgana aus der Ebene des Alazani-Tals. Sie wurde im 11. Jahrhundert, dem Goldenen Zeitalter der georgischen Geschichte, erbaut und gilt als Schmuckstück kachetischer Baukunst (→ S. 221).

Mtskheta ▸

Fast 1000 Jahre lang befand sich hier die Hauptstadt der kartlischen und iberischen Könige. Zudem gilt Mtskheta als Keimzelle des georgischen Christentums. Die Kirche Sveti Tskhoveli aus dem 11. jahrhundert ist ein Meisterwerk altgeorgischer Baukunst und bis heute eines der wichtigsten Gotteshäuser im Land sowie Wallfahrtsort der Georgier. Zusammen mit den umgebenden Kirchen gehört sie zum Weltkulturerbe der UNESCO (→ S. 236).

Kasbegi/Stepantsminda ◂

Der kleine Ort an der abenteuerlichen durchs Gebirge führenden Georgischen Heerstraße liegt unterhalb des majestätischen Kasbeg (5047 m) und ist ein beliebtes Zentrum für Wandertouristen. Das großartige Panorama wird durch das winzige Kloster Tsminda Sameba eindrucksvoll komplettiert (→ S. 257).

Kloster Kintsvisi

Von diesem abgelegenen Kloster ist nur noch die Kirche des heiligen Nikolaus aus dem 13. Jahrhundert erhalten. Sie ist für ihre unnachahmlichen blau strahlenden Fresken berühmt, die dem Kircheninneren einen ganz besonderen Zauber verleihen (→ S. 278).

Nationalpark Borjomi Kharagauli

In den dichten Wäldern und auf den alpinen und subalpinen Matten wird in der Umgebung des bekannten Kurortes Borjomi eine vielfältige Fauna und Flora geschützt. Der Nationalpark ist nicht nur Heimat seltener Pflanzen- und Tierarten, sondern bietet auch eine gute Infrastruktur für Wander- und Reittourismus (→ S. 289).

Höhlenkloster Vardzia ▸

Die weitläufige Anlage in den steilen Hängen des Mtkvari-Ufers ist eine der beeindruckendsten Sehenswürdigkeiten Georgiens. Archäologen haben hier an den südlichen Ausläufern des Kleinen Kaukasus mehr als 500 ehemalige Wohnhöhlen geöffnet. Besonders reizvoll sind die Fresken in der aus dem Stein gehauenen Kirche des Klosters (→ S. 299).

Kathedrale Maria Entschlafen in Kutaisi

Wie ein Wächter erhebt sich die unter König Bagrat III. (973–1014) errichtete Kirche auf einem Bergrücken über der Stadt. Das kürzlich renovierte prächtige Gebäude ist seit 1994 UNESCO-Weltkulturerbe (→ S. 315).

Akademie von Gelati ▴

Davit der Erbauer schenkte der spirituellen Entwicklung seines Reiches besondere Aufmerksamkeit und errichtete Anfang des 12. Jahrhunderts dieses Koster als Stätte der Gelehrsamkeit und der Kunst. Kaum eine andere Klosteranlage fügt sich derart harmonisch in die Landschaft ein wie Gelati. Ebenfalls seit 1994 Weltkulturerbe, zählt das Kloster zu den Höhepunkten einer jeden Georgien-Reise (→ S. 323).

Oberes Swanetien

Die Swanen sind ein stolzes Bergvolk, das in der Abgeschiedenheit der Täler des Großen Kaukasus seine Traditionen bis heute pflegt. Die pittoresken Dörfer mit ihren charakteristischen Wehrtürmen sind ideale Ausgangspunkte für Wander- und Trekkingtouren (→ S. 357).

Einzigartige Baudenkmäler, grandiose Landschaften, ein mildes Klima und nicht zuletzt seine gastfreundlichen Bewohner machen Georgien zu einem ganz besonderen Reiseziel.

Kloster Alaverdi in Kachetien

LAND UND LEUTE

Zahlen und Fakten

Name: Republik Georgien (in der Landessprache: Sakartvelo).
Fläche: 69 700 qkm.
Hauptstadt: Tbilisi (1,2 Mio Einwohner).
Große Städte: Kutaisi (ca. 194 000 Einw.), Batumi (ca. 124 000), Rustavi (ca. 122 000), Zugdidi (ca. 72 000), Gori (ca. 47 000) und Poti (ca. 47 000).
Staatsgrenzen: Russland, Aserbaidschan, Armenien, Türkei. Die an der Grenze zu Russland gelegenen Konfliktzonen Abchasien und Südossetien stehen nicht unter Kontrolle der georgischen Regierung.
Höchste Erhebung: Shkhara im Großen Kaukasus in Swanetien (5068 m).
Längste Flüsse: Mtkvari (1364 km, davon 435 km auf georgischem Staatsgebiet), Alazani (351 km), Rioni (333 km), Enguri (213 km).
Nationalparks: Borjomi Kharagauli (851 qkm), Tusheti (834 qkm), Kolkheti (290 qkm), Vashlovani (250 qkm), Tbilisi (243 qkm), Javakheti (200 qkm), Lagodekhi (176 qkm), Mitrala (160 qkm), Kazbegi (90 qkm), Algeti (68 qkm), Machakhela (87 qkm); zahlreiche weitere Schutzgebiete.
Grenzen: Armenien 164 km, Aserbaidschan 322 km, Russland 723 km, Türkei 252 km.
Küstenlinie: 310 Kilometer.
Einwohnerzahl: geschätzt rund 4,5 Millionen Einwohner (2012). Seit Erlangung der Unabhängigkeit (1991) haben rund eine Million Menschen das Land verlassen.
Bevölkerungsdichte: 61 Einwohner je qkm.
Bevölkerung: ca. 83,8 % Georgier, 6,5 % Aserbaidschaner, 5,7 % Armenier, 1,5 Prozent Russen, 0,9 Prozent Osseten, 2,66 Prozent Abchasen, 0,1 Prozent Aramäer und 1,51 Prozent gehören weiteren Volksgruppen wie z. B. Pontos-Griechen, Kurden, Juden und andere an (Volkszählung 2002).
Sprache: Staatssprache mit eigenem Alphabet ist das Georgisch. Weitere Sprachen sind Aserbaidschanisch, Armenisch, Abchasisch, Ossetisch und Russisch.
Lebenserwartung: Männer: 73,8 Jahre; Frauen: 80,8 Jahre (2011).

Die Flagge der Republik Georgien

Religion: 84 % der Bevölkerung gehören der autokephalen georgischen-orthodoxen Apostelkirche an. 9,9 % sind Muslime.
Politisches System: Nach einer 2013 in Kraft getreten Verfassungsänderung ist Georgien eine parlamentarische Demokratie. Der Präsident des Landes ist seit November 2013 für fünf Jahre Giorgi Margwelaschwili.
Parlament: Stärkste Fraktion im 2012 gewählten Parlament war bei Erscheinen dieses Buches das aus sechs Parteien bestehende Bündnis ›Georgischer Traum‹ (85 von 150 Sitzen). Die nächsten Parlamentswahlen finden im Oktober 2016 statt.
Regierung: Premierminister ist seit November 2013 Irakli Gharibaschwili vom Parteienbündnis Georgischer Traum.
Mitgliedschaft in internationalen Organisationen: Georgien ist seit 1992 Mitglied der UNO und gehört folgenden internationalen Organisationen an: OSZE, IWF, Weltbank, EBRD, WTO, Europarat sowie der Schwarzmeer-Wirtschaftskooperation.
Landeswährung: 1 Lari (GEL) = 100 Tetri.
BIP pro Kopf: 3558 US-Dollar (2013).
Inflationsrate: 3,4 % (2013).
Arbeitslosigkeit: 16 % (2011), inoffizielle Schätzungen gehen von mehr als 30 % aus.
Nationalfeiertag: Tag der Unabhängigkeit – 26. Mai 1918.
Autokennzeichen: GE.
Vorwahl: +995.
Internetkennung: .ge.

Geographie

Georgien erstreckt sich auf einer Landbrücke, die im Osten und im Westen von zwei Binnenmeeren – dem Kaspischen und dem Schwarzen Meer – begrenzt wird. Zu dieser Landbrücke gehören außerdem Aserbaidschan und Armenien. In seiner Ausdehnung misst Georgien ca. 70 000 Quadratkilometer, von denen mehr als die Hälfte von Bergen bedeckt ist, die an einigen Stellen über 5000 Meter ansteigen. Die höchsten Berge sind der Kasbek im Zentralkaukasus (5033 Meter) und der Schchara (5068 Meter) in Swanetien.

Neben den Hochgebirgslandschaften ist ein weiteres Drittel des Landes von Hügeln unterschiedlicher Höhe bedeckt. Gebirgstäler, Hochplateaus und Flussniederungen nehmen 13 Prozent der Fläche ein. Die durchschnittliche Höhe über dem Meeresspiegel beträgt 1230 Meter; ein Fünftel der Fläche des Landes bedecken Berge, die über 2000 Meter hoch sind.

Das neben den Hochgebirgsgipfeln repräsentativste Bild von Georgien bieten die sich zwischen den Bergketten erstreckenden Täler, von denen keines dem anderen gleicht. Verschieden in Größe und Ausdehnung, Anblick und Vegetation, verleihen sie dem Land das, was seinen eigentlichen Reiz und Charme ausmacht.

Dem Zauber der vielfältigen und aufregenden Bergwelt, die von wild und zerklüftet bis sanft geschwungen alle Formen in sich vereint, kann niemand widerstehen, egal von wo aus man sich dem Land nähert und welche seiner Gegenden man erkundet.

Kaukasuslandschaft mit dem höchsten Berg des Landes, dem Shkhara (5068 m)

Der Kaukasus

Der Kaukasus besteht aus mehreren Gebirgsmassiven. Der Kleine Kaukasus ist über 150 Millionen Jahre alt und gehört damit zu den ältesten Faltengebirgen, jenen tektonischen Furchen, die der deutsche Geologe Kober sinnbildlich als ›Schrammen‹ beziehungsweise ›Narben‹ bezeichnet hat. Der Große Kaukasus dagegen entstand vor nicht mehr als zwei Millionen Jahren durch Faltung und Hebung. Er gehört zu den alpinen Gebirgen, für die beträchtliche Gipfelhöhen und eine ausgeprägte Zerklüftung ihrer Oberflächenstruktur typisch sind, und die seit ihrer Entstehung keinen weiteren tektonischen Prozessen ausgesetzt waren.

Der Große Kaukasus schirmt Georgien auf einer Länge von 1100 Kilometern und einer Breite von 180 Kilometern von Norden ab. Über seine Gebirgsketten verläuft die Grenze zu Russland, gen Osten geht er in aserbaidschanisches Territorium über und versinkt hinter der Halbinsel Abşeron im Kaspischen Meer. Der Kleine Kaukasus bildet die natürliche Grenze zwischen Georgien und seinem südlichen Nachbarn Armenien und Aserbaidschan im Südosten. Verbunden sind der Große und der Kleine Kaukasus im Westen durch zwei in nordsüdlicher Richtung verlaufende Gebirgsrücken, das Surami- und das Adscharo-Imeretische Gebirge, die Georgien in einen westlichen und einen östlichen Landesteil zertrennen und die Wasserscheide zwischen beiden bilden. Alle Flüsse in Westgeorgien münden in das Schwarze Meer, die Ostgeorgiens in das Kaspische Meer. Die natürliche Grenze Georgiens im Westen ist das Schwarze Meer, an dessen Südostzipfel das Land an die Türkei grenzt.

Gewässer

Die zentralen Ketten des Großen Kaukasus steigen über 4000 Meter auf und sind mit ewigem Eis und mächtigen Gletschern bedeckt, denen die meisten der rund 2000 Flüsse Georgiens entspringen. Die wenigsten dieser Flüsse sind länger als einige Dutzend Kilometer; dann vereinigen sie sich entweder mit anderen Gewässern, ergießen sich in die zahlreichen Gebirgsseen oder aber verschwinden

Mineralwasserquelle an der Georgischen Heerstraße

in unterirdischen Erdspalten, durch die sie mitunter lange Strecken durch Felsgestein zurücklegen, bevor sie angereichert mit Mineralien erneut an die Erdoberfläche treten. Sie sind die Quellen der Kurbäder, die Georgien bereits im 19. Jahrhundert zu einigem Ruhm verholfen haben.

Längere Flüsse, die in eines der Meere münden, gibt es in Georgien nur wenige. Die bedeutendsten unter ihnen sind der Rioni (333 Kilometer), die Mtkvari (435 Kilometer auf georgischen Staatsgebiet), der Alazani (351 Kilometer) und der Enguri (213 Kilometer). Ihren Ursprung nehmen sie in den Bergen, aus denen sie als reißende Gebirgsbäche niederstürzen, bevor sie sich beruhigen, anschwellen und sich durch die Täler, Niederungen und Ebenen träge zum Meer bewegen.

Eine verhältnismäßig geringe Fläche nehmen in Georgien Hochplateaus und Flussniederungen ein. In Westgeorgien ist die Flussniederung von Kolchis, die sich auf einer Länge von 100 Kilometern um den Unterlauf des Rioni erstreckt, die einzig nennenswerte Tiefebene. Weitläufiger sind die in Ostgeorgien gelegenen Ebenen, das Untere und das Innere Kartli, sowie das Kachetische und Alazaner Hochplateau. Im Südosten des Landes, zwischen den Flüssen Alazani und Iori, die beide auf aserbaidschanisches Territorium übergehen, liegt die Bergsteppe von Schirak, die, sanft abfallend, in der Gegend des Mingetschaurischen Stausees die Grenze zu Aserbaidschan bildet.

Klima

Georgien liegt zwischen dem 40. und 45. Grad nördlicher Breite, das heißt auf der Hälfte des Weges vom Äquator zum Nordpol. Tbilisi und Rom befinden sich auf dem gleichen Breitengrad, Madrid liegt etwas südlicher.

Vor den Auswirkungen des Klimas in den Steppen an Wolga und Don ist Georgien durch die Bergketten des Großen Kaukasus geschützt. Gleiches gilt für die trockenen, im Sommer heißen und im Winter kalten Luftmassen aus Mittelasien. Der Kleine Kaukasus im Süden schirmt das Land ab gegen die trockenen und heißen Sommerwinde aus den Bergen und Hochplateaus des Iran und Irak, des Ostens und Südostens der Türkei. Das Schwarze Meer sorgt für die Zufuhr feuchter Luftmassen von Westen.

Aussagen über das Klima in ganz Georgien zu treffen, ist unmöglich. Das Land erstreckt sich zwischen zwei Meeren, ist bedeckt von Gebirgen, die ansteigen und abfallen, Täler sowie Ebenen und Hochplateaus bilden und auf diese Weise ein kompliziertes Netz von mikroklimatischen Bedingungen schaffen.

Dennoch lassen sich einige Klimazonen mit relativer Bestimmtheit umreißen. Im Westen und Südwesten überwiegen Bedingungen, die denen des subtropischen Klimas am Mittelmeer vergleichbar sind. In der Küstenregion fallen die meisten Niederschläge (1000 bis 2800 Millimeter jährlich), die in den Bergen, die den Westen vom Osten des Landes trennen, naturgemäß zunehmen. Im Landesinnern nimmt die Niederschlagsmenge ab und beträgt nur noch 300 bis 600 Millimeter jährlich; das Klima hier ließe sich, mit einigen Vorbehalten, als gemäßigt bezeichnen.

Für die Steppe von Schirak und einige Bergtäler im Osten des Landes ist ein gemäßigtes Kontinentalklima charakteristisch. Das Klima im Großen Kaukasus, insbesondere im Oberen Swanetien sowie in den Tälern der Bergketten von Kartli und Kachetien, lässt sich als alpin charakterisieren.

Die Durchschnittstemperaturen für ganz Georgien schwanken im Januar zwischen minus 2 und plus 3 Grad Celsius und im Juli/August zwischen 23 und 26 Grad – mit Höchstwerten von 50 Grad in einigen Gegenden. So man unbedingt möchte, kann man den Tag über in den Hochgebirgsregionen über Gletscher wandern und die Abende am warmen Meer verbringen – oder umgekehrt. In einigen Gegenden, so in Bakuriani und Gudauri, währt die Wintersportsaison von Dezember bis April; die Badesaison am Schwarzen Meer dauert von Ende Mai bis Mitte Oktober. Die letzten Sommer waren ungewöhnlich heiß.

Die Pflanzenwelt

Im Tertiär war das Territorium des Kaukasus von tropischen Gewächsen bedeckt, die an der Schwelle zum Quartär einer subtropischen Pflanzenwelt wichen, welche sich mit den Jahrtausenden zu einer für gemäßigte Klimazonen charakteristische Flora verwandelte. Die sich in vertikaler und horizontaler Richtung ändernden klimatischen Bedingungen verleihen Georgien ein einzigartiges Kolorit.

Ungefähr 43 Prozent der Gesamtfläche Georgiens ist von Wäldern bedeckt. In den unteren Bergregionen überwiegen Laubwälder, die mit zunehmender Höhe in Nadelwälder übergehen. Den ersten Platz unter den Arten hat die Eiche inne, gefolgt von der Buche und den Fichten bzw. Tannen.

Von den 13 000 in Georgien gedeihenden Pflanzenarten gehören etwa 4000 zu den wildwachsenden, von denen rund 10 Prozent Endemiker sind, also Arten, die man als ›einheimisch‹ oder ›ortsspezifisch‹ bezeichnet. Einige der Endemiker sind sogenannte Reliktpflanzen, womit Gewächse gemeint sind, die ursprünglich zu früheren ökologischen Systemen gehörten; darunter die in der Kolchischen Tiefebene beheimatete pontische Buche. Auch der weltbekannte Kiefernhain von

Weinberg in Kachetien

Landschaft beim Kloster Davit Gareja an der aserbaidschanischen Grenze

Pizunda in Abchasien, der sich auf einer Fläche von 200 Hektar von den Ufern des Schwarzen Meeres bis zu den Hügeln der Vorgebirge des Kaukasus erstreckt, ist ein Beispiel für Endemiker.

Die Kolchische Tiefebene zu beiden Seiten des Unterlaufes des Rioni beeindruckte durch die Schönheit der Landschaft bereits die alten Griechen. Sie wird im Mythos vom Goldenen Vlies als der Ort beschrieben, an dem Jason Medea begegnete und wo er den Samen pflanzte, dem die kupferköpfigen Giganten entsprossen.

Das landwirtschaftlich größte Problem in der Rioni-Niederung waren über Jahrhunderte die jährlich im Frühjahr wiederkehrenden Überschwemmungen des Rioni und seiner vielen kleinen Nebenflüsse, die mit dem getauten Schnee von den Bergen Unmengen Schwemmsand mit sich führten. Drei Flüsse – der Rioni, der Chobi und die Ziwa – haben auf ihrem Weg zum Meer mit der Zeit so viel Erde angeschwemmt, dass sich ihr Bett über die Täler erhob und ihre Wasser, immer wenn sie über die Ufer traten, die umliegenden Gegenden überfluteten und sie in Sümpfe verwandelten.

Zu Beginn des 20. Jahrhunderts war die Kolchische Tiefebene deshalb nur dünn besiedelt. Die Feuchtigkeit und sommerliche Hitze hatten die Gegend in eine Brutstätte für den Malaria-Moskito verwandelt. Erst nachdem die Flussläufe ausgehoben und eingedämmt, erst nachdem in der Ebene Hunderttausende Eukalyptusbäume gepflanzt worden waren, erblühte die Kolchische Tiefebene, im wahrsten Sinne des Wortes, und verwandelte sich in eine Plantagenlandschaft, überwiegend für Zitrusgewächse und Tee. Allein die Teepflanzungen nahmen eine Fläche von 40 000 Hektar ein. Heute sind es sehr viel weniger, und leider hat der georgische Tee seinen einstigen Ruhm eingebüßt. Eukalyptusbäume werden sowohl als Zellstofflieferanten als auch, ebenso wie die Bambushaine, als Rohstoff für natürliche Arzneimittel angepflanzt.

Zur Pflanzenwelt Georgiens gehört auch die Vegetation der Bergsteppen, insbesondere auf dem Hochplateau von Schirak im Osten des Landes.

Etwa ein Viertel der Nutzfläche Georgiens ist von Weidegründen bedeckt, die sich zumeist in den Bergregionen, in Höhenlagen von etwa 1800 Metern bis 2200 Meter über dem Meeresspiegel erstrecken. Dank der hohen Luft- und Bodenfeuchtigkeit in diesen Regionen gedeihen die Berggräser üppig, und werden an manchen Stellen fast mannshoch. Sie bieten dem Vieh sowohl im Sommer ausreichend frische Nahrung als auch im Winter genügend Heu.

Auch ein großer Teil der Gebirgs- und Hochgebirgsgräser gehört zu den endemischen Arten. Viele von ihnen sind seit Jahrtausenden als Heilpflanzen bekannt und werden bis auf den heutigen Tag nach Rezepturen der Mönche und Heiler zur Behandlung verschiedenster Krankheiten genutzt.

Äpfel im Oberen Swanetien

Ein von deutschen Entwicklungshilfeorganisationen in Zusammenarbeit mit dem World Wide Fund for Nature durchgeführtes Projekt zur Vermarktung von Heilpflanzen verfolgt zwei Ziele: zum einen die natürliche Artenvielfalt zu erhalten und gleichzeitig den Menschen in den jeweiligen Regionen ein Auskommen zu sichern.

Die in Richtung des Schwarzen Meeres weisenden Bergtäler bieten ideale klimatische Bedingungen für die Anlage von Pfirsich-, Aprikosen-, Apfel- und anderen Obstplantagen. Bereits im April reifen die ersten Früchte im Osten und im Oktober werden die letzten im Westen geerntet. Im Oktober beginnt auch die Ernte der Zitrusfrüchte, so dass man sich in Georgien fast das ganze Jahr über von frischem Obst ernähren kann.

Auf 95 000 Hektar werden darüber hinaus im Land etwa 500 verschiedene Rebsorten angebaut. Über den Wein und den Weinanbau wird an anderer Stelle noch ausführlich die Rede sein (→ S. 120).

Die Tierwelt

Man zählt auf dem Territorium Georgiens über 100 Arten von Säugetieren, 300 Vogelarten, 160 verschiedene Arten von Fischen und mehr als 70 verschiedene Kriechtiere und Amphibien.

In den alpinen und subalpinen Regionen leben den rauen klimatischen Bedingungen und dem felsigen Relief bestens angepasste Tiere, unter ihnen zwei Arten von Steinböcken: der Dagestanische und der Kaukasische. In Khevsuretien und Tuschetien im Osten des Landes trifft man mit viel Glück auf die sehr scheuen, vom Aussterben bedrohten und deshalb im Roten Buch vermerkten Bergziegen. Häufiger zu sehen in den oberen Bergregionen sind die auch in den mitteleuropäischen Hochgebirgen heimischen Gämsen. Ausschließlich im Kaukasus ansässig dagegen sind die Prometheus-Maus und die Gudaurische Wühlmaus.

Unter den Vogelarten erwähnenswert sind der Kaspische Bergfasan im Kleinen Kaukasus und der Kaukasische Schneefasan im Großen Kaukasus sowie die ebenfalls über den Gipfeln des Großen Kaukasus ihre Kreise ziehenden Adler, Weißköpfige Gänsegeier und Bärtige Lämmergeier. Selten geworden in den letzten Jahrzehnten ist das in den Höhenlagen und Vorgebirgen beheimatete Birkhuhn.

Die rund 25 000 großen, kleinen und kleinsten Flüsse, Bäche und Bächlein mit einer Gesamtlänge von mehr als 55 000 Kilometern und die zahlreichen Bergseen sind ein schier unerschöpfliches Reservoir für Fische verschiedenster Größe und Art. An erster Stelle in Häufigkeit und Geschmack stehen die in den Bergflüssen lebenden Forellen.

In den bewaldeten Tälern nimmt die Artenvielfalt der Säugetiere zu, unter ihnen der Kaukasische Hirsch, Rehe, Wildschweine, Wölfe, Füchse, Luchse, Wildkatzen, Braunbären, Dachse, Wiesel, Wald- und Steinschnepfen. In der Bsipi-Schlucht in Abchasien – und nur dort – ist der Kaukasische Nerz beheimatet, der unter strengstem Naturschutz steht.

In den tiefer gelegenen Wäldern tummeln sich Kaukasische Eichhörnchen ebenso wie Igel und Maulwürfe. Überall bauen Vögel ihre Nester: Fasane, wilde Tauben, Birkhühner und Waldschnepfen sowie Wachteln, die fester Bestandteil der georgischen Küche sind und, ob am Spieß gebraten oder mit viel Raffinesse angerichtet, ein kulinarisches Erlebnis der besonderen Art bedeuten. Den Friedvögeln gesellen sich die Räuber hinzu: der Hühnerhabicht, der schwarze

Gottesanbeterin im Kaukasus

Heuschrecke im Südosten des Landes

Lämmergeier, Uhus und Eulen, um nur die wichtigsten zu nennen. Die Hochebenen, Bergsteppen und Täler in Ostgeorgien bereichern die Fauna mit Trappen, Reihern und Störchen.

Vor allem in der heißen und trockenen Schirak-Halbwüste und in der Umgebung des Klosters Davit Gareja kann es zu Begegnungen mit einer hier sehr häufigen Giftschlange, der Kaukasischen bzw. Gehörnten Viper kommen. Gegen den Biss dieser Schlangen gibt es Gegenmittel. Festes Schuhwerk bewahrt vor unliebsamen Zwischenfällen.

Die Seen und Flüsse sind reich an Fischen, deren Fang an einigen Orten gewerblich betrieben wird. Zu den wertvollen Arten gehören Karpfen, Wels, Hecht und Brasse sowie die in den Flussniederungen am Schwarzen Meer laichenden Störe und Lachse. In Küstennähe des Schwarzen Meeres trifft man mit einigem Glück auf Delphine.

Wie überall auf der Welt ist die Tierwelt durch den Menschen, seine ökologische Achtlosigkeit und durch Wilderei in Bedrängnis geraten. In den letzten Jahrzehnten sind deshalb spezielle Gesetze zum Schutz der Umwelt erlassen und mit internationaler Unterstützung neue Naturparks geschaffen worden.

Die georgische Völkervielfalt

Die Entwicklung der Georgier hat sich über so gewaltige Zeiträume erstreckt und war derart verwickelt, dass es bis heute im Grunde genommen unmöglich ist, zu definieren, wer denn nun ein Georgier ist und wer nicht. Einige Anthropologen und Sprachwissenschaftler behaupten, die Georgier seien eine Gruppe von Völkerschaften, die mit keiner anderen ethnischen oder Sprachfamilie verwandt sind. Andere wiederum gehen davon aus, dass die wichtigsten Völkerschaften des Kaukasus (die Georgier, die Abchasen, die Adschiken, Tscherkessen, Tschetschenen, Kabardiner, Inguschen, Dagestaner u. a.) die iberokaukasische Völkergruppe bilden. Diese Völkerschaften, einschließlich der Basken, seien die letzten Vertreter der jafetischen Völkergruppe (Jafet – im Alten Testament einer der drei Söhne Noahs und Stammvater der Völker nördlich von Israel), die die ersten menschlichen Zivilisationen hervorgebracht habe. Zu der jafetischen Völkergruppe gehörten, neben den Ibero-Kaukasiern, die Churiten, Urartizen, die Pelasgen und Etrusker, deren Kulturen zum geschichtlichen Erbgut der Menschheit zählen.

Die Herkunft der Georgier

Auch über die Urheimat der Georgier existieren verschiedene Meinungen. Einige Forscher behaupten, die Georgier wären vor vier- bis fünftausend Jahren aus dem Zweistromland und Kleinasien in den Kaukasus eingewandert. Die Mehrheit jedoch ist sich weitgehend einig darüber, dass die Urheimat der Georgier der Kaukasus selbst ist, wo sie sich in vielen tausend Jahren allmählich mit anderen hinzukommenden Völkern und Stämmen vermischt und gemeinsam alle Etappen der zivilisatorischen Entwicklung durchlaufen hätten. Die in Dmanisi, südwestlich von Tbilisi, in versteinerter Lava gefundenen Schädel von Vertretern des ›Homo erectus‹ mit einem Alter von knapp zwei Millionen Jahren zeugen zumindest davon, dass im Kaukasus Menschen leben, seit es Menschen auf

»Wir feiern Georgiens Vielfalt«

dem Planeten gibt. Die Heimat des ›Homo erectus‹ war, so die anthropologische Lehrmeinung, Ostafrika, von wo er sich über Eurasien bis nach China und Java ausgebreitet hat. Die Schädelfunde in Dmanisi belegen, so der dort forschende Paläoanthropologe Prof. Christoph Zollikofer von der Universität Zürich diese Vermutung und ebenso, dass es sich beim ›Homo erectus‹ um eine Art sich stark voneinander unterscheidender Individuen handelte, den ersten ›Global Playern‹ der menschlichen Frühgeschichte.

In anthropologischer Hinsicht zählen die meisten Georgier zum Typ des südeuropäischen- bzw. Mittelmeermenschen. Je weiter man sich jedoch in den Nordwesten des Landes begibt, desto häufiger treten Merkmale auf, die eher den Mitteleuropäer charakterisieren: helle Haut, blaue Augen, blonde Haare. Gen Südosten dagegen überwiegen anthropologische Merkmale, die eine Zugehörigkeit zum nahöstlichen Typus vermuten lassen.

Historisch nachvollziehbar ist, dass die Georgier im Kaukasus seit etwa 4000 Jahren sesshaft sind und dort die Urbevölkerung stellen. In den 2000 Jahren vor Beginn der christlichen Zeitrechnung verständigten sich ihre Vorfahren in einer Sprache, die man als Protokartvelisch bezeichnet. Danach spaltete sich das Protokartvelisch in einzelne Untersprachen. Eine von ihnen war das sich bei den Bergstämmen im Nordwesten des Landes herausbildende Swanisch – eine weitgehend eigenständige Sprache, die im Unteren und Oberen Swanetien bis heute gesprochen wird. Etwa gleichzeitig, man schätzt um 800 vor Christi Geburt, transformierte sich das Protokartvelisch in den Küstenregionen des Schwarzen Meeres in die sanische (megrelische) Sprache. Die überwiegende Mehrheit der Protogeorgier aber siedelte längs des Flusses Mtkvari in Zentralgeorgien, wo sie mit den Jahrhunderten eine eigene Subethnie, die kartlische, bildeten. Die Georgier betrachten diese Kultur als ihren Ursprung, weshalb sie bis heute ihr Land als ›Sakartvelo‹ (der Ort, wo die Kartlier leben) bezeichnen.

Im ersten Jahrtausend unserer Zeit dehnten die Kartlier ihren Einfluss nach Westgeorgien aus; ihre Sprache und Kultur verbreiteten sich im ganzen Land.

Teilnehmer eines Volkskunstfestivals in Tbilisi

An der Herausbildung anderer georgischer ethnischer Gruppen waren auch nicht-georgische Stämme und Völkerschaften beteiligt, die sich auf dem Territorium Georgiens niederließen und von den Königen entweder das Recht auf Besiedlung erhielten oder es sich nahmen.

Ungeachtet der komplizierten Völkerstruktur, begannen sich die Georgier sehr früh als ethnische Gemeinschaft zu sehen und zu fühlen, was mit der Annahme des Christentums im 4. Jahrhundert in relativ kurzer Zeit zur geistigen und kulturellen Einigung des Landes führte.

Man kann davon ausgehen, dass im 12. Jahrhundert unserer Zeit die Herausbildung der georgischen Nation im wesentlichen abgeschlossen war, weshalb die in den Jahrhunderten danach erfolgten Eroberungen und Annexionen durch Mongolen, Türken, Perser und letztendlich Russen ihrer Einheit nur wenig schaden konnten.

Bevölkerung und Migration

Der Anteil der Georgier an der Gesamtbevölkerung des Landes schwankte unter dem Einfluss einer ganzen Reihe von Faktoren. Bis zum Mittelalter waren es etwa 90 Prozent; in den folgenden Jahrhunderten verringerte sich ihr Anteil infolge der Ansiedlung von Aserbaidschanern, Armeniern, Osseten und anderen Minderheiten auf georgischem Territorium.

Das Zarenreich, zu dem Georgien seit Beginn des 19. Jahrhunderts gehörte, betrieb eine expansive Politik an seinen südlichen Grenzen, unter anderem mit dem Ziel, ursprünglich georgische Landesteile, die nun zu Persien und zum Osmanischen Reich gehörten, zurückzuerobern. Zwischen 1829 und 1878 erhielt Georgien die Regionen Saingilo (heute: Aserbaidschan), Samzche Dshawachetien, Adschara (heute: Adscharien), Klardschetien und Teile von Tao (heute: Türkei) zurück. 1921 nahm Georgien eine Fläche von insgesamt 93 000 Quadratkilometern ein.

Mit der Errichtung der Sowjetmacht in Georgien 1921 kehrte sich die Tendenz um. Die Machthaber in Moskau lenkten nicht nur Migrationsströme aus anderen Teilen des Landes nach Georgien, so dass der Bevölkerungsanteil der Georgier zeitweilig auf 60 Prozent sank, sondern reduzierten auch seine Fläche. Der Vertrag mit der Türkei ist dafür ein illustres Beispiel. Die Türkei hatte im Ersten Weltkrieg auf der Seite Deutschlands gekämpft und war von den Siegermächten Griechenland und Großbritannien militärisch okkupiert worden. Gegen dic Besatzer erhob sich die von Mustafa-Kemal (Atatürk – ›Vater der Türken‹) geführte nationale Befreiungsbewegung. Das von der Entente bedrängte Sowjetrussland setzte, nicht nur aus politischem Kalkül, sondern mehr noch aus ideologischer Obsession (in Erwartung der Weltrevolution), große Hoffnungen in die türkische Revolution. Moskau unterstützte die Kemalisten und schloss 1921 mit der revolutionären türkischen Regierung einen Vertrag. Als Beweis seiner ›freundschaftlichen und brüderlichen Verbundenheit‹ mit der Türkei gab Moskau in der Vergangenheit vom zaristischen Russland ›unrechtmäßig annektierte Territorien‹ zurück, zu denen unter anderem beträchtliche Teile des südwestlichen Georgiens gehörten, nämlich Tao und Klardschetien. Ironie der Geschichte: Freundschaft

Käseverkäuferinnen auf einem Markt

und Brüderschaft waren schnell vergessen. Die Türkei nahm einen bürgerlich-demokratischen Weg und öffnete nur 20 Jahre später deutschen Kriegsschiffen den Weg durch die Meerenge zwischen Mittel- und Schwarzem Meer.

Auf die gleiche Weise verlor Georgien circa 140 Kilometer seiner Schwarzmeerküste, die der Russischen Föderation zugeschlagen wurden: vom Städtchen Magri im Norden bis zum Flüsschen Psou im Süden, einschließlich des Kurorts Sotschi. Im Zuge der Grenzbegradigungen im Süden musste Georgien beträchtliche Gebiete an Armenien und Aserbaidschan abtreten.

Insgesamt schrumpfte die georgische Sowjetrepublik um etwa ein Viertel ihres Territoriums auf 69 700 Quadratkilometer. In diesen Grenzen ist das Land nach dem Zerfall der Sowjetunion offiziell anerkannt worden.

In den 1950er Jahren begann die Abwanderung der nichtgeorgischen Bevölkerung in andere Teile des sowjetischen Imperiums, so dass der Bevölkerungsanteil der Georgier bald auf 70 Prozent stieg. In Swanetien, Racha, Lechkhumi und anderen Bergregionen liegt ihr Anteil bei 97 bis 99 Prozent.

Die Georgier sind traditionell sesshaft und verlassen ihr Land, zumindest für längere Zeit oder endgültig, nur selten und ungern. Außerhalb Georgiens lebende Georgier waren deshalb lange eine Rarität, was sich wohl in erster Linie mit ihrem starken Nationalbewusstsein und der Treue zu den eigenen Bräuchen erklären lässt. Diejenigen Georgier, die das Land verlassen mussten, strebten stets danach, die eigene Tradition auch in fremder Umgebung zu bewahren. Die Geschichte ist reich an Beispielen dieser Art, insbesondere zu Zeiten der persischen und osmanischen Eroberungen im 16. und 17. Jahrhundert. So leben, zum Beispiel, bis auf den heutigen Tag im Norden Irans, insbesondere in der Provinz Fereidan, die Nachfahren der unter den Abassiden verschleppten Georgier, die in all den Jahrhunderten ihre Sprache gepflegt, ihre Sitten und Gebräuche erhalten haben. Anders die Nachkommen der Georgier in der Türkei, die sich, vielleicht weil die Gemeinden zu klein oder aber der türkische Druck zu stark waren, assimilierten.

Bereits im 17. und 18. Jahrhundert, als die Beziehungen zwischen Georgien und Russland an Intensität zunahmen, emigrierten vereinzelt Georgier in den Norden, unter ihnen auch König Wachtang VI. mit seinem tausendköpfigen Gefolge. In jene Zeit fällt die Gründung der ersten georgischen ›Kolonie‹ in Moskau, andere Städte folgten. Im Zuge der ›friedlichen Annektion‹ Georgiens nahm die Emigration nach Norden zu.

Die bolschewistische Regierung in Moskau, die Georgien zuvor offiziell als unabhängigen und territorial integren Staat anerkannt hatte, schuf 1921 faktisch die Bedingungen für einen ›freiwilligen Beitritt Georgiens zur brüderlichen Völkerfamilie‹. Der ›freiwillige Beitritt‹ verursachte Ströme von Blut; zehntausende Georgier flohen. Die meisten von ihnen suchten ihr Glück in Frankreich, wo sich auch eine georgische Exilregierung konstituierte. Nach Ende des Zweiten Weltkrieges sank die Zahl der Georgier im westeuropäischen Exil bis zur Bedeutungslosigkeit.

Der Zerfall der Sowjetunion, die Konstituierung Georgiens als unabhängiger Staat im Jahr 1991 sowie die daraus resultierenden politischen und sozialen Probleme führten zur im 20. Jahrhundert massivsten Emigrationswelle. Genaue Angaben darüber, wie viele Georgier in welche Länder ausgewandert sind (Demographen sprechen von einer Million Menschen, die meisten von ihnen nach Russland) und was sie dort tun, fehlen.

Man geht davon aus, dass zum gegenwärtigen Zeitpunkt ungefähr 4,5 Millionen Georgier im Land leben, die etwa 83 Prozent der Gesamtbevölkerung stellen. Diese Zahl umfasst auch jene Georgier, die im Zuge politischer und militärischer Konflikte vertrieben wurden und nun Flüchtlinge im eigenen Land sind.

Nationale und religiöse Minderheiten

Georgiens geographische Lage zwischen Europa und Asien hat es in der Vergangenheit immer wieder zum Schlachtfeld werden lassen. Unzählige Male ist das Land von fremden Heeren erobert worden. Aus den Kriegen und Annexionen ging Georgien niemals als das Land hervor, das es zuvor gewesen war.

Eine der frühesten Populationen, die sich in Georgien ansiedelte, waren die Juden, Verwandte jener Israeliten, die der Perser Darius-Hispasp im 6. Jahrhundert vor Christus in die Babylonische Gefangenschaft entführt hatte. Sie folgten den Persern in späteren Kriegen in deren Tross und ließen sich an verschiedenen Orten nieder. Andere Stämme kamen, als Vorboten drohenden Unheils oder aber als wären sie von einem Gott gesandt; wie die Kiptschaken (ein turksprachiges Steppenvolk) etwa, deren Bitte um Ansiedlung auf georgischem Grund und Boden Davit der Erbauer Anfang des 12. Jahrhunderts erhörte und mit den Kiptschaken eine treue, kampferprobte Leibgarde zu seinen Diensten erhielt.

Russen

Als Georgien an Russland fiel, lernten die Georgier eine neue Spielart des ›Teilens und Herrschens‹ kennen. In nur wenigen Jahrzehnten siedelte die zaristische Regierung mehrere Tausend verbannte Sektierer und orthodoxe Eiferer in Georgien an. Die Russen, die als offizielle Vertreter des Zaren kamen, lebten zunächst in befestigten Garnisonen, gründeten mit den Jahren aber Kolonien, in denen sich zunächst pensionierte Militärs oder Staatsbeamte mit ihren Familien, die Gefallen am Leben im Kaukasus gefunden hatten, niederließen. Abgesehen von wenigen Ausnahmen verweigerten sie sich dem Erlernen des Georgischen.

Der Zustrom von Russen verstärkte sich zu Beginn der 1920er Jahre. Die meisten kamen als Soldaten oder Kommandeure der Roten Armee und blieben in Georgien als die bewährten Kader des neuen Regimes. Ihnen folgten Saisonarbeiter für die Landwirtschaft und Ingenieure für die aus dem Boden gestampften Industrien. Bis Ende der 1950er Jahre hatte sich die Gesamtzahl der in Georgien ansässigen Russen auf 407 000 erhöht, womit der Höhepunkt der Immigration erreicht war. 30 Jahre später lebten nur noch 341 000 Menschen russischer Herkunft in Georgien. Die letzten Erhebungen beziffern die Zahl der Russen im Land auf etwa 66 000, ca. 1,5 Prozent der Gesamtbevölkerung-

Aserbaidschaner

Aserbaidschaner ließen sich in Georgien in größerer Zahl nieder, als Schah Abbas im 17. Jahrhundert zwei Stämme vertrieb, zunächst die Borchalu und dann die Murganen. Deren Nachfahren stellen bis heute im Unteren Kartli die kompakteste nicht-georgische Bevölkerungsgruppe. Als die Sowjetmacht den Aserbaidschanern ihre eigene Republik errichtete, kam die Migration von Aserbaidschanern nach Georgien faktisch zum Erliegen. Heute leben etwa 265 000 Aserbaidschaner im Land (Anteil an der Gesamtbevölkerung 6,5 Prozent), die überwiegend in der Landwirtschaft beschäftigt sind.

Armenier

Armenier leben in Georgien seit den Zeiten der ersten Königreiche. Sie betrieben traditionell Handel und waren geschickte, aus dem städtischen Leben nicht wegzudenkende Handwerker. Armenier und Georgier, die etwa zur gleichen Zeit zu Christen geworden waren, koexistierten mehr oder weniger in Eintracht

Hochzeit in Motsameta

Frauen in Chewsuretischer Tracht

miteinander. Im 16. bis 18. Jahrhundert verlor Armenien im Zuge der osmanischen und persischen Invasionen und Kriege seine Eigenstaatlichkeit. Der östliche Teil des Landes ging Anfang des 19. Jahrhunderts als Gouvernement Jerevan an Russland. Infolge der russisch-osmanischen Kriege um 1830 flüchteten knapp 40 000 Armenier aus der Türkei nach Georgien, und zwischen 1915 und 1917 retteten sich noch einmal 100 000 Armenier vor dem gegen sie in der Türkei betriebenen Völkermord. Heute leben knapp 250 000 Armenier in Georgien (Anteil an der Gesamtbevölkerung 5,7 Prozent).

Osseten

Eine weitere zahlenmäßig ins Gewicht fallende Minderheit sind die Osseten, deren ursprüngliches Siedlungsgebiet an den Nordhängen des Kaukasus lag und zum Teil noch immer liegt. Sie betrachten sich als Nachkommen der Alanen, die vom 9. bis zum 13. Jahrhundert einen eigenen Staat im Nordkaukasus errichtet hatten. Die Georgier nannten die Alanen ›Osseti‹, die sie aus guten wie aus schlechten Zeiten kannten. Zum einen pflegten ossetische Krieger dann und wann die Pässe des Kaukasus zu überschreiten und georgische Dörfer zu plündern, zum anderen war Königin Tamaras (1184–1213) zweiter Gatte der Ossete Davit Soslan. Es waren vor allem Osseten, die, als die Osmanen und Perser die Bevölkerung ganzer georgische Landstriche versklavt hatten, das Ödland in Besitz nahmen. Im Jahre 1921 wurde den Osseten faktisch im Herzen des Landes, im Inneren Kartli, die autonome Region Südossetien zugesprochen. Die Osseten besaßen nun also zwei autonome Gebiete, von denen das andere in Russland lag. In der russischen Republik lebten 2010 ca. 450 000 Osseten. In Südossetien verblieben nach Krieg und Abwanderung nur noch schätzungsweise 30 000 Osseten, unter ihnen 1500 Georgier. Daneben leben viele Osseten in anderen Teilen Georgiens. Ihr Bevölkerungsanteil liegt bei 0,9 Prozent. Die Osseten in der Türkei werden auf etwa 100 000 Menschen geschätzt.

Juden

Die heute in Georgien lebenden Juden sind zumeist Nachfahren der vor mehr als 2500 Jahren hier ansässig gewordenen Israeliten. Sie tragen georgische Namen oder zumindest die georgischen Endungen als Appendix zu ihren ursprünglichen Familiennamen. Diese jüdischen Einwanderer haben nie danach gestrebt und wurden von niemandem gezwungen, sich in Ghettos zurückzuziehen. Im 19. und 20. Jahrhundert ließen sich jüdische Einwanderer aus Osteuropa in Georgien nieder. Sie tragen mehrheitlich europäisch klingende oder russifizierte Familiennamen, beherrschen Georgisch und zumeist einen der jiddischen Dialekte. Viele der zu Sowjetzeiten etwa 100 000 jüdischen Georgier sind in den letzten Jahrzehnten nach Israel, Europa oder Amerika ausgewandert. Man schätzt, dass nur noch etwa 10 000 Juden in Georgien leben.

Sonstige Minderheiten

Eine andere nicht-georgische Bevölkerungsgruppe sind die Griechen, die sich in zwei Gruppen teilen: die anatolischen (aus der inneren Türkei) und die pontischen (von der Schwarzmeerküste). 1989 lebten 100 000 Griechen in Georgien. Heute sind es bedeutend weniger

Auch Kurden leben in Georgien, doch nicht mehr als 30 000 Menschen, deren Ahnen es nach dem Ersten Weltkrieg nach Tbilisi verschlagen hatte.

Über Russland gelangten in der zweiten Hälfte des 18. Jahrhunderts auch einige Deutsche, Schwaben vor allem, nach Georgien, die hier ihre eigene Kolonie gründeten (Katharinenfeld, heute Bolnisi → S. 303). In den 1990er Jahren hat sich der 2004 verstorbene ehemalige Professor für Systematische Theologie an der Universität in Saarbrücken, Gert Hummel, um die Wiederbelebung protestantischer Traditionen in Georgien verdient gemacht. 1999 wurde er Bischof der evangelisch-lutherischen Kirche in Georgien.

Kinder am ersten Schultag

Religion und Kirche

Die georgische orthodoxe Kirche war im Verlauf fast ihrer gesamten Geschichte von einer erstaunlichen Toleranz gegenüber anderen Göttern und Konfessionen, so dass es zwischen den unterschiedlichen Glaubensgruppen so gut wie nie zu gewalttätigen Auseinandersetzungen gekommen ist.

Mit Erlangung der Unabhängigkeit bekam die Orthodoxie eine privilegierte Stellung zugesichert. Ein Abkommen mit dem Vatikan zum Schutz der katholischen Minderheit (500 000 Gläubige), das ein Jahr später in Kraft treten sollte, wurde durch Massenproteste verhindert. Der Patriarch der orthodoxen Christen des Landes, Ilja II., warf dem Vatikan vor, die Situation zu nutzen, um seinen Einfluss im Land auszudehnen. Auch verschiedene christliche Sekten versuchen teilweise mit aggressiven Mitteln in Georgien Fuß zu fassen, was den Protest der georgischen Orthodoxie hervorruft und ultrakonservative Kreise stärkt, die auf die nationalistische Karte setzen.

Im Sommer 2011 hat das georgische Parlament den Status der Orthodoxie als privilegierte Religion aufgehoben. Laut Gesetz sind nun alle Konfessionen gleichberechtigt. Ilja II. bezeichnete diese Entscheidung als ernsthaften Angriff auf die nationalen Interessen des Landes.

Vorchristliche Kulte

Georgien und Armenien sind die beiden östlichsten Länder, in denen sich das Christentum als Staatsreligion durchsetzen und halten konnte. Die Georgier führen die Ursprünge ihrer Missionierung auf die Apostel Andreas und Simon zurück, die Iberien durchwandert und die Botschaft des Jesus von Nazareth verbreitet haben sollen. In jener fernen Zeit verehrten die Georgier Natur- und Stammesgottheiten, unter ihnen den Mond als weibliches und die Sonne als männliches Ursymbol, sowie die damals bekannten fünf Planeten. Über die Religionen und Kulte der ersten Staatsgebilde auf georgischem Boden ist nur wenig bekannt, aber im Falle Iberiens vermutet man, dass die obersten Götter und ihre Verehrung auf den Masdaismus der Perser zurückgingen.

Die Menschen auf dem Lande und die Bergvölker verehrten ihre Geister und Gottheiten, darunter die goldhaarige Dali, welche in Swanetien als Schutzgöttin der Jagd und des Wildes verehrt wurde. Dali hatte es durch die christliche Missionierung der nord- und zentralkaukasischen Bergvölker besonders schwer, musste sie sich doch

Am Weinhang in Tbilisi

Engel über der Kirchentür der Festung Ananuri

gegen die überwiegend männlichen Heiligen der christlichen Glaubensbotschaft behaupten, wie den heiligen Georg zum Beispiel, in Georgien der ›Tetri Giorgi‹ (weißer Georg), die sie allmählich aus dem Bewusstsein der Jäger verdrängten. Die Stammes- und Sippengottheiten verschwanden mit der erst im 9. und 10. Jahrhundert und oft mit Feuer und Schwert erfolgten Missionierung nicht völlig aus dem religiösen Kosmos der nun Christen gewordenen Bergbewohner. Deren ›chati‹ (Bildnisse und Heiligtümer) gehörten neben den Ikonen, in die sie zum Teil eingegangen sind, auch weiterhin zu ihren wichtigsten rituellen Schätzen. Ihre Festtage, die ›chatoba‹, wurden mit rituellen Gelagen begangen, die ebenso wie das Berikaoba, das christliche Karnevalsfest mit Maskentänzen und Umzügen, in ihrer dionysischen Lustbarkeit deutliche Züge vorchristlicher Fruchtbarkeitsriten trugen.

Das Christentum als Staatsreligion

Als ihre eigentliche Missionarin betrachten die Georgier Nino, eine Syrerin, die Anfang des 4. Jahrhunderts aus römischer Gefangenschaft geflohen und zu Fuß nach Iberien gelangt war. Der Legende zufolge ließ sie sich in der damaligen Hauptstadt Mtskheta nieder. Nino war der Heilkunde mächtig. Um ihr Wirken als Heilerin, das sie mit der Kraft des Glaubens an ihren Gott und seinen Sohn verband, begannen sich schnell Legenden zu ranken. Diese gelangten an das Ohr der kranken Gattin von König Mirian, Nana. Heimlich ließ die Königin Nino zu sich rufen und nahm das Wunder ihrer Heilung zusammen mit dem Christentum an. König Mirian sträubte sich gegen den neuen Glauben, nicht zuletzt da Nino vorgeworfen wurde, ein großes religiöses Fest gestört zu haben. Mit ihren inbrünstigen Gebeten soll ein heftiger Wind entfesselt worden sein, der die Standbilder des Gottes Armazi und seines Stellvertreters Saden hinweggefegt habe. Lange Zeit musste Nino sich verbergen. Dann geschah ein weiteres Wunder: König Mirian hatte sich mit seinem Gefolge auf die Jagd begeben. Plötzlich wurde es so finster, dass der König vom Weg abkam und sich verirrte. Alle Gebete halfen so lange nichts, bis er den Gott Ninos anrief, woraufhin seine Begleiter ihn fanden. Aus Dankbarkeit und Ehrfurcht vor dem mächtigen Gott ließ König Mirian im Jahre 337 das Christentum zur Staatsreligion erklären und bat Kaiser Konstantin I. um die Entsendung von Missionaren.

Im Konflikt zwischen dem Byzantinischen Reich und den Persern, später den Arabern, um die Vorherrschaft im Kaukasus spielte die religiöse Frage von nun an eine entscheidende Rolle. Bereits einige Jahre zuvor hatte König Trdat III. in Armenien das Christentum zur Staatsreligion erklärt, und georgische wie armenische Christen verwendeten in den folgenden Jahrzehnten all ihre Kraft darauf, die Bevölkerung gegen den starken Einfluss des persischen Masdaismus zu missionieren. Mit König Wachtang Gorgasali erlangte die iberische Kirche Ende des 5. Jahrhundert ihre Eigenständigkeit, die Autokephalie.

Als der georgische Katholikos Kirion I. im Jahre 609 die auf dem Kirchenkonzil von Chalkedon (451) gefassten Beschlüsse zur Doppelnatur, der göttlichen und der menschlichen, Christi anerkannte, brach er mit der armenischen Kirche, die bis heute das Postulat von der Einen Natur Jesu vertritt. Die theologischen Unterschiede sind gering, aber in Fragen des Glaubens und aller aus ihm folgenden Konsequenzen entscheidend.

Von nun an gedieh die Ostgeorgische Kirche in eindeutiger Orientierung auf Byzanz, dem es auch nach dem Schisma von 1054, als das Christentum in den katholischen Westen und den orthodoxen (rechtgläubigen) Osten zerfiel, folgte. Im Gegensatz zu Rom erkannten und erkennen die orthodoxen Christen keinen ›göttlichen Vertreter‹ auf Erden an. Die orthodoxe Kirche besteht aus Autokephalien, die jeweils von einer Synode verwaltet werden, der ein Katholikos bzw. Patriarch vorsteht. Das Recht auf die Weihe eines eigenen Katholikos, die bis dahin vom Patriarchen Antiochiens vollzogen worden war, errangen die Iberer im 8. Jahrhundert.

Einen entscheidenden Beitrag zur Missionierung Iberiens leisteten die sogenannten 13 syrischen Väter, die in der Mitte des sechsten Jahrhunderts nach Ostgeorgien gelangten. Über die Motive ihres Erscheinens existieren unterschiedliche Auffassungen. Wahrscheinlich ist, dass es sich bei ihnen um Georgier handelte, die in den christlichen Klöstern auf dem Sinai oder anderen christlichen

Teufelsfresken in Nikorzminda nördlich von Kutaissi

Zentren im Nahen Osten erzogen und ausgebildet worden waren, das erworbene Wissen nun in ihre Heimat brachten und erste georgische Klöster gründeten. Die Zentren des georgischen Mönchswesens aber befanden sich bis zum 12. Jahrhundert weiterhin im Ausland, wie zum Beispiel in Palästina, auf dem Schwarzen Berg bei Antiochia, auf dem Olympos in Bithynien, auf dem heiligen Berg Athos, in Konstantinopel und in Bulgarien. Doch hatten die 13 syrischen Väter Samenkörner gelegt, aus denen Jahrhunderte später das sprießen sollte, was im Goldenen Zeitalter von König Davit bis zu seiner Enkelin, Königin Tamara, als georgische Kultur und Kunst sowie im Geistesleben zur Blüte kam.

Anders als Ostgeorgien, das überwiegend von Süden aus missioniert wurde, befand sich Westgeorgien von Beginn an unter dem direkten Einfluss von Rom bzw. Byzanz. Das vom 3. bis zum 8. Jahrhundert existierende Königreich Kolchis-Lasika bekannte sich kurz nach den Ostgeorgiern zum Christentum als Staatsreligion. An der Wende vom 9. zum 10. Jahrhundert wurde im Zuge der Einigung Georgiens die Westgeorgische Kirche dem Katholikat von Mtskheta unterstellt, und gut 100 Jahre später nahm Melchisedek, der selbstbewusste Erbauer der wichtigsten georgischen Kathedrale, Sveti Tskhoveli in Mtskheta, den Titel eines Katholikos-Patriarchen an. Damit war der lange Weg des georgischen Christentums hin zu einer Religion, die nationale Identität stiften konnte, vorerst abgeschlossen.

Die Kirche bis zum 20. Jahrhundert

Im Jahre 1390 spaltete sich die georgische Kirche in ein ost- und ein westgeorgisches Katholikat. Die Kriege Tamerlans, der Perser und Osmanen waren auch immer Glaubenskriege im Namen Allahs, und vor allem im Ostteil des Landes traten einige Adlige, um ihre Privilegien und Macht zu erhalten, sowie viele einfache Menschen, die Steuern sparen wollten, zum Islam über. Dass sich die Georgier ihre nationale Idee über die Jahre der Fremdherrschaft und der Zerstückelung in bis zu 26 Kleinstaaten dennoch erhielten, hatte sowohl mit der beharrlichen Tätigkeit des Klerus zu tun, als auch mit dem Charakter der Menschen, ihrem durch nichts zu erschütternden Ehrenkodex, auch und gerade in Glaubensfragen.

Die georgische Autokephalie erlosch mit der Annexion Georgiens durch Russland. Die russische Kirche ersetzte die beiden georgischen Katholikate durch ein ihr unterstelltes Exarchat, an dessen Spitze sie einen Russen stellte, ebenso wie die von 26 auf vier reduzierten Eparchien von nun an russischen Bischöfen unterstanden. Als Liturgiesprache wurde das Georgische durch das Altkirchenslawische ersetzt. In vielen Kirchen wurden die oft jahrhundertealten, verehrten Fresken weiß übertüncht.

100 Jahre währte die religiöse Fremdherrschaft. Im Zuge der sich anbahnenden Umwälzungen in Russland erklärte der georgische Klerus das georgische Episkopat 1917 für unabhängig und setzte die Autokephalie der georgischen Kirche wieder ein, die 1943 vom Moskauer Patriarchat anerkannt wurde. Unter dem seit 1977 amtierenden Patriarchen Ilia II. erlebte die georgische Orthodoxie einen erneuten Aufschwung, der mit der Erringung der Unabhängigkeit in eine religiöse Wiedergeburt mündete. Einmal mehr erweist sich das georgische Christentum als eine entscheidende geistige Kraft, deren Einfluss noch zu wachsen scheint.

Fresko im Höhlenkloster Vardzia im Kleinen Kaukasus

Wirtschaft und Politik

Georgien ist reich an natürlichen Ressourcen wie Bodenschätzen, vor allem Manganerz und Kohle, Wasser zur Bewässerung trockener Gegenden und zur Energiegewinnung, sowie fruchtbaren Böden, die neun Monate des Jahres Ernten ermöglichen.

Die industrielle Entwicklung des Landes begann nach dem Ersten Weltkrieg und unter sozialistischem Vorzeichen. Verglichen mit dem Industrieaufkommen des Jahres 1913 erhöhte sich der Umfang der Warenproduktion in Georgien bis zum Jahr 1986 um das 70-fache. Allein für sich genommen, wirkt diese Zahl imponierend. Doch war Georgien, wie andere Republiken auch, ein Rohstoff- und Warenlieferant für den ›einheitlichen Wirtschaftsraum‹ Sowjetunion und die Industrie von Zulieferungen aus anderen Regionen abhängig.

Das im Land geförderte Manganerz wurde beispielsweise in den großen Zentren der Stahlindustrie in der Ukraine und in Südrussland verarbeitet. Die bedeutendsten Industriebetriebe, das Elektrolokomotivenwerk in Tbilisi und das Autowerk in Kutaisi, waren ohne die aus Russland gelieferten Motoren und andere Teile nicht arbeitsfähig und mussten nach dem Zerfall der Sowjetunion und der Einführung nationaler, konvertierbarer Währungen stillgelegt werden. Der Bürgerkrieg Anfang der 1990er Jahre, die Querelen bei der Umverteilung des nationalen Eigentums, die Überschwemmung des Marktes mit vor allem türkischen Billigprodukten des täglichen Bedarfs und die militärischen Konflikte in Südossetien und Abchasien führten zu einem katastrophalen Niedergang der Wirtschaft. Zehntausende Flüchtlinge aus Abchasien überforderten die georgischen Möglichkeiten und ruinierten die touristische Infrastruktur. Das traurige Resultat war, dass das Bruttosozialprodukt von 1991 bis 1994 um 70 Prozent sank und die meisten Menschen an oder unter die Armutsgrenze getrieben wurden. Für viele bildete der Kleinhandel die einzige Überlebenschance.

Am schlimmsten traf es in jenen Jahren des Übergangs die Energiewirtschaft. Ohne primäre Energiequellen (außer Wasserkraft) war Georgien nun auf den Import von Erdöl und Erdgas angewiesen, die das Land nicht bezahlen konnte. Permanente Strom- und Wasserabschaltungen waren die Folge.

1995 gab sich Georgien eine neue Währung – den Lari (ein Lari sind 100 Tetri). Die Währungsreform beendete den rasanten wirtschaftlichen Verfall, und es begann eine Phase relativer Stabilität. Der Lari startete paritätisch zum Dollar, verlor jedoch Ende der 1990er Jahre an Wert. Seitdem hat sich der Wechselkurs normalisiert. Anfang 2015 bekam man für einen Dollar etwa 1,75 Lari, für einen Euro etwa 2,42 Lari.

Große Hoffnungen knüpft Georgien an die Wiederbelebung der historischen Seidenstraße als Handelsroute und Wirtschaftszone. Da bisher fast alle Verkehrswege in die und aus der Region über Russland verliefen, waren die rohstoffreichen mittelasiatischen Republiken weitgehend von den wichtigsten Welthandelsströmen ausgeschlossen. Langfristig kann der Westen auf dieses Potential jedoch nicht verzichten und wird auch weiterhin nichts unversucht lassen, diese Region so weit als möglich (und nötig) in die Weltwirtschaft einzubeziehen. Mit seinem Zugang zum Schwarzen Meer spielt Georgien dabei eine Schlüsselrolle.

Viele Industriebetriebe bieten einen solchen Anblick

Am Rande der OSZE-Konferenz im November 1999 in Istanbul unterzeichneten Georgien, Aserbaidschan und die Türkei Vereinbarungen über den Bau einer Öl-Pipeline vom Kaspischen Meer zum Hafen Ceylan an der Ostküste des Mittelmeeres. Zur Fertigstellung der Pipeline reisten im Sommer 2006 mehr als 40 Regierungschefs aus aller Welt an. Der georgische Anteil beträgt 248 Kilometer, davon dutzende Kilometer durch ökologische sensible Regionen des Kleinen Kaukasus, was zu Protesten von Naturschützern führte.

In den ersten Jahren der Präsidentschaft Michail Saakaschwilis (ab 2004) erholte sich die Wirtschaft und erreichte Wachstumsraten von bis zu 12 Prozent. Die neue Regierung verordnete dem Land eine radikale Steuerreform, privatisierte nahezu alle großen Staatsbetriebe und erleichterte Unternehmensgründungen. Der ›Doing Business Report‹ der Weltbank, der das Geschäftsklima in 185 Staaten bewertet, verortete Georgien 2013 auf dem neunten Platz.

Dem Wachstum der ersten Regierungsjahre Saakaschwilis setzten der russisch-georgische militärische Konflikt 2008 und die weltweite Wirtschafts- und Finanzkrise ein vorläufiges Ende. Ein internationaler Kredit in Höhe von 4,5 Milliarden US-Dollar bewahrte das Land vor dem Kollaps. 2011 erholte sich die georgische Wirtschaft und erreichte eine Wachstumsrate des Bruttoinlandsprodukts um 6,8 Prozent, im Jahr 2013 jedoch nur noch 3,1 Prozent.

An der Wirtschaftsleistung ist die Landwirtschaft mit 18 Prozent (bei 55 Prozent der Beschäftigten), die Industrie mit 25 und der Dienstleistungssektor mit 57 Prozent beteiligt. Am dynamischsten entwickelten sich die Bauwirtschaft, die Tourismusindustrie und der Export.

Trotz der insgesamt rasanten Entwicklung in den letzten zehn Jahren sind die wirtschaftlichen Probleme Georgiens keinesfalls gelöst, vor allem im Energiesektor. Aber auch der Landwirtschaft mangelt es an moderner Technik und Investitionen. Große Teile der ländlichen Bevölkerung ernähren sich von Subsistenzwirtschaft. Die seit Ende 2012 amtierende Regierung setzt deshalb neue Akzente hinsichtlich der Stärkung des Agrarsektors und der Lebensmittelverarbeitung. Offiziell liegt die Arbeitslosenquote in Georgien bei 16 Prozent; inoffiziell geht man von 30 bis 50 Prozent aus. Nach wie vor leben und arbeiten etwa eine Million Georgier im Ausland, die meisten in Russland. Die sozial am meisten benachteiligte Gruppe der Bevölkerung sind die Rentner. Mit umgerechnet zwischen 25 bis 50 Euro Durchschnittsrente sind sie ohne die Hilfe ihrer Angehörigen nicht in der Lage, zu überleben. Der Graben zwischen den sehr Reichen und den sehr vielen sehr Armen ist nicht flacher geworden.

Politisches System

Mit der Annahme der Verfassung im Jahre 1995 endete die politische und staatsrechtliche Übergangsperiode nach dem Zerfall der Sowjetunion. Staatsoberhaupt ist ein alle fünf Jahre direkt gewählter Präsident, dessen Amtszeit auf maximal zwei Wahlperioden bemessen ist. Der erste Präsident Georgiens nach Annahme der Verfassung war der im Januar 2000 wiedergewählte Eduard Schewardnadse. Nach offenkundigen Fälschungen der Parlamentswahlen wurde Schewardnadse im November 2003 von der Opposition zum Rücktritt gezwungen (Rosenrevolution). Mit mehr als 96 Prozent der Stimmen ging am 4. Januar 2004 Michail Saakaschwili als Sieger aus den vorgezogenen Präsidentschaftswahlen hervor. Massenproteste Ende 2007 zwangen ihn im Januar 2008 zu vorgezogenen Präsidentschaftswahlen, die ihn im Amt bestätigten. Nach knapp zehn Jahren endete die Ära Saakaschwili im November 2013 mit seiner Wahlniederlage und seiner Flucht ins Ausland.

Bereits die Parlamentswahlen im Herbst 2012 hatten das Machtverhältnis zugunsten der Opposition verschoben. Die Parteienbündnis ›Georgischer Traum‹ des Multimilliardärs Bidsina Iwanischwili errang knapp 55 Prozent der Stimmen. Ein Jahr später wählten die Georgier den Philosophieprofessor Giorgi Margewelaschwili mit offiziell 66 Prozent der abgegebenen Stimmen zum neuen Präsidenten des Landes. Gleichzeitig traten Verfassungsänderungen in Kraft, die Georgien aus einer Präsidialrepublik in eine parlamentarische Demokratie verwandeln.

Traditionelle Landwirtschaft in den Bergen

Übersicht über die Provinzen Georgiens

Modernes Tbilisi: Konzerthalle (vorne) und Präsidentenpalast

Das georgische Parlament besteht aus 150 Sitzen, die im Abstand von vier Jahren in freien Wahlen nach Parteilisten und durch Direktmandate vergeben werden. Die Koalition ›Georgischer Traum‹ verfügt derzeit über 83 Mandate, die Partei des Expräsidenten Vereinte Nationale Bewegung hat 53 Mandate. 14 Abgeordnete erklärten sich für fraktionslos und unabhängig.

Insgesamt hat Georgien große Anstrengungen unternommen, sein Rechtssystem an die Standards des Europarates anzupassen. Die Verfassung verankert Grund- und Menschenrechte sowie Presse- und Meinungsfreiheit. Seit 1996 existiert ein Verfassungsgericht. Ein Jahr später wurde die Todesstrafe abgeschafft und dies 2007 in der Verfassung verankert. Trotz der energischen Anstrengungen in den ersten Jahren nach der Rosenrevolution – Polizei-, Justiz- und Steuerreform – waren es vor allem der Amtsmissbrauch im Justizwesen und Strafvollzug, die Saakaschwili zu Fall brachten. Die neue Regierung erklärte deshalb die Stärkung der Unabhängigkeit der Justiz, die Reformierung des Strafvollzugs und den Opferschutz zu ihren wichtigsten Zielen.

Administrativ gliedert sich Georgien in 12 Gouvernements und 70 Kreise sowie drei autonome Gebiete: die Republiken Adscharien und Abchasien sowie den Bezirk Südossetien. An der Spitze der Gouvernements, deren Grenzen mit den ethnischen, geschichtlichen und wirtschaftlichen Gegebenheiten weitgehend übereinstimmen, steht ein vom Präsidenten ernannter Gouverneur.

Adscharien, im äußersten Südwesten an der Grenze zur Türkei gelegen, mit ausgedehnten Schwarzmeerstränden, wurde bis 2004 von Aslan Abaschidse regiert. Dieser betrieb eine Politik der Abspaltung vom Kernland. Ein von Saakaschwili und seiner Mannschaft meisterhaft inszenierter innenpolitischer Coup führte zu seiner Entmachtung. Seitdem spielen sezessionistische Bestrebungen im überwiegend muslimischen Adscharien keine nennenswerte Rolle mehr. Erfolglos blieben Saakaschwilis Versuche, die georgische Kontrolle über Südossetien und Abchasien zurückzugewinnen. Der militärische Einmarsch in Südossetien im August 2008 endete mit einem Desaster und der Unabhängigkeitserklärung der beiden abtrünnigen Provinzen, die von Russland, Nicaragua, Venezuela und Nauru anerkannt wurde.

Geschichte

Die Geschichte der Besiedlung der Kaukasusregion, von der das heutige Georgien nur ein Teil ist, nimmt ihren Anfang in der frühen Steinzeit, als einer der unmittelbaren menschlichen Vorfahren, der ›Homo Erectus‹, auf der Erde erscheint. Der Ursprung des ›Homo Erectus‹, so die nahezu einhellige Meinung, lag in Afrika, und von dort aus verbreitete unseer Urahn über die ganze Erde. Im September 1992 stieß die deutsche Archäologin Antje Justus vom Römisch-Germanischen Zentralmuseum Mainz bei Ausgrabungen nahe der südostgeorgischen Stadt Dmanisi auf den Unterkiefer eines afrikanischen ›Homo erectus‹. Der Fund geriet zu einer Sensation, nachdem sich sein Alter herausstellte – ca. 1,7 Millionen Jahre. Bis dahin war man davon ausgegangen, dass der ›Homo Erectus‹ erst vor rund einer Million Jahre begonnen hatte, aus Afrika auszuwandern. Die Ausgrabungen wurden fortgesetzt, und immer neue Funde gleichen Alters kamen ans Licht (→ S. 307.)

Erst aus dem 3. Jahrtausend vor unserer Zeit sind Spuren und Überreste verschiedener Kulturen überliefert; unter ihnen eine, die man nach den Fundorten zwischen zwei Flüssen als die Mtkvari-Araches-Kultur bezeichnet und die in vielen Zügen den frühen Kulturen in Ostanatolien, Syrien und Palästina ähnelt. Weitere Funde lassen auf ein hoch entwickeltes Handwerk zur Herstellung von Gefäßen aus schwarzer polierter Keramik schließen.

Der Mtkvari-Araches Kultur folgte die Trialetische, benannt nach der gleichnamigen Stadt im Osten Georgiens, in deren Umgebung mehr als 200 Grabhügel (Kurgane) aus der Bronzezeit gefunden und wissenschaftlich ausgewertet wurden. Die aus den Kurganen geborgenen Gegenstände zeugen nicht nur von einem hohen Niveau jener Kultur, sondern geben auch eine Vorstellung von gesellschaftlichen Strukturen, Unterschieden im Besitzstand und kultischen Handlungen.

Goldener Löwe im Staatlichen Museum in Tbilissi

Die ersten georgischen Staatswesen

Der kulturelle Aufschwung und der Warenhandel mit den unmittelbaren Nachbarn und selbst weiter entfernt liegenden Territorien barg die Möglichkeit in sich, dass sich einzelne Stämme vereinten und Strukturen schufen, die solchen eines Staatswesens zumindest ähnlich sahen. Auf dem Territorium Georgiens vollzog sich dieser Prozess im 13. Jahrhundert vor Christus.

Assyrische und urartäische Chroniken erwähnen ein Königreich im heutigen Ostgeorgien, das mit dem Zweistromland und Kleinasien Handel trieb. Ungeachtet der Angriffe verschiedener transkaukasischer Stämme überlebte Diaochien mehr als 500 Jahre. Seinen Untergang besiegelten die ruinösen Raubzüge von Stämmen aus den nördlichen Bergen, aber auch die wachsende Macht und Expansion eines neuen Staatsgebildes (Kolchis) im Westen.

Ursprünglich umfasste Kolchis die Territorien vom heutigen Suchumi (Abchasien) entlang des Schwarzen Meeres bis zur Mündung des Rioni. In historisch kürzester Frist vermochten es die kolchischen Könige, Kolchis zu einem stabilen und blühenden Staatswesen zu gestalten. Diesem Umstand verdankt es seine Jahrhunderte währende Unabhängigkeit neben den expansiven Nachbarn im Süden, den persischen Achämeniden. Die Blüte von Kolchis fällt in die Zeit vom 6. bis zum 4. Jahrhundert vor Christus, gleichzeitig mit dem Erblühen des ionischen Griechenlands, das sich in seiner Expansion weniger auf die Kraft des Schwertes als vielmehr auf die des Geldes stützte und von seinen östlichen Kolonien aus bis in den Kaukasus vordrang.

Die Darjal-Schlucht an der Georgischen Heerstraße

Die Griechen konnten sich für ihren vor den Göttern schuldig gewordenen Prometheus keine grausamere Strafe ausdenken, als ihn an einem der Felsen des Kaukasus für seinen Frevel büßen zu lassen. Und als durchtriebene Geschäftsleute, die sie waren und als leidenschaftliche, aber wankelmütige Liebhaber ersannen sie noch einen Mythos – den von Medea, der kolchischen Königstochter, mit deren Hilfe die Argonauten unter Jason das Goldene Vlies raubten. Das geheimnisumwitterte Goldene Vlies aber ist nichts anderes als ein zum Mythos erhobenes Schafsfell. Die Swanen, ein georgisches Bergvolk, nutzten Schafsfelle zur Goldgewinnung, indem sie diese an geheimen Orten auf dem Grund reißender Bergflüsse versenkten. In den feinen Härchen verfingen sich kleinste Partikel des Edelmetalls. Zog man das Fell nach einer gewissen Zeit aus dem Wasser und ließ es trocknen, glänzte es golden im Sonnenlicht.

Bereits im 8. Jahrhundert vor Christus gründeten die Griechen an der kolchischen Schwarzmeerküste Handelsniederlassungen – Phasis (das heutige Poti), Dioskurias (Suchumi) und Pityous (Pizunda). An der Nordroute der Seidenstraße gelegen, gelangten die drei Siedlungen als Schnittstellen im Ost-West-Handel zu einiger Bedeutung. Davon zumindest zeugen zahlreiche Münzfunde, auch der exotischsten Währungen des Altertums. Ins politische Leben von Kolchis mischten sich die Griechen nicht ein – die politische Stabilität genügte ihren Geschäften –, und selbst den von ihnen gegründeten Städten ließen sie die Selbstverwaltung.

Fast gleichzeitig mit Kolchis entstand im Osten Georgiens, auf dem Gebiet des heutigen Kartli (Zentralgeorgien), ein weiteres Königreich: Iberien, mit der Hauptstadt Mtskheta, das als Nachbar der mächtigen und expansiven Achämeniden unter deren politischen, wirtschaftlichen und kulturellen Einfluss geriet. Erst Alexander von Mazedonien, genannt der Große, versetzte den Achämeniden in drei berühmten Schlachten den Todesstoß, was ihm den Weg nach Indien, ins ›Reich der Reiche‹, öffnete. Bald nach Alexanders Tod, 323 vor Christus, zerfiel sein Imperium. Auf den Trümmern entstanden neue Königreiche; unter ihnen das Pontische an der Südküste des Schwarzen Meeres.

Die Pontier huldigten dem Gott des Krieges. Einer ihrer Feldherren, der Kwastele Ason, ein Georgier, eroberte sowohl Kolchis als auch Iberien. Um jeglichen Widerstand gegen die Eroberer im Keim zu ersticken, ließ er den gesamten weltlichen und geistigen Adel vernichten. Der Legende zufolge überlebte das Massaker nur ein einziger Fürstenspross – der Neffe des Herrschers von Mtskheta, einer Gegend westlich des heutigen Tbilisi, namens Parnawas. Der vertrieb die Pontier und schuf in den 65 Jahren seiner Herrschaft einen Staat, der den größten Teil des heutigen Georgiens umfasste.

Sein Sohn, der ihm auf dem Thron folgte, verlor das väterliche Erbe; das Reich zerfiel in seine ursprünglichen Bestandteile – in Kolchis, das abermals in Abhängigkeit von Pontien geriet und von Mithridates VI. Eupator (120-63 vor Christus) endgültig besiegt wurde, sowie Iberien, das sich seinerseits in die Umarmung Großarmeniens fügen musste.

Römische Legionen an den Ufern der Mtkvari

Das 3. Jahrhundert vor Christus erlebte den Aufstieg Roms zur Weltmacht. Die römischen Legionen eroberten ein Königreich der antiken Welt nach dem anderen. Unter ihren Schlägen zerbrach auch Pontien. Die Iberer, als Vasallen Großarmeniens, sahen sich in die Auseinandersetzung mit Rom verwickelt. Als auch das armenische Heer von den Römern geschlagen war (65 vor Christus), bot der iberische König Artag Frieden an. Die Römer lehnten ab und sahen sich nun einem unerbittlichen, in den Bergen überlegenen Feind gegenüber, der gewillt war, bis zum letzten Mann zu kämpfen. 9000 Krieger verlor Artag, bevor der römische Konsul Pompeius doch noch Verhandlungen aufnahm, in deren Folge

Iberien als ›Bundesgenosse und Freund des römischen Volkes‹ in den Bestand des Imperiums Aufnahme fand. Die Römer hatten nun den Rücken frei und eroberten Kolchis.

So waren Kolchis und Iberien zu zwei der entferntesten Außenposten Roms geworden. Die römischen Legionen schützten die nördlichen Grenzen vor den Überfällen nomadisierender Steppenvölker und sicherten die Durchlässigkeit der Seidenstraße, über die Rom seinen immensen Bedarf an Luxusgütern deckte. Die strategische Bedeutung, die das Imperium dem verbündeten Iberien und dem eroberten Kolchis beimaß, lässt sich auch daran ermessen, dass beide bis zum Zerfall des Imperiums in seinem Bestand verblieben. In der Mitte des 2. Jahrhunderts besuchte der georgische König Parsman den römischen Kaiser Antonius Pius (138–161) in Rom. Antonius war von den Reitkünsten des Georgiers so begeistert, dass er ihm auf dem Marsfeld eine Reiterstatue errichten ließ.

Georgien und das Christentum

Für die Georgier waren die römischen Legionäre, ungeachtet ihrer ethnischen Vielfalt, die ersten Repräsentanten des westlichen Europas. Was die Georgier faszinierte und einen starken Kontrast zu allem bis dahin Gesehenem und Erlebtem bildete, waren die straffe Organisation der Verwaltung, das Rechtsverständnis und vor allem die dem römischen Polytheismus eigene religiöse Toleranz. Alle bisherigen Eroberungen waren stets einhergegangen mit Gemetzeln unter der Bevölkerung und deren Versklavung, aber auch mit der zwangsweisen Ein-

In den Höhlen des Klosters Davit Gareja

Die neue Tsminda-Sameba-Kathedrale in Tbilisi ist ein Symbol für die Einheit von Volk und Christentum

führung fremder Götter und Kulte. In den 400 Jahren der Zugehörigkeit zu Rom waren die Georgier in ihrer geistigen Freiheit kaum beschränkt und hatten das Recht, sich eigene Götter zu wählen, nicht eingebüßt.

Schon bald aber begann sich in den Weiten des Imperiums ein neuer Kult auszubreiten, das Christentum. Die Kunde von diesem neuen Glauben, seinen wichtigsten Ideen und Postulaten sowie Informationen über die Verfolgungen der Christen im Reich gelangten zu den Georgiern vor allem durch die zahlreichen seit der babylonischen Gefangenschaft (6. Jahrhundert vor Christus) im Land lebenden Juden. Viele von ihnen trieben Handel weit über die Grenzen Iberiens hinaus und alljährlich pilgerten einige von ihnen zum Passah-Fest nach Jerusalem. Der christlichen Mythologie zufolge waren es die Apostel Simon und Andreas, die als erste die Botschaft von Jesus in den Kaukasus gebracht hatten.

Unterdessen war Persien, der große Gegenspieler Roms im Osten, im 3. Jahrhundert nach Christus unter die Herrschaft der Sassaniden geraten. Bereits der erste sassanidische König, Ardashir I., zentralisierte die Verwaltung des Staates in bisher unbekanntem Ausmaß; die letzten Spuren des Hellenismus verloschen und der Zoroastrismus, dessen Priester zu hohen weltlichen Würden gelangten, stieg auf zur Staatsreligion. Die römischen Legionen waren nicht in der Lage, dem Druck der Perser zu widerstehen, die Armenien eroberten und nun an den Grenzen Iberiens und des Imperiums standen.

Die iberische Aristokratie stand vor einer wichtigen Entscheidung: sollte sie Rom die Treue halten oder sich auf die Seite der Perser schlagen oder gar für ein Zusammengehen mit dem nördlichen Ossetien, das seinerseits eine ständige Gefahr bedeutete, optieren? Zu Beginn des 4. Jahrhunderts spitzten sich die Konflikte so weit zu, dass eine Entscheidung zwischen dem Osten (Persien), der seinen Einfluss auf den Westen auszubreiten strebte, und dem Westen (Rom), das diese Expansion zu bremsen versuchte, unausweichlich wurde. Diese Wahl zwischen Ost oder West sollte von entscheidender Bedeutung für die zukünftige geistige und nationale Orientierung des Landes werden. Sie fiel zugunsten des Westens aus, was unvermeidlich zur Konfrontation mit Persien führte.

Die Annahme des Christentums im Jahre 337, wodurch Iberien nach Armenien der zweite Staat war, der es zur Staatsreligion erklärte, stellte die Weichen für den Lauf der Geschichte in den nächsten Jahrhunderten und weit darüber hinaus.

Das Königreich Kolchis-Lasika

Während Iberien den Römern einen Freundschafts- und Bündnisvertrag abgetrotzt hatte, war Kolchis erobert und als Provinz dem Imperium eingemeindet worden. Eingedenk des römischen Prinzips des ›Teilens und Herrschens‹ begünstigte dieser Status die Entstehung einer Vielzahl von Fürstentümern auf kolchischem Territorium, die, nach Eingeständnis der Römer selbst, eigentlich kleine Königreiche waren.

Eines dieser kolchischen Fürstentümer, Lasika, gelangte im 3. Jahrhundert zu immer größerer Macht, unterwarf sich die übrigen Fürstentümer und eroberte selbst zu Iberien gehörende Gebiete. Kolchis-Lasika bekannte sich, fast zeitgleich mit Iberien, zum Christentum als Staatsreligion.

Die fast vier Jahrhunderte währende Präsenz der Römer in Georgien und die relative Stabilität hatten die Grundlage für die Einheit der Nation und des Glaubens gelegt, die das Land seitdem mit dem Westen, seinen kulturellen und zivilisatorischen Werten, verbindet.

Georgien und Byzanz

Das Bekenntnis Iberiens und Kolchis-Lasikas zum Christentum als Staatsreligion erfolgte ausgerechnet zu dem Zeitpunkt, als der Osten und der Westen des Römischen Imperiums zunehmend auseinanderdrifteten. Kaiser Konstantin, der später den Beinamen ›der Große‹ erhielt, gründete 324 Byzanz, die spätere Hauptstadt des Oströmischen Reiches. Als Römer wusste Konstantin: ›vox populi, vox dei‹ (Volkes Stimme ist Gottes Stimme) und begünstigte deshalb das Christentum, ohne dabei die anderen Kulte in ihren Freiheiten zu beschneiden.

Sein militärisches Engagement im Kaukasus beschränkte Byzanz auf die Garnisonen in Kolchis-Lasika, wodurch Iberien im vierten und besonders im 5. Jahrhundert dem Zugriff der Sassaniden preisgegeben war. Iberien und Armenien, die östlichsten christlichen Staaten, widersetzten sich der persischen Expansion. Zwei Jahrhunderte lang tobten auf dem Territorium Iberiens erbitterte Kämpfe.

Denkmal des legendären Königs Wachtang Gorgassali in Tbilissi

Auf die entschiedenste Gegenwehr stießen die Perser unter dem iberischen König Wachtang Gorgasali, der 483 seinem Land die vorübergehende Unabhängigkeit erkämpfte. Gorgasali bedeutet Wolfshaupt, da des Königs Helm mit einem Wolfsschädel geschmückt war. Aber nicht nur den Persern trotzte dieser König, sondern er strebte auch danach, sich in den religiösen Belangen aus der Vormundschaft von Konstantinopel, das den Osten als ›barbarisch‹ abtat, zu befreien. Als der Patriarch von Konstantinopel Wachtangs Bitte um Entsendung eines Katholikos und von zwölf Bischöfen ablehnte, wandte er sich an den Patriarchen von Antiocheia. Dieser ließ den Georgier Petrus zum Katholikos im Rang eines Patriarchen der Reichskirche weihen und entsandte ihn mit den erbetenen zwölf Bischöfen nach Georgien. Petrus durchwanderte, bevor er Katholikos wurde, den gesamten römischen Osten, wo er auf dem Sinai, in Ägypten, Palästina, auf dem Schwarzen Berg bei Antiochien (Syrien), auf Zypern, in Kleinasien, in Konstantinopel und auf dem Berg Athos Mönchssiedlungen und Klöster gründete. Den Mönchen dieser Klöster und Einsiedeleien ist es zu verdanken, dass die Georgier selbst in den Jahrhunderten der arabischen, persischen, seldschukischen, mongolischen und osmanischen Fremdherrschaft nie den geistigen und politischen Kontakt zur übrigen Christenheit verloren. Petrus starb 490 und gilt als einer der wichtigsten Heiligen der Georgischen Kirche. König Wolfshaupt fiel 502 in der Schlacht, und Georgien geriet erneut unter die Herrschaft seiner Nachbarn im Süden.

Das grüne Banner des Islam

Auf den in Europa im 7. Jahrhundert gebräuchlichen Weltkarten hatte die Arabische Halbinsel die Gestalt einer länglichen Aubergine mit der Aufschrift ›Terra Arabicum‹. Auf ihren Oberflächen waren Palmen und Kamele an den Stellen verzeichnet, wo die Kartographen Oasen oder gar Städte vermuteten. Nur die wenigen im Handel mit dem Osten weitgereisten Kaufleute wussten, dass Arabien als Umschlagplatz der aus Indien und China über die Südroute der Seidenstraße transportierten Waren zu großem Reichtum gelangt war und dort blühende Städte und kulturelle Zentren bestanden. Von Hormus, einer Hafenstadt am Persischen Golf, hieß ein geflügeltes Wort: »Die Welt ist ein Ring und Hormus ist die Perle.«

Als neue historische Kraft auf der Bühne des Welttheaters war der Islam in dieser Region allmählich herangereift, und als der Wunsch laut wurde, ihn über den ganzen Erdball zu tragen, vereinigten sich nahezu alle arabischen Stämme unter dem grünen Banner des Propheten. Nachdem die Araber bedeutende Territorien von Byzanz und Persien erobert hatten, geriet auch der Kaukasus in ihr Blickfeld. Sie eroberten Armenien und standen nun an den Grenzen des georgisch-byzantinischen Herrschaftsgebietes, wohin sich auch der geschlagene Statthalter von Byzanz in Armenien, Mawrian, geflüchtet hatte und sich in Tbilisi um Beistand gegen den islamischen Vormarsch bemühte.

Der iberische König Stefan II. hatte damit keine Eile. Er schickte dem Kalifen stattdessen reiche Geschenke und erhielt als Antwort eine Schutzurkunde, die den georgischen Fürsten ihre Besitzungen, den Bewohnern ihr Eigentum und das Recht auf freie Wahl der Religion garantierte. Diejenigen Georgier, die den Islam übernahmen, sollten vollberechtigte Untertanen des Kalifen werden. Georgien behielt im Gegenzug seine Armee, stellte diese aber als ›Bundestruppen gegen gemeinsame Feinde‹ in den Dienst des Kalifats. Außerdem erkannte Stefan die Oberhoheit des Kalifen an und verpflichtete sich, jährlich Tribut zu entrichten. Die Araber verließen Iberien. Doch nicht für lange.

Orientalisches Flair im Bäderviertel vin Tbilisi

In den folgenden drei Jahrhunderten stritten Araber und Byzanz mit wechselndem Erfolg um die Vorherrschaft in der Region.

732/33 wurde Murwan Ibn Mohammed, ein Neffe des Kalifen, arabischer Statthalter im Kaukasus. Er erhielt den Beinamen ›der Taube‹ ob der Unbarmherzigkeit, mit der er gegen seine Untertanen vorging. Hinter seiner Unduldsamkeit ließ sich weniger militärische Notwendigkeit als vielmehr bereits ein religiöser Fanatismus ausmachen, der dem Islam bis dato im Wesentlichen fremd gewesen war. Den Strafexpeditionen seiner Armeen folgte nun auch die gewaltsame Islamisierung der Bevölkerung.

Die Fürsten von Imeretien in Westgeorgien, Konstantin und Davit, leisteten den anrückenden Arabern Widerstand. Als sie Murwan in die Hände fielen, ließ er die beiden Brüder mit Stöcken zu Tode schlagen und befahl, die Leichname mit Steinen zu beschweren und im Fluss zu versenken. Kaum waren die Araber fort, zogen Getreue die Überreste aus dem Wasser und bestatteten sie auf einem hohen Felsen am Fluss Zchalzitela. Seitdem heißt dieser Ort Motsameta (Platz der Märtyrer, in der Nähe von Kutaisi). Knapp 300 Jahre später, Anfang des 11. Jahrhunderts, veranlasste der erste König des vereinten Georgiens, Bagrat III., an dieser Stelle den Bau einer Kirche zur Aufbewahrung der Überreste von Davit und Konstantin, die inzwischen heiliggesprochen worden waren. Der Tag ihrer Kanonisierung ist bis heute ein religiöser Feiertag.

Murwan zog weiter nach Westen und entlang der Schwarzmeerküste nach Norden. Nahe der Stadt Anakopien (im heutigen Abchasien) traf er auf die vereinigte Streitmacht der westgeorgischen Fürsten. Hier verließ ›den Tauben‹ das Kriegsglück. Sein Heer wurde aufgerieben und flüchtete nebst seinem Feldherrn nach Armenien. Murwan sammelte eine neue Streitmacht und kehrte zurück.

Bis zu seiner Abreise nach Damaskus 743/44 erstickte er jeden auch noch so bescheidenen Widerstand. Seine Grausamkeit und sein religiöser Fanatismus hatten zur Folge, dass für die Menschen von nun an, Christ und Georgier zu sein das gleiche bedeutete, einer der Gründe, warum die georgische Geschichte so reich an Märtyrern ist.

Unter Murwan war Georgien 737, zumindest der von Aufständen und Strafaktionen entvölkerte östliche Teil des Landes, zum Emirat geworden. Aus anderen Provinzen des Reiches zog es Moslems in diese Gegend, die auf schnellen Erfolg und Gewinn in dem noch immer überwiegend christlichen Land hofften, denn allein, wer sich zum Islam bekannte, kam auch in den Genuss all der Rechte eines Untertanen des Kalifen. Überall in Georgien entstanden Moscheen, während der Bau christlicher Kirchen untersagt war. Inzwischen war Murwan Kalif geworden, wurde aber 750 vom Clan der Abassiden, die ihren Stammbaum auf Abbas, den Onkel des Propheten Mohammed, zurückführten, gestürzt. Die Abassiden ererbten von ihren Vorgängern riesige Territorien, die vom Pamir-Gebirge bis zu den Pyrenäen reichten. Sie verlegten das Zentrum des Kalifats von Damaskus nach Bagdad, das für viele Jahre der Inbegriff von Reichtum, Glanz und Luxus wurde.

Gegen Ende des 8. Jahrhunderts mussten die Araber zusehen, wie im noch von ihnen kontrollierten Ostgeorgien zwei frühfeudale Königreiche entstanden: Kachetien im Osten und Tao-Klardschetien im Südwesten, während sich in Westgeorgien das faktisch von den Arabern unabhängige Königreich Egrisi-Abchasien etablierte. Sein König Leon II. verbündete sich mit Byzanz, mit dessen Hilfe er die Araber schlug und endgültig aus den nordwestlichen Teilen Georgiens verdrängte. Anfang des 9. Jahrhunderts war Egrisi-Abchasien zum bedeutendsten eigenständigen Staatsgebilde auf dem Territorium Georgiens aufgestiegen.

Auch in Ostgeorgien schwand der Einfluss der Araber allmählich, bis sie etwa in der Mitte des 10. Jahrhunderts Georgien endgültig aufgaben.

Die Einigung Georgiens

Mit dem Ende der arabischen Fremdherrschaft wurde der Wunsch der Georgier laut, einen geeinten Staat zu schaffen. Gemeinsame Religion, Sprache, Kultur und Wirtschaft bildeten dafür die besten Voraussetzungen. Dem widersetzten sich einige Fürsten des Landes, die ein zentralisiertes Königtum als Gefahr für ihre Macht betrachteten.

Zum mächtigsten der georgischen Reiche war in der zweiten Hälfte des 10. Jahrhunderts Tao-Klardschetien aufgestiegen, dessen Territorium bis weit in die heutige Türkei hineinragte. Den Grundstein zur Eigenstaatlichkeit hatte der aus dem Adelsgeschlecht der Bagratiden stammende kartlische Fürst Aschot Anfang des 9. Jahrhunderts gelegt. Byzanz kam diese Entwicklung entgegen, schwächte sie doch die Positionen der Araber, und es verlieh Aschot den Titel eines ›Kuropalat‹ (Leiter des Palastes), was de jure das Protektorat von Byzanz bedeutete. Dieses Reich ging in die urkundlich überlieferte Geschichte ein, als das erste, das offiziell den Namen ›Georgien‹ führte, wobei sich der Name sowohl auf den heiligen Georg bezog, als auch auf das griechische ›georgos‹ – Landmann. Aschot wurde zum Begründer der Dynastie der georgischen Bagratiden, deren Könige das Land bis ins 19. Jahrhundert regierten.

Davit III. von Tao-Klardschetien gelang es Mitte des 10. Jahrhunderts, seinen Machtbereich bedeutend zu erweitern. Die Umstände dafür waren günstig. Als ein Aufstand in Kleinasien das Imperium in eine bedrohliche Lage brachte, stellte sich Davit an die Spitze seiner 12 000 bewaffneten Reiter und schlug die Aufständischen. Von Byzanz ließ er sich als Retter feiern und wurde als Dank mit weiten Teilen Kleinasiens belehnt.

Die Sveti-Tskhoveli-Kirche in Mtskheta stammt aus dem 11. Jahrhundert

Davit nutzte die Gunst der Stunde und marschierte gegen das armenische Emirat. Die Araber stellten ein Heer von 100 000 Mann gegen ihn auf, das er in die Flucht schlug und damit Armenien von der arabischen Fremdherrschaft befreite, so jedenfalls die Legende.

Die Siege Davits weckten im georgischen Volk Sympathie für ihn, und diejenigen unter den führenden Köpfen des Landes, die schon seit langem auf eine Vereinigung hinarbeiteten, erblickten in diesem König einen Träger für ihre Hoffnungen. Ihrem Plan gemäß unterdrückte Davit den Widerstand Kartlis und besetzte dessen Thron 975 mit seinem Adoptivsohn Bagrat III., der drei Jahre später auch König von Egrisi-Abchasien wurde, auf dessen Thron er mütterlicherseits Anspruch hatte. Bagrat führte von nun an den Titel eines ›Königs der Abchasier und Georgier‹, das heißt, er regierte über Ost- und Westgeorgien. Mit dem Tod seines Adoptivvaters erbte er die Ansprüche auf den Thron von Tao-Klardschetien. Die Einigung Georgiens war im Wesentlichen vollendet, als Bagrat Anfang des 11. Jahrhunderts das Königreich Kachetien im äußersten Osten eroberte.

Auf dem Thron folgten ihm sein Sohn Giorgi I. und nach dessen frühem Tod sein Enkel Bagrat IV. Da dieser noch nicht volljährig war, übernahm seine Mutter die Regentschaft.

Ihrem diplomatischen Geschick verdankte Bagrat IV. den Titel eines Kuropalats und die Ehe mit einer Tochter des byzantinischen Imperators Basilius.

Die Unabhängigkeit war damit noch lange nicht erreicht – Byzanz wollte sich nicht von Georgien trennen, und auch die georgischen Fürsten bevorzugten nach wie vor ein Spiel auf eigene Faust und nahmen das Erstarken der Zentralmacht nur widerwillig zur Kenntnis. Unterdessen brauten sich im Osten dunkle Wolken zusammen, die Georgien erneut an den Rand der Katastrophe bringen sollten.

Die Seldschuken

Die Seldschuken, nomadisierende Turkvölker aus den mittelasiatischen Steppen um den Aralsee, nannten sich nach dem Gründer ihres Staates, Khan Seldschuk, dem Anführer des Stammes der Ogusen. Ihr wichtigstes Existenz- und Nahrungsmittel waren die Pferdeherden. Anfang des 11. Jahrhunderts wurde es den Seldschuken eng in ihrer Heimat und sie machten sich auf den Weg in den Südwesten. 1055 erschienen sie vor den Mauern Bagdads. Der Kalif verlieh ihrem Anführer, Togrul-Bekh, den Titel eines ›Sultans‹.

Georgier und Seldschuken trafen erstmals 1064 aufeinander, als Sultan Alp-Arslan die Festung Achalkalaki im Süden Georgiens belagerte. Die georgischen Chroniken berichten über den Kampf um die Stadt, der nach erbittertem Widerstand seitens der Georgier mit einem Gemetzel unter den Überlebenden endete. Die unerwartet heftige Gegenwehr hielt die Seldschuken von weiteren Angriffen ab. Der Sultan unterbreitete Bagrat IV.den Vorschlag, friedlich zu koexistieren und den Frieden durch familiäre Bande zu festigen. Bagrat schickte Alp-Arslan eine Nichte.

König Bagrat IV. starb 1072 und hinterließ den Thron seinem Sohn Giorgi II. Im gleichen Jahr segnete auch Sultan Alp-Arslan das Zeitliche. Sein Nachfolger, Malik-Schah, eroberte 1074 Armenien und ein Jahr später Georgien. Chronisten jener Zeit verglichen die Invasion der Seldschuken mit dem Einfall eines riesigen Heuschreckenschwarms. Giorgis Heer wurde vernichtet; er selbst floh nach Westgeorgien. In der georgischen Geschichtsschreibung werden die folgenden 20 Jahre als ›Didi Turkoba‹, Große Türkenzeit, bezeichnet. Jedes Jahr im Frühjahr, so die Chroniken, zogen die Seldschuken mit ihren Viehherden nach Georgien, weideten ihre Tiere, mordeten die Bevölkerung, raubten und vernichteten alles Hab und Gut, und zogen sich zu Winterbeginn wieder in den Süden zurück.

1083 kapitulierte König Giorgi II. und verpflichtete sich zu hohen Tributzahlungen. Als 1089 ein verheerendes Erdbeben das Land erschütterte, muss Giorgi das als Zeichen gedeutet haben, denn noch im gleichen Jahr legte er Zepter und Krone nieder und trat den Thron an seinen 16 Jahre alten Sohn Davit ab.

Detail an der Kirche in Mtskheta

Davit der Erbauer

Die Regentschaft dieses Königs ist als Beginn des ›Goldenen Zeitalters‹ in die Geschichte Georgiens eingegangen. Als Davit IV. sie 1089 antrat, lag das Land in Schutt und Asche, und als er starb, hinterließ er seinen Erben einen geeinten und mächtigen Staat, dessen Ruhm als Bollwerk des Christentums im Orient die Gemüter des Abendlandes bewegte.

Die mit dem Königshaus rivalisierenden Fürsten vertrauten zunächst auf die Unerfahrenheit des Jünglings. Kaum jemand, der auch nur ahnte, dass dieser König die absolute Macht wollte, nicht nur im ›nationalem Interesse‹, sondern weil er glaubte, es sich und seiner Familie angesichts der verheerenden Niederlage seines Vaters schuldig zu sein.

Seine wichtigsten Verbündeten waren die Asnawuren, Angehörige des Kleinadels, die außer ihrer Ehre keine weiteren Reichtümer besaßen. Ihnen vertraute Davit Staatsämter an, und mit ihnen reformierte er seine Armee. Sie waren der Kern seiner Königlichen Garde.

Als er seine Macht gefestigt hatte, machte sich der König daran, den Hochmut des Adels zu zügeln. Anders als sein Vater, der eine Fürstenverschwörung zwar niedergeworfen, die Verschwörer aber, statt sie zu bestrafen, reich beschenkt hatte, ahndete Davit Unbotmäßigkeit mit dem Verlust von Titel und Land. Ein wichtiges Instrument in den Händen der Fürsten war die Kirche. Es hing vom Wohlwollen der Fürsten ab, wer in der klerikalen Hierarchie welchen Posten und welche Pfründe erhielt – oder auch wieder verlor; sie verteilten Ländereien, konnten sie der Kirche aber auch wieder entziehen. Der höhere Klerus bestand fast ausschließlich aus Angehörigen des Adels oder dessen Günstlingen. Auf einer vom König 1103 einberufenen Synode wurde die Kirche reformiert und reorganisiert. Nicht mehr die Zugehörigkeit zum Adel sollte über die Vergabe der Ämter entscheiden, sondern einzig und allein die persönliche Eignung. Davit zog den ihm verpflichteten hohen Klerus zu Staatsgeschäften hinzu, ließ Kirchen und Klöster bauen, vermachte der Kirche Ländereien und befreite sie von allen Steuern.

Davit der Erbauer (rechts) und der Katholikos Evdemon

Als der chasarische Stamm der Kipchaken, den die Expansion der Kiewer Rus nach Süden und Osten drängte, sich 1119 mit der Bitte an Davit wandte, auf dem Territorium Georgiens siedeln zu dürfen, stimmte dieser zu – unter der Bedingung, dass jede der 40 000 Familien ihm je einen Krieger für seine

Brunnen in Kutaisi

reguläre Armee zur Verfügung stellte. Diese Truppe unterstand nur ihm und war ihm, da zu Dank verpflichtet, treu ergeben.

1096 begann der erste Kreuzzug, und die Seldschuken sahen sich gezwungen, ihre ganze Aufmerksamkeit nach Kleinasien zu wenden. Davit erhöhte deshalb, zunächst vorsichtig, den Druck auf die seldschukischen Besatzer in Georgien. Nach und nach eroberte er Kartli, Kachetien und Cheretien. Über die Existenz des Christenkönigs im Osten, der ihnen im Kampf gegen die ›Ungläubigen‹ zur Seite stand, erfuhren die Kreuzritter von den ›Ungläubigen‹ selbst.

Die Seldschuken hatten unterdessen weite Teile Vorderasiens verloren, und es war ihnen nichts übriggeblieben, als sich mit der Existenz eines christlichen Staates Jerusalem abzufinden. 300 000 Mann war die Armee stark, mit der sie 1121 in Georgien einfielen. Davit konnte ihnen nicht mehr als 60 000 Krieger entgegenstellen, unter ihnen 200 französische Ritter. Er lockte den Feind in schwer zugängliche Bergregionen und nahm ihn am 12. August mit seinen Hauptkräften von zwei Seiten in die Zange. Die eine Flanke führte er selbst an, die andere sein Sohn Demetrius. Nur drei Stunden dauerte das Schlachtgetümmel, dann ergriffen die seldschukischen und arabischen Krieger die Flucht. Die Schlacht von Didgori, wie sie in die Geschichte eingegangen ist, war die letzte nennenswerte Auseinandersetzung mit den Seldschuken. Georgien hatte nicht nur seine nationale Einheit, sondern auch die Unabhängigkeit bewahrt. Nach seinem Sieg zog Davit gegen Tbilisi, das er eroberte und zu seiner Hauptstadt erklärte. Damit war die Einigung Georgiens vollzogen.

Demetrius und Giorgi – Sohn und Enkel Davits IV.

In den folgenden 100 Jahren, in denen die direkten Nachfahren Davits das Land mit wechselndem Geschick regierten, hatte sich Georgien so gut wie keiner äußeren Feinde zu erwehren. Die Kreuzzüge der europäischen Ritterheere schwächten die arabischen Emirate und die Seldschuken. Der zukünftige ›Herr der Welt‹ aber, Temuchin, der sich seit 1206 Dshingis Khan nannte, erblickte erst 30 Jahre nach Davits Tod das Licht der Welt.

Davits Sohn Demetrius setzte die energische Politik seines Vaters fort. Georgien dehnte sich weit über die Territorien aus, in dessen Grenzen es sich heute befindet, und sein Einfluss reichte noch weiter. Die Emirate und Sultanate der

Araber und Seldschuken in unmittelbarer Nachbarschaft – in Dagestan, Aserbaidschan und Armenien – waren oft so winzig, dass man von den Zinnen der Stadtmauern in alle Richtungen bis an die Grenzen des Landes sehen konnte.

Demetrius auf dem Thron folgte sein jüngerer Sohn Giorgi III. Dieser hinterließ keinen Sohn, dafür aber eine Tochter – Tamara (georgisch: Tamar). Um sie als Königin und seine Erbin zu legitimieren, brauchte er die Unterstützung des Klerus, der sich seine Zustimmung mit neuen Privilegien erkaufte. So wurde Tamara zur ersten Frau auf dem georgischen Thron.

Königin Tamara

Mit der Regentschaft Königin Tamaras gelangte Georgien auf den Gipfel seines Ruhmes, seiner Macht und seines Reichtums. Die Jahre ihrer Herrschaft sind ebenso wie ihre Person von Legenden umrankt, die sie als weise und gerechte, stets um das Wohl ihrer Untertanen besorgte Herrscherin und als unerschrockene Kriegerin an der Spitze ihrer Armeen darstellen.

Tamara war gerade 18 Jahre alt, als ihr Vater sie als seine Erbin legitimierte, und sie hatte eben erst das 24. Lebensjahr erreicht, als Giorgi III. starb. Tamara war eine charakterstarke, energische, beherzte und kluge Frau, doch eben ›nur‹ eine Frau. 1184 wurde sie Königin, doch weigerten sich Adel und Klerus zunächst, in ihre Thronbesteigung einzuwilligen. Tamara entließ auf Druck der Fürsten zwei der wichtigsten Minister des Landes, die beide nicht dem höheren

Königin Tamara mit ihrem Vater auf einem Fresko in Vardzia

Adel entstammten, aber ihrem Vater treu und ergeben gedient hatten. Die erste Bresche in die Mauern der Zentralmacht war geschlagen, und wenn es ihr auch gelang, weitere Forderungen des Adels abzuschmettern, so war doch die Wende in der Geschichte des Landes eingeleitet.

Tamaras erster Ehemann war der russische Prinz Juri Bogoljubow, der aus seinem Fürstentum Wladimir-Susdal hatte fliehen müssen, zunächst bei den Kipchaken Zuflucht fand und dann an den georgischen Hof gebeten wurde. Die Ehe zwischen Tamara und Juri blieb zwei Jahre kinderlos und endete mit einem Skandal. Angeklagt der Sodomie und des Ehebruchs wurde Bogoljubow nach Konstantinopel ausgewiesen, von wo aus er noch zwei Mal versuchte, sich des georgischen Thrones zu bemächtigen. Beide Male ließ Tamara Gnade vor Rache walten.

Wieder ledig, brauchte sich Tamara um neue Eheangebote nicht zu sorgen; selbst Friedrich Barbarossa offerierte ihr einen seiner Söhne. Ihre Wahl schließlich fiel auf den Sohn des Königs von Ossetien, Davit Soslan, der ebenfalls dem Geschlecht der Bagratiden entstammte. Aus dieser Ehe stammen auch die beiden Kinder Tamaras, Giorgi-Lascha und Rusudan.

Es ist unbestritten, dass unter Tamara Georgiens Wirtschaft sowie Kultur und Künste erblühten. Die Reform der Gesellschaft wurde fortgesetzt, Todesstrafe und Verstümmelung von Missetätern abgeschafft, die Gesetze modernisiert. Tamara zog gebildete Menschen an ihren Hof, die ihren Teil zur Legende von der weisen, gütigen und gerechten Königin beitrugen. Ihr berühmtester Biograph, der Dichter Shota Rustaveli, verfasste in stiller Liebe zu Tamara und ihr zu Ehren das georgische Volksepos ›Der Recke im Tigerfell‹, das zu den großen Epen der Menschheit gehört und aus dem bis heute wohl jeder Geogier zumindest einige Verse zu rezitieren weiß. Tamaras Regierung ging als ›georgische Renaissance‹ in die Geschichte ein.

Ein Blick hinter die Fassaden aber offenbart das Dilemma ihrer erzwungenen Nachgiebigkeit gegenüber Adel und Klerus. Reichtum und Macht flossen in immer weniger Händen zusammen. Davit IV. hatte sich gegen die Fürsten auf den kleinen Adel gestützt, ihm Ämter, Aufstiegschancen und Lehenstitel in Aussicht gestellt. Damit war es nun vorbei.

Die militärische Überlegenheit Georgiens verführte dazu, Nutzen aus ihr zu ziehen. Die Regierung Tamaras war deshalb eine Zeit ununterbrochener Kriege, die vom Zaum zu brechen sich immer ein Anlass fand; zum Beispiel, als Tamaras Sohn Giorgi-Lascha geboren wurde. Ihm zu Ehren überfielen die Georgier das Sultanat Darbasi, von wo sie mit reicher Beute und unzähligen Sklaven zurückkehrten. Als die Georgier dann begannen, auf ihren Kriegs- und Beutezügen immer weiter in den Südwesten vorzudringen, stießen sie auf den Widerstand von Rukn ad Dina, einem der mächtigsten Sultane Kleinasiens. Dieser Sultan sammelte eine kolossale Armee von 400 000 Mann. Der Königin schrieb er in einem Brief, dass er beabsichtige, Georgien vom Antlitz der Erde zu tilgen, ihr, Tamara, aber die Chance gebe, das Unheil von ihrem Land abzuwenden, wenn sie zum Islam überträte und seine Frau werde; anderenfalls bliebe ihr nichts weiter als ein Platz in seinem Harem. Vielleicht beflügelte die Wut über die Beleidigung Tamaras ihre Krieger noch; jedenfalls vernichteten sie die Seldschuken und tilgten so die Schmähung.

Tamara starb im Jahre 1213 nach 29 Regierungsjahren. Noch ihren Tod und ihre Beerdigung schmücken Legenden. Eine davon erzählt, dass es Tamaras letzter Wille gewesen sei, nicht irgendwo begraben zu werden, sondern so, dass das ganze Land ihr Grabmal werde und niemand wisse, wo genau es liege. Darum sollten aus der Sveti-Tskhoveli-Kirche von Mtskheta, in der sie aufgebahrt worden war, gleichzeitig vier verschlossene Särge in die vier verschiedenen Himmelsrichtungen getragen werden. In welchem dieser Särge sich Tamaras Überreste befanden und wohin diese gebracht wurden ist unbekannt; die Träger und die Eskorte aber haben nach Erfüllung ihrer Mission Selbstmord begangen. Eine andere Legende berichtet, Tamara wäre im Kloster Gelati (→ S. 323) beigesetzt, ihre Reliquien aber, ihrem Willen gemäß, später nach Jerusalem gebracht worden.

Im Wesentlichen sind sich die Historiker einig, dass mit dem Tod Tamaras auch das Goldene Zeitalter in der Geschichte Georgiens sein Ende fand. Die an der Wende vom 12. zum 13. Jahrhundert errungenen Siege waren schon die ersten Vorboten der kommenden Niederlagen, die Georgien erneut an den Rand des Ruins und unter fremde Herrschaft brachten.

Tamaras Sohn Giorgi-Lascha war 20 Jahre alt, als seine Mutter starb. Auf den massiven Druck, dem er von Beginn seiner Herrschaft an ausgesetzt war, war er nicht vorbereitet. Adel und Klerus stellten sich gegen ihn und benutzten seine Liebe zu einer einfachen Frau von nichtadliger Herkunft, um seine Position zu schwächen. Sie verweigerten ihm den Segen für die Ehe und seinem Sohn Davit das Anrecht auf den Thron. Die einzige Art, seinen Protest auszudrücken, bestand für den König darin, alle weiteren Eheangebote auszuschlagen.

Auch in der Außenpolitik hatte sich Giorgi-Lascha schon bald mit den Früchten der Politik seiner Mutter auseinanderzusetzen. Fast alle Vasallen Georgiens, die bis dahin die Staatssäckel gefüllt und darüber hinaus einen sicheren Schutzgürtel um das Land gelegt hatten, scherten nun aus der Koalition mit dem einst mächtigen Nachbarn aus.

Dennoch fühlte sich der König noch immer stark genug, die Bitten der Kreuzritter, die auf ihrem fünften Feldzug gegen die ›Ungläubigen‹ in Ägypten Niederlage um Niederlage erlitten, zu erhören. 1219 sammelte er seine Krieger, doch noch ehe sie nach Westen aufbrechen konnten, musste er sie nach Osten führen, da sich dort die ersten Horden der Mongolen seinem Reich näherten.

Das Höhlenkloster Uplistsikhe

Der Mongoleneinfall

Die wissenschaftlich exakte Bezeichnung für die in der Mongolei, dem südlichen Sibirien und dem mongolischen Altai nomadisierenden Völker lautet Tataro-Mongolen. Diese Steppenvölker, von denen sich die einen als Mongolen, die anderen als Tataren bezeichneten, vereinigten sich im Jahre 1206, als der Stammesfürst Temuchin zum Großen Khan, Dshingis Khan, gewählt wurde.

Nachdem sie China erobert hatten, zogen die Mongolen nach Westen und tauchten nach einigen Jahren an den Grenzen der russischen Fürstentümer auf. In den Steppen vom Unterlauf der Wolga bis nach Kasachstan fanden sie ideale Bedingungen für ihre Herden.

Erstmals trafen Mongolen und Georgier 1220 aufeinander. In jenem Winter war es in den Wolgasteppen so kalt, dass die Mongolen in den Süden zogen, um sich und ihre Herden vor dem Erfrierungs- und Hungertod zu bewahren. Sie durchquerten Aserbaidschan und wandten sich dann gen Südwesten, wo sie auf eine georgische Armee trafen, die sie aufrieben und weiterzogen.

Giorgi-Lascha bemühte sich um eine Koalition aller Völker des Kaukasus gegen die Mongolen. Noch ehe seine Anstrengungen aber von Erfolg gekrönt waren, suchten die Mongolen das Land erneut heim, schlugen die Truppen des Königs in offener Feldschlacht und zogen abermals weiter.

Als sie zum dritten Mal auftauchten, stellten sich ihnen die Hauptkräfte der georgischen Armee, etwa 60 000 bis 80 000 Krieger, entgegen. Bei Chunani kam es zur Schlacht, die unentschieden endete. Die Verluste der Mongolen waren zu hoch, um den Feldzug fortzusetzen, und sie zogen sich zum Kaspischen Meer zurück.

Giorgi-Lascha meinte, die Mongolen seien geschlagen, weshalb er sich friedlicheren Obliegenheiten widmete, unter denen die Gattenwahl für seine Schwester Rusudan die dringendste war. Auf einer Reise in den Angelegenheiten seiner Schwester erkrankte der König jedoch und verstarb. Rusudan folgte ihm auf dem Thron. In der Beurteilung Rusudans sind sich ihre Zeitgenossen einig: Geerbt hatte sie von ihrer Mutter nur eines – deren Schönheit, nicht aber Tamaras staatsmännisches Talent. Dennoch blieb sie 23 Jahre auf dem Thron, und das in einer Zeit, da Georgien am Rande des Untergangs balancierte.

Das Blutbad durch Dshalal ad Din

Der Ost-West-Zug der Mongolen hatte Bewegung in das in Jahrhunderten gewachsene ethnische und dynastische Gefüge der Region zwischen dem Schwarzen Meer und dem Altaigebirge gebracht. Bereits 1219/1221 hatten die Mongolen das Emirat von Choresma bestürmt, das die Araber und Seldschuken auf einem riesigen Territorium zwischen dem Hindukusch und Aserbaidschan, dem Aralsee und dem Persischen Golf gegründet hatten und das um die Jahrtausendwende zu einer der bedeutendsten Mächte geworden war. Sein letzter Herrscher war der Schahin-Schah Mohammed, der von den Mongolen geschlagen wurde und auf der Flucht den Tod fand.

Mohammeds Sohn, Dshalal ad Din wollte den Zug der Mongolen stoppen und sein Reich zurückerobern. Dafür benötigte er viel Geld, und jedermann im

Osten wusste, wo es die größten Reichtümer auf geringstem Raum gab, nämlich in Georgien, das sich jahrzehntelang auf Kosten seiner Nachbarn bereichert hatte.

1225 marschierte Dshalal ad Din mit seiner Armee in Ostgeorgien ein. Schon bald erreichte er Tbilisi, aus dem sich Rusudan und ihr Hof nach Westgeorgien abgesetzt hatten. Die georgische Hauptstadt war von mächtigen Befestigungsanlagen umgaben. Einer der Legenden zufolge öffnete den Belagerern ein Verräter, ein Perser, die Stadttore; eine andere, georgische, berichtet, dass die Festung fiel, weil die Georgier auf einen simplen Trick Dshalal ad Dins hereinfielen, der, um die Belagerten zu täuschen, nur einen Bruchteil seiner Truppen zum Sturm aufgestellt hatte, während die anderen sich verborgen hielten.

Die Chroniken erzählen, dass die Stadt im Blut der zehntausenden gemeuchelten Bewohner, Männer, Frauen und Kinder, versank, dass das Wasser der Mtkvari sich rot färbte und die Leichenteile der Ermordeten noch tagelang die Straßen und Plätze bedeckten. Dshalal ad Din befahl, die Kuppel der Sioni-Kirche abzumontieren und alle Ikonen aus ihr zu entfernen. Mit den heiligsten der Ikonen pflasterte er die über die Mtkvari führende Brücke und zwang die Überlebenden des Massakers, ihre Heiligenbilder mit Füßen zu treten.

Mehrmals noch suchte Dshalal ad Din Georgien heim, doch blieben ihm die Mongolenheere von Ugedei Khan, einem der Söhne Dshingis Khans, auf den Fersen. Dshalals Kräfte schmolzen mit jeder Schlacht. Einige Jahre noch zog er plündernd durch die Lande. Nur ein Häuflein von Getreuen war ihm noch geblieben, als er 1231 das wilde Kurdistan erreichte, wo er und seine Leute gewöhnlichen Wegelagerern zum Opfer fielen.

Georgien unter den Mongolen

15 Jahre waren seit dem ersten kriegerischen Aufeinandertreffen von Mongolen und Georgiern vergangen, Dshingis Khan war tot. Bevor er starb, hatte er das Reich unter seinen drei Söhnen aufgeteilt. Ugedei Khan, der Erbe des südwestlichen Teils, eroberte Persien und unterwarf alle ehemaligen Vasallen Georgiens. Als seine Krieger 1235 plündernd und brandschatzend in Ostgeorgien einfielen, trafen sie auf keinen nennenswerten Widerstand. Königin Rusudan und ihr Hof hatten sich schon zuvor nach Kutaisi zurückgezogen; die Fürsten verschanzten sich in ihren unzugänglichen Bergfestungen. In den eroberten Gebieten setzte Ugedei Khan Statthalter ein. Ganz Ostgeorgien befand sich in mongolischer Hand. Den Kriegern folgte der Tross, bestehend aus endlosen Wagenkolonnen mit ihrem Hab und Gut, den Jurten, Frauen, Kindern und Alten, ihren zahllosen Viehherden. Binnen kurzem verwandelten sich die Gärten, Felder und Weinberge der Georgier in endlose Koppeln.

Rusudan fehlten die Mittel, die Mongolen aus dem Land zu jagen. Sie schrieb einen Bittbrief an den Papst in Rom, der versprach, für sie zu beten. Ihr blieb keine Wahl, als sich zu arrangieren. Ein Enkel von Dshingis Khan, Batu Khan, der später bis nach Westeuropa vordringen sollte, hatte seine Hauptstadt, die ›Goldene Horde‹, an der Wolga. Zu ihm nun schickte Rusudan einen ihrer treuesten Minister, der im Namen seiner Königin demütig um Frieden und um die Anerkennung der Rechte ihres Sohnes Davit auf den georgischen Thron bat. Batu

Tbilisi war einst von Mauern umgeben, heute wacht die ›Mutter Heimat‹ (links oben)

Khan willigte ein; der Osten des Landes jedoch sollte unter direkter Verwaltung der mongolischen Statthalter verbleiben. Außerdem sollte Rusudan ihm Tribut in Gold zahlen und jeden fünften männlichen Untertanen für seine Kriege aufbieten.

Rusudans Sohn hatte das Anrecht auf den Thron erworben, doch nicht allein. Der zweite Prätendent, der auch Davit hieß, war der unehelich geborene Sohn Giorgi-Laschas. Die Legende berichtet, dass beide Davits – der Sohn Giorgi-Laschas, genannt Davit-Ulu, und der Sohn Rusudans, Davit-Narin – das Land gemeinsam regierten. Beide Könige herrschten in einem formell geeinten, doch tatsächlich geteilten Land. Wenn auch nichts Näheres über die Beziehungen der beiden Könige zueinander bekannt ist, so kann man wohl davon ausgehen, dass diese nicht feindschaftlich waren. Zumindest kursierten schon wenige Jahre nach ihrer Thronbesteigung Kupfermünzen mit dem Porträt von Davit-Ulu auf der einen und Davit Narin auf der anderen Seite. Der gemeinsame Hass auf die Mongolen mag eine wichtige Quelle ihres Einverständnisses gewesen sein. Davit-Narin stellte sich 1259 an die Spitze eines Aufstandes, der nicht nur Georgien, sondern auch weite Teile Aserbaidschans erfasste. Chulagu Khan, der die südwestlichen Teile des Mongolenreiches regierte, schickte eine Armee, die von den Georgiern geschlagen wurde. Als die Mongolen erneut und mit einem weitaus stärkeren Heer anrückten, zerstreute Davit-Narin die Reste seiner Armee und zog sich nach Westgeorgien zurück, wo er sich zum König von Abchasien und Imeretien krönen ließ. Davit-Ulu hatte zunächst Zurückhaltung geübt, versammelte nun aber den Adel und erklärte selbst den Aufstand. Einige Fürsten schlossen sich ihm an; viele andere aber kehrten ihm den Rücken und hielten sich an den Stärkeren – die Mongolen. In der entscheidenden Schlacht bei Gori wurden die Truppen des Königs geschlagen, und er selbst musste fliehen. Die Mongolen besetzten Tbilisi und nahmen Davit-Ulus Frau Gwanza gefangen, die sie, um sich an Davit-Ulu zu rächen, im Kaspischen Meer ertränkten.

Wenig später aber musste Chulagu einlenken. Georgien war zu einem Trumpf im machtpolitischen Spiel der mongolischen Clans geworden, den er nun gegen Batu Khan auszuspielen gedachte. Dazu brauchte er die Unterstützung, zumindest Neutralität Westgeorgiens. Er verzieh also Davit-Ulu, ließ dessen Sohn frei und schickte ihm als Kompensation für die ermordete Gattin seine eigene Schwester zur Frau.

Davit-Ulu starb 1270. Sein Sohn Demetrius II. bemühte sich, zwischen den Mächten zu lavieren und wechselte mehrmals die Seiten zwischen verfeindeten Angehörigen des mongolischen Clans der Chulagiden. Verrat aber ahndeten die Mongolen sowohl mit dem Blut des Verräters, als auch dem seiner nächsten Angehörigen, Berater und Freunde, mitunter ganzer Stämme und Völker. Der Khan forderte Demetrius auf, zu ihm zu kommen. Demetrius hätte fliehen können, doch er wusste, was in diesem Fall auf sein Volk zugekommen wäre. Nur in Begleitung seines Beichtvaters und Patriarchen der georgischen Kirche machte er sich auf den Weg ins Lager des Khans, wo ihn der Tod erwartete.

In den folgenden 20 Jahren spielten die Chulagiden Roulette auf dem georgischen Thron und schienen erst mit Giorgi V., dem jüngsten Sohn des hingerichteten Demetrius, einen zuverlässigen Bündnispartner gefunden zu haben.

Giorgi V. – der Glänzende

Giorgi V. hatte viele Jahre mit den Mongolen gelebt und wusste um ihre Stärken und Schwächen. Er verstand es, ihnen Vertrauen einzuflößen und sträubte sich auch nicht, als der Khan ihn ein Jahr nach seiner Krönung aufforderte, gegen die Feinde der Mongolen in Vorderasien ins Feld zu ziehen. Es sollte das letzte Mal gewesen sein, dass georgische Krieger an der Seite der Mongolen kämpften.

Zunächst einmal machte sich der König an den Wiederaufbau des zerstörten Landes. Er gründete einen Staatsrat, in dem die einflussreichsten Fürsten des Landes eine Stimme erhielten und der nun strenge, georgischem Recht folgende Gesetze annahm. Giorgi sicherte sich das Recht auf einen beträchtlichen Teil der Steuern, mit denen er seine wirtschaftlichen und finanziellen Reformen finanzierte, in deren Folge die traditionellen Wirtschaftszweige Georgiens von neuem erblühten.

Persönliche Macht und Einfluss des Königs gerieten unmerklich in Konflikt mit der aus seinerzeit schier unvorstellbarer Ferne ausgeübten Fremdherrschaft der Mongolen. Als die Zeit reif war, die Früchte seiner Politik zu ernten, rief Giorgi 1336 die Fürsten des Landes in seine Residenz. Er wolle ein Gelage geben, ließ er ihnen ausrichten. Für das Fest aber hatte sich der König eine Überraschung einfallen lassen: Allen jenen der Fürsten nämlich, denen ihre Freundschaft zu den Mongolen zu sehr ans Herz gewachsen war, ließ er den Kopf abschlagen; mit den anderen speiste er dann und teilte ihnen mit, dass er die Herrschaft der Mongolen über Georgien als beendet betrachte.

Die Mongolen mussten feststellen, dass sie nicht einen einzigen Verbündeten mehr in Georgien besaßen. Georgien war zu stark geworden, um es mit Strafexpeditionen zu bezwingen, das Khanat zu schwach, ein siegreiches Heer ins Feld zu führen. Wenn auch das Land noch bis 1350, als die letzten mongolischen Münzen

Georgischer Priester in Mtskheta

ihre Kaufkraft verloren, formal zum Khanat gehörte, mit dem Festmahl hatte Giorgi V. die Macht an sich gerissen und er sollte sie bis zu seinem Tod 1346 festhalten. Der Westen konnte aufatmen. Der Papst verlegte eine seiner Universitäten aus Izmir nach Tbilisi. In Jerusalem erhielten die Georgier das Recht der Privilegierten, die Straßen hoch zu Ross zu durchqueren. Der Ägyptische Sultan würdigte Giorgi V. als einen der ›außergewöhnlichsten Sterblichen‹.

Nach Giorgis Tod erbten sein Sohn Davit IX. und dann sein Enkel Bagrat V. den Thron. Gegen innere und äußere Feinde hatten sich die georgischen Könige gewappnet; hilflos ausgeliefert waren sie jedoch der Geißel des Jahrhunderts, die mit den Handelskarawanen aus dem Reich der ›Goldenen Horde‹ nach Georgien kam: der Pest. 1366 fielen ihr auch die Frau König Bagrats und seine beiden Söhne zum Opfer. Jahre vergingen, bis sich Georgien von der Seuche erholt hatte.

Timur – Tamerlan

Im Jahre 1336, als Giorgi V. seinen Widersachern die Köpfe abhieb, kam Timur in Mittelasien zur Welt. Er wurde zum Anführer eines kleinen, aber straff organisierten mongolischen Stammes, dessen Krieger ihm treu ergeben waren und mit denen er an der Seite derer kämpfte, die es ihm am reichsten lohnten. In einer der Schlachten, heißt es, sei er verwundet worden und hätte dann zeitlebens gehinkt, daher sein Beiname Timur-Lenk – Timur der Hinkende.

Sicher ist, dass Timur große Teile Mittelasiens mit unbeschreiblicher Grausamkeit unterwarf und sich 1370 in seiner Hauptstadt Samarkand zum ›Großen Emir‹ ausrufen ließ. Er betrachtete sich als den geistigen Erben von Dshingis Khan und lebte in der Überzeugung, dessen Mission mit der Gründung eines ›Weltreiches der Mongolen‹ zum Abschluss zu bringen. In der Zeit von 1372 bis 1405 unternahm er 20 Kriegszüge, allein acht davon (zwischen 1386 und 1403) nach Georgien. Dies hatte vor allem mit der Lage des Landes am Schnittpunkt der beiden um Einfluss und Macht buhlenden mongolischen Reiche – das Timurs und das der ›Goldenen Horde‹ unter Tokhtamijch Khan – zu tun.

Die Tataro-Mongolen, die ihre Khanate auf den Territorien der ehemaligen arabischen Kalifate und seldschukischen Sultanate errichtet hatten, lernten sehr

Wehrtürme in Swanetien

schnell die Kraft des Monotheismus, des Glaubens an Allah und seinen Propheten Mohammed kennen. Wenn auch die Mongolen noch lange nach ihrer Bekehrung anderen Religionen kaum mehr als die im Stammesinteresse notwendige Aufmerksamkeit schenkten, brauchte es nur eines Anführers wie Timur, um das explosive Gemisch aus Fanatismus und Expansion zu zünden. Georgien aber war das einzige christliche Land im Einflussgebiet Timurs, der vor der Erstürmung Tbilisis am 21. November 1386 schwor, nur diejenigen am Leben zu lassen, die zum Islam überträten. Das waren nicht allzu viele, weshalb die Eroberer Ausnahmen machten.

König Bagrat V. und seine Familie hatten die Belagerung durch Timur, den Beschuss der Stadt mit Katapulten und den erst wenige Jahre zuvor erfundenen Kanonen überlebt und waren dem ›Großen Emir‹ in die Hände gefallen. Der fand Gefallen am König der Georgier und nahm ihn, nachdem er in Tbilisi eine mongolische Garnison installiert hatte, samt Frau und kleinem Kind als Geiseln mit. Auf dem Weg nach Osten schwärmte Timur von Allah und dem Islam als der einzig wahren Religion. Bagrat tat so, als würden ihn Timurs Argumente überzeugen und sein Eifer ihn anstecken. Er versprach, sein Volk zum Islam zu bekehren. Timur gab Bagrat 12 000 seiner besten Krieger als Ehreneskorte, die den König bei seinem Missionswerk unterstützen sollten. Bagrat zog zurück nach Tbilisi, schaffte es jedoch rechtzeitig, seinen ältesten Sohn Giorgi zu warnen. Der Prinz legte einen Hinterhalt, in dem die meisten der 12 000 Soldaten Timurs ihr Leben ließen. Dann zogen Vater und Sohn nach Tbilisi, wo sie die mongolische Garnison vernichteten.

Die Rache Timurs ließ nicht lange auf sich warten. Nach Jahresfrist kehrte er mit einem neuen Heer nach Georgien zurück. Im Verlaufe von 15 Jahren überzog er das Land wieder und wieder mit Feuer und Schwert, ohne den Widerstand der Georgier brechen zu können. 1401 unterschrieben er und Giorgi VII., der nach dem Tod seines Vaters den georgischen Thron innehatte, einen Friedensvertrag, der dem Königshaus innenpolitisch völlige Freiheit ließ, es aber als Vasallen der Mongolen zu Tributen und Kriegsdiensten zwang. Nach Timurs Tod beteiligte sich Giorgi am Krieg der Erben des ›Großen Emirs‹ um die besten Stücke aus dem imperialen Kuchen und erhielt als Lohn einige Gebiete im Südosten und Südwesten. Das Leben dieses georgischen Königs endete auf dem Schlachtfeld.

Auf dem Thron folgte ihm sein Bruder Konstantin I. Die Kriege hatten Georgien ausgeblutet; vertrocknetes Geäst bedeckte anstelle der ehemals blühenden Weingärten die Berghänge, und dort, wo einst fruchtbares Ackerland für Reichtum gesorgt hatte, erstreckte sich nun wüstenähnliches Ödland. So viele Menschen waren vertrieben oder ermordet worden, dass der König, als er sich Eindringlingen entgegenstellte, nicht mehr als 2000 waffentüchtige Krieger fand und in der Schlacht fiel.

Das war 1412, und der nächste König hieß Alexander, der in einigem patriotischem Überschwang später den Beinamen ›der Große‹ erhielt, weil er es in den 30 Jahren seiner Regentschaft vermochte, dem Land eine Ruhepause zu verschaffen. So paradox es auch erscheinen mag, diese drei Jahrzehnte relativer Ruhe und Prosperität verdankte Georgien Timur. Der hatte sich mächtiger Konkurrenten zu erwehren, unter denen der Ende des 13. Jahrhunderts entstandene Feudalstaat der Osmanen einer der gefährlichsten war. Die Osmanen hatten weite Teile Kleinasiens unter ihre Kontrolle gebracht, von wo aus sie auf den Balkan vordrangen und in der Schlacht auf dem Amselfeld 1386 die Serben besiegten. Aus dem Streit um Timurs Erbe, der sich überwiegend im Zweistromland abspielte, ging Anfang des 16. Jahrhunderts die vom Scheich Saphi ad Din begründete persische Dynastie der Safawiden hervor, die unter Schah Ismail I. in westlicher und nördlicher Richtung zu expandieren begann und in Konflikt mit den Osmanen geriet.

Osmanen und Perser

1453 eroberten die Osmanen Konstantinopel. Georgiens Korridor zum christlichen Europa war abgeschnitten. Nördlich des Kaukasus hatten sich die Russischen Fürstentümer zum Ende des 15. Jahrhunderts zwar von der Vormundschaft durch die Goldene Horde weitgehend befreit, waren aber vom Schwarzen Meer durch türkische Stämme getrennt, die mit den Osmanen paktierten und die Russen am Zugang zum Meer hinderten.

Nach dem Tode Alexanders endete die Geschichte Georgiens als selbständiges Staatswesen und Königtum. In den folgenden Jahrzehnten teilten die Feudalherren das Land unter sich auf. Imeretien scharte die Vasallenfürsten von Gurien, Abchasien und Megrelien um sich, mit denen es das westgeorgische Königreich begründete; Kachetien, Samzche und die anderen Fürstentümer schlossen sich im Osten zusammen.

Die Ost-West-Teilung entsprach annähernd dem strategischen Gleichgewicht zwischen Osmanen und Persern. Keines der beiden Reiche war imstande, ganz Georgien zu unterwerfen und ließ dennoch nichts unversucht, es zu tun. Je nach Situation standen ihnen die Georgier entweder im Wege oder boten sich als

Bündnispartner an. In einem nur waren sich Osmanen und Perser einig – dass es an der Zeit sei, den Georgiern ihren christlichen Eigensinn auszutreiben und sie zum Islam zu bekehren; was die Zerstörung Dutzender Kirchen, das Verbot der Kultur und Sprache, und für zehntausende Menschen die Vertreibung und Versklavung zur Folge hatte. Der Adel nutzte die sich aus dem neuen Kräfteverhältnis ergebenden Möglichkeiten, um mal mit den Persern, dann wieder mit den Osmanen Kompromisse zu schließen.

Dieser Kampf an zwei Fronten gegen zwei überlegene Gegner nahm oft dramatische Züge an und produzierte tragische Schicksale, die noch lange in den Legenden aus jenen kriegerischen Zeiten nachhallten.

Schah Abbas

Schah Abbas I., ein außergewöhnlicher Mensch, der Persien auf den Gipfel seiner Macht und seines Glanzes führte, bestieg den Thron 1587. Zunächst sah es aus, als würden die Ostgeorgier und Abbas miteinander auskommen. Luasarb II., seit 1605 König von Kartli, sowie der kachetinische König Teimuras I. verbündeten sich mit dem Schah gegen die Osmanen, denen sie eine vernichtende Niederlage zufügten. Teimuras führte jedoch geheime Verhandlungen mit den Russen, die nach dem Sieg über die Reste der Goldenen Horde bis zum Kaspischen Meer und den Nordhängen des Kaukasus vorgedrungen waren. Teimuras bot dem Zaren das Protektorat über den Kaukasus an, wenn die Russen mit ihm gegen Osmanen und Perser ins Feld ziehen würden. Abbas, der Diplomat, sah den Intrigen seiner georgischen Vasallen lange abwartend zu. Er bot Familienangehörigen ›Gastfreundschaft‹ an seinem Hof. Luasarb hatte keine Angehörigen; Teimuras schickte dem Schah als Geiseln seine Mutter und die beiden Söhne.

Moschee in Batumi

1614 erschien der Schah plötzlich mit seinem Heer an den Grenzen Kachetiens. Als Teimuras sich weigerte, Abbas einen Besuch abzustatten und stattdessen nach Imeretien flüchtete, töteten die Krieger des Schahs mehr als 100 000 Menschen und trieben noch einmal so viele in den Iran. Die Nachkommen dieser Georgier leben bis heute in der Umgebung der iranischen Stadt Fereidan.

Als das Heer des Schahs die Grenze zu Kartli erreicht hatte, wiederholte Abbas seine Einladung an die ›innigst geliebten Verwandten‹. Luasarb trat angesichts der Gräuel, die die Perser in Kachetien verübt hatten und die er seinem Volk ersparen wollte, freiwillig vor Abbas. Der schickte ihn in den Iran. Luasarb verweigerte den Übertritt zum Islam und wurde 1622 im Gefängnis erdrosselt.

Bis zu seinem Tod 1629 suchte Abbas Georgien noch mehrmals heim. Als Fürsten und Könige litt er nur diejenigen, die zum Islam übertraten; alle anderen mussten der Sklaverei oder Deportation gewärtig sein. Vor allem Frauen und Kinder waren bei Osmanen und Persern beliebte Handelsware, und einige georgische Fürsten ließen es sich nicht nehmen, mit dem Verkauf von Kindern und Jugendlichen an die Harems und Sklavenmärkte des Orients von diesem einträglichen Geschäft zu profitieren. Da half auch keine Drohung mit der Todesstrafe, welche die Könige auf Druck der Kirche gegen Sklavenhändler verhängten.

Georgien war jedoch nicht das einzige Schlachtfeld, auf dem Abbas zu kämpfen hatte, und er konnte nicht verhindern, dass seine Garnisonen von Zeit zu Zeit niedergemacht, seine persischen Statthalter und georgischen Verbündeten ermordet wurden. Georgien befand sich im Zustand des permanenten Krieges, und solange er anhielt, waren die Mutter und die Söhne von Teimuras in relativer Sicherheit. Erst als der kachetinische König 1624 erneut Kontakt zu den Russen aufnahm, nahm Abbas grausam Rache: die beiden Söhne des Georgiers ließ er kastrieren, die Mutter – Ketewan – foltern und ermorden, weil sie sich weigerte, den Islam anzunehmen. Sie starb als Märtyrerin und wurde später heiliggesprochen. Das Leben und den tragischen Tod der Königinmutter beschreibt der deutsche Schriftsteller Andreas Gryphius in seinem Roman ›Catharina von Georgien‹.

In die Knie zwingen konnte der Schah Teimuras damit nicht. Erst als Teimuras begriff, dass die Hoffnungen, die er sein ganzes Leben in das christliche Russland gesetzt hatte, vergeblich waren, wagte er den ›Gang nach Canossa‹ zu Schah Abbas II. Da er sich weigerte, seinen am russischen Hof erzogenen Enkel Irakli als Pfand für den angebotenen Frieden am Hof des Schahs zurückzulassen, warf dieser ihn ins Gefängnis, wo der greise König 1663 starb. Mit ihm verschied der letzte ostgeorgische König, der sich bis zum Schluss geweigert hatte, zum Islam überzutreten.

Georgien und Russland

Peter I., der 1682 den moskowitischen Thron bestieg, bewegten hochfliegende Träume. Zu seinen ersten Gegnern wählte er sich die Tataren, die zum Osmanischen Reich gehörten. Peter hatte nur wenig Mühe, den Tataren einen Schrecken einzujagen und ihnen die Festung und den Hafen Asow am Schwarzen Meer abzujagen. Georgien grenzte erstmals seit fast 300 Jahren wieder an eine christliche Großmacht.

Doch die Hoffnung auf Unterstützung aus dem Norden währte nicht lange, denn Peters eigentliches Ziel war die Ostsee, und den Zugang zu ihr verriegelte ihm der schwedische Karl XII. Im Süden verlor der Zar in der zweiten Runde seines Duells mit der Hohen Pforte eine Schlacht nach der anderen und musste sich letztendlich dazu verpflichten, alle Festungen am Schwarzen Meer zu räumen und die Schiffe der Flotte zu versenken. Im Nordkaukasus und im kaspischen Raum wurden die Russen durch die dort lebenden, zumeist muslimischen Völker an einer weiteren Expansion gehindert. Zar Peter wollte, um die Kontrolle über den Seidenhandel zu erlangen und Persien wirtschaftlich zu schwächen, den östlichen Kaukasus unter seine Kontrolle bringen. 1720 schickte der Zar seinen Emissär Wolinskij zu König Wachtang VI. von Kartli, einen der gebildetsten Herrscher seiner Zeit (→ S. 112). Peter ließ dem König ausrichten, dass er sich als ›Schutzpatron der kaukasischen Christen‹ sehe und ein Bündnis mit Kartli anstrebe. Der König schenkte dem christlichen Herrscher Glauben. Als die Russen ihn baten, gegen die Lesghier, ein zentralkaukasisches Volk, das im Zuge der Wirren weite Teile Georgiens besetzt hatte, ins Feld zu ziehen, bot Wachtang ein Heer von 40 000 Kriegern auf. Zar Peter brach sein Versprechen. Nicht ein russischer Soldat stieß zu Wachtangs Truppen; schlimmer noch: 1724 schloss Peter mit den Türken einen Friedensvertrag, in welchem er den Anspruch der Pforte auf Ostgeorgien anerkannte. Wachtang VI. hatte allen Boden unter den Füßen verloren, sein Land war geplündert; er selbst musste fliehen und fand mit seinem Gefolge politisches Asyl in Moskau.

Die Festung Ananuri an der Georgischen Heerstraße

Irakli II. (im Georgischen: Erekle), König von Kachetien (1744–1798) und Kartli (1762–1798), regierte sein Land mit politischem Verstand und diplomatischem Geschick. Trotz widriger Umstände vermochte er es, Wirtschaft und Kultur zu beleben, den Staat zu konsolidieren. Mit 16 Jahren zog Irakli das erste Mal in den Krieg. Insgesamt schlug er 40 Schlachten, von denen er 30 gewann. Friedrich II. von Preußen soll gesagt haben: ›Im Westen bin ich, im Osten Heraklios.‹

Iraklis Gegenspielerin auf dem russischen Thron war Katharina II., die von 1763 bis 1796 die Geschicke des Zarenreiches lenkte. Das christliche Georgien war für sie die Trumpfkarte im Spiel gegen die Osmanen und Perser. 1768 erklärte sie der Pforte den Krieg. Der Glaube an die gemeinsame christliche Religion als Grundlage des ritterlichen Ehrenkodex der georgischen Könige war für Irakli II. in seiner Entscheidung für ein Bündnis mit den Russen ausschlaggebend.

1770 besiegte er die Türken in Südgeorgien. Nach dem 1774 zwischen Russland und der Türkei geschlossenen Friedensvertrag zog Katharina ihre Soldaten aus Georgien ab, das nun von allen Seiten bedrängt wurde.

Irakli II. bat mehrere westeuropäische Mächte um Unterstützung – vergebens. Einige Jahre später wandte er sich erneut an die Zarin mit der Bitte um Schutz und Beistand. Die Verhandlungen seitens der Russen führte der Favorit der Zarin, Fürst Grigori Potjomkin, der seiner Herrscherin bereits die Krim zu Füßen gelegt hatte. 1783 unterzeichneten König Irakli II. und Fürst Potjomkin das Traktat von Georgiewsk (ein Ort an der Georgischen Heerstraße). Dieser Beistandspakt beließ den Georgiern ihre innere Unabhängigkeit, verpflichtete sie aber, den russischen Zaren Waffendienste zu leisten. Die Nachbarn waren beunruhigt. Sie beschworen Irakli, sein Land den Russen nicht als Aufmarschbasis zu überlassen und versprachen ewigen Frieden.

Als in Persien Anfang der 90er Jahre des 18. Jahrhunderts ein heftiger Kampf um die Thronfolge ausbrach, stellte sich Russland – und mit ihm, eingedenk seiner Bündnispflichten, Georgien – auf die falsche Seite. Aus den inneren Machtkämpfen ging Schah Aga Khan Mohammed als Sieger hervor. Mit seinen Gegnern rechnete er blutig ab. Als er 1795 Ostgeorgien besetzte, es plünderte und Tbilisi in einem sinnlosen Anfall von Rachsucht niederbrennen ließ, blieben die Georgier wie schon in den Jahrzehnten zuvor auf sich allein gestellt. Das Zarenreich gewährte seinen ›Verbündeten‹ nicht einmal einen Kredit zum Wiederaufbau des Landes. Nach dem Tod Katharinas wurden alle russischen Truppen aus dem Kaukasus abgezogen und einzig der gewaltsame Tod des Schah bewahrte Georgien vor der Katastrophe.

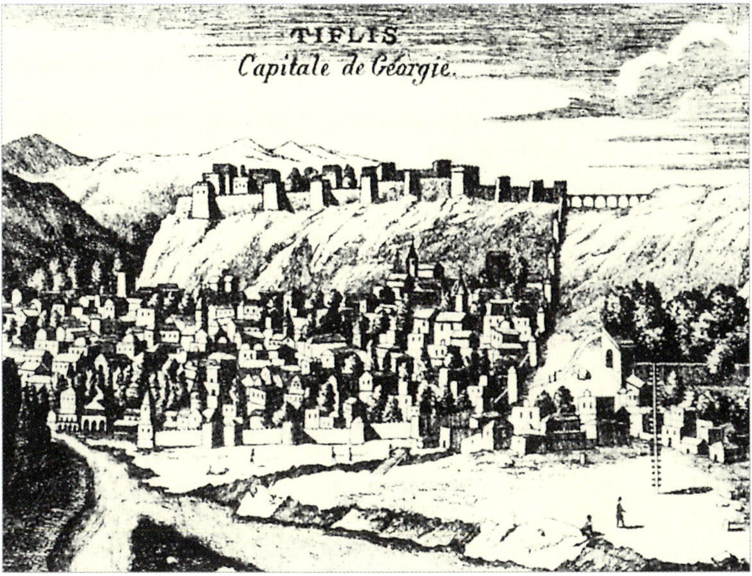

Tbilisi im 19. Jahrhundert

Trotz der tragischen Misserfolge gen Ende seiner Herrschaft und seiner Fehleinschätzung der russischen Politik wurde Irakli II. vom Volk als ›König-Held‹ verehrt. Die Folge seiner engen Anbindung an das Zarenreich war, dass Zar Alexander I., der 1801 nach dem gewaltsamen Tod seines Vaters Paul in Petersburg auf den Thron gelangte, keine Mühe hatte, den Georgiern auch noch den Rest ihrer Unabhängigkeit zu nehmen. In seinem ersten Regierungsjahr erklärte der Zar Georgien zum russischen Protektorat. Stück um Stück geriet das Land unter die Herrschaft der Russen. Die georgischen Adligen wurden Adlige des russischen Imperiums, das Königtum als politische Institution verschwand 1811 mit dem Tod des letzten Königs, Giorgi XII.

Mit Alexander begann die Russifizierung Georgiens, die Kirche geriet unter die Aufsicht des russischen Patriarchats, Aufstände einzelner Fürsten erstickte die russische Armee.

Georgien im 19. Jahrhundert

Die Annektion Georgiens durch die Russen hatte, neben vielen anderen, einen für die Patrioten erfreulichen Effekt: die territoriale Vereinigung der Regionen im Westen und Osten, die den nationalen Gedanken in der Epoche der Herausbildung bürgerlicher Nationalstaaten beflügelte.

Der georgische Adel setzte sich zusammen aus einer zahlenmäßig unbedeutenden Aristokratie, die auch unter den neuen Bedingungen in ihrer Macht kaum eingeschränkt wurde, und einer Vielzahl von Kleinadligen, den Asnawuren, mit geringem Landbesitz, die sich ihre Rechte auf Titel und Besitz in zahlreichen Aufständen erkämpft hatten.

Russischer Klassizismus in Batumi

Seit Mitte des 19. Jahrhunderts nahm das Ansehen der Universitätsbildung in Georgien zu. Sowohl die adligen Familien als auch reiche Bürger schickten ihre Söhne auf die russischen, später auch deutschen und französischen Universitäten, wo die jungen Leute, fern von Heimat und Tradition, mit dem europäischen Geist des 19. Jahrhunderts Bekanntschaft schlossen und neben anderen auch liberale Ideen mit nach Hause brachten, die sie mit der Forderung nach ›Wiedergeburt der Heimat‹ verknüpften. Dieserart entstand eine georgische Intelligenz, die sich unter den drei Bannern ›Heimat, Sprache und Glaube‹ zusammenfand, als ›Pirveli Dasi‹ (dt. : Erste Gruppe) in die Geschichte einging und zu der so bedeutende Persönlichkeiten wie Fürst Ilja Chavchavadze (1837–1907) und Akaki Zereteli gehörten (1840–1915). Das Ziel der Gruppe war es, zum Wachstum des nationalen Selbstbewusstseins, zur Wiedergeburt der georgischen Kultur und zur Beseitigung des Analphabetentums beizutragen. Die ihnen auf dem Fuße folgende ›Meore Dasi‹ (dt.: Zweite Gruppe) ging weiter und forderte auch eine Modernisierung der Wirtschaft, insbesondere der Landwirtschaft.

Anfang der 90er Jahre des 19. Jahrhunderts entstanden erste sozialdemokratische Zirkel, die zur ›Messame Dasi‹ (dt.: Dritte Gruppe) zu rechnen sind, die zu den Forderungen von Gruppe Nr. 1 und Gruppe Nr. 2 das Ziel proklamierte, die Gesellschaft nach marxistischen Ideen umzuwälzen. Da die Sozialdemokraten bewusst soziale und ökonomische Fragen in den Vordergrund rückten, gelang es ihnen schnell, das Vertrauen der landlosen oder landarmen Bauern zu erringen.

Die Geschichte der revolutionären Bewegung in Georgien kann, selbst bei großer Liebe zum Detail, auf wenigen Seiten abgehandelt werden und verdient dennoch Beachtung, will man einige ihrer Phänomene, wie das des Georgiers Dshugashwili alias Stalin zum Beispiel, wenn auch nicht verstehen, so doch in seiner Tragik erahnen. Zuallererst fällt ins Auge, dass es für eine proletarische Bewegung keinerlei Voraussetzungen geben konnte: Die Mehrheit der Bevölkerung waren landarme oder landlose Bauern, Handwerker oder Händler, die Industrialisierung und Ausbeutung der Bodenschätze hatte eben erst begonnen, einzig Tbilisi war über eine Eisenbahnlinie an Russland angebunden, der Hafen von Batumi spielte in der russischen Schifffahrt eine untergeordnete Rolle und in Georgien gab es keine Hochschule oder Universität.

Die nationale und kulturelle Wiedergeburt, die Unabhängigkeit von Russland waren deshalb die aktuellen Forderungen, und einer derjenigen, der sie am einleuchtendsten und nachdrücklichsten zu interpretieren und vertreten vermochte, war Ilja Chavchavadze, der übrigens auch als einer der ersten Intellektuellen auf die Fähigkeiten Iossif Dschugaschwilis (Stalin) aufmerksam machte – nicht auf die des Revolutionärs, sondern die des Dichters.

Nach der Spaltung der Sozialdemokraten in ›Bolschewiki‹ und ›Menschewiki‹ tendierte die Mehrheit der georgischen Mitglieder der ›Mesame Dasi‹ zu letzteren, und in der Revolution von 1905/07 spielten sie, nicht Lenins Bolschewiki, die entscheidende Rolle. Die Bolschewiki waren dort erfolgreich, wo es ihnen gelang, Streiks zu organisieren, wie Stalin etwa in Baku (im heutigen Aserbaidschan). Doch für einen entscheidenden politischen Rückhalt im Volk fehlten die Voraussetzungen.

Die ›Revolution‹ von 1917

Die bürgerlich-demokratische (wie die Bolschewiki sie bezeichneten) Februarrevolution 1917 und die Abdankung des letzten russischen Zaren Nikolai II. öffnete die Schleusen der lange zurückgehaltenen nationalen Gefühle im Völkergefängnis Russland (auch das eine Definition bolschewistischer Lesart). Es schien, als schlügen mit dem Sturz des Zaren die Glocken der nationalen Erneuerung und als wäre nun die Zeit gekommen, dass sich die Sehnsüchte nach nationaler und staatlicher Selbstbestimmung erfüllen würden, entweder im gleichberechtigten Bündnis mit Russland oder aber auch unabhängig von ihm.

In Georgien hatten die Bolschewiki im Februar 1917 so gut wie keinen Einfluss auf das Geschehen. An der Spitze der Bewegung standen die menschewistischen Sozialdemokraten. Zwei ihrer führenden Köpfe, Zereteli und Tschechidse, bekleideten Ministerämter in der Petrograder Provisorischen Regierung; in Georgien formierte sich unter der Regie von Noe Dshordania ein Sonderkomitee für den Transkaukasus, das die Grundlagen für eine Zusammenarbeit zwischen den transkaukasischen Ländern und, wie es hieß, freundschaftliche Beziehungen zu einem demokratischen Russland ausarbeiten sollte.

Der Traum von einem demokratischen Russland jedoch war schnell ausgeträumt. Im Oktober 1917 stürzten die Bolschewiki in Petrograd die Provisorische Regierung und verkündeten: »Alle Macht den Sowjets«. Propagandistisch setzten die Revolutionäre unter Lenin auf die Selbstbestimmung der Völker, realpolitisch griffen sie nach der Macht und proklamierten die Weltrevolution. Bolschewistische Militäreinheiten versuchten Ende November auch in Georgien zu rebellieren, wurden aber von Dshordania treuen Truppen niedergeschlagen. Dessen Regierung beschloss daraufhin, Russland den Rücken zu kehren. Die in Armenien und Aserbaidschan an die Macht gelangten bürgerlich-nationalen Bewegungen, die Daschnakzutjun und Musawat, boten sich als Bündnispartner an. Ende November 1917 entstand das Transkaukasische Komitee, und im Januar 1918 fanden die Wahlen für ein gemeinsames Parlament der drei Kaukasusländer statt.

Die einzige einmütig von den drei Bündnispartnern getroffene Entscheidung war die über den Austritt aus den Grenzen Russlands. In allen anderen Fragen offenbarten sich unüberbrückbare Meinungsverschiedenheiten, die, angefangen mit Unstimmigkeiten bei der Grenzziehung bis hin zu sozialen und ökonomischen Differenzen, die Unvereinbarkeit der Partner offenbarten.

Am 26. Mai 1918 erklärte die georgische Regierung die staatliche Unabhängigkeit des Landes. Einige der zuvor unter russischem Protektorat lebenden nationalen Minderheiten weigerten sich, die Oberhoheit Georgiens anzuerkennen. In einigen Regionen flammten Aufstände auf, die aber von der Dshordania-Regierung niedergeschlagen wurden.

Das deutsche Kaiserreich war das erste Land, das den Georgiern diplomatische Beziehungen antrug, und bereits am 28. Mai trat ein Vertrag in Kraft, demzufolge die Deutschen in Tbilisi eine Militärmission eröffneten, das Nutzungsrecht über die georgischen Eisenbahnen sowie eine Lizenz für den Abbau von Bodenschätzen, insbesondere Manganerz, erhielten. Damit war Kaiser Wilhelm den Engländern und deren Einflusszonen gefährlich nahe gekommen. Doch der

Kaiser sollte nicht mehr lange Kaiser sein. Die deutsche Novemberrevolution und die bedingungslose Kapitulation verwandelten den diplomatischen Coup in eine Fußnote der Geschichte.

Das einzige europäische Land (außer Sowjetrussland), das noch Interessen in der Region verfolgte, war England, das kurz vor Ende des Krieges einige Kompanien aus Mesopotamien, wo eine der Kriegsfronten gegen die Türken verlief, an das Kaspische Meer verlegte, um sich den Zugang zu den aserbaidschanischen Ölvorkommen zu sichern. Ende 1919 zogen sich die Briten aus der Region zurück. Das Empire wusste: seinen Hinterhof würde sich Moskau nicht nehmen lassen, egal wer im Kreml, der 1918 Regierungssitz geworden war, das Sagen hatte – seien es nun die Bolschewiki, die Demokraten oder die Monarchisten. So widersetzte sich England auch mit seinem Veto einer Aufnahme Georgiens in den Völkerbund.

Die Bolschewiki, die im Bürgerkrieg zwischen Rot und Weiß eine Schlacht nach der anderen für sich entschieden, verstanden das Signal aus London. Im April 1920 stürzte der aserbaidschanische revolutionäre Militärrat die Regierung der Musawat und wandte sich an Moskau mit der Bitte um Unterstützung. Die kam wenig später mit der Roten Armee, und als die Türken signalisierten, dass sie nichts einzuwenden hätten gegen ein sowjetisches Armenien, war es im Dezember 1920 auch um dessen Unabhängigkeit geschehen.

Die Klammer um Georgien hatte sich geschlossen. Doch die bolschewistische Regierung hatte bereits 1918 die Unabhängigkeit Georgiens anerkannt und war, formal zumindest, an ihr Wort gebunden. Und da Budjonnis Reiterarmeen gerade die Polen bedrängten, konnte und wollte sich das Volkskommissariat in Moskau keine Blöße geben. Mit dem ›Recht der Völker auf Selbstbestimmung‹ war damals ebenso Politik zu machen wie heute mit den Menschenrechten. Ein Vorwand musste her und der bot sich, als sich die Scharmützel zwischen Georgiern und Osseten sowie im Grenzgebiet zwischen Armenien und Georgien zu einem kleinen Krieg auszuwachsen begannen. Mit der Erklärung, ›dem Blutvergießen ein Ende zu bereiten‹, schickte das Volkskommissariat in Moskau Einheiten der Roten Armee in die Krisenregion. Den einzig nennenswerten Widerstand leisteten die Kadetten der Offiziersschule in Tbilisi. Kaum einer der jungen Adligen hat überlebt. Die Regierung von Dshordania verließ die Hauptstadt am 18. März 1921 und zog ins Pariser Exil.

Georgien und Sowjetrussland

»Wer nicht mit uns ist, ist gegen uns« – so ungefähr ließe sich die Grundüberzeugung der russischen Bolschewiki umreißen. Sie wollten die ideale Gesellschaft, ohne Klassenkampf und Ausbeutung, ohne Armut und Not. Doch bis zum Endziel des Kommunismus war es weit. Noch existierte in Georgien eine legale Opposition, sowohl innerhalb der Partei – in Form von Fraktionen – als auch außerhalb, als Partei der Sozialrevolutionäre und anderer Gruppen. Zum Selbstverständnis der neuen Macht jedoch gehörte es, dass sie, da sie die Wahrheit in letzter Instanz vertrat, neben sich keine Opposition duldete und diese mit allen Mitteln, bis hin zum Staatsterrorismus, bekämpfte. Der Roten Armee folgten die

›Außerordentlichen Kommissionen‹, bekannt als Tscheka, die auf die Ausschaltung echter und vermeintlicher politischer Gegner spezialisiert war.

Lenin betrachtete Georgien als einen Sonderfall unter den peripheren Gebieten des Sowjetstaats und warnte seine Genossen davor, »die russische Schablone auf die dortigen Verhältnisse zu übertragen.« Es sei im Gegenteil notwendig, »eine flexible und kluge Taktik« anzuwenden. Darum sollte sich Ordshonikidse, gebürtiger Georgier und Vertrauter Stalins, kümmern, der im März 1921 nach Tbilisi reiste, um mit den Kräften um Dshordania und anderen einflussreichen Menschewiki einen akzeptablen Kompromiss zu finden. Noch 1920 hatten die Georgier wissen lassen, dass sie »unter bestimmten Bedingungen nichts gegen eine Übernahme sowjetischer Verhältnisse« haben würden.

Fast schien es, dass dafür die besten Voraussetzungen gegeben seien, stand doch der Georgier Stalin an der Spitze des Volkskommissariats für nationale Minderheiten und regelte die bolschewistische Regierung ihre Beziehungen zu Georgien über den schon erwähnten Sergio Ordshonikidse. Doch so wie Renegaten oft die schlimmsten Eiferer sind, hatten diese beiden Männer in ihrer ehemaligen Heimat noch Rechnungen offen, die sie nun als Sieger zu begleichen gedachten. Durch ihre Entscheidung für die Bolschewiki, nach der Spaltung der Partei 1903, waren sie in ihrer Heimat, insbesondere bei der Intelligenz, zu Außenseitern geworden; ihr Leben als Berufsrevolutionäre hatte sie verbittert, ihr ideologischer Internationalismus entwurzelt. Nun, da sie an der Macht waren und die Mittel in Händen hielten, ihre Ideen zu verwirklichen, scherten sie sich nicht um fremde Meinungen, es sei denn, sie drohten, ihnen gefährlich zu werden. Stalin hatte ein hervorragendes Gedächtnis – und er verzieh nie. Lenin kanzelte die Haltung seines Genossen als ›großrussischen Chauvinismus‹ ab. Und noch im März 1923 bat Lenin Trotzki: »Ich würde Sie sehr darum bitten, sich im ZK der georgischen Sache anzunehmen. Sie liegt jetzt in den Händen von Stalin und Ordshonikidse, und ich fürchte sehr, dass es den beiden an Taktgefühl fehlt.«

Die Transkaukasische Föderation

Am 30. Dezember 1922 wurde die Union der Sozialistischen Sowjetrepubliken proklamiert, zu deren Gründungsmitgliedern auch Georgien gehörte, und zwar im Verband der Transkaukasischen Föderation, die von Moskau nach der Besetzung des Kaukasus erneut zum Leben erweckt worden war. Dieser Status brachte Georgien selbst um die theoretische Chance, das in der Verfassung vorgesehene Recht der souveränen Republiken auf Austritt aus der Union wahrzunehmen. Auch wenn dieses Recht nicht mehr als eine schöne Illusion war, was Lenin mit den offenen Worten umschrieb: »Die Anerkennung des Rechtes auf Trennung verbietet es nicht, alles zu tun, um eine Trennung zu vermeiden«, es macht einen Unterschied, ein Recht faktisch zu haben und es (im Augenblick) nicht ausüben zu können oder gar kein Recht zu haben. So argumentierten auch die georgischen Bolschewiki im Zentralkomitee der einheimischen KP und traten, nachdem alles Diskutieren sinnlos geworden war, im Herbst 1922 geschlossen zurück.

Gut ein Jahr später, im Januar 1924, starb Lenin. Im gleichen Jahr flammte unter der Führung einiger aus dem Exil zurückgekehrter sozialdemokratischer

Ex-Minister der Dshordania-Regierung ein Aufstand auf, der das ganze Land vom Schwarzen Meer bis Tbilisi erfasste und von der Roten Armee und den Sondertruppen der Tscheka im Blut erstickt wurde.

In Kutaisi

Die Transkaukasische Föderation bestand bis zum Jahre 1936. Alle Entscheidungen, die jede ihrer drei Teilrepubliken betrafen, mussten zunächst im Rahmen der Föderationsregierung einmütig beschlossen und dann vom Volkskommissariat in Moskau bestätigt werden. Von einer selbständigen Politik konnte unter solchen Umständen keine Rede sein, weshalb die Föderation, betrachtet man sie als politisches Machtinstrument zur Einigung der Sowjetunion, für Georgien eine ›Zwangsjacke‹ war.

Bis 1936 wurden alle Nationalitätenkonflikte innerhalb Georgiens zugunsten der ethnischen oder religiösen, was meist auf das gleiche hinauslief, Minderheiten gelöst. Georgien trat einige Gebiete an Aserbaidschan und insbesondere Armenien ab, in denen die Georgier nicht immer in der Minderheit waren. Sie waren es auch nicht in Abchasien, das 1921 den Status einer Sowjetrepublik erhielt – mit ähnlichen Rechten, wie sie Georgien im Rahmen der Transkaukasischen Föderation zustanden. Zehn Jahre später wurde Abchasien zur autonomen Sowjetrepublik. Auf dem Gebiet des Inneren Kartli, wo sich einige Siedlungen der Osseten, eines nordkaukasischen Volkes befanden, wurde eine Südossetische Autonome Sowjetrepublik gegründet – als Geste der Dankbarkeit an die Osseten. Sie vor allem waren es gewesen, die 1921 die Zusammenstöße mit Georgiern provoziert hatten, welche Moskau den Vorwand zur Intervention gaben.

Lenin und Stalin, ein gebürtiger Georgier

Stalin genügten die 14 Jahre des Bestehens der Föderation, um seine Ziele zu erreichen und jeden Widerstand gegen das Aufgehen der drei kaukasischen Länder in der Sowjetunion und gegen die von Moskau diktierte Politik

Das Wappen der Sowjetrepublik Georgien

zu eliminieren. Erst als in Armenien, Aserbaidschan und Georgien die Kader herangereift waren, die ohne Widerspruch seinen Willen vor Ort verkörperten, lockerte der Generalsekretär die Zügel, ohne jedoch sein Auge von Georgien je abzuwenden.

Einer dieser Kader war der Georgier Lawrenti Berija, der von 1921 bis 1931 die Transkaukasische Tscheka, die Geheimpolizei, kommandierte. 1931 wurde er Erster Sekretär des Georgischen Zentralkomitees der Kommunistischen Partei und ein Jahr später Chef der Transkaukasischen KP. Seine Karriere verdankte er seiner unbedingten Treue gegenüber Moskau. Furcht und Misstrauen hielt die Reihen der Kommunisten zusammen. Von den georgischen Delegierten des XVII. Parteitages der KPdSU im Jahre 1934 wurden nicht weniger als 70 Prozent erschossen, und von den 634 Delegierten des X. Parteitages der Georgischen KP erlitten 425 Kommunisten das gleiche Schicksal oder starben in den Lagern des GULAG, die Berija von 1938 bis 1947 als Chef des Geheimdienstes verwaltete. Und diese Zahlen, hinter denen sich das unbeschreibliche Leid nur erahnen lässt, sind nur die Spitze des Eisberges über dem Staatsterrorismus der Stalinära, dem auch der gesamte Adel zum Opfer fiel. Als faktisch zweiter Mann hinter Stalin im Staat kümmerte sich Berija von 1947 bis 1953 um den Aufbau der Atomindustrie der Sowjetunion, den militärisch-industriellen Komplex im Allgemeinen. Im April 1952, 11 Monate vor Stalins Tod, erschien er persönlich in Tbilisi und enthob faktisch die gesamte Parteispitze ihrer Ämter. Den anschließenden Säuberungen fielen nochmals hunderte Menschen zum Opfer. Als Stalin starb, streifte sich Berija den Mantel des Reformers über. Geholfen hat es ihm nicht, sein Stern verlosch, und es verging kein halbes Jahr, als Berija nach kurzem Prozess standrechtlich erschossen wurde.

Die Jahre der Sowjetmacht bedeuteten für Georgien den Anschluss an die industrielle Transformation des ehemaligen russischen Imperiums. Ganze Industriezweige erwuchsen buchstäblich aus dem Boden. Dazu gehörte die Erschließung der im Kaukasus lagernden Bodenschätze. Die in der Kolchischen Tiefebene betriebenen Meliorationsarbeiten verwandelten die einstigen malariaverseuchten Sümpfe in blühende Gärten. Dort, wie auch anderswo, entstanden staatseigene oder genossenschaftliche Zitrus- und Teeplantagen, entwickelte sich der Weinbau zu einem der einträglichsten Wirtschaftszweige. Dank seines Klimas und der landschaftlichen Schönheit wurde Georgien zu einem der bedeutendsten touristischen Zentren der Sowjetunion. Stalin liebte Georgien und unterhielt dort einige ›Regierungsdatschen‹. Es ist aber ein Mythos, dass alle Georgier Stalin verehrt hätten. Natürlich hatte der Kult um Stalin auch in Georgien bis in die jüngste Zeit hinein tiefe Wurzeln, aber zu viele Menschen waren dem Terror zum Opfer gefallen, als dass hier Pauschalisierungen angebracht wären.

Der Zweite Weltkrieg

Am 22. Juni 1941 überfiel Hitler-Deutschland die Sowjetunion. Von 3,5 Millionen Georgiern kämpften 700 000 Soldaten vom ersten bis zum letzten Tag an allen Fronten. Die Hälfte von ihnen sah ihre Heimat nie wieder, prozentual mehr, als der Krieg jeder anderen Sowjetrepublik an Opfern abverlangte.

Sein ganz persönliches Opfer in diesem Krieg brachte auch Stalin. Stalins Sohn aus erster Ehe, Jakow Dschugaschwili, ein junger Artillerie-Leutnant, war in deutsche Gefangenschaft geraten. Noch lange Zeit nach dem Krieg lag sein Schicksal im Dunkeln, hatte doch der Generalissimus selbst alle seine in deutsche Hände gefallenen Soldaten als Verräter denunziert. Die Gefangennahme seines Sohnes passte nicht zum Bild der Propaganda. Vom Schicksal Jakows existieren mehrere Versionen. Wahrscheinlich ist, dass die SS durch ihre Spitzel im Lager von der wirklichen Identität des jungen Leutnants erfuhr. Ihm wurde schonende Behandlung angeboten, die er ablehnte. Als sich 1943 Friedrich Paulus vor Stalingrad ergab und Hitler einem seiner besten Generäle den Prozess machen wollte, bot er Stalin an, Paulus gegen Jakow auszutauschen. Stalin soll geantwortet haben: »Ich tausche keinen Marschall gegen einen Soldaten.« Jakow sollte daraufhin seinem Vater schreiben und ihn um Hilfe bitten. Wieder lehnte er ab und zog den Tod im elektrisch geladenen Stacheldraht der Schande vor.

Ohne unmittelbar von den Kampfhandlungen betroffen worden zu sein, hatte Georgien für den letztendlichen Sieg der Sowjetunion einen hohen Preis zu zahlen. Die Wirtschaft produzierte ausschließlich für den Krieg, die Sanatorien hatten sich in Lazarette verwandelt, die Menschen litten unter dem Mangel – bis endlich drei sowjetische Soldaten, von denen der eine ein Georgier war (eine Reverenz an den Generalissimus Stalin, denn das Foto war gestellt), die rote Fahne auf dem Reichstag hissten.

Einen der berührendsten Filme über die Leiden des Zweiten Weltkrieges schuf der Georgier Rewas Tscheidse mit ›Der Vater des Soldaten‹ (→ S. 210).

Im Stalinmuseum in Gori

Land und Leute

Die Jahre nach dem Krieg

Die Zerstörungen waren verheerend. Die Deutschland und seinen Verbündeten abverlangten Reparationen sollten die Verluste kompensieren. Endlos lange Güterzüge, beladen mit Maschinen und ganzen Industrieanlagen, rollten gen Osten. Es gehört zu den tragischen Momenten dieses Krieges, dass Stalin damit letztendlich den Deutschen, zumindest denen in den westlichen Besatzungszonen, in die Hände spielte und seinem eigenen Land einen Bärendienst erwies. Während es der Marshallplan der westdeutschen Industrie erlaubte, den Maschinenpark mit amerikanischer Hilfe auf technologisch aktuellstem Stand zu erneuern, geriet die Sowjetunion in den Besitz von Technik, die im Krieg verschlissen worden war. Der 1948 offen ausgebrochene Kalte Krieg isolierte das Land vom Rest der Welt und zwang es, ausschließlich aus eigenen Kräften mit dem Westen mitzuhalten.

Aber die Ressourcen reichten gerade aus, um die industrielle Produktion aufrechtzuerhalten. Für die Herstellung von Konsumgütern, die ›1000 Dinge des täglichen Bedarfs‹ konnte der Staat nicht aufkommen. Wie schon nach dem Bürgerkrieg Lenins ›Neue Ökonomische Politik‹ der Privatwirtschaft Freiräume schaffte, musste der Kreml nun erneut Zugeständnisse machen, wenn auch nicht in dem Maße wie Anfang der 1920er Jahre und ideologisch geschickt bemäntelt als Gründung von ›Produktionsgenossenschaften‹. In diesen Kooperativen, meist nicht mehr als kleine Werkstätten, stellten Kriegsinvaliden in Handarbeit oder mit einfachsten technischen Mitteln all das her, was in den Geschäften nicht zu haben war. Der Beitrag der Kleinbetriebe zum Bruttosozialprodukt war unbedeutend, die Lücken im Angebot konnten sie nicht füllen, aber das ›Defizit‹, der Mangel, wurde in der Sowjetunion zum Wirtschaftsfaktor Nummer 1. Die Schattenwirtschaft ernährte Produzenten und Händler ebenso wie die Partei- und Staatsfunktionäre, die die Genehmigungen erteilten, oder Miliz und Staatsanwaltschaft, die wegsahen. Ein sowjetisches Sprichwort lautete: »Wichtiger als 100 Rubel sind 100 Freunde« – und die waren auch nötig, um all das zu beschaffen, was dem Leben zu einem Minimum an Bequemlichkeit verhalf. Die aus dem illegalen oder

Weinernte in Kachetien

halblegalen Handel erwirtschafteten Gelder überschwemmten das Land, und ab und an veranstaltete die sowjetische Justiz Schauprozesse, die bei ›besonders großem Ausmaß‹ der Bereicherung mit Verhängung der Todesstrafe endeten.

Georgien nun war nicht nur eines der Zentren der ›Kooperation‹, sondern stand faktisch auf dem Gipfel der Pyramide. Der Erfindungsreichtum der Georgier im Überlebenskampf mag dabei eine Rolle gespielt haben, ebenso wie der in den Jahrzehnten des Terrors nicht verloschene Gemeinschaftssinn. Doch ausschlaggebend für die Sonderstellung Georgiens waren die natürlichen Ressourcen des Landes: Zitrusfrüchte, Tee, Wein, Kognak, Urlaubsplätze in den Sanatorien und Ferienheimen, die mit Gold aufgewogen wurden, insbesondere in den nördlichen Regionen mit ihren kurzen Sommern und endlosen Wintern. Wer dort mit einer Kiste Kognak oder einem LKW oder gar gecharterten Aeroflot-Maschinen voller Zitrusfrüchte auftauchte, der wurde mit offenen Armen empfangen und bekam alles, einschließlich der Rohstoffe, deren Beschaffung für die Schattenwirtschaft das wichtigste Problem war.

Faktisch hatte Georgien nach 1946 innerhalb der Sowjetunion einen Sonderstatus inne. Die Schattenwirtschaft war keine Erfindung der Georgier, sie verstanden es lediglich am besten, sich ihre Gesetze nutzbar zu machen.

Von Chruschtschow bis Breschnew

Die neue Ära der Sowjetunion brach mit dem 20. Parteitag der sowjetischen Kommunisten an, auf dem der Generalsekretär den Personenkult und die Verbrechen Stalins entlarvte und den Aufbau des wahren Kommunismus in wenigen Jahrzehnten versprach. Nikita Chruschtschow hatte sich verrechnet und wurde 1964 entmachtet. Seinen Posten übergab er Leonid Breschnew, den dieser bis 1982 innehatte. Auf unerwartete Verbitterung stießen die Moskauer Enthüllungen in Tbilisi. Die Georgier fürchteten sich vielleicht davor, nun da Stalin tot war, so etwas wie eine kollektive Verantwortung für das, was ihm zur Last gelegt wurde, zugeschoben zu bekommen. Und wenn er auch den Georgiern nicht minder mitgespielt hatte als allen anderen Menschen in der Sowjetunion, er war ihr ›größter Georgier‹, und das sollte er auch bleiben.

Spontan versammelten sich in Tbilisi im April 1956, einen Monat nach Bekanntwerden der Geheimrede Chruschtschows auf dem Parteitag, zehntausende, vor allem junge Menschen, um gegen den ›Verrat‹ der neuen Moskauer Parteiführung und die antigeorgischen Stimmungen im Land zu demonstrieren. Am dritten Tag eskalierten die Proteste, und als die Demonstranten das Hauptpostamt auf dem Rustaveli-Prospekt stürmten, schoss die Miliz in die Menge. Die nach dem ›Aufstand‹ einsetzenden Säuberungen ›befriedeten‹ Georgien, und der mit Chruschtschows Wirtschaftspolitik einhergehende Aufschwung tat in den nächsten zwei Jahrzehnten sein Übriges zum inneren Frieden.

1976 nahm das sowjetische Parlament eine neue Verfassung an, die von den Unionsrepubliken ratifiziert werden musste. Zu diesem Zweck veranstaltete der Oberste Sowjet Georgiens im April 1978 ein Plenum, auf dem sich die Gemüter um den Passus der Einheitssprache, Russisch, erhitzten. De facto war am Russischen als gemeinsamer Amts- und in bestimmtem Maße auch Kultursprache ohnehin nicht zu rütteln, aber da Ende der 1970er Jahre die Moskauer Parteiführung eine ideologische Kampagne zur kulturellen Gleichschaltung der Republiken gestartet hatte, schlugen die Wellen der Empörung hoch, und erneut gingen spontan zehntausende Studenten und Intellektuelle auf die Straße. Diesmal kam es nicht zum Blutvergießen. Im Anschluss an die Sitzung des Obersten Sowjets erschien der Erste Sekretär des Georgischen Zentralkomitees, Eduard Schewardnadse, vor den Demonstranten und sicherte zu, dass das Parlament den entsprechenden Punkt der Verfassung nicht ratifizieren würde und stattdessen in der Republiksverfassung Georgisch als Staatssprache und Russisch als Amtssprache festschreiben würde. Moskau billigte die georgischen Vorbehalte.

Jener Eduard Schewardnadse war seit 1972 der Führer der georgischen Kommunisten und hatte während seiner Karriere in den höchsten Parteiämtern einen überaus schwierigen Stand in Georgien. Just in den ersten Jahren seiner Amtseinführung begann man in Moskau den Kampf gegen Korruption und Wirtschaftsverbrechen als Mittel der Politik zu begreifen und forderte von den Republiken energische Maßnahmen, um alle Verstöße gegen die sozialistische Moral und Gesetzlichkeit zu unterbinden. Dass das unmöglich war, kümmerte weder die, die es wussten, noch jene, die naiven Glaubens das Beste für das Land wollten. Massenverhaftungen setzten ein, und Gerichte verhängten hohe Freiheitsstrafen. Die Untersuchungsbeamten waren meist aus Moskau geschickt, ehrgeizig und unbestechlich, weshalb das uralte System der allseits ›offenen Hände‹ versagte. Jene Jahre legten einen weiteren Grundstein für die kriminellen Strukturen, die sich im Umfeld der Schattenwirtschaft und über die Republikgrenzen hinweg organisierten. Mit dem Kampf gegen die Korruption gingen Kampagnen gegen den wachsenden Einfluss religiöser Stimmungen und gegen Abweichungen von der sozialistischen Kultur und Kunst einher.

Andererseits standen die sowjetischen 1970er und 1980er Jahre unter dem Zeichen der Dissidentenbewegung. Bereits 1957 waren dem sowjetischen Geheimdienst einige junge Menschen aufgefallen, die sich in einer lockeren Vereinigung zusammenfanden, die sie ›Gorgasali‹ nannten, nach dem König, der Tbilisi zur Hauptstadt Iberiens erklärt und für einige Jahre die Perser aus dem Land verdrängt hatte. Die jungen Leute schrieben, druckten und verteilten Texte, in denen sie den Massenterror der zaristischen Regierungen und der Sowjetmacht gegen die georgische Intelligenz und das georgische Volk anhand von Fakten dokumentierten. Sie wurden verhaftet und verurteilt, unter ihnen zwei noch minderjährige Schüler: Swiad Gamsachurdia und Merab Kostava, beide aus ›bestem Hause‹. Swiads Vater war einer der einflussreichsten georgischen Intellektuellen und Schriftsteller. Seiner Fürsprache und seinem Einfluss war es zu verdanken, dass die beiden Jungen nur zu sechs Monaten Freiheitsstrafe verurteilt wurden.

Swiad Gamsachurdia und Merab Kostava waren von nun an die beiden populärsten Persönlichkeiten unter den Dissidenten. Im Bunde mit anderen Intellektuellen gründeten sie die erste georgische Menschenrechtsgruppe, schrieben Bücher und Artikel, in denen sie ihre Ideen von einem freien und unabhängigen Georgien propagierten. Als die beiden Freunde einige Jahre später erneut vor Gericht standen, endete der Prozess für Merab Kostava mit einer langjährigen Freiheitsstrafe. Swiad Gamsachurdia schwor ab und entkam dem GULAG.

Der Weg in die Unabhängigkeit

Ende der 1980er Jahre begann das sowjetische Imperium zu wanken. Die von Gorbatschow verkündete Politik von Glasnost und Perestroika geriet dem Kreml mehr und mehr außer Kontrolle. Im April 1989 rief die nationale Opposition zu einer Großdemonstration in Tbilisi auf, zu der zehntausende Menschen erschienen. Sie forderten die Unabhängigkeit des Landes und ein einheitliches Georgien. Sondereinheiten des sowjetischen Innenministeriums setzten Feldspaten und Kampfgas gegen die friedlichen Demonstranten ein. 17 Menschen wurden getötet, tausende erlitten bleibende gesundheitliche Schäden.

Den Forderungen nach Unabhängigkeit hatten sich nationalistische Untertöne beigemischt. Der Aufruf Swiad Gamsachurdias ›Georgien den Georgiern‹ und ›Nie wieder Türken in Georgien‹ weckte schwelende Ressentiments gegen die auf georgischem Territorium bestehenden Autonomien der Osseten und Abchasen. In den autonomen Gebieten Südossetien und Abchasien spitzte sich die Lage gefährlich zu, und es kam zu ersten Auseinandersetzungen, die von der georgischen Opposition um Gamsachurdia noch angestachelt wurden. Nach und nach gelangten aus den Kasernen der sowjetischen Armee immer mehr Waffen unter die Menschen. Und was zu Friedenszeiten als verwirklichtes Recht der ethnischen Minderheiten interpretiert werden konnte, kehrte sich mit dem Zerfall der Sowjetunion um. Waren die Grenzen der autonomen Republiken noch bis vor wenigen Jahren nicht mehr als symbolische Markierungen auf den Landkarten, wurden sie nun zu politischem Sprengstoff. Merab Kostava vertrat im Gegensatz zu Gamsachurdia eher gemäßigte Positionen. Seine politische Haft und sein vom Geist der Verständigung diktiertes Programm hatten ihm viele Anhänger beschert. Mit seinem Charisma hatte er ein Auseinanderbrechen der nationalen Opposition verhindert und ihre nationalistische Radikalisierung gedämpft. Als der Politiker im Herbst 1989 bei einem Autounfall ums Leben kam, glaubte kaum jemand an einen Zufall.

Im Sommer 1990 erklärte das georgische Parlament de facto die Unabhängigkeit Georgiens. Aus den im Oktober des gleichen Jahres abgehaltenen ersten freien Wahlen ging die Runde-Tisch-Allianz Gamsachurdias als Sieger hervor, und im Mai 1991 wurde Swiad Gamsachurdia, der ehemalige Dissident, erster Präsident Georgiens. Seine Politik stürzte Georgien in den Bürgerkrieg. Die Verantwortung mag nicht auf ihm allein lasten, aber er war der Zauberlehrling, der die Geister rief und nun nicht wieder los wurde.

Als Gamsachurdia aus machtpolitischem Kalkül die Moskauer Augustputschisten unterstützte, verlor er binnen eines Tages die Sympathien fast aller politischen Kräfte. Am 2. September 1991 feuerte seine Garde auf Demonstranten. Diese bewaffneten Einheiten unterstanden einem Mann mit immensen Ambitionen: Tengis Kitowani, ein Bildhauer, der sich dem Präsidenten nun widersetzte und mit seinen Anhängern in der Nähe der Hauptstadt Stellung bezog. Ein Teil der Garde stellte sich auf die Seite Gamsachurdias. Neben den Truppen Kitowanis existierten noch andere paramilitärische Verbände, unter ihnen die ›Mchedrioni‹ (Ritter) Dschaba Iosselianis, die dieser 1989 zur ›Aufrechterhaltung von Ruhe und Ordnung in den Autonomen Gebieten und zum

Schutz vor Übergriffen auf Georgier‹ gegründet hatte. Der 1926 geborene Iosseliani, eine ›Autorität‹ unter den sowjetischen Kriminellen, und seine Ritter waren Anfang 1991 von sowjetischen Militäreinheiten beschossen und auseinandergetrieben wurden. Ihr Chef saß seitdem im Untersuchungsgefängnis des KGB, wo er, wie es hieß, an einem Roman über die Geschichte Georgiens und den Krieg schrieb. Als Kitowanis Garde Ende Dezember 1991 den Präsidentenpalast, in dem sich Gamsachurdia mit seinen Ministern, einigen Anhängern und 3000 seiner Kämpfer verbarrikadiert hatte, vergeblich belagerte, ließ er Iosseliani befreien und sich von dessen ›Mchedrioni‹ unterstützen. Am 6. Januar 1992 war der Kampf entschieden. Gamsachurdia verließ Georgien und fand zunächst Asyl in Armenien.

Die Macht übernahm ein Triumvirat, bestehend aus Kitowani, Iosseliani und Tengis Sigua, dem Ex-Premier Gamsachurdias, der bereits im August zur Opposition gewechselt war. Iosseliani kommentierte lakonisch: »Die Macht haben ein bekannter Dieb und ein unbekannter Bildhauer ergriffen.« Im März 1992 kehrte Eduard Schewardnadse, der sowjetische Außenminister unter Gorbatschow, aus Moskau nach Tbilisi zurück. Er wurde der vierte im Bunde.

Der Abchasien-Krieg

Unterdessen spitzte sich der Konflikt in Abchasien immer weiter zu. Es ist schwierig, nachvollziehen, wer im Recht ist: diejenigen, die behaupten, die Abchasen wären Georgier oder diejenigen, die die abchasische Minderheit als Nordkaukasier betrachten, die im 17. Jahrhundert aus den Bergen nach Georgien eingewandert seien. Über Argumente verfügen sowohl die einen als auch die anderen, und darum geht es auch nicht. Das 1989 um den Autonomiestatus ausgebrochene Tauziehen hatte mit den angeheizten nationalistischen Stimmungen, der Verteilung von Macht, Reichtum und Einfluss und nicht zuletzt mit den strategischen Interessen Russlands zu tun. In jenem Jahr stellten die Abchasen etwa 17 Prozent der Bevölkerung in der Republik.

Als im August 1992 georgische Truppen unter dem neuen Verteidigungsminister Kitowani in Abchasien einmarschierten, um die von Russland über Suchumi nach Georgien führende Eisenbahnlinie vor den permanenten Überfällen durch Wegelagerer zu schützen, wurden sie trotz einer entsprechenden Vereinbarung mit der autonomen Regierung von abchasischen Truppen beschossen. Kitowani zog daraufhin nach Suchumi und gab die Stadt zur Plünderung frei. Damit hatte er den Anlass für den Krieg gegeben, der die Region ein ganzes Jahr lang in Atem hielt. Mit massiver russischer Unterstützung und verstärkt durch tschetschenische Freischärler, besetzten abchasische Truppen 1992/93 die ganze Teilrepublik und vertrieben Zehntausende Georgier. Mehr als 8000 Menschen verloren ihr Leben. Erst mit der Unterzeichnung einer Vereinbarung zwischen Georgien, Russland und Abchasien beruhigte sich die Lage. Die UNO erklärte die russische Truppenpräsenz zur UN-Friedensmission.

Die desaströse Lage nach dem Abchasienkrieg nutzten der gestürzte Ex-Präsident Swiad Gamsachurdia und seine Anhänger im September 1993 zu einer Revolte in Westgeorgien. Die georgische Armee, unterstützt von den ›Rittern‹

Sympathiekundgebung für Gamsachurdia am 16. Januar 1991

Iosselianis, schlug den Aufstand mit russischer Hilfe bis zum Ende des Jahres nieder. Gamsachurdia starb am 31.Dezember 1993. Die Umstände seines Todes sind bis heute ungeklärt. Er wurde zunächst in Tschetschenien beigesetzt, 2007 exhumiert und in Tbilisi im Pantheon am Hang des Mtatsminda-Berges beigesetzt.

Die dem Abchasienkrieg und dem Bürgerkrieg in Westgeorgien beiden folgenden Jahren stand im Zeichen eines erbitterten Machtkampfes zwischen Schewardnadse, Kitowani und Iosseliani. Im Mai 1993 bereits hatte Schewardnadse den in Abchasien gescheiterten Kitowani als Verteidigungsminister abgesetzt. Im Januar 1995 organisierte Kitowani mit seinen Anhängern im Alleingang einen Militärschlag gegen Abchasien, den Armeeinheiten verhinderten. Kitowani wurde zu acht Jahren Haft verurteilt, jedoch 1999 aufgrund einer schweren Krebserkrankung auf freien Fuß gesetzt. Er ging ins Moskauer Exil.

Das gleiche Schicksal ereilte Dschaba Iosseliani. Schewardnadse ließ 1995 dessen ›Ritter‹ von einem Gericht zu einer kriminellen Vereinigung erklären und entwaffnen. Als er im August 1995 nur knapp einem Bombenattentat entging, wurde Iosseliani als vermutlicher Drahtzieher verhaftet, drei Jahre später zu einer elfjährigen Gefängnisstrafe verurteilt, jedoch bereits ein Jahr später aus gesundheitlichen Gründen begnadigt. Im Februar 2003 starb er an einem Herzinfarkt.

Der Bürgerkrieg hatte das Land ruiniert. Allmählich nur begann sich die Lage zu normalisieren. Die Annahme der Verfassung 1995 beendete die Übergangsperiode. Die Parlamentswahlen entschied die Bürgerunion Schewardnadses für sich, und er selbst wurde erneut zum Präsidenten gewählt. Auch aus den Parlaments- und Präsidentenwahlen 1999 bzw. 2001 gingen der Präsident und seine politische Partei als Sieger hervor.

Die Rosenrevolution

Während der Amtszeit Schewardnadses verschärften sich die wirtschaftlichen, sozialen und politischen Probleme des Landes. Das an natürlichen Ressourcen reiche Georgien hatte sich in einen Billiglieferanten von Rohholz und Altmetall verwandelt, die (offizielle) Arbeitslosenrate im Land erreichte 16 Prozent. Gehälter und Renten reichten nicht zum Lebensunterhalt und wurden zudem nicht immer ausgezahlt. Die Energiekrise, die Schewardnadse bei seiner Wiederwahl zu lösen versprochen hatte, spitzte sich weiter zu. Ausländische Kredite versickerten in dunklen Kanälen, und in Tbilisi etablierte sich ein provokant konsumorientiertes Establishment. Vetternwirtschaft und Korruption erreichten Ausmaße, die das ganze Land gegen Präsident, Regierung und die machtlosen politischen Parteien aufbrachte. Der einzige oppositionelle Fernsehsender Rustavi 2 wurde mit allen Mitteln behindert. Einer seiner beliebtesten Journalisten erlag 2002 einem Attentat, und niemand zweifelte an den politischen Hintergründen seiner Ermordung.

Genauer betrachtet war der ehemalige sowjetische Außenminister ein schwacher Präsident mit starken Familienbanden, in deren Netz sich die Interessen des Landes verfingen. Dennoch gewann seine Partei die Parlamentswahlen vom 2. November 2003; auf den zweiten Platz kam die Partei des adscharischen Präsidenten Aslan Abaschidse. Nur wenige Stimmen trennten die beiden von einer neuen oppositionellen Kraft – der Nationalen Einheitspartei. Ihr Vorsitzender Michail Saakaschwili war nach einem Studium in den USA Ende der 1990er Jahre nach Georgien zurückgekehrt. Schewardnadse hatte den damals noch nicht 40-jährigen Juristen als Justizminister in sein Kabinett geholt, Saakaschwili war jedoch bald zurückgetreten und hatte sich der Opposition angeschlossen.

Bereits am Wahltag waren Proteste gegen massive Wahlfälschungen laut geworden. Die Anhänger der Opposition gingen auf die Straße und verteilten Rosen an Militärs und Polizei. Am 22. November trat das neue Parlament zu seiner ersten Sitzung zusammen. Als der Präsident zur feierlichen Eröffnungsrede anhob, stürmten Anhänger Saakaschwilis den Sitzungssaal und forderten Neuwahlen. Der russische Außenminister Sergej Ivanov vermittelte erfolgreich zwischen den Konfliktparteien. Am 23. November trat Schewardnadse zurück. Zwei Tage später annullierte das Oberste Gericht die Wahlen. Interimspräsidentin wurde die Parlamentsvorsitzende Nino Burdschanadse. Diese Novembertage sind als Rosenrevolution in die Geschichte des

Eduard Schewardnadse war von 1995 bis 2003 Präsident Georgiens

Landes eingegangen. Am 4. Januar 2004 fanden Präsidentenwahlen statt, aus denen Michail Saakaschwili mit 96 Prozent der Stimmen als Sieger hervorging. Die Wahlbeteiligung betrug 88 Prozent.

Der neue Präsident versprach, sich um die sozialen Probleme des Landes zu kümmern sowie angesichts der abtrünnigen Teilrepubliken Adscharien, Abchasien und Südossetien die staatliche Einheit wiederherzustellen. Außenpolitisch kündigte er eine stärkere Anlehnung an die USA, EU und NATO und einen Ausgleich mit Russland an. Eine seiner ersten Maßnahmen war die Anhebung der Gehälter und Renten, die nun auch tatsächlich ausgezahlt wurden. Am spektakulärsten war das Vorgehen der neuen Regierung zur Bekämpfung der Korruption und Kriminalität. So wurden die Gehälter der Sicherheitskräfte wesentlich angehoben, und die Zeiten, da die Polizisten eher Wegelagerern ähnelten, waren vorüber. Gegen die meisten der korrupten Politiker und Geschäftsleute wurden Verfahren eingeleitet. Mit drastischen Mitteln, einschließlich militärischer, bekämpfte er das organisierte Verbrechen.

Mit politischem Geschick tat sich Saakaschwili auch bei der Bewältigung der Adscharien-Krise im Frühjahr 2004 hervor. Der Autonomie-Status Adschariens geht auf die sowjetische Verfassung zurück. Die Adscharen sind Georgier, jedoch im Gegensatz zur christlichen Mehrheit in ihrer Mehrzahl Muslime. Während des Bürgerkrieges im Herbst 1993 in Westgeorgien schloss der adscharische Präsident Aslan Abaschidse zeitweilig die Grenzen, um eine Ausweitung der Kampfhandlungen auf seine Teilrepublik zu verhindern, und betrieb eine zunehmend eigenständige Politik. Als Saakaschwili im Vorfeld der Parlamentswahlen die Einreise nach Adscharien verweigert wurde, eskalierte der Konflikt. Der Präsident mobilisierte seine Anhänger in Adscharien. Von den Massendemonstrationen in die Enge getrieben, erklärte Abaschidse seinen Rücktritt und begab sich ins Moskauer Exil.

Der Konflikt um Abchasien und Südossetien

Schwieriger gestaltet sich die Lage in Abchasien und Südossetien. In beiden Gebieten befinden sich seit dem Bürgerkrieg russische Militäreinheiten. Für die russische Führung sind die beiden Regionen ein Faustpfand. Während die Abchasen in ihrem eigenen Land bis zur Vertreibung von zehntausenden Georgiern eine Minderheit darstellten, sind 60 Prozent der Einwohner in Südossetien Osseten. Der südossetische Präsident Eduard Kokoity erklärte nach dem Sieg seiner Partei im Mai 2004, dass er alles daran setzen würde, die Wiedervereinigung mit Nordossetien und damit die staatliche Anbindung an Russland zu erreichen. Saakaschwili bot dagegen sowohl Südossetien als auch Abchasien einen Sonderstatus an, was beide Regionen entschieden zurückwiesen.

Die Beziehungen zwischen Georgien und Russland blieben in jener Zeit zum Zerreißen gespannt. Im Frühjahr 2006 verhängte die russische Regierung ein Einfuhrverbot zunächst für Weine, dann auch für Mineralwasser aus Georgien. Im Spätsommer bezichtigte die georgische Regierung im Gegenzug einige russische Offiziere der Spionage. Der Kreml dementierte, forderte die sofortige Freilassung der Inhaftierten, sperrte alle direkten Verkehrswege und begann

Moschee in der Autonomen Republik Adscharien

mit der Verfolgung in Russland lebender Georgier. Ende 2007 räumte Russland seine letzten beiden nach dem Zerfall der Sowjetunion in Georgien verbliebenen Militärbasen.

Hintergrund der Streitigkeiten sind die georgischen Bestrebungen, der NATO beizutreten, was in Russland als Bedrohung der eigenen Interessen verstanden wird. Nachdem der Westen Kosovos staatliche Unabhängigkeit von Serbien anerkannt hatte, nahm Russland dies als Vorwand, um die Unabhängigkeitsbestrebungen Südossetiens und Abchasiens völkerrechtlich zu legitimieren.

Wie in vielen Jahrhunderten zuvor befindet sich Georgien im Schnittpunkt der strategischen Interessen rivalisierender Großmächte und ihrer Verbündeten. Was einst die Seidenstraße und die lukrative Kontrolle der Handelsströme waren, sind heute die Pipelines, durch welche Öl und Gas aus Aserbaidschan und Mittelasien über Georgien in die Türkei gepumpt wird. Georgien ist nicht mehr und nicht weniger als eine politische Trumpfkarte in diesem Konflikt, in dem sich Präsident Saakaschwili eindeutig auf die Seite der USA stellte.

Im Frühjahr 2007 beschloss der amerikanische Kongress, den Beitritt Georgiens zur NATO voranzutreiben. Die Statuten des Bündnisses jedoch verbieten die Aufnahme von Mitgliedern, deren Staatsgrenzen nicht völkerrechtlich anerkannt sind. Saakaschwili stand also vor einem Dilemma: entweder er bewegt die Regierungen von Abchasien und Südossetien zur Aufgabe ihrer separatistischen Politik oder ein Beitritt zur NATO wäre de facto die Anerkennung der Selbstbestimmung beider Regionen.

Saakaschwili rüstete das Land – mit amerikanischer Unterstützung – auf und setzte mehr und mehr auf die militärische Karte. Zwischen 2003 und 2009 stieg der Etat für Verteidigung von 18 Millionen auf 900 Millionen Dollar. Im Juli 2008 spitzten sich die um diese Jahreszeit üblichen Auseinandersetzungen zwischen Osseten und Georgiern in Südossetien zu. Russland konzentrierte

Panzerkolonnen am Eingang zum Roki-Tunnel in Nordossetien. Am Abend des 7. August 2008 verkündete Saakaschwili in einer emotionalen Rede einseitig den Waffenstillstand. In der folgenden Nacht beschossen georgische Truppen die südossetische Hauptstadt Tskhinvali. Ziel der Georgier war es, die Stadt im Handstreich zu nehmen und zum Roki-Tunnel unter dem Kaukasus vorzustoßen, um die Nachschublinie aus Russland zu unterbrechen. Die Rechnung ging nicht auf. Das Bombardement Tskhinvalis und die heftigen Kämpfe forderten viele Menschenleben, vor allem unter der Zivilbevölkerung. Russland setzte seine Panzerkolonnen in Marsch und bombardierte militärische Ziele in Georgien. Über Abchasien stießen russische Militärs bis Poti am Schwarzen Meer vor, in Zentralgeorgien unterbrachen sie und südossetische Paramilitärs die strategische Ost-West-Trasse zwischen Tbilisi und Kutaisi und besetzten zeitweise die Heimatstadt Stalins, Gori.

Internationale Friedensbemühungen unter Vermittlung des französischen Präsidenten und damaligen Vorsitzenden des Europäischen Rates, Nicolas Sarkozy, bewogen die verfeindeten Seiten zur Einstellung der Kampfhandlungen und Russland zum Rückzug seiner Truppen. Sicherheitszonen wurden eingerichtet und internationale Beobachter entsandt. Südossetien und Abchasien erklärten ihre Unabhängigkeit, die von Moskau umgehend anerkannt wurde; Nicaragua und Venezuela folgten.

Letztlich hat Georgien dieser Krieg vor allem Schaden zugefügt, doch auch zu umfangreichen Krediten verholfen (ca. 4,5 Mrd. Dollar). Leid brachte er vor allem über die Menschen in Südossetien und Georgien. Zehntausende befanden sich zeitweise auf der Flucht. Viele von ihnen leben heute noch in mit europäischer Unterstützung errichteten Siedlungen. Seit Ende August 2008 ruhen die diplomatischen Beziehungen zwischen Russland und Georgien. Als Vorbedingung für ihre Wiederaufnahme fordert die georgische Seite vom Kreml, dieser möge die Anerkennung der Unabhängigkeit Abchasiens und Südossetiens zurücknehmen.

Junge Georgier protestieren gegen den Einmarsch russischen Militärs im Sommer 2008

Mit dem Ende der Ära Saakaschwili, das im Oktober 2012 mit dem Verlust der parlamentarischen Mehrheit begann und mit der Wahl eines neuen Präsidenten im November 2013 bekräftigt wurde, verbesserten sich die Beziehungen zu Russland allmählich. Georgische Weine und Wasser kehrten 2013 auf den russischen Markt zurück, Russland liberalisierte die Erteilung von Visa für georgische Staatsbürger, vier georgische Sportler nahmen an den Olympischen Winterspielen 2014 in Sotschi teil. Ende 2013 war Russland wieder auf den fünften Platz der wichtigsten Handelspartner Georgiens aufgerückt.

Saakaschwilis Erbe

Die Präsidentschaft Michail Saakaschwilis war – trotz beachtlicher Erfolge in der Anfangsphase – von Beginn an umstritten. Die Finanzhilfen aus Europa und den USA haben es der Regierung zwar gestattet, den Bediensteten des gehobenen Staatsapparats die Gehälter beträchtlich anzuheben, doch blieben trotz wichtiger juristischer Reformen radikale wirtschaftliche und soziale Veränderungen aus. Die soziale Lage der Mehrheit ist nach wie vor prekär. Vor allem Ärzte und Lehrer sind unterbezahlt. Mit Unmut betrachteten viele Georgier auch den zunehmend autoritären Regierungsstil des Präsidenten und die schleichenden Einschränkungen von Rede- und Pressefreiheit. Die Opposition richtete sich zugleich gegen die proamerikanische und antirussische Politik der Regierung sowie die überzogenen Militärausgaben.

Im Oktober 2010 beschloss das georgische Parlament Verfassungsänderungen, von denen die wichtigste darin bestand, das Land mit den Präsidentschaftswahlen 2013 aus einer Präsidialrepublik in eine parlamentarische Demokratie zu verwandeln. Dieserart hätte Saakaschwili, der nach zwei Legislaturperioden als Präsident nicht hätte wiedergewählt werden dürfen, als Premierminister auch in der Folgezeit die politischen Fäden in der Hand behalten können. Die Parlamentswahlen fanden am 1. Oktober 2012 statt. Anfang 2012 sahen Wählerumfragen die Vereinte Nationale Bewegung Saakaschwilis noch als klaren Wahlsieger. Im April 2012 schlossen sich auf Initiative des Multimilliardärs Bidsina Iwanischwili 10 Parteien und Bürgerbewegungen zum Bündnis ›Georgischer Traum‹ zusammen. Mit dem Geld und Einfluss des Geschäftsmannes Iwanischwili, der bis zu den Massenprotesten Ende 2007 Saakaschwili und dessen Politik unterstützt, sich dann aber von diesem abgewandt hatte, änderte sich das Kräfteverhältnis.

Anfang September 2012, knapp einen Monat vor den Wahlen, erschienen Videos im Internet, die Folterungen in georgischen Gefängnissen belegten. Spontan gingen zehntausende Menschen auf die Straße, um gegen die Zustände in den Gefängnissen und im Land zu protestieren. Spezialeinheiten der Polizei versuchten die Menschen einzuschüchtern. Vergeblich. Saakaschwilis Vereinte Nationale Bewegung erhielt nur 40 Prozent der Stimmen; den ›Georgischen Traum‹ unterstützten knapp 55 Prozent der Wähler. Alle anderen Parteien scheiterten an der 5-Prozent-Hürde. Iwanischwili wurde als Premierminister vereidigt. Gut ein Jahr später, Ende Oktober 2013, setzte sich sein Vertrauter und zeitweiliger Bildungsminister, Giorgi Margwelaschwili, mit 62 Prozent der Stimmen gegen den Kandidaten Saakaschwilis bei den Präsidentschaftswahlen durch.

Tbilisi bei Nacht

Der Ex-Präsident flüchtete ins Ausland. Wenige Tage nach der Vereidigung des neuen Präsidenten am 17. November 2013 übergab Bidsina Iwanischwili die Amtsgeschäfte an seinen bis dahin amtierenden Innenminister Irakli Ghabiraschwili (geb. 1982) und zog sich aus der offiziellen Politik zurück. Außenministerin Georgiens ist seit Oktober 2012 Maja Pandschikidse, die viele Jahre als Botschafterin die Interessen ihres Landes in Berlin und Holland vertreten hat.

In dem Jahr seit den Präsidentschaftswahlen haben sich die Beziehungen zu Russland normalisiert. Am 28. Juni 2014 unterzeichnete der Premierminister Irakli Girabaschwili in Brüssel das Assoziierungsabkommen mit der EU.

Innenpolitisch hat das Parteienbündnis Georgischer Traum – wie die Kommunalwahlen im Juni 2014 zeigten – an Boden verloren. Die Wahlbeteiligung lag offiziell bei mageren 43 Prozent. Knapp mehr als die Hälfte der Wähler entschieden sich für das Regierungsbündnis. Die Vereinte Nationale Bewegung erreichte etwa 22 Prozent der Stimmen. Nino Burdschanadses Vereinigte Opposition, die im Vorfeld der Wahlen mit religiös gefärbter Rhetorik Stellung gegen die ›westlichen Werte‹ bezogen hatte, erhielt zehn Prozent der Stimmen. Im Vorfeld des Urnengangs hatte die Opposition massive Behinderungen beklagt. Unmut im Land erregte auch die Erhöhung der Diäten sowohl der Parlamentarier als auch der Staatsbeamten im gehobenen Dienst, denn die soziale Lage der Mehrheit der Georgier hat sich trotz Versprechungen nicht oder nur unwesentlich gebessert. Nach wie vor lebt etwa die Hälfte der Bevölkerung von der Hand in den Mund. Viele Investitionsprojekte liegen trotz eines auch für 2014 prognostizierten Wirtschaftswachstums von sieben Prozent auf Eis, und der unter Saakaschwili wuchernde Repressionsapparat hat nicht wesentlich an Einfluss verloren.

Architektur und Kunst

Eine Reise durch Georgien ist immer auch eine Reise in die Vergangenheit des Landes. In jeder Stadt und entlang der Straßen und selbst an einsamen Orten jenseits der Magistralen trifft man auf architektonische Spuren längst vergangener Zeiten.

Von den einst zahlreichen Schlössern lassen nur noch wenige Ruinen, Geguti bei Kutaisi zum Beispiel, eine Ahnung von einstigem Ruhm und Reichtum zu. Um die Burgen ist es ähnlich bestellt, obwohl Narikala in Tbilisi, Ananuri an der Georgischen Heerstraße und Gremi in Kachetien, um nur die drei bedeutendsten zu nennen, wenigstens einen bescheidenen Eindruck von der Wehrhaftigkeit georgischer Fürsten zulassen.

Umso mehr verwundert der Reichtum an sakralen Bauten im ganzen Land. Man mag angesichts der Vielfalt und eingedenk der religiösen Intoleranz von Persern und Türken, in gewisser Hinsicht auch der Russen, staunen, mit welcher Hartnäckigkeit die Georgier ihre Kirchen, Kathedralen und Klöster über die Jahrhunderte und alle Stürme der Geschichte bewahrt und ihre eigene religiöse Tradition am Leben erhalten haben. Doch reden die Chroniken eine beredte Sprache, und es waren jederzeit zuerst die Gotteshäuser, die nach den Zerstörungen wiedererrichtet wurden, noch vor den Palästen. Im Krieg verwandelte sich jede Kirche in eine Festung, wovon die Wehrmauern um zahlreiche Kirchenbauten zeugen.

Die Akademie von Gelati stammt aus dem 12. Jahrhundert

Auf nur knapp 70 000 Quadratkilometern Fläche zählt man in Georgien mehr als 4000 historische Denkmale aus mehr als zwei Jahrtausenden. Die bedeutendsten von ihnen finden in den Kapiteln über die verschiedenen Landesteile Erwähnung, ohne dass wir uns auf die Beschreibung allzu vieler architektonischer, allein Spezialisten verständlicher Details eingelassen haben. Dennoch wird es für jeden Leser und möglichen Besucher Georgiens von Interesse sein, mehr über Hintergründe und Eigenarten georgischer Architektur und Kunst zu erfahren, insbesondere hinsichtlich der Stilgeschichte sakraler Bauten.

Kirchenarchitektur

Über die vorchristliche Architektur in Georgien geben zahlreiche Reisenotizen griechischer und römischer Autoren Auskunft, die das Land hinter dem Schwarzen Meer für seine großen Städte, die gut passierbaren Wege, prächtigen Paläste und ziegelbedeckten Wohnhäuser, die mächtigen Befestigungen und Kultstätten priesen.

Mit der Christianisierung Georgiens trat ein neues Element in die georgische Architektur – das Gotteshaus, und mit ihm verschwanden so gut wie alle Spuren vorchristlicher Kultbauten. Betrachtete man die georgischen ebenso wie die armenischen Kirchen lange Zeit nur als provinzielle Kopien ihrer byzantinischen und kleinasiatischen Vorbilder, musste sich die Architekturgeschichte im 20. Jahrhundert korrigieren und den östlichsten Erbauern von Gotteshäusern die ihnen gebührende Anerkennung zollen. Eifersüchtig aufeinander verfechten Georgier und Armenier ihre Eigenständigkeit in architektonischen Fragen und machen sich gegenseitig den Ruhm einfallsreicher Formfindungen streitig. Letztendlich spielt es wohl keine Rolle, ob eine Kirche nun zehn Jahre vor oder nach einer anderen erbaut wurde und allen nachfolgenden als Vorbild diente; die gegenseitigen Befruchtungen sind offensichtlich. Sowohl Georgier als auch Armenier können sich rühmen, hervorragende Baumeister und Künstler hervorgebracht zu haben.

Die Basilika

Die ersten Christen waren bescheiden; für ihre Gebete schufen sie sich Kirchen, die den administrativen Bauten des Kaiserreiches, welche seit der Antike den Stadträten oder Statthaltern als Versammlungsraum, den römischen Gerichten als Tagungsort oder den Händlern als befestigter Markt dienten, zunächst zum Verwechseln ähnlich sahen. Die Konstruktion dieser Gebäude ist denkbar einfach: Vier Seitenwände bilden ein Rechteck, das von zwei im Innenraum parallel zu den Längsseiten verlaufenden Säulenreihen durchschnitten wird. Der dreigeteilte Raum war zumeist so überdacht, dass der mittlere Teil die beiden Seitenräume überragte, so dass das Gebäude im Querschnitt einem gekenterten, den Kiel aufwärts gerichtetem Schiff ähnelte, woher auch die Fachbezeichnung für die Raumteile stammt.

Der klassische Name dieser Kirchen – Basilika – ist angesichts ihrer eher schlichten Bauart irreführend, bedeutet doch das griechische Wort ›Palast‹. Man unterscheidet ein- und dreischiffige Basiliken, von denen letztere bedeutend häufiger sind. In der Wand gegenüber dem Eingang befand sich in der Regel eine Nische für den Altar oder der Platz für die während des Gottesdienstes in der klerikalen Hierarchie höchstgestellten Person unter den Anwesenden. Diese Nische war entweder in die Wand getrieben oder ragte als halbrunder, quadratischer oder vieleckiger, von einer Kuppel oder einem zylindrischen Dach überwölbter Anbau aus der Mauer heraus. Die griechische Bezeichnung Apsis für diese Nischen bedeutet ›Gewölbe‹, ›Bogen‹. Ihr Licht erhielten die Basiliken durch Aussparungen im oberen Teil des Mittelschiffs.

Die ersten in Georgien heimisch gewordenen Kirchenbauten waren solche Basiliken, die sich jedoch von ihren westlichen Vorbildern hinsichtlich der räumlichen Proportionen unterschieden. Sie waren kompakter und näherten sich in ihrem Grundriss einem Quadrat. Die Kirchen in Nekresi (→ S. 223) und Dtsveli Shuamta (→ S. 219) sind dafür gute Beispiele.

Gegen Ende des 5. Jahrhunderts setzte sich auch in Georgien der kanonische Stil der Basilika, mit der verlängerten Längsachse, den Säulenarkaden und der Altarapside durch, von dem die georgischen Baumeister nur in einem Detail abwichen: den leicht gewölbten Dächern, den sogenannten Tonnengewölben, die den Kirchen von außen betrachtet mehr Monumentalität und im Innern ein Plus an Höhe und Raum verleihen. Basiliken dieses Typs sind die Anchiskhati-Kirche in Tbilisi (→ S. 140) und das Gotteshaus von Urbnisi (→ S. 278).

Einige Basiliken – zum Beispiel in Nekresi und Kvemo Bolnisi (→ S. 304) – weichen noch weiter vom Kanon ab. Die Säulenarkaden wurden durch Wände ersetzt, in denen sich Durchbrüche befanden, was den Eindruck erweckt, die Basilika bestünde nicht aus drei Schiffen, sondern wäre ein Ensemble aus drei einschiffigen Basiliken. Die den Kirchen eigene Leichtigkeit geht dieserart verloren und weicht einer strengeren, entschiedeneren Atmosphäre.

Basiliken wurden bis ins 10. Jahrhundert hinein gebaut. Die wenigen Versuche, neue Elemente, kuppelartige Überwölbungen etwa, dem klassischen Ensemble hinzuzufügen, scheiterten an den strengen Formgesetzen. Ein kurioses Beispiel dieser Art von Modernisierungswillen ist die Basilika von Nekresi.

Kuppelkirchen

Seit dem 6. Jahrhundert hielten die Kuppelkirchen Einzug in die georgische Architektur. Über einen quadratischen Raum erhob sich eine den christlichen Himmel symbolisierende Kuppel. Dieser Typ von Kirchen fand angesichts seiner schlichten Strenge vor allem in Klöstern seinen Platz; so zum Beispiel in Tsveti, nördlich von Tbilisi.

Das ausgehende 6. Jahrhundert bedeutete in der georgischen und armenischen sakralen Baukunst den tiefsten Einschnitt. Die Kirchen bildeten in ihrem Grundriss nun das christliche Kreuz nach, indem die schon in den Kuppelkirchen auftauchende quadratische Grundfläche nach allen vier Seiten hin zu halbrunden Nischen gewölbt wurde. Den Raum überdachte eine entweder auf den Schultern oder den Außenwänden aufsetzende Kuppel, der sich im ersten Fall vier weitere Kuppeln über den Apsiden hinzugesellten. Diese sogenannten Kreuzkuppelkirchen wurden in vielen verschiedenen Ausführungen zum bis heute dominierenden Kirchentypus in Georgien. Jedoch, und darin besteht eine Besonderheit des georgischen bzw. armenischen Stils, verzichteten die kaukasischen Baumeister auf die in anderen orthodoxen Traditionen, der russischen zum Beispiel, später Schule machenden phantasiereichen und oft prachtvollen Ausformung der Kuppeln. Viel Freiraum nahmen sie sich dagegen hinsichtlich ihrer Experimente mit den Formen des Kreuzes. Eine der ersten in Georgien erbauten Kreuzkuppelkirchen war die Jvari-Kirche bei Mtskheta (→ S. 240).

Die einfachsten der Kreuzkuppelkirchen waren die, bei denen die vier Kreuzenden frei nach außen ragten und die Kuppel ausschließlich den zentralen Innenraum überwölbte. Lediglich die östliche Altarapside besaß in jenen Kirchen eine nach innen hin offene Wölbung. Kirchen diesen Typus sind die ›alte‹ Kirche in Shiomgvime (→ S. 243) aus dem 6. und die Kirche in Samtsevrisi (→ S. 281) aus dem 7. Jahrhundert.

Eine Sonderform der Kreuzkuppelkirche ist die, in deren kreuzförmige Grundfläche ein Quadrat eingelassen ist, so dass der Grundriss ein sternförmiges Achteck bildet wie in Ikalto (→ S. 216).

Die klassische Periode des Kirchenbaus

Mit dem Bau der Bischofskirche von Ninotsminda (→ S. 194) Ende des 6./Anfang des 7. Jahrhunderts beginnt die ›klassische Periode‹ der georgischen Kirchenbaukunst. Sie war die erste in Georgien entstandene Kreuzkuppelkirche, deren erweiterter Grundriss ein Quadrat bildet, dessen Ecken abgeschnitten sind. Das so entstandene Achteck mit Seitenkanten unterschiedlicher Länge ist an den Innenseiten konkav gewölbt, wobei der Radius der die längeren Seitenkanten berührenden Wölbung den der kürzeren Kanten übersteigt, so dass Ninotsminda in der Draufsicht einer achtblättrigen Blüte mit abwechselnd großen und kleinen Blättern gleicht.

Die Jvari-Kirche bei Mtskheta ist eine der ältesten Kreuzkuppelkirchen Georgiens

In Folge der bautechnischen Neuerungen in der Zeit vom 7. bis zum 11. Jahrhundert wurden die die Kuppel tragenden massiven inneren ›Türme‹ durch die eleganteren Säulen ersetzt, die weniger Platz einnahmen und dem inneren Erleben Leichtigkeit verliehen. Auch wuchsen die Räume und mit ihnen die Kuppeln, bis sie im ›Goldenen Zeitalter‹ der georgischen Kultur und Kunst zu ihrer Vollendung fanden.

Der erste repräsentative Kirchenbau war die Kathedrale Maria Entschlafen (Bagrat-Kathedrale, → S. 315) in Kutaisi (1003), es folgten Alaverdi (→ S. 221) in Kachetien und Sveti Tskhoveli (→ S. 237) in Mtskheta (beide erstes Viertel des 11. Jahrhunderts). Nur wenige Jahre später entstand die Bischofskirche von Samtavisi (→ S. 268) mit ihrer ›manieristischen‹ Fassadengestaltung sowie Samtavro (→ S. 242) in Mtskheta, nur wenige Minuten von Sveti Tskhoveli entfernt, und die Hauptkirche des Klosters von Gelati (→ S. 232) aus dem ersten Viertel des 12. Jahrhunderts. Diese Kirchen sollten zu jedem Besuchsprogramm in Georgien gehören, sie sind Kleinode architektonischer Meisterschaft.

Ornamentik und Kirchenmalerei

Das wichtigste Baumaterial zur Errichtung der Kirchen waren im Verlauf von mehr als 1000 Jahren mit Kalkstein oder vulkanischem Tuff verputzte Feldsteine. Es verwundert, dass dieses leicht zu bearbeitende Material nicht dazu verleitete, die Fassaden und das Innere des Kirchenraumes in stärkerem Maße künstlerisch auszuformen, wie es für die in jener Zeit in Vorderasien und Europa entstandenen Kirchen charakteristisch war. Die Gründe dafür mögen mit dem bewussten Asketismus der georgischen Kirche zusammenhängen, dessen Strenge nur während des Goldenen Zeitalters durch freundlichere und fast überschwänglich lebensbejahende Züge gemildert wurde. Besonders die Fassaden der Bischofskirchen von Samtavisi (→ S. 268) und von Nikortsminda (→ S. 335) in der Provinz Racha faszinieren durch den Reichtum und die meisterhafte Ausführung der Ornamentik. Ein weiteres Beispiel für den Geist jenes Goldenen Zeitalters ist das berühmte Blau der Freskenmalerei in der Kirche von Kintsvisi (→ S. 278). Eine Bekanntschaft mit diesen Fresken an einem

Portal der Kirche von Nikortsminda in der Provinz Racha

Fassadendetail in Mtskheta

sonnigen Tag gehört zu den unvergeßlichen Kunsterlebnissen in Georgien.

Die Wandmalerei in den georgischen Kirchen hält sich mit wenigen Abweichungen an den Kanon der orthodoxen Ikonenmalerei. Den Platz in der Zentralkuppel nimmt zumeist das Motiv des Christus-Pantokrator, des Christus als Weltenherrscher, ein. Die Kuppel über der Altarapside ist zumeist der Gottesmutter mit dem Jesuskind auf dem Arm vorbehalten. Die Bemalung der Wände beginnt von oben in der Regel mit Darstellungen aus dem Alten Testament, eine Stufe tiefer gefolgt von Szenen aus dem Leben Christi von der Geburt bis zur Himmelfahrt und der Ausschüttung des Heiligen Geistes, dann Szenen aus dem Leben der Apostel und Heiligen. Im unteren Teil finden sich Porträts der Kirchenstifter. Die Fresken sind oft in späteren Jahrhunderten übermalt worden, so dass nur in wenigen Kirchen Fragmente der ursprünglichen Malereien, die in ihrer Meisterschaft in der Regel alle nachfolgenden Ergänzungen und Rekonstruktionen übertreffen, erhalten blieben.

Das Goldene Zeitalter endete mit dem Einfall der Mongolen, und es ist den Georgiern nie mehr vergönnt gewesen, an die künstlerische Reife jener knapp 200 Jahre anzuschließen. Das späte Mittelalter ergänzte die Tradition durch wenig bemerkenswerte Details, von denen der Übergang zur Ziegelbauweise die einschneidendsten Folgen mit sich brachte. Die Kirchenbauten verloren nun durch den gänzlichen Verzicht auf eine Gestaltung der Fassaden und die noch schärferen Kanten an Ausdruck und charismatischem Glanz. Daran hat sich auch in den späteren Jahrhunderten nichts geändert; die Tradition ist zur Maske erstarrt. Betrachtet man die geschichtlichen Ereignisse dieser Epoche, verwundert der Stillstand keineswegs.

Ikonenmalerei

Die georgische Ikonenmalerei ist eng mit der byzantinischen verbunden. Die georgischen Meister erlernten ihr Handwerk an den berühmtesten Schulen in Bulgarien und Syrien; aus Byzanz und Smyrna kamen Künstler, von denen einige in Georgien eigene Schulen gründeten. Es ist heute schwierig, alle Etappen der Entwicklung dieser Kunst nachzuvollziehen, sind doch die meisten oft von Gold und Edelsteinen eingefassten Ikonen durch die Raubzüge der Eroberer verloren gegangen. Die wertvollsten Ikonensammlungen befinden sich im Kunstmuseum von Tbilisi und im Museum von Mestia, in Oberswanetien. In den unzugänglichen swanischen Bergen bewahrten die georgischen Könige nicht nur im Falle von Invasionen Teile des Staatsschatzes auf, sondern in Swanetien selbst entstand an der Wende vom ersten zum zweiten Jahrtausend eine eigene Schule der Ikonenmalerei (→ S. 367).

Juwelierkunst

Reisende, die Georgien im Laufe der Jahrtausende besuchten und ihre Notizen hinterließen, erwähnen immer wieder den Überfluss an kunstvoll ziselierten Gold- und Silberschmiedearbeiten, die auf den Basaren in Tbilisi und den anderen großen Städten des Landes angeboten wurden. Waren aus aller Welt konkurrierten in den Auslagen der Kaufleute mit Schmuckstücken der georgischen Juweliere.

Goldener Kelch aus Trialeti im Staatlichen Museum in Tbilissi

Die georgische Gold- und Silberschmiedekunst ist fast so alt wie das Land selbst. Die wenigen erhaltenen Exponate sind von unschätzbarem Wert und lassen einen Blick auf die Kunstfertigkeit der berühmtesten Juweliere aus mehr als vier Jahrtausenden zu. Von den meisten kennt man heute nicht einmal den Namen. So weiß man zum Beispiel nichts vom Schöpfer eines mehr als 2000 Jahre alten goldenen Kelches, der bei Ausgrabungsarbeiten im Trialetischen Gebirge, einem Gebirgszug südwestlich von Tbilisi, gefunden wurde. Sein massiver Körper wird von einem Kranz geschliffener Edelsteine umsäumt, die von ineinander geflochtenen goldenen Fäden verschiedener Stärke eingefaßt sind. Ebenso unbekannt ist der Schöpfer des in der Zeit zwischen dem 10. und 12. Jahrhundert entstandenen Triptychons der ›Gottesmutter von Chachuli‹, das auf bewundernswerte Weise filigranste Zellenemaillierungen mit Edelsteinen verbindet.

Königin Tamara (1160–1213) persönlich gab das Triptychon ›Erlöser‹ in Auftrag, das ihr Hofjuwelier Beka Opisari, einer der berühmtesten Goldschmiede seiner Zeit, anfertigte. Das Triptychon besteht aus getriebenem und vergoldetem Silber, das in feinsten Ornamenten biblische Szenen zu einer faszinierenden Wirkung bringt. Von ebenso großer Kunstfertigkeit sind weitere berühmte Arbeiten wie das mit massiven Smaragden, Rubinen und Perlen besetzte Brustkreuz Tamaras oder die Prozessionskreuze von König Davit I. und Davit dem Erneuerer, die im Kunstmuseum in Tbilisi ausgestellt sind (→ S. 164).

Malerei

Georgien entwickelte bis zum Ende des 18. Jahrhunderts keine Traditionen der Porträt- und Landschaftsmalerei, was der Grund dafür ist, dass der Nachwelt weder die Bildnisse der georgischen Fürsten und Könige noch Ansichten ihrer Burgen, Schlösser und Städte erhalten blieben. Ihre eigentliche Geburtsstunde erlebte die georgische weltliche Malerei Anfang des 19. Jahrhunderts, griff jedoch in Motiven und ästhetischem Ausdruck zunächst auf die Traditionen der georgischen Ikonenmalerei sowie der Gold- und Silberschmiedekunst zurück. Zur Mitte des

19. Jahrhunderts suchten die georgischen Maler den Anschluss an die westeuropäischen und russischen Schulen. Kennzeichnend für die Porträtmalerei jener Periode waren fein modellierte Gesichter und filigran gezeichnete Details der Bekleidung bei meist statischer und flächiger Bildkomposition. In der zweiten Hälfte des 19. Jahrhunderts traten die ersten Realisten hervor, die ihre Ausbildung an der Petersburger Akademie der Künste, in Moskau oder in Westeuropa erhalten hatten.

Mit der Kunst Niko Pirosmanischwilis (1862–1918), der seine Arbeiten als Pirosmani signierte, erlebte die georgische Malerei ihre erste Sternstunde. Geboren wurde der Maler in Mirsaani, einem kleinen ostkachetinischen Dorf. Mit 14 begann er zu zeichnen und brachte sich selbst das Lesen und Schreiben bei. Das Bedürfnis zu lernen trieb ihn nach Tbilisi, wo er sich mit Handlangerarbeiten durchschlug und jede freie Stunde zum Malen nutzte. Freunde sammelten Geld für ihn, und er eröffnete einen Molkereiladen, den er mit bunten Kühen ausmalte. Seine Kunden liebten die Kühe und diesen wunderlichen Mann. Dann traf Pirosmani die wunderschöne Sängerin und Tänzerin Margarita, eine Französin, der er nicht nur sein Herz, sondern in einer Minute der Glückseligkeit auch seinen gesamten Besitz schenkte. Seither ward die Schöne nie mehr gesehen, und der mittellose Niko zog von nun an als wandernder Maler durch die Spelunken Tbilisis, wo er bald von diesem bald von jenem Schankwirt oder Ladenbesitzer, denen er Bilder malte, beherbergt und beköstigt wurde. Er war so arm, dass er sich selten Leinwand kaufen konnte und seine Bilder zumeist auf der Rückseite billiger Wachstuchtischdecken malte. Nicht immer reichten die Farben für mehr als die Figuren, und der Hintergrund blieb deshalb oft ungemalt.

Entdeckt wurde Pirosmani 1912 vom russischen Dichter Konstantin Paustowski, der in einer der Tavernen zufällig ein Bild des Malers sah. Er lernte den ›Grafen‹, wie ihn die Leute nannten, kennen und bemühte sich um sein Werk. Pirosmani selbst hat den Ruhm, den ihm seine Bilder verschafften, nicht mehr erlebt. Schriftsteller und Intellektuelle wie Giorgi Leonidze, Paolo Jaschwili und Tizian Tabidse wurden nicht müde, den Künstler zu würdigen und trugen so dazu bei, dass seine in den Tavernen und Läden Tbilisis verstreuten Bilder gesammelt und erstmals 1930 ausgestellt wurden. Die meisten von ihnen sind

Georgische Tafel von Pirosmani

heute der Stolz des Kunstmuseums von Tbilisi. Eldar Schengelajas Film ›Pirosmani‹, ein Kunstwerk wie die Malerei des Porträtierten auch, zeichnet die Biografie des Künstlers nach. Im Westen wurde Pirosmani, der große georgische ›Naive‹, durch georgische Emigranten bekannt. Er gilt bis heute als der bedeutendste Maler des Landes.

Doch war er bei weitem nicht der einzige, dem die georgische Schule faszinierende Bilder verdankt. Die in Westeuropa in den 1920er Jahren bekannteste Künstlerin war Elena Akhvlediani (1898–1975). Sie schrieb sich 1922 als eine der ersten Studentinnen in die in jenem Jahr gegründete Kunstakademie Tbilisis ein. Danach lebte sie bis 1927 in Italien und Frankreich. Sie gilt als die romantischste aller georgischen Künstlerinnen und Künstler, die immer wieder Themen des ländlichen Lebens aufgriff. Große Wertschätzung beim Publikum brachten ihr ihre Arbeiten für Theater und Film sowie ihre Buchillustrationen ein.

Auch Davit Kakabadse (1889–1952) und Lado Gudiashvili (1896–1980) verbrachten in den 1920er Jahren einige Zeit in Westeuropa. Die Synthese aus den Anregungen, die sie dort in sich aufnahmen, und dem Kolorit ihres georgisch-sowjetischen Lebens kann man im Kunstmuseum und in den Hausmuseen der beiden Künstler in Tbilisi erleben.

Von 1945 bis in die 1980er Jahre war die georgische Malerei, wie alle anderen Künste in der Sowjetunion, stark politisiert und von den Dogmen des sozialistischen Realismus beeinflusst. Linientreue gegenüber dem System sicherte den Künstlern Auskommen und Anerkennung. Die Nischen für einen eigenen Ausdruck waren eng. Umso bemerkenswerter, dass es trotzdem Künstler gab, die sich nicht auf den zum Kult erhobenen optimistischen Idealismus einließen, sondern ihre Stadt, das Land und die Menschen so darstellten, wie sie sie wahrnahmen. Auf die neuesten Werke der georgischen Künstler trifft man in Galerien in der Altstadt von Tbilisi, vor allem in der Sioni-Straße, Shardini-Straße und Bambis-Gasse sowie auf dem Rustaveli-Prospekt.

Musik

Dass Gott den Georgiern verzieh, als sie sich zur Landverteilung verspäteten, hatten sie zuallererst ihrem Gesang zu verdanken – erzählen die Georgier. Vielstimmig sind die georgischen Gesänge, und man möchte ihrer Legende Glauben schenken, wenn man ihnen zuhört.

Die georgische Musik kommt traditionell mit wenigen Instrumenten aus, deren Bedeutung sich in der Begleitung der Stimmen erschöpft. In Hunderten von Jahren haben diese wenigen, simplen Instrumente auch so gut wie keine Veränderungen in ihrem Aufbau und Aussehen erfahren. Zu den Blasinstrumenten gehört die zweitrichtrige, aus Ziegenhaut gefertigte Swiri, die den auf antiken Fresken abgebildeten Instrumenten gleichen Typus ähnelt. Verwandt mit der Swiri sind zwei andere Instrumente: die Duduki, eine Art Urform der Klarinette, und die Surna, eine Flöte zur Hervorbringung vor allem tiefer Töne. Die in Griechenland heimische Panflöte trifft man mitunter auch in Georgien, jedoch selten. Zu den Saiteninstrumenten zählen die viersaitige Tschonguri und die Panduri mit nur drei Saiten sowie ein Art Harfe, die vor allem in Swanetien beheimatete Changi.

Georgischer Chor auf dem jährlichen Weinfestival im Ethnographischen Freilichtmuseum in Tbilisi

Unvermeidlich sind die Schlaginstrumente: Trommeln jeder Form und Größe, die teils ihre indische Herkunft nicht verleugnen und teils den italienischen Tamburinen verwandt zu sein scheinen.

Der georgische polyphone Gesang, sowohl in seiner folkloristischen Ausprägung als auch in Form der berühmten Kirchenchoräle, in denen er seine höchste Vollendung erreicht, geht auf die frühesten, vorchristlichen Zeiten der georgischen Musikkultur zurück. Die georgischen Verben verfügen über eine Besonderheit, die im europäischen Raum nur wenigen Sprachen eigen ist: Bei nur geringen Verschiebungen der Buchstaben oder Silben im Wort ändert sich ihr Sinngehalt, so dass die Sprache zunächst den Eindruck von Sparsamkeit vermittelt. Dieser täuscht, denn das Georgische ist überaus reich an Worten und Akzentuierungen. Ungeachtet dessen, dass die christliche Vorstellungswelt den vielstimmigen Gesängen eine ihnen ursprünglich nicht eigene Strenge verliehen hat, schwingen in ihnen nach wie vor heidnische, archaische, zugleich entschlossene und zärtliche Nuancen mit, die, wie schon im 4. Jahrhundert vor Christus der Grieche Xenophon bemerkte, der georgischen Vielstimmigkeit ihre innere Kraft verleihen.

In den letzten 100 Jahren entwickelte sich zudem eine neue Art der urbanen Volksmusik, deren Melodien sentimentale Lyrik begleiten. Die bekannteste Weise ist Suliko, das Lieblingslied Stalins. Das, was heute als georgischer Pop im Radio läuft, ist aus diesen ›urbanen‹ Melodien hervorgegangen.

Die klassische Musik in Georgien ist nicht viel älter als die urbane. Erst der Anschluss an Russland brachte die Bekanntschaft mit der modernen europäischen Musikkultur, die von den Besatzern gepflegt wurde und zunächst dem Empfinden der Georgier fremd blieb. Daran änderte sich nur wenig, als 1851 in Tbilisi das erste Opern- und Balletttheater eröffnet wurde, an dem fast ausschließlich russische, dann und wann auch europäische Truppen gastierten.

Der Komponist Sacharia Paliaschwili (1871–1933) war der erste, der noch im 19. Jahrhundert georgische Musiktraditionen in klassische Kompositionen

Das Opernhaus am Rustaveli-Prospekt in Tbilisi

einfließen ließ. Nach ihm ist heute das Theater für Oper und Ballett in Tbilisi benannt (→ S. 168). Den ersten Versuch, eine georgische Oper zu schaffen, unternahm Meliton Balantschiwadse, der Vater des in Europa und den USA unter seinem Pseudonym berühmt gewordenen Choreographen Balanchine. Seine ›Heimtückische Tamara‹ missfiel dem Publikum; er arbeitete sie um, und 1933 erschien sie erneut, nun unter dem Titel ›Die heimtückische Daredshan‹. Zu jener Zeit war Balantschiwadse bereits einer der erfolgreichsten georgischen Komponisten, und sein zweiter Sohn, Andria, setzte als Autor eines Balletts, einer Oper, einer Symphonie und verschiedener anderer konzertanter Stücke das väterliche Erbe fort. Neben den Balantschiwadses war es vor allem Dmitri Arakischwili (1873–1953), dem die georgische Musik neue Impulse verdankte.

In den Jahren der Sowjetmacht aber war nicht die Hinwendung zur Klassik das entscheidende Element, sondern die Pflege der folkloristischen Traditionen von Gesang und Tanz. Die georgischen Folkloregruppen mit ihren temperamentvollen Darbietungen und prächtigen Kostümen eroberten sich ab den 1950er Jahren die besten Bühnen der Sowjetunion und waren im Ausland gern gesehene Gäste. Gleichzeitig erlebten nach dem Zweiten Weltkrieg Theater und der Film einige Sternstunden. Die Musik zu den Aufführungen und den Filmen schrieben Komponisten wie Artschil Toradse, Giorgi Zabadse und Rewas Lagidse.

Der heute wohl bekannteste georgische Komponist und Dirigent ist Gija Kantscheli (geb. 1935), dessen Symphonien auf der ganzen Welt gespielt werden und der oft als Gastdirigent von berühmten Orchestern engagiert wird. Von vergleichbarer internationaler Reputation ist der Bass-Sänger Paata Burtschuladse (geb. 1955).

Der Höhepunkt des musikalischen Lebens in Georgien ist das jährlich in Tbilisi stattfindende Festival klassischer Musik ›Herbst von Tbilisi‹. Wer mehr zu diesem Thema wissen möchte, sei auf das 1993 im Erka Verlag erschienene Buch von Thomas Houssermann ›Die georgische Musik‹ verwiesen.

Theater und Film

Mit dem Theater in seiner klassischen Form kamen die Georgier wohl durch die Griechen in Berührung. Im Mittelalter waren es vor allem Maskentheater, die ›Sachioba‹, die in den Palästen der Könige und Fürsten als auch auf den Marktplätzen mit patriotischen Stücken für Stimmung gegen die türkischen Besatzer sorgten. Darüber hinaus gehörten Maskeraden lange Zeit zu vielen Volksfesten.

Die Ursprünge des modernen dramatischen Theaters in Georgien gehen auf die Schauspieler und Regisseure Kote Mardshanischwili und Sandro Achmeteli zurück. Der 1872 geborene Mardshanischwili stand mit 21 Jahren zum ersten Mal unter seinem russifizierten Pseudonym Mardshanow auf der Bühne. Von 1917 bis zu seiner Rückkehr nach Georgien 1922 spielte er überwiegend in Moskau und Petersburg, vor allem bei den Avantgardisten um Meyerhold. Das von ihm und Sandro Achmeteli gegründete Georgische Dramatische Theater in Tbilisi erhielt nach seinem Tod 1933 seinen Namen.

Unter den modernen georgischen Regisseuren ragen Robert Sturua (geb. 1938) und Michail Tumanischwili (1935–2010) heraus. Robert Sturuas Shakespeare-Inszenierungen mit dem Rustaveli-Theater von Tbilisi sorgten in den 1970er und 1980er Jahren sowohl in seiner Heimat für Furore und volle Häuser als auch in Europa und vor allem in England.

Michail Tumanischwili gründete Ende der 1970er Jahre das auch nach dem Tod des Regisseurs noch immer für seine experimentellen Inszenierungen berühmte Theater der Jungen Filmschauspieler, in dessen Stücken sich nicht nur zeitlose Konflikte spiegeln, sondern mehr noch das Drama der Gegenwart.

Erwähnenswert ist das Puppen- und Marionettentheater von Tbilisi, an dem der Regisseur Reso Gabriadze (geb. 1936) seit mehr als 20 Jahren Stücke inszeniert, die zum Besten gehören, was weltweit in diesem Genre gespielt wird. Das Theater liegt in der Altstadt von Tbilisi, in der Shavteli-Straße. Nach langen Umbauarbeiten wurde es im November 2011 wiedereröffnet.

Das Grab von Kote Mardshanischwili im Pantheon auf dem Mtatsminda in Tbilisi

Der erste georgische Film, ein Dokumentarstreifen über eine Reise des Dichters Akaki Zereteli durch die westgeorgischen Provinzen Lechkhumi und Racha, entstand 1912. Der in den 1930er Jahren bekannteste Filmregisseur war Niko Schengelaja (1901–1943), dessen Filme ihn ebenso berühmt machten, wie seine Frau, die Schauspielerin Nato Watschnadse (1904–1953), die zu Zeiten des Stummfilms als die georgische Sarah Bernard gefeiert wurde. Ihr Haus in Gurjaani (Kachetien) ist heute ein Museum, und mit etwas Glück wird man dort einen ihrer Filme zu sehen bekommen (→ S. 208).

Seit den 1950er Jahren haben es georgische Regisseure immer wieder geschafft, ihr eigenes und das internationale Publikum zu überraschen. Der erste auf einem internationalen Festival preisgekrönte Film war der Streifen ›Magdanas Esel‹ des damals noch jungen Regisseurs Tengis Abuladse (1924–1994), der 1956 in Cannes eine Goldene Palme errang und auch mit seinen beiden weiteren Filmen – ›Baum der Wünsche‹ (1979) und vor allem ›Reue‹ (1986) – für Aufsehen sorgte. ›Reue‹, ein surrealistischer Alptraum über Tyrannei und Angst, über Macht und Machtlosigkeit, gewann 1987 den Spezialpreis der Jury von Cannes.

Der erste georgische Musical-Film, ›Die Melodien des Stadtteils Vera‹ von Giorgi Schengelaja (geb. 1937), einem Sohn von Nato Watschnadse und Niko Schengelaja, erhielt 1974 auf dem 22. Filmfestival von San Sebastian den Ehrenpreis der Katholischen Filmorganisationen. 1979 nahm die Regisseurin Lana Gogoberidse (geb. 1928) mit ihrem Film ›Interview zu ganz persönlichen Fragen‹ am renommierten Festival des Autorenfilms in San Remo teil und errang dort einen Grand Prix.

Ein eigenwilliger Regisseur und Künstler war der in Tbilisi geborene, aus einer armenischen Familie stammende Sergej Paradshanow (1924–1990). In seinem Film ›Die Surami-Festung‹ verschmolz er Literatur, Philosophie und mythische Bildwelten auf eine ganz eigene Weise miteinander. Paradshanow hat viele Jahre im sowjetischen GULAG verbracht und starb 1990 in Kiew.

Der international renommierteste georgische Filmregisseur ist nach wie vor Otar Iosseliani (geb. 1934), der seit den 1970er Jahren in Frankreich lebt. Sein Film, ›Briganten‹, wurde 1997 in Venedig mit einem Grand Prix geehrt und erzählt in Parabeln und Metaphern vom Kreislauf der Gewalt in Georgien, von den Stalinschen Repressionen bis zum Bürgerkrieg Anfang der 1990er Jahre. Auf der Berlinale 2002 erhielt sein Film ›Lundi Matin‹ den Silbernen Bären für die beste Regie.

Ebenfalls 1997 erhielt ›1001 Rezepte eines verliebten Kochs‹ der Regisseurin Nana Dshordshadse (geb. 1948), mit Pierre Richard in der Hauptrolle, den Preis der Filmkritiker in Karlovy Vary. Ihr bislang letzter Film, ›27 Missing Kisses‹, hatte 2001 Premiere und erzählt auf wundersame Weise eine ebenso verworrene wie dramatische Liebesgeschichte, in der erneut Pierre Richard, als Kapitän eines über Land zum Meer segelnden Schiffes, auftaucht.

Die weibliche Hauptrolle in ›1001 Rezepte eines verliebten Kochs‹ spielte Nino Kirtadse (geb. 1968). Die Schauspielerin versucht sich mittlerweile auch als Regisseurin. Ihr Dokumentarfilm ›The Pipeline Next Door‹ erhielt 2006 den Prix ARTE, mit dem die Europäische Filmakademie alljährlich den besten Europäischen Dokumentarfilm ehrt. In diesem Film geht es um die Bewohner eines Dorfes, in dessen Nähe eine Öl-Pipeline verlegt wird.

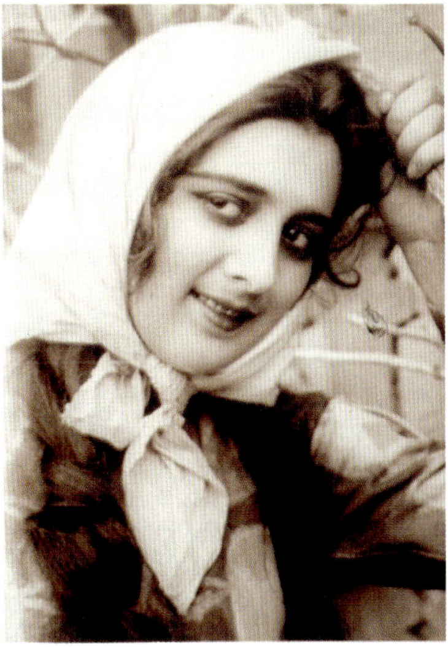

Die berühmte georgische Schauspielerin Nato Wadschnadse (1904–1953)

Beachtung fanden in den letzten Jahren auch Lewan Zakareischwili (1953–2006) mit seinem Film ›Tbilisi-Tbilisi‹, Lewan Tutberidse (geb. 1959, Regisseur und Gründer des ersten unabhängigen Filmstudios in Georgien), sowie Dito Tsintsadse (geb. 1957), dessen Film ›Der Mann von der Botschaft‹ 2006 in Locarno einen Preis erhielt.

Die meisten der hier aufgeführten Filme liefen auch in deutschen Programmkinos. Das Kino Arsenal in Berlin veranstaltet jährlich georgische Filmreihen.

Eine Tragödie war für viele Georgier ein Brand, der 2005 große Teil des nationalen Filmarchivs vernichtete. Das Russische Filmarchiv stellte daraufhin kostenlos Kopien der verlorengegangenen Streifen zur Verfügung. Mittlerweile haben kritische Journalisten aus Georgien einen virtuellen Raum für russisch- und englischsprachige Kurzvideos aus verschiedenen Regionen des Landes geschaffen (www.gogroupmedia.net).

Auf youtube (www.youtube.com) ist die englische Version des neuen Dokumentarfilmes ›Absence of Will‹ von Mamuka Kuparadze zu sehen, der die georgischen Konflikte aus der Sicht zweier Jugendlicher darstellt. Der von der Heinrich-Böll-Stiftung kofinanzierte Film fragt nach den Hintergründen des russisch-georgischen Konflikts und den Ursachen für die Abspaltung Abchasiens und Südossetiens. In ihm kommen Politiker jener Jahre, wie Eduard Schewardnadse, zu Wort, ebenso wie einfache Bürger, die aus heutiger Sicht über ihre damaligen Einstellungen reflektieren.

Die wichtigsten Sprungbretter für ost- und südosteuropäische Filme sind die jährlich im April bzw. November stattfindenden Filmfestivals in Wiesbaden bzw. Cottbus. 2009 erhielt der georgische Regisseur George Ovashvili (geb. 1963) in Wiesbaden für seinen in Koproduktion mit Kasachstan entstandenen Film ›Das andere Ufer‹ den Hauptpreis Goldene Lilie. Der Film handelt von einem zwölfjährigen Jungen, der mit seiner Mutter in einer trostlosen Gegend Georgiens lebt und beschließt, seinen kranken Vater aufzuspüren, den sie bei ihrer kriegsbedingten Flucht aus Abchasien zurücklassen mussten. Ein Jahr später gewann Levan Koguashvili (geb. 1973) die Goldene Lilie mit seinem Film auf ›Auf der Straße‹. Der Film handelt von Menschen die am Rande ihrer psychischen Belastbarkeit leben. Den Frauen im Film raubt der Existenzkampf ihre letzte Kraft, und zu allem Überfluss müssen sie sich noch mit ihren Männern herumärgern, die als grenzenlose Versager alles noch schlimmer machen. Das renommierte Rotterdamer Filmfestival präsentierte im Januar 2014 die erste Regiearbeit der 1977 geborenen Drehbuchautorin Teona Mghvdeladse-Grenade, den Film ›Bruder‹, der aus der Sicht zweier ungleicher minderjähriger Brüder von der ihr Leben immer stärker bestimmenden Gewalt erzählt.

Ein Filmtipp zum Schluss: Von drei in Tbilisi lebenden Frauen, die drei Generationen angehören, handelt der Film ›Seit Otar fort ist‹. Regie bei dieser französisch-belgischen Koproduktion aus dem Jahr 2003 führte Julie Bertucelli, die bei dem Altmeister des georgischen Kinos Otar Iosseliani, der seit 1982 in Paris lebt, ihr Handwerk erlernte. Der Film erforscht als Parabel die Kraft der Liebe, die selbst, wenn sie sich in die Lüge flüchten muss, der inneren Welt des Menschen Leben verleiht. Nur durch die Flucht in die Lüge, die weitere Unwahrheiten nach sich zieht, und in die Illusion gelingt es den drei Frauen – der Großmutter, ihrer Tochter und Enkelin – den Verlust Otars, ihres Sohnes, Bruders bzw. Onkels, der illegal in Paris lebt und arbeitet, dort tödlich verunglückt ist, zu verwinden. Zugleich verdeutlicht die Regisseurin, dass es neben der Illusion eine Wirklichkeit gibt, in der zumindest die jüngere nicht-mehr-sowjetische Generation die Möglichkeit erhält, ihre Träume zu leben. Ein großartiger Film, den man gesehen haben sollte, so man unter der Oberfläche touristischer Scheinwelten auf Schatzsuche ist.

Anfang Juli 2014 errang der georgische Film ›Simindis kundzuli‹ (Maisinsel) des bereits erwähnten Regisseurs George Ovashvili den Hauptpreis (Kristallglobus) der 49. Internationalen Filmfestspiele in Karlovy Vary. Die Geschichte, die er erzählt, schildert das Leben eines alten Bauern und seiner 16 Jahre alten Enkelin auf einer Insel an der Grenze zwischen Georgien und der abtrünnigen Region Abchasien.

Literatur

Als das erste überlieferte literarische Werk gilt den Georgiern die von Jakow Zurtaweli niedergeschriebene Legende vom ›Martyrium der heiligen Schuschanik‹ aus der ersten Hälfte des 4. Jahrhunderts. Die Sage erzählt von der Tochter des armenischen Feldherren Mamikonjan, die einem georgischen Fürsten, Wasken, vermählt wurde. Dieser erwies sich als nicht sehr fest in seinem Glauben und wandte sich ab vom Christentum. Schuschanik aber blieb ihrem Gott treu. Weder Kerker noch die schlimmsten Martern konnten sie dazu bewegen, ihrem Gatten zu gehorchen und abzuschwören. Sieben Jahre währte ihr Martyrium, bevor sie in den Verliesen des Fürsten starb.

Das Georgische Nationalepos in einer Ausgabe des Kinderbuchverlags der DDR

In den folgenden Jahrhunderten fand die christliche Literatur ihre Heimstatt in den Klöstern, wo die Mönche Kirchenschriften ins Georgische übersetzten, weltliche und geistliche Chroniken führten und durch die Vervollkommnung der Kultur des Wortes die Voraussetzungen für eine weltliche Literatur schufen. Im ›Goldenen Zeitalter‹ Georgiens, von Davit dem Erneuerer (1073–1125) bis zu seiner Urenkelin Tamara, gelangte die georgische Literatur zu ihrem ersten Höhepunkt. In jener Zeit der Kreuzzüge wurden die Georgier mit neuen Themen vertraut, die insbesondere von zwei Dichtern – Mose Choneli und Shota Rustaveli – aufgegriffen wurden. Mose Choneli ist der Verfasser des romantischen und abenteuerlichen Heldenepos ›Amiran Daredshaniani‹, in dessen Mittelpunkt Amirani steht, eine Figur vom Typ des ›Ritters ohne Fehl und Tadel‹. Die 12 Lieder des Epos sind durchdrungen vom selbstlosen Geist des Edelmuts, der allen Ritterepen jenes märchenhaften Jahrhunderts auf der ganzen christlichen und nichtchristlichen Welt eigen ist.

Der Recke im Tigerfell

›Der Recke im Tigerfell‹ gilt als das Nationalepos der Georgier schlechthin. Es ist das Meisterwerk des Dichters Shota Rustaveli, dessen Herkunft und Leben ebenso wie sein genaues Geburts- und Sterbedatum im Dunkeln liegen. Man vermutet, dass der Dichter in der Akademie von Ikalto erzogen wurde, wo er nicht nur mit der klassischen und christlichen Literatur in Berührung kam, sondern ebenso mit den literarischen Traditionen des Orients. Er soll Geheimschreiber der Königin Tamara gewesen sein, in die er sich verliebte, weshalb er den Hof verließ, um seine letzten Lebensjahre im Kreuzkloster von Jerusalem zu verbringen.

Das Versepos vom ›Recken im Tigerfell‹ ist ein Hohelied auf das wahre Rittertum, dessen wichtigstes Attribut ein edelgesinnter, sich über alle nationalen und religiösen Grenzen hinweghebender Geist ist. Den Recken im Tigerfell verkörpert der indische Fürstensohn Tariel, dem die von Jugend an in ritterlicher Minne verehrte Nestan Daredshan, Tochter seines Königs, kurz vor der Heirat von bösen Kräften entrissen wurde. Allein und in tiefer Trauer macht er sich auf den Weg, seine Liebe wiederzufinden, zieht über Berge und durch Täler, überquert Meere und mächtige Gebirge und findet zwei Freunde, mit denen er gegen Dämonen und Zauberer streitet. Schließlich findet er Nestan, befreit sie aus den Händen ihrer Entführer und nimmt sie glücklich zur Frau. Eine Nebenlinie der Handlung beschreibt die Liebe Awtandils und Tinatins, Tochter des Königs Rostewan, der die Krone mangels männlicher Erben seiner Tochter übergeben möchte. Wohl ist Tinatin eine Frau, aber ›die Löwenjungen sind dem Löwen gleich‹. In Tinatin erkennt man die vom Dichter verehrte Königin Tamara, der er sein Epos gewidmet hat.

Persischer Einfluss

Selbst in den dunkelsten Jahrhunderten der persischen und osmanischen Eroberungen entstanden beachtliche Werke, deren Autoren oft die Könige selbst waren, wie Teimuras I. (1589–1663) zum Beispiel. Sie alle standen unter dem Einfluss der persischen Dichtkunst, dem sie sich als Patrioten widersetzten und deren Zauber sie sich als Dichter nicht entzogen.

Wachtang VI. (1675–1737), der als Staatsmann fast gänzlich zur Wirkungslosigkeit verurteilt war, erwarb sich Verdienste als Gelehrter, Dichter, Kritiker und Übersetzer. Seiner Initiative ist die Entstehung der ersten Druckerei auf georgischem Boden zu verdanken, in der 1712 die erste gedruckte Ausgabe des ›Recken im Tigerfell‹ erschien. Kurze Zeit später veröffentlichte der Erzieher Wachtangs, Fürst Sulchan-Saba Orbeliani (1658–1725), das erste Begriffswörterbuch der georgischen Sprache. (→ S. 304)

Unter den Dichtern des 18. Jahrhunderts ragen zwei Poeten hervor: Davit Guramischwili (1705–1792) und Bessarion Gabaschwili (1750–1791). Guramischwili, dessen dramatisches Leben ihn zuerst in dagestanische, dann in preußische Gefangenschaft auf der Festung Magdeburg und zuletzt ins ukrainische Exil führte, vollzog letztendlich unter dem Einfluss der westeuropäischen Aufklärung den Bruch mit der orientalisierenden Lyrik, indem er an die georgische Volkspoesie und das Erbe Rustavelis anschloss. Im Gegensatz zu ihm bleibt der eher unter seinem Kosenamen Bessiki bekannte Bessarion Gabaschwili in seinen Liebesgedichten, in denen Rosen, Nachtigallen und schwülwarme Nächte zu den wichtigsten Metaphern gehören, dem Orient treu.

Russischer Einfluss

Die erzwungene Allianz mit Russland bedeutete die Einbeziehung Georgiens in den europäischen und russischen literarischen Prozess. Die georgische Romantik bezog ihre Kraft einerseits aus der Bitterkeit über den scheinbar endgültigen Verlust der Unabhängigkeit des Landes und andererseits aus der Hoffnung auf eine Renaissance des einstigen Ruhms. Ihr wichtigster Vertreter war Fürst Alexander Chavchavadze (1786–1846). Die Gedichte Chavchavadzes ergingen sich in allegorischen Andeutungen, hatte er sich doch wie alle freien Denker seiner Generation gleich zweier Institutionen zu erwehren: der zaristischen Geheimpolizei des Grafen Benckendorff und der strengen literarischen Zensur.

Zur gleichen Zeit und in Nachbarschaft des Familiengutes der Chavchavadzes lebte Nikolos Baratashvili (1817–1845), der einem verarmten Adelsgeschlecht entstammte. Der Dichter hinterließ nur wenige Dutzend Gedichte, die ihn postum zum Ruhm eines brillanten romantischen Lyrikers verhalfen.

Von der Mitte des 19. Jahrhunderts bis zur Errichtung der Sowjetmacht erlebte die georgische Literatur mehrere Perioden, die exakt voneinander abzugrenzen schwierig und wohl auch nicht notwendig ist. Der bekannteste Dichter unter den sogenannten ›Archaisten‹, die sich der georgischen Tradition verpflichtet fühlten und gegen äußere Einflüsse zur Wehr setzten, war Grigol Orbeliani (1804–1883), der auch als General der russischen Armee zu Kriegsruhm gelangte. Andere Zeitgenossen suchten in der Bekanntschaft mit russischer und westeuropäischer Literatur Anregungen für ihr eigenes Schaffen. Von den ›Archaisten‹ wurden sie als ›Tergdaleuli‹ abgetan – ›die vom Wasser des Terek tranken‹. Der Terek (georg. Tergi) ist der bekannteste Grenzfluss zwischen Georgien und Russland, entlang der Georgischen Heerstraße. Die beiden bekanntesten dieser zumeist adligen Patrioten und Schriftsteller waren Ilja Chavchavadze (1837–1907) und Akaki Zereteli (1840–1915). Sie legten die Grundlage für die moderne georgische Literatur.

Zur gleichen Zeit lebte und wirkte Alexander Kasbegi (1848–1893), ein ›urwüchsiger‹ Schriftsteller aus den Bergen des Großen Kaukasus, der das Leben des einfachen Volkes besang und dessen Recht auf Eigenart, Originalität und Unabhängigkeit vehement verteidigte. Einer der eigenwilligsten Dichter seiner Zeit war Vasha Pshavela (1861–1915), der von den Menschen verlangte, die Natur zu lieben, nicht aber sie zu zerstören. Anfang der 90er betrat eine Gruppe jüngerer Schriftsteller die literarische Bühne des Landes, die von Akaki Zereteli als ›Mesame Dasi‹ (dritte Gruppe) charakterisiert wurde. Einer ihrer Gründer waren Egnate Ninoschwili (1859–1894). Die Mitglieder dieser Gruppe bekannten sich zu marxistischen Ideen, organisierten politische Zirkel unter den Studenten, veröffentlichten in legalen Journalen und verbreiteten ihre politischen Ansichten unter den Vertretern der demokratisch gesinnten Intelligenz.

Das 20. Jahrhundert

Die ersten beiden Jahrzehnte des 20. Jahrhunderts standen unter dem Stern der Futuristen, Symbolisten und Imaginisten, zu denen unter anderen Paolo Iaschwili (1895–1937), Tizian Tabidse (1895–1937), Giorgi Leonidze (1899–1966) und Michail Dschawachischwili (1880–1937) zählten. Die vier Dichter waren die wichtigsten Herausgeber der Programmzeitschrift des georgischen Symbolismus, der ›Blauen Trinkhörner‹.

Einer der bedeutendsten Schriftsteller des 20. Jahrhunderts war Konstantin Gamsachurdia, der von 1912 bis 1919 in Deutschland studierte und an der Berliner Humboldt-Universität zum Doktor der Philosophie promovierte. Nachdem er sich in verschiedenen Stilrichtungen ausprobiert hatte, wandte sich Gamsachurdia dem Realismus zu und schuf einige Werke, die man als Hymnen auf den menschlichen Willen bezeichnen könnte. Seine Romane ›Davit der Erbauer‹ und ›Die rechte Hand des großen Meisters‹ wurden auch ins Deutsche übersetzt. In seinem Geburtsort Abascha, in Westgeorgien, erinnert ein Museum an ihn. Sein Sohn Swiad Gamsachurdia (1939–1993), ebenfalls Schriftsteller, war in den Sowjetjahren einer der geachtetsten Dissidenten und 1991/92 der erste Präsident des unabhängigen Georgien.

Unter den Schriftstellern der sowjetischen Periode verdient vor allem Nodar Dumbadse (1928–1984) Beachtung. Seine Romane lesen sich wie Chroniken aus dem Leben der ›kleinen Menschen‹.

1972 erschien der Roman Tschabua Amiredschibis (geb. 1921) ›Data Tutaschchia‹, der über Nacht, erst in Georgien und dann in der ganzen Sowjetunion, zu einem Bestseller avancierte und in mehrere Sprachen übersetzt wurde. Mit diesem Roman gelang dem Autor ein brillantes Sittengemälde Georgiens Ende des 19./Anfang des 20. Jahrhunderts.

Unter den jüngeren Schriftstellern gehört der 1966 geborene Aka Mortschiladse zu den meistgelesenen Autoren. Sein Roman ›Die Hunde der Paliaschwili-Straße‹ (1995) beschäftigt sich mit den turbulenten Jahren nach der Unabhängigkeit. Wer sich einen tieferen Einblick zu diesem Thema verschaffen möchte, sei an das Buch ›Die georgische Literatur‹ eines der renommiertesten deutschen Kenner und Freunde Georgiens, Dr. Heinz Fähnrich, verwiesen. Im Jahre 2000 erschien im Suhrkamp-Taschenbuchverlag eine ganz ausgezeichnete Sammlung

›Georgische Erzählungen des zwanzigsten Jahrhunderts‹ von Naira Gelaschwili. 13 Jahre später, im Februar 2013, veröffentlichte die Frankfurter Verlagsanstalt die Anthologie ›Techno der Jaguare‹ mit sechs Prosatexten und einem Einakter der jüngeren Generation georgischer Autoren. Zu dieser Generation gehört unter anderem die in Hamburg lebende und auf Deutsch schreibende Nino Haratischwili (geb. 1983), die bereits zwei Romane in Deutschland veröffentlicht hat. Ihr Roman ›Mein sanfter Zwilling‹ veranlasste die Kritik, sie als ›deutschsprachige Heldin der georgischen Literatur‹ zu feiern; 2014 erschien von ihr ›Das achte Leben (Für Brilka)‹, ein Roman, der die Geschichte einer georgischen Familie über mehrere Generationen erzählt und von der Kritik als eine der wichtigsten Entdeckungen des Jahres gefeiert wurde. Matthes & Seitz gab 2013 den Roman Otar Tschiladses (1933–2009) ›Der Garten der Dariatschangi‹ heraus, in dem der Autor ein opulentes Sittengemälde des antiken Kolchis zu Zeiten der sagenumwobenen Medea entwirft. Tamta Melaschwili (geb. 1979), die sich in Georgien für Frauenrechte einsetzt, erhielt für ihren Debütroman ›Abzählen‹ 2013 den deutschen Jugendliteraturpreis.

2018 wird Georgien Gastland auf der Frankfurter Buchmesse sein.

Die georgische Sprache

Über die Zusammensetzung der vorgeorgischen Stämme, ihre Ausbreitung und Wanderungen im transkaukasischen Raum, ihre Bevölkerungszahl und Vermischungen mit anderen heimischen oder neu hinzugekommenen Stämmen, darüber, wo und wann sie sesshaft wurden, ist wenig bekannt. Das gleiche gilt für die Herkunft und Zuordnung der georgischen Sprache zu einer der großen bekannten Sprachgruppen, obwohl in dieser Hinsicht die vergleichende Sprachwissenschaft und die linguistische Geographie (man könnte auch sagen Dialektologie) ebenso Theorien anbieten wie die größere Zusammenhänge betrachtende Ethnogenese.

Nicht immer sind Schilder auch lateinisch beschriftet wie hier in Batumi

Hier gibt es Khachapuri, die georgische Variante des Käsebrotes

Das Georgische gehört zu den ibero-kaukasischen Sprachen. Im 19. Jahrhundert vermutete der deutsche Linguist Friedrich Müller verwandtschaftliche Beziehungen zur Sprache der Basken im Norden Spaniens, die völlig isoliert von allen Sprachgruppen ist. Was das Baskische und Georgische in ihrer modernen Gestalt angeht, so sind die Sprachen einander so ähnlich wie Bilbao und Tbilisi, das heißt überhaupt nicht, weshalb die Vielzahl an in Aussprache und Sinn in beiden Sprachen identischen Worten, so auch die Bezeichnungen für Berge und Flüsse zum Beispiel, um so mehr verwundern muss.

Wie diese Ähnlichkeiten zustande kamen, ob die Basken ›emigrierte‹ Georgier sind oder das Georgische und Baskische zu einer vom Atlantischen Ozean bis zum Kaukasus reichenden Sprachgruppe gehörten, die, rudimentär zumindest, nur in schwer zugänglichen Gegenden, wie es Hochgebirge an den Peripherien der großen Kulturen sind, überlebten – wir wissen es nicht, und es ist zweifelhaft, ob dieses Geheimnis jemals gelüftet wird.

Was wir aber wissen, wenn sich der sprachunkundige Tourist und Besucher Georgiens davon in der Regel auch nicht mit eigenen Ohren überzeugen kann, ist, dass das Georgische eine Sprachgruppe ist, die auf das Protokartwelische zurückgeht. Aus dieser Ursprache haben sich Georgisch, Swanisch, Megrelisch und Lasisch entwickelt. Die Literatursprache der Swanen und Megrelen in Westgeorgien ist seit Jahrhunderten die georgische Sprache. Die Mehrzahl der Lasen (aus den Zeiten des Königreiches Lasika) lebt auf dem Staatsgebiet der Türkei; ihre Literatursprache ist türkisch. Georgisch ist die offizielle Staats-, Umgangs- und Literatursprache, die jedes georgische Kind mit der Muttermilch einsaugt. Megrelisch und Swanisch werden nach wie vor von den Megrelen und Swanen als Umgangssprache gepflegt. Alle drei Sprachen zerfallen in zahlreiche Dialekte.

Die georgische Schrift

Zumindest als Hypothese verdient die Vermutung Beachtung, in Georgien könnte bereits vor 2500 bis 3000 Jahren und nicht erst im 4. oder 5. Jahrhundert nach Christi Geburt eine Schriftsprache existiert haben. Wenn auch die unmittelbar im Kaukasus gefundenen archäologischen Spuren nicht mehr als Indizien sind, so lassen doch die im letzten Jahrhundert mit einiger Systematik betriebenen Ausgrabungen im Norden Syriens und des Irak einige Rückschlüsse zu. Vieles spricht dafür, dass Mesopotamien die Wiege der großen Zivilisationen war. Auf 1927 geschossenen Luftaufnahmen im Nordwesten des heutigen Irak ließen sich auf einigen Hügeln Dutzende vom Sand verwehte Formationen erkennen, deren geometrische, in konzentrischen Kreisen verlaufenden Strukturen einen rein zufälligen geologischen Ursprung ausschließen. Die systematischen Ausgrabungen in der Region, an denen auch der Ehemann von Agatha Christie, Sir Mallowan, beteiligt war (die Schriftstellerin besuchte ihn dort) begannen nach dem Ersten Weltkrieg. Was die Archäologen entdeckten, waren nicht nur Spuren einer Kultur, deren Alter sie auf 5000 Jahre vor dem Beginn unserer Zeitrechnung schätzten, die sogenannte Chalaf-Periode, sondern auch die Überreste von Siedlungen und ganzen Städten, wie die des Stadtstaates Nabad, zum Beispiel, aus der frühen Bronzezeit. Schon die ersten Untersuchungen der zu jener Zeit verbreiteten Keilschrift, bei der Worte, Namen, Gegenstände und Ziffern mit jeweils einem Zeichen wiedergegeben werden, verblüfften die Forscher.

Man kann wohl davon ausgehen, dass sich die einmal etablierte Schriftsprache als Medium der Verständigung entlang und um die Handelswege herum in alle Richtungen ausbreitete und entsprechend den örtlichen Dialekten verschiedene Formen annahm. Die auf den Keramiken in Trialet, Akhaltsikhe und anderen Orten des heutigen Georgiens gefundenen Zeichen könnten also durchaus Fragmente einer der Phonetik der hiesigen Stämme angepassten Keilschrift sein, deren Ursprünge 4000 oder gar 4500 Jahre zurückliegen, zumal Nabad nur wenige hundert Kilometer von der südlichen Grenze Tao-Klardschetiens trennten.

Die ersten Alphabete entstanden in der frühhellenischen Epoche, als das Aramäische und Altgriechische im Nahen und Mittleren Osten zu den wichtigsten Handels- und Kultursprachen geworden waren. Die Wende vom ersten zum zweiten Millennium vor unserer Zeit gilt als Epoche blühender Wissenschaft, Technik und Kultur auf einem riesigen Areal, das vom Ägypten Ramses II. bis zu den Ausläufern des Hindukusch, vom Ägäischen Meer bis zum Persischen Golf verschiedenste Völker einschloss, die in ständigem Austausch untereinander standen.

Georgien war in diese Prozesse aktiv einbezogen, und sowohl die griechische Schrift (über Kolchis am Schwarzen Meer) als auch das geschriebene Aramäisch (über Iberien im Osten) verbreiteten sich über das ganze Land.

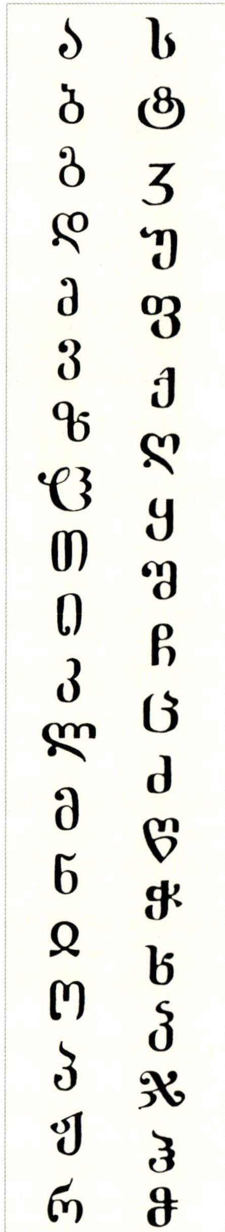

Druckschrift aus dem 17. Jahrhundert

Als 1940 die Grabstätten der Fürsten Armasizchewi (zweite Hälfte des 2. Jahrhunderts) in Ostgeorgien geöffnet wurden, fand sich dort unter anderen Gegenständen eine Stele mit in aramäisch und griechisch verfassten Texten; wobei sich das aramäisch eher dem armasischen Zweig der Sprachfamilie zuordnen ließ. Dieserart erhielt die Forschung erste Hinweise über den Ursprung der auch äußerlich auffälligen Ähnlichkeit der georgischen Schrift mit dem Alphabet ihrer südwestlichen Nachbarn. Doch beruht jede Schrift in erster Linie auf der phonetischen Vielfalt der gesprochenen Sprache, und das Georgische ist überdurchschnittlich reich an Lauten, die ihre Entsprechung in bis zu 40 Buchstaben des Alphabets fanden, von denen längst nicht alle ihr Äquivalent in armasischen oder aramäischen Schriftzeichen hatten. Daher lässt sich wohl eher von Verwandtschaft als von Identität sprechen.

Weitgehend besteht Einigkeit darüber, dass das georgische Alphabet zu Zeiten der Regentschaft des iberischen Königs Parnawas im 3. Jahrhundert vor Christus entstanden sein muss, wenn auch einige wenige Forscher diesen Zeitpunkt ein halbes Jahrtausend später, mit der Annahme des Christentums, ansetzen. Hinsichtlich dieser Frage geraten die Argonauten ins Visier des neugierigen Forschers, von denen man weiß, dass sie von Kolchis und seiner Hauptstadt Aja (das heutige Kutaisi) aus einem alten Pergament erfahren hatten. Doch nicht nur das: Aus einer anonymen Quelle will der griechische Historiker Polifatius (3./4. Jahrhundert vor unserer Zeit) rekonstruiert haben, dass die Argonauten Kolchis nicht nur des ominösen ›Goldenen Vlieses‹ wegen anliefen, sondern dass sie auf der Suche nach einer uralten Handschrift mit der detaillierten Beschreibung des chemischen Prozesses zur Herstellung von Gold waren.

Und in einem franko-italienischen Dokument aus dem Jahre 1819, das in der Vatikanischen Bibliothek aufbewahrt ist, finden sich Hinweise darauf, dass unter Parnawas das georgische Alphabet lediglich vervollkommnet worden sei, was bedeuten würde, dass die Schrift der Georgier noch älter ist.

Die Annahme des Christentums als Staatsreligion im 4. Jahrhundert hatte unter anderem eine Vereinheitlichung der Schriftsprache zur Übersetzung der Heiligen Schrift, der Gebete, Heiligenlegenden etc. zur Folge. Daß diese vereinheitlichte Schrift schwerlich eine Neuschöpfung gewesen sein kann, davon zeugen die mit einer an Vollkommenheit grenzenden Akribie und Stilsicherheit ausgeführten Inschriften an den georgischen Kirchen auf dem Sinai und in der Nähe Bethlehems sowie an der Kirche von Bolnisi, die alle aus dem 5. Jahrhundert stammen.

Das erste in der Neuzeit in Georgien verwendete Alphabet, das ›Assomtawruli-Chuzuri‹, war vom 5. bis zum 9. Jahrhundert gültig und ausschließlich zu kirchlichen Zwecken bestimmt (Chuzi bedeutet Mönch). Ihm folgte bis zum 11. Jahrhundert das ebenso vornehmlich in kirchlichen Kreisen verbreitete ›Nußchuri‹, das sich von seinem Vorgänger durch ein Mehr an Klarheit und Deutlichkeit unterschied, was dem Schriftverkehr unter Würdenträgern und Mönchen zugutekam. Das ›Nußchuri‹ ging mit den Jahren in die dritte Variante eines Alphabets über, das den Namen ›Mchedruli‹ (Reiterschrift) erhielt und im Wesentlichen bis heute gültig ist. Die Buchstaben rundeten und wölbten sich, was dem Schriftbild seine weichen, fließenden Formen und kalligraphische Eleganz verleiht.

Essen und Trinken

Für die Georgier ist jeder Gast ›ein Geschenk Gottes‹, und selbst in den Zeiten schlimmster Not stellten sie immer zuerst jenen Teil des Hauses fertig, der Gästen vorbehalten ist, und erst dann das übrige Gebäude. Diese Tradition ist bis in unsere Tage hinein lebendig; mehr noch: Selbst ein Feind des Hauses besitzt Immunität, bittet er als Gast um Obdach und Kost. Das ungeschriebene Gesetz gestattet es, Konflikte an jedem beliebigen Ort auszutragen, nur nicht im eigenen Haus.

Die Gastfreundschaft der Georgier ist offenherzig, das dem Gast geschenkte Vertrauen uneingeschränkt. Bis vor nicht allzu langer Zeit brauchte der Reisende, wenn er nachts in ein Dorf gelangte, wo ihn weder Verwandte noch Bekannte oder eine andere vertraute Seele erwarteten, nicht mehr zu tun, als sich vor eines der Häuser zu stellen und laut und vernehmlich ein einziges Wort zu rufen: ›Maspindselo!‹ (dt. Hausherr, Gastgeber). Dieses Wort verfügte über magische Zauberkraft. Kaum war es verhallt, öffnete sich die Tür des Hauses, gingen in Küche und Gästezimmern die Lichter an, und war nicht genug zu essen im Haus, lief einer der Familienangehörigen zu den Nachbarn, um das Nötigste zu borgen.

Die georgische Küche

Die georgische Küche kennt eine Unmenge von Gerichten und ist, gemessen an der Vielfalt der Auswahl, die abwechslungsreichste im ganzen Kaukasus. Dieser Ruhm, den sich die Georgier zuschreiben, fußt nicht auf nationaler Eitelkeit auf dem Gebiet kulinarischer Kreativität – erfinderische Köche gibt es überall –, sondern hat vor allem mit dem Klima zu tun, das es neun Monate des Jahres erlaubt, frisches Obst, Gemüse, Kräuter und Gewürze auf den Tisch zu bringen. Diese werden zudem getrocknet oder mariniert, so dass insbesondere die Gewürze auch außerhalb der Saison zur Verfügung stehen. Dazu kommt, dass viele der wildwachsenden Kräuter, die zu den meisten Gerichten gehören, nur in Georgien wachsen. Es ist unmöglich, hier all diese Gewächse, die den ›feinen Unterschied‹ der georgischen Küchenkunst ausmachen, aufzuzählen, ebenso wie es besondere poetischer Begabung bedarf, das gesamte Spektrum der geschmacklichen Nuancen zu beschreiben. Wer aber auf einem georgischen Bauernmarkt gewesen ist, wird den anregenden, aromatischen Duft der Kräuter nie vergessen; ebenso wie die freundliche Bereitschaft der Händler, von allem kosten zu lassen und auf Wunsch das eine oder andere Geheimnis ihrer Anwendung preiszugeben.

Fleisch und Fisch

Doch von Kräutern allein wird der Mensch nicht satt, weshalb Fleisch in der georgischen Küche eine ebenso wichtige Rolle spielt. Rinder, Schweine und Hammel werden überwiegend frei gehalten – entsprechend gut ist die Fleischqualität. Hinzu kommt Wild – Bären, Hirsche, Bergziegen, Hasen, Kaninchen, Wachteln und Fasan – sowie natürlich Fisch aus dem Schwarzen Meer oder den Flüssen und Seen der kaukasischen Berge. Und was für die Kräuter gilt, trifft auch auf einige Fischarten zu: Manche von ihnen sind so selten, dass sie schon im benachbarten Fluss nicht mehr vorkommen. Zudem sei erwähnt, dass sich die georgischen

Gerichte in jeder Provinz geschmacklich voneinander unterscheiden. Besonders pikant mögen es die Westgeorgier, die Schweinefleisch bevorzugen, etwas milder ihre östlichen Landsleute, die mit Rind und Hammel vorliebnehmen.

Unter den georgischen Fleischgerichten hat es vor allem eines, auf Georgisch ›Mzwadi‹, zur Weltberühmtheit gebracht – allerdings unter seinem russischen Namen: Schaschlik. Zum Schaschlik gehören mehr als einige Fleischstücke, ein Spieß und ein offenes Feuer. Das Fleisch – am besten eignet sich Hammel – wird vor dem Grillen circa 12 bis 14 Stunden (vorzugsweise über Nacht) in einer Marinade aus trockenem Wein oder verdünntem Essig, Salz, Zwiebeln, Pfeffer und Gewürzen (unbedingt Koriander) eingelegt und dann erst über offenem Feuer gegrillt und beim Grillen mit trockenem Wein beträufelt. Die eigentliche Heimat des Schaschlik ist Kachetien, wo er auch heute noch am besten schmeckt.

Gewürze und Saucen

Unter den wirklich scharfen Gewürzen ist ›Adshika‹ das populärste. Die Heimat dieser pastenähnlichen Kreation aus geriebenen roten und grünen Peperoni, Salz, Kräutern (vor allem Koriander) und Knoblauch ist Megrelien, das in seinem kulinarischen Erfindungsreichtum das übrige Georgien noch übertrifft. Bevor man Adshika dem Essen beigibt, sollte man seine Würzkraft überprüfen – beginnend mit kleinsten Mengen.

Den Liebhabern exotischer Gewürze sei außerdem ›Tkemali‹ empfohlen, eine Sauce, die aus entweder noch grünen oder schon ausgereiften Pflaumen einer speziellen Art und verschiedenen Kräutern hergestellt wird. Sowohl Adshika als auch Tkemali sind universell verwendbar, doch zu Geflügel und Fleisch passt Tkemali am besten.

Eine andere Sauce, die jeden Gourmet begeistert, ist ›Saziwi‹. Sie wird aus fein geriebenen Zwiebeln, Knoblauch, Kräutern und Walnüssen hergestellt und entfaltet ihre Reize besonders als Beigabe zu kaltem Hühner- oder Putenfleisch. Sehr verbreitet in Georgien sind allerlei Gerichte aus Auberginen sowie aus grünen und roten Bohnen (›Lobio‹).

Khinkali – mit Fleisch gefüllte Teigtaschen

Brot und Teigwaren

Das wichtigste Getreide in Westgeorgien ist Mais, im Osten wird vor allem Weizen angebaut. Ihr Brot backen die Georgier in dickwandigen, röhrenähnlichen Tongefäßen von knapp einem Meter Durchmesser, den ›Tone‹, die zu zwei Dritteln hochkant in der Erde vergraben werden. In den Tone werden Holzscheite verbrannt, deren Rauch dem Brot sein spezifisches Aroma verleiht. Wenn der Bäcker die vorbereiteten Brotfladen mit wohlberechnetem Schwung an die Innenwände des Ofens klatscht, muss er sich tief hinab beugen und die Beine in die Höhe werfen, was aussieht, als würde er sich kopfüber in den Ofen stürzen. Das für Westgeorgien typische Brot sind Maisfladen – ›Mtschadi‹ –, die gewöhnlich mit einem Mozarella-ähnlichem Käse, dem ›Sulguni‹, gegessen werden – die ideale und am weitesten verbreitete Vorspeise bzw. Zwischenmahlzeit in dieser Gegend. Überall und zu fast jeder Stunde erhält man in Georgien eine Art Käsebrot, das sogenannte ›Khachapuri‹, das aus einem Teig aus Weizen oder Mais (häufiger Weizen), oft ein Blätterteig, mit eingelassenem jungen Käse besteht.

Was dem einen sein Khachapuri ist, sind dem anderen seine ›Khinkali‹ – Teigtaschen, die eine Füllung aus mit Zwiebeln, Kräutern und ausreichend Pfeffer gewürztem Hackfleisch enthalten, ähnlich den russischen Pelmeni oder italienischen Ravioli. Diese in ihrer Grundfläche wasserglasgroßen Teigtaschen werden zu kleinen Säckchen geformt, die oben geschlossen sind und mit den Händen gegessen werden, indem man den ›Verschluss‹ zwischen Daumen und Zeigefinger nimmt, das Khinkali zum Mund führt und dann hineinbeisst. Aber Vorsicht! Im Säckchen sammelt sich Brühe, die dem Khinkali im wohlproportionierten Ensemble mit dem Fleisch und dem Teig ihren eigentlichen Reiz verleiht.

Der georgische Wein

Die Traditionen des Weinbaus in Georgien reichen mehrere tausend Jahre zurück. Davon zeugen unter anderem archäologische Funde, wie zum Beispiel 5000 Jahre alte Tonkrüge mit Traubenkernen des weißen Rkatsiteli, der bis heute mit nahezu unverändertem Erbgut angebaut wird. Auf einer assyrischen Keilschrift-

Brot wird in speziellen Öfen (Tone) gebacken

In solchen Kvevris wird der Wein gelagert

tafel aus dem 9. Jahrhundert vor Christus findet sich eine Aufzählung aller unterworfenen Völker, die ihren Tribut an das Herrscherhaus in Gold zahlten, mit Ausnahme der Georgier, die ihre Abgabe in Wein zu leisten hatten. Das traditionelle Kreuz der georgischen Orthodoxie besteht aus Rebenstämmen, die mit dem Haar der Missionarin Nino verwoben sind. In vielen georgischen Gotteshäusern finden sich Ornamente, die auf den Weinbau anspielen. Der Thron des Patriarchen im kachetinischen Alaverdi zum Beispiel ist mit Trauben verziert. Selbst die Bezeichnung für das edelste berauschende Getränk der Welt soll sich vom altgeorgischen Wort ›Ghvino‹ für Wein ableiten.

Die klimatischen und geographischen Bedingungen erlauben es, fast überall im Land Wein anzubauen. Von den 4000 in der Welt bekannten Rebenarten stammen 500 aus Georgien, von denen 38 für den kommerziellen Weinbau zugelassen sind.

Die größten Weinplantagen liegen in Ostgeorgien, und das Herzland des Weinanbaus ist Kachetien, wo der meiste, für sein feines Bouquet geschätzte Wein produziert wird. Die Namen der Weine leiten sich von den Anbaugebieten ab. Die ursprüngliche georgische Tradition schränkt den Verschnitt von Weinen verschiedener Sorten und Herkunftsorte ein, weshalb sich hinter jedem Namen eine teilweise über die Jahrhunderte reichende Kontinuität des Geschmacks und Aromas verbirgt, die nur von den meteorologischen Bedingungen für die einzelnen Jahrgänge beeinflusst wird.

Anders gestaltet sich der Weinbau in den Berg- und Hügellandschaften Westgeorgiens. Die von Berg zu Berg und Tal zu Tal unterschiedliche mineralische Konsistenz der Böden, der sich permanent ändernde Winkel der Sonneneinstrahlung und das damit verbundene unregelmäßige Pulsieren der Flüssigkeit in den Trauben verhindern den Weinanbau auf Großplantagen. Jeder Hügel, ja mitunter jeder Berghang verleihen dem Wein seine spezifische Note, so dass die westgeorgischen Weine zumeist in geringen Mengen gewonnene Unikate sind, die ob ihrer Vielfalt selbst Kenner schwer auseinanderzuhalten vermögen. In einem der Dörfer des Kreises Lechkhumi wird seit Jahrhunderten an einem Berghang eine Rebenart kultiviert, die nirgends sonst auf dem gleichen Berg, geschweige denn im übrigen Georgien gedeiht. Der Wein aus dieser Rebe ist namenlos und heißt auch so: ›Usakhelouri‹ (dt. : der ohne Namen); und – er ist einzigartig.

Ein georgisches Sprichwort sagt: »Die Rebe verlangt ebenso viel Zuwendung wie ein Neugeborenes.« Dieses Wissen ist wohl einer der Gründe, warum der Weinanbau in Georgien, vor allem im Westen des Landes, bis heute kaum mechanisiert ist. Vom anbrechenden Frühling bis in den späten Herbst hinein erfahren die Weinstöcke die fürsorgliche Pflege durch Menschenhände.

Die Verarbeitung des Weines, besonders auf den Großplantagen in Kachetien, ist dagegen weitgehend mechanisiert. Doch in ihren eigenen kleinen Weingärten pflegen die Bauern bis heute die jahrhundertealten Traditionen. Die Weintrauben werden frisch vom Weinberg in einen im Weinkeller – ›Marani‹ – aufgebockten Bottich geschüttet, dessen Abflussloch mit einem Pfropfen verschlossen ist. Je nach Größe des Bottiches treten ein oder mehrere Helfer die Trauben mit bloßen Füßen. Der Saft der Trauben – ›Matschari‹ – wird einige Tage, bis kurz vor Beginn des Gärungsprozesses stehen gelassen und dann zusammen mit der Maische (Stiele und Schalen) in irdene, dickwandige, unglasierte Tonkrüge, die im Weinkeller vergraben sind und deren enger Hals aus dem Boden ragt, geschüttet. Sie werden mit einem Stein und mit Holzasche vermischtem Ton versiegelt, um das Eindringen von Schimmelpilzen zu vermeiden. In diesen Gefäßen, den ›Kvevri‹, mit einem Fassungsvermögen von 10, 100 und mehr Litern, gärt und reift der Wein, bis er sein wahres Aroma entfaltet hat. Die bauchige Form der Kvevris erlaubt eine natürliche Zirkulation, so dass keine weiteren Gärzusätze benötigt werden. Der Tag, an dem der junge Traubensaft in die ›Kvevri‹ gefüllt wird, ist ein Feiertag, den man überall, wo Wein angebaut wird, überschwänglich und phantasievoll begeht.

Neben den Weinen ist Georgien auch berühmt für seine Wein- und Tresterbrände. Der georgische Tschatscha (Grappa), ein Tresterbrand aus zumeist weißen Rebsorten, wird sowohl industriell als auch – besonders in den dörflichen Gegenden – ›schwarz‹ destilliert. 2007 erhielt der Tschatscha ›Estragon Binekhi‹ des Unternehmens Vazi+ auf der internationalen Weinmesse Mundis Vini eine Silbermedaille. Tresterbrände aus Feigen, Mandarinen, Apfelsinen und Maulbeeren werden Araki genannt.

Rebsorten

Zwischen 60 und 70 Prozent der georgischen Rebflächen sind mit roten Rebsorten bestockt. Die bekannteste ist Saperavi. Aus den Saperavi-Trauben entstehen Weine, die ob ihrer fruchtigen Säure und außergewöhnlichen Farbkraft geschätzt werden. Das Spektrum ist groß: vom Rosé über junge und fruchtige bis hin zu reifen, kraftvollen Weinen. Saperavi prägt das Geschmacksbild so berühmter Weine wie Mukusani, Kindsmarauli, Akhasheni und Napareuli.

Die am weitesten verbreitetet weiße Rebe ist der Rkatsiteli. Die hellgoldenen Rkatsiteli-Weine sind meist intensiv würzig mit blumigem Bouquet und harmonisch im Geschmack. Der legendäre Tsinandali, zum Beispiel, wird aus Rkatsiteli-Beeren gekeltert, aber auch andere beliebte Weine, wie Kvareli, Gurjani, Vatsisubani und Tibaani. Saperavi und Rkatsiteli sind typisch für Kachetien, im Osten des Landes.

In Zentralgeorgien, im Inneren Kartli, entstehen vor allem Weine europäischen Stils, weshalb hier, insbesondere um Tbilisi, neben traditionellen Reben (vornehmlich für den Eigenbedarf) auch internationale Rebsorten, wie Cabernet Sauvignon, Chardonnay, Merlot, Pinot Noir und Riesling, angebaut werden. Diese dienen vor allem der Erzeugung von Grundweinen, Brand- und Schaumwein.

Die wichtigsten Anbaugebiete in Westgeorgien sind Imeretien und Megrelien, Racha-Lechkhumi und Gurien. Typisch für Imeretien sind die weißen Sorten Tsitska und Tsolikauri, die ihre volle Reife Ende Oktober erreichen, mit einem Aroma von Blumen, Honig und Zitrone. Sie eignen sich sowohl für die Herstellung trockener als auch natursüßer Weine.

In Racha-Lechkhumi werden vor allem Reben der Sorten Alexandrouli und Muchuretuli angebaut. Der Wein reift zumeist im Stahltank und nicht wie in Kachetien in Tonkrügen. Aus dem Dorf Khvanchkara stammt der gleichnamige liebliche Rotwein.

Die Königin der megrelischen Rebsorten ist die rote Ojaleshi. Sie wächst nur in geringen Mengen, wird Mitte November geerntet und ist der Rohstoff für einen köstlichen roten halbsüßen Wein.

Absatzmärkte

Seit Beginn des 20. Jahrhunderts sind georgische Weine auf vielen internationalen Messen mit Auszeichnungen geehrt worden. Mitte der 1980er Jahre wurden Weine in mehr als 80 Länder exportiert. Damals existierte die Sowjetunion noch, und deren Führung verstand offensichtlich mehr von Wodka als vom Wein. Als einer seiner ersten Amtshandlungen erklärte Gorbatschow 1985 dem Alkoholismus den Krieg. Als Folge wurden in Georgien ganze Weinberge abgeholzt. Die Weinwirtschaft geriet ins Wanken und erlitt in den ersten Jahren der Unabhängigkeit weitere Rückschläge. Die traditionellen Absatzmärkte waren verloren. Fälscher und Panscher verdarben das Image. Das europäische Reinheitsgebot war unter diesen Bedingungen nicht einzuhalten. Als Russland 2006 ein Embargo auf georgische Weine verkündete, standen viele Winzer vor dem Aus.

Weingut in Kachetien

Eine gedeckte Tafel

Der äußere Zwang führte wie so oft zu einem kreativen Schub. Die Deutsche Gesellschaft für Internationale Zusammenarbeit (GIZ) stellte Mittel für die Einrichtung eines Wein-Labors zur Verfügung, die Kreditanstalt für Wiederaufbau unterstützte Georgien bei der Einrichtung eines Weinbaukatasters. Inzwischen hat sich die Situation normalisiert, und georgische Qualitätsweine sind auf Messen und im spezialisierten Handel wieder gefragte Exoten. Georgien ist jährlich mit einem kleinen Stand auf der Messe ProWein in Düsseldorf vertreten. Mehrere Internethändler bieten georgische Weine auf dem deutschen Markt an; in Berlin unterhält das Weinhaus Grusignac ein auf georgische Weine und Spirituosen spezialisiertes Geschäft (www.grusinac.de).

Bis vor wenigen Jahren wurden nach Europa nur Weine aus Großbetrieben, die mit europäischen Methoden keltern, exportiert. Das hat sich geändert, denn auch in Kvevri gereifte Weine sind inzwischen hierzulande ein Geheimtipp. Einer der Anbieter ist das in Hamburg ansässige Unternehmen Geovino, das georgische Weine über das Internet vertreibt (www.geovino.de).

Am besten aber lässt es sich den georgischen Wein in Georgien selbst genießen. Einige Winzer haben das touristische Potential ihrer Reben und Weine erkannt. Reiseagenturen bieten auf die Verkostung von Weinen spezialisierte Touren an, unter ihnen auch die drei in Georgien auf Reisende aus den deutschsprachigen Ländern spezialisierten Veranstalter: Erka-Reisen, Georgia Insight und Kaukasus Reisen. Im Kapitel über Kachetien werden einige Weingüter vorgestellt → S. 213.

Beim Weinkauf in Georgien empfehlen sich die Weine mit Erzeugerabfüllung, zum Beispiel der Unternehmen Telavi, TbilVino oder JVS, deren Etiketten in der Regel georgisch und englisch beschriftet sind.

Das georgische Gastmahl

Das georgische Gastmahl ist eine kulturelle Institution, nicht zu vergleichen mit dem, was man in anderen europäischen Ländern unter diesem Wort versteht. Um sich zu einem Gastmahl zusammenzufinden, ob daheim oder in einem der zahlreichen Restaurants, braucht es keinen besonderen Anlass, obwohl es auch solche gibt – Geburtstage, Feiertage, Hochzeiten, die Geburt eines Kindes, der Besuch von Freunden oder deren Freunden –, ein Gastmahl wird dann abgehalten, wenn die Seele danach verlangt.

Neben den Teilnehmern gehören zu einem Gastmahl Unmengen verschiedener Gerichte: kalte und warme Vorspeisen, frische oder marinierte Kräuter, die ununterbrochen aufgetragen werden, ebenso wie diverse Fleisch- und Fischgerichte, in Abhängigkeit von der Bedeutung des Anlasses und der zur Vorbereitung zur Verfügung stehenden Zeit. Und zu einem Gastmahl gehört Wein, der nie ausgehen darf und den die Georgier trinken wie Wasser, was den genügsamen Mitteleuropäer zu Gesten der Verwunderung hinzureißen vermag, wenn er denn nach dem achten Liter noch dazu in der Lage ist. Die ungeschriebenen Gesetze des Gastmahls verbieten es, die eigene Trunkenheit zu zeigen, und in der Regel wird dieses eherne Gesetz eingehalten.

Der wichtigste Bestandteil, sein eigentlicher Geist, sind die vor jedem geleerten Glas ausgebrachten Trinksprüche. Ein Nippen am Glas zwischendurch verbietet sich von selbst. Der Dirigent der Trinksprüche ist der wichtigste Mensch am Tisch – der Tamada. Ihm, der von der Tafelrunde vor dem Beginn des Mahls bestimmt wird, obliegt es, das Thema ebenso wie das Tempo der Trinksprüche zu bestimmen. Von ihm wird verlangt, dass er sein wichtigstes Instrument, die Sprache, virtuos und in allen poetischen und philosophischen Nuancen beherrscht, dass er gebildet ist, witzig und klug, um dem Austausch die Richtung zu geben. Von einem guten Tamada erwartet man Bonmots, Paradoxa und Parabeln, und wenn er den Erwartungen der Tafelrunde entspricht, wird man ihn noch lange würdigen.

Die Themen der Trinksprüche sind zunächst vorgegeben: Man trinkt auf Gott und seinen Sohn, auf den Gastgeber und die Gäste, auf die Abwesenden und das Andenken der aus dem Leben Geschiedenen, auf die Liebe und die Frauen, die Kinder und die Alten, auf die Heimat und die Freundschaft, auf die Wechselfälle des Lebens, auf den Wein und gutes Gelingen in allen Angelegenheiten, auf alles, was das Herz erfreut, begehrt und erschwert. Jeder Trinkspruch ist aus dem Herzen gesprochen, und oft paaren sich Weisheit mit Humor, Poesie mit Esprit. Im Verlaufe des Abends werden die Reden länger, und häufig wird in den Pausen gesungen. Ein gelungenes Gastmahl kann Menschen, die sich vorher nie begegnet sind, nicht nur einander nahebringen, sondern sie dazu anregen, sich Dinge zu sagen, die sie nie vergessen werden. Zwischendurch werden in einem Zuge Trinkhörner geleert, die bis zu einem oder mehr Litern Wein fassen. Man ruft sich ›Alaverdi‹ zu, was bedeutet, dass der von einem Gast vorgebrachte Trinkspruch von einem ihm benannten anderen Gast weitergesponnen wird. So vergehen Stunden um Stunden. Das ist der Idealfall, der in der raueren Wirklichkeit auch prosaische Züge annehmen kann, wenn das Ritual entleert ist und das Besäufnis den Wunsch nach Nähe und gedanklichem Austausch überschattet.

EXTRA

Rezepte

Die Rezepte, die wir zum Ausprobieren empfehlen, wurden so ausgewählt, dass sie auch mit den hierzulande erhältlichen Zutaten annähernd ihren ursprünglichen Geschmack entfalten. Fleisch und Gemüse sind dabei das geringste Problem. Schwieriger ist es mit den Kräutern und Gewürzen, die den Gerichten ihr ganz besonderes Aroma verleihen. Mit einigen Abstrichen ist jedoch auch in dieser Hinsicht Abhilfe möglich.

Kubdari – Fleischtaschen

Dieses Gericht stammt aus den Bergen im Westen Georgiens, aus Swanetien.
Zutaten: 1 kg Schweinebauch, 5 Zwiebeln, 5 bis 6 Knoblauchzehen, 1 Bund frischer Koriander, 1 EL gemahlener Koriandersamen, 1 TL Chili, Salz, Branntweinessig, 1 kg Mehl, 10 bis 15 g Hefe.
Zubereitung: Das Fleisch in ganz kleine Würfelchen schneiden (nicht durch den Fleischwolf drehen); ebenso die Zwiebeln. Den Koriander hacken und den Knoblauch pressen. Die Zutaten mischen, salzen, pfeffern und anschließend einige Stunden im Kühlschrank ›reifen‹ lassen. Vor der endgültigen Zubereitung empfiehlt es sich, nochmals mit Salz und Pfeffer abzuschmecken. Die Masse muss saftig sein; bei Bedarf Wasser oder Öl dazugeben.
Den Hefeteig anrichten. Auf 1 kg Mehl etwa 10 bis 15 g Hefe und nicht mehr als 5 g Salz dazugeben. Den fertigen Teig auf eine Dicke von 0,25 bis 0,35 Millimeter ausrollen, mit einem Wasserglas oder einer anderen Form Teigstücke ausstanzen; auf diese Teigstücke je einen gehäuften TL der Fleischmasse geben; den Teig nach oben hin zusammenfalten und ›versiegeln‹.
Den Backofen auf 150 bis 180 Grad vorheizen. Inzwischen die Kubdari in einer Pfanne, ohne Fett, vorwärmen; so lange bis die Unterseite erhärtet ist und sich der Teig leicht braun färbt. Dann die Taschen auf schwach gefettetem Blech etwa 20 bis 25 min. im Backofen goldbraun backen.

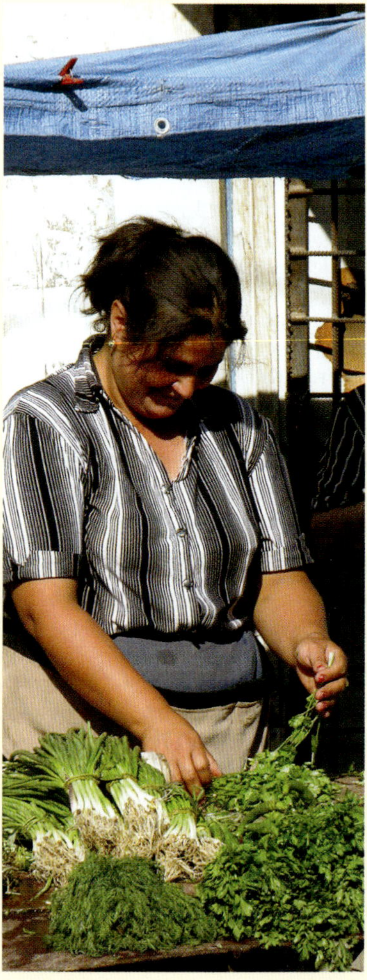

Frische Kräuter sind ein Hauptbestandteil der georgischen Küche

Tschachochbili – Huhn in Tomatensauce

Zutaten: 1 Brathähnchen, 5 Zwiebeln, 4 bis 5 Knoblauchzehen, 500 g reife Tomaten, je 1 Bund Koriander, Petersilie und Dill, 100 g Butter, Salz, Chili (nach Geschmack).
Zubereitung: Das Huhn zerteilen und in einem Schmortopf mit wenig Fett goldbraun garen; die kleingeschnittenen Zwiebeln und den Rest der Butter dazugeben und weiter garen lassen. Die Haut der Tomaten abziehen, das Fruchtfleisch zerdrücken und dem Fleisch und Zwiebeln beimengen, wenn die Zwiebeln sich goldgelb färben. Bei geringer Hitze circa 20 bis 25 min. kochen; nach und nach den gepressten Knoblauch, die gehackten Kräuter, Pfeffer und Salz ergänzen. Vor dem Servieren mit frischen Kräutern bestreuen.

Adshapsandali – Gemüse mit Sauce und Kartoffeln

Zutaten: 3 bis 4 mittelgroße Auberginen, 5 Zwiebeln, 500 g Tomaten, 3 bis 4 Paprika, 500 g Kartoffeln, je 1 Bund Koriander, Petersilie und Dill, 4 bis 5 Knoblauchzehen.
Zubereitung: Die Auberginen in Scheiben von etwa 1 cm Dicke schneiden und von beiden Seiten in Öl kurz anbraten. Die Kartoffeln schälen und in mittelgroße Würfel zerkleinern. Zwiebeln, Tomaten und Paprika in Ringe schneiden, die Kräuter hacken und den Knoblauch auspressen. Alle Zutaten in einem Topf auf Öl schichten, Wasser dazugeben und bei niedriger Temperatur garen. Vor dem Servieren mit den Kräutern bestreuen.

Forelle in Granatapfelsauce

Zutaten: 1 kg Forelle, 100 g Butter, 2 Eier, 1 Zitrone, 100 g Creme fraiche oder saure Sahne, 200 ml Granatapfelsaft, 1 Bund Koriander, Salz, Chili (nach Geschmack).
Zubereitung: Die ausgenommene und gewaschene Forelle innen mit einer Tinktur aus Butter, Zitronensaft und rohem Ei einreiben und den Fischbauch zuklammern. Die Forelle von außen mit Creme fraiche oder der sauren Sahne bestreichen und in einer Pfanne in Butter von beiden Seiten goldbraun braten. Mit frischen Kräutern garniert servieren.
Für die Sauce den Saft des Granatapfels mit gehacktem Koriander, Salz und Pfeffer auf kleiner Flamme köcheln.

Basturma – Fischschaschlik

Zutaten: 1 kg frischer Lachs, 3 bis 4 Zwiebeln, 1 Zitrone, 200 ml trockener Weißwein, Salz, Chili.
Zubereitung: Den gewaschenen und in Stücke oder Scheiben geschnittenen Lachs in einem Gefäß aus Glas oder Porzellan anrichten, mit Salz und Pfeffer würzen, mit den Zwiebelringen und Zitronenstücken bedecken und vorsichtig unterrühren. Den Wein dazugeben und 8 bis 10 Stunden kühlen.
Den marinierten Fisch im Wechsel mit Zwiebelscheiben und Zitronenstücken aufspießen und über offenem Feuer grillen.

Das erste Kochbuch mit Rezepten georgischer Küche in deutscher Sprache ist in 3. Auflage 2008 im Mandelbaum Verlag erschienen. Die Autorin Nana Ansari stellt darin 150 georgische Gerichte vor, die sie mit Informationen über die georgische Geschichte und die Riten des georgischen Gastmahls ergänzt.

Die georgische Hauptstadt wurde so oft das Opfer von Zerstörung, dass die Gebäude der Altstadt meist nicht älter als 200 Jahre sind.
Errichtet entlang der alten Straßen und Gassen und oft auf den gleichen Fundamenten, wohnt ihnen jedoch noch immer der Geist der Vergangenheit inne.

Blick von der Altstadt über die Mtkvari

TBILISI

Die georgische Hauptstadt

Tbilisi ist mit 1,4 Millionen Einwohnern die größte georgische Stadt. Sie erstreckt sich auf einer Fläche von 726 Quadratkilometern im Tal des Flusses Mtkvari, deren Niederung sich etwa 380 Meter über Meeresniveau erhebt. Die Mtkvari besitzt ihre Quelle im Osten der Türkei, wo sie Kura heißt, und fließt in einem weiten Bogen durch das georgische Kernland und weiter durch Aserbaidschan zum Kaspischen Meer. In teils schroffen Abhängen fallen die Ausläufer des Trialetischen Gebirges vom Westen zum Fluss herab, im Osten schieben sich die flacheren Hügel des Sagurami Gebirgsrückens bis an den Fluss. Das Zentrum Tbilisis liegt terrassenförmig angelegt zu beiden Seiten der Mtkvari. Die übrigen Stadtteile erstrecken sich über die flachen oder steileren Hänge der Berge und Hügel, so dass der Höhenunterschied zwischen tiefstem und höchstem Punkt fast 400 Meter beträgt.

Durch Berge und Hügel abgeschirmt, herrschen in Tbilisi vergleichsweise günstige mikroklimatische Bedingungen. Die durchschnittliche Jahrestemperatur beträgt 12,8 °C, wobei der Januar mit einem Monatsmittel von 0,9 °C der kälteste und der Juli mit 28 °C und Höchstwerten bis über 42 °C der heißeste Monat ist. Am häufigsten regnet es im April. Der niederschlagsärmste Monat ist der September. Mit seinen Volksfesten, dem Tag des Weines zum Beispiel, den mäßig heißen Temperaturen und dem einzigartigen Licht der langen Dämmerungen sind der September und der Oktober die wohl reizvollsten Monate, die georgische Hauptstadt von ihren besten Seiten kennenzulernen. Sehr heiß kann es im Juli und August werden, wenn die Sonne das Tal regelrecht aufheizt und selbst die Nächte kaum Abkühlung bringen.

▲ Karte S. 131

Stadtgeschichte

In den 50er Jahren des 20. Jahrhunderts beging Tbilisi offiziell seinen 1500. Jahrestag. Als Stadtgründer gilt König Wachtang Gorgasali (Wolfshaupt), der Ende des 5. Jahrhunderts Iberien für einige Jahrzehnte von den Persern befreite. Die ersten von Menschen auf dem heutigen Stadtgebiet hinterlassenen Spuren jedoch stammen bereits aus dem 3. und 4. Jahrtausend vor unserer Zeitrechnung. Ausschlaggebend für die Besiedlung mögen dabei nicht nur die günstigen natürlichen Bedingungen gewesen sein, sondern auch die zahlreichen mineralhaltigen Thermalquellen mit ihrem hohen Anteil an Schwefel, der als eines der wirksamsten natürlichen Antibiotika gilt.

Eine der Legenden über die Gründung der Stadt hat mit der Heilkraft dieser Quellen zu tun: König Wachtang Gorgasali war auf der Jagd und schoß einen Fasan. Getroffen vom Pfeil des Königs fiel der Vogel in eine Quelle. Der König eilte herbei, doch umsonst, denn das Wasser hatte die Wunde geheilt, und der Fasan suchte das Weite.

Bereits im 4. Jahrhundert war Tbilisi auf einer Karte verzeichnet, die der römische Kartograph Castorius von den wichtigsten Handelsstraßen seiner Zeit angefertigt hatte. Der Ort trug die Bezeichnung Pilado (Tpilado) und war als einer der bedeutendsten Kreuzpunkte der Karawanenwege vom Schwarzen Meer nach Persien, Indien und China vermerkt. Tpilado leitet sich vom georgischen ›tbili‹ ab, was so viel wie warm bedeutet und womit die Mineralquellen gemeint sind. Die Perser erkannten die strategische Bedeutung des Mtkvari-Tals und bauten hier eine Festung, die sie ›Narikala‹ nannten. König Wolfshaupt

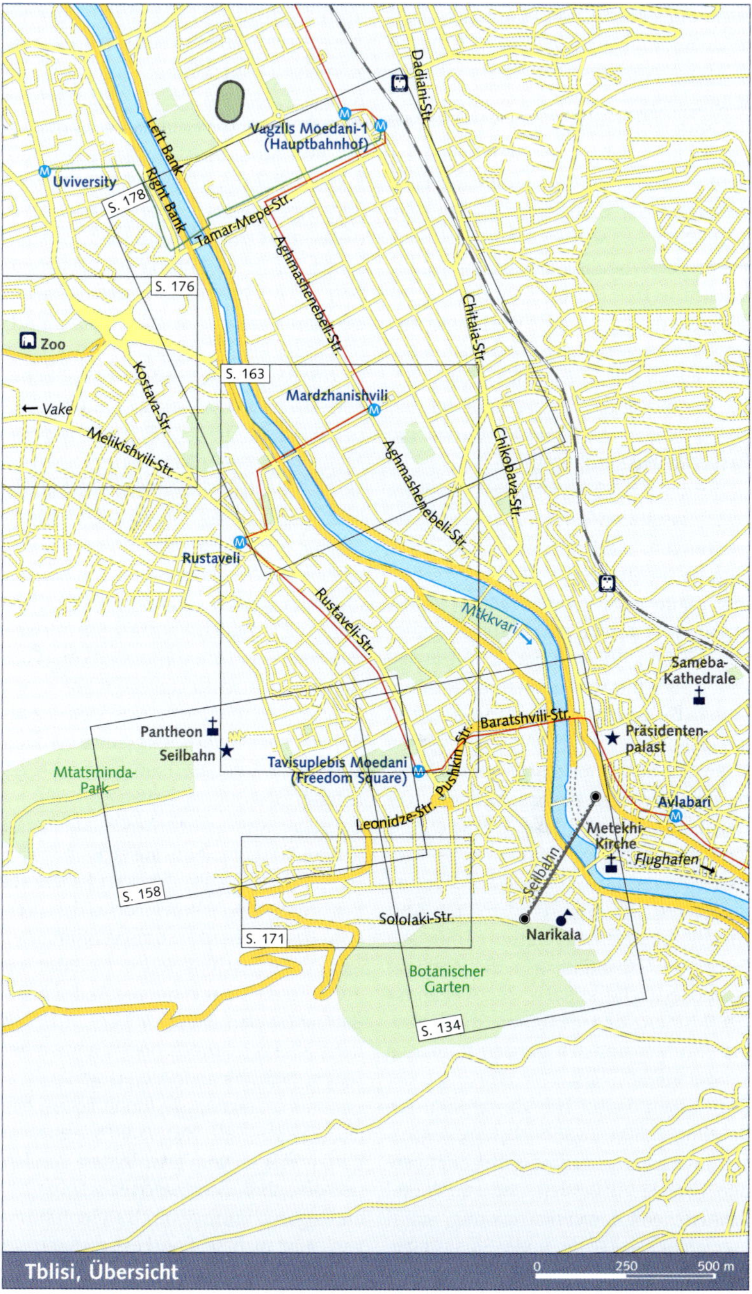

Tbilisi, Übersicht

jagte und erlegte den Fasan also nicht in unzugänglichen Wäldern, sondern zu Füßen einer der mächtigsten Burgen seines Landes.

Bis zum 10. Jahrhundert hatte Tbilisi den Ruhm erlangt, eine der bestbefestigten Städte und bedeutendsten Handelsplätze der damaligen Zeit zu sein. Sieben Karawanenwege führten durch sieben Tore von und nach Tbilisi, wo die kunstfertigsten Handwerker des Landes alles herstellten, was das Herz begehrte, wo man den Fremden freundlich empfing und den Gast königlich bewirtete. Die berühmtesten Chronisten ihrer Zeit beschrieben Tbilisi. Auch Marco Polo besuchte die Stadt.

Und noch etwas berichten die Chroniken: von ungezählten Zerstörungen und Verwüstungen, die Eroberer aus allen vier Himmelsrichtungen in Tbilisi anrichteten. Kaum eine andere Stadt ist so oft in Trümmer gelegt worden und wie der Vogel Phönix erneuert der Asche entstiegen. 1795, nur sechs Jahre vor dem Anschluss Georgiens an Russland, suchten die Truppen des Persers Aga Mohammed Khan die Stadt heim und brannten sie bis auf die Grundmauern nieder.

Tbilisis neue Ära begann zeitgleich mit dem Anschluss Georgiens an das Russische Imperium. Aus Tbilisi wurde, da die Russen Schwierigkeiten mit der Aussprache des Namens hatten, Tiflis, aus Georgien Grusinien, aus der Mtkvari die Kura. Tbilisi erklärte Zar Alexander zur Residenz der russischen Statthalter, die von hier aus den ganzen Kaukasus verwalteten.

Die Russen waren sich der großen Bedeutung Tbilisis als südlichstem Vorposten unweit der strategisch bedeutenden Grenze zu Persien und zur Türkei bewusst. Mit ihrer Entscheidung, einen beträchtlichen Teil der in der Stadt umgeschlagenen oder im Transit passierenden Waren von Steuern zu befreien oder mit niedrigen Abgaben zu belegen, trugen sie zu neuer Prosperität bei. »In Tbilisi kann man an einem einzigen Tag Händler aus Paris, Kuriere aus Petersburg, Kaufleute aus Konstantinopel, Engländer aus Kalkutta und Madras, Armenier aus Smirna und Usbeken aus Buchara treffen, denn diese Stadt kann sich rühmen, Knotenpunkt zwischen Europa und Asien zu sein«, schrieb der französische Konsul 30 Jahre nach der Zerstörung der Stadt durch die Perser. Der Anschluss Tbilisis über Baku an das russische Eisenbahnnetz 1872 und die Verlängerung der Trasse nach Batumi und Poti am Schwarzen Meer trugen dem Rechnung.

▲ Karte S. 131

Der Wiederaufbau der Stadt veränderte ihr Angesicht völlig. Die Stadt als Festung machte einer Bürgerstadt Platz, geplant nach europäischem Vorbild, mit parallel und rechtwinklig verlaufenden Straßenzügen. Die bedeutendsten Stadterweiterungen des 19. Jahrhunderts sind die Viertel um den Rustaveli-Prospekt am rechten (westlichen) sowie den Davit-Agmashenebeli-Prospekt (benannt nach Davit dem Erneuerer) am gegenüberliegenden Ufer der Mtkvari.

Die zugereisten zaristischen Beamten und Kaufleute, später Industrielle, Banker und Handwerker aus aller Herren Länder und den georgischen Provinzen errichteten sich Stadtresidenzen und Wohnhäuser nach dem Geschmack des 19. Jahrhunderts, so dass das moderne Tbilisi beim Betrachter den Eindruck hervorruft, er habe all das schon einmal irgendwo gesehen. Wie sehr aber auch jeder Bauherr sich mühte, Eigenes zu hinterlassen, das alte Tbilisi – Kala und Isani (heute Avlabari) – mit seinen verwinkelten Gassen und den jahrhundertealten Fundamenten entlang den urtümlichen Straßenführungen, gibt nicht auf, sich in Erinnerung zu bringen.

Die Altstadt

Die einzigen Quellen, die über das Antlitz Tbilisis vor seiner Zerstörung im Jahre 1795 Auskunft geben, sind die Reisenotizen des Franzosen Jeanne Chardin aus der zweiten Hälfte des 17. Jahrhunderts sowie einige Stiche, unter denen diejenigen des französischen Botanikers Joseph Tourneford durch besondere Kunstfertigkeit und Detailtreue bestechen.

Im Laufe der Jahrhunderte hatte sich in Tbilisi ein besonderer Baustil herausgebildet, der durch zwei typische Häuserformen, die Baniani-Sachli und die Darbasi, geprägt wurde. Erstere gehörten zu den sehr frühen Formen von Wohnbauten und bestanden aus einem geschlossenen Innenraum, in dessen Mitte ein Pfeiler das flache Dach stützte. Die meisten Baniani-Sachli besaßen einen über eine Leiter erreichbaren Dachboden, der als Vorratskammer oder in seltenen Fällen als Raum für Gelage genutzt wurde. Der Rauch von der Feuerstelle zog durch Fenster in den Seitenwänden ab. Die Darbasi vervollkommneten die ursprüngliche Konstruktion mit einem vom Herd in der Mitte des Raumes nach oben reichenden Rohr, durch das der Rauch abzog. Den erweiterten Dachdurchbruch überwölbte später eine Kuppel, deren Fensternischen dem Raum zusätzlich Licht verliehen.

Renovierungsbedürftige Häuser in der Altstadt

Beginnend mit den 30er Jahren des 19. Jahrhunderts, setzte sich ein neuer, von nun an das Bild der Altstadt prägender Haustyp durch. Diese zumeist einoder zweitägigen Wohnhäuser orientierten sich in ihrem Stil an den in ganz Georgien typischen Landhäusern. Wichtigstes Merkmal ist der mit Schnitzereien, Säulen oder anderem Zierat versehene Balkon, dessen Grundfläche mitunter die der geschlossenen Räume übersteigt und zu dem eine oder mehrere, gerade oder abgesetzte, gewundene oder winklige, einfache oder kunstvoll verzierte Leitern hinaufführen. »Tbilisi – die vielbalkonige Schönheit«, beschrieb der russische Dichter Polonski seinen ersten Eindruck. Gleichzeitig setzte sich, als Tribut an das Stadtleben und den russischen Klassizismus, der Anbau von Seitenflügeln durch, die einen zur Straße hin offenen, von schmiedeeisernen Gittern oder Zäunen abgegrenzten Innenhof flankieren. Der Anblick dieser von Weinreben oder anderen Gewächsen überquellenden Häuser erinnert an Süditalien. Für sie hat sich auch tatsächlich das Attribut ›italienisch‹ bzw. ›neogeorgisch‹ eingebürgert. Seit Dezember 2003 engagiert sich der Europarat bei der Denkmalpflege in Tbilisi. In den letzten Jahren der Präsidentschaft Saakaschwilis entstanden auf dessen Initiative im Zentrum Tbilisis futuristisch anmutende Bauwerke wie das ›gläserne‹

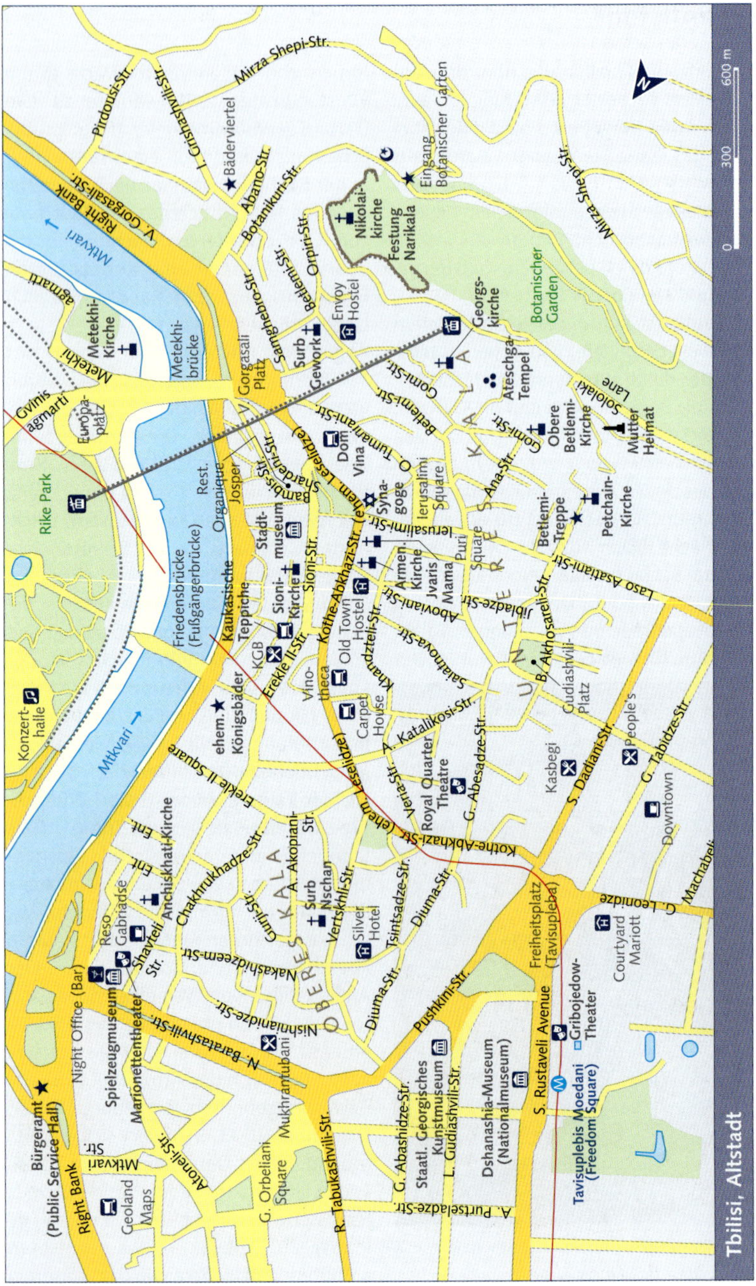

Tbilisi, Altstadt
0
300
600 m
N
Mtkvari
Right Bank
V. Gorgasali-Str.
Pirdousi-Str.
I. Grishashvili-Str.
Mirza Shepi-Str.
Bäderviertel
Abano-Str.
Botanikuri-Str.
Eingang Botanischer Garten
Botanischer Garten
Nikolai-kirche
Festung Narikala
Orpiri-Str.
Betlemi-Str.
Sanghebro-Str.
Envoy Hostel
Surb Gework
Gorgasali Platz
Metekhi-Kirche
Metekhi-brücke
Metekhi
Gvinis agmarti
Europa-platz
Rike Park
Rest. Organique
Jospers
Bambis-Rigi-Str.
Shardeni-Str.
Dom Vina
Tumaniani-Str.
Gomi-Str.
Betlemi-Str.
Georgs-kirche
Ateschga-Tempel
Sololaki Lane
Mutter Heimat
Obere Betlemi-Kirche
Synagoge
Ierusalimi Square
Ana-Str.
Petchain-Kirche
Betlemi-Treppe
Laso Asatiani-Str.
Ierusalimi-Str.
Stadt-museum
Sioni-Kirche
Sioni-Str.
Friedensbrücke (Fußgängerbrücke)
Kaukasische Teppiche
KGB
Erekle II-Str.
Kothe-Abkhazi-Str. (ehem. Leselidze)
Old Town Hostel
Armen. Kirche Jvaris Mama
Puri Square
Abovani-Str.
Jibladze-Str.
Khandzteli-Str.
Salatnova-Str.
Akhosareli-Str.
B. Gudiashvili-Platz
Konzert-halle
Mtkvari
Vino-theca
Carpet House
ehem. Königsbäder
Erekle II Square
A. Katalikosi-Str.
Veria-Str.
Royal Quarter Theatre
G. Abesadze-Str.
Kasbegi
S. Dadiani-Str.
People's
G. Tabidze-Str.
Downtown
Anchiskhati-Kirche
Chakhrukhadze-Str.
Curi-Str.
A. Akopiani-Str.
Surb Nschan
Vertskhli-Str.
Tsintsadze-Str.
Diuma-Str.
Freiheitsplatz (Tavisupleba)
G. Leonidze
G. Machabeli
Courtyard Mariott
Reso Gabriadse
Shavteli-Str.
Nakashidzeem-Str.
Silver Hotel
OBERE KALA
UNTERE KALA
Night Office (Bar)
Spielzeugmuseum
Marionettentheater
Nishnianidze-Str.
N. Baratashvili-Str.
Mukhrantubani
Pushkini-Str.
Staatl. Georgisches Kunstmuseum
Dshanashia-Museum (Nationalmuseum)
S. Rustaveli Avenue
Gribojedow-Theater
Tavisuplebis Moedani (Freedom Square)
Bürgeramt (Public Service Hall)
Right Bank
Mtkvari-Str.
Geoland Maps
Atoneli-Str.
G. Orbeliani Square
R. Tabukashvili-Str.
G. Abashidze-Str.
L. Gudiashvili-Str.
A. Purtseladze-Str.

Innenministerium an der Stadtautobahn zum Flughafen und der Präsidentenpalast über dem östlichen Mtkvari-Ufer. Ihm zu Füßen liegt wie ein Lindwurm eine **Konzerthalle** aus zwei trichterförmigen Röhren, südlich davon führt die **Friedensbrücke**, eine vom italienischen Architekten Michele de Lucchi entworfene Fußgängerbrücke über den Fluss. Diese Brücke wird an den Abenden und in den Nächten von 30 000 LED-Leuchten bestrahlt. Autor der Lichtinstallation ist der Franzose Phillippe Artinaud. Das moderne Glasgebäude mit den pilzförmigen Dächern nördlich der Baratashvili-Straße beherbergt das **Bürgeramt** der Stadt (Public Service Hall, www.psh.gov.ge).
Die Meinungen der Einwohner von Tbilisi über die architektonischen Errungenschaften der Ära Saakaschwili gehen auseinander. Einerseits sind viele sich des Symbolgehalts moderner Architektur bewusst und befürworten auch kühne bauliche Vorhaben, andererseits bedauern sie den Verlust des Charmes der bis dahin geschlossen wirkenden Altstadt. Der Volksmund betitelte die Friedensbrücke beispielsweise mit der wenig schmeichelhaften Bezeichnung ›Pampers‹ (Babywindel)

Das Obere Kala

Das alte Tbilisi dehnte sich zu beiden Seiten der Mtkvari aus, um die Festungen Kala im Westen und Isani (heute Avlabari) am Ostufer. Begrenzt wird Kala von der heutigen Baratashvili-Straße, der Pushkini-Straße (Pushkini), der Dadiani-Straße, der Sololaki-Allee sowie dem Flüsschen Tsavkisitskali, das in seinem Unterlauf durch das Bäderviertel fließt. Der Bezirk teilte sich in das von der Festungsmauer, heute die Kote-Abkhazi-Straße (ehemals Leselidze-Straße), getrennte Untere und Obere Kala. ›Unten‹ und ›oben‹ beziehen sich jedoch nicht, wie man angesichts der Höhenunterschiede annehmen könnte, auf die Höhe über dem Fluss, sondern die Lage entlang seiner Strömung. Sowohl das Obere als auch das Untere Kala waren von Befestigungsmauern umgeben, deren Überreste an einigen Stellen bis heute alle Stürme der Zeit überdauert haben.
Das Obere Kala war hauptsächlich von Georgiern bewohnt, während im Unteren Bezirk Menschen aller Herren Länder, Berufe, Beschäftigungen und Religionszugehörigkeit lebten.
Das alte Tbilisi besaß keine Uferstraße; die Mtkvari floss in ihrer urprünglichen

Blick über das Obere Kala

Landschaft, und man sah vom Fluss aus nur die rückwärtigen Fassaden der Häuser und Paläste entlang der ab dem 5. Jahrhundert wichtigsten Magistrale Kalas, deren Verlauf heute die Shavteli-Straße, die Erekle-II.-Straße und die Sioni-Straße folgen. Entlang dieser Magistrale entstanden die seinerzeit wichtigsten Gotteshäuser, das Schloss, die Palais der Fürsten und des Katholikos, die Häuser der reichen Kaufleute sowie die wichtigsten Karawansereien. An einigen Stellen weitete sie sich zu Plätzen, auf denen Basare stattfanden und sich die Karawanen zum Abmarsch sammelten.

Wachtang-Gorgasali-Platz

Einer dieser Plätze, direkt am südlichen Stadttor gelegen, war der Platz der Tataren, auch Meidan genannt, der im alten Tbilisi, ja im ganzen Kaukasus bedeutendste Basar. Die Stände der Händler bedeckten in von engen Durchgängen durchbrochenen Reihen den gesamten zum Fluss hin offenen Platz. Aus den umliegenden Stadtteilen mündeten enge Gassen auf den Meidan, durch die sich die Käufer auf den Basar ergossen. In der Mitte standen riesige Waagen. Ein eigens erlassenes Gesetz verbot es den Händlern, ihre Waren vor 12 Uhr mittags an Großhändler zu verkaufen, womit Spekulationskäufe vermieden und die Bewohner Tbilisis vor Wucherpreisen geschützt werden sollten. Auf dem Meidan bekam man alles, was man sich nur denken kann: von edlen Pelzen aus dem Norden bis hin zu feinsten chinesischen Seidenstoffen, Rubine aus Indien und Bernstein aus der Ostsee. Hier parlierten Kaufleute aus aller Herren Länder in Dutzenden Sprachen und Dialekten zwischen den aromatischen Düften Arabiens und Indiens, und es fanden sich Käufer und Verkäufer, deren Heimatorte mitunter Tausende von Kilometern getrennt waren.

Der Meidan heißt heute Wachtang-Gorgasali-Platz und liegt gegenüber der Metekhi-Kirche und dem Reiterstandbild des Königs. Er ist der wohl bequemste Ausgangspunkt für einen Spazier- und Erkundungsgang durch dieses Stadtviertel. Gleich vor der Metekhi-Brücke nehmen jenseits eines kleinen begrünten Fleckens zwei kurze Gassen ihren Anfang, von denen die eine den Namen des Franzosen Jean Chardin trägt (Shardeni-Straße), des bereits erwähnten Reisenden, der Tbilisi 1671 besuchte. Hier begann die ›Weinzeile‹ die sich über die Metekhi-Brücke bis zum ›Weinhang‹ (Gwinis agmarti) in Isani (heute Avlabari) erstreckte, und wo Händler einst Wein aller nur erdenklichen Herkunft zur Probe und zum Verkauf anboten. Nach der Zerstörung durch die Perser wurde die **Shardeni-Straße** in Anlehnung an die historischen Vorbilder wiedererrichtet. Sie ist heute für den Verkehr gesperrt. Hier befinden sich Galerien, Souvenirläden und kleine gemütliche Cafés, die meisten jedoch überteuert. Eines der interessantesten Denkmäler (Ecke Sioni-Straße) ist das

Bäckerei gegenüber dem Stadtmuseum

▶ Karte S. 134

Der ›Tamada‹ am Beginn der Ausgehmeile

an **Sergej Paradshanow** (1924–1990) erinnernde. Es stellt den exzentrischen Filmemacher und Künstler ›im Flug‹ dar. Als Vorlage diente eine Fotografie Paradshanows des georgischen Fotokünstlers Juri Metchenitow.

Stadtmuseum

Dort wo die Shardeni-Straße in die Sioni-Straße übergeht, biegt rechts von ihr die **Bambis-Gasse** (Watte-Gasse) ab. Diese kleine Straße ist eine der Ausgehmeilen der Stadt, hier reiht sich Restaurant an Café, an Bar. Auf dem Platz am Schnittpunkt der drei Gassen sitzt die Bronzefigur eines Mannes mit einem Trinkhorn in der Hand auf einem Stein. Die Skulptur trägt den Namen ›Tamada‹ (dt. Zeremonienmeister eines Gastmahls) und ist die mehrfach vergrößerte Kopie einer bei Ausgrabungen in Westgeorgien gefundenen bronzenen Statuette.

Anstelle des Eckgebäudes Sioni-Straße/Bambis-Gasse mit seiner an den Jugendstil erinnernden Fassade stand einst eine Karawanserei, die einem Kaufmann namens Arzruni gehörte. In drei Rängen befanden sich im Gebäudeinnern die Warenlager, Handelskontore, eine Herberge und darunter die Kellerräume. Solche Karawansereien waren typisch für den gesamten Mittleren Osten. Auf den langen Wegen zwischen den einzelnen Städten hatten die Kaufleute allein für sich und die Sicherheit ihrer Karawane zu sorgen; an den Handelspunkten wünschten sie, damit nicht behelligt zu werden. Der Besitzer einer Karawanserei musste deshalb alles tun für den Schutz der Waren vor Diebstahl sowie die Unterbringung und Versorgung der Transportmittel – seien es nun Kamele, Pferde, Esel oder Menschen. Sein Einkommen hing davon ab, wie viele der ›Dienstleistungen‹ er anbieten konnte und wie zuverlässig er sich um seine Gäste kümmerte. Die Karawanserei Arzrunis war nur eine von mehreren in der Sioni-Straße.

Das heutige Gebäude stammt aus dem 19. Jahrhundert. Nach einem Großbrand wurde es erneuert und Anfang des 20. Jahrhunderts umgebaut. Die Rekonstruktion schloss die neue Fassade im Jugendstil ein. Nach einer weiteren Rekonstruktion in den 80er Jahren des 20. Jahrhunderts wurde die ehemalige Karawanserei zum Museum für Stadtgeschichte, das, neben vielen anderen Exponaten, die Kollektion wertvoller Kleinode des 1985 verstorbenen Choreographen Juri Sarezki beherbergt (Di–So 10–18 Uhr).

Das Gebäude ist nicht zu verfehlen; wenn doch, erkundige man sich nach der ›Karwasla‹, was auf Georgisch Karawanserei bedeutet.

Gegenüber dem Museum befindet sich das Hauptgebäude der **Georgischen Geistlichen Akademie**, die im letzten Jahrzehnt eine Schlüsselrolle bei der

Café in der Bambis Rigi

Wiedergeburt der georgischen Kirche gespielt hat. Im Keller, über eine steile Treppe zu erreichen, befinden sich die Räume einer der besten Bäckereien der Stadt. Schon auf der Straße weht einen der Duft des in den Steinöfen gebackenen Brotes in die Nase.

Sioni-Kirche

Hat man Karawanserei und Akademie passiert, stößt man rechter Hand auf die Sioni-Kirche. Sie wurde Ende des 6. Jahrhunderts errichtet und ist der Gottesmutter geweiht. Ihren Namen hat sie vom Berg Sion (Zion) in Jerusalem. Obwohl nicht die älteste der georgischen Kirchen, wurde sie am häufigsten zerstört. Sie war es, deren Kuppel Dshalal ad Din abmontieren und zum Fluss bringen ließ. Auf ihre Spitze stellte er angeblich seinen Thron, von dem aus er beobachtete, wie die Einwohner von seinen Söldnern erschlagen wurden (→ S. 66). Die Kirche macht insgesamt einen bescheidenen und dennoch festlichen Eindruck. Die von den Altarwänden und zwei Säulen getragene Kuppel erhebt sich über dem Zentrum des Kirchenraumes. Sie stammt aus dem Jahre 1710 und wurde vom kartlischen König Wachtang VI. in Auftrag gegeben. Die Gewölbebögen spitzen sich nach oben hin zu, was dem Inneren optisch mehr Raum verleiht. Die Fresken in der Kuppel sind eine Arbeit des Petersburger Architekten Troschchinskij.

Anstelle des ursprünglich hölzernen Ikonostas, der 1795 verbrannte, befindet sich heute eine steinerne Ikonenwand, deren Bemalung aus der Mitte des 19. Jahrhunderts von der Hand des russischen Künstlers Grigori Gagarin stammt. Die bedeutendste und für die Kirche wertvollste Reliquie ist das Kreuz der heiligen Nino links vom Altar – ein Geschenk von König Wachtang III. (Anfang des 14. Jahrhunderts) an den georgischen Klerus. Es besteht aus zwei Ästen von Weinreben, die der Legende nach von den Haaren Ninos umschlungen sein sollen.

Außen ist die Kirche mit vulkanischem Tuffgestein verkleidet. Um den Aufsatz

Die Sioni-Kirche

▲ Karte S. 134

Schöner Innenhof in der Altstadt

der Kuppel windet sich ein Ring aus gemeißeltem Stein, wodurch der Bau optisch an Höhe gewinnt.

Der kleinere Glockenturm hinter der Kirche stammt aus dem 15. Jahrhundert. Im 19. Jahrhundert gesellte sich ihm gegenüber, neben der Geistlichen Akademie, ein zweiter im Stil des russischen Klassizismus hinzu.

Lässt man die Sioni-Kirche rechts liegen, macht die gleichnamige Straße eine leichte Biegung und geht in die Erekle-II.-Straße über. Am anderen Ende der Sioni-Straße, dort wo sie auf die Kote-Abkhazi-Straße trifft, befand sich einst ein überdachter Handelsplatz, dessen Ensemble 1795 vollständig zerstört wurde.

Erekle-II.-Straße

Die Erekle-II.-Straße (Irakli-Straße) hieß zu Zeiten Jeanne Chardins ›Rastabasar‹. Das Wort stammt aus dem Persischen und bezeichnet eine lange Reihe von Marktständen, Läden und Werkstätten. An manchen Fassaden finden sich noch Spuren der kunstvollen Wandmalereien, mit denen die Händler und Handwerksmeister um Kunden warben. So zum Beispiel an einem Haus auf der linken Straßenseite, im typisch neogeorgisch-italienischen Stil vom Ende des 19. Jahrhunderts. Die zweite Etage des Hauses wird zur Straße hin von einem Balkon begrenzt, auf den die Wohnzimmer hinausgehen. Da das Haus an einem steilen Abhang liegt, befindet sich der Innenhof auf Höhe des Balkons, wodurch dieser sich in eine Veranda verwandelt.

Das auf den ersten Blick unscheinbare Haus gegenüber war ursprünglich eine Karawanserei. Es wurde in der ersten Hälfte des 20. Jahrhunderts zu einem Wohngebäude umgebaut. Die zugemauerten Eingänge und Fensteröffnungen an der Fassade geben einen Eindruck von seiner ursprünglichen Gestalt, ebenso wie die heute leider zum Teil unvollständigen Verzierungen der Balkone und die vom Zahn der Zeit angenagten Stuckaturen an der Fassade. Der Innenhof wird von einem gläsernen Dach überspannt. Trotz der vielen Umbauten im Innern ist auch hier die ursprüngliche Konstruktion nachvollziehbar. In die geräumigen Keller gelangte man durch mit hohen Bögen versehene Eingänge von der Straßenseite. Das Paradebeispiel für Balkonverzierungen ist das Haus Erekle-II.-Straße Nr. 21. Die schmiedeeisernen Ornamente sind so fein ziseliert, dass sie an geklöppelte Spitzen erinnern.

Etwa auf halber Strecke zwischen der Sioni-Kirche und dem Erekle-Platz zweigt nach rechts ein Fußweg zur 2010 eingeweihten Friedensbrücke ab, über die man zu Fuß auf das gegenüberliegende Mtkvari-Ufer und auf den Europa-Platz gelangt (→ S. 144).

Erekle-Platz

Die Erekle-II.-Straße geht in den gleichnamigen Platz über. Anfang des 19. Jahrhunderts, nach vergeblichen Versuchen, sein ursprüngliches Aussehen wiederherzustellen, fiel die Entscheidung, den Platz neu zu gestalten. Nach einem Entwurf des italienischen Architekten Ripardi wurde dort, wo sich einst Teile der königlichen Gärten und das Schloss befanden (rechter Hand), ein Gebäude für die Synode der georgischen Kirche errichtet. Seit der Unabhängigkeit residiert hier der Patriarch. Der Springbrunnen auf dem kleinen Platz vor dem Gebäude ist ein Geschenk der Stadt Paris an Tbilisi. An der Nordseite des Platzes befand sich in einem Wohnhaus aus der Mitte des 19. Jahrhunderts das Museum für Theater, Film und Musik, welches inzwischen in die Kargareteli-Str. nördlich des Agmashenebeli-Boulevards umgezogen ist. Nach der Zerstörung der Stadt hatte sich an dieser Stelle der letzte König Georgiens einen kleinen provisorischen Palast errichten lassen, der später abgerissen wurde. Von einem besonderen Charme ist die **Chakhrukhadze-Straße**, die den Erekle-Platz im Westen begrenzt. Seit seiner Rekonstruktion Ende der 80er Jahre des 20. Jahrhunderts, als einige unscheinbare Häuser abgerissen, ein neuer Zugang zur Uferstraße geschaffen und neue Grünflächen angelegt wurden, gehört der Erekle-Platz zu den beliebtesten Orten der Stadt.

Die Verlängerung der Erekle-II.-Straße ist die Shavteli-Straße, die in ihren Abmessungen am ehesten dem Straßenbild des Tbilisi der Karawanen nahekommt. Der Abstand zwischen den Häuserzeilen beträgt nicht mehr, mitunter auch weniger als zehn Meter. Fast alle Häuser in dieser Straße datieren aus dem 19. Jahrhundert.

Tür der Anchiskhati-Kirche aus dem 6. Jahrhundert

Anchiskhati-Kirche

Eine der ältesten Kirchen der Stadt ist die Anchiskhati-Kirche aus dem 6. Jahrhundert. Ihren Grundstein legte der Nachfolger Wachtang Gorgasalis auf dem

▲ Karte S. 134

iberischen Thron, Datschi Urdschameli. Die Kirche war Aufbewahrungsort einer der ältesten und wertvollsten Ikonen der georgischen Kirchengeschichte aus dem Kloster Antschi in Klardschetien (heute auf türkischem Territorium), deren goldener, kunstvoll ziselierter Rahmen eine Auftragsarbeit von Königin Tamara war und von Beka Opisari, einem der berühmtesten georgischen Goldschmiede, stammt. Wegen ihres unschätzbaren Wertes befindet sich die Christus-Ikone heute in der Schatzkammer des Kunstmuseums (→ S. 164).

Die Rekonstruktionsarbeiten in den 50er und 60er Jahren des 20. Jahrhunderts gaben der Kirche ihr früheres Aussehen zurück. Im Innern des Baus wurden auch die ursprünglichen Fresken, besser ihre Rudimente, freigelegt, die eine Ahnung von der Art frühgeorgischer Wandmalerei zulassen.

Das Areal der Kirche betritt man durch einen zweistöckigen **Glockenturm** aus dem Jahre 1675. Einige seiner Elemente – der quadratische Unterbau, die Ziegelbauweise, die entlang des Spitzbogens pfeilförmig auseinanderlaufenden Linien des Mauerwerks sowie die vertikal in der Außenfront versenkten engen Mauernischen – verraten den iranischen Einfluss, der in der spätfeudalen Architektur Georgiens Spuren hinterlassen hat.

In der Anchiskhati-Kirche singt samstags während des Gottesdienstes (ab 17 Uhr) ein aus Mitarbeitern des Konservatoriums bestehender **Chor**. Die von ihnen intonierten Choräle sind Originale aus der Frühzeit der georgischen liturgischen Musik, die man so anderswo kaum zu hören bekommt. Leider ließ sich bis Redaktionsschluss nicht ermitteln, ob die Tradition auch zukünftig fortgeführt wird, so dass es sich empfiehlt, vor einem gezielten Besuch im Touristeninformationszentrum (TIC) nachzufragen.

Das Grundstück der Anchiskhati-Kirche liegt an der Shavteli-Straße 5–7 an einem kleinen Platz. An ihrer Rückseite in Ufernähe befindet sich eine Büste des Dichters Tizian Tabidse (1895–1937), einem der Gründer der symbolistischen Künstlergruppe ›Die blauen Trinkhörner‹ (→ S. 113).

Im Eckhaus schräg gegenüber der Anchiskhati-Kirche lädt das gemütliche **Reso-Gabriadze-Café**, dessen Namensgeber der Besitzer ist, zu einer Rast. Reso Gabriadze wurde 1936 in Kutaisi geboren und gilt nach wie vor als der König des georgischen Puppentheaterspiels. Daneben hat er sich Ruhm als Autor, Kostümbildner, Bildhauer, Maler und Graphikdesigner erworben. Zu zwei der berühmtesten georgisch-sowjetischen Filme – ›Nicht weinen‹ (1969) und ›Mimino‹ (1977) – schrieb er das Drehbuch. 1981 gründete Gabriadze sein eigenes **Marionettentheater**, das sich im Nachbargebäude befindet. Mit der Truppe seines Theaters

Das Marionettentheater von Reso Gabriadze

weilte er zu Gastspielen, die ihn unter anderem nach Frankreich, Russland, England, in die USA, nach Deutschland und viele andere Länder führten.

Einige Meter hinter dem Gabriadze-Theater, an der Shavteli-Straße 17 befinden sich das **Spielzeugmuseum** und die **Kindergemäldegalerie**. Die Skulptur des Hofwartes neben dem Museum erinnert an eine Zeichnung Niko Pirosmanis. Einige Meter weiter mündet die Shavteli-Straße in die Baratashvili-Straße, deren Verlauf die einstige nördliche Flanke der Stadtmauer markiert. Hier endet das traditionsreichste und älteste Viertel von Tbilisi. Nicht enden muss hier der Spaziergang durch diesen Teil der Stadt, denn entlang des Ufers, zurück zum Gorgasali-Platz oder nach oben zur Kote-Abkhazi-Straße und in deren Seitengassen gibt es noch vieles zu entdecken.

Uferstraße

Die Baratashvili-Straße mündet in die gleichnamige Brücke, die Kala mit dem linksseitigen Flussufer verbindet. Nach rechts entlang der Uferstraße passiert man die Rückfront all jener Gebäude, deren Fassaden man bereits während des Spazierganges entlang der historischen Magistrale des alten Tbilisi zu sehen bekam. Der Streifen zwischen Uferstraße und Steilhang ist mit Grasflächen und Blumenrabatten bepflanzt; mancherorts stehen auch hier später hinzugekommene Häuser. Restaurants und Cafés laden zu einer Rast ein. Die Uferstraße wurde in den letzten Jahrzehnten des 20. Jahrhunderts in ihrer ursprünglichen räumlichen Großzügigkeit wiederhergestellt. Auf Höhe des Erekle-Platzes führt eine Treppe den Hang zum Platz hinauf. Auf halbem Weg etwa erheben sich die Kuppeln der ehemaligen Königsbäder, die aus der Zeit von König Rostom, aus dem 17. Jahrhundert, stammen. Die Bäder wurden im Zuge der Rekonstruktion von aller Last der späteren Jahrhunderte befreit und auch von innen restauriert, so dass die Fragmente der Fresken und die Stukkatur zum Vorschein kamen.

▲ Karte S. 134

Etwas weiter, dort wo rechts die Sioni-Kirche, ihr Glockenturm und andere Kirchtürme sowie weiter hinten die Ruinen von Narikala zum Vorschein kommen, beschließt eine mit wildem Wein bewachsene Felswand diesen schönsten Teil der Uferstraße. Das Denkmal zu Füßen der Sioni-Kirche – die in die Länge gezogene Skultur eines Menschen vor einem Halbbogen – ist dem beliebten Volksdichter Ietim Gurdschi (1875–1940) gewidmet. Ietim Gurdschi ist ein Synonym und bedeutet in der Übersetzung ›Waise Georgiens‹. Nach seinem Tod trugen seine engsten Freunde und Verehrer – in Begleitung Tausender – den nur mit seiner Burka (Mantel) bedeckten Leichnam auf bloßen Händen kilometerweit durch die Stadt zum Friedhof. Dort rezitierten sie bis zum Morgengrauen seine Verse. Eines seiner berühmtesten Gedichte fordert alle Menschen, egal ob Georgier, Juden, Armenier, Osseten oder Aserbaidschaner dazu auf, einander zu lieben, denn alles Leben ist ein sich »Nähern

Renoviertes Wohnhaus

Südliches Flair

dem Tode, der mit seinen Höllenaugen auf uns Sünder starrt; und wenn wir es nicht vermögen einander zu lieben und füreinander zu sorgen, so mögen wir versengt und vernichtet sein vom Antlitz der Erde«. Im Jahr 1986 gab die sowjetische Post eine Sonderbriefmarke mit dem Abbild des Denkmals heraus. Zwischen Erekle-Platz und Sioni-Kirche verbindet die Fußgängern vorbehaltene Friedensbrücke das östliche mit dem westlichen Flussufer.

Baratashvili-Straße

Zurück zur Ecke Shavteli- und Baratashvili-Straße. Folgt man der letzteren nach links, passiert man die erhalten gebliebenen und ebenfalls in den 70er bis 90er Jahren des 20. Jahrhunderts restaurierten Reste der äußeren Stadtmauer. Die auf und neben den Rudimenten der Mauern und Wachtürme errichteten Häuser bilden mit ihren Balkonen, Galerien und Erkern, die aussehen wie Schmetterlinge, die sich auf dem Mauerwerk niedergelassen haben, ein Ensemble, von dem man meinen könnte, dass es so und nur so den unverfälschten Geist dieser Stadt in ihren besten Tagen wiedergibt. Eine dünne Linie von Beton, die sich über die Wände zieht, markiert die Grenze zwischen den ›echten‹ historischen Überresten aus den Jahrhunderten vor Aga Mohammed Khan und den Überbauten aus jüngerer Zeit. Die Cafés und Weinkeller gehören zum exklusivsten, was Tbilisi zu bieten hat.

Zwei Denkmale befinden sich hier. Die eine Skulptur ist dem Philosophen und Übersetzer Ioane Petrizi gewidmet, der im 12. Jahrhundert gelebt und an der Akademie von Gelati gelehrt hat. Die andere – mit den gekreuzten Beinen und um den Körper geschlungenen Armen – ist eine Hommage an den Chefarchitekten von Tbilisi in den 1980er Jahren Schota Kawlaschwili, der sich große Verdienste um die Restaurierung der seit 1983 unter Schutz des Staates stehenden Altstadt von Tbilisi erworben hatte. Etwas höher zweigt von der Baratashvili-Straße die Vertskhli-Gasse (Silbergasse) ab, in der einst die berühmtesten Silberschmiede ihre Werkstätten und Läden hatten. In dieser Straße befindet sich das Gebäude einer armenischen Kirche – Surb Nschan, was aus dem Armenischen übersetzt, bedeutet: Zeichen des Kreuzes. Die Kirche stammt aus dem frühen 18. Jahrhundert und wird derzeit nicht benutzt. Eine der Seitenstraßen der Silbergasse ist die Diuma-Straße, die ihren Namen zu Ehren des großen Schriftstellers Alexandre Dumas trägt, der mit seinem Buch über Georgien einer der ersten Europäer war, der im 19. Jahrhundert die Schönheiten, das Leben und die Paradoxa des Landes beschrieb. Die Baratashvili-Straße geht hinter dem Abzweig der Vertskhli-Gasse in die Alexander-Pushkini-Straße über, die in den Platz der Freiheit (Tavisuplebi moedani) mündet.

Renovierungsbedürftiges Haus in der Altstadt

Das Untere Kala

Die Besonderheit des ›unteren‹ Viertels besteht darin, dass es ›oben‹ liegt. Aber es liegt weiter oben am Fluss bezogen auf die Fließrichtung der Mtkvari. Es empfiehlt sich, den Rundgang durch dieses Viertel am Tavisuplebis moedani (Platz der Freiheit) zu beginnen, in den von Südosten die Kote-Abkhazi-Straße mündet. An dieser Stelle stand noch im vorigen Jahrhundert das bedeutendste der Stadttore von Tbilisi, das Kodshori-Tor.

Die Kote-Abkhazi-Straße (ehemals Leselidze-Straße) hat eine lange Geschichte. Im Mittelalter trug sie den Namen ›Mittelbasar‹. Sie teilte traditionsgemäß das Untere und das Obere Kala und war seit Urzeiten ein Handelszentrum. Im 19. Jahrhundert erhielt sie den Namen ›Armenischer Basar‹ und wurde nach dem Zweiten Weltkrieg nach dem General der sowjetischen Armee und Kriegshelden Konstantin Leselidze (1903–1944) umbenannt. Ein Denkmal für Leselidze befindet sich unweit des Gorgasali-Platzes. Ihren heutigen Namen erhielt die Straße 2007. Kote Abkhazi (1867–1923) war ein georgischer Adliger, General der russischen Armee und Politiker, der sich dem Anschluss Georgiens an Sowjetrussland widersetzte und von der Tscheka (der Geheimpolizei) erschossen wurde. Folgt man der Kote-Abkhazi-Straße, gelangt man nach wenigen Metern zur Abesadze-Straße, die nach rechts abbiegt und früher die ›Katholische‹ hieß. Die 1804 erbaute katholische Kirche zur Heiligen Jungfrau Maria wurde aus Anlass des Papstbesuches 1999 in Georgien restauriert.

Abesadze-Straße

»Die meisten Balkone und Terrassen der Häuser im neogeorgischen Stil entlang der engen Abesadze-Straße sind gut erhalten.« Dies ein Zitat aus der Erstauflage dieses Reiseführers von 1999. Inzwischen hat sich vieles geändert: Während rund um den Gorgasali-Platz einige hundert Meter südlich und an den Hängen des Bergrückens zu Füßen der Gondelbahn auf die Festung Narikala viele Häuser im ursprünglichen Stil restauriert wurden und in aller Schönheit wiedererstanden,

Karte S. 134

sieht es so aus, als hätten die Stadtplaner die Altstadt zwischen Kote-Abkhazi-Straße und Bergrücken dem Verfall preisgegeben. Manche Häuser stehen inzwischen unbewohnt und verwandeln sich in Ruinen, an anderen wird gebaut. Besonders an trüben oder regnerischen Tagen überträgt sich die einsame Tristesse auf den Flaneur. Gedanken über die Vergänglichkeit allen Seins widerstreiten mit der Vermutung, dass ohne die ambitionierten Neubauten des letzten Jahrzehnts ganze Straßenzüge hätten gerettet werden können.

Auf der linken Straßenseite, in der Abesadze-Straße 10, befindet sich das ›Royal Quarter Theatre‹, in dem wechselnde Veranstaltungen stattfinden. Etwa 100 Meter weiter Richtung Bergrücken teilt sich die Abesadze-Straße. Verschiedene Karten geben unterschiedliche Auskunft über die Namen der Straßen in dieser Gegend. Sicher ist, dass es nach rechts zum gemütlich-romantischen **Lado-Gudiashvili-Platz** geht, dessen Häuser zumeist aus der ersten Hälfte und Mitte des 19. Jahrhunderts stammen. Einige Gebäude um den Platz werden derzeit saniert. Lado Gudiashvili (1896–1980) war ein Maler,

Die Betlehem-Kirche

der Anfang der 1920er Jahre in Paris gelebt und gearbeitet hatte, befreundet war mit Picasso, Leger, Modigliani, André Breton und Luis Aragon. 1926 kehrte er nach Tbilisi zurück, unterrichtete an der Kunsthochschule und malte bis an sein Lebensende. Sein Grab befindet sich im Pantheon am Hang des Mtatsminda (→ S. 161). Am Rustaveli-Prospekt erinnert ein Denkmal an ihn. Die Straße, in der er wohnte, ist nach ihm benannt (→ S. 167).

Überquert man den Platz diagonal gelangt man auf die Beglar-Akhospireli-Straße. Sie beschreibt einen sanften Bogen zur Asatiani-Straße, von der aus der Aufstieg ins sogenannte Bergviertel am Sololaki-Bergrücken, von dem ›Mutter Georgien‹ über das Tal schaut, beginnt.

Bethlehem-Kirche

Hat man die Asatiani-Straße überquert, ist man nach wenigen Schritten an der Bethlehem-Treppe angelangt, an deren oberen Ende sich die **Untere Bethlehem-Kirche** (Betlemi) stolz über die Häuser der Stadt erhebt. Der Legende nach war der Grundstein zur Bethlehem-Kirche im 5. Jahrhundert von König Gorgasali gelegt worden. Nach Dutzenden Aus- und Umbauten erhielt sie ihr heutiges Aussehen im Jahre 1740. Die Kirche gehört heute der armenischen Gemeinde und trägt den Namen Petchain. Von ihr aus geht es in südlicher Richtung am Hang entlang zur nur wenig höher gelegenen **Oberen Bethlehem-Kirche**. Hinter ihr führt ein steiler Pfad den Hang hinauf zur **Statue der Mutter Georgien**. Die Kirche selbst ist von Bäumen umgeben, unter denen Bänke stehen – der ideale Ort für eine Rast. Besonders schön ist es hier zum Morgengrauen, wenn hinter den Hügeln am gegenüberliegenden Ufer die Sonne aufgeht. Bei Redaktionsschluss war die Kirche wegen anhaltender Restaurierungsarbeiten geschlossen.

Gomi-Gasse

Einige Schritte weiter entlang am Hang erreicht man die berühmte Gomi-Gasse, die hoch über der Altstadt in Kurven und Verzweigungen zum Gorgasali-Platz führt. Die hier abwärts führende Gasse ist die Askana-Straße, über die man in die tiefer gelegene Altstadt zur Asatiani-Straße gelangt. Der Hang ist an manchen Stellen so steil, dass das Dach des einen und der Hof des nächsten Hauses auf einer Höhe liegen. Der Höhenunterschied und die scheinbar ineinander verwachsenen und verschachtelten Balkone, Anbauten und Terrassen bieten einen chaotischen Anblick, und man fragt sich unwillkürlich, wie hier die Nachbarn bei ihrem Temperament miteinander auskommen mögen.

Wo Asatiani-Straße und Gomi-Gasse einander begegnen zweigt eine schmale Sackgasse den Bergrücken hinauf ab, über die man auf ein kleines Plateau gelangt. Hier befindet sich eines der religiösen Kleinode von Tbilisi: die **Ruinen eines Feueranbetertempels** aus dem 5. Jahrhundert. Der Name des ehemaligen Tempels, Ateschga, kommt vom persischen Ausdruck ›atesch kjade‹, was exakt die Bestimmung des Ortes bezeichnet: Tempel zur Anbetung des Feuers. Der Tempel bestand bis in die 20er Jahre des 18. Jahrhunderts, als er zeitweilig in eine Moschee umgewandelt und mit einer Kuppel versehen wurde. Die Kuppel ist inzwischen durch ein gläsernes Dach ersetzt, um den Innenraum zu schützen.

Etwa 200 Meter weiter südwärts, ebenfalls am Hang des Bergrückens, hoch über der Stadt, befindet sich die **Kirche des Heiligen Georg**, die man über eine der aufwärts führenden Arme der Gomi-Gasse erreicht.

Man sollte sich für diesen Teil der Altstadt Zeit nehmen, nicht nur weil man im Gewirr der Gassen und Treppen leicht die Orientierung verliert, sondern vor allem der vielen zauberhaften Perspektiven wegen, die sich durch die Fassaden der Häuser auf die Altstadt, die Festung Narikala und das gegenüberliegende Ufer auftun. Nahe der Gondelbahn zur Festung Narikala befindet sich ein **Restaurant mit Terrasse**, von dem aus in den Abendstunden der Blick auf die Stadt, mit den richtigen Begleitern bei einem Glas Wein einer Einladung ins Paradies gleichkommt.

In den letzten Jahren wurden in diesem Teil Tbilisis viele Häuser restauriert, die Kanalisation erneuert, Straßen mit neuem Belag versehen. Es entstanden neue Gästehäuser und Pensionen.

Mehr oder weniger parallel zur Gomi-Gasse verlaufen die tiefer gelegene Betlemi-Straße und fast im Tal bereits die Ovanes-Tumaniani-Straße. Die Gomi-Gasse mündet talwärts in einem Bogen in die Bethlehemistraße. Kehrt man auf dieser zurück Richtung Norden, gelangt man erneut zur Asatiani-Straße, die an dieser Stelle in die Jerusalemi-Straße übergeht. Geht man von hier aus nach rechts Richtung Gorgasali-Platz, passiert man rechter Hand zunächst den Jerusalemer Platz, bevor man dort, wo die Jerusalemer in die Kote-Abkhazi-Straße mündet, rechter Hand auf zwei Kirchen stößt, die seit Jahrhunderten einträchtig nebeneinander existieren.

Jvaris-Mama-Kirche

Das Gotteshaus direkt an der Ecke zur Jerusalemi-Straße ist ein Kuppelbau und nennt sich Jvaris Mama. ›Jvari‹ bedeutet im georgischen Kreuz, weshalb man den Namen als Kirche zum Heiligen Kreuz übersetzen könnte. Ihr Vorgängerbau stammt aus dem 5. Jahrhundert und diente seinerzeit den nach Georgien gebrachten Ikonen aus der gleichnamigen Kirche in Jerusalem als Aufbewahrungs-

▲ Karte S. 134

Die armenische Kirche

ort. Von hier aus wurden sie in andere Kirchen im ganzen Land weitergeleitet. In ihrer unmittelbaren Nähe befand sich seinerzeit auch ein ›Hotel‹ für die Ikonen, die im eigentlichen Kirchengebäude keinen Platz fanden. Das erste Mal zerstört von den Mongolen, wurde Jvaris Mama im 16. Jahrhundert wiedererrichtet, dann 1795 erneut verwüstet und 1825 in ihrer heutigen Gestalt rekonstruiert.

Armenische Kirche und Synagoge

Das zweite Gotteshaus, dessen Ostfassade die Kote-Abkhazi-Straße berührt, ist ein Zentralkuppelbau aus der Mitte des 19. Jahrhunderts. Die Kirche war bei Redaktionsschluss wegen Rekonstruktionsarbeiten geschlossen.
Einige Schritte nach Norden, an der Kote-Abkhazi-Straße 45/47, trifft man auf die **Hauptsynagoge Tbilisis**, einen Bau aus dem Jahr 1910.

Festungskirche (Surb Gework)

In unmittelbarer Nähe des Gorgasali-Platzes befindet sich eine weitere Kirche. Man erreicht sie über die vom Platz bergauf führende Gorgasali-Straße, von der die Samgrebo-Gasse nach links abzweigt. Die erste von ihr nach rechts abzweigende Straße ist die Orbiri-Gasse, über die man nach einigen Metern die linker Hand liegende ehemalige Große Festungskirche erreicht. Zu Füßen Narikalas, noch dazu an einem für Eroberer besonders attraktiven Ort errichtet, ist auch diese Kirche oft zerstört oder beschädigt worden. Erwähnt wurde sie bereits im 12. Jahrhundert. Seit wann sie der armenischen Gemeinde gehört, ist unbekannt, doch vermerken die Chroniken für das Jahr 1748 (nach der Vertreibung der Perser aus Tbilisi) die Rückgabe dieser Kirche – unter dem armenischen Namen **Surb Gework** – an die Armenier. Sie ist die älteste der heute noch in der georgischen Hauptstadt für Gläubige geöffneten armenischen Kirchen und noch dazu eine Art Heiligtum, denn auf ihren Treppen der Kirche soll 1795 ein greiser Mönch von Soldaten Aga Mohammed Khans erschlagen worden sein: der Armenier Arutjun Sardajan. Geboren 1712 in Tbilisi, war der unter seinem Pseudonym Sajat Nowa besser als unter seinem richtigen Namen bekannte Sardajan einer der beliebtesten Dichter seiner Zeit, dessen Liebeslyrik ebenso geschätzt wurde wie seine satirischen Verse und Trinklieder.
Die Orbiri-Gasse folgend, die einige Meter weiter die Bethlehemi-Straße kreuzt, gelangt man direkt zur Narikala-Festung.

Die Seilbahn zur Festung Narikala

Wer den steilen Aufstieg scheut, benutzt die **Seilbahn**, die seit 2012 das gegenüberliegende Mtkvari-Ufer mit dem Sattel des Sololaki-Bergrückens verbindet.

Festung Narikala

Den Grundstein Narikalas legten die Perser Ende des 4. Jahrhunderts nach Christus. Die Festung sollte das Mtkvari-Tal beherrschen und erfüllte, auf dem Gipfel des Sololaki-Bergrückens gelegen, theoretisch alle bis zur Erfindung des Schießpulvers dafür erforderlichen Bedingungen. Es war unmöglich, die Festung in unmittelbarer Nähe durch Bollwerke zu blockieren, sie war zudem an einigen Stellen durch natürliche Hindernisse für etwaige Angreifer unzugänglich und konnte nicht ohne immensen Aufwand an Belagerungstechnik gestürmt werden. Eine der möglichen Übersetzungen ihres Namens geht auf das persische Wort für ›unbezwingbar‹ zurück; eine, wie im Falle der meisten Zitadellen, trügerische Illusion.

▲ Karte S. 134

Von der Festung aus führten unterirdische Gänge zur Mtkvari und zu deren Nebenfluss Tsavkisitskali. Durch ebenfalls unterirdische Leitungen und raffinierte Pumpvorrichtungen versorgte sich die Besatzung mit Wasser.

Wachtang Gorgasali und später sein Sohn Datschi erweiterten Narikala. Da die Zitadelle die neben Gori strategisch wichtigste im östlichen Georgien war, wurde sie von allen späteren Eroberern, nachdem sie sie zunächst zerstört hatten, zügig wiederaufgebaut und auf den jeweils neuesten Stand der Kriegskunst nachgerüstet. Der Oberburg gesellte sich eine Untere Burg hinzu, die erweitert durch die Stadtmauern des Oberen und Unteren Kala das ganze rechte Ufer in eine Festung verwandelten, die selbst durch den Einsatz von Feuerwaffen nicht leicht zu bezwingen war. Aga Mohammed Khan freilich ließ sich davon nicht abschrecken, verschonte aber Narikala vor dem Schicksal, das die übrige Stadt erlitt. Der Festung nützte das nur wenig, denn was der letzte Bezwinger Tbilisis nicht tat oder tun wollte, vermochte menschliches Ungeschick. Die russischen Besatzer nämlich nutzten die Zitadelle als Pulverkammer für ihre Soldaten im Kaukasus, bis 1827 eine gewaltige Explosion die mächtigen Mauern sprengte und das Ende Narikalas besiegelte.

Die Ruinen am nordwestlichen Eckpunkt der Zitadelle sind die Überreste des sogenannten **Quadratischen Turmes**, des ältesten, aus dem 5. Jahrhundert stammenden Segments der Befestigungen.
Aus dem 7. bis 9. Jahrhundert stammen die **Ruinen an der Südwestecke**. Neben ihnen befinden sich die Überreste des **Istanbuler Turmes** aus dem 16. Jahrhundert, in dem das zu jener Zeit berüchtigtste Gefängnis des Landes untergebracht war. Wenn man die Festung in Richtung der Sololaki-Allee verlässt, passiert man die Ruinen der einst mächtigen, Schachtachti – ›Thron des Schahs‹ – genannten Westflanke Narikalas. Glaubt man den Chroniken, diente einer der Türme vom sechsten bis zum 14. Jahrhundert als Observatorium. In den letzten Jahrzehnten haben Archäologen einiges von dem, was die geborstenen Mauern 1827 unter sich begruben, freigelegt; darunter das Fundament der aus dem 12./13. Jahrhundert stammenden **Nikolaikirche**, deren Neubau 1996 abgeschlossen wurde. Die rekonstruierte Kirche ist als Hochzeitskirche beliebt. Es lohnt sich, einen Blick auf die Festung vom gegenüberliegenden Mtkvari-Ufer zu werfen; insbesondere in den Abendstunden, wenn die hinter Narikala versinkende Sonne die Silhouette der Ruine scharf hervortreten und die Zerstörungen fast vergessen lässt.

Die Festung Narikala

Westlich der Festung und über einen Spazierweg zu erreichen, erhebt sich unübersehbar die **Mutter Georgien** (Kartlis Deda), eine monumentale Skulptur des Bildhauers Elgudscha Amaschukeli (1928–2002), von dem auch das Reiterstandbild von König Wachtang Gorgasali vor der Metekhi-Kirche am gegenüberliegenden Mtkvari-Ufer stammt.

Botanischer Garten

Südwestlich von Narikala erstreckt sich der Botanische Garten von Tbilisi. Der Haupteingang befindet sich am Ende der Botanikuri- (Botanischen) Straße, die vom Bäderviertel (Abanotubani) hangaufwärts führt, ein Nebeneingang liegt einige Meter hinter der Seilbahnstation auf dem Bergrücken. Besucht man die Festung in den frühen Morgenstunden und hält sich dort auf, bis die Sonne den Sololaki-Bergrücken und die ganze Stadt überflutet, wird einem der Botanische Garten als erfrischend grüne Oase in einem Meer aus Licht und Hitze erscheinen.
Diese Oase bedeckt das Seitental des Tsavkisitskali, eines Nebenflusses der Mtkvari, aus dem sich nicht nur die Garnison der Festung mit Wasser versorgte, sondern auch die zu beiden Seiten seiner Ufer angelegten Gärten bewässert wurden. In diesen dichten und schattigen Gärten wuchsen neben Sträuchern, Bäumen und Blumen auch Kräuter, Heilpflanzen sowie Obst und Gemüse für die königliche Tafel. Hier befanden sich die Gästehäuser der Monarchen und Residenzen ausländischer Gesandter am georgischen Hof.
Nach dem Tod des letzten georgischen Königs gingen die Gärten in den Besitz

Im Botanischen Garten unterhalb der Festung

der Stadt Tbilisi über und verwandelten sich in eine Art Tivoli für die reichen Bürger und ihre Gäste. Zu jener Zeit begann auch die allmähliche Umwandlung in einen Botanischen Garten, der 1845 offiziell eröffnet und einem breiten Publikum zugänglich gemacht wurde.
Heute gehört der Botanische Garten, mit einer Fläche von 130 Hektar, der Georgischen Akademie der Wissenschaften.

Fassade des Blauen Bads am Bäderviertel

Mit seinen über 5000 Arten ist er in den Augen der Fachwelt eines der potentiellen Reservoirs zum Erhalt vieler vom Aussterben bedrohter Pflanzen.
Eine besondere Sehenswürdigkeit ist das **Rosarium**, das mit seinen 900 verschiedenen Rosen eines der größten in Europa ist.

Botanikuri-Straße

Ein Spaziergang durch den Botanischen Garten kann mehrere Stunden in Anspruch nehmen, was selbst an den heißesten Tagen keine Mühe bereitet. Verlässt man den Garten durch den Haupteingang, gelangt man in die Botanikuri-Straße, die steil zum Bäderviertel Tbilisis hinabführt. Zu beiden Seiten wird sie von Häusern gesäumt, die sich über stufenförmigen Vorderhöfen erheben. Der Eindruck entsteht, man laufe durch die Kulisse für einen Film, dessen Handlung auf Zypern oder Capri spielt. Am Bäderviertel wechselt die Kulisse vom Flair des Mittelalters zu orientalischem Kolorit. Auf halber Höhe befindet sich eine sunnitische **Moschee** aus dem 19. Jahrhundert. Eine zweite – schiitische – Moschee aus den Zeiten von Schah Abbas (Anfang des 17. Jahrhunderts) befand sich bis 1950 am Rand der Metekhi-Brücke. Nachdem sie zerstört wurde, beteten Schiiten und Sunniten gemeinsam in einer Moschee, ein angesichts der anderenorts unversöhnlichen Gegensätze zwischen beiden Strömungen des Islam erstaunlicher Umstand.

Die Schwefelbäder

Wie bereits erwähnt, bezieht sich eine der Legenden über die Gründung Tbilisis auf die Thermalquellen, die an verschiedenen Orten aus vermutlich riesigen unterirdischen Reservoirs aus dem Boden sprudeln. Die meisten der 24 bis 45 °C warmen Quellen enthalten ein Gemisch

▲ Karte S. 134

aus Eisen und Schwefel. An verschiedenen Orten entstanden öffentliche Bäder, von denen es noch im 19. Jahrhundert einige Dutzend gab. Erhalten geblieben sind nur die im Bäderviertel (Abanotubani) gelegenen Badeanstalten, die ihr Wasser bis heute aus dem Berg Mtabori beziehen.

Im persischen Stil gehalten, sieht man von diesen Bädern in der Regel nicht mehr als die Eingänge und Lichtkuppeln. Die eigentlichen Baderäume liegen unter der Erdoberfläche, da der Wasserdruck in dieser Höhe relativ stabil ist und der Dampf ein besonderes Mikroklima erzeugt. Beleuchtet wurden die Räume einst von Ampeln an den Decken. Bis heute tragen die Bäder die Namen ihrer ehemaligen Besitzer – Irakli-Bad, das älteste von ihnen, Sumbatow-, Bebutow- bzw. Orbeliani-Bad, und in der Regel zusätzlich noch eine Nummer. Das Orbeliani-Bad wird außerdem ›das Bunte‹ genannt, wegen seiner im orientalischen Stil gehaltenen Fassade aus farbenfrohen Mosaiken zu beiden Seiten des Eingangs und den kleinen Türmchen an den Eckkanten. Dieses Bad ist auch das einzige, das – einer Moschee ähnlich – nicht nur seine Kuppel zeigt, sondern in mehreren Etagen den Bäderplatz nach Westen begrenzt. Im Innern waren die Bäder reich mit Steinmetzarbeiten, Mosaiken und Marmor ausgestattet. Reste erinnern bis heute an ihre besten Zeiten, der einstige Prunk jedoch ist schlichter Funktionalität gewichen, wenn auch einige der Bäder in den letzten Jahren restauriert wurden. Die berühmten Reisenden des vorigen Jahrhunderts, unter ihnen Dumas, Tolstoi und Puschkin konnten noch die einstige Pracht genießen. Am Eingang zu den Orbeliani-Bädern stehen Puschkins Worte: »Nicht in Russland, nicht bei den Türken, fand ich, seit ich lebe, köstlicheres als Tiflis' Bäder.«

Häuser am Bäderviertel, im Hintergrund das Minarett der Moschee

In den Bädern der Stadt pflegte man nicht nur sich und seinen Körper, sondern hier wurden Geschäfte besprochen und Neuigkeiten ausgetauscht. Der Dienstag und Mittwoch war den Frauen vorbehalten. An diesen Tagen hatten Männer bis auf Schussweite nichts in der Nähe der Bäder zu suchen. Auch die nackten Damen kamen, wie an den anderen Tagen die Herren, auf ihre Kosten, plauderten,

Das Bäderviertel Abanotubani

kauften neuen Schmuck, konnten sich von den Vorzügen oder Mängeln ihrer und der anderen Badenden Figuren überzeugen. Diesen Umstand machten sich die ›Chanumas‹, eine georgische Spielart von Kupplerinnen zu Nutze, die in den Bädern nicht nur im Auftrag der potentiellen Bräutigame auf Brautschau gingen, sondern auch dem ein oder anderen spendablen Herrn Tipps über ausgewählte Schönheiten gaben.

Ihre Bedeutung haben die Bäder auch heute nicht eingebüßt. Sie sind von den frühen Morgenstunden bis spät in die Nacht gut besucht.

Das einfachste und preiswerteste der Bäder ist das Bad Nummer 2, linker Hand am Bäderplatz gelegen. Hier kostete Ende 2014 die Zweierkabine der mittleren Kategorie 45 Lari, eine klassische georgische Massage (etwa 10 Minuten) noch einmal 25 Lari. Man kann Tee bestellen, der frisch gebrüht wird. Handtücher und Badelatschen werden gegen einen geringen Obelus ausgeliehen. Die georgische Massage legt vor allem Wert auf die Reinigung der Haut, die zuerst eingeseift und dann mit einem aus Rosshaaren bestehenden Seiflappen geschrubbt wird. Nach wie vor ist der Besuch des Badehauses vor allem ein kollektives Vergnügen, das man sich mit Freunden bereitet.

Hat man den Tag damit verbracht, sich in aller Ruhe Narikala anzuschauen, dann den Botanischen Garten besucht und danach eines der Bäder, kann man den Abend in aller Ruhe auf der Terrasse eines der **Restaurants oder Cafés am Abanotubani** ausklingen lassen, die allerdings aufgrund der Lage zu den teuersten in der Stadt gehören.

In den letzten Jahren wurde das Bäderviertel komplett restauriert und wird in den Nächten geschmackvoll beleuchtet, vor allem durch indirektes Licht, das die steinernen Mauern der Uferbefestigungen des Flusses Tsavkisitskali (eher ein breiter Bach) effektvoll zur Geltung bringt. Die Parkanlage um die Bäder herum ist gepflegt. Die kniende Skulptur, die ein Lamm vor der Brust in den Armen hält, ist eine Darstellung des Malers Niko Pirosmani.

▶ Karte S. 134

Isani-Avlabari

Am gegenüberliegenden Ufer der Mtkvari erstreckt sich Isani, der zweite Teil der Altstadt Tbilisis, mit der Metekhi-Kirche und dem Gorgasali-Denkmal als Wahrzeichen. Isani ist die mittelalterliche Bezeichnung für den am Ostufer gelegenen Stadtteil. Der Kala unmittelbar gegenüberliegende Altstadtbezirk heißt heute Avlabari. Die gleichnamige Metrostation liegt etwa 15 Minuten zu Fuß von der Metekhi-Kirche entfernt.

Isani-Avlabari verdankt seinen Charme dem Steilufer, das der Fluss hier gegraben hat. An und auf den felsigen Hängen kleben die Häuser und Häuschen, die Villen und Lauben, als würden sie sich wie Narziss im Wasser spiegeln wollen. Blickt man auf Avlabari aus der Vogelperspektive, erscheint der Bezirk wie ein Collier, in dessen Mitte zwei Perlen glänzen: die Metekhi-Kirche und das gen Kala blickende Reiterstandbild König Gorgasalis auf einem Plateau über dem Fluss. Der Blick von hier aus auf das gegenüberliegende Kala, die Steilhänge entlang der Mtkvari, die Festung Narikala und die sich im Hintergrund emporstreckende Statue der ›Mutter Georgiens‹, mit ihrem Schwert in der einen und der Weinschale in der anderen Hand, ist einprägsam.

Das gesamte Areal war in früheren Zeiten eine Festung, wovon auch der Name Isani zeugt, der sich mit ›Zitadelle‹ übersetzen lässt. Davit der Erbauer ließ sich hier einen Palast errichten; von hier aus verabschiedete Königin Tamara ihre Krieger. Dann kamen 1235 die Mongo-

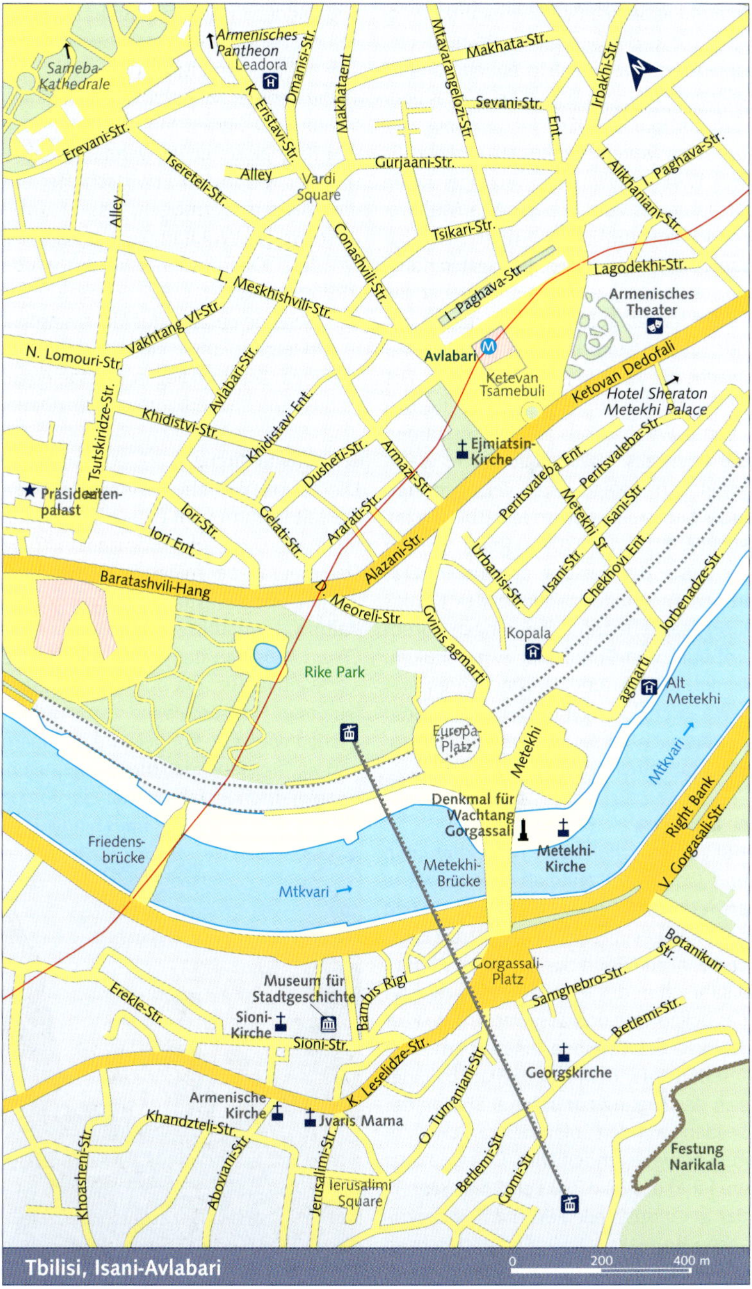
Armenisches Pantheon
Sameba-Kathedrale
Leadora
Dmanisi-Str.
Makhataent
Mtavarangelozi-Str.
Makhata-Str.
Sevani-Str.
Ent.
Irbakhi-Str.
K. Eristavi-Str.
Erevani-Str.
Tsereteli-Str.
Alley
Vardi Square
Gurjaani-Str.
I. Alikhaniani-Str.
I. Paghava-Str.
Alley
Conashvili-Str.
Tsikari-Str.
Lagodekhi-Str.
L. Meskhishvili-Str.
I. Paghava-Str.
Armenisches Theater
Vakhtang VI-Str.
N. Lomouri-Str.
Avlabari-Str.
Avlabari
Ketevan Tsamebuli
Ketevan Dedofali
Hotel Sheraton Metekhi Palace
Tsutskiridze-Str.
Khidistvi-Str.
Khidistavi Ent.
Dusheti-Str.
Armazi-Str.
Ejmiatsin-Kirche
Peritsvaleba Ent.
Peritsvaleba-Str.
Präsidenten-palast
Iori-Str.
Gelati-Str.
Ararati-Str.
Metekhi St.
Isani-Str.
Iori Ent.
Alazani-Str.
Urbanisi-Str.
Isani-Str.
Chekhovi Ent.
Baratashvili-Hang
D. Meoreli-Str.
Gvinis agmarti
Jorbenadze-Str.
Kopala
Rike Park
agmarti
Alt Metekhi
Europa-Platz
Metekhi
Mtkvari
Denkmal für Wachtang Gorgassali
Metekhi-Kirche
Friedens-brücke
Metekhi-Brücke
Right Bank
V. Gorgasali-Str.
Mtkvari
Botanikuri Str.
Gorgassali-Platz
Museum für Stadtgeschichte
Bambis Rigi
Samghebro-Str.
Erekle-Str.
Sioni-Kirche
Sioni-Str.
Betlemi-Str.
K. Leselidze-Str.
Georgskirche
Armenische Kirche
Jvaris Mama
Khandzteli-Str.
O. Tumaniani-Str.
Festung Narikala
Khoasheni-Str.
Aboviani-Str.
Jerusalimi-Str.
Ierusalimi Square
Betlemi-Str.
Gomi-Str.
Tbilisi, Isani-Avlabari
0 200 400 m

len und ließen keinen Stein auf dem anderen, was die Georgier nicht hinderte, die Anlage noch im gleichen Jahrhundert wiedererstehen zu lassen. So ging es über die Jahrhunderte. Der letzte König, der die Burg vollends rekonstruieren ließ, war 1748 Irakli II., doch vergingen keine 50 Jahre bis zum Besuch Aga Mohammed Khans und seiner Krieger. Wenige Jahre später verlor Georgien seinen König und seine Unabhängigkeit; die neuen Besatzer hatten kein Interesse daran, mit der Rekonstruktion der Symbole alter Macht die neue in Frage zu stellen. Die Reste der Festung dienten den Russen ebenso wie Narikala als Pulverkammer, die ebenfalls 1827 explodierte, wahrscheinlich infolge eines verheerenden Erdbebens, das in jenem Jahr Tbilisi heimsuchte. In den 1930er Jahren wurden die Reste der Festung abgerissen. Das imposante Reiterstandbild des Königs Gorgasali entstand 1967 nach einem Entwurf von Elgudscha Amaschukeli. In den 1970er und 1980er Jahren und noch einmal in den letzten fünf Jahren wurde auch dieser Teil der Altstadt zumindest teilweise restauriert.

■ Rike-Park

Auf der sich links von Metekhi-Kirche und Gorgasali-Denkmal stromaufwärts erstreckenden Grünfläche (Rike-Park) und dem neu gestalteten Europa-Platz (Kreisverkehr) zu Füßen des Ensembles findet alljährlich in der letzten Oktoberwoche das beliebteste und ausgelassendste Fest Tbilisis – das Tbilisoba, eine Art Erntefest – statt. Hinter dem Europa-Platz befindet sich der Zugang zur unteren Station der Seilbahn auf den Sololaki-Bergrücken am gegenüberliegenden Ufer. Das Denkmal am Rand des Rike-Parks ehrt den Begründer der industriellen Produktion georgischen Kognaks, David Saradschischwili (1848–1911). Dieser hatte in Petersburg und München Chemie studiert, in Heidelberg seinen Doktortitel erworben und sich auf Studienreisen in Frankreich die Techniken der Veredlung hochwertiger Weine angeeignet. Mit der Produktion von Kognak unter Verwendung einheimischer Rebsorten erwirtschaftete er ein Millionenvermögen, das er unter anderem für Wohltätigkeitszwecke verwendete. Das Denkmal für ihn wurde 1995 errichtet.

Das Gelände entlang des Flusses erhielt in den letzten Jahren ein neues Gesicht, in seinem Zentrum liegen die stählernen Röhren einer neuerbauten **Konzerthalle**.

■ Metekhi-Kirche

Die Metekhi-Kirche in ihrer heutigen Gestalt stammt vom Ende des 13. Jahrhunderts. Gestiftet wurde sie von König Demetrius II., der später von den Mongolen hingerichtet wurde. Die drei hohen, halbrund vorspringenden Apsiden im Osten verleihen dem Bau eine gewisse Vertikaltendenz, die durch ein ringsum laufendes Horizontalband wieder ausgeglichen wird. Die Kuppel wird im Innern von vier freistehenden Pfeilern getragen. In sowjetischen Jahren war die Kirche Proben- und Spielstätte eines Kinder- und

Gasse in Isani

▲ Karte S. 153

Neue Konzerthalle am Europa-Platz

Jugendtheaters; seit Mitte der 1990er Jahre werden hier wieder Gottesdienste abgehalten. Bei Redaktionsschluss wurde die Kirche restauriert.

Metekhi-Gasse

Südöstlich vom Kreisverkehr zweigt die Metekhi-Gasse ab, auf der man vorbei an malerischen kleinen Villen den Hang hinauf auf ein Plateau gelangt, auf dem sich der Avlabari genannte Teil der Altstadt Tbilisis befindet. ›Avla‹ bedeutet im Georgischen ›Aufstieg‹ und ›bari‹ bezeichnet einen ›ebenerdigen Ort‹. Während die Häuser zu beiden Seiten der Metekhi-Gasse zumeist stilvoll restauriert sind, ähnelt der Zustand der Bausubstanz der meisten anderen Häuser auf dem Plateau dem in der Altstadt im Umkreis der Abesadze-Straße am gegenüberliegenden Ufer.

Seines Blickes über den Fluss auf das Bäderviertel und die Festung Narikala von der Terrasse über dem Hochufer wegen ist das Old Metekhi Restaurant im oberen Teil der Metekhi-Gasse beliebt bei betuchten Besuchern der Stadt. Einige Meter weiter zweigt nach links die Metekhi-Straße ab. Über sie gelangt man geradewegs zum Königin-Ketewan-Platz (Ketevan Tsamebuli), an dem sich die Metrostation Avlabari befindet.

Isani-Straße und Weinhang

Lohnenswert ist ein Spaziergang durch das Viertel allemal. Die zweite von der Metekhi-Straße nach links abzweigende Straße ist die Isani-Straße, die zur Urbnisi-Gasse führt. Dieser Teil der Stadt über dem Steilhang ist einer der geschichtsträchtigsten überhaupt. Es bedarf einiger Phantasie, sich ihn so vorzustellen, wie er vor der Zerstörung 1795 durch Aga Mohammed Khan ausgesehen haben könnte. Am Felshang über dem heutigen Europlatz ließ hier der georgische König Irakli II. für seine Gattin Daredschan 1776 aus dem Gestein der ehemaligen Festung Isani einen Sommerpalast errichten – ›Satschino‹, was übersetzt aus dem Georgischen so viel wie ›sichtbarer, vornehmer Ort‹ bedeutet. Er thront auf einem absichtlich grobgemauerten Turm, der dieserart auf bewundernswerte Weise mit dem ihn umfangenden filigran und kunstvoll gearbeiteten

Am Weinhang

Balkon kontrastiert. Von diesem hatte man einen faszinierenden, weiten Blick auf das Tal der Mtkvari, so wie sich das Bauwerk selbst den Blicken aus dem Tal präsentierte. Zum Palast gehörten eine Hofkirche und die Wirtschaftsgebäude, die nach der Zerstörung durch die Perser im 19. Jahrhundert wiedererrichtet wurden. Königin Daredschan übersiedelte 1807 endgültig nach Petersburg. Ihr ehemaliger Palast wurde in ein Kloster umgewandelt, später in eine Schule für die Kinder von Priestern und anderen Kirchendienern, und ist heute ein Frauenkloster.

Die vom Europa-Platz östlich hangauf führende Straße ist der schon erwähnte Weinhang (Gvinis agmarti), der zum Ketevanis Tsamebuli, zum Königin-Ketewan-Platz, führt. Von seiner einstigen Bestimmung zeugen auch heute noch einige Tavernen (die Duchane).

■ Ketevanis Tsamebuli

Die Kirche am Westzipfel des Königin-Ketewan-Platzes ist die vor einigen Jahren restaurierte **armenische Apostelkirche Ejmiatsin** aus dem 18. Jahrhundert. In der Königin-Ketewan-Straße (Ketovan Dedofali), die vom Platz nach Osten abgeht, im Haus Nummer 8, hat das **Armenische Dramatische Theater** seit 150 Jahren sein Domizil. Es trägt den Namen eines der berühmtesten armenischen Schauspieler der zweiten Hälfte des 19 Jahrhunderts - Petros Adamjan. Am Königi-Ketewan-Platz befindet sich der Eingang zur Metrostation Avlabari (eine Station bis zum/vom Platz der Freiheit). Hier endet das historische Isani-Avlabari.

Die angrenzenden Viertel sind von geringerem architektonischem und atmosphärischem Interesse. Lohnenswert ist nur noch der Abstieg zur Baratashvili-Brücke über den gleichnamigen Hang (die Straße ist stark befahren) oder besser durch den neu gestalteten Rike-Park am Flussufer. Am Baratashvili-Hang liegt der unter Präsident Saakaschwili errichtete, pompöse **Präsidentenpalast**. Über die Baratashvili-Brücke gelangt man nach Kala und zum Platz der Freiheit (→ S. 162). An den Geländern der Bücke lehnen und sitzen Figuren verliebter Paare Sehenswert ist die **Kirche des heiligen Nikolaus** nördlich der Brücke, deren Fresken von der Hand des im 19. Jahrhundert beliebten Künstlers Gigo Saziaschwili stammen. Unweit der Brücke befindet sich das Denkmal für den romantischen **Dichter Nikolos Baratashvili** (1817–1845).

■ Sameba-Kathedrale

Nordöstlich vom Ketevanis Tsamebuli, auf dem sogenannten Elias-Berg, erhebt sich weithin sichtbar seit 2004 die Sameba- (Dreifaltigkeits-) Kathedrale, eine der größten orthodoxen Kirchen der Welt. Finanziert wurde ihr Bau durch den georgischen Unternehmer Bidsina Iwanischwili, der das Land von Ende 2012 bis Ende 2013 als Premierminister regierte. Die Kathedrale ist 84 Meter hoch und fasst 15 000 Menschen. Auf dem

▲ Karte S. 153

neun Hektar großen Gelände befinden sich neben der Hauptkirche die Residenz des georgischen Katholikos-Patriarchen, ein Kloster, ein Priesterseminar und eine theologische Hochschule. Die Glocken des Glockenturms wurden in Deutschland gegossen und imitieren mit ihrem Klang den georgischen mehrstimmigen Gesang. Für die georgischen Christen ist die Sameba-Kathedrale mittlerweile zum wichtigsten Wallfahrtsort des Landes geworden. Vom Ketevanis Tsamebuli zur Sameba-Kathedrale fährt der Bus Nummer 91 (Ausstieg Samreklo-Straße), zu Fuß benötigt man etwa 15 Minuten.

Armenisches Pantheon

Östlich der Sameba-Kathedrale befinden sich die Grabmauer und restaurierten Überreste eines armenischen Friedhofes, des einst größten Tbilisis (Panteon Armeni). Zwischen 1612, als Schah Abbas dem Armenier Bebut-Bek das Territorium übertrug, und 1918 wurden auf dem Plateau mehr als 90 000 Menschen,

Die neue Kathedrale bestimmt das Stadtbild Tbilisis

vorwiegend Armenier, beigesetzt. Zum Territorium gehörten eine Kirche, Bewässerungsanlagen und Tausende wertvoller Grabsteine, viele von ihnen aus Marmor. In den 1930er Jahren wurden große Teile des Friedhofs eingeebnet, vermutlich auf Anordnung Lawrenti Berijas (1899–1953), der zu jener Zeit Vorsitzender der georgischen bzw. transkaukasischen Kommunistischen Partei sowie des Geheimdienstes war. Die meisten Grabsteine fanden Verwendung als Baumaterial. Auf dem Gelände entstand der Park der Freundschaft. Den Bauarbeiten zur Sameba-Kathedrale fielen weitere Teile des ehemaligen Friedhofs zum Opfer. Nur etwa 30 Grabsteine sind erhalten geblieben.

Mtatsminda

Zurück zum rechtsseitigen Ufer, zum Mtatsminda, dem mit 750 Metern höchstem Berg im Stadtgebiet Tbilisis und, geographisch gesehen, dem östlichsten Gipfel des Trialetischen Gebirges, eines zum Kleinen Kaukasus gehörenden Bergmassivs. Von der Höhe des Berges lässt sich die gesamte Stadt überblicken. Zum Mtatsminda (Heiliger Berg) wurde der Berg erst im 10. Jahrhundert. Davor nannten ihn die Georgier Mamadawiti (Davitsberg). ›Tsminda‹ bedeutet im Georgischen ›heilig‹, ›mta‹ ›Berg‹. Davit war einer der 13 syrischen Väter, die im 6. Jahrhundert nach Georgien kamen, um den Georgiern von Christus zu predigen. Er erwählte sich Tbilisi als Wirkungsort, wo er sich nicht in der Stadt, sondern in einer der Höhlen am Osthang des Mamadawiti-Mtatsminda niederließ. Einmal in der Woche verließ er seinen Unterschlupf, zeigte sich in der Stadt und verkündete das Wort Jesu. Von seiner ernsthaften Leidenschaft mitgerissen, bekannten sich bald mehr Menschen zum neuen Glauben, als den zoroasthrischen

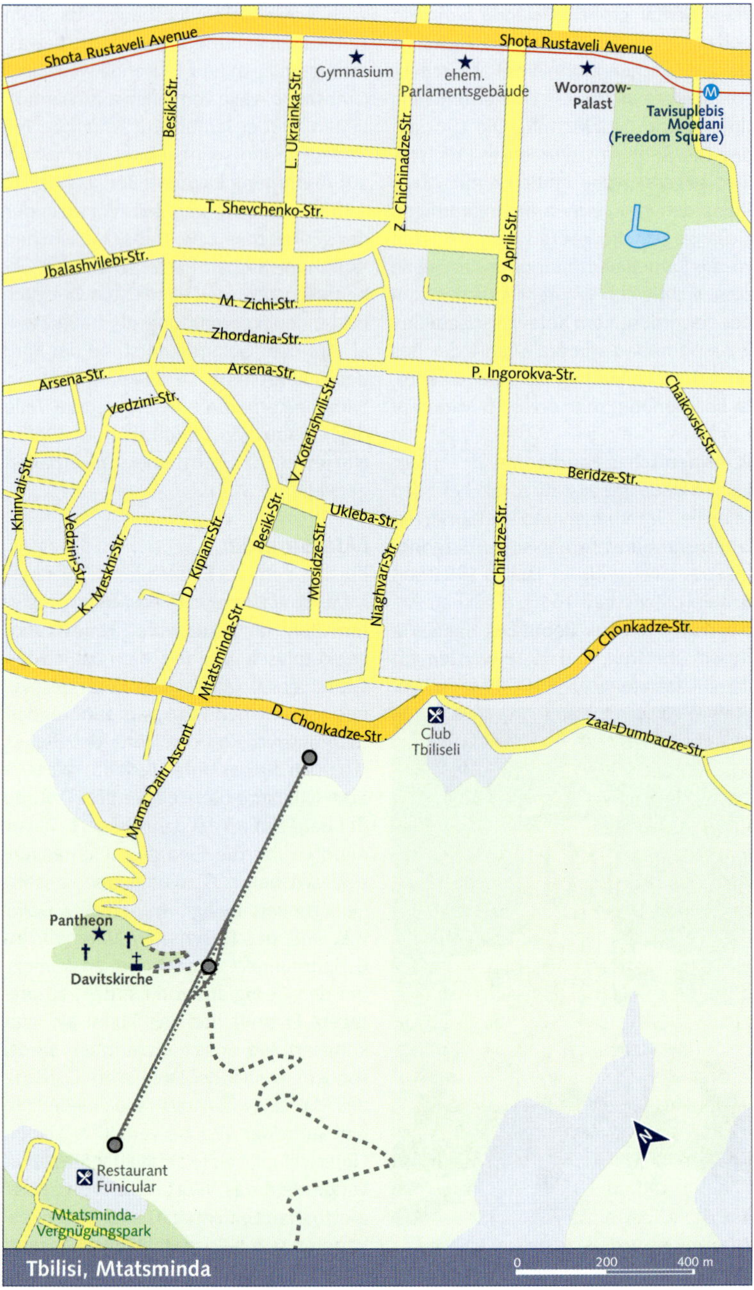

Shota Rustaveli Avenue
Shota Rustaveli Avenue
Gymnasium
ehem. Parlamentsgebäude
Woronzow-Palast
Tavisuplebis Moedani (Freedom Square)
Besiki-Str.
L. Ukrainka-Str.
Z. Chichinadze-Str.
9 Aprili-Str.
T. Shevchenko-Str.
Jbalashvilebi-Str.
M. Zichi-Str.
Zhordania-Str.
Arsena-Str.
Arsena-Str.
P. Ingorokva-Str.
Chaikovski-Str.
Vedzini-Str.
Khinvali-Str.
Vedzini-Str.
K. Meskhi-Str.
D. Kipiani-Str.
Besiki-Str.
V. Kotetishvili-Str.
Ukleba-Str.
Mosidze-Str.
Niaghvari-Str.
Chitadze-Str.
Beridze-Str.
Mtatsminda-Str.
D. Chonkadze-Str.
D. Chonkadze-Str.
Club Tbiliseli
Zaal-Dumbadze-Str.
Mama Daiti Ascent
Pantheon
Davitskirche
Restaurant Funicular
Mtatsminda-Vergnügungspark
Tbilisi, Mtatsminda
0
200
400 m

Priestern lieb sein konnte. Sie fanden eine Frau, die öffentlich behauptete, von Davit ehebrecherisch geschwängert worden zu sein. Als der Prediger erneut in der Stadt auftauchte, wurde er von einer empörten Menge empfangen, die von ihm Genugtuung forderte und drohte, ihn zu steinigen. Unter ihnen befand sich die besagte Frau. Davit, um seine Heiligkeit und seine Wunderkraft unter Beweis zu stellen, berührte den Bauch der Frau mit seinem Stab und fragte den Fötus nach dem Namen des Vaters, den dieser auch nannte. Mehr tat er nicht, doch die Strafe für die Verleumdung folgte auf dem Fuße: Die Frau nämlich gebar an Ort und Stelle einen Stein. Die vom Wunder begeisterte und durch die unverzügliche Bestrafung verängstigte Menge nahm den Stein wie auch alle anderen, ursprünglich zur Züchtigung des Predigers herbeigebrachten Steine, und legte mit ihnen das Fundament zur Kvashveti-Kirche am heutigen Rustaveli-Prospekt (Kvashva bedeutet: gebar einen Stein). Davit war durch das Misstrauen gekränkt. Er kehrte nicht in seine Höhle zurück, sondern verließ die Stadt und gründete in der Wüste das Höhlenkloster Davit Gareja (→ S. 196). Unter den Einwohnern Tbilisis aber hielt sich beharrlich das Gerücht, dass nur derjenige, der mindestens einen Stein zur Höhle des Predigers bringe, Vergebung für das an Davit begangene Unrecht erwarten dürfe. In der Nähe der Höhle entstand eine Kapelle, die den Namen des Heiligen erhielt, ebenso wie der Berg selbst. Anzumerken bliebe noch, dass die **Davitskirche** auf dem Mtatsminda als einziges Gebäude der Stadt alle Zerstörungen im Laufe der Jahrhunderte überstanden haben soll. Sie liegt an einem sehr steilen Hang, der einst von dichtem Wald bewachsen war. Auf diesen Berg flüchteten sich die Einwohner Tbilisis und die

Die Davitskirche auf dem Mtatsminda

Reste der Garnison, wenn ihre Stadt einmal wieder von fremden Eroberern heimgesucht worden war. Die erste Kapelle stand bis 1542; der heutige Bau wurde 1871 geweiht. Davit wurde zum Heiligen kanonisiert; seinen Tag begeht die georgische Kirche am siebten Donnerstag nach Ostern.

Bis in die erste Hälfte des 19. Jahrhunderts schlängelten sich nur schmale, Pfade bis zur Davitskirche und auf den Gipfel. Erst der russische General und Statthalter des Zaren im Kaukasus, Alexej Ermolow (1777–1861), ließ von Pionieren der russischen Armee Anfang des 19. Jahrhunderts einen Feldweg anlegen, der in den 30er Jahren des 20. Jahrhunderts eine Asphaltdecke erhielt. Zur gleichen Zeit entstand auf dem Gipfel ein Park.

Funikular

Nach dem Projekt eines belgischen Ingenieurs starteten im Jahre 1905 die ersten beiden Waggons einer Standseilbahn (Funikular) zu ihrer Jungfernfahrt auf den Gipfel. Die Länge der Strecke beträgt 503 Meter. Der untere Einstieg befindet sich in der Chonkadze-Straße, die vom Rustaveli-Prospekt entweder durch die Saradshishvili-Straße bis zur Tabidse-Straße und dann nach links oder durch die Straße des 9. April und Chitadse-Straße und dann nach rechts zu erreichen ist. Nach einem Unglück im Jahr 2000, als die Bremsen versagten, war die Bahn lange außer Betrieb, wurde aber im Sommer 2013 rundum erneuert wiedereröffnet. Die beiden Wagen, die jeweils 50 Personen fassen, begegnen sich auf halber Strecke am Pantheon. Wer dieses und die Davitskirche besuchen möchte, kann hier aussteigen und mit der nächsten Bahn den Weg fortsetzen. Eine Fahrt mit der Bahn kostete bei Redaktionsschluss 2 Lari.

Die Schwebeseilbahn, die 1958 zum 1500-jährigen Jubiläum der Stadt fertiggestellt wurde und den Rustaveli-Platz direkt mit dem Gipfel des Mtatsminda verbindet, ist seit 1990 außer Betrieb. In jenem Jahr, am 1. Juni, riss ein Seil und eine Kabine mit 19 Personen an Bord stürzte in die Tiefe. Keiner von ihnen hat überlebt. Die Opfer waren vor allem Kinder und Jugendliche, die am Tag des Kindes einen Ausflug auf den Gipfel unternommen hatten. Es gibt Pläne, die Seilbahn zu rekonstruieren und wieder in Betrieb zu nehmen, aber noch liegen diese auf Eis.

Gipfelrestaurant und Riesenrad

Ein Jahr nach dem Bau einer neuen Chaussee auf den Berg, 1958, wurde auf dem Mtatsminda ein großes Restaurant fertiggestellt, das mit seiner säulenverzierten Terrasse zu einem der Wahrzeichen Tbilisis geworden ist. Den Bankettsaal des Restaurants ziert ein überdimensionales Wandbild des Malers Nikolai Ignatow, das in Farbigkeit, Motiv und Stil dem georgischen Maler Pirosmani gewidmet ist. Dies war zu Sowjetzeiten einer der Lieblingsorte der Stadtbewohner und ihrer Gäste. Hier wurden rauschende Feste gefeiert und Szenen zu berühmten Filmen gedreht. Restaurant und Parkanlage schlossen Ende der 1980er Jahre. Sie befinden sich mittlerweile in Privatbesitz. Ende Mai 2007 fand die Wiedereröffnung im nahezu ursprünglichen Design statt. Das

Im Vergnügungspark auf dem Mtatsminda

▲ Karte S. 158

Restaurant in der ersten und zweiten Etage wird von Einheimischen und Besuchern gleichermaßen gelobt.
Ebenfalls im neuen Antlitz wiedereröffnet wurde unlängst der **Vergnügungspark** auf dem Mtatsminda mit dem auch aus dem Tal sichtbaren, bis spät in die Nacht beleuchteten Riesenrad. Die Aussicht, die man bei klarem Wetter aus der Höhe auf die Stadt und bis zu den Gipfelketten des Großen Kaukasus hat, ist großartig. Den Gipfel des Mtatsminda krönt der 274 Meter hohe Fernsehturm. Über eine ungefähr 200 Meter rechts vom Einstieg zur Zahnradbahn beginnende Pflasterstraße kann man den Berg auch zu Fuß erklimmen.

Pantheon am Mtatsminda

Die älteste Grabstätte im Schatten der Davitskirche befindet sich in einer efeubewachsenen Grotte. Hinter dem Gitter kniet auf granitenem Sockel eine Frau in Trauerkleidung zu Füßen von Jesus Christus, der ihre Stirn mit dem Kreuz berührt. Die Aufschrift seitlich des Sockels lautet: »Dein Geist und Deine Taten sind unsterblich den Russen; doch warum hat meine Liebe Dich überlebt?« Unter diesem Sockel aus Granit liegt der russische Dichter, Schriftsteller, Wissenschaftler und Diplomat Alexander Sergejewitsch Gribojedow begraben, der 1829 auf der Schwelle der russischen Botschaft in Teheran, im Alter von nur 34 Jahren, ermordet wurde. Er hinterließ neben vielen anderen eigenen Werken und Übersetzungen ein Theaterstück – ›Geist bringt Kummer‹ –, das seit mehr als 150 Jahren nicht von den russischen Bühnen wegzudenken ist. Mit 17 Jahren focht Gribojedow gegen Napoleon, mit 23 fand er Aufnahme in das Orientdepartment des Russischen Außenministeriums, begeisterte sich für Georgien, lernte Georgisch und betrieb ethnographische Studien. In Georgien lernte er die 16-jährige Tochter des Fürsten Alexander Chavchavadze, Nino, kennen. Kurze Zeit nach ihrer Trauung ernannte der russische Zar Nikolai I. Gribojedow zu seinem Gesandten in Teheran. Als religiöse Fanatiker die russische Botschaft zu stürmten, stellte sich ihnen der Gesandte entgegen und musste dafür mit seinem Leben bezahlen. Es heißt, dass sein Mut vielen anderen Russen das Leben gerettet hat. Die junge Witwe scheute weder Mühe noch Mittel, ihren Mann an dem Ort beizusetzen, der sein Lieblingsort gewesen war. Dazu brauchte sie die Erlaubnis des georgischen Katholikos, die sie erhielt, nachdem sie der Kirche einen Teil ihres Familienbesitzes geopfert hatte. Die Grotte in ihrer heutigen Gestalt ist nur ein Teil der vom italienischen Bildhauer Campioni gestalteten Anlage. Weitere berühmte Persönlichkeiten, die hier ihre letzte Ruhestätte fanden, sind unter anderen der Dichter und Politiker Ilja Chavchavadze (1837–1907), der Dichter Nikolos Baratashvili (1817–1845), der Dichter Akaki Zereteli (1840–1915), der Naturphilosoph Vasha Pshavela (1861–1915), der Dichter Galaktion Tabidse (1892–1959), der Maler Lado Gudiashvili (1896–1980), der Dissident Merab Kostava (1939–1989), der erste Präsident Georgiens Swiad Gamsachurdia (1939–1993, seit April 2007) und der Schauspieler Sergo Sakariadse (1909–1971). Neben all den Koryphäen des georgischen Geisteslebens mutet die letzte Ruhestätte einer armen frommen Frau befremdlich an, deren einziges Verdienst vor der georgischen Geschichte es war, Stalin zur Welt gebracht zu haben: Ketewan Geladse.
Man erreicht das Pantheon von der Zwischenstation des Funikular über einen recht steilen, kurzen Fußweg oder über die Fahrstraße von der Chonkadze-Straße.

Die Neustadt

Das Areal des historischen Tbilisi endete entlang der Baratashvili-Straße und dem heutigen Platz der Freiheit (Tavisuplebis Moedani), der bis 1991 Leninplatz hieß. Jenseits der Stadtmauern befanden sich zu Füßen des Mtatsminda Gärten und bäuerliche Siedlungen. Mit der ländlichen Vorstadtidylle war es Anfang des 19. Jahrhunderts vorbei, als das neue Tbilisi entlang der Trümmerfelder des alten entstand.

Die ersten Jahrzehnte des Wiederaufbaus der Stadt hatten ein chaotisches Durcheinander an Neubauten, Abrissen und Stilformen zur Folge. Erst der 1844 zum Vizekönig ernannte Generalfeldmarschall Graf Michail Semjonowich Woronzow (1782–1856) versuchte Ordnung in das städtebauliche Durcheinander zu bringen. Er gründete ein Städtisches Plankomitee, das Tbilisi nach westeuropäischem Muster in eine Großstadt im Osten verwandeln sollte. Woronzow hat unbestritten Spuren in der Stadt hinterlassen, aber Tbilisi wuchs nach seinen eigenen Gesetzen.

Rund um den Platz der Freiheit

Der Platz der Freiheit (Tavisuplebis Moedani) erinnert an ein zerfranstes Trapez. Ihn umgeben heute verschiedene Gebäude unterschiedlichen Entstehungsdatums. Das älteste von ihnen war das **ehemalige Stabsquartier der Russischen Armee** im Kaukasus an der Ecke Platz der Freiheit und Leonidze-Straße, ein Gebäude im Stil des russischen Klassizismus. Seit seiner Fertigstellung 1824 war es nicht ein einziges Mal umgebaut worden, wurde jedoch Anfang der 1990er Jahre abgerissen. Auf seinen Grundmauern entstand das Hotel ›Tbilisi Courtyard Marriott‹.

Die Westflanke des Platzes begrenzt das **Rathaus**, das 1880 nach einem Projekt des Architekten Peter Stern errichtet wurde. Der Mode seiner Zeit folgend, hielt sich Stern an den pseudomaurischen Stil. Bis zur Unabhängigkeit trug der Platz den Namen Lenins, dessen überdimensionale Skulptur sich in seiner Mitte befand. Sie wurde 1989 eliminiert und zunächst

Auf dem Platz der Freiheit, links das Rathaus

▲ Karte S. 163

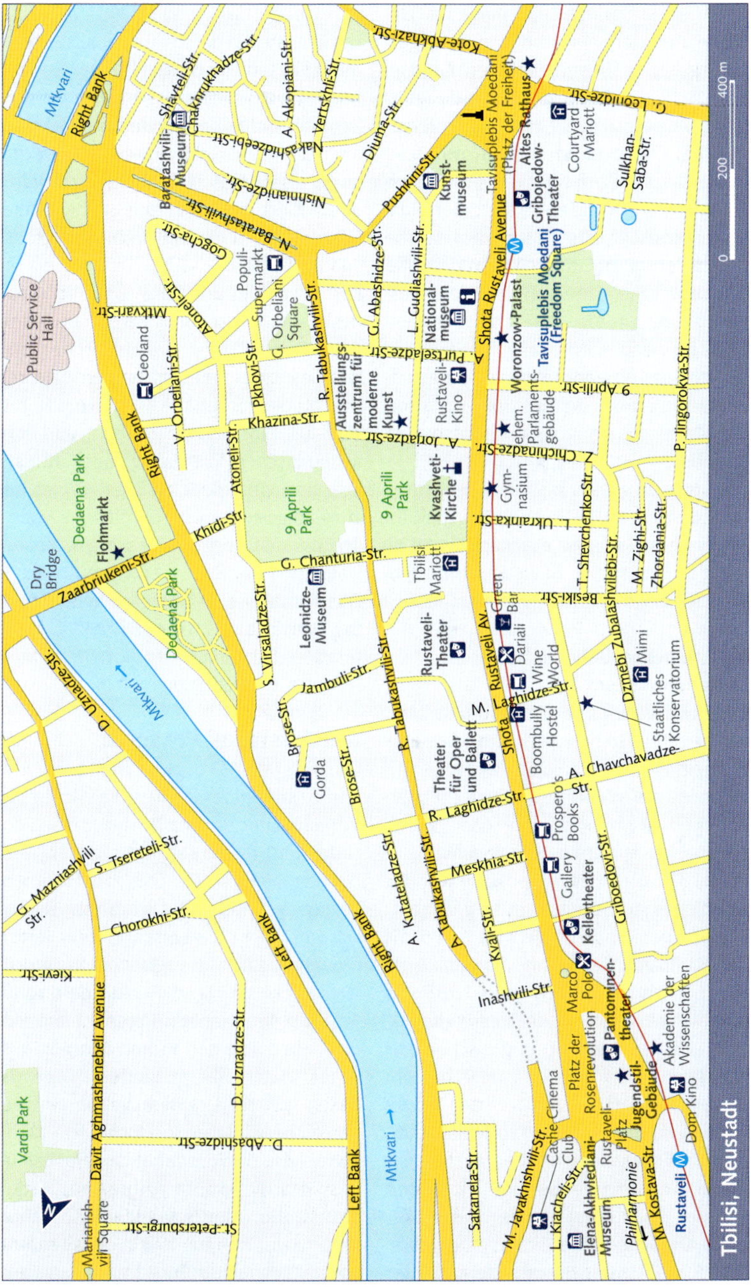

Tbilisi, Neustadt
Mtkvari
Right Bank
Left Bank
Public Service Hall
Dry Bridge
Dedaena Park
Flohmarkt
Vardi Park
9 Aprili Park
Tavisuplebis Moedani (Freedom Square)
Tavisuplebis Moedani (Platz der Freiheit)
Shota Rustaveli Avenue
Rustaveli Av.
Altes Rathaus
Courtyard Mariott
Gribojedow-Theater
Kunst-museum
National-museum
Woronzow-Palast
ehem. Parlaments-gebäude
Gym-nasium
Rustaveli-Kino
Ausstellungs-zentrum für moderne Kunst
Kvashveti-Kirche
Tbilisi Mariott
Green Bar
Dariali
Wine World
Rustaveli-Theater
Leonidze-Museum
Theater für Oper und Ballett
Boombully Hostel
Staatliches Konservatorium
Mimi
Prospero's Books
Gallery
Kellertheater
Marco Polo
Pantomimen-theater
Akademie der Wissenschaften
Jugendstil-Gebäude
Dom Kino
Platz der Rosenrevolution
Cache Cinema Club
Rustaveli-Platz
Elena-Akhvlediani-Museum
Philharmonie
Rustaveli
Gorda
Geoland
Populi Supermarkt
G. Orbeliani Square
Baratashvili-Museum
Shavteli-Str.
Chakhrukhadze-Str.
A. Akopiani-Str.
Vertskhli-Str.
Nakashidzeebi-Str.
Nishnianidze-Str.
N. Baratashvili-Str.
Gogcha-Str.
Atoneli-Str.
Mtkvari-Str.
V. Orbeliani-Str.
Pkhovi-Str.
Khazina-Str.
Khidi-Str.
Zaarbriukeni-Str.
G. Chanturia-Str.
S. Virsaladze-Str.
Jambuli-Str.
Brose-Str.
R. Tabukashvili-Str.
A. Tabukashvili-Str.
A. Kutateladze-Str.
R. Laghidze-Str.
M. Laghidze-Str.
Meskhia-Str.
Kvali-Str.
Inashvili-Str.
Sakanela-Str.
Dzmebi Zubalashvilebi-Str.
A. Chavchavadze-Str.
Griboedovi-Str.
Besiki-Str.
T. Shevchenko-Str.
M. Zighi-Str.
Zhordania-Str.
L. Ukrainka-Str.
N. Chichinadze-Str.
A. Jorjadze-Str.
9 Aprili-Str.
P. Jingorokva-Str.
Purtseladze-Str.
G. Abashidze-Str.
L. Gudiashvili-Str.
Pushkini-Str.
Diuma-Str.
Kote-Abkhazi-Str.
G. Leonidze-Str.
Sulkhan-Saba-Str.
D. Uznadze-Str.
S. Tsereteli-Str.
G. Mazniashvili Str.
Chorokhi-Str.
Kievi-Str.
Davit Aghmashenebeli Avenue
D. Abashidze-Str.
St.-Peterburgi-Str.
Marianishvili Square
M. Javakhishvili-Str.
L. Kiacheli-Str.
M. Kostava-Str.
0 200 400 m

durch einen Springbrunnen ersetzt. Die Säule mit dem vergoldeten **Heiligen Georg**, dem Wappenzeichen Georgiens, steht seit 2006 an Ort und Stelle. Vom Platz der Freiheit zweigen vier Straßen ab. Das sind, steht man mit dem Rücken zum Rathaus, von links nach rechts: die Leonidze-Straße, der Rustaveli-Prospekt, die Puschkin- und die bereits erwähnte Kote-Abkhazi-Straße (ehemals Leselidze-Straße), die am Gorgasali-Platz endet.

Über die nach Norden abzweigende Leonidze-Straße gelangt man zur Chonkadze-Straße, an der sich die untere Station der Standseilbahn auf den Mtatsminda befindet.

Die in die Baratashvili-Straße übergehende Pushkini-Straße (Pushkini) erhielt ihren Namen, weil der Dichter hier 1829 auf der Durchreise nach Ersrum abgestiegen war.

Staatliches Georgisches Kunstmuseum

Das Eckhaus links der Straßenmündung, hinter dem kleinen Park am Platz der Freiheit, der ebenfalls Puschkins Namen trägt, ist ein Werk des italienischen Architekten Bernandazzi für den georgischen Unternehmer Subalaschwili. In dem 1835 errichteten Gebäude war das Theologische Seminar untergebracht, in dem der junge Stalin von 1895 bis 1898 unterrichtet wurde. Später wurde es Hotel und beherbergt seit 1933 das Staatliche Kunstmuseum. Dessen Kollektion umfasst Arbeiten georgischer und nichtgeorgischer Künstler vom 9. bis zum 20. Jahrhundert. Die wertvollsten Stücke werden in der sogenannten Schatzkammer im Erdgeschoss aufbewahrt, unter ihnen das schon erwähnte Triptychon aus der Anchiskhati-Kirche. Wertvoller noch als diese Ikone ist das Triptychon mit der Gottesmutter aus dem Kloster von Gelati, das weltweit eine der vollkommensten in der Zellenschmelztechnik ausgeführten und mit Edelsteinen besetzten Arbeiten dieser Art ist. Die Schatzkammer enthält viele weitere kostbare Kleinode aus verschiedenen Perioden der georgischen Geschichte. Wer sich dafür interessiert sollte auf eine sachkundige Führung durch die Sammlung auf keinen Fall verzichten.

Die Gemäldesammlung, die Bilder zumeist europäischer Künstler von der Renaissance bis zur Gegenwart vereint, ist in den zwei Obergeschossen untergebracht; die georgische Kunst vom 9. bis zum 20. Jahrhundert getrennt von den ausländischen Werken. Einigen Künstlern sind spezielle Räume gewidmet, so zum Beispiel dem berühmtesten Maler Tbilisis und Georgiens, Pirosmani, dessen Kollektion der Stolz des Museums ist.

Das Kunstmuseum ist täglich außer Montag von 11 bis 17 Uhr geöffnet. Eintritt für die Schatzkammer (nur mit Führung) ist extra zu entrichten.

Der Rustaveli-Prospekt

Der Rustaveli-Prospekt ist heute wie schon vor hundert Jahren die wichtigste Verkehrsader der Stadt und mit seinen Cafés und Restaurants die beliebteste Flaniermeile Tbilisis. Die von Platanen gesäumte Straße ist nach Shota Rustaveli (1172–1216) benannt, dem Autor des legendären georgischen Versepos ›Der Recke im Tigerfell‹. Auf dem rund 1,5 Kilometer langen Prospekt brodelt das Leben von den frühen Morgen- bis in die späten Abendstunden. Nirgends lassen sich die Dramen der Geschichte der letzten 60 Jahre so anschaulich nachvollziehen. 1956 erlebte der Rustaveli-Prospekt die größte Antiregierungsdemonstration der Sowjetzeit. 33 Jahre später, am 9. April 1989, ›zerstreuten‹ Spezialtruppen des Innenmisteriums am

▲ Karte S. 163

gleichen Ort eine friedliche Demonstration, und im Dezember 1991 herrschte hier Krieg, als Teile der Nationalgarde und ›Volksmilizen‹ den Präsidentenpalast stürmten, in dem sich der rechtmäßige Präsident Gamsachurdia verschanzt hatte.

Das heutige Antlitz des Rustaveli beherrschen Gebäude, die überwiegend aus der Zeit um die Wende vom 19. zum 20. Jahrhundert stammen. Die Häuser auf der linken Straßenseite (mit dem Platz der Freiheit im Rücken) tragen gerade Nummern, die auf der rechten Seite ungerade.

Das bogenförmige Portal zur Linken, am Rustaveli-Prospekt 2, markiert den Eingang zum von Woronzow 1845 gegründeten Russischen **Griboedov-Theater**.

Woronzow-Palast

Am kleinen Platz seitlich des Kaufhauses (es wurde bei Redaktionsschluss restauriert) befindet sich der Eingang zur Metrostation Platz der Freiheit (Tavisuplebis moedani). Über die nach links abzweigende schmale Gasse gelangt man zu den Regierungsgebäuden in der Ingorovka-Straße 7, die parallel zum Rustaveli-Prospekt verläuft.

Das stattliche Gebäude mit der Adresse Rustaveli 6 ist der Woronzow-Palast, die ehemalige Residenz der russischen Statthalter im Kaukasus. Es stammt ursprünglich aus dem Jahr 1807, wurde mehrmals erweitert und erhielt von 1865 bis 1868 durch den in Dresden geborenen Architekten Otto Simonson, Schüler Gottfried Sempers, eine Fassade im Stil der italienischen Renaissance. Die pompöse Innenausstattung des Palastes – Marmortreppen, wunderschönes Parkett und venezianische Kronleuchter – hat zwar gelitten, aber die Kinder und Jugendlichen von Tbilisi, denen der Palast gehört, lieben ihn seit Generationen.

Georgisches Nationalmuseum

An der dem Woronzow-Palast gegenüberliegen Straßenseite, im Haus Nummer 3, befindet sich das Georgische Nationalmuseum, das nach dem Historiker und Mitbegründer der georgischen Akademie der Wissenschaften, Simon Dshanashia (1900–1947), benannt ist.

Die **archäologische und ethnographische Sammlung** geht auf eine Initiative der Russischen Geographischen Gesellschaft von 1852 zurück. Das Gebäude selbst entstand 1929 und beherbergt heute die wichtigsten und wertvollsten Funde aus vorchristlicher, byzantinischer und römischer Zeit sowie aus den ersten georgischen Königreichen. Unter den Exponaten finden sich Gegenstände der Alltagskultur, wertvolle Steine und kunstgewerbliche Schöpfungen von der Frühzeit bis zur Gegenwart, eine Kleider- und Waffensammlung sowie eine kostbare Kollektion von Münzen.

In der 4. Etage des Museums befindet sich seit 2006 eine sehenswerte Dauerausstellung zu den sieben Jahrzehnten der **sowjetischen Okkupation Georgiens**, bestehend aus Archivdokumenten, Fotos, Videos, Ausstellungsstücken aus dem Privatbesitz georgischer Familien, Alltagsgegenständen aus sowjetischen Gefängnissen und vielen anderen Artefakten, die vornehmlich den nationalen Widerstand dokumentieren.

Im Erdgeschoss befindet sich ein **Informationszentrum** des Ministeriums für Tourismus, das täglich von 10 bis 18 Uhr Infomaterialien und Tipps zu aktuellen Veranstaltungen bereithält und wo man Exkursionen durch Tbilisi und in die nähere Umgebung der Stadt buchen kann (→ S. 179, 421).

Das Museum ist täglich außer Montag von 10 bis 17 Uhr geöffnet. Der Eintritt kostet 5 Lari, für Studenten 1 Lari. Für eine Führung bezahlt man 25 Lari.

Das ehemalige Parlamentsgebäude am Rustaveli-Prospekt

Parlament und Gymnasium

Hinter der schmalen Gasse des 9. April, am Rustaveli 8, hatte das Parlament seinen Sitz, in einem sowjetischen Monumentalbau, der in seiner Architektur die Vorstellungen Moskaus von seiner Rolle im Kaukasus nicht besser illustrieren konnte. Das Gebäude mit den 16 Säulen wurde 1953 fertiggestellt und war bis zur Unabhängigkeit Sitz der georgischen Regierung. Die Parlamentarier sind 2014 in ein neues futuristisches Gebäude in Kutaisi umgezogen (→ S. 312).

Neben dem Parlament, den Rustaveli aufwärts, befindet sich eines der ältesten Gymnasien der Stadt. Gegründet wurde es Anfang des 20. Jahrhunderts für die Sprösslinge der russischen und georgischen Aristokratie. Diese Rolle spielt es auch heute noch für die neue georgische Elite. Während des Bürgerkrieges war die Schule zerstört worden. Ihren Wiederaufbau ermöglichten finanzielle Mittel, die Moskaus damaliger Oberbürgermeister Luschkow zur Verfügung gestellt hatte. Die Skulpturen auf dem Sockel vor dem Schulgebäude sind eine Hommage an die beiden berühmtesten georgischen Schriftsteller des 19. und frühen 20. Jahrhunderts – **Ilja Chavchavadze** (1837–1907) und **Akaki Tsereteli** (1840–1915).

Kvashveti-Kirche

Der Park gegenüber dem Gymnasium ist der **Alexandergarten**. Er trägt heute die offizielle Bezeichnung ›Park des 9. April‹ und gedenkt damit der 20 Toten und Hunderten Verletzten eines Polizeieinsatzes gegen friedliche Demonstranten am 9. Aril 1989. Er erstreckt sich in Terrassen bis zur Virsaladze-Straße und war der erste öffentliche Park in der Geschichte Tbilisis. Gestaltet wurde er von Otto Simonson und 1865 der Bürgerschaft übergeben. Gleich dem Alexanderplatz in Berlin ist er nach dem russischen Zaren Alexander I. benannt.

Die Kirche, die den Park zum Rustaveli-Prospekt hin begrenzt, ist die Kvashveti-Kirche, eben jener Bau, dessen Fundament aus den Steinen besteht, mit denen die Einwohner Tbilisis ihren Missionar Davit steinigen wollten. Die Kirche ist heute dem heiligen Georg geweiht. Erbaut wurde sie in den Jahren von 1904 bis 1906 von dem deutschen Architekten Leopold Bielfeldt als verkleinerte Kopie

▲ Karte S. 163

der Bischofskathedrale von Samtavisi, etwa 60 Kilometer nordwestlich von Tbilisi. Die Fresken im Inneren sind eine Arbeit des georgischen Malers Lado Gudiashvili aus dem Jahr 1947, ausgeführt in der antiken Enkaustik-Technik, die den Farben ihre Leuchtkraft über Jahrhunderte erhält. Unter der Grabplatte in der ersten Etage liegen die Überreste des georgischen Nationalhelden **Grigol Orbeliani** (1804–1883), dessen Verdienste als Heerführer in russischen Diensten, Generalgouverneur von Tbilisi, romantischer Dichter und Schriftsteller ihn für diesen exponierten Begräbnisort prädestinierten.

Die Kvashveti-Kirche in ihrer heutigen Gestalt ist die Erbin von zwei anderen Kirchen, die einst hier standen. Die eine, kleinere, eher eine Kapelle, war dem heiligen Davit zu verdanken; die größere war im 18. Jahrhundert von Fürst Amilachwari gestiftet worden. Letztere fiel einer Tradition zum Opfer: Täglich zur Mittagszeit wurde aus dem Alexandergarten eine Kanone abgefeuert, und das Gedonner dieser ›Uhr von Tbilisi‹ ließ die Mauern vibrieren und brachte das Gebäude zum Einsturz.

Zu beiden Seiten der Kvashveti-Kirche befindet sich je ein Denkmal: das eine erinnert an den Schriftsteller **Egnate Ninoschwili** (1859–1894), Mitbegründer der ›Dritten Bewegung‹, deren Vertreter marxistischen Ideen anhingen; das andere zeigt den jungen **Lado Gudiashvili** an einen schmiedeeisernen Zaun gelehnt, den Blick nachdenklich auf das Haus gerichtet, in dem er sein Leben verbracht hat. Dieses befindet sich in der nach dem Maler benannten, rechts vom Alexandergarten abzweigenden Gudiashvili-Straße im Haus Nummer 11, und ist heute ein **Museum und Ausstellungszentrum für moderne Kunst**. Öffnungszeiten: täglich, außer Montag und an den Feiertagen, zwischen 11 und 18.30 Uhr.

Nationalgalerie

Das Gebäude neben der Kvashveti-Kirche, Rustaveli 11, stammt aus den 80er Jahren des 19. Jahrhunderts und war dem Kriegsruhm der russischen Armee im Kaukasus geweiht. Als es niemanden mehr gab, dem dieser Ruhm mehr bedeutete als historische Reminiszenz, wurde das Gebäude zur Staatlichen Akademie der Schönen Künste, in der wechselnde Ausstellungen zeitgenössischer georgischer Kunst stattfinden.

Einige Schritte weiter befindet sich das Hotel ›Tbilisi Marriott‹, ein Nachfolger des 1915 erbauten und im Bürgerkrieg 1991/92 zerstörten Hotel ›Majestic‹.

Rustaveli-Theater

Das 1901 von den Architekten Szimkiewicz und Tatijschchew erbaute Nachbarhaus am Rustaveli 17 beherbergt das Shota-Rustaveli-Theater, das ursprünglich der Georgischen Künstlergesellschaft gehörte. In seinem Baustil vermischen sich verschiedene Elemente, wobei Barock und Empire vorherrschen.

Das Café im Keller war einst der Treffpunkt einer der illustresten Gesellschaften Tbilisis. Im schwersten Nachkriegsjahr 1919 trafen sich hier die

Das Portal der Nationalgalerie

Symbolisten zu ihren Trinkgelagen, unter ihnen Gudiaschwili, Sudejkin, Kakabadse und Walijschewskij. Sie nannten das Café in ›Chimerioni‹ (dt.: Schimäre) um und gründeten ihren Verein die ›Blauen Trinkhörner‹, dessen künstlerisches Programm sie an den Wänden des Cafés verewigten.

Lagidze-Wasser und Konservatorium

Etwa 100 Meter weiter zweigt von der gegenüberliegenden Seite des Rustaveli die **Mitrofan-Lagidze-Straße** ab. Die Brüder Mitrofan und Michail eröffneten Anfang des Jahrhunderts in der gleichen Straße, im Eckhaus am Rustaveli, den Lagidze-Pavillon, in dem sie ihre berühmten Limonaden - aus kohlensäurehaltigem Mineralwasser und einem Sirup, der aus Heilkräutern und Früchten in verschiedenen Geschmacksrichtungen hergestellt wurde - verkauften. Der Grundstoff des ursprünglichen Sirups war Estragon, das dem Getränk seine grünliche Färbung verlieh. Dieses Getränk bezeichnet man bis heute als ›Tarchun‹, nach einem der georgischen Namen für Estragon. Im russischsprachigen Raum wird mit dem Namen ›Tarchun‹ auch ein ebenfalls grünes Getränk mit Waldmeistergeschmack bezeichnet. Den Lagidze-Pavillon gibt es leider nicht mehr, er fiel dem Zeitgeist zum Opfer. Nicht verwandt mit den Brüdern Mitrofan und Michail ist ein weiterer Lagidze - Resa, ein Komponist. dessen Lieder über Georgien und Tbilisi zu sowjetischen Zeiten jedem Kind geläufig waren und noch heute so beliebt sind wie einst. Über die Lagidze-Straße gelangt man zum 1917 gegründeten **Konservatorium** in der parallel zum Rustaveli verlaufenden Griboedov-Straße. In einer Nische an der Ecke, auf Höhe der ersten Etage hat eine Beethoven-Skulptur ihren einsamen Platz gefunden.

▲ Karte S. 163

Operntheater

Einige Meter weiter, an der rechten Straßenseite des Rustaveli, befindet sich das Paliaschwili-Theater für Oper und Ballett, ein Bau des deutschen Architekten Victor Schretter aus den Jahren 1880 bis 1896. Sein exotisches Äußeres erinnert einmal mehr an den maurischen Stil. Die 1851 am gleichen Ort erbaute Oper war in den 1870er Jahren abgebrannt, was 1973 auch ihrem Nachfolger passierte. Beim Wiederaufbau hielt man sich an Schretters Vorlage. Die Büste rechts vom Operntheater stellt Akaki Tsereteli dar; ein weiteres Denkmal erinnert an den berühmten Choreographen georgischer Abstammung George Balanchine (1904–1983). In der Tiefe des kleinen Platzes zur Rechten befindet sich das Denkmal für den Komponisten, Dirigenten und begnadeten Pädagogen **Sakaria Paliaschwili** (1871–1933), den Namensgeber des Theaters (→ S. 186).

Platz der Rosenrevolution

Auf der rechten Seite des Rustaveli befinden sich zwei weitere monumentale Gebäude - das ehemalige Institut für Marxismus/Leninismus und die einstige Hauptpost. Beide werden zurzeit restau-

Jugendstilgebäude am Rustaveli-Platz

Gebäude im ›georgischen Stalinstil‹ am Rustaveli-Platz

riert und sollen zu Hotels ausgebaut werden. Im Erdgeschoss der früheren Hauptpost eröffnete 2012 ein Supermarkt der Kette Wendy's.

Einige Schritte weiter öffnet sich der Rustaveli-Prospekt zum Platz der Rosenrevolution. Rechter Hand befand sich bis vor einigen Jahren das 1967 errichtete Hotel ›Iveria‹, das zwischen 1993 und 2004 das größte Flüchtlingslager in Tbilisi war. Hier lebten Tausende aus Abchasien vertriebene Menschen. Sie wurden 2004 mit neuem Wohnraum versorgt. Das Hotel wurde im Frühjahr 2007 abgetragen und das heute hier stehende Luxushotel der Radisson-Kette gebaut.

Im Untergeschoss unter dem Platz befindet sich das Restaurant ›Khinkali-Haus‹, in dem es hervorragende Khinkali (gefüllte Teigtaschen) in dutzenden Variationen gibt.

Rustaveli-Platz

Kurz bevor der Rustaveli-Prospekt in den Platz der Rosenrevolution übergeht, biegt er in einer eleganten Kurve nach links von seinem bis hierher geradlinigen Verlauf ab und endet nach einigen Dutzend Metern auf dem gleichnamigen Platz.

Das die gesamte rechte Straßenseite bis zum Rustaveli-Platz einnehmende Gebäude ist ein weiteres Beispiel des Jugendstils von Tbilisi aus der ersten Dekade des 20. Jahrhunderts. Es wurde 1900 fertiggestellt und gehörte dem Kaufmann Melik-Asarjanz. Das Haus besaß seine eigene Strom- und Wasserversorgung, ein autonomes Beheizungssystem, eine Telefonanlage, einen Kindergarten, ein Filmtheater, einen Fotosalon, eine Gemäldegalerie und im Innenhof einen kleinen Park mit Springbrunnen. Dem Bauherren hat das Gebäude kein Glück gebracht. Nach seiner Fertigstellung starb seine 25-jährige Tochter, wovon die steinernen Trauergirlanden an den Türmen zeugen.

Das letzte Gebäude auf der linken Seite vor dem Rustaveli-Platz – das mit dem quadratischen, von einer Rotunde und Spitze gekröntem Eckturm – wurde 1953, dem Todesjahr Stalins, fertiggestellt. Die zahlreichen die Fassade durchbrechenden hohen und engen Rundbögen sowie die Vielzahl der anderen architektonischen Details und Ornamente verraten keinen besonderen Stil, vermitteln aber ein Gefühl von Freundlichkeit und Helle, die mit dem Pompösen des Gesamtbaus kontrastieren. Dieses Gebäude war zunächst als Sitz der gesamtgeorgischen Verwaltung vorgesehen und ähnelt einigen anderen Nachkriegsbauten in den südlichen Republiken der Sowjetunion. Man könnte diese Art Architektur als ›neostalinistischen Kolonialstil‹ bezeichnen, der der moskautreuen Elite neben ihren materiellen Privilegien wohnlichen Komfort und beste Arbeitsbedingungen schaffen sollte.

Eingang zum Münzmuseum im Nationalbankgebäude

Seit 1980 beherbergt das Gebäude das Präsidium der **Akademie der Wissenschaften Georgiens**.

Am Rustaveli-Platz befinden sich die Endstation der Schwebebahn auf den Mtatsminda (gegenwärtig außer Betrieb), Geschäfte und das einzige **Programmkino** der Stadt, das vom Verband der Filmschaffenden betrieben wird (Dom Kino). Auf den Stufen vor dem Haupteingang verkaufen Künstler ihre Gemälde und kunstgewerblichen Arbeiten sowie Souvenirs aller Art.

Das Herz des Rustaveli-Platzes ist das dem namensgebenden Dichter gewidmete Denkmal. Der Platz selbst ist mit seinen Kiosken, Läden, fliegenden Eishändlern und der Metrostation einer der belebtesten der Hauptstadt.

Philharmonie

Die Verlängerung des Rustaveli über den Rustaveli-Platz hinaus ist die Kostava-Straße, über die man nach einigen hundert Metern zum Gebäude der Philharmonie, einer Trommel aus Glas, Beton und weißer Keramik gelangt. Der große Saal, dessen Wände und Decken mit einer Holztäfelung versehen sind, fasst rund 2500 Zuschauer, ein kleinerer, der gegenwärtig als Kino genutzt wird, etwa 750. Die aus Bronze gegossene Skulptur des Bildhauers Merab Berdsenischwili vor der Philharmonie versinnbildlicht die Muse, die ihre Arme ausbreitet und großzügig Freude und Güte schenkt.

Elena-Akhvlediani-Haus-Museum

Vom Rustaveli-Platz gelangt man über die Michail-Javakhishvili-Straße zur von dieser nach ca. 50 Metern nach links abzweigenden Leo-Kiacheli-Straße. Im Haus Nummer 12 (gegenüber dem Samaja-Park) befindet sich das wunderbare Elena-Akhvlediani-Museum.

Die Künstlerin Elena Akhvlediani (1898–1975) war eine der bemerkenswertesten georgischen Frauen der jüngeren Geschichte. Sie lebte und studierte in den 1920er Jahren in Paris, kehrte 1927 in ihre Heimat zurück. Ihren Ruhm begründeten vor allem die Bilder georgischer Stadtlandschaften, ihre Illustrationen zu den Werken Ilja Chavchavadzes und Vasha Pshavelas sowie ihre Bühnenausstattungen im Marjanishvili-Theater. In dem

▲ Karte S. 163

Haus in der Leo-Kiacheli-Straße unterhielt sie einen Kunstsalon, in dem Dichterlesungen und Konzerte stattfanden. Ihre Kunstsammlung umfasste mehr als 4000 Bilder. Das kleine Museum versetzt durch die liebevoll gestaltete Sammlung in die Atmosphäre ihrer späten Lebensjahre und erlaubt einen aufregenden Exkurs in die Geschichte der georgischen Kunst des 20. Jahrhunderts.

Das Museum ist täglich außer Sonntag und Montag von 10 bis 18 Uhr geöffnet.

Sololaki-Stadtbezirk

Südwestlich vom Platz der Freiheit befindet sich der an Kala grenzende Sololaki-Stadtbezirk, der im 19. und im frühen 20. Jahrhundert bei der Aristokratie, hohen Beamten und vermögenden Unternehmern beliebteste Teil Tbilisis. Ein Spaziergang durch die meist ruhigen Straßen von Sololaki nimmt nicht viel Zeit in Anspruch und bietet die Gelegenheit zur Begegnung mit einigen architektonischen Kleinoden des Jugendstils, die einst den Ruf der Stadt als Paris des Kaukasus begründeten. Der Name Sololaki (wie der des Bergrückens) stammt wahrscheinlich aus dem Persischen. Zu Zeiten des arabischen Emirats überspannte das Tal zwischen Mtatsminda und dem Bergrücken, an dessen felsigem Steilhang zum Fluss sich die Festung Narikala befand, ein Aquädukt, über welches die Gärten und Felder mit Wasser versorgt wurden. Der persische Name für Aquädukt lautet ›Sululach‹, woraus vermutlich ›Sololaki‹ wurde.

■ Nationalbank

Der Rundgang beginnt in der vom Platz der Freiheit nach Westen abzweigenden Giorgi-Leonidze-Straße. G. Leonidze (1899–1966) war ein zu Lebzeiten beliebter Dichter. Er absolvierte das Theologische Seminar, gehörte zeitweise zur Gruppe der ›Blauen Trinkhörner‹. Bekannt wurde er Mitte der 1920er Jahre mit lyrisch-romantischen Gedichten, die die Natur seiner ostkachetischen Heimat besangen. Sein auf Kindheitserinnerungen beruhender Prosaband ›Baum der Wünsche‹ diente dem georgischen Regisseur Tengis Abuladse (1924–1994) als Vorlage für den gleichnamigen Film, der von der Zerstörung georgischer Tra-

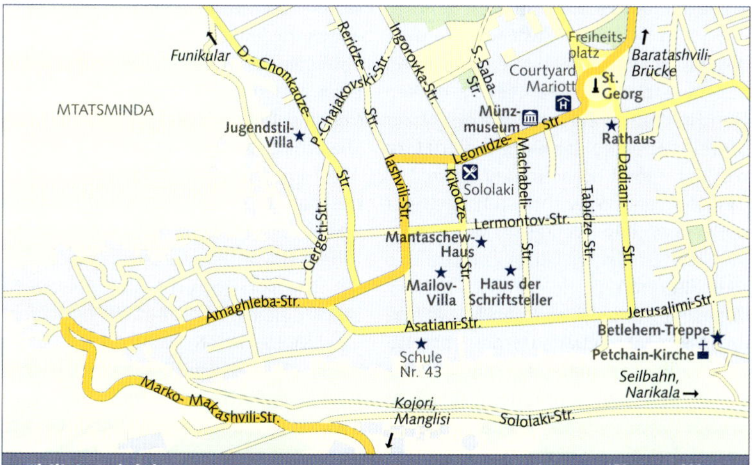

Tbilisi, Sololaki

ditionen zu Beginn des 20. Jahrhunderts erzählt.
Das erste Gebäude hinter dem Courtyard Marriott an der rechten Seite der Leonidze-Straße (Nummer 3/5) gehört der **Nationalbank von Georgien**. Errichtet wurde es 1913 für die Genossenschaftliche Kreditbank Tbilisis. In der sowjetischen Ära war es Filiale der Staatsbank und erhielt 1959/60 ein drittes Stockwerk. Besonders ausdrucksstark ist die Gestaltung der ursprünglichen Fassade am Haupteingang, mit den beiden wie aus dem Mauerwerk wachsenden Atlanten.
In einem Nebengebäude der Nationalbank befindet sich seit 2001 das **Münzmuseum** von Tbilisi mit einer sehenswerten Kollektion von Geldstücken, unter anderem kolchische Tetri, mazedonische Stater, arabische Drachmen und venezianische Dukaten. Das Museum ist Montag bis Freitag von 9 bis 18 Uhr geöffnet.

■ Haus der Schriftsteller Georgiens

In der Machabeli-Straße, die gegenüber der Nationalbank nach links abzweigt, besitzt im Haus Nummer 13 der Verband der Schriftsteller Georgiens sein Domizil. Ursprünglich gehörte das 1905 fertiggestellte Gebäude dem Kognak-Magnaten und Mäzenen David Saradschischwili (1848–1911), dessen Denkmal sich am Rand des Rike Parkes unweit der Metekhibrücke befindet. In diesem Haus trafen sich zu Lebzeiten des Besitzers die wichtigsten Vertreter der georgischen Intelligenz, unter ihnen die Schriftsteller Ilja Chavchavadze und Akaki Zereteli. David Saradschaschwili vermachte seinen Besitz und das Haus den Angestellten seines Unternehmens. 1921 ging das Gebäude in den Besitz der georgischen Schriftsteller über. In seinen Räumen waren unter anderen Sergej Esenin, Maxim Gorki, Vladimir Majakowski und Alexej Tolstoi zu Gast.

▲ Karte S. 171

■ Schule Nummer 43

Die Machabeli-Straße mündet in die Asatiani-Straße, etwa 100 Meter nördlich der Bethlehem-Treppe in Kala. An der Asatiani-Straße mit der Hausnummer 50 befindet sich an der linken Straßenseite die in Georgien berühmte Mittelschule Nummer 43. Das Gebäude ist ein Werk des armenischen Architekten Gasaros Sarkisjan. Finanziert wurde der Bau durch den Ölmagnaten und Mäzenen Alexander Mantaschew (1842–1911). A. Mantaschew war Armenier und einer der erfolgreichsten Geschäftsleute des Russischen Imperiums. Gemeinsam mit seinem Vater legte er den Grundstein für sein immenses Vermögen durch den Textilhandel. Nach Ausbruch des Ölbooms am Kaspischen Meer entdeckte er seine Leidenschaft für das schwarze Gold. Mit den Rothschilds und Nobel widersetze er sich den aggressiven Praktiken von Standard Oil und legte Anfang des 20. Jahrhunderts den Grundstein für die damals längste Pipeline der Welt, die Baku mit den Raffinerien in Batumi am Schwarzen Meer verband. Ebenso war der für seinen bescheidenen Lebensstil bekannte Unternehmer als Mäzen geschätzt. In Tbilisi finanzierte er unter anderem den Bau des heutigen Rustaveli-Theaters, in Paris den einer armenischen Kirche, wofür er den Orden der Ehrenlegion verliehen bekam.
Die Schule Nummer 43 wurde am 1. Juli 1911 eröffnet. Sie verfügt über bequeme Klassenzimmer, eigene Werkstätten und eine Turnhalle. Einige später berühmt gewordene Georgier haben hier die Schulbank gedrückt, unter ihnen Rouben Mamoulian (1899–1987). Mamoulians Mutter leitete seinerzeit das armenische Dramatische Theater, sein Vater war Präsident einer Bank. Nach dem ersten Weltkrieg emigrierte die Familie nach London, wo sich R. Mamoulian zunächst dem Theater verschrieb und dann

Blick vom Mtatsminda über das nächtliche Tbilisi

in die USA auswanderte. Er inszenierte am Broadway, widmete sich ab Ende der 1920er Jahre fast ausschließlich der Filmregie. Seine Verfilmung der Geschichte von Dr. Jekyll und Mr. Hyde (1931) gilt bis heute als eine der besten aller Zeiten.

Kikodze-Straße

Die Kikodze-Straße zweigt kurz vor der Schule nach rechts ab und führt zurück zur Leonidze-Straße. Das interessanteste Gebäude ist das mit der Nummer 11. Mit den Arkaden seiner Balkone erinnert es entfernt an einen genuesischen Palazzo. Besitzer der Villa waren die Kaviarkönige, die Brüder Mailow. Diese waren seinerzeit bekannte Mäzene und lebten vornehmlich in Baku, wo sie unter anderem den Bau eines Theaters finanzierten. Einer der zu Sowjetzeiten bekanntesten Bewohner ihres Hauses nach der Enteignung durch die Bolschewiki war Filipp Macharadse (1868–1941), der erste Vorsitzende der Georgischen Sowjetrepublik im Bestand der UdSSR.
In der Kikodze-Straße ließ Alexander Mantaschew (→ S. 172) für seine Tochter ein Haus errichten (Nr.8). In der sowjetischen Ära wurden die Räume vom Verband der Kunstschaffenden genutzt.

Zu Füßen des Mtatsminda

An der von der Leonidze-Straße nach Norden abzweigenden Ingorovka, die unter dem Zaren nach Peter dem Großen und in der Sowjetära nach dem Gründer der Geheimpolizei Tscheka, Felix Dserschinski, benannt war, befindet sich im ehemaligen Gebäudekomplex des ZK der Kommunistischen Partei Georgiens die **Regierung des unabhängigen Georgiens**. Dem Regierungssitz gegenüber hat in der ehemaligen Residenz der Statthalter des Zaren in Tbilisi das Georgische Institut für Sprachen sein Domizil. Dieses trägt den Namen des Philologen und

In der Kikodze-Straße

Sprachwissenschaftler Arnold Tschikobawa (1898–1985).
Hinter dem Institut zweigt von der Ingorovka die Petre-Chaikovski-Straße ab. Der russische Komponist Peter Tschaikowski weilte zwischen 1886 und 1890 jährlich in Tbilisi, wo sein Bruder zunächst als Staatsanwalt, dann als Vizegouverneur in Staatsdiensten stand. Er lebte in der heutigen Chaikovski-Straße 12.
Die Petre-Chaikovski–Straße mündet in die Chonkadze-Straße. Daniel Chonkadse (1830–1860) war ein Dichter und Schriftsteller, dessen einziges veröffentlichtes Werk – ›Die Surami-Festung‹ – zu den Heiligtümern der georgischen Literatur gehört. Nach Motiven des Romans und der ihm zugrunde liegenden Legende, drehte Sergej Paradshanov 1980 seinen gleichnamigen Film. Die Ruinen der Festung befinden sich an der Straße zwischen Tbilisi und Kutaisi (→ S. 282).
In der Chonkadze-Straße befindet sich das Haus Nummer 12, eine der schönsten **Jugendstilvillen**, die einem Tabakfabrikanten gehörte.
Über die Chonkadze-Straße gelangt man zur Talstation der Zahnradbahn, oder man kehrt entlang der Lermontov-Straße zurück zum Platz der Freiheit.

▲ Karte S. 171

Außerhalb des Zentrums

Vom Rustaveli-Platz gelangt man über verschiedene Wege (mit der Metro, den Marschrutki und dem Taxi) in die außerhalb des Zentrums gelegenen Stadtviertel, die zumeist im 20. Jahrhundert entstanden.

Vake

Die Kostava-Straße, die zunächst in die Melikishvili-Straße und dann in den Chavchavadze-Prospekt übergeht, führt in den Stadtbezirk Vake. Dieser Stadtteil entlang des Nordhangs des Mtatsminda war noch im 19. Jahrhundert Sinnbild für alle Übel der Welt.

Hier befanden sich die Müllhalden der Stadt, und von hier aus begaben sich die Bettler und Diebe ins Stadtzentrum. Das 20. Jahrhundert verkehrte das Image in sein Gegenteil. Vake wurde gesäubert und bebaut. Die Häuser im Stalin-Stil galten als das Beste, was die Stadt zu bieten hatte. Um hier eine Wohnung zu erhalten, musste man Karriere im Apparat gemacht haben oder anderweitig zu einigem Reichtum und Ansehen gekommen sein. Ausnahmen bestätigen die Regel.

Zwischen dem Chavchavadze-Prospekt und dem Hang des Mtatsminda entstanden in den letzten Jahren teilweise recht farbenfrohe Neubauten.

Eine architektonische Sehenswürdigkeit des Stadtbezirks ist das klassizistische Gebäude des ›Gymnasiums für Hochwohlgeborene Kinder‹ vom Beginn des 20. Jahrhunderts, am Anfang des Chavchavadze-Prospekts, in dem heute einige Fakultäten der Universität untergebracht sind.

Park Vake

Über den Chavchavadze-Prospekt gelangt man zum Park Vake am Nordhang des Mtatsminda. Oberhalb der Gedenkallee mit ihren Brunnen befindet sich das **Museum unter freiem Himmel**, bestehend aus nachgebauten Wohnhäusern aller georgischen Provinzen, in denen allerlei Gerätschaften, Kleidungsstücke und

Vorratsspeicher im Ethnographischen Freilichtmuseum

Tbilisi

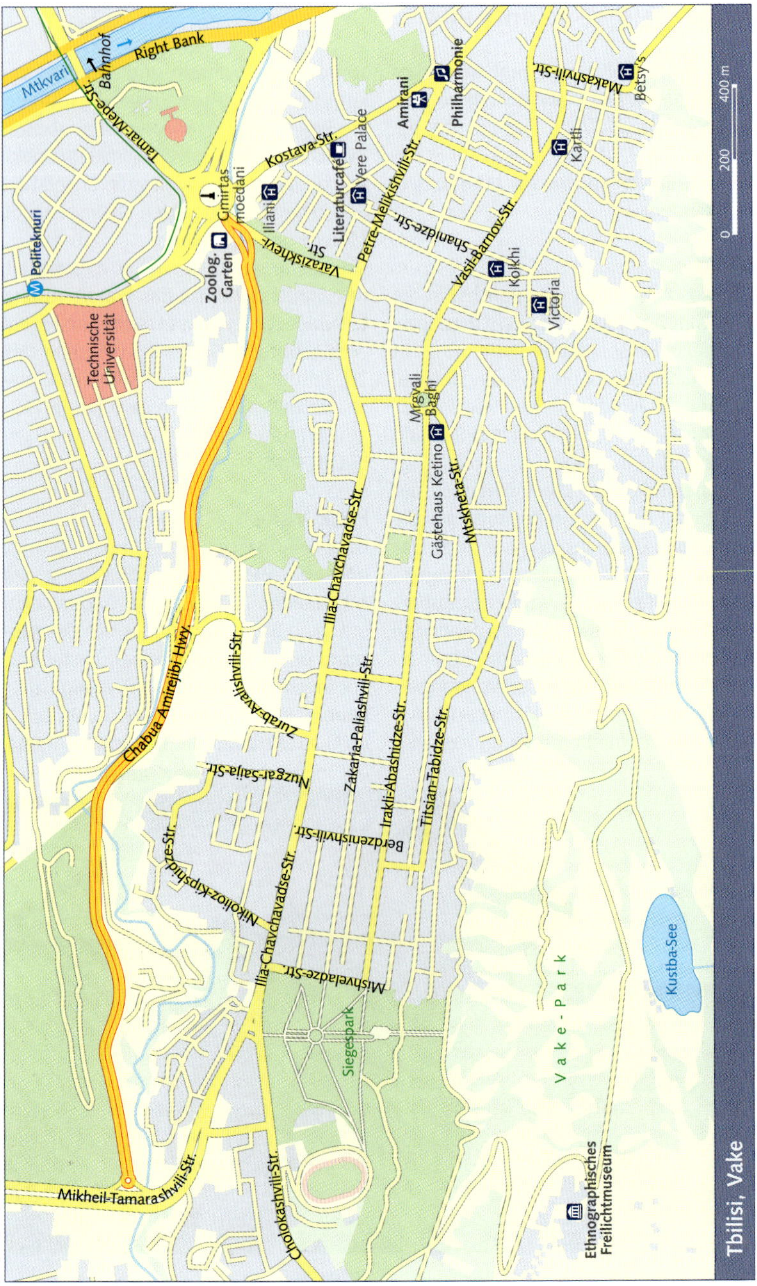
Tbilisi, Vake
Mtkvari
Right Bank
Bahnhof
Tamar-Mepe-Str.
Politeknuri
Technische Universität
Zoolog. Garten
Gmirtas moedani
Kostava-Str.
Iliani
Literaturcafé
Vere Palace
Amirani
Philharmonie
Makashvili-Str.
Betsy's
Kartli
Varaziskhevi-Str.
Petre-Melikishvili-Str.
Shanidze-Str.
Vasil-Barnov-Str.
Kolkhi
Victoria
Mrgvali Baghi
Gästehaus Ketino
Mtskheta-Str.
Ilia-Chavchavadse-Str.
Chabua Amirejibi Hwy
Zurab-Avalishvili-Str.
Zakaria-Paliashvili-Str.
Irakli-Abashidze-Str.
Titsian-Tabidze-Str.
Nuzgar-Saija-Str.
Berdzenishvili-Str.
Nikolioz-Kipshidze-Str.
Mishveladze-Str.
Siegespark
Vake - Park
Kustba-See
Cholokashvili-Str.
Mikheil-Tamarashvili-Str.
Ethnographisches Freilichtmuseum
0
200
400 m

Musikinstrumente etc. eine Vorstellung vom Alltagsleben der Georgier über die Jahrhunderte hinweg geben. Über eine Hängebrücke gelangt man zum **Kustba-See** (Schildkröten-See), einem Badesee im Park, was die Gegend zusätzlich zu einem der beliebtesten Ausflugs- und Erholungsorte in unmittelbarer Nähe zum Stadtzentrum macht. Es gibt einen Tretbootverleih und gastronomische Einrichtungen. Das Baden empfiehlt sich wegen der zweifelhaften Wasserqualität aber eher nicht.

Das Freilichtmuseum ist täglich außer Montag von 10 bis 17 Uhr geöffnet. Vom Rustaveli-Platz zum Vake-Park gelangt man mit den Bussen 88 und 140 (Haltestelle gegenüber der Akademie der Wissenschaften), die tagsüber alle 5 bis 10 Minuten verkehren.

Der Agmashenebeli-Prospekt

Auf dem linksseitigen Ufer der Mtkvari ist noch eine Straße von Interesse, der Agmashenebeli-Prospekt, benannt nach König Davit dem Erneuerer (Karte → S. 178). Dieser Prospekt ist eine Schöpfung des 19. Jahrhunderts, erbaut von Menschen, deren Werte und Überzeugungen sich weniger auf die Tradition beriefen, denn am Geschmack und Tempo ihrer Zeit orientierten. Auf drei Kilometern entstanden hier Banken, Börsen, Handelskontore und große Geschäfte, in denen das Bürgertum zu Hause war.

Der sich über drei Kilometer erstreckende Prospekt ist in seinem architektonischen Eklektizismus nirgends langweilig, am lebendigsten aber rund um die **Metrostation Marjanishvili** (eine Station vom Rustaveli-Platz entfernt). Hier koexistieren Elemente der Architektur des Mittelmeerraumes (Italien und Südfrankreich) mit denen des späten Empire, des russischen Klassizismus und Jugendstil, zwischen denen die Georgier ihre Balkone, Balustraden, Vor- und Innenhöfe errichteten. Dieser Teil des Prospektes wurde in den letzten Jahren aufwändig restauriert. An den Wochentagen wälzen sich Auto-, Bus- und Menschenlawinen bis spät in die Nacht durch die Straße.

An der den Marjanishvili-Platz und die Mtkvari verbindenden gleichnamigen Straße befindet sich das **Marjanishvili-Theater**. Kote (Konstantin) Marjanishvili (1872–1933) war bis zu seinem Tod einer der einfluss- und erfolgreichsten georgischen Theaterregisseure. Zwischen 1906 und 1922 inszenierte er überwiegend in Russland, war befreundet mit Stanislawski, beteiligte sich an Masseninszenierungen der Revolutionszeit. In den Jahren nach seiner Rückkehr in die georgische Heimat übernahm er zunächst die Leitung des Rustaveli-Theaters und gründete dann eine eigene Truppe, die Urahnen des heute nach ihm benannten Theaters.

■ Zentralbahnhof und Marktviertel

Nordöstlich des Agmashenebeli-Prospektes – eine Metro Station vom Marjanishvili-Platz– befindet sich der renovierte Zentralbahnhof (Zentraluri Sadguri), der eher einem Einkaufszentrum ähnelt. Dort gibt es eine Gepäckaufbewahrung und einen **englischsprachigen Fahrkartenschalter** (Nr. 14), der allerdings nicht immer besetzt ist. Das nordwestlich angrenzende Viertel um den stillgelegten **Borjomi-Bahnhof** ist ein riesiger Markt, auf dem es alles – von Lebensmitteln bis zu billigem Ramsch – zu kaufen gibt. Bei den Händlern in den etwas versteckt liegenden Hallen an der Ecke Abastumani und Tsinamdzgvrishvili-Straße bekommt man aus eigener Erfahrung die besten Gewürze, Käse, Wurst- und Fleischerzeugnisse, getrocknete Früchte und Tschutschchrelo (Nüsse am Bindfaden) in der ganzen Stadt.

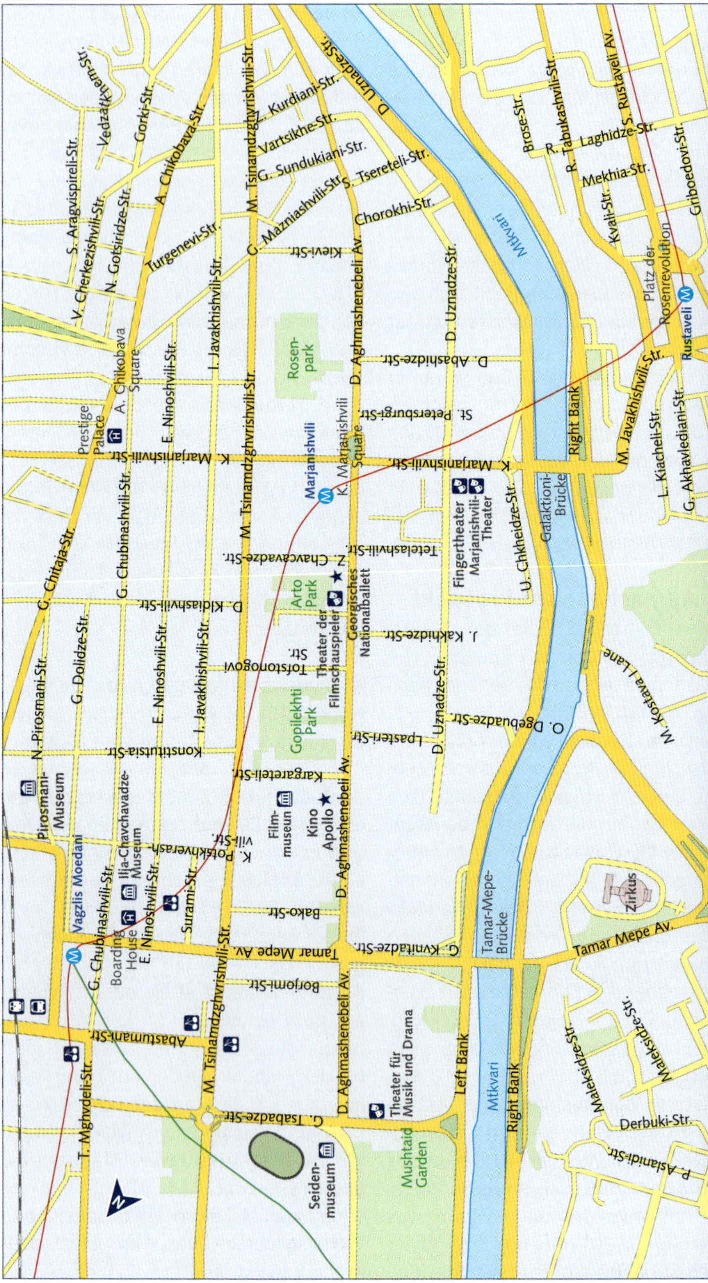

Tbilisi, Agmashenebeli-Prospekt

Tbilisi-Informationen

Post und Bank

Vorwahl: +995/(0)32

Eine Briefmarke für eine Postkarte nach Europa kostet 4 Lari (www.gpost.ge).

In den meisten Bankfilialen, im Zentrum, an den Metrostationen sowie in den großen Hotels gibt es Geldautomaten, an denen man mit EC- oder Kreditkarte abheben kann. Achtung: V-Pay Girokarten funktionieren nirgends in Georgien!

Western Union kooperiert in Tbilisi mit knapp 50 Filialen verschiedener Banken, unter anderen: **Bank of Georgia**, mit mehreren Filialen in verschiedenen Stadtteilen (z. B. Agmashenebeli-Prospekt 83/23) und im ganzen Land, www.bankofgeorgia.ge. **Procredit Bank**, www.procreditbank.ge, u.a. besitzt die Bank eine Filiale am Flughafen. **Tbc Bank**, www.tbcbank.ge, eine der Filialen befindet sich am Rustaveli 52.

Informationsstellen

Auf dem **Flughafen** von Tbilisi gibt es ein rund um die Uhr geöffnetes **Servicezentrum** der staatlichen Tourismusbehörde, das bei der Buchung von Hotels, dem Transfer ins Stadtzentrum und mit Informationen behilflich ist. Tel. +995/32/2310007, ticairport @gmail.com.

Die Anlaufstelle der Tourismusbehörde im **Stadtzentrum** ist das **Tbilisi Tourist Center**, das sich bei Redaktionsschluss vorübergehend am Rustaveli-Prospekt 3, im Erdgeschoss des Nationalmuseums, befand. Es ist täglich von 10 bis 18 Uhr geöffnet. Man spricht dort Englisch und ggf. auch Deutsch. Das Angebot reicht von Informationsbroschüren (englisch und russisch), aktuellen Informationen zum Kulturleben, Vermittlung von Hotels sowie englischsprachigen Exkursionen durch die Stadt und ins Umland. Tel: +995/32/2931260, +995/555/947977 tictbilisi@gmail.com. Die englischsprachige **Website der Tourismusbehörde** erreicht man unter: www.gnta.ge.

Auskünfte jeder Art zu Tbilisi – Hotels, Restaurants, Fahrpläne, Taxi, nützliche Telefonnummern, Kulturprogramme, diplomatische Vertretungen etc. – erhält man ebenso auf der englischsprachigen Website: www.info-tbilisi.com.

Touristische Informationen (englisch, russisch) zu Ausflugszielen, Linienflügen, Fahrplänen der Bahn, der Marschrutki und Taxifirmen gibt es auch auf der Website: www.georgia.travel/en/, die sich derzeit noch im Aufbau befindet.

Eine kostenfreie **Service-Hotline für Touristen** ist unter der Nummer 0800800909 erreichbar. Da diese erst 2014 eingeführt wurde, gibt es noch keine Erfahrungsberichte.

Das einzige Unternehmen, das **Navigationssysteme** für Georgien programmiert, ist das auf Karten spezialisierte **Geoland**, dessen Geschäft sich unter der Adresse 3 Telegraph Dead Ende, unweit des futuristischen Bürgeramtes am Swiad-Gamsachurdia-Ufer (Right Bank) befindet: www.geoland.ge, Tel. +995/32/2922553, Mo–Fr 10–19 Uhr.

Anreise/Flughafen

Die Anreise ist mit dem Flugzeug, der Bahn oder per Bus möglich, weitere Informationen siehe Reisetipps von A bis Z (→ S. 403).

Der Flughafen wurde in den letzten Jahren umgebaut und präsentiert sich seitdem modern und angenehm (u.a. kostenloses W-Lan).

Vom **Flughafen ins Stadtzentrum** kommt man am besten entweder mit dem **Taxi** (ca. 25 Lari, Tel. + 995/322/511511) oder mit dem **Bus Nr. 37**, der tagsüber mehrmals stündlich zwischen Flughafen und Hauptbahnhof verkehrt und dabei über die Kachetinische Landstraße, die Ketewan-Samebuli-Straße, den Freiheitsplatz und den Rustaveli-Prospekt fährt (50 Tetri, die passend in den Fahrkartenautomaten zu werfen sind – man sollte beim Geldwechseln im Flughafen daran denken).

Derzeit zwei Mal täglich fährt auch ein **Flughafenzug** vom im kühnen Design gestalteten Bahnhof gegenüber dem Flughafenge-

Metro Tblissi

bäude. Preis 50 Tetri, ca. 30 min. Abfahrt ab Hauptbahnhof 07.55 und 17.20 Uhr, ab Airport 08.45 und 18.05 Uhr.

Außerdem bietet der Airport für 10 Lari tagsüber einen **Shuttle-Service in Kleinbussen** an – mit Halt am Tavisuplebis Moedani (Platz der Freiheit), Gmirta Moedani (Platz der Helden, am Ende des Kostava-Prospekts) und Platz des 26. Mai (Endstation, kurz vor dem Gelände der Technischen Universität). Tel. +995/32/2511511. Wenn man spät am Abend oder in der Nacht ankommt, sollte man mit dem Hotel die Abholung vereinbaren. Diesen Service bieten fast alle Hotels und Gästehäuser für 25 bis 30 Euro an.

Weitere aktuelle Informationen unter: www.tbilisiairport.com.

Unterwegs in Tbilisi

Metro

Das Metronetz wurde Mitte der 1960er Jahre in Betrieb genommen und soll in den kommenden Jahren weiter ausgebaut werden. Es besteht derzeit aus zwei Linien. Die Linie 1 (Didubé–Samgori, 20 km) verläuft über 16 Stationen vornehmlich am östlichen (linken) Ufer der Mtkvari und verbindet die Stadtbezirke Varketili im Norden mit Gldani im Süden, wobei zwei Stationen am rechten Ufer im Bereich der Altstadt liegen – am Rustaveli-Platz und am Platz der Freiheit. Die Linie 2 (Saburtalo, 7 km) zweigt am Hauptbahnhof südlich von der Linie Nr. 1 ab und endet in Subartalo. Die Züge verkehren zwischen 6 und 24 Uhr, in den Spitzenzeiten im 4-Minuten-Takt. Seit

2011 ist eine aufladbare Magnetkarte für die Nutzung der Metro obligatorisch. Sie kann für zwei Lari Pfand am Schalter gekauft und dann aufgeladen werden. Das Ticket ist sowohl in der Metro als auch in den neueren gelben Bussen der Verkehrsbetriebe gültig (Preis pro erster Fahrt am Tag 50 Tetri, dann 30 und 20 Tetri pro Fahrt, Stand 2014) sowie für die Nutzung der Seilbahn vom Rike-Park zur Narikala-Festung (2 Lari, Magnetkarten sind auch an der Seilbahnstation erhältlich). Am Ende des Aufenthaltes kann man die Karte gegen Erstattung des Pfands und nicht genutzten Deposits zurückgeben.

Bus

Der städtische Fuhrpark wurde in den vergangenen Jahren komplett erneuert. Derzeit verkehren auf ca. 100 Linien (Nr. 1 bis 150) gelb lackierte Busse, die aus Holland importiert wurden. Betreiber ist die Tbilisi Transport Company. Highlight ihres Services ist eine auch englischsprachige Website mit einer aktiven Karte aller Buslinien, den Abfahrtzeiten und einem Stadtplan: www.ttc.com.ge. Bezahlt werden kann auch im Bus mit der aufladbaren Magnetkarte, oder man wirft 50 Tetri passend in den Automaten.

Linientaxis (Marschrutki)

Linientaxis sind Kleinbusse, die auf über 100 nummerierten oder ausgeschilderten Linien verkehren. Die Nummern der Linien sind mit denen der städtischen Busse nicht identisch. Viele Linientaxis, die das Zentrum durchqueren, passieren die Baratashvili-Straße und den Rustaveliprospket. Es genügt, die Hand auszustrecken, um den gewünschten Kleinbus anzuhalten. Möchte man aussteigen, bittet man den Fahrer, zu stoppen. Der Fahrpreis beträgt je nach Entfernung etwa 50–80 Tetri.

Taxis

Tbilisi ist voller Taxis. Erfüllen Fahrer und Vehikel bestimmte Voraussetzungen, erhält man eine Lizenz. Die Privaten fahren alle Typen, angefangen vom sowjetischen Oldtimer bis zum Mercedes, und besitzen nicht immer einen Taxometer, weshalb man sich vor dem Einsteigen über Fahrtziel und den Preis einigt. Im Bereich des Zentrums sollte dieser keinesfalls 6 bis 12 Lari übersteigen (Stand 2014); für Fahrten in die entlegeneren Stadtbezirke bezahlt man maximal 10 bis 15 Lari und bis zum Flughafen circa 25 Lari. Auf der Website www.info-tbilisi.com sind verschiedene Taxifirmen aufgelistet; nur sprechen die wenigsten Dispatcher englisch.

Die Metrostation Tavisuplebis moedani (Freiheitsplatz)

Weiterreise

→ S. 188

Unterkunft

Hinsichtlich der Quantität und Qualität seiner Hotels unterscheidet sich Tbilisi beträchtlich von allen anderen Ortschaften in Georgien. Das gleiche trifft auf die Preise zu, die nicht immer und nicht überall dem dafür gebotenen Service und den Bedingungen entsprechen. Die Preise sind zumeist nicht pro Person, sondern für den Zimmertyp ausgewiesen. Man sollte unbedingt nachfragen. In den letzten Jahren sind die Preise gestiegen, aber da auch das Angebot gewachsen ist, kann man selbst in der touristischen Hauptsaison damit rechnen, erschwinglich Unterkunft zu finden. Oft sind die Hotelpreise in Dollar angegeben, bezahlt werden muss aber in der Regel in Lari. Wir haben in diesem Buch den ungefähren Gegenwert in Euro angegeben.

Hotels bucht man in der Regel günstiger über eine der nationalen oder internationalen Internet-Agenturen, wie z.B. www.hotel.de, www.booking.com, www.tripadvisor.de, www.hostelbookers.com, www.exotour.ge (englisch), www.info-tbilisi.com (englisch), www.hotels-tbilisi.com (englisch) und www.georgia-insight.eu (deutscher Reiseveranstalter).

■ Gästehäuser/Hostels

Boarding house, Ninoshvili-Str. 19 b/3 (U-Bahn Marjanishvili), Tel. +995/32/2954716, irina5062@mail.ru. Nettes Gästehaus, ca. 20 Euro pro Person/Tag. Es sind so gut wie immer viele Gäste aus verschiedenen Ländern da, weshalb für Abwechslung und Unterhaltung gesorgt ist.

Tsira Tschleidze, Toidze kucha 6, tsira@mail.ru. Tsira wohnt mit Ehemann und Hund in der Altstadt Tbilisis, zentral gelegen in der Nähe des Voronzovi moedani (Woronzow-Platz, eigentlich Saarbrückenplatz), 5 min. Fußweg vom Agmashenebeli-Prospekt und 15 min. vom Rustaveli-Prospekt entfernt. Der Innenhof ist eine grüne Oase, und es stehen vier Zimmer für 20 Euro pro Person und Nacht zur Verfügung. Heiße Dusche, WC und Küche sind inklusive. Zira spricht Georgisch, Russisch, Englisch und versteht Deutsch. Sie hilft gern bei der Organisation von Ausflügen, z. B. nach Davit Gareja in Kachetien.

Gästehaus Ketino, Mtskheta-Straße (im Stadtteil Vake), Haus Nr. 5, Tel. +995/555/292818, ketino2008@yahoo.com; pro Person 20 Euro (inkl. Frühstück). Frau Ketino spricht deutsch. Sie vermietet 7 Zimmer für maximal 15 Personen mit Küchen- und Gartenbenutzung, reichhaltiges Frühstück. Es gibt zwei Etagenbäder sowie W-Lan.

Envoy Hostel, Betlemi-Str. 45, Tel. +995/32/2920111, www.envoyhostel.com; DZ ab 40 Euro, Schlafplatz ab 12 Euro. Gut ausgestattet, zentrale Lage in der Altstadt unterhalb der Festung Narikala; Vermittlung von Ausflügen und Touren. Die Besitzer betreiben außerdem ein Hostel in Jerevan (Armenien).

Boombully Hostel, Rustaveli-Prospekt 24, Tel. +995/32/2931638, +995/551/100172, www.boombully.com; Schlafplatz 15 Euro, DZ 35 Euro. Gegenüber dem Opernhaus, angenehm eingerichtet, guter Service, Ausflüge, Ausrüstungsverleih (Fahrräder), Abholung vom Flughafen (15 Euro).

Old Town Hostel, Khodasheni-Str. 7, Tel. +955/571/004002, tbilisioldtownhostel@gmail.com; Schlafplatz ab 12 Euro, DZ 34 Euro. In einer Seitenstraße der Kote-Abkhazi-Str., zentral gelegen, gut ausgestattet, freundlich, sauber, Abholung vom Flughafen möglich.

■ Einfache Hotels

Hotel Mimi, Dzmebi-Zubalashvili-Str. 36, Tel. +995/32/2923626; Übernachtung im DZ 55 Euro pro Person. Kleines Hotel am Hang des Mtatsminda-Berges, in der Nähe des Rustaveli-Prospekts. Buchungen zum Beispiel über www.hotels-tbilisi.com.

Hotel Gorda, Sanapiro-Str. 8a, Tel. +995/32/2934746, hotel_gorda@yahoo.com; EZ 60, DZ 90 Euro. Westlich des Rustaveli-Prospekts, Eingang von der Uferstraße oder der Brosse-Straße.

Hotel Kolkhi, Bezirk Vera, Shanidze-Str. 31, Tel. +995/32/2225240; EZ 50, DZ 60 Euro. Modernes Gebäude mit 37 Zimmern und Restaurant. Buchungen zum Beispiel über www.hotels-tbilisi.com.

Hotel Leadora, Kostantin-Eristavi-Str. 3/2, im Stadtteil Avlabari, Tel. +995/32/2277082, 2277083, www.hotelleadora.ge (englisch, russisch); EZ ab 20 Euro, DZ ab 30 Euro.

Hotel Prestige Palace, Marjanishvili-Str. 51, Tel. +995/32/2940505, hotelprestige@yahoo.com, www.hotelprestige.ge; EZ ab 55 Euro, DZ ab 65 Euro. Etwa 800 Meter westlich der Metrostation Marjanishvili in einem Haus im russischen Kolonialstil. Die Zimmer sind teilweise einfach, teilweise plüschig und gemütlich.

Hotel Kartli, Vasil-Barnov-Str. 32. Tel. +995/32/2995429 und +995/598/801999. service@hotel-kartli.com. EZ ab 36 Euro, DZ ab 45 Euro. Das Hotel mit Restaurant und Biergarten, nur einige Minuten vom Rustaveli-Platz entfernt, wird von dem deutschen Reiseveranstalter (Erka-Reisen) und Journalisten Rainer Kaufmann und seiner Frau Regina geführt.

Silver Hotel, Nakashidzeebi-Str. 10, Tel. Tel. +995/570/506746, silvertbilisi@gmail.com. DZ 75 Euro inkl. Frühstück. Schönes, kleines Altstadthotel , freundliche Besitzer, üppiges Frühstück.

■ Mittelklassehotels

Hotel Kopala, Chekhovi-Str. 8/10, Tel. +995/32/2775520, www.kopala.ge (englisch); EZ ab 65 Euro, DZ ab 90 Euro. Futuristisch angehauchtes Gebäude in Avlabani, unweit der Metekhi-Kirche mit schöner Dachterrasse, toller Blick über die Stadt.

Hotel Victoria, Petriashvili-Str. 42, Tel. +995/32/2251235, www.victoria.com.ge; EZ 70, DZ 90 Euro. Modernes Gebäude im georgischen Stil, Restaurant. Nähe Universität im Stadtteil Vake. Nicht zu verwechseln mit dem zur gleichen Firma gehörenden VIP Victoria.

Hotel Iliani, Anjaparidze-Str. 1, Tel. +995/32/2335710, www.iliani.com; EZ 100, DZ 120 Euro. Zentral, in der Nähe des Zoos.

Hotel Vere Palace, Kuchishvili-Str. 24/8, Tel. +995/32/2221779, 2253340, www.verepalace.com.ge; EZ 110, DZ 140 Euro.

Hotel Alt-Metekhi (Dzveli Metekhi), Metekhi-Gasse 3, Tel. +995/32/2990536, oldmetekhi.tripod.com; EZ 110, DZ 125 Euro. In der Nähe der Metekhi-Kirche direkt am Ufer der Mtkvari, schöner Blick auf die Altstadt.

■ Luxushotels

Hotel Villa Berika, Dsotzenidse-Str. 9, 3. Bezirk, Nutsubidze-Plateau, Tel. +995/32/2942506; EZ 130, DZ 200 Euro. Buchungen über www.tripadvisor.de.

Hotel Betsy's, Makashvili-Str. 32–34, Tel. +995/32/2931404, 2923996, 2982615, www.betsyshotel.com; EZ ab 110, DZ ab 140 Euro.

Sheraton Metekhi Palace, Telavi-Str. 20, Bezirk Avlabari, Tel. +995/32/2772020, www.sheratonmetechipalace.com; EZ ab 200, DZ ab 230 Euro.

Tbilisi Marriott Hotel, Rustaveli-Prospekt 13, Tel. 2779200, www.marriott.com; 220 bis 770 Euro.

Courtyard Tbilisi, Freiheitsplatz 4, Tel. 779100, www.marriott.com; 160–220 Euro pro Person.

Gastronomie

Die hier aufgeführten Cafés und Restaurants sind eine kleine Auswahl aus dem riesigen Angebot in der Stadt. Eine Übersicht bietet www.info-tbilisi.com.

■ Restaurants

Club Tbiliseli, Chonkadze-Str. 20. Schönes Sommerlokal, im Winter geschlossen. Die Anlage ist an den Mtatsminda gebaut, und man sitzt unter freiem Himmel in Lauben und hat einen wunderbaren Blick auf die Stadt. Geöffnet ab 19.30 Uhr, mit Live-Musik und sehr gutem Essen zu günstigen Preisen. Der Eingang ist nicht ganz einfach zu finden, aber jeder Taxifahrer und Anwohner kennt das Restaurant.

Restaurant Funicular, Mtatsminda Plateau, Tel. +995/32/2980000, www.funicular.ge.

Edles Restaurant mit spektakulärer Aussicht über den Dächern der Stadt, direkt neben dem Fernsehturm; zu erreichen mit der Standseilbahn (5 Lari). Das Essen ist hervorragend, die Preise etwas gehoben. Reservierung empfohlen, vor allem, wenn man auf der Terrasse sitzen möchte. Im Gebäude gibt es zudem eine Bar, eine Brasserie mit georgischen Fleischspezialitäten sowie ein Café mit leckeren Kuchen und Gebäck.

People's, Galaktion-Tabidze-Str. 10, Tel. +995/32/2450808. Beliebtes Restaurant in der Nähe des Freiheitsplatzes, das hauptsächlich von Einheimischen besucht wird. Georgische und internationale Küche zu moderaten Preisen, sehr netter Service. Terrasse mit gemütlichen Sitzgelegenheiten. Abends Klaviermusik.

Organique Josper Bar, Bambis Rigi 12, Tel. 995/593/735083, www.restorganique.com. Mitten im beliebtesten Ausgehviertel der Stadt liegt dieses empfehlenswerte Grillrestaurant. Josper ist ein spezieller, sehr heißer Holzkohlegrill, auf dem hier sehr gute Fleisch und Fischgerichte zu moderaten Preisen zubereitet werden. Das Restaurant ist zudem sehr nett mit viel Holz eingerichtet, kleine Terrasse. Probieren sollte man auch die hausgemachte Estragonlimonade (Taragon).

Mukhrantubani, Baratashvili-Str. 23. Das wegen seiner Atmosphäre und der kulinarischen Meisterschaft der Köche berühmteste georgische Restaurant in Tbilisi.

KGB, Erekle-Str. 8/10. Im Retrostil der Sowjetunion, gute Küche und witziges Design.

Dariali, Rustaveli-Prospekt 22. Georgische Küche.

Mtkvari, Agladze-Str. 2. Auf einer Terrasse über der Mtkvari, gute Fischgerichte.

Journalist, Erekle-Platz 3. Sehr angenehme Atmosphäre und gute georgische Küche.

Marco Polo, Rustaveli-Str. 44. Gehobene georgische Küche.

Ushba, Agmashenebeli Kherivani, 9th Kilometer (Straße nach Mtskheta). Hervorragende swanische Küche (z. B. die leckeren Kupdari), rund um die Uhr geöffnet; dem Restaurant ist ein Hotel angeschlossen.

Kasbegi, Dadiani-Str. 12 (in der Nähe des Freiheitsplatzes). Dies ist nur eine Filiale der Bierstubenkette. Bestes georgisches Bier aus reinem Quellwasser. Sehr zu empfehlen ist auch die Kasbegi-Limonade mit Zitronen-, Birnen- oder Tarchunageschmack.

Sololaki, Leonidze-Str. 14 (Ecke Kikodze). Preiswertes Selbstbedienungsrestaurant mit nettem Service und einer großen Auswahl an georgischen Gerichten, auch für Vegetarier eine gute Adresse.

Tsiskari, An der Straße nach Mtskheta, auf der linken Seite bei Ausfahrt aus der Stadt. Hervorragende georgische Küche, die in kleinen Pavillons serviert wird.

Cafés

Maiko, Orbeliani-Str. 8. Bekannt für sein hervorragendes Backwerk.

Nargisi, Rustaveli-Prospekt 22. Für den kleinen Hunger.

Green Bar, Rustaveli-Prospekt 16. Im europäischen Stil mit hervorragendem Manavi-Wein und Tischen unter den Platanen des Rustaveli, von denen aus man in Ruhe dem Treiben folgen kann.

Karwasla, Sioni-Str. 8 (im Historischen Museum der Stadt Tbilisi). Geöffnet bis 17 Uhr.

Schöner Marktstand

Abanotubani, Abanos-Str. 21. Am Bäderplatz gelegen, sehr angenehme Atmosphäre.

Literaturcafé, Kostava-Str. 48/50.

Downtown, Galaktion-Tabidze-Str. 7, www.downtown.ge. Internationale Küche, große Frühstückskarte (bis 12 Uhr), guter Service, gute Preise.

■ Nachtleben

Noa Noa, Rustaveli 12 (gegenüber dem Marriott Tbilissi). Live Jazz, Latin Jazz, Pop.

Night Office, unter der Baratashvili-Brücke. Großes und beliebtes Tanzlokal, Do 23–So 18 Uhr.

Metekhi-Nachtclub, im Sheraton-Metekhi-Hotel nördlich der Baratashvili-Brücke; Fr/Sa 21–3 Uhr.

Piano-Bar, im Sheraton-Metekhi-Hotel; tgl. 18–2 Uhr.

Beatles Club, Kostava-Str. 25. Tanzclub.

Csabas Jazz-Rock Café, Vashlovani-Str. 3. Europäische, ungarische und georgische Küche, Live-Musik. Kleine Nebenstraße der Akhvlediani-Str.

Wheels Irish Guiness Pub, Akhvlediani-Str. 16. Country, Folk, Jazz und Blues, tgl. ab 13 Uhr.

Museen

Englischsprachige Informationen zu den im Folgenden genannten sowie zu anderen Museen Tbilisis erhält man auf den Seiten: www.georgianmuseums.ge und www.museum.ge.

Staatliches Georgisches Kunstmuseum, Lado-Gudiashvili-Str. 1 (am Platz der Freiheit), Tel. +995/32/2999909; tgl. außer Mo 11–17 Uhr. Eintritt für die Schatzkammer (nur mit Führung) ist extra zu entrichten.

Ethnographisches und Historisches Dshanashia-Museum (Nationalmuseum, Rustaveli-Prospekt 3, Tel. +995/32/2998022; tgl. außer Mo 10–17 Uhr.

Historisches Museum der Stadt Tbilisi, Sioni-Str. 8, Tel. 2982281; tgl. außer Mo 10–17 Uhr.

Museum für Georgische Volksbaukunst und Lebensweise, Chavchavadze-Prospekt 74, Tel. +995/32/2729045; tgl. außer Mo 10–17 Uhr. Die Anlage im Vake-Park wird auch ›Museum unter freiem Himmel‹ genannt.

Das Restaurant KGB

Staatliche Akademie der Schönen Künste (Nationalgalerie), Rustaveli-Prospekt 11, Tel. +995/32/2157300, tgl. außer Mo 10–17 Uhr. Wechselnde Ausstellungen zeitgenössischer georgischer Kunst.

Museum für Theater, Film und Musik, Kargareteli-Str. 6 (Seitenstraße des Agmashenebeli-Prospektes), Tel. +995/32/2953563, Mo–Fr 10–17 Uhr.

Georgisches Seidenmuseum, Tsabadze-Str. 6 (neben dem Dynamo-Sportstadion), Tel. +995/32/2347850, Mo–Sa 11–16 Uhr.

Haus-Museum der Malerin Elena Akhvlediani, Kiacheli-Str. 12 (nördlich des Rustaveli-Platzes), Tel. +995/32/2997412; tgl. außer Mo 10–17 Uhr, doch am besten vor 15 Uhr.

Lado-Gudiashvili-Ausstellungszentrum, Gudiashvili-Str. 11 (unterhalb der Kvashveti-Kirche), Tel. +995/32/2932305; tgl. außer Mo 11–18.30 Uhr.

Museum für Kinderkunst, Shavteli-Str. 17a, Tel. +995/32/2995337; tgl. außer Mo 11–17 Uhr.

Haus-Museum des Dichters Nikolos Baratashvili, Chakhruradze-Str. 17, Tel. +995/32/2990699; Mo–Fr 11–16 Uhr.

Teppichverkäuferin in der Erekle-II.-Straße

Ilja-Chavchavadze-Literaturmuseum, Dshavakhishvili-Str. 7, Tel. +995/32/2957078. Di–Sa 10–17 Uhr.
G.-Leonidze-Literaturmuseum, Khanturia-Str. 8g, Tel. +995/32/2998667, 2932890; Di–Sa 10–18 Uhr.
Niko-Pirosmanischwili-Museum, Pirosmani-Str. 29, Tel. +995/32/2958673; Di–Sa 10–18 Uhr.

Theater, Konzerte

Auskunft zu den aktuellen Spielplänen und Konzerten erhält man im TIC.
Paliashvili-Theater für Oper und Ballett, Rustaveli-Prospekt 25, Tel. +995/32/2143203.
Griboedov-Theater, Rustaveli-Prospekt 2–4, Tel. +995/32/2935811, www.griboedov-theatre.ge. Stücke in russischer Sprache.
Shota-Rustaveli-Theater, Rustaveli-Prospekt 17, www.rustavelitheatre.ge, Tel. +995/32/2726868.
Kellertheater, Rustaveli-Prospekt 42. Tel. +995/32/2999500. 1997 gegründet, Lieblingsbühne der jüngeren Generation.
Kakha Bakuradse Theater der Bewegung, Agmashenebeli-Prospekt 182, Tel. +995/32/2348090, www.youtube.com/user/babaMov.
Fingertheater, Marjanishvili-Str. 8, Tel. +995/32/2955966, www.fingers-theatre.net. Ein Puppen- und Experimentiertheater der besonderen Art.
Marjanishvili-Theater, Marjanishvili-Str. 8, www.marjanishvili.ge, Tel. +995/32/2954001.
Theater der Filmschauspieler, Agmashenebeli-Prospekt 127 bzw. 164, Tel. +995/32/2959734, 2953927.
Pantomimentheater, Rustaveli-Prospekt 37, Tel. +995/32/2996314.
Marionettentheater von Rezo Gabriadze, Shavteli-Str. 26, Tel. +995/32/2986590, www.gabriadze.com.
Theater für Musik und Drama, Agmashenebeli-Prospekt 182, Tel. +995/32/23408090, www.musictheatre.ge.
Philharmonie und Konzerthalle, Melikishvili-Str. 1, Tel. +995/32/2990599.
Staatliche Philharmonie, Agmashenebeli-Prospekt 136, Tel. +995/32/2959520.
Konzertsaal des Konservatoriums, Griboedov-Str. 8, Tel. +995/32/2999144, www.conservatoire.edu.ge.
Sukhishvili – Georgisches Nationalballett, Agmashenebeli-Prospekt 123, Tel. +995/32/950611, www.sukhishvili.com. Das berühmte Nationalballett tourt um die Welt und tritt selten in Tbilisi auf. Informationen über Veranstaltungen gibt es beim TIC.

Kino

Amirani-Kino, im Gebäude der Philharmonie, Kostava-Str. 36, Tel. +995/32/2999955. Zeigt außer Neuerscheinungen auch Klassiker und Retrospektiven. Im Foyer Café und Souvenirshop.

Rustaveli-Kino, Rustaveli-Prospekt 5, Tel. +995/32/2555500, 2920357, www.rustaveli.com.ge. Multiplex-Kino mit fünf Sälen und entsprechendem gastronomischen Angebot.

Cache Cinema Club, Kiacheli-Str. 9, Tel. +995/32/2990551, www.cache.com.ge.

Kolga-Kino (Dom Kino), Dz.-Kakabadze-Str. 2, Tel. +995/32/999460. Mo, Mi und Fr englischsprachige Filme (20 Uhr).

Einkaufen

Der größte und interessanteste **Flohmarkt** Tbilisis befindet sich an der Mshrali-Brücke (Dry Bridge), zu der man über die Italia-Str. hinter dem Park des 9. April (Alexandergarten) gelangt. Hier gibt es alles, von der Nähnadel über Kitsch bis zu Juwelierarbeiten, und vor allem eine Atmosphäre, die jenseits des Zeitgeistes eine Ahnung von der Lebens- und Überlebenskunst der Georgier gibt. An den Wochentagen ist der Markt bis 17 Uhr, am Wochenende bis 18 Uhr in Betrieb.

Gallery, Rustaveli-Prospekt 34, ein Geschäft für Souvenirartikel des ausgefallenen Bedarfs, wo sich georgische Volkskunst mit modernem Design trifft.

Laden in der Nähe des Rustaveli-Platzes

Georgian Souvenirs, Rustaveli 18, tgl. 10–19 Uhr. Highlights sind die kunstvoll gefertigten Puppen und in traditionelle Dekorationen verpackten Weinflaschen.

Carpet Shop, Kote-Abkhazi-Straße 27. Eigentlich ein ›no name‹-Geschäft, aber von Einheimischen empfohlen. Die Arbeiten stammen in der Mehrzahl von Meistern aus der Umgebung von Tbilisi. Tgl. 11–20 Uhr.

Maidan 91, Gorgasali-Platz. Dieses Geschäft nimmt für sich in Anspruch, das älteste für Volks- und Gebrauchskunst zu sein. Ein Besuch lohnt sich auf jeden Fall, sei es auch nur um zu stöbern.

Kaukasische Teppiche, Erekle-II.-Straße 8/10, gilt als das beste Teppichgeschäft in Tbilisi.

Prospero's Books, Rustaveli 34, www.prosperosbookshop.com. Englischsprachige Bücher, darunter viele über den Kaukasus, sowie Karten; 10–21 Uhr.

Vinotheca, Kote-Abkhazi-Straße 33. Gemütliches Geschäft mit einer großen Auswahl an Weinen; tgl. 10–2 Uhr.

Dom Vina, Kote-Abkhazi-Str. 55. Weine aus allen wichtigen Weingebieten in Georgien, 10–19 Uhr.

Wine World, Lagidze-Str. 2, Tel. 989584, www.wineworld.ge. In der Nähe des Opernhauses am Rustaveli-Prospekt. Mit Restaurant.

Populi Supermarkt, Vekua-Str. 3. Große Filiale der georgischen Supermarktkette, dort wo die Baratashvili-Straße in die Puschkin-Str. übergeht; 9–23 Uhr.

Tbilisi Mall, an der Straße nach Mtskheta befindet sich rechter Hand dieses riesige, nicht zu verfehlende Einkaufszentrum mit Carrefour-Supermarkt.

Weiterreise mit der Bahn

Ab dem Zentralbahnhof Zentraluri Sadguri (Metro Sadguri Moedani) fahren Züge nach Borjomi, Kutaisi, Batumi, Poti und Zugdidi sowie nach Baku (Aserbaidschan) und Jerevan (Armenien) – weitere Informationen und Abfahrtzeiten im Informationsteil des Reiseführers im Anhang → S. 426.

Es ist geplant, die Eisenbahnstrecke im Stadtgebiet von Tbilisi durch eine zweigleisige Umgehungsverbindung zu ersetzen. Die Eröffnung ist für 2015 geplant. Den Zentralbahnhof sollen dann zwei Kopfbahnhöfe ersetzen, einer im Nordwesten an der Metrostation Didube, der andere im Südosten an der Metrostation Samgori.

Weiterreise mit der Marschrutka und dem Bus

Die Marschrutka genannten Kleinbusse sind auch über Land das wichtigste Transportmittel. Sie fahren von verschiedenen Metrostationen und vom Busbahnhof Ortachala in alle Richtungen. Die angegebenen Abfahrtszeiten sind Richtwerte. Sie ändern sich ständig. Sind alle Plätze besetzt, fährt der Fahrer los.

► **Abfahrt von der Metrostation Samgori**

Man verlässt die Metrostation Richtung Osten, stadtauswärts und hält sich dann links. Das Gelände ist zerfurcht, nach Regenfällen voller Pfützen und bei trockenem Wetter staubig. Von Samgori verkehren die Marschrutki Richtung Osten, nach Kachetien und Richtung Unteres Kartli:

Marneuli: alle 20 min., 2 Lari, 40 min. Fahrzeit.

Bodbe/Sighnaghi: 11, 12.20, 13.45,15, 16.30, 17.40, 18.45 Uhr, 5 Lari, 1,5 bis 2 Stunden Fahrtzeit

Gurjaani (zwischen Telavi und Sighnaghi): alle 30 Minuten, 5 Lari, 2 Stunden Fahrtzeit

Manavi: mehrmals tgl., 5 Lari, 1 Stunde Fahrtzeit

Sagarejo: von 8 bis 18.30 Uhr alle 20 min., 2 Lari, 40 min. Fahrzeit.

Telavi (über den Gombori-Pass): alle 40 Minuten, 6 Lari, ca. 2 Stunden Fahrtzeit

Außerdem fahren von Samgori die Marschrutki nach **Akhmeta**, **Kvareli**, **Alvani** und in weitere Orte.

► **Abfahrt von der Metrostation Isani**

Marschrutki nach **Lagodekhi** (Nationalpark und Grenze zu Aserbaidschan): zwischen 7.40 und 15.20 Uhr im Abstand von ein bis zwei Stunden, 8 Lari, 2,5 bis 3 Stunden Fahrtzeit (siehe auch Busbahnhof Ortachala).

► **Abfahrt vom Zentralbahnhof**

Metrostation: Sadguris Moedani (Bahnhofsplatz)

Das Geschehen um den Zentralbahnhof ändert sich permanent. Bisher verkehrten von der Oberen Ebene (hinter dem Bahnhof) mehrmals täglich Busse, teilweise klimatisiert, sowie Marschrutki nach **Kutaisi**, **Poti**, **Batumi** und **Zugdidi**.

Vom Platz vor dem Zentralbahnhof fahren Marschrutki unter anderem nach **Marneuli** (Unteres Kartli) und nach **Krasny Most** (an der Grenze zu Aserbaidschan).

Von der zweiten Ebene vor dem Zentralbahnhof fahren Marschrutki nach **Jerevan** (kyrillisch: EPEBAH) über den Grenzübergang Sadachlo: 9, 11, 13, 15 und 17 Uhr, 30 Lari, 5 bis 6 Stunden Fahrtzeit (siehe auch Busbahnhof Ortachala).

Möglicherweise fährt auch 2015 noch täglich eine Marschrutka nach **Mestia** im Oberen Swanetien, Abfahrt 5.30 Uhr, 30 Lari, ca. 8 bis 9 Stunden Fahrtzeit, Auskunft und Reservierung bei Herrn Beshan Dshaparidze Tel. +995/599/243527 (er spricht etwas Englisch). Man sollte nicht vergessen, den genauen Abfahrtsort zu erfragen.

► **Abfahrt von der Metrostation Didube**

Von hier aus gelangt man von verschiedenen Abfahrtsstellen vor allem in den Norden und Südwesten Georgiens.

(1) Gleich hinter dem Ausgang des Tunnels nach:

Akhaltsikhe: 8 bis 17 Uhr stündlich, 12 Lari, ca. 4 Stunden Fahrtzeit.

Bakuriani: 9 und 11 Uhr, 11 Lari, ca. 3 Stunden Fahrtzeit.

Borjomi: von 8 bis 19 Uhr stündlich, 8 Lari, ca. 2,5 Stunden Fahrtzeit.

(2) Vom Tunnelausgang geradezu hinter den Gebäuden nach der ersten Seitenstraße fahren die Marschrutki nach:

Barissakho (Khevsuretien): Tag und Zeit der Abfahrt bitte im TIC oder vor Ort erfragen, uns liegen leider keine aktuellen Abfahrtzeiten vor.

Gudauri (am Kreuzpass, Georgische Heerstraße): 8.30, 9.30, 11 15 und 17 Uhr, 6 Lari, ca. 3 Stunden Fahrtzeit.

Mtskheta: von 7.30 bis 19.30 Uhr alle 15 Minuten, 1 Lar, ca. 45 Minuten Fahrtzeit.
Pasanauri: 14.45 Uhr, 3 Lari, ca. 90 Minuten Fahrtzeit.
Stepantsminda: von 9 bis 17 Uhr stündlich, 10 Lari, ca. 3,5 Stunden Fahrtzeit.
(3) Vom Platz etwa 300 Meter nach rechts entlang der Seitenstraße fahren die Marschrutki nach:
Batumi: von 8 bis 20.30 Uhr alle halbe Stunde, 20 Lari, ca. 6 Stunden Fahrtzeit.
Gori: von 8 bis 19.30 Uhr alle halbe Stunde, 4 Lari, ca. 1,5 Stunden Fahrtzeit.
Kutaisi: von 8 bis 18 Uhr alle Stunde, 10 Lari, ca. 3,5 Stunden Fahrtzeit.
und weitere Marschrutki nach **Borjomi** und **Akhaltsikhe**.
Einmal stündlich fahren auch Busse nach **Mtskheta** und **Gori**.
Täglich um 9 Uhr fährt ein Bus nach **Racha-Lechkhumi**: **Ambrolauri** (17 Lari), **Oni** (20 Lari), **Shovi** (23 Lari).
Einmal täglich um 10 Uhr fährt eine Marschrutka nach **Vardsia** (Höhlenkloster), 16 Lari, ca. 6 Stunden Fahrtzeit (evtl. beträchtlich weniger, wenn die restaurierte Straße über Ninotsminda und Akhalkalaki bereits durchgängig befahrbar ist).
An diesem Platz (hinten rechts) befindet sich auch der **Busbahnhof Okriba**, von dem klimatisierte Überlandbusse ca. alle 3 Stunden nach **Kutaisi** und **Batumi** fahren. Über den aktuellen Fahrplan informiere man sich am besten vor Ort oder im TIC.

► **Abfahrt vom Busbahnhof Ortachala**
Dieser Busterminal ist das übersichtlichste und am wenigsten überlaufene in Tbilisi. Es befindet sich in der Gulia-Str. 1, ca. 2,5 Kilometer südöstlich der Altstadt, zu erreichen mit der Buslinie 6 von den Metrostationen Isani, Platz der Freiheit und Rustaveli-Platz. Von der Metro Rustaveli-Platz und Metro Platz der Freiheit fährt auch der Bus Nummer 31. Von der Metrostation Didube fährt die Marschrutka 150 bis Ortachala. Am besten aber ist es, sich ein Taxi zu nehmen, das von Isani oder aus dem Bäderviertel (Abanotubani) nicht mehr als ca. 3 Lari kosten sollte.

Von Ortachala verkehren moderne und klimatisierte Reisebusse in die **Türkei** sowie Busse und Marschrutki nach **Jerevan** und **Baku** (Visum für Aserbaidschan erforderlich). Die Fahrpläne im Schalterraum des Terminals sind Richtwerte. In den Sommermonaten sollte man unbedingt einige Tage im Voraus buchen.
Marschrutki fahren von Ortachala nach:
Jerevan (über Vanadzor und Sevan): stündlich ab 7 Uhr bis Mittag, 30 Lari, ca. 6 Stunden Fahrtzeit, man bezahlt den vollen Fahrpreis, auch wenn man unterwegs aussteigt.
Kachi (Quax, Aserbaidschan, via Lagodekhi): 8, 11 und 13 Uhr, 10 Lari, ca. 6 Stunden Fahrtzeit.
Die **Busse in die Türkei** (Kars, Erzerum, Ankara, Istanbul) werden von verschiedenen Busgesellschaften auf die Reise geschickt:
Özlem Ardahan: Busverbindungen über Akhaltsikhe und Posof nach Ardahan und weiter über Kars, Erzurum und Ankara nach Istanbul (40 Euro, 27 Stunden).
Golden Turizm: täglich um 11 Uhr nach Ankara (ca. 37 Euro) nach Istanbul (ca. 47 Euro), über Batumi, Tel. +995/595/605475, +995/599/260340.
Mahmut Tur: täglich um 12 Uhr nach Trabson (ca. 25 Euro) und Istanbul (ca. 35 Euro), www.mahmutturizm.com, Tel. +995/577/402438.
Metro, um 14 Uhr nach Baku über Krasny Most (30 Lari), um 10.30 nach Istanbul und 11.30 nach Samsun (an der Küste des Schwarzen Meeres). Weitere Busverbindungen nach Ankara, Antalya und andere türkische Städte über Batumi, +995/577/788105.

Flugverbindungen

In den Sommermonaten gibt es gelegentlich Verbindungen nach Batumi, Kutaisi und Mestia (Oberes Swanetien). Weitere aktuelle Informationen unter: www.tbilisiairport.com oder über die Touristeninformationszentren (TIC) am Flughafen bzw. im Stadtzentrum.

Die östlichste Provinz Georgiens bildet einen Korridor, durch den schon die Karawanen aus dem Osten auf dem Weg zum Schwarzen Meer und zurück zogen. In einer idyllischen Landschaft, die von Weingärten und Feldern durchzogen ist, liegen einige der bedeutendsten Sehenswürdigkeiten des Landes. Wanderfreunde finden in den Naturparks zahlreiche Möglichkeiten für ein- oder mehrtägige Touren.

Blick über Sighnaghi und das Tal des Alazani

KACHETIEN

Die Brotkammer Georgiens

Das Relief von Kachetien (Kakheti) fällt in zwei Tälern nach Osten hin zur aserbaidschanischen Grenze ab. Das Gebirge, das die beiden Täler voneinander scheidet, ist der auf über 2000 Meter ansteigende Gombori-Bergrücken. Das Alazani-Tal zwischen den Ausläufern des Großen Kaukasus und den Gombori-Bergen wird auch als Shida-Kakheti (Inneres Kachetien) bezeichnet, das Iori-Tal südlich des Gomborigebirges, wo es an Armenien grenzt, nennt man Gare-Kakheti (Äußeres Kachetien). Hinsichtlich des Klimas unterscheiden sich die beiden Täler erheblich voneinander. Das etwa 150 Kilometer lange Alazani-Tal erfreut sich reicher Niederschläge und geringer Schwankungen der Tages- und Nachttemperaturen, was es für den Anbau von Wein und Früchten und für die Schafzucht geradezu prädestiniert. Jedoch bringen die bis zu 4000 Meter aufsteigenden Berge des Kaukasus im Norden einen erheblichen Nachteil: den Hagel, der in manchen Jahren große Teile der Ernte zerstört.

▲ Karte S. 195

Im Weingut Marani

Der Iori im Äußeren Kachetien durchfließt die gleichnamige Hochebene, über das die trockenen Süd- und Ostwinde aus den aserbaidschanischen und armenischen Steppen wehen. Im Sommer ist es hier heißer und trockener, die Niederschläge fallen seltener und die Winter sind oft schneelos. Das Iori-Tal bietet beste Voraussetzungen für den Anbau von Getreide und die Schafzucht.

Beide Täler sind die fruchtbarsten Gegenden Georgiens und gelten deshalb seit Urzeiten als der Brot- und Weinkeller, man könnte ergänzen, auch als die Fleischerei des Landes. Man sagt, die Kachetiner schöpfen ihre Lebenskraft und Philosophie aus den Böden, die sie bearbeiten, und die Gastfreundschaft, mit der sie dem Fremden begegnen, aus den Tiefen iher Seele.

Geschichte Kachetiens

Die Geschichte Kachetiens ist aufs engste mit derjenigen Kartlis verbunden. Für Kartli war Kachetien stets sein östlicher Vorposten, während Kartli für Kachetien sein zuverlässiges Hinterland im Westen bedeutete. Die erste Invasion Timurs, 1386, trennte beide Provinzen, und 1466 erhielt Kachetien seinen eigenen Königsthron, wenn auch der erste König, Giorgi I., gleichzeitig König Kartlis war – als Giorgi VIII. Die Wiedervereinigung beider Königreiche fand 1762 unter Irakli II. statt, etwa 40 Jahre vor der Deklaration des russischen Zaren Alexander I., die Georgien zum Bestand des Russischen Imperiums erklärte.

Insbesondere in den 300 Jahren der persisch-osmanischen Kriege und Eroberungen hatte die kachetinische Bevölkerung wie die keiner anderen georgischen Provinz zu leiden. Hier fanden die meisten Schlachten zwischen den

Herbst in Kachetien

beiden Reichen statt, und vor allem Persien versuchte, Kachetien endgültig zu okkupieren, indem es die Bevölkerung tötete oder vertrieb und das Land mit muslimischen Turkmenen aus den nordöstlichen Provinzen Persiens besiedelte. Zu jener Zeit sank die Bevölkerungszahl absolut und proportional auf ein Niveau, dass es den Anschein hatte, Kachetien würde sich nie von dem Aderlass erholen. Vielleicht ist das der Grund, warum man den Kachetinern einen besonderen ›Nationalcharakter‹ nachsagt. Dessen augenfälligste Eigenheit ist ein Stoizismus, der sich nicht in Schicksalsergebenheit erschöpft, sondern aus der inneren Gewissheit, alle Schicksalsschläge zu verwinden, erwächst. In der Achtung vor dem Land, das sie bearbeiten, liegt die Quelle der Kraft, mit der die Kachetiner allem Unbill der Geschichte widerstanden. Und man sagt dem Kachetiner nach, dass er im Kampf ebenso beharrlich wie bei der Landarbeit ist. In Oberitalien befindet sich das Denkmal für den Kachetiner Fore Mosulischwili, der während des Zweiten Weltkrieges in deutsche Gefangenschaft geraten war, floh und im italienischen Widerstand weiterkämpfte. Seiner Taten wegen wurde er postum zum Nationalheld Italiens erklärt. Und in Gurjaani befindet sich ein Monument für den ›Vater des Soldaten‹, über das noch ausführlich berichtet wird.

Man behauptet von den Kachetinern, sie seien wortkarg, aber lieben das Gespräch, das heißt, sie würden sich zwar dem Gesprächspartner nicht aufzwängen, ihm aber auch nicht das Gefühl geben, gleichgültig zu sein. Ebenso einfach sind die Kachetiner in ihrer Gastfreundschaft. Bittet man sie um etwas, kommt alles auf den Tisch, worum man bat; bieten sie etwas an, so tun sie das aus reinem Herzen; lehnt man aber ab, bleibt der Teller leer – sie drängen den Gast nicht, mit einer Ausnahme: Ohne ein Glas Wein getrunken zu haben, darf niemand ihr Haus verlassen.

Das südliche Kachetien

Aus Tbilisi gelangt man nach Kachetien über die Kachetinische Chaussee (Kakheti Highway), die in die S 5 übergeht und gleichzeitig zum Flughafen führt. Hat man Tbilisi verlassen, durchquert man zunächst die Samgor-Steppe mit ihren sanft gewellten fruchtbaren Hügeln, bis man nach circa acht Kilometern hinter der großen Kreuzung der S 9 und der S 5 an eine Straßengabelung gelangt. Nach links gelangt man über den in mehr als 2000 Meter Höhe gelegenen Gombori-Pass auf kürzestem Weg nach Telavi, die Hauptstadt Kachetiens (von Oktober bis April oft gesperrt, man sollte sich im Tal erkundigen). Die landschaftlich reizvolle Trasse erhielt in den letzten Jahren einen neuen Belag. Möchte man aus Tbilisi direkt nach Telavi fahren und von dort aus Kachetien erkunden, empfiehlt sich diese Route. Die meisten Marschrutki von Tbilisi nach Telavi befahren sie und benötigen für die Strecke etwa zwei Stunden, je nach Verkehrslage. Möchte man zunächst ins südliche Kachetien, wählt man den rechten Abzweig, durchfährt zunächst das Tal des Iori und kann dann, einen Bogen um die Ausläufer des Gomborigebirges schlagend, Telavi von Süden aus anfahren. In fast jedem Ort gibt es etwas zu sehen, was zu den Imperativen einer Bekanntschaft mit Georgien und Kachetien gehört.

Kurz hinter dem Abzweig, in der Nähe des Örtchens Sartichala, überquert man die Grenze zwischen Kartli und Kachetien. und gelangt nach wenigen Kilometern nach Sagarejo, dem Verwaltungszentrum des Äußeren Kachetien. Einige Kilometer vor Sagarejo erspäht man links von der Straße die Spitze einer Kirche, die sich bei näherem Hinsehen als eine von Mauern umstandene Ruine herausstellt.

▲ Karte S. 195

Ninotsminda

Diese Kirchenruine ist für die Georgier eines der wichtigsten Heiligtümer des Landes. Von den architektonischen Besonderheiten Ninotsmindas war bereits im Kapitel über die georgische Architektur die Rede (→ S. 99). Die ersten umfänglichen Rekonstruktionen stammen aus dem 10. und 11. Jahrhundert. Die auch heute noch gut erhaltene Wehrmauer, der das Ensemble sein mittelalterliches Kolorit verdankt, ist ein Werk des 16. Jahrhunderts. Im 17. und 18. Jahrhundert vervollständigten weitere An- und Umbauten ihr Antlitz. Dass von der einst prächtigen Kirche nur Ruinen überdauert haben, lag nicht an den Zerstörungen durch Perser und Osmanen, sondern an zwei Erdbeben, die 1824 und 1848 die Mauern zum Einsturz brachten.

Das aber, was überdauerte, kündet noch heute von der Meisterschaft der Bauherren aus dem 6. Jahrhundert. Die drei Ostapsiden haben die Erdbeben fast unbeschadet überstanden und überragen nun mit dem Stolz der Sieger und der Trauer der Überlebenden das Trümmerfeld zu ihren Füßen. Im Schatten ihres aufstrebenden Mauerwerks vermag man bei einiger Phantasie den Widerhall ferner Stimmen vernehmen, die wie aus dem Gestein zu rieseln scheinen. Vielleicht ist es die auf den Fresken aus dem 17./18. Jahrhundert mit ihrem Sohn abgebildete Jungfrau Maria, die Jesus zärtliche Worte zuflüstert oder mit ihm Tränen stillen Grames vergießt?

Ebenfalls gut erhalten ist der Glockenturm aus dem 16. Jahrhundert, dessen Ziegelbauweise und Ornamentik persische Einflüsse verrät. Die ihm beigesellten dreietagigen Wohnhäuser stammen aus dem gleichen Jahrhundert und werden von Nonnen bewohnt, die hier das An-

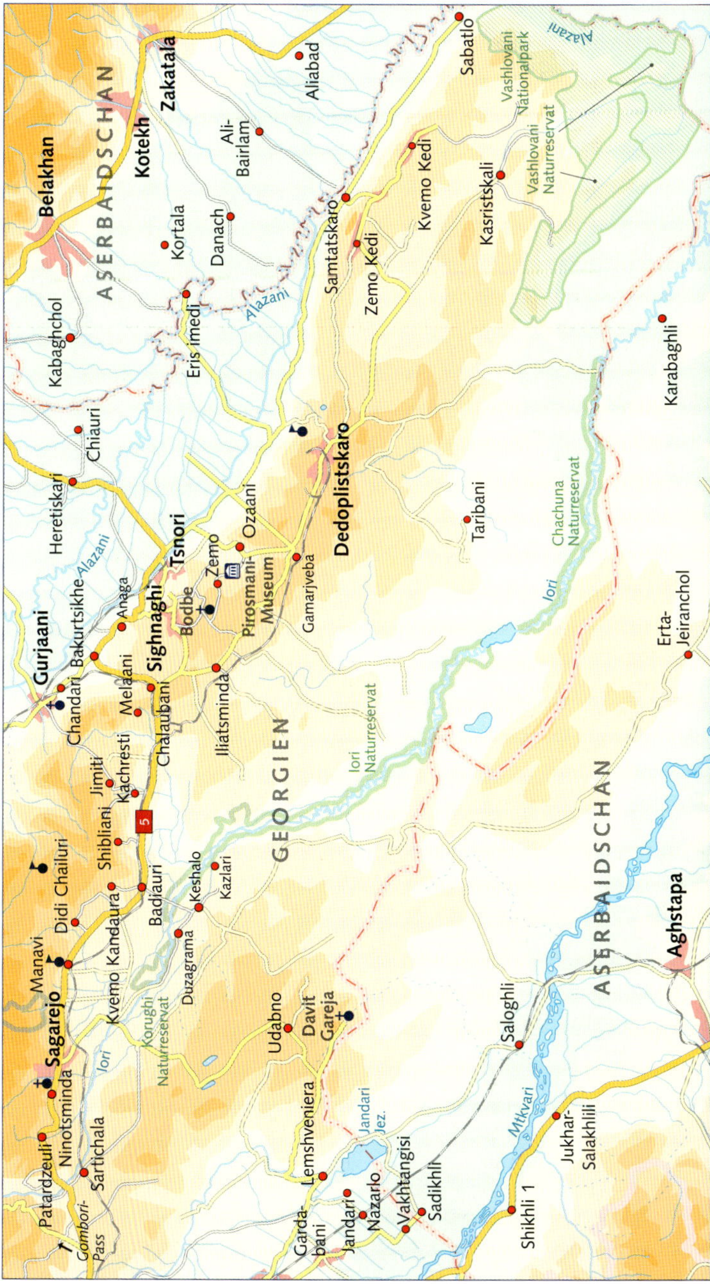

Das südliche Kachetien

Kachetien

Die Ruinen von Ninotsminda

denken an die heilige Nino bewahren. Der Zutritt zum Klosterbereich ist nicht erlaubt, und es bedarf selbstredend des Einverständnisses der Nonnen, diese zu fotografieren.

Kloster Davit Gareja

Hinter Sagarejo biegt von der S5 ein nach Georgitsminda ausgeschilderter Fahrweg Richtung Süden ab, der zu den Höhlenklöstern von Davit Gareja im Südosten Kachetiens an der Grenze zu Aserbaidschan führt. Ihnen einen Besuch abzustatten, ist eines der aufregendsten, wenn auch nur mit einigem Aufwand zu genießenden Erlebnisse, zum Beispiel im Rahmen eines Tagesausflugs von Tbilisi. Öffentliche Verkehrsmittel verkehren bislang nicht in diese Gegend, weshalb man entweder auf die Dienste einer Reiseagentur (Tagesausflug ca. 120 Euro pro Fahrzeug, → S. 412) oder auf den eigenen PKW angewiesen ist. Die Zufahrtsstraßen sind allerdings in einem miserablen Zustand.

Im Mai 2012 kam es zu einem aserbaidschanisch-georgischen Grenzkonflikt um die Anlage, woraufhin der Komplex zeitweise für die Öffentlichkeit gesperrt war.

Man gelangt nach Davit Gareja entweder über Rustawi, am günstigsten aber über die S 5, indem man hinter Sagarejo dem Hinweisschild nach rechts in Richtung Georgitsminda (1 Kilometer) folgt. Die Straße quert die Eisenbahnlinie, man folge ihr weitere zwei Kilometer, bis sie sich gabelt. Nun fährt man links und biegt nach gut 200 Metern nach rechts ab. Sechs Kilometer weiter südlich überquert man den Iori. 2,7 Kilometer hinter der Brücke hält man sich links und erreicht nach weiteren 22 Kilometern Fahrt den Ort Udabno. Der Name bedeutet, übersetzt aus dem Georgischen ›unwirtliches bzw. unbewohnbares Land‹. Die Gegend ist flach wie ein Brett und von einer die Sinne betäubenden Kargheit.

Das Dorf Udabno liegt im Frühjahr in einem Meer von gelbblühenden Rapsfeldern. Es gibt zwei Orte dieses Namens: das alte und das neue Udabno. Im neuen leben Swanen, die im verheerenden Winter 1987 ihr Dach über dem Kopf verloren hatten und hier eine neue Existenz gründeten. Man durchfährt den Ort und hält sich nun in Richtung Südwest. Der Weg führt durch versteppten, von Salzseen und Wacholderbüschen un-

▲ Karte S. 195

terbrochenes Hügelland. Hier und da ziehen Adler oder Geier ihre Kreise auf der Suche nach Beute durch die Lüfte; aufmerksame Beobachter bekommen seltene Vögel, wie Wiedehopfe und Bienenfresser, zu Gesicht, die hier zuhauf leben. Nach 43 Kilometern Fahrt, gemessen vom Abzweig hinter Sagarejo, weist ein Hinweisschild nach links in Richtung Davit Gareja, das man nach nochmals eineinhalb Kilometern Fahrt erreicht. Schon kurz hinter dem Abzweig taucht rechts ein Wachturm auf, Teil eines ausgeklügelten Frühwarnsystems vor anrückenden Feinden.

Davit Gareja ist der östlichste Vorposten des historischen Christentums. Hinter dem Namen verbergen sich 13 in den Hügeln des Steppenlandes verborgene Klöster, von denen das östlichste, das für seine Fresken aus dem 13. Jahrhundert und insbesondere die Porträts Tamaras und ihres Sohnes Giorgi Lascha berühmte Bertubani, heute auf aserbaidschanischem Hoheitsgebiet liegt. Lediglich die zwei ältesten Klosteranlagen – das Höhlenkloster Lavra, zu dessen Füßen der beschriebene Weg endet, und das etwas höher gelegene Udabno – sind oh-

Blick über das Lavra-Kloster in Davit Gareja

Höhlen im Kloster Davit Gareja

ne größeren Aufwand und Gefahren zu besichtigen. Von den anderen sind häufig nicht mehr als Ruinen übrig, und der Zugang ist schwierig. Wer das Porträt von König Davit im ungefähr 12 Kilometer nordwestlich gelegenen Natlismtsemeli betrachten möchte, muss sich auf einen Fußweg einlassen und sollte das nicht ohne die Begleitung eines professionellen Fremdenführers oder bereitwilligen Einheimischen tun.

Für die Besichtigung der Klöster Lavra und Udabno ist es ratsam, nicht weniger als drei Stunden einzuplanen. Angesichts der ständig wachsenden Zahl von hier lebenden Mönchen sollte man auch auf die eigene Bekleidung achten, die Männern lange Hosen und den Frauen Röcke oder ebenfalls lange Hosen, bedeckte Arme sowie im Innern der Kirche ein Kopftuch abverlangt. Ebenso empfehlenswert ist es, sich mit Wasser bzw. anderen Getränken und Proviant zu bevorraten, und unbedingt an entsprechenden Sonnenschutz zu denken. Die besten Zeiten für eine Besichtigung des Klosters sind in den Sommermonaten die frühen Morgenstunden oder die Zeit kurz vor Sonnenuntergang. Zu

Füßen der Anlage war 2014 ein Gebäude im Bau, das verspricht ein Hotel und Restaurant zu werden.
Der Klosterkomplex besteht aus zwei Anlagen – dem restaurierten Lavra-Kloster im Tal und den Überresten des Klosters Udabno am Berghang, die der eigentliche Höhepunkt des Besuches sind. Nach Udabno führen zwei Pfade – der eine beginnt direkt gegenüber dem Parkplatz, führt zuerst auf einen Sattel, von dem man einen wunderbaren Blick auf das Kloster Lavra im Tal genießt, und dann recht steil bergan (ca. 20 Minuten Fußweg) zum Kamm des Bergrückens, unterhalb dessen sich die Höhlen von Udabno erstrecken.
Der andere beginnt im Tal, im Lavra-Kloster, das man vom Parkplatz über einen Schotterweg erreicht, der an einem Häuschen vorbeiführt, in dem die Mönche Devotionalien, Kerzen, Andenken und Wein verkaufen.

Geschichte des Klosters

Die Ursprünge des Klosterkomplexes gehen auf einen der 13 syrischen Väter namens Davit zurück. Nachdem ihn die Einwohner von Tbilisi für nicht begangene Frevel steinigen wollten (→ S. 157) und ihm in Reue und Buße später eine Kirche errichteten, zog er die Einsamkeit der Wüste dem Lärm der Städte vor. Gefolgt von seinem Schüler Lukian ließ er sich in einer der natürlichen Höhlen an den Hängen der Gareja-Hügel nieder. Seine schnell wachsende Schar von Schülern grub weitere Höhlen in den weichen Sandstein, so dass mit den Jahrzehnten eine Klosteranlage entstand, ähnlich denen in Syrien und Kappadokien. Zwei der treuesten Anhänger Davits, Dodo und Lukian, zogen weiter und gründeten eigene Klöster: Dodos Rqa und Natlismtsemeli. Davit Gareja wirkt vergleichsweise bescheiden, doch diese Bescheidenheit erzeugt auch heute noch Ehrfurcht vor dem kargen Leben der hier lebenden Mönche. Für das georgische Geistesleben und insbesondere die Freskenmalerei gingen von Davit Gareja Impulse aus, die im ganzen Land nachwirkten.
Im 10. Jahrhundert von den Seldschuken zerstört, erlebten die Klöster mit der Regentschaft Davit des Erbauers (1089–1125) und seiner Nachfolger die Zeit ihrer großen Blüte. Neue Klöster entstanden neben den wiedererrichteten, die Zahl der Mönche stieg auf mehrere hundert, und unter seinem Abt Onopre Garecheli wurde Davit Gareja, neben der Akademie von Ikalto, zum wichtigsten kulturellen Zentrum Ostgeorgiens. Dies blieb so bis zur Invasion der Mongolen, die ebenso wie nach ihnen Timur-Lenk und später die Perser und Türken die Höhlen und Bauten zerstörten und die Mönche vertrieben oder ermordeten. Den Todesstoß versetzte Davit Gareja Schah Abbas in der Osternacht 1616. Der Widerschein der tausende von Fackeln der die Auferstehung des Herrn zelebrierenden Mönche zogen den Schah, der in einiger Entfernung an der Spitze seines Heeres durch die Steppe ritt, an wie die Motten das Licht. Die Mönche waren gewarnt worden, zogen aber in der heiligsten aller Nächte der Orthodoxie den Tod durch das Schwert wehrhafter Verteidigung oder Flucht vor. Es heißt, dass alle ohne Ausnahme, insgesamt 3000 Menschen, in jener Nacht niedergemetzelt worden seien. Davit Gareja, zu einem Geisterort geworden, verlor seine Bedeutung als geistiges und künstlerisches Zentrum, büßte aber nie seinen Reiz ein, und immer wieder ließen sich Einsiedler nieder, die um eine Wiedergeburt des heiligen Ortes rangen und dies bis heute tun.
Bis zum Ende der Sowjetunion war die versteppte Hügellandschaft von Davit Gareja militärisches Sperrgebiet und

▲ Karte S. 195

Wohnräume im Höhlenkloster

Truppenübungsplatz. In dem unwirtlichen Landstrich bereiteten sich Einheiten der Sowjetischen Armee seit 1979 unter gefechtsnahen Bedingungen auf ihren Einsatz in Afghanistan vor. In der zweiten Hälfte der 1980er Jahre nahm hier die georgische Nationalbewegung als Protest gegen die drohende Zerstörung der Klöster, die für die Öffentlichkeit gesperrt waren, ihren Anfang. Nachdem Georgien seine Unabhängigkeit erklärt hatte, zog sich die Sowjetarmee zurück. Die Klosterruinen wurden mit den Jahren wieder zum Wallfahrtsort. Mitte der 1990er Jahre ließ sich der erste Einsiedler in einer der Höhlen nieder, und wenig später begannen die Restaurierungsarbeiten im Hauptkloster Lavra. Als die georgische Armee Anspruch auf die Wiederbelebung Davit Garejas als Truppenübungsplatz anmeldete, gründete sich der Gareja Fond, in dem sich vor allem akademische Förderer der Steppenklöster zusammenfanden. Mit Sitzblockaden und anderen öffentlichkeitswirksamen Protesten zwangen sie das Militär zum (vorläufigen) Rückzug.

■ Lavra-Kloster

Das **Steintor** stammt aus der Zeit um die Wende vom 17. zum 18. Jahrhundert, als Davit Gareja unter dem Abt Onopre Machutadse eine letzte Nachblüte erlebte. Die Reliefs am Torbogen beziehen sich hauptsächlich auf Legenden, die sich um Davit, den Gründer des Klosters, ranken und die auch auf den Fresken im Kloster Udabno dargestellt sind (siehe unten). Die Rehmutter mit ihren Kitzen, zum Beispiel, soll von Davit gemolken worden sein, als er und sein Begleiter Lukian in dem kargen, wasserarmen Land am Verdursten waren.

Erst wenn man durch dieses Tor das Kloster betreten hat, vermag man mit einigem Staunen zu würdigen, mit welch sicherem Gespür für den Raum und das Gestein die Mönche es vermocht hatten, ihre Höhlen vor unbefugten Blicken zu verbergen. Es wird vermutet, dass die 13 syrischen Väter eigentlich Georgier waren, die in Kappadokien und Syrien die Kunst des Höhlenbaus erlernt hatten und später ihre Kenntnisse in der Heimat anwendeten und an ihre Landsleute weitergaben.

Die südwestlich gelegenen **Höhlen** stammen noch aus der Zeit Davits, des Gründers der Anlage; in einer von ihnen hatte sich der Einsiedler im 6. Jahrhundert niedergelassen. Die meisten anderen Höhlen, jede für sich eine kleine Kirche mit zumeist gewölbter Decke, sind von seinen Schülern und Nachfolgern in den Sandstein getrieben wurden. In vielen finden sich neben dem Wohngemach winzige in den Stein gemeißelte Verliese, in die sich die Mönche, mitunter tagelang, zum einsamen Meditieren und Fasten zurückzogen.

Einige Höhlen wurden neu angelegt bzw. restauriert und sind heute – mit Türen und Fenstern versehen – wieder Wohnort eines guten Dutzends Mönche. Ebenfalls wiedererrichtet wurden im letzten Jahrzehnt die Wehrmauer, die **Christi-Verklärungs-Kirche** (ursprünglich aus dem 9. Jahrhundert stammend), der Garten und weitere Bauten, die dem ›gewöhnlichen‹ Besucher nicht zugänglich sind. Den besten Blick auf die Anlage hat man vom Sattel oberhalb des Parkplatzes, an dem – wie oben beschrieben – der andere der beiden Pfade zum am jenseitigen Hang des Berges gelegenen Udabno-Klosters beginnt.

Mit der wachsenden Zahl von Mönchen, die das Kloster anzog, wuchs die Anlage in drei Ebenen bergan. In der Christi-Verklärungs-Kirche aus dem 9. Jahrhundert sind neben den Gräbern Dodos und Lukians Reste eines Ikonostas aus dem 14. Jahrhundert zu besichtigen.

Weiter hinauf gelangt man zum aus dem 16. Jahrhundert stammenden **Turm des kachetinischen Königs Alexander II.**, in welchen sich dieser oft für mehrere Tage zum Meditieren und zum Gebet zurückzog. Die nur noch fragmentarisch erhaltenen Wand- und Deckenverzierungen verraten den zu jener Zeit beträchtlichen Einfluss Persiens auf die ostgeorgischen Künste.

Verlässt man den Klosterkomplex durch das hintere Tor und erklimmt den steilen Hang in seinem Rücken, gelangt man nach wenigen Schritten zu einer Höhle, in der aus einer **Quelle** kühles und frisches Wasser sprudelt. Den Mönchen galt die zu Zeiten der Klostergründung einzige Quelle als heilig, und sie nannten sie ›Davits Tränen‹. Der Ort bietet eine günstige Gelegenheit, vor dem Aufstieg zum Kloster Udabno eine letzte Rast einzulegen.

Das Kloster Udabno

Der Pfad nach Udabno aus dem Lavra-Kloster beginnt hinter der Höhle mit den ›Tränen Davits‹ und führt mehr als einen Kilometer bergan. Festes Schuhwerk ist nicht nur wegen des recht steilen Anstiegs angebracht, sondern auch weil sich in dem hohen Gras Schlangen tummeln, von denen einige giftig sind. Die Rillen im Stein sind die Reste eines raffiniert angelegten Systems zum Auffangen des Regenwassers, mit dem unter anderem die Gärten bewässert wurden. Vom Gipfel des Berges (878 Meter), auf dem sich eine **Kapelle** erhebt, bietet sich ein faszinierender Blick auf die umlie-

Fresken im Udabno-Kloster

▲ Karte S. 195

gende Steppenlandschaft. Die Reste der Höhlen des ehemaligen Mönchsklosters liegen rechter Hand am Berghang. Der Weg längs des Hanges verläuft teilweise über aserbaidschanisches Staatsgebiet; die umzäunten Wohnanlagen im Tal beherbergen das aserbaidschanische Grenzregiment. Den Hang hinunterzulaufen sollte man tunlichst unterlassen, da solcherart grobe Grenzverletzungen die garantierte Verhaftung und kostenaufwändige Deportation nach sich ziehen würden.

Die Höhlen von Udabno waren bereits vor langer Zeit durch ein Erdbeben zerstört worden, das die Außenwände zum Einsturz gebracht hatte. Die von den Detonationen der Granaten ausgelösten Erschütterungen während der Zeit, als in der Umgebung von Davit Gareja das sowjetische Militär mit Artillerie, Panzern und Helikoptern den Krieg probte, haben weitere Schäden angerichtet. Der Reiz Udabnos aber sind neben den Überresten der klösterlichen Räume ohnehin seine **Wandmalereien**, deren früheste etwa aus dem 8. Jahrhundert stammen. Die berühmtesten Fresken in der Kirche und im Refektorium stammen aus dem späten 10. und frühen 11. Jahrhundert. Zu jener Zeit begannen die Mönche in Udabno, die georgische Freskenmalerei zu revolutionieren, indem sie den byzantinischen Kanon aufbrachen und neben Motiven aus dem Alten und Neuen Testament Bilder aus dem Leben georgischer Heiliger in die Wandmalereien einfügten und so einen eigenen, georgischen Malstil schufen. Dabei überwiegen ein helles Grün, ein ebenso helles Braun und Gelbtöne.

An der **Nordwand der Kirche** blieben, zum Beispiel, einige Fragmente aus einem Bilderzyklus erhalten, der das Leben des heiligen Davit von Gareja zum Thema nahm. Eine der gut erhaltenen Szenen zeigt Davit, flankiert von Lukian und einer Hirschkuh (siehe Relief am Torbogen des Lavra-Klosters). Der Legende zufolge stellte Lukian, als er und Davit nach tagelanger Wanderung die Hügel von Gareja erreicht hatten, seinem Meister die Frage, wie sie in dieser Einöde überhaupt leben könnten, da der Durst sie zu übermannen drohe. Davit soll daraufhin geantwortet haben: »Gott wird es richten.« Und prompt sei eine zahme Hirschkuh erschienen, deren Milch ihnen das Leben rettete. Als Davit die Hirschkuh molk – dies die Fortsetzung der Geschichte – sei ein Drachen erschienen, der sich der Rehkitze bemächtigte. Davit stellte dem Bösewicht nach und zwang ihn die Jungtiere herauszugeben. Als Gegenleistung versprach er dem Drachen Schutz und freies Geleit, solange sich dieser in seinem Gesichtsfeld befinde, indem er seinen Blick nicht von ihm wenden würde. Kurz bevor der Drache auf und davon war, hörte Davit die Stimme eines Engels, woraufhin er den Blick gen Himmel richtete. Im selben Augenblick erschlug ein gewaltiger Blitz den Drachen.

Unter dem Davit-Zyklus an der Nordwand finden sich Porträts kachetinischer Fürsten und Könige, die das Kloster in der ein- oder anderen Weise gefördert hatten. Die Szenen aus dem Jüngsten Gericht an der Ostwand sind die ersten bekannten Darstellungen zu diesem biblischen Thema in Georgien.

Die **Wandmalereien im Refektorium** wiederum präsentieren Szenen aus dem Alten und dem Neuen Testament, darunter das Abendmahl, sowie Porträts der 13 Syrischen Väter, unter ihnen Simeon von Aleppo, der spirituelle Vater des Davit von Gareja. In einer Nische in der Ostwand findet sich eine Darstellung der Deesis, das heißt des thronenden Christus mit Maria zur einen und Johannes dem Täufer zur anderen Seite. Der Tisch, um den sich die Mönche zu den Mahlzeiten

Abendmahlsfresko im Refektorium

einfanden, ist aus Stein gemeißelt, mit winzigen Nischen für die Teller. Etwas abseits erhebt sich der Platz des Vorlesers, der während des Essens Verse aus der Heiligen Schrift vortrug.

Oberhalb des Refektoriums befinden sich zwei weitere **Höhlen mit eindrucksvollen Malereien**, die aber nur besuchen sollte, wer wirklich trittfest und klettersicher ist. Wenn man vom Lavra-Kloster aufgestiegen ist, kann man nun den Pfad am Hang entlang bis zum gegenüberliegenden Ende laufen und von dort aus entlang des Grats zum Parkplatz absteigen.

Ein Besuch in Davit Gareja gehört zu den schönsten Erlebnissen einer Georgien-Reise. Es ist angesichts der schwierigen Anfahrt, kulturhistorischen Bedeutung des Ortes und der vielen versteckten Details durchaus empfehlenswert, an einer geführten Exkursion teilzunehmen. Will man weiter ins Innere Kachetiens, bietet es sich auch an, die Route so zu legen, dass man nach der Besichtigung weiter nach Sighnaghi fährt, was beträchtlich schneller geht als die Rückfahrt nach Tbilisi. Hält man sich länger in Sighnaghi auf, kann man auch von dort aus eine Exkursion nach Davit Gareja in Betracht ziehen. Deutschsprachige Führungen werden allerdings unserer Kenntnis nach nur aus Tbilisi angeboten, zum Beispiel von Georgia Insight und Erka Reisen. (→ S. 412)

Es sei noch angemerkt, dass zu Füßen des Klosterkomplexes jährlich am zweiten Sonntag im Mai ein Fest, das **Garejoba**, begangen wird.

Manavi

Zurück zur S 5 von Tbilisi in Richtung Telavi, gelangt man von Sagarejo zum Dorf Manavi, das einst Residenz der kachetinischen Könige war und deshalb von zwei Festungen geschützt wurde. Die eine der Festungen – Manavi – erhebt sich zwischen den Weinfeldern an den Hängen des Gomborigebirges. Der Weg zu ihr führt vorbei an der Georgskirche (kurz vor der Ortsausfahrt nach links abzweigend). Folgt man diesem über die Burgruine hinaus, gelangt man in das Naturschutzgebiet Mariamjvari. Auf einer Fläche von mehr als 1000 Hektar bedeckt die zum Tal hin abfallenden Hänge des Gomborigebirges ein aus riesigen, jahrhundertealten Buchen bestehender Wald. Die mächtigen Kronen spenden auch im heißesten Sommer kühlenden Schatten und sind ein Paradies für Dutzende Vogelarten.

Berühmt ist Manavi aber vor allem wegen des gleichnamigen hier gekelterten Weines. Dieser Wein ist von einer seltenen, unverwechselbaren, an das Grün der Trauben erinnernden Färbung, in dem, hält man ihn ins Licht, smaragdene Funken spielen. Sein Bouquet ähnelt in seiner eigenartigen Frische dem der feinsten Rieslinge.

Bodbe

Hinter Manavi führt die Straße, die das Iori-Tal nun verlässt, allmählich hinab zur Tiefebene. Etwa 35 Kilometer hinter Manavi gibt es einen Abzweig nach

▲ Karte S. 195

rechts. Einige Kilometer weiter gabelt sich die Straße erneut. Fährt man nach links durch dichte Felder und malerische, ›gottverlassene‹ Ortschaften, gelangt man nach einigen Kilometern zu einem rechter Hand liegenden Neubau, hinter dem sich die Straße in Serpentinen zum Tal hinunter senkt. Auf halbem Weg stößt man auf das Eingangstor zu einem Frauenkloster.

Das Frauenkloster Bodbe ist eines der berühmtesten Klöster im Land und wurde in den letzten Jahren aufwändig restauriert. Es liegt hinter einer Mauer und hohen, schlanken Zypressen. Die kleine Kapelle, die sich rechter Hand in den Bau der dreischiffigen, aus dem 9. Jahrhundert stammenden Himmelfahrtskirche einfügt, ist der heiligen Nino geweiht. Hier liegt sie begraben, und die Ikone über der Eingangstür ist ihr Porträt von der Hand eines unbekannten Malers. Von außen unscheinbar, keinem Stil zugehörig, ist die Kapelle auch innen von einer duldsamen Bescheidenheit. Die erhalten gebliebenen Wandmalereien zeigen Adam und Eva sowie Szenen aus dem Jüngsten Gericht. Einige Ikonen sind erst seit kurzem, nachdem sie viele Jahre in Privatbesitz waren und so vor Vernichtung oder Verkauf gerettet wurden, wieder in der Kapelle. Eine von ihnen trägt noch die Spuren der sowjetischen ›antireligiösen Propaganda‹ – sie ist kreuzweise zerschnitten worden.

Porträt der Missionarin Nino an der Kathedrale von Bodbe

Kloster Bodbe

Vom hinteren Gelände des Klosters führt eine Treppe zur heiligen Quelle des Klosters. Die Treppe mündet in einen bei feuchtem Wetter recht rutschigen Waldweg. Nach ca. 20 Gehminuten hat man die Quelle erreicht. Ein Bad in ihr (dreimaliges Abtauchen hinter einem Vorhang, ein Handtuch kann man sich für einen Lar bei der diensthabenden Nonne leihen) soll Wunder bewirken. Ebenso das getrunkene Wasser. Viele Einheimische aus der Umgebung und selbst aus der Hauptstadt kommen regelmäßig hierher, um sich mit ihm, abgefüllt in Plastikkanistern, zu versorgen.

Von Bodbe gelangt man, erst den Berg hinunter und ihn dann wieder hinauf, nach drei Kilometern zu Fuß, mit der Marschrutka oder dem Taxi (3 Lari) in eine der seltsamsten Städte Georgiens, deren ›Hoheitsgebiet‹ hinter einem Tor in einer die Landschaft zerschneidenden Mauer beginnt: Sighnaghi.

Sighnaghi

Dieses Städtlein an der Grenze zwischen dem Inneren und dem Äußeren Kachetien liegt in Terrassen an den Hängen eines Berges, der sich wie ein Schiffsrumpf aus der Ebene hebt. Die zwei- und dreistöckigen Häuser entlang der engen und verwinkelten Straßen stammen zumeist aus der Mitte des 19. Jahrhunderts. Erbaut im klassischen italienischen Stil, ergänzen sich mediterrane und georgische Elemente. Die ornamentierten Fenster- und Türbögen, Terrassen und Balkone, das von Wein umrankte Schnitzwerk der Geländer sowie das Hellgrün oder Ocker der Fassaden muten an wie die Szenerie für einen Märchenfilm. Schaut man nach vorn, blickt man in den Himmel, und wenn man die Augen senkt, liegt unter einem das von den in weiter Ferne verschwimmenden schneebedeckten Gipfeln des Kaukasus begrenzte, sich nach Osten hin erweiternde Alazani-Tal, durch das sich der Fluss wie ein silberfarbenes Band zum Kaspischen Meer schlängelt. Die ganze Stadt, besser der Berghang, ist in einiger Entfernung von der eigentlichen Stadtgrenze von einer ein Dreieck bildenden **Mauer mit 28 Türmen** umgeben. Das Geheimnis dieser Mauer hat mit

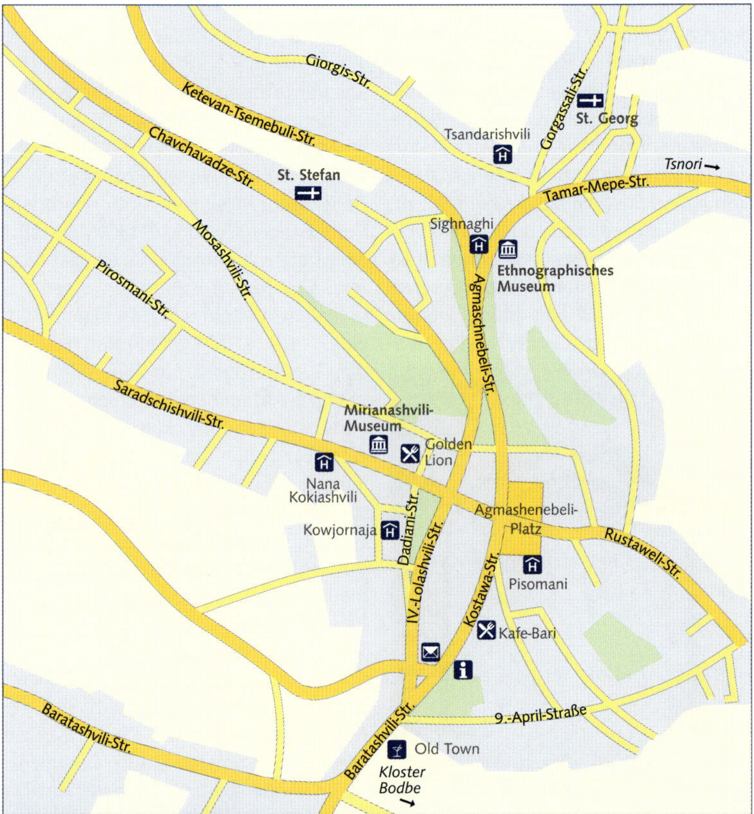

Sighnaghi

Karte S. 195

der außergewöhnlichen Geschichte Sighnaghis zu tun, das einstmals das Zentrum einer Region war, die Kisiki hieß und lange Zeit ihre Unabhängigkeit gegenüber jeder königlichen oder fürstlichen Macht bewahrt hatte. Sie ist als Freistadt von Sighnaghi anerkannt worden und erhielt unter Irakli II. das Recht auf den Bau einer Mauer, um ihr Territorium, das im Notfall von einer königlichen Garnison bewacht wurde, zu schützen. Angesichts der Unversehrtheit der Mauer anscheinend erfolgreich.

In den letzten Jahren wurde in Sighnaghi vieles restauriert und modernisiert, so dass sich der Ort heute als Schmuckstück präsentiert. Die eigenwillige Mischung aus originalgetreuer Restauration der alten Gemäuer und Fassaden bei Verwendung moderner Technologien und nicht recht in die spätmittelalterliche Atmosphäre passenden Stilelementen ist als **Stil von Sighnaghi** bekannt, der nicht nur Freunde im Land hat. Viele Häuser stehen zum Verkauf und bei näherer Betrachtung fällt auf, dass die Bausubstanz nicht immer das hält, was die erneuerten Fassaden versprechen.

Ein **Rundweg durch die Stadt** entlang der Stadtmauer ist ausgeschildert. Wegbeschreibungen auf Englisch erhält man, wenn vorrätig, im TIC.

Im sehenswerten **Ethnographischen Museum** von Sighnaghi kann man sich über die Geschichte des Ortes und das hier heimische Kunsthandwerk informieren (Tamar-Mepe-Str. 1, Di bis So, 10 bis 16 Uhr). Das Tourismusbüro des Ortes bietet **Besichtigungen heimischer Manufakturen für Teppiche und Keramik** an. Das **Museum für den Komponisten Sandro Mirianashvili** ist in einem traditionellen kachetinischen Haus untergebracht und lohnt allein deshalb einen Besuch (Saradshishwili-Str. 6, Di bis So, 10 bis 16 Uhr).

Mirzaani

Östlich von Sighnaghi, ca. eine halbe Autostunde entfernt, befindet sich dieses ärmliche Dörfchen, in dem der ›naive‹ Maler Pirosmani (1862–1918) geboren wurde und aufgewachsen ist (→ S. 103). Die einzige Sehenswürdigkeit des Ortes ist das **Pirosmani-Museum**, ein aus Sowjet-zeiten stammender Betonbau, mit einer wertvollen Sammlung einiger Originale Pirosmanis, einer Zeichnung Picassos, die den Maler an seiner Staffelei abbildet, einigen Bildern Lado Gudiashvilis und anderer Künstler sowie Gegenständen aus dem Alltag einer

Figur vor dem Ethnographischen Museum in Sighnaghi

Kein Haus ohne Weinreben

kachetinischen Familie an der Schwelle des 19. zum 20. Jahrhundert. Man muss dieses Museum nicht besucht haben, aber wer einige Tage in Sighnaghi verweilt, der sollte die kleine Strapaze eines Besuches – die Straße von Sighnaghi nach Mirzaani ist eine Zumutung – auf sich nehmen. Taxifahrer vermittelt das Informationszentrum (TIC) in Sighnaghi. Das Museum ist Di bis Sa von 10 bis 17 Uhr geöffnet. Der Eintritt kostet 2 Lari, mit russischsprachiger Führung 4 Lari.

Sighnaghi

Vorwahl: +995/(0)355

Tourismusbüro (TIC), Kostava-Str. 10 (im Hochzeitspalast), Tel. +995/355/232414, ticsignagi@gmail.com; tgl. 9 bis 18 Uhr; Tea Djavashvili, +995/595/225651. Vermittelt und organisiert auch Besuche bei zahlreichen örtlichen Kunsthandwerksbetrieben.

Abfahrtzeiten nach Tbilisi (Samgori bzw. Isani): 7, 9, 11, 13, 16 und 18 Uhr, 6 Lari; ca. 2 Stunden Fahrtzeit.

Abfahrt zum Kloster Bodbe: nach Bedarf, d.h. wenn genügend Gäste beisammen sind, 2 Lari; 15 Minuten Fahrtzeit.

Abfahrt nach Tsnori: alle 30 Minuten bis etwa 20 Uhr (ca. 15 Minuten Fahrtzeit). Von dort aus **weiter nach Gurjaani** – etwa jede Stunde bis 14.30 Uhr, eine Stunde Fahrtzeit – und **nach Telavi**: 7.45, 8.30, 13.45 und 15.15 Uhr; ca. 90 Minuten Fahrtzeit.

Von **Tsnori nach Sighnaghi** fahren Marschrutki ca. halbstündlich zwischen 8.45 und 16.30; ca. 15 Minuten Fahrtzeit.

Richtung Lagodekhi (Naturschutzgebiet und Grenzübergang nach Aserbaidschan): mit dem Taxi ca. 40 Lari.

Gästehaus Nana Kokiashvili, Saradshishwili-Str. 2, kkshvl@yahoo.com, Tel. +995/599/795093 (mobil) oder +995/355/231829. Etwa 20 Euro pro Person, und man wird auch bestens verköstigt. Jeder im Ort kennt Frau Kokiashvili, so dass man sich zu ihr durchfragen kann.

Familienhotel David und Manana Tsandarishvili, Giorgis-Str. 11, Tel. +995/599/750510, +995/355/231029. Pro Person und Übernachtung in Zwei- und Dreibettzimmern ca. 20 Euro mit und ca. 10 Euro ohne Halbpension. Kostengünstige Organisation von Ausflügen zu allen interessanten Orten in Kachetien.

Hotel Kowjornaja (Hotel Teppich), Dadiani-Str. 19, Tel. +995/355/231951, +995/595/445264 (Handy). Zimmerpreis zwischen 30 und 60 Euro, ohne Frühstück.

Hotel Sighnaghi, Chavchavadze-Str. 1, Tel. +995/355/231002, +995/595/960770.

▶ Karte S. 204

Sehr schöne und komfortable Zimmer mit teilweise spektakulärer Aussicht für 80 bis 140 Euro (Zimmerpreis) inklusive Frühstück.

Hotel Pirosmani, Agmashenebeli-Platz 6, Tel. +995/355/243030, www.rcheuli.ge. Zimmerpreis für die Übernachtung in einem DZ von 50 bis 135 Euro, EZ 40 Euro.

Restaurant neben dem Hotel Kowjornaja (Teppich), Dadiani-Str. 19. Sehr gute Küche und riesige Portionen. Die englischsprachige Übersetzung der Speisekarte wies bei unserem letzten Besuch etliche missverständliche Interpretationen auf.

Golden Lion, oberhalb von Nana Kokiashvilis Gästehaus in einer kurzen namenlosen Straße. Rustikale Innenarchitektur aus Stein und Holz, akzeptable Preise, schmackhafte Speisen.

Kafe-Bari, Kostava-Str. (gegenüber Haus-Nr. 3). Billig, schmackhaft, in der Regel freundliche Bedienung.

Für eine Weinverkostung bietet sich das **Old Town Studio** (Pheasant's Tears) des amerikanischen Künstlers John Wurdeman an. Das Lokal befindet sich in der Baratashvili-Str. nahe dem Ortsausgang und ist in einem rund 300 Jahre alten Haus untergebracht. Degustiert wird – kostenlos – in rustikalen Räumlichkeiten. Die Weine, die man hier käuflich erwerben kann, haben ihren Preis; eine Flasche roter Saperavi kostet etwa ca. 25 Euro; der weiße Rkatsiteli ist etwas billiger. Kontakt: jwurdeman@pheasantstears.com.

Vashlovani-Nationalpark

Im südöstlichen Georgien, nur wenige hundert Meter über dem Meeresspiegel gelegen, treffen Naturliebhaber auf eine trockene Region mit Plateaus und spektakulären Schluchten. Wüstenartige Mondlandschaft (badlands) wechselt sich mit steppenähnlicher Vegetation ab. Das in der ersten Hälfte des 20. Jahrhunderts eingerichtete Schutzgebiet wurde 2003 erweitert und mit nun 20000 Hektar zum Nationalpark erklärt. Botanische Besonderheiten sind die Tulpenblüte im Frühjahr und für Georgien einzigartige Pistazien-Wacholder-Wälder. Eine Vielzahl an Greifvögeln wie Mönchs-, Schmutz- oder Gänsegeier wachen über die Fressensreste von Bär, Wolf, Streifenhyäne und Luchs. Berühmt ist die sog. ›Schwalbenstadt‹, eine Felswand, an der große Kolonien von Schwalben nisten. Für Furore sorgten vor wenigen Jahren im Gebiet entstandene Videoaufzeichnungen des extrem seltenen Leoparden. Wer sich sicherer vor der giftigen Levantinischen Viper, der europäischen Sandboa und den 23 anderen hier lebenden Reptilienarten fühlen will, sollte hohe Wanderschuhe tragen und seine Umgebung im Blick behalten. Am aktivsten sind die Kriechtiere im Frühjahr. Die Monate April, Mai und der Frühherbst empfehlen sich als beste Ausflugszeiten für dieses Gebiet.

Vashlovani-Nationalpark

Von Tbilisi-Isani fahren mehrmals täglich Marschrutkas innerhalb von vier bis fünf Stunden ins Verwaltungszentrum Dedoplistskaro. Die **Nationalparkverwaltung** liegt in diesem südostkachetischen Dorf und erteilt wie der WWF in Tbilisi weitere Auskünfte: Baratashvili-Str. 5; Dedoplistskaro, Die Nationalparkmitarbeiter informieren gerne über Touren und Übernachtung unter Tel. +995/577/101849 und +995/577/907272. Anfragen kann man auch unter info@apa.gov.ge stellen. Eine Übernachtung im Gästehaus des Nationalparks inkl. Frühstück kostet 30 Euro pro Person. Eine Tagestour durch den Nationalpark kostet inkl. Benzingeld und Fahrer 50–70 Euro.

Das nördliche Kachetien

Die nördliche Hälfte Kachetiens wird zwischen Sighnaghi und Telavi vor allem von der Weinbauregion im mittleren Alazani-Tal bestimmt. An seinem Nordende wird das Tal von den Gipfeln des Großen Kaukasus überragt.
Die im Alazani-Tal liegenden Dörfer und Städte liegen so eng beieinander, dass sie eine scheinbar endlose Kette ineinander übergehender Häuser, Gärten, Weinhänge und Parks bilden.

Gurjaani

Dieses Städtchen ist Heimstatt einiger der berühmtesten georgischen Weine – Napareuli, Saperavi und Mukusani. Der Ort Gurjaani, an der S 5 zwischen Tbilisi und Telavi gelegen, wird bereits in frühesten georgischen Chroniken erwähnt und erhielt 1934 das Stadtrecht. Es ist ein stilles Städtchen am Hang eines Berges, inmitten von Gärten und Rebstöcken. In seiner unmittelbaren Umgebung befindet sich der Kurort Achtala mit seinen gegen Gelenkerkrankungen wirksamen Schlammbädern.

Das ehemalige Wohnhaus von Nato Watschnadse ist heute ein Museum

▲ Karte S. 209

■ Nato-Watschnadse-Haus

Die beeindruckendste Sehenswürdigkeit Gurjaanis ist das Wohnhaus einer der beliebtesten georgischen Schauspielerinnen, Nato Watschnadse, die ›georgische Sarah Bernard‹. 1904 als Tochter des Fürsten Andronikaschwili in Warschau geboren, begann sie ihre schauspielerische Karriere noch in der Ära des Stummfilms. 1941 erhielt sie den sowjetischen Staatspreis und gehört auch heute noch zu den Georgiern, deren Namen jedes Kind kennt. Zwei Söhnen schenkte Nato Watschnadse das Licht der Welt und beide sind – Eldar Schengelaja als Regisseur und Giorgi Schengelaja als Schauspieler und Regisseur – in die künstlerischen Fußstapfen ihrer Mutter getreten. Nato Watschnadse kam 1953 bei einem Flugzeugabsturz ums Leben.
Ihr Wohnhaus ist seitdem **Museum,** in dem Familienreliquien, Fotos, Filmplakate und wertvolle Erinnerungsstücke an ihre Laufbahn als Schauspielerin aufbewahrt werden. Das fürstliche Anwesen selbst ist ein wunderschönes Beispiel für den Geschmack eines kachetinischen Landadligen aus der zweiten Hälfte des 19. Jahrhunderts. Der Weg zu ihrem Haus am Stadtrand ist schwer zu beschreiben, aber im Dorf kann jeder Auskunft geben. Geöffnet ist das Museum Di. bis So. 10 bis 16 Uhr. Eintritt 3 Lari, mit russischsprachiger Führung 5 Lari.

■ Macharaschwili-Denkmal

Im Stadtzentrum Gurjaanis zieht ein Monument die Aufmerksamkeit auf sich, das auf den ersten Blick eines der typischen sowjetischen Kriegsmahnmale zu sein scheint, es auch tatsächlich ist, aber doch auch mehr als das. Das Memorial gruppiert sich um die untersetzte und stämmige Skulptur eines älteren

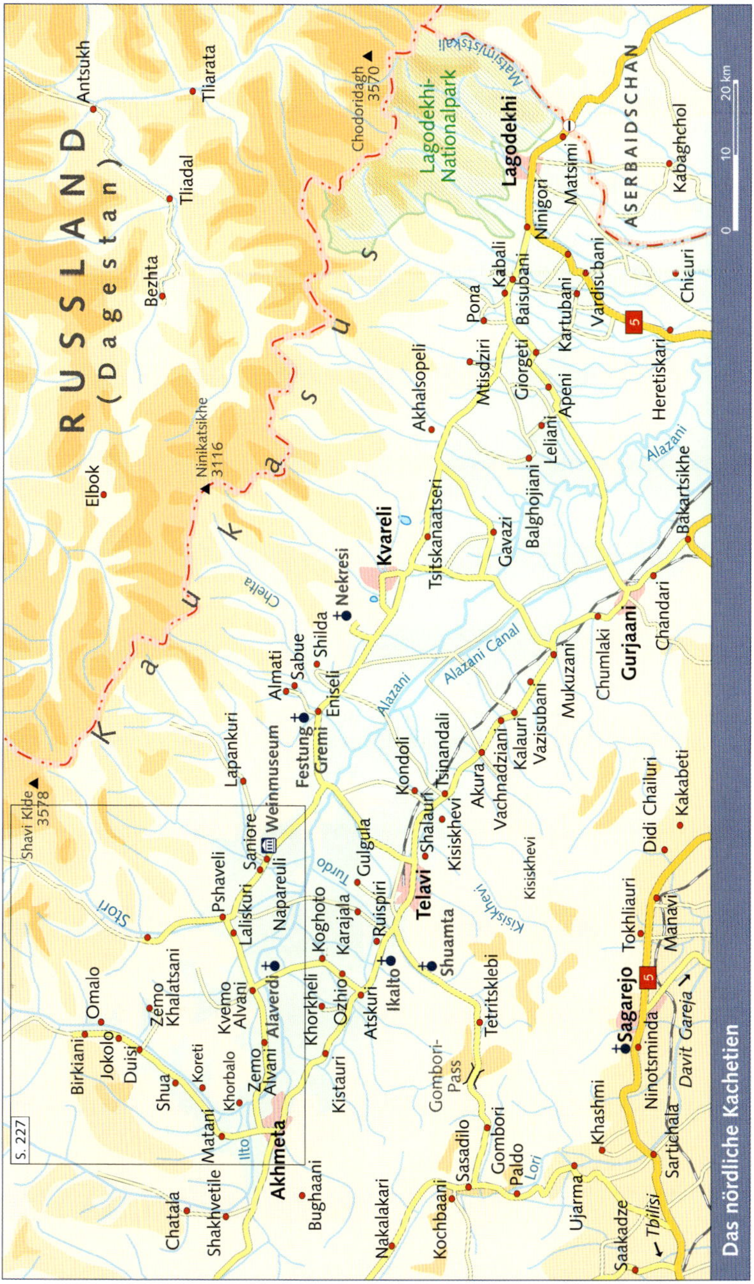

Das nördliche Kachetien

Kachetien

Mannes mit einfachen Gesichtzügen und dem typischen kachetinischen Schnauzbart. Schon rein äußerlich weicht das Denkmal damit vom Kanon sowjetischer Kriegsehrenmale mit ihren jungen, kraftvollen Soldaten ab, und es ist darüber hinaus einem konkreten Menschen gewidmet, dem neben Nato Watschnadse berühmtesten Bürger der Stadt – Giorgi Macharaschwili – sowie in ihm allen Vätern, deren Söhne in den Krieg gezogen sind. Noch im ersten Kriegsherbst machte sich Giorgi Macharaschwili auf die Suche nach seinem Sohn, der ›irgendwo in Russland‹ in einem Lazarett lag. Giorgi fand das Lazarett, aber sein Sohn war bereits entlassen worden und zurückgekehrt an die Front. Damit begann die Odyssee des Vaters, der mit dem Wissen, dass sein Sohn ihn brauchen würde, nichts unversucht ließ, ihn zu finden. Die Suche endete nach vier Jahren in Berlin. Sein Sohn war längst gefallen, doch liebten die Soldaten den kauzigen Alten wie ihren Vater und er die Burschen wie seine Söhne.

Die Geschichte Giorgi Macharaschwilis wurde von Rewas Tscheidse 1964 verfilmt und machte den Schauspieler Sergo Sakariadse so berühmt, dass nicht der Held selbst, sondern er dem Bildhauer Merab Berdsenischwili für das Denkmal Modell saß. Auf dem Internationalen Moskauer Filmfestival erhielt Sakariadse für seine Rolle den Preis als bester männlicher Hauptdarsteller.

Allerheiligen-Kirche

Kurz hinter dem Ortsausgang von Gurjaani in Richtung Telavi steht eine der kuriosesten georgischen Kirchen. Der Fahrweg zu dieser Allerheiligen-Kirche (Kvelatsminda) biegt von der Straße nach Telavi nach links ab, führt circa zwei Kilometer einen Hang hinauf und endet an ihrer Eingangspforte. Erbaut wurde sie im 8./9. Jahrhundert, doch mit einer Absonderlichkeit, die alle Regeln sakraler Architektur durchbricht: den beiden auf eckige Türme gestülpten kantigen Kuppeln entlang der Längsachse des Zentralschiffes. Die unverputzten Außenwände sind aus grob behauenen Feldsteinen errichtet, deren anspruchslose Schmucklosigkeit Spötter als ›typisch kachetinisch‹ bezeichnen. Doch das Innere lässt die einstige Pracht der Kirche erahnen. Die durch Säulengalerien getrennten Kirchenschiffe, die teils verschlossenen Durchgänge zum Rang und die vielen ebenfalls verschlossenen Innenräume lassen obendrein den Verdacht keimen, dass es sich bei der Kirche nicht nur um eine Kirche handelt, sondern – typisch kachetinisch – um eine Symbiose aus Gotteshaus und Fürstenpalast. Derart erfüllte die Basilika zugleich zwei Funktionen: als Ort für die Messe und die anschließenden Trinkgelage der Feudalherren von Gurjaani. Davon zumindest wissen einige Chroniken zu berichten.

Die Allerheiligen-Kirche (Kvelatsminda) bei Gurjaani

▲ Karte S. 209

Gurjaani

Anreise von Tbilisi (Didube, Isani, Samgori) von 8.30 bis 12.30 Uhr alle 20 bis 30 Minuten. Nach der Abfahrtzeit der Marschrutki nach Tbilisi sollte man sich vor Ort erkundigen. Von Gurjaani fahren Marschrutki **nach Tsnori** (Umsteigeort für eine Weiterfahrt nach Telavi und Sighnaghi) bei Bedarf.

Von **Gurjaani nach Velistsikhe** kommt man am besten mit dem Taxi – ca. 3 Lari. Die Marschrutki verkehren selten – laut Auskunft vor Ort um ca. 6.30, 11, 14 und 17.50 Uhr.

Wer kachetinischen Wein direkt vom Hersteller probieren bzw. erwerben möchte, hat dazu in Gurjaani die Möglichkeit. In der Rustaveli-Straße 28, ca. 5 Minuten zu Fuß vom Macharaschwili-Denkmal im Stadtzentrum, wo auch die Marschrutka ankommen bzw. abfahren, befindet sich das **Weinhaus Gurjaani**. Hier kann man sich seinen Wein oder den hausgebrannten Tschatscha (der georgische Grappa) selbst abfüllen und etikettieren. Bei rechtzeitiger Anmeldung bekommt man auch ein Mahl kredenzt. Tel. +995/599/512244, www.winehousegurjaani.ge.

Im **Nachbarort Velistsikhe** hat es das **Weinhaus von Nunu Kardenachlishvili** zu einiger Berühmtheit gebracht. Zum Etablissement gehören ein ca. 50 ha großer Weinhang und ein kleines Museum mit einer sehenswerten Antiquitätensammlung. Zum Wein – der rote Saperavi und der weiße Kotekhi aus eigener Herstellung – wird ein hervorragendes Mahl serviert. Tel. +995/599/561031, +995/599/767071.

Tsinandali

Knapp 30 Kilometer von Gurjaani in Richtung Telavi liegt dieses langgestreckte Dorf, das bekannt ist für seine Weine, von denen einer auch den Namen des Ortes trägt. Die industriell betriebene Weinkelterei ist eine der ältesten und größten im Land. Die Keller mit Probiermöglichkeit liegen hinter dem Chavchavadze-Museum. Doch mehr noch als seinen Weinen verdankt Tsinandali seinen Ruhm dem hier ansässigen Fürstengeschlecht der Chavchavadzes, die im 19. Jahrhundert eine Schlüsselrolle im politischen und künstlerischen Leben Georgiens spielten.

Chavchavadze-Museum

Kurz vor dem Ortsausgang in Richtung Telavi erblickt man links einen eisengeschmiedeten Zaun, hinter dem sich der Park und das Anwesen des Fürstengeschlechts befinden. Das Landhaus der Chavchavadzes ist eines der auch heute bestbehüteten Museen Georgiens. Die Exponate – Gemälde, Möbel aus der ersten Hälfte des 19. Jahrhunderts, ein Cembalo aus dem 17. Jahrhundert und die vielen kleinen Dinge, die über den Alltag des Adels jener Zeit berichten – sind liebevoll aus dem Familienbesitz zusammengestellt, und genauso liebenswert sind die deutsch, englisch oder russisch sprechenden Führerinnen durch die Ausstellung. Das Museum ist täglich, außer Montag, von 10 bis 14 Uhr und 15 bis 19 Uhr geöffnet. Webseiten: www.chavchavadze.si.edu, www.tsinandali.com. Der Zutritt zum Park kostet 2 Lari, der Besuch des Museums 5 Lari.

Die Chavchavadzes gehörten zum georgischen Hochadel, weshalb ihnen am Petersburger Hof alle Tore und Türen offen standen. Der 1786 geborene Alexander Chavchavadze wurde von Katharina II. persönlich getauft und erhielt eine vorzügliche Ausbildung. Als Offizier der russischen Armee focht er in vielen Schlachten für den Ruhm des Imperiums, nahm dann seinen Abschied vom Militär und zog sich auf seinen Landsitz in Tsinandali zurück. Er ließ das Landhaus errichten und einen Park im englischen Stil anlegen, der bis heute nichts von seiner stillen Schönheit eingebüßt hat.

Selbst ein romantischer Dichter, stand Alexander Chavchavadze, wie auch viele seiner russischen Zeit- und Altersgenossen, unter dem Einfluss eines englischen ›Bruders im Geiste‹, der mit seiner Auflehnung gegen die Konvention den skeptizistischen Geist des antiklerikalen und antidespotischen Ungehorsams nach Russland brachte - George Byron. Der Fürst zählte zu den Sympathisanten um die sogenannten Dekabristen, deren Aufstand gegen den Zaren im Dezember 1825 scheiterte. Selbst nur knapp der Verhaftung und Verurteilung entgangen, empfing Chavchavadze viele der in den Kaukasus verbannten Aufrührer auf seinem Gut und lud sie zu seinen literarischen und politischen Salons ein, die der ›feinen‹ Petersburger Gesellschaft in nichts nachgestanden haben sollen. Zu seinen Gästen zählten auch junge, in Georgien stationierte Dragoner des Zaren, von denen einer zu den beliebtesten Russen in Georgien gehört - Michail Lermontow, dessen Denkmal an der georgischen Heerstraße steht, unterhalb der Jvari-Kirche.

Das Chavchavadze-Museum in Tsinandali

Im Park des Chavchavadze-Palastes

Der Fürst hatte zwei Töchter, und beide wurden sie heiß geliebt von zwei Dichtern; die ältere vom georgischen romantischen Lyriker Nikolos Baratashvili. Seine Liebe wurde jedoch nicht erwidert; die ältere Tochter des Fürsten heiratete den Thronfolger des megrelischen Königs Dadiani, mit dem sie, nach der Besetzung Megreliens durch die Russen, nach Paris emigrierte. Nach dessen Tod nahm sie einen Enkel Marats zum Mann und kehrte nach Georgien zurück.

Die jüngere Tochter, Nino, wurde die Frau des russischen Dichters, Diplomaten und Wissenschaftlers Aexander Gribojedow. Nach dessen frühem Tod zog sie sich nach Tsinandali zurück, wo sie 1857 starb (→ S. 161).

Nach Tsinandali kommt man am besten mit der Marschrutka von Telavi (→ S. 215).

Karte S. 209

Die Kachetinische Weinstraße

Aus der Vogelperspektive betrachtet, erinnern die sich links und rechts der Straße nach Telavi erstreckenden Weingärten mit den in ihnen verstreuten Häusern der Bauern und den Landsitzen der Fürsten an die Milchstraße. Zwischen dem Dorf Bakurtsikhe und Telavi, schlägt das Herz des Weinbaus in Georgien. Jeder Ort an dieser Straße steht für den Namen eines Weines, der hier gekeltert wird. Und mehr noch: jeder dieser Weine unterscheidet sich nicht nur von dem des Nachbarortes, sondern auch innerhalb der Ortschaften keltert jeder Bauer seinen Wein mit einem eigenen Bouquet. Die auch auf internationalen Ausstellungen wohlklingenden Namen Gurjaani, Mukusani, Tsinandali, Velistsikhe, Saperavi etc. sind Musik in den Ohren eines jeden Kenners georgischer Weine.

Der Weinbau wird in Kachetien seit Menschengedenken betrieben. Der Wein und die Kachetiner sind nicht getrennt voneinander zu denken, ebenso wenig wie man sich einen Kachetiner ohne sein eigenes Haus vorzustellen vermag. Diese Häuser mögen zunächst Verwunderung hervorrufen. Sie stehen mit der Rückwand zur Straße; Eingang, Balkone und Terrassen befinden sich auf der dem Weinhang und Garten zugewandten Seite. Mit Misanthropie hat das nichts zu tun; die Kacheten sind wie alle Georgier sehr gastfreundlich. Doch ihre wichtigste Sorge ist der Wein, der das ganze Jahr über ihre uneingeschränkte Aufmerksamkeit fordert. Und nur wenn der Weinbauer nichts vergisst, nicht einen Handgriff versäumt, danken es ihm die Pflanzen mit vollen Trauben im Herbst. In Kachetien finden sich einige Beispiele für die Dankbarkeit der Rebstöcke, aus deren mächtigen, mitunter mehr als einen Meter im Durchmesser gewachsenen Basisstämmen Weinranken treiben, die bis zu 160 Quadratmeter Fläche bedecken und zwei Kilogramm schwere Trauben tragen. Einige von ihnen stammen noch aus der Mitte des vorvorigen Jahrhunderts.

Übrigens sind alte Rebstöcke und reiche Weinernten in Kachetien keine Seltenheit, ebenso wenig wie die in der Erde vergrabenen riesigen Gefäße, die Kvevri, in denen die Winzer zum Teil Dutzende Jahre alten Wein aufbewahren, der über Generationen hinweg Familienfesten vorbehalten ist. Die Tongefäße sind in man-

Zahlreiche Weingüter laden zu einem Besuch ein

EXTRA

Weinernte bedeutet Handarbeit

chen Fällen so groß, dass zwei Menschen bequem in ihnen Platz finden. Bei der Geburt eines Sohnes gebietet es die Tradition, einen Kvevri mit neuem Wein zu füllen, der dann bis zur Hochzeit des Jungen reift. Jährlich werden in Kachetien einige solcher alten Weine getrunken.

Die beste Zeit für eine Reise in diesen Teil Kachetiens ist der Herbst, wenn ab der zweiten Septemberhälfte die Weinernte beginnt und in den Dörfern die Feste des Weines - Rtweli - mit der Verkostung des noch jungen Rebensaftes gefeiert werden.

Wenn auch die kachetinischen Winzer in den letzten Jahrzehnten einige Katastrophen erleben mussten - so durch die Antialkoholkampagne unter Gorbatschow und vor zehn Jahren durch das Einfuhrverbot georgischer Weine nach Russland - ist die Tradition ungebrochen (→ S. 120).

Empfehlenswerte Weingüter mit eigenem Restaurant und Weinkellern sind unter anderen:

Weingut Schuchmann in Kisiskhevi: zwischen Tsinandali und Telavi, www.schuchmann-wines.com. Burkhard Schuchmann stammt aus Deutschland und beschloss 2007, sich nach einer ersten Bekanntschaft mit Georgien und Kachetien, für den Weinanbau in Georgien zu engagieren - sowohl mit den traditionellen Methoden als auch nach westlichen Standards. Außerdem setzt er sich für die Ausbildung der georgischen Winzer ein. Einige seiner Weine haben inzwischen national und international Anerkennung gefunden. Zu seinem Weingut gehören ein Restaurant und ein Hotel (DZ ab 80 Euro, inklusive Vollpension, Ausflügen zu den Weinbergen und Degustation).

Twins Old Cellar in Napareuli: www.cellar.ge. Dieses imposante Weingut, auf dem im Mai 2014 der georgische Agrarminister auch ein Weinmuseum eröffnete, gehört den Zwillingsbrüdern Gia und Gela Gamtkizulashvili. Es umfasst Hotel, Weinkeller und informative, englisch geführte Weintouren. Interessierte können sich von Dezember bis Juni an der Rebenpflege und bei Reparaturarbeiten bzw. im September und Oktober an der Weinlese und Traubenpressung beteiligen.

Weinhaus Gurjaani (→ S. 211). **Weingut Nunu Kardenakhlishvili** (→ S. 211). **Old Town Studio** (→ S. 207). **Winzerbetrieb Telavi Wine Cellar** (→ S. 216). **JSC Kindzmarauli** (→ S. 225).

Telavi und Umgebung

Telavi ist heute die Hauptstadt Kachetiens. Ihre Ursprünge gehen auf mehr als 1000 Jahre vor Christus zurück; von ihrer Existenz wissen sowohl griechische als auch römische Quellen zu berichten. In der Umgebung wachsen Maulbeerbäume, an deren Blättern Seidenraupen gezüchtet werden. Und auch die georgischen Platanen gedeihen in Telavi besonders prächtig.

Telavi war Residenz der kachetinischen Könige, nicht aber, oder zumindest nur kurzzeitig, Hauptstadt des Königreiches. Der kachetinische Thron selbst stand in Gremi.

Aus den Zeiten, da Telavi eine entscheidende Rolle im Leben Kachetiens spielte, stammen die **Ruinen der Zitadelle** Botanisziche. Von ihren Mauern eröffnet sich an sonnigen Tagen ein phantastisches Panorama auf das in einen durchscheinenden blauen Schleier gehüllte Alazani-Tal, in dem eingesprenkelt die Dörfer, Burgen, Klöster und Kirchen liegen.

Erhalten geblieben ist auchdie **Residenz Iraklis II.**, die in ihrer architektonischen Komposition unzweifelhaft persische Einflüsse verrät. Das dem König gewidmete Denkmal gehört zum Erbe sowjetischer Bildhauerei. Am Schloss befindet sich auch ein kleines **Museum für Geschichte und Ethnographie** sowie die **Gemäldegalerie Ketevan Jashvili**. Die Namensgeberin der Galerie war eine in Telavi praktizierende Ärztin, die die ca. 200 Gemälde aus ihrem Familienbesitz der Stadt vererbte.

An den Hängen des südlichsten Ausläufers der Gombori-Berge gelegen, sieht Telavi aus dem Tal betrachtet aus, als würden die Häuser im Grün der Gärten und Weinreben ertrinken. Einen vollständigen Eindruck erhält man deshalb am besten aus der Höhe, von einer der Straßen, die in die historisch bedeutsamen Orte und die vielen Dörfer in ihrer Umgebung führen. Sie umschließen die Stadt wie ein breiter Gürtel, in dessen Ornamenten sich die Geschichte Georgiens und Kachetiens spiegelt. Um alle diese Klöster, Dörfer und Kirchen zu besichtigen, empfiehlt es sich, einige Tage in Telavi zu verweilen. Und nicht allein der historische Kontext wird dem Genießer gefallen, sondern auch das Tal selbst, in dem bereits im Juni aromatische Früchte reifen und die Luft das ganze Jahr über von einer nahezu berauschenden Frische und Reinheit ist.

Telavi

Vorwahl: +995/(0)350

Touristeninformationszentrum (TIC), am Erekle-Platz im Zentrum, in dem etwas nach hinten versetzten Haus mit dem weißen Balkon (1. Etage). Mit Souvenirshop.

Lokale Reiseagentur: **Elgitour**, Erekle-II.-Straße, www.elgitour.ge. Nur im Sommer geöffnet.

Es gibt zwei Busbahnhöfe, die beide nur wenig nördlich des Stadtzentrums liegen.

Marschrutka-Abfahrten vom **neuen Busbahnhof** (gleich hinter dem Markt an der Alazani-Straße):

Lagodekhi an der Grenze zu Aserbaidschan bzw. zum gleichnamigen Naturschutzgebiet: um 7.30, 8.30, und 13.30, 6 Lari, ca. zwei Stunden Fahrtzeit.

Napareuli: zwischen 8 und 18 Uhr etwa stündlich, 2 Lari, ca. 45 Minuten Fahrtzeit.

Tsnori (über Gurjaani): in den Morgenstunden zwischen 7.30 und 8.30 Uhr, 4 Lari, ca. 75 Minuten Fahrtzeit.

Marschrutka-Abfahrten vom **alten Busbahnhof** (200 m nördlich des neuen Busbahnhofs)

Alaverdi (Kathedrale): zwischen 8.45 und 17.15 etwa alle halbe Stunde, 1,30 Lari, ca. 30 Minuten Fahrtzeit.

Alvani (Anreise nach Tuschetien) zwischen

8.45 bis 17 Uhr bei Bedarf, 1,30 Lari, ca. 45 Minuten Fahrtzeit.

Kvareli (Anreise nach Gremi und Kloster Nekresi) zwischen 9.30 Uhr und 17.30 Uhr, 3 Lari, ca. halbstündlich, ca. 90 Minuten Fahrtzeit,

Lagodekhi (siehe oben), 15 Uhr, 6 Lari, ca. zwei Stunden Fahrtzeit.

Sighnaghi: um 17.30 Uhr, 4,5 Lari, ca. 100 Minuten Fahrtzeit.

Tsinandali: von 7.30 bis 17 Uhr ca. halbstündlich, 1 Lari, ca. 15 Minuten Fahrtzeit.

Tsnori: (siehe oben), 13.30 Uhr, 4 Lari, ca. 75 Minuten Fahrtzeit.

Nach Tbilisi (auf dem Weg liegen die Klöster Neu- und Alt-Shuamta): Abfahrt von einem Platz unterhalb des Neuen Busbahnhofs, zwischen 8 und 18 Uhr jeweils zur vollen Stunde, 7 Lari, ca. 2 Stunden Fahrtzeit. Ein Taxi nach Tbilisi kostet 50 bis 60 Lari; finden sich mehrere Fahrgäste zusammen, so teilen sie sich diesen Betrag. Weitere Auskünfte im TIC.

Hotel Alazani Valley, Alazani-Str. 75, Tel. +995/350/274144, www.elgitour.ge. 15 Zimmer, 25–60 Euro mit Frühstück. Internetanschluss, eigener Parkplatz.

Hotel Rcheuli Marani, Chavchavadze-Str. 154, Tel. +995/32/2483030, Fax + 995/350/273030, www.rcheuli.ge. Im georgischen Stil neuerbautes komfortables Hotel, das gegenwärtig beste vor Ort; DZ ab 50 Euro.

Gästehaus Tushishvili, Nadikvari-Str. 15 (im Zentrum), Tel. +995/350/271909, www.globalsalsa.com/telavi. Ein DZ ca. 20 Euro, man spricht Englisch und ein wenig Deutsch; empfehlenswert.

Privatunterkunft: **Nelly Tatelishwili**, Khonkadse-Str. 11, Tel. +995/599/581820. Pro Person und Übernachtung ca. 20 Euro. Mehrere geräumige Doppelzimmer, schöner Innenhof. Halbpension möglich, eigene Weinherstellung. Nelly spricht Englisch.

Gästehaus Milorawa, Elene-Akhvlediani-Str. 67, Tel. +995/350/271257, +995/599/737371, smilorawa@yahoo.com. Gästehaus auf zwei Etagen, ca. 18 Euro pro Person, Studentenrabatt von knapp 50 Prozent.

In Telavi leben die Menschen von der Hand in den Mund, weshalb es bisher kaum gastronomische Einrichtungen gibt. Man sollte deshalb, wenn man nicht weiß, wo man unterkommt, wenigstens etwas Proviant bei sich haben und ist ansonsten auf Vermieter angewiesen, die ihre Gäste auch beköstigen.

Telavi Wine Cellar, etwas nördlich, außerhalb der Stadt an der Straße nach Gremi und Kvareli, Tel. +995/350/236111, www.marani.co. Außer an Feiertagen und den Wochenenden bietet das Unternehmen täglich zwischen 10 und 16 Uhr Führungen, inklusive Degustation von Weinen, für 11 Euro pro Person (Gruppen ab vier Personen) an.

Ethnographiemuseum-Museum und Galerie sind von Di–So von 10–14 Uhr geöffnet. Der Eintritt kostet 5 Lari. Eintrittskarten gibt es an der kleinen Tür auf der rechten Seite des Palastes.

Ikalto

▲ Karte S. 209

Verlässt man Telavi auf der nach Westen führenden Straße in Richtung Akhmeta, gelangt man nach circa 12 Kilometern an einen nach links abzweigenden, auch in Englisch ausgeschilderten Fahrweg, der nach Ikalto führt.

Die Geschichte des Klosters reicht bis ins 6. Jahrhundert zurück. Gegründet wurde es von einem der bereits mehrfach erwähnten 13 syrischen Prediger, Senon, weshalb das Kloster nach dessen Kanonisierung zunächst auch den Namen des heiligen Senon erhielt. Zu seinem Besitz

Die Christi-Verklärungs-Kirche im Kloster Ikalto

gehörten ausgedehnte Ländereien. Die Mönche sorgten sich neben ihrem und der Bauern Seelenheil mit der gleichen Inbrunst um die Viehzucht, bauten Getreide an und kelterten Wein.

Der Wein war des Klosters Ruhm, der in den Legenden bis heute fortlebt. Es heißt, dass die Mönche nicht nur mit neuen Sorten und Anbaumethoden experimentierten, nicht nur Weine verschiedener Jahrgänge und Arten miteinander verschnitten und mit Bergkräutern anreicherten, sondern auch aus Keramikröhren bestehende Leitungen verlegten, durch die der frische Saft der Trauben von den entfernteren Hängen ins Kloster gelangte. Eine ebensolche ›Pipeline‹ soll auf einer Länge von 14 Kilometern das Kloster mit Telavi verbunden haben, wo die Mönche vor Ort ihren Wein verkauften. Einige der auf dem Gelände von Ikalto gefundenen Überreste der im Erdboden vergrabenen Tonbehälter (›Kvevri‹) hatten ein Fassungsvermögen von mehr als 1000 Litern. Es bedarf keiner übermäßigen Phantasie, um sich vorzustellen, wie das Leben der Mönche angesichts solcher Versuchungen verlaufen sein muss.

Der Grundstein zur **Christi-Verklärungs-Kirche** auf dem Gelände des Klosters wurde im 8. Jahrhundert gelegt, angeblich über dem Grab des heiligen Senon. Im 10. und 11. Jahrhundert entstand auf den Grundmauern der ersten Kirche der heutige Kreuzkuppelbau, der im 18. und 19. Jahrhundert erneuert und geringfügig modifiziert wurde.

Die Seitenwände der Kirche bestehen aus mit Mörtel verbundenen Feldsteinen unterschiedlicher Größe und Gestalt. Sie würden der Kirche ein schludriges Aussehen verleihen, wäre da nicht der Putz, der sie schützt und der die die asketische Einfachheit der georgischen sakralen Architektur unterstreicht. Die Kuppel der Kirche fügt sich in bewundernswerter Harmonie in die Proportionen des Bauwerks ein, was man von dem Glockentürmchen über dem Eingangstor des Klosters, das beträchtlich später hinzugefügt wurde, nicht sagen kann.

Neben der Christi-Verkündigungskirche befinden sich auf dem Gelände des Klosters zwei weitere Kirchenbauten aus dem 12./13. Jahrhundert: die **Dreifaltigkeitsbasilika** und eine kleine **Allerheiligen-Kapelle**.

Die Vielzahl der Kirchenbauten mag sich aus der Geschichte erklären, die dem Kloster eine über seine mönchische Bestimmung hinausgehende Bedeutung verlieh, als Davit der Erbauer es in eine **Akademie** umwandelte, die neben Gelati im Westen des Landes zur kulturellen und wissenschaftlichen Blüte Georgiens beitragen sollte. Zu ihrem ersten Rektor berief König Davit einen der angesehensten Wissenschaftler seiner Zeit, Arsen Ikaltoeli, dessen Namen die Akademie heute trägt. Neben den theologischen Wissenschaften wurden hier Mathematik, Astronomie und Philosophie sowie byzantinische und georgische Literatur gelehrt. Die Laboratorien Ikaltos waren berühmt für die Neuerungen im Weinbau und die von den Mönchen hergestellten Kräutermixturen. Schon bald nach ihrer Gründung entbrannte zwischen ihrem Rektor und dem Oberhaupt der Akademie von Gelati, Johann Petrizi, ein dogmatischer Streit. Arsen Ikaltoeli, dessen Dogmatikon zu den grundlegenden Schriften der georgischen Kirche gehört, widersetzte sich dem in Gelati gelehrten Neoplatonismus und verteidigte vehement die Weltabgewandtheit der Kirche. Der von ihm vertretene Ansatz führte schon bald zum Verlust an Bedeutung Ikaltos, das sich in ein gewöhnliches Priesterseminar verwandelte, während Gelati noch lange Jahre die Rolle einer geistlichen und weltlichen Akademie spielte.

In Ikalto erhielt gut ein halbes Jahrhundert nach Gründung der Akademie einer der berühmtesten Georgier seinen ersten literarischen Schliff: Shota Rustaveli. Man weiß nur wenig über das Leben des Dichters, aber es wäre zumindest vorstellbar, dass die Erfahrungen des klösterlichen Lebens in Ikalto ihn später dazu bewogen, seine letzten Lebensjahre im Kloster von Jerusalem zu verbringen. Dort zumindest fand man 1960 eine Freske, die eindeutig als Porträt des Dichters identifiziert wurde und ihn betend, im Talar eines hochrangigen Priesters, zeigt.

▲ Karte S. 209

Unterirdisches Weinlager in der Akademie von Ikalto

Die Akademie von Ikalto existierte bis 1616. In jenem Jahr wogten die Heerscharen von Schah Abbas wie eine Feuersbrunst über Kachetien, und das einzige, was nach dem Abzug der Perser übrigblieb, sind die malerischen Ruinen der in den letzten Jahren renovierten Gemäuer.

Shuamta

Ikalto liegt an einem den nördlichen Hänge des Gomborigebirges, und man hat von seiner Höhe einen herrlichen Blick auf das Alazani-Tal und die sich an seiner gegenüberliegenden Seite in die Höhe reckenden Gipfelketten des Großen Kaukasus. Die Klosteranlagen von Shuamta liegen noch höher in den Gombori-Bergen. Um sie zu erreichen, kehrt man in Richtung Telavi zurück. Etwa zwei Kilometer vor der Stadtgrenze biegt man nach rechts ab, auf die nach Kobadse, dann zum Gombori-Pass und weiter nach Tbilisi führende Straße. Nach einigen Kilometern weist ein Hinweisschild nach links in Richtung der Klosteranlagen des Unteren und Oberen Shuamta. Beide Klöster liegen in einem engen Tal, dessen gelblichbraune, von Gräsern und Hecken bewachsenen und von Wäldern umrahmten Felswände steil in die Höhe ragen. Ihnen verdankt Shuamta (dt. : zwischen den Bergen) seinen Namen. Das Neue (Untere) Shuamta liegt im Tal; das Alte Shuamta erreicht man über einen serpentinenreichen, von Buchen, Eichen und Kastanien beschatteten Weg, bis die Bäume zurücktreten und der Blick sich über eine Wiese und das Tal hinweg zu den blau gestaffelten Ketten des Großen Kaukasus öffnet. »Allein diese verzauberte Wiese lohnte träumendes Verweilen, doch sie ist nur der Rahmen für ein Bauensemble, das mit unbegreiflicher Sicherheit in die Landschaft gesetzt, die unbewusste Natur dazu bringt, menschliche Augen aufzuschlagen.« (A. Renz)

Vom Abzweig bis zum Neuen Kloster sind es ca. zwei Kilometer und von dort aus noch einmal ca. drei Kilometer bis nach Alt-Shuamta. Zu erreichen sind die Klöster entweder mit der Marschrutka von Tbilisi über den Gombori-Pass in Richtung Telavi oder in umgekehrter Richtung von Telavi. Man sollte dem Fahrer Bescheid geben, am Wegweiser anzuhalten. Oder man nimmt von Telavi ein Taxi (15–20 Lari), zum Beispiel durch Vermittlung des Touristeninformationszentrums TIC.

Alt-Shuamta

Gleich Ikalto und so vielen anderen für die Kirchen- und Landesgeschichte bedeutsamen Orten, geht auch das Alte Shuamta (Dtsveli Shuamta) auf das Wirken eines der 13 syrischen Prediger zurück. Der Name des Gründers ist nicht bekannt, wie auch heute niemand mehr weiß, wann es zum Nonnenkloster wurde. Versteckt zwischen den Bergen und fernab der Handelsstraßen, bot das Kloster im Angesicht drohender Gefahr den Frauen aus der Umgebung Unterschlupf. Dessen ungeachtet ist es mehrmals in den rund 1000 Jahren seines Bestehens geplündert und niedergebrannt worden, besonders häufig während der persisch-osmanischen Kriege. Aus jenen Jahrzehnten berichten die Chroniken von an den Nonnen und den im Kloster Zuflucht suchenden Frauen verübten Gräueltaten. Viele Frauen sollen keinen anderen Ausweg gesehen haben, als sich lebendigen Leibes von den Zinnen der Klostermauern in die Tiefe zu stürzen.

Das endgültige Schicksal des Alten Shuamta aber besiegelte die kachetinische Königin Tinatin (1520–1574), die zu seinen Füßen ein neues, das Untere Kloster, bauen ließ. Die oben gelegene Anlage geriet mit den Jahren in Vergessenheit, so lange zumindest, bis man sich erneut seiner für die Geschichte bedeutsamen Rolle besann. 1939 begannen die Restaurationsarbeiten, die ihr neues Leben als architektonisches Denkmal einer versunkenen Zeit verliehen.

Die typisch kachetinischen Wehrmauern aus grob behauenen Steinen verschiedener Größe und Form umschließen drei im gleichen Stil errichtete Kirchen, von denen eine jede ihre Zeit repräsentiert.

Alt-Shuamta

Das älteste der Gotteshäuser ist die Dreikonchen-Basilika bzw. ihre Ruinen. Die Seitenschiffe sind durch geschlossene Wände voneinander getrennt, was charakteristisch ist für die frühe Periode des georgischen Kirchenbaus, ebenso wie die vier einfachen Säulen und die drei von ihnen eingefassten Rundbögen, die das zentrale Kirchenschiff von der Altarapside trennen. Die zweite, im nördlichen Teil des Areals befindliche Kirche erinnert mit ihren vier Seitenapsiden an Jvari bei Mtskheta, während die dritte Kirche im Osten, ein Kreuzkuppelbau, die jüngste der drei Schwestern ist und deshalb wohl auch am besten erhalten. Die Fresken in allen drei Kirchen stammen, wie die Gotteshäuser selbst, aus verschiedenen Jahrhunderten und lassen 1000 Jahre georgischer Kunst und Geschichte lebendig werden.

Neu-Shuamta

Das Neue Shuamta (Akhali Shuamta) entstand 1000 Jahre nach dem Alten. Seither hatten sich in der georgischen Architektur einige Veränderungen vollzogen, die sich im Vergleich mit den oben gelegenen Bauten anschaulich nachvollziehen lassen. Der zentrale Bau des Neuen Shuamta ist eine ›klassische‹ Kreuzkuppelkirche, mit den für die Spätzeit der georgischen mittelalterlichen Baukunst charakteristischen schlanken Proportionen und den großen Kreuzen, die als beherrschender Blickfang in die Fassaden eingelassen sind. Auf persische Einflüsse geht die Verkleidung der Kuppel mit blauen Kacheln zurück, von denen Reste bis heute überdauert haben. Solche Kacheln wurden in der georgischen Architektur erstmals in Kachetien verwandt. Sie nahmen der Kirche ihre asketische Strenge und näherten sie in ihrer Wirkung der weltlichen Architektur an. Eindrucksvoll sind die erhaltenen Fresken im Innenraum, besonders im unteren Bereich. Wie die Kirche selbst stammen sie aus der Mitte des 16. Jahrhunderts. Von der Westwand des südlichen Seitenschiffes blicken die Stifterin des Klosters, die kachetinische Königin Tinatin, ihr Gatte, König Lewan I., und Sohn Alexander in den Kirchenraum. Königin Tinatin liegt in der Kirche begraben, neben den Chavchavadzes, die sich im 19. Jahrhundert um den Erhalt des Klosters verdient gemacht hatten und deshalb das Anrecht auf eine Familiengruft erhielten.

Die Georgskirche von Alaverdi wirkt wie eine Erscheinung

▲ Karte S. 209

Alaverdi ist von einer wehrhaften Mauer umgeben

Der Wehrturm auf dem Gelände des Klosters diente der königlichen Familie während ihrer Aufenthalte in Shuamta als Wohnort, ebenso wie als Gästehaus für hochrangige Gesandte.

Alaverdi

Nordwestlich von Telavi, hinter dem Abzweig nach Ikalto, biegt eine Landstraße nach rechts in das Zentrum des Alazani-Tals ab. Der Weg ist zu beiden Seiten von Bäumen bestanden, jenseits derer sich bis zu den Füßen der Bergketten im Norden Felder ausbreiten. Plötzlich taucht in Fahrtrichtung ein heller Fleck auf, der größer wird und ausschaut wie ein Schwan, der sich im blauschimmernden Gewässer eines imaginären Sees niedergelassen hat. Doch was einem bei klarem Sonnenwetter als flimmernde Wasseroberfläche erscheint, ist die Ebene, und der Schwan verwandelt sich bald in das von einer wehrhaften Mauer umschlossene Alaverdi, das Schmuckstück kachetischer sakraler Baukunst und das neben Sveti Tskhoveli in Mtskheta, der Bagrati-Kathedrale in Kutaisi und der Gottesmutter-Kirche von Gelati erhabenste Gotteshaus in Georgien.

Die **Kirche des heiligen Georg** war mit ihren 51 Metern bis zur Weihung der Sameba-Kathedrale 2004 in Tbilisi nicht nur der höchste georgische Kirchenbau, sondern auch der in seinen Proportionen feingliedrigste. Erbaut wurde sie im 11./12. Jahrhundert, während des Goldenen Zeitalters der georgischen Geschichte und Kultur. Die äußere Zurückhaltung und Bescheidenheit unterstreichen das Erhabene und Feierliche dieses in das von Bergen gerahmte Tal gesetzten Bauwerkes. Seine aus Feldsteinen errichteten Seitenwände waren einstmals mit sandsteinfarbenen Platten verkleidet.

Wie die meisten der georgischen Kathedralen ist auch Alaverdi von einer **Wehrmauer** umgeben, die angesichts ihrer robusten Wandung, der Strebepfeiler, der Zinnen und Schießluken nicht nur von symbolischem Wert war. Die Türme zu beiden Seiten des Eingangs und die mächtigen Tore unterstreichen den wehrhaften Eindruck.

Die Georgskirche ist ein Kreuzkuppelbau. Das durch Aussparungen in der Kuppel einfallende weiche Tageslicht erhellt den Innenraum in seinem Zentrum und verliert sich im Schatten der Seitenwände. Es hat den Anschein, als wichen die Mauern von dannen und verlören im Dunkel ihre Materialität, als bestünde die Kirche nur aus hohen, sich auf Licht stützenden Bögen.

Einst war Alaverdi berühmt für seine Wandmalereien. Überdauert haben nur **Reste der Fresken in der östlichen Apside**; die anderen litten nicht nur unter der Achtlosigkeit andersgläubiger Eroberer, sondern vor allem unter dem verheerenden Erdbeben von 1742.

Auf dem Kirchengelände, im Schutz der Wehrmauern, erbaute sich einer der persischen Statthalter Schah Abbas I. seine **Residenz**; das andere erhalten gebliebene

Gebäude stammt aus dem 17. Jahrhundert und diente den georgischen Bischöfen als Wohnstatt.
Jährlich am letzten Sonntag im September ist Alaverdi traditionell Schauplatz eines der berühmtesten georgischen Feste, an dem Menschen aus dem ganzen Land, unabhängig von Nationalität und Glaubensbekenntnis, teilnehmen. Bei Strömen von jungem Wein, gegrilltem Fleisch und Bergen von Obst und Gemüse feiern die Menschen die neue Ernte und danken Gott bzw. den Göttern für den gespendeten Segen. Wer an diesem Tag nach Alaverdi kommt, wird kein Fremder bleiben, sondern mit offenen Armen begrüßt und eingeladen, an der ungetrübten Lebensfreude teilzuhaben.

Festung Gremi

Wie erwähnt, war die eigentliche Hauptstadt Kachetiens Gremi, eine Stadt am Rande des Alazani-Tals, zu Füßen des Großen Kaukasus. Nach Gremi gelangt man, aus Telavi kommend, über die nach Kurdgelaurigremi und weiter nach Kvareli führende Straße. Hinter der Brücke über den Alazani, circa 15 Kilometer von Telavi entfernt, biegt rechts die Straße nach Gremi ab, das man von hier aus nach wenigen Minuten Fahrt erreicht.
Der Blick von Gremi auf die Hänge des Kaukasus ist malerisch. Die über der Stadt thronende winzige Festung scheint der von der Natur geschaffenen majestätischen Bergwelt Paroli bieten zu wollen; aber nicht vor den Gipfeln sollte sie schützen, sondern vor den Menschen.
Gremi war seit Urzeiten ein befestigtes Bergdorf, das sich König Giorgi II. nach der Trennung Kartlis und Kachetiens, in der Mitte des 15. Jahrhunderts, als Hauptstadt erwählte. An den Hängen des Großen Kaukasus und etwas abseits der traditionellen Handelswege gelegen, bot der Ort zuverlässigeren Schutz als

Die Festung Gremi

Telavi, das leicht zu belagern war. König Giorgi befahl den Bau einer Festung, und bereits Ende des 15. Jahrhunderts berichten die Chroniken davon, dass sich der ehemals verschlafene Ort in eine geschäftige Metropole des jungen Königreiches verwandelt hatte. Eine große Zukunft war der Stadt nicht vergönnt, aber die kurze Periode der Blüte schuf der Nachwelt die Respekt gebietende Zitadelle und eine Ahnung von den Wechselfällen der Geschichte.
Der Weg zur Festung ist steil; man erreicht sie nur zu Fuß. Der **Eingang** führt über eine zwischen zwei mächtigen Türmen angelegte Treppe. Die beiden Türme stützen sich auf zwei Felsvorsprünge, wie ein sich seines Sieges gewisser Boxer sich mit den Ellbogen auf die Seile des Boxrings stützt. Doch leider, die Siegesgewissheit Gremis verwandelte sich in Resignation, als die Erben der Erbauer feststellen mussten, dass die Gemäuer zwar den Pfeilen, Lanzen und Rammspornen von Belagerern standhielten, nicht aber den Geschützen der Krieger von Schah Abbas, die 1615 Gremi zerstörten und die Zitadelle eroberten. Alle Bewohner, die sich nicht rechtzeitig

▲ Karte S. 209

in Sicherheit gebracht hatten, wurden nach Persien vertrieben und gezwungen, zum Islam überzutreten. Die Festung zu zerstören gelang den Eroberern nicht, aber ihre militärische Bedeutung hatte sie eingebüßt.

Aus den Gemäuern ragt die Spitze der **Erzengel-Kirche** hervor, die auf einem Plateau innerhalb der Zitadelle erbaut wurde. Errichtet unter König Levan I. (1520–1574), ist sie ein typischer Kreuzkuppelbau und faktisch eine Schwester der Kirche in Neu-Shuamta. Die Erzengel-Kirche, die **Ruinen des Königspalastes**, der mit einem **Glockenturm** aus dem 19. Jahrhundert überdachte Turm, die kleine **Kirche der Entschlafenen Gottesmutter** und das Grün der Bäume sind neben der Stille alles, was von der einstigen Zwingburg erhalten blieb. Die Stille aber ist von einer besonderen Art. Es ist, als wäre die Zeit mit dem Brand Gremis und dem Wehklagen der vertriebenen Bewohner der Stadt eingefroren und würde den Besucher von heute an das Leid, den unerbittlichen Verlauf der Geschichte und, wenn man so will, des Schicksals, erinnern wollen.

Wer die kleine Mühe nicht scheut, den Turm zu ersteigen, wird mit einem wunderschönen Rundblick auf die Berge , Täler und Ebenen Kachetiens entschädigt. Im Erdgeschoss befindet sich ein kleines **Museum**, zu deren Sammlung Artefakte aus der Bronzezeit gehören.

Gremi wurde in den letzten Jahren umfassend restauriert und gehört seit 2007 zum Weltkulturerbe der UNESCO.

Anfahrt: siehe Nekresi.

Kloster Nekresi

Höher noch als Gremi gelegen ist das Kloster Nekresi. Der Aufstieg nach Nekresi beginnt in dem kleinen Ort Sabue, einige Kilometer hinter Gremi, und erfordert festes Schuhwerk sowie ein wenig Anstrengung, die belohnt wird durch den Anblick eines der ältesten und kompaktesten klösterlichen Ensembles in Georgien.

Die **Basilika** datiert aus der ersten Hälfte des 4. Jahrhunderts und ist damit einer der ältesten georgischen Kirchenbauten. Nur zwei der einst drei Kirchenschiffe haben die Zeiten überdauert. Im 8. und 9. Jahrhundert wurde die Basilika bau licher Teil des Bischofspalastes und verlor dadurch ihr linkes Seitenschiff. Die Wirkung, die der Bau erzielt, ist zweideutig: Einerseits fasziniert das aus ihr sprechende asketische Selbstbewusstsein einer noch jungen Religion, andererseits vermittelt sein Anblick ein Unbehagen, das aus der Ahnung oder dem Wissen um die Unnachgiebigkeit einiger der ersten Missionare entsteht.

Auch Nekresi steht mit dem Wirken der 13 syrischen Prediger im Zusammenhang. Vater Abibos, der bis in diesen entfernten Winkel Kachetiens gewandert war, gründete hier ein Kloster und mühte sich, das Heidentum der Kachetiner mit Stumpf und Stiel auszurotten. Eigenhändig verlöschte er die Flamme eines in der Nähe befindlichen zoroastrischen Tempels. Von den Priestern ob des Frevels verurteilt, wurde er zu Tode gesteinigt.

Zum Klosterensemble gehören auch die auf einem Berghang stehenden **Ruinen einer Dreikonchen-Basilika** aus dem 6./7. Jahrhundert. Sie ähnelt der Anchiskhati-Basilika in Tbilisi. Die Fresken im Innern stammen in Komposition und Farbigkeit aus der Zeit um die Jahrtausendwende, wurden aber in späteren Jahrhunderten mehrmals übermalt.

Eine **weitere Kirche** steht jenseits der Klostermauern. Sie stammt aus der Zeit des Baus des Bischofspalastes und ist ein kurioses Stück Architektur einer Übergangsperiode, als die klassische Basilika der Kreuzkuppelbauweise wich. Was entstand, ähnelt dem einen und dem anderen, hat aber mit beiden nicht viel zu tun, da sich die klassischen Proportionen von Basilika und Kreuzkuppel zu sehr voneinander unterscheiden, um sie miteinander zu verschmelzen. So wirken die sich zylindrig aus dem Bau schälende Kuppelbasis und die sich auf ihr erhebende sechskantige, von einer echten Wölbung Generationen entfernte Kuppel mit ihren hohen Lichtnischen eher improvisiert denn einem künstlerischen Programm folgend. Der Architekt dachte noch nicht an eine der Kuppel einzig gerecht werdende quadratische Grundfläche, aber man mag sein Bemühen um Neuerung bewundern, ebenso wie seinen ›typisch‹ kachetinischen Starrsinn, mit dem er sich bemühte, sein gestelltes Ziel zu erreichen.

Wie auch in Gremi gesellte sich im 16. Jahrhundert ein **Wehrturm** zum Kirchenensemble, der auch als Wohnraum genutzt wurde. Von seiner Höhe öffnet sich ein noch majestätischeres Panorama Kachetiens und des Kaukasus als vom Turm der Zitadelle in Gremi.

Neben den beschriebenen historischen Denkmalen trifft man in Kachetien auf

Eines der ältesten Klöster des Landes: Nekresi

Im Lagodekhi-Naturpark

Schritt und Tritt auf die Ruinen vieler weiterer Festungen und Kirchen. Unweit von Alaverdi befinden sich die Überreste einer einst mächtigen Zitadelle der Bagratiden-Könige; auf andere, kleinere Burgen stößt man in Kvareli, Bochorme, Kvereti und anderen Orten. Und überall wird sich jemand finden, der dem Besucher von den Ruinen und ihrer Geschichte und dem Leben in jenen fernen Zeiten zu erzählen vermag.

Anfahrt: Nach Gremi bzw. Nekresi kommt man am besten mit der **Marschrutka von Telavi in Richtung Kvareli**. Zum Kloster Nekresi verkehrt im Sommer eine Marschrutka aus dem Tal; letzte Rückfahrt ca. 17 Uhr. Alternative: mit dem **Taxi von Telavi**, ca. 15 bis 20 Lari pro Tour, inklusive Wartezeit.

Kvareli

Ausgangspunkt für Ausflüge nach Gremi und Nekresi könnte auch Kvareli sein. In diesem etwas mehr als 8000 Einwohner zählenden Städtchen zu Füßen des Großen Kaukasus wurde 1837 der Schriftsteller und Dichter Ilja Chavchavadze geboren; sein Geburtshaus ist heute ein **Museum**. Bekannt ist der Ort für seinen

▲ Karte S. 209,

halbtrockenen Wein mit dem Namen Kindzmarauli, einer der in der Sowjetunion beliebtesten Marken. Die **Weinkelterei** in Kvareli war einer der ganz wenigen sowjetischen Staatsbetriebe, die den Übergang in die Marktwirtschaft nahezu unbeschadet überstanden haben. Unter Gorbatschow wandelte die Belegschaft das marode Unternehmen in eine Genossenschaft um, aus der mit den Jahren eine Aktiengesellschaft wurde. Fast die gesamte Produktion geht in den Export, davon knapp die Hälfte in die Ukraine, aber auch in die USA, Holland, Deutschland, China, Japan und Südafrika. Die Weinkeller und Produktionsanlagen können besichtigt werden. Seit 2013 gehören zum Unternehmen ein Hotel, ein Hostel und ein Restaurant.

Kvareli

Vorwahl: +995/(0)352.
Touristeninformationszentrum (TIC), Rustaveli-Str. 8, Tel. +995/352/221340, 223050, +995/558/133155 (Tinatin Avazashvili).

Hotel Chateau Kvareli, Kudigira-Str. 1a, Tel. +995/790/924090, +995/599/466595, info@chateaukvareli.ge, www.chateaukvareli.ge. Gehört zur Kooperative Kindzmarauli, mit sehr schönem Gartenrestaurant, 26 DZ für jeweils ca. 45 Euro; die Unterkunft im **Hostel** (hinter dem Hotel) ist bedeutend billiger.

Der Naturpark von Lagodekhi

Folgt man der S 5 von Tbilisi in Richtung der aserbaidschanischen Grenze, gelangt man in der Gegend des Städtchens Lagodekhi zum gleichnamigen Naturpark an den Hängen der Vorberge des Kaukasus. Hier gedeihen dutzende typisch kaukasische Pflanzenarten in einer einzigartigen und urwüchsigen Mannigfaltigkeit. Zusammen mit dem dagestanischen Tlyarata-Schutzgebiet (Russische Föderation) und dem aserbaidschanischen Zakatala-Naturreservat entstand hier zudem ein grenzüberschreitender Rückzugsraum für den Ostkaukasischen Steinbock.
Außerdem war Lagodekhi Schauplatz einer wichtigen Episode der kaukasischen Naturwissenschaftsgeschichte. Der Pole Ludwik Franciszek Młokosiewicz ließ sich hier im vorletzten Jahrhundert nach einem wechselvollen Leben nieder. Er war zwar kein ausgebildeter Naturwissenschaftler, aber als interessierter Laie sammelte er akribisch Pflanzen und Tiere. Diese schickte er zur wissenschaftlichen Untersuchung an europäische Institute. Es stellte sich heraus, dass einige der von Młokosiewicz gesammelten Lebewesen eigene, bisher unbekannte Arten waren. So wurde er Namensgeber für das Kaukasusbirkhuhn (*Tetrao mlokosiewiczi*) – heute ein Markenzeichen des Kaukasus. Bereits seit 1912 genießen die subtropisch beeinflussten Wälder aus Kastanie und Orientalischer Buche und in den höheren Lagen alpine Matten Schutz vor wirtschaftlicher Ausbeutung. Vom Dorf Ninigori aus lockt eine reizvolle Tageswanderung entlang des Flusses Ninoskhevi zu einem imposanten Wasserfall.

Lagodekhi-Nationalpark

Marschrutkas fahren mehrmals täglich von **Tbilisi-Isani** innerhalb von drei Stunden in die Dörfer Ninigori und Lagodekhi. Übernachten kann man bei Familien, z. B. bei Schuldirektor Simoni in Ninigori. Für weitere Infos zu Übernachtung, Transport, Aktivitäten und Zutrittsgenehmigung steht die **Georgische Agentur für Schutzgebiete** zur Verfügung (www.apa.gov.ge/en/).
Um den Nationalpark kennenzulernen, empfiehlt sich zum Beispiel der Veranstalter Kaukasus Reisen, der Touren zu Fuß und Pferd anbietet bzw. Übernachtungen organisiert, www.kaukasusreisen.de.

Tuschetien

Im Norden Kachetiens, in den Tälern des Östlichen Großen Kaukasus, jenseits eines in knapp 3000 Meter Höhe gelegenen Passes, befindet sich eine der spannendsten Hochgebirgs-Kulturlandschaften Georgiens: Tuschetien (Tusheti) – das Land der Schafe und Schäfer, des Käses und hochwertiger Wolle, an der Grenze zu Tschetschenien und Dagestan. Bewohnt wird es von den Tuschen, Nachfahren von im 4. Jahrhundert vor den Nachstellungen König Mirians III. vornehmlich aus Khevsuretien (Khevsureti), der Nachbarregion im Westen, geflohenen Bergbewohnern. Geflohen waren sie aus Widerwillen gegen ihre zwangsweise Christianisierung, und es dauerte noch Jahrhunderte, bis sie von den Vorzügen des christlichen Glaubens überzeugt werden konnten. Anders als in Swanetien im Westen des Kaukasus gibt es in Tuschetien nur eine einzige funktionierende Kirche, im Dorf Shenako. Dafür ist die Region reich an heiligen Orten, die von den bis heute lebendigen heidnischen Vorstellungen künden. Diese sogenannten ›khati‹ können Steinhaufen sein, die sich in der Umgebung der Dörfer oder auch in den Dorfzentren befinden bzw. heilige Haine und Wiesen an Berghängen. Frauen und Männer umgehen sie auf jeweils eigenen Wegen. Der Zutritt zu manchen Orten ist für Frauen tabu. Fremden wird, wenn sie sich in der Art der Annäherung oder Umgehung dieser Orte irren, der richtige Weg gewiesen.

Die Tuschen sind wie die Georgier generell gastfreundliche und Fremden gegenüber aufgeschlossene Menschen, doch auch ihre Gastfreundschaft endet dort, wo die Missachtung der eigenen Gesetze beginnt. Es gab in den letzten Jahren keinerlei Übergriffe auf Touristen, die Kriminalität tendiert gen Null, aber es kam vor, dass Besucher, deren Verhalten die Einheimischen nicht akzeptierten, nachdrücklich zum Verlassen des Gebietes aufgefordert wurden.

Erste menschliche Spuren einer Besiedlung der Bergregion stammen aus der Bronzezeit, die Mehrzahl der auch für Tuschetien charakteristischen **Wehrtürme** datieren aus dem 12. bis 13. Jahrhundert. Einige Familien haben das touristische Potential der steinernen Festungen erkannt und restaurieren die Wehrtürme; vielen aber droht der endgültige Verfall. Die Tuschen waren Untertanen der georgischen Könige. Sie galten als kühne und kampferprobte Soldaten. Im 16. Jahrhundert schenkte ihnen der kachetinische König Lewan, als Dank für ihre Waffendienste gegen die Perser, das Land im Alazani-Tal, in dem sich die Bergbewohner die Siedlungen Kvemo und Tsemo Alvani errichteten. Viele tuschetische Familien leben auch in Tbilisi und anderen Städten des Landes. Sie verbringen den Sommer in den Bergen und überwintern im Tal. Die wenigen, die bleiben, sind nach starken Schneefällen und Unwettern, wenn der Pass unpassierbar ist, oft über Wochen von der Außenwelt abgeschnitten.

Große Teile des Tuschetischen Berglandes sind als Naturpark, Schutzgebiet bzw. Reservat geschützt – insgesamt mehr als 120 000 Hektar (Tusheti Protected Areas). Die Verwaltung des Nationalparks befindet sich in Omalo, dem Verwaltungszentrum der Region. Zu den Naturdenkmalen gehören Pinien- und Birkenwälder. Viele seltene oder vom Aussterben bedrohte Tierarten leben in den Tälern und Schluchten, unter ihnen Bergziegen, Gämse, Wölfe, Luchse, Bären und der Anatolische Leopard, bzw. ziehen auf der Suche nach Beute ihre Krei-

▲ Karte S. 227

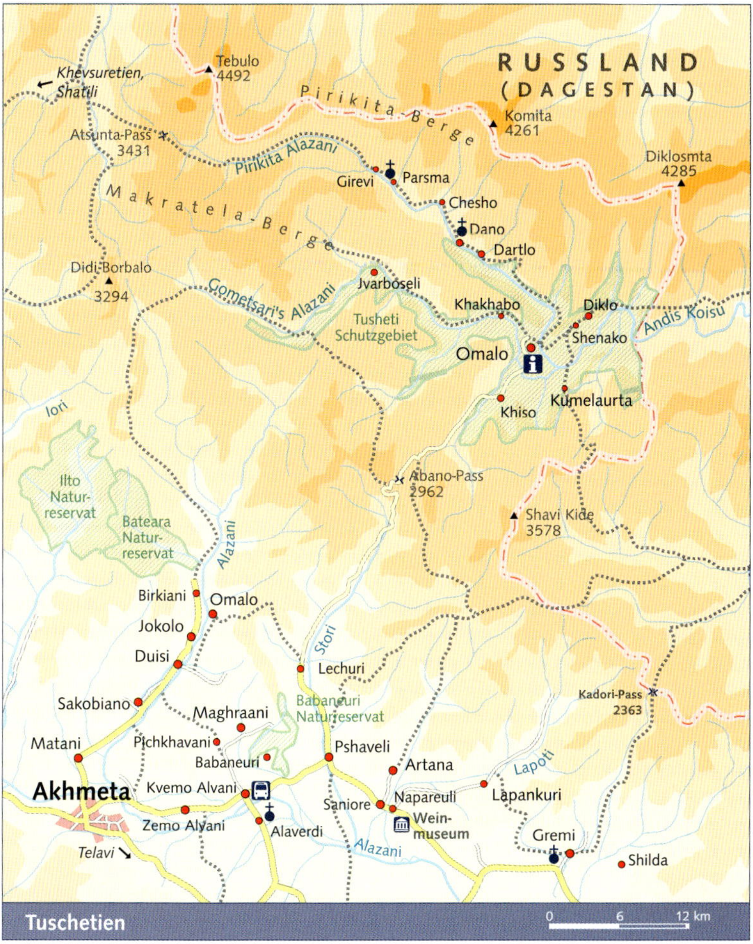

Tuschetien

se hoch über den Gipfeln, so Bartgeier, Falken und Steinadler. Zum Landschaftsbild gehören endlose Weideflächen, der allerorten die Hänge bedeckende Rhododendron, der im Juni blüht, unberührte Bergwälder, Felslandschaften und viele hundert Köpfe zählende Schafsherden, die von Hütehunden argwöhnisch bewacht werden.

Tuschetien ist ein Paradies für Trekking-Freunde. Die beliebteste Route führt aus Omalo ins chewsuretische Shatili (→ S. 263). Von Wanderungen auf eigene Faust raten die meisten Kenner des Landes ab, nicht nur wegen der fehlenden Wegmarkierungen und häufigen Wetterumschwünge, sondern auch weil die Hirtenhunde ihren ›Job‹ sehr ernst nehmen und jeden, der sich ihrer Herde nähert, angreifen. Auf die Dienste eines Bergführers sollte man deshalb keinesfalls verzichten, was zudem den Vorteil bringt, von diesem auch in Gegenden geführt zu werden, die man ansons-

Dartlo gilt als das schönste Dorf Tuschetiens

ten nur zufällig entdecken würde. Die hindernisärmste und informativste Art, Tuschetien zu erkunden, ist die Teilnahme an einer der von deutschsprachigen Reiseanbietern, wie zum Beispiel Kaukasus Reisen oder Georgien Insight, organisierten Trekking-Touren. Die Agentur Kaukasus Reisen bietet zudem Ende September an, gemeinsam mit den Schafshirten am Viehabtrieb teilzunehmen. Der Autor Bjørn Erik Sass beschrieb in der ZEIT 44/2010 seine Eindrücke von diesem Ereignis.

Anreise

Ausgangspunkt für eine Reise nach Tuschetien ist **Kvemo Alvani** am Rand des Alazani-Tals, etwa 20 Kilometer von Akhmeta und etwa 40 Kilometer von Telavi entfernt. Im Zentrum des Ortes halten die Marschrutki von und nach Tbilisi, Akhmeta und Telavi. Marschrutki aus Tbilisi nach Kvemo Alvani fahren vom Busbahnhof Ortachala morgens um 9 Uhr, 10 Lari, knapp drei Stunden Fahrtzeit. Sammeltaxi zum Preis von etwa 60 Lari (geteilt durch die Anzahl der mitreisenden Personen) fahren von der Metrostation Isani ebenfalls um etwa 9 Uhr morgens. Man sollte ca. eine Stunde vor Abfahrt dort sein, um einen Sitz zu erhaschen. Die letzte Marschrutka aus Kvemo Alvani nach Tbilisi fährt um ca. 16 Uhr. Im Zentrum des Ortes soll sich Informationen von Reisenden zufolge seit kurzem ein Touristeninformationszentrum (TIC) befinden, dessen Existenz jedoch auf der Hauptseite der Nationalen Tourismus Behörde nicht bestätigt ist.

Von Kvemo Alvani fahren Geländewagen nach **Omalo** (nicht mit dem nördlich von Akhmeta gelegenen Omalo im Alazani-Tal verwechseln). Für die 72 Kilometer brauchen sie 5 bis 7 Stunden, je nach Temperament des Fahres. Noch länger, ungefähr 8 Stunden, ist ein LKW unterwegs, der nahezu täglich morgens gegen 8 Uhr Güter nach Omalo transportiert. Ein Platz auf der Ladefläche kostet 25 Lari pro Person. Für die Fahrt mit dem Geländewagen werden insgesamt ca. 200 Lari verlangt; bei maximal 5 Passagieren sind das also mindestens 40 Lari pro Person. Vor allem sind es die kleinen, aber tüchtigen NIVA aus sowjetischer Produktion, die auf der Strecke unterwegs sind. Sie bieten max. drei Personen und zwei Rucksäcken Platz.

▲ Karte S. 227

Die Straße in die Berge ist unbefestigt, nur für allradgetriebene Fahrzeuge geeignet und gefährlich für all jene, die keine oder nur wenig Erfahrung im offenen bergigen Gelände haben. Das gleiche gilt für Motorradfahrer. In den Nationalparks sind Motorräder zwar nicht erlaubt, aber es gibt im Internet Erlebnisberichte von Abenteurern, die es bis Omalo geschafft haben.

Da die meisten Fahrzeuge Kvemo Alvani in den Morgenstunden verlassen, bietet sich, wenn man aus Tbilisi kommt, eine Übernachtung in der näheren Umgebung an, um dann am kommenden Tag in der Frühe rechtzeitig aufzubrechen.

Eine Möglichkeit wäre, zum Beispiel, in **Nazy's Gästehaus** im Pankisi-Tal, Dorf Jokolo, nordöstlich von Akhmeta, zu übernachten, nazy@nazysguesthouse.com, www.nazysguesthouse.com, ca. 25 Euro pro Person inklusive Frühstück. Der Vorteil wäre, dass die Besitzer gute Beziehungen zu den Fahrern nach Omalo und zu den Besitzern von Gästehäusern in Tuschetien besitzen. Das Dorf Jokolo ist mir der Marschrutka von Telavi und Akhmeta gut zu erreichen.

Das erste Drittel der **Trasse von Kvemo Alvani nach Omalo** führt durch dichte Wälder mäßig bergan. An der Waldgrenze beginnt der auch für die allradgetriebenen Wagen mühsame Aufstieg über endlose Serpentinen mit außerordentlich spitzen Kehren bis zum **Abano-Pass**, 2926 Meter über dem Meeresspiegel. Die Aussicht auf die Berglandschaft zu beiden Seiten des Tals ist atemberaubend, wenn nicht gerade Wolken oder Nebel über dem Sattel zwischen den Gipfeln hängen.

Blick auf das Bergdorf Omalo

Omalo und Umgebung

Hinter dem Pass geht es wieder ins Tal, bis Omalo, in ca. 2050 Meter Höhe über dem Meer. Kurz vor der Ortseinfahrt weist ein Hinweisschild auf das **Besucherzentrum des Nationalparks**, das sich linker Hand in einem Hain befindet. Hier erhält man Informationen zum Nationalpark, ggf. auch Karten für Touren. Die Mitarbeiter vermitteln Bergführer, Packpferde und Fahrzeuge. Es besteht die Möglichkeit, wenn vorrätig, Zelte, Ferngläser und Mountainbikes zu leihen, worauf man sich ohne vorherige schriftliche Zusage nicht verlassen sollte.

Vom Informationszentrum, in dem sich auch ein Restaurant befindet, führt ein ca. ein Kilometer langer **Rundweg durch einen Tannenwald** zu einem Aussichtspunkt mit phantastischem Bick auf die umliegenden Berge und Dörfer. Insgesamt wurden in den letzten Jahren zehn Routen (trails) für Wanderer und Reiter eingerichtet, die teilweise auch mit Mountainbikes und geländegängigen Wagen zu bewältigen sind.

Die Häuser des Dorfes Omalo liegen verstreut unweit des Zusammenflusses des Pirikita Alazani und des Gometsari's Alazani sowie des in Dagestan entspringenden Andis Koisu. Im Unterdorf Semo Omalo befinden sich eine Krankenstation, eine Internatsschule, ein Minimarkt und der Hubschrauberlandeplatz sowie verschiedene Gästehäuser.

Die Sehenswürdigkeit des Oberdorfes (Kvemo Omalo) ist ein Keselo genanntes **Wehrturmensemble** (Festung), in dem ein **Ethnographisches Museum** in die Bräuche und das Alltagseben der Tuschen Einblick bietet. In einem der Türme haben die Besitzer Siala und Nugsar Idoidse drei Doppelzimmer als Gästehaus eingerichtet.

Im August feiern die Tuschen in Omalo das Tuschetoba-Fest, zu dem Familien aus den umliegenden Ortschaften anreisen.

Omalo

Gästehaus im Keselo-Turm, Tel. +995/599/110870, +995/599/272265; DZ mit Vollpension im Turm 45 Euro. Weitere Gästezimmer vermietet die Familie in ihrem Wohnhaus zu Füßen des Turmes.

Gästehaus Shina, im Oberdorf (2400 Meter), Tel. +995/595/262046, +995/579/170707, www.shina.ge, 6 Doppel- und 2 Dreibettzimmer, 35 Euro pro Person und Übernachtung inklusive Vollpension.

Gästehaus Omalo 2005, im Oberdorf, unweit der Keselo-Festung, +995/599/672243, +995/599/293756. Fließend warmes und kaltes Wasser, Strom rund um die Uhr; der Besitzer, Mikheil Othiuridse, spricht Englisch.

Gästehaus Tuscheti, an der Straße zwischen dem Besucherzentrum des Nationalparks und dem Unterdorf, Tel. +995/599/231132, +995/599/790092, Doppel-, Dreibett- und Vierbettzimmer; ca. 25 Euro pro Person mit Vollpension.

Gästehaus Keselo, Tel. +995/598/941270, nani_arshaulidze@yahoo.com. Auf einer kleinen, von einem Garten umgebenen Anhöhe, 6 DZ mit Gemeinschaftsbädern, ca. 25 Euro pro Person inklusive Vollpension.

Gästehaus Kamsuri, Tel. +995/558/758478, tushiase@yahoo.com, etwa in der Ortsmitte, 6 DZ, ca. 25 Euro pro Person.

Gästehaus Elisabeth Itschirauli, Tel. +995/555/020171, drei DZ. Die Besitzerin arbeitet mit Filz. Reisende berichten von ihr als einer hervorragenden Gastgeberin.

Gästehaus Surab Murawidse, Tel. +995/598/540545, ein Vierbettzimmer.

Gästehaus Mirgwela, am Fahrweg Richtung Dartlo – 3,5 Kilometer entfernt von Omalo, 7 Doppel- und ein Dreibettzimmer, 20 Euro pro Person inklusive Vollpension.

Wer mit dem **eigenen Zelt** unterwegs ist, kann dieses in der Regel aufstellen, wo es beliebt, sollte aber zuvor im Nationalpark nach den besten und sichersten Stellplätzen nachfragen.

Eine Auflistung der Herbergen in und um Omalo findet sich auch auf den Webseiten www.tusheti.ge, www.tushetilife.blogspot.de und www.apa.gov.ge, die darüber hinaus viele praktische und landeskundliche Informationen zu Tuschetien vermitteln.

Shenako und Diklo

Tuschetien gliedert sich in Talschaften. Die Täler um Omalo und Shenako werden Chagma genannt. Westlich von Omalo erstreckt sich das Tal des Gometsari's Alazani, nördlich von diesem das des Pirikita Alazani.

Shenako liegt ca. sechs Kilometer östlich von Omalo. Man gelangt in das Dorf auf einem Pfad, der vom Hochplateau vor Omalo zunächst steil in den Talkessel des Pirikita Alazani hinab und auf der anderen Seite ebenso steil wieder hinauf führt. Der Fahrweg erlaubt auch Geländewagen, bis nach Shenako vorzudringen. Das Dorf besteht aus nicht mehr als 20 Häusern, von denen einige bereits mehr Ruinen als menschlichen Behausungen ähneln. Nur eine Familie lebt ganzjährig im Ort, die übrigen nur während der Sommermonate. Die architektonische Sehenswürdigkeit des Dorfes ist die einzige noch funktionierende **orthodoxe Kirche** in Tuschetien. Sie besitzt je einen separaten Eingang für die Männer und einen für die Frauen. Man sollte Einheimische ansprechen, ob man sie besichtigen kann oder gar eine Messe,

▲ Karte S. 227

eine Taufe oder Hochzeit bevorstehen. Der Hügel, auf dem sich das Gotteshaus erhebt gilt als heilig.

Von Shenako führt ein Pfad durch das Flusstal in das 5 Kilometer entfernte Nachbardorf **Diklo** und zu den **Ruinen einer Wehranlage**, die spektakulär über einer steilen Schlucht den Zugang zum Tal vor etwaigen Überfällen seitens in regelmäßigen von Dagestan aus einfallenden Räubern schützen sollte. Der Fußweg ist, da kaum Steigungen zu bewältigen sind, nicht anstrengend und in wenig mehr als einer Stunde zu bewältigen. Diklo liegt zu Füßen des gleichnamigen 4285 Meter hohen Berges, auf dessen Gipfel die Grenzen von Tschetschenien, Dagestan und Tuschetien zusammenlaufen. Weiter in Richtung Osten und Norden zu wandern, sollte man vermeiden, möchte man nicht die unliebsame Bekanntschaft mit russischen oder georgischen Grenzschützern machen.

Shenako und Diklo

Im **Ort Shenako** gib es ein kleines **ethnographisches Museum** nebst **Gästehaus**. Verschiedene Familien bieten Unterkunft und Verpflegung an, unter ihnen:

Gästehaus Tamas Tschutschuridse, Tel. +995/593/173708, zwei Vierbettzimmer mit Gemeinschaftsbad.

Gästehaus Elena Gagoidse, ein wenig abseits gelegen, Tel. +995/558/639722, je ein Ein-, Doppel-, Drei- und Vierbettzimmer.

Gästehaus Shenako, +995/599/481812, hotelshenako@yahoo.com, drei Doppel-, ein Einzel- und ein Dreibettzimmer, 20 Euro mit Vollpension.

Gästehaus von Zao und Nino, seit 2014 in Betrieb, aber seit Jahren beherbergt die Familie Gäste und wird gerühmt für ihre Gastfreundlichkeit und ihren Käse.

Im **Gästehaus in Diklo** finden max. 8 Personen in zwei Vierbettzimmern Unterkunft, Tel. +995/599775372.

Tuschetische Souvenirs

Oreti-See

Dieser traumhaft schöne Bergsee befindet sich südlich von Omalo. Der Weg beginnt im Dorf Kumelaurta. Einheimische vermuten, dass der See keinen Grund besitzt. Legenden ranken sich um ihn, denen man Glauben schenkt, hat man einmal auch nur eine sternklare Nacht an seinen Ufern verbracht.

Tal des Gometsari's Alazani

Zu diesem wunderschönen Tal gehören unter anderem die Dörfer **Khakhabo**, **Dochu**, **Jvarboseli** und **Verkhovani**. Hinter letzterem führt in nördlicher Richtung ein Hirtenpfad über den die beiden Alisani-Täler trennenden Makratela-Gebirgsrücken, wobei man den Nakaicho-Pass in 2903 Metern Höhe mit bei klarem Wetter herrlichem Blick in beide Täler überquert. Auch eine Wanderung auf Pfaden entlang des Kammes des Bergrückens, inklusive Übernachtungen im Zelt, ist im Sommer ein besonderes Erlebnis, das man jedoch nicht ohne Bergführer wagen sollte.

An dem Fahrweg zwischen dem Abano-Pass und Omalo liegt der Ort **Shtrolta**, aus dem ein Bergpfad nach Dochu führt - ebenfalls eine reizvolle Wanderung.

Tal des Gometsari's Alazani

Gästehaus Kekhi (Khakhabo), Tel. +995/557/143907, gio.bakuridze@gmail.com, drei Doppel- und ein Dreibettzimmer; 20 Euro pro Person, inklusive Vollpension.

Gästehaus Kruiskari (Dochu), +995/599/285647, hotelkruiskari@yahoo.com, 4 Doppel- und 2 Dreibettzimmer; 20 Euro pro Person inklusive Vollpension.

Gästehaus Lamata (Verchovani), Tel. +995/599/700378, natia-krituli@web.de, 6 Einzel-, 5 Doppel- und ein Dreibettzimmer; 15 Euro pro Person inklusive Frühstück.

Gästehaus Loeli (Shtrolta), Haus mit großem Balkon etwas abseits des Weges, Tel. +995/599/218139, hotelloeli@yahoo.com, 4 Doppel- und 2 Vierbettzimmer; 15 Euro pro Person inklusive Frühstück.

Gästehäuser und Privatunterkünfte befinden sich auch in weiteren Orten im Tal.

Tal des Pirikita Alazani

Dieses Tal mit seinen Wehrdörfern ist die Hauptattraktion Tuschetiens und Teil einer Wanderung, die man von Omalo über den in 3431 Metern gelegenen Atsunta-Pass ins benachbarte Khevsuretien unternehmen kann. Für die gut 70 Kilometer lange Tour sollte man mindestens 5 Tage einplanen, mit zwei oder drei Übernachtungen im Zelt. Wer seine Ausrüstung nicht tragen möchte, kann ein Pack- oder auch Reitpferd mieten. Auf jeden Fall wird man auf dieser Strecke für die kleinen, vor dem Pass auch großen Mühen belohnt mit dem Anblick einzigartiger Gebirgslandschaften, der Bekanntschaft mit wunderbaren Menschen und Exkursen in die Geschichte und Kultur eines Volkes am Rande Europas, das es über die Jahrhunderte geschafft hat, sich seine stolze Gelassenheit zu bewahren, und doch auch stets mit der Zeit gegangen ist.

▲ Karte S. 227

Dartlo

Etwa zwölf Kilometer nordwestlich von Omalo erhebt sich auf einer Bergzunge über dem Tal des Pirikita das Dorf Dartlo, das wohl schönste in Tuschetien. Im Jahr 2012 wurde damit begonnen, einige der **Wehrtürme** und Wohnhäuser mit staatlicher Unterstützung zu restaurieren, um sie vor dem endgültigen Zerfall zu bewahren. In Dartlo stehen die **Ruinen einer orthodoxen Kirche**. Beeindruckend ist der **sechsstöckige Wehrturm** im Zentrum des Ortes. In Dartlo kamen in früheren Zeiten die Ältesten der tuschetischen Familienclans zusammen, um gemeinsame Anliegen zu besprechen und Streitigkeiten zu schlichten. Die steinernen Bänke, auf denen sie sich zu ihren Beratungen niederließen, sind bis heute verehrte Heiligtümer. Ein kleines **Ethnographisches Museum** zeigt Innenansichten des Lebens der Tuschen. Oberhalb des Ortes befinden sich die Ruinen eines weiteren Ortes, in dem es die **Überreste von Kultstätten** zu besichtigen gibt.

Dartlo

In Dartlo entstanden in den letzten Jahren eine Reihe von Gästehäusern, u.a.:

Gästehaus Samtsikhe, Tel. +995/599/118993, 8 Doppel- und drei Dreibettzimmer; 25 Euro pro Person inklusive Vollpension.

Gästehaus Dartlo, Tel. +995/599/246405, +995/599/501964 (Notruf), +995/599681661 (Jeep-Tour-Manager), pataraial@gmail.com, www.dartlo.ge. Über dem Dorf gelegen, mit Warmwasser, Stromversorgung und Internetempfang, rustikal eingerichtete Zimmer - ein Luxus für diese Region, am besten zu genießen nach einer ausgedehnten mehrtägigen Trekkingtour.

Chesho

Nach weiteren zehn Kilometern erreicht man dieses kleine Dorf. Unterkunft erhält man im **Gästehaus Komoto**, am Ortseingang nach rechts über eine Brücke (Tel. +995/591/257402, ekaterineabaloidze@yahoo.com, 4 Zimmer) und im **Gästehaus Jiqi**, ein weithin sichtbares Haus auf einer kleinen Anhöhe (Tel. +995/599/585839, jangulashvili@yahoo.com, mehrere Doppel- und Dreibettzimmer).

Von Chesho geht es weiter nach **Parsma**, das in 1960 Meter ü. d. M. liegt. **Wehrtürme** und eine **Festung** sowie zahlreiche **Kultstätten** laden zu einer längeren Rast.

Girevi

Girevi ist der letzte bewohnte Ort vor dem Aufstieg zum Pass. Wer gut zu Fuß ist und wenig Gepäck auf dem Rücken zu tragen hat, benötigt für den Weg von Dartlo bis hierher ca. sechs Stunden. Am Rand des Ortes gibt es ein **Gästehaus** gleichen Namens (Tel. +995/591/703832, knapp 14 Euro pro Person, inklusive Frühstück, 4 Zimmer für max. 20 Personen).

Wer sich noch mit Lebensmitteln eindecken möchte, ist auf die Hilfe der Einheimischen angewiesen, denn Geschäfte gibt es hier nicht. Dafür aber einen **Grenzposten**, denn Girevi ist nur zehn Kilometer Luftlinie von der tschetschenischen Grenze entfernt. Diesen Grenzposten sollte man nicht ignorieren. Hier werden die für das Trekking nach Khevsuretien notwendigen **Passierscheine** ausgestellt, ohne die man leicht in Schwierigkeiten geraten könnte, so man auf dem Weg einer Patrouille begegnet. (Wichtig: Eventuell ist die Registrierung bereits in Omalo notwendig. Man erkundige sich am besten im Besucherzentrum des Nationalparks oder aber bei Einheimischen bzw. im Vorfeld bei einem der Reiseveranstalter.)

Atsunta-Pass

War der Weg aus Dartlo bis hierher eher ein Spaziergang, beginnt hinter Girevi der Aufstieg in die alpine Zone. Der Atsunta-Pass, der Tuschetien mit Khevsuretien verbindet, ist der höchst gelegene Pass Georgiens (3431 m). Er ist nur zu Fuß oder auf dem Rücken eines Pferdes, von Ende Juni bis Mitte September begehbar. Man benötigt für die Tour mindestens drei, besser vier Tage, eine Rast vor dem Aufstieg eingeschlossen. Zelt, warme Kleidung und sonstige Utensilien für ein Camping im Hochgebirge sind unabdingbare Voraussetzung für den Weitermarsch, und natürlich ein ortskundiger Bergführer.

Bis zum ersten für ein Biwak geeigneten Platz – Kvakhidi – in 2400 Meter Höhe benötigt man etwa 6 bis 8 Stunden, wobei es zunächst bergauf und dann wieder bergab geht. Der zu überwindende Höhenunterschied beträgt 400 Meter. Von hier aus beginnt der beschwerliche Aufstieg zum Pass, zunächst über alpine Matten und dann in steilen Serpentinen über Geröll und Altschneefelder bis zum höchsten Punkt der Tour. Hinter dem Pass geht es wieder steil bergab, bis man nach 2 bis 3 Stunden den nächsten Biwak-Platz, nun schon in Khevsuretien, in 2800 Meter Höhe erreicht hat. Weiter geht es in Richtung Ardoti über mit Rhododendron bewachsene Bergrücken. Der vergletscherte Berg zur Rechten ist der Tebulo an der Grenze zu Tschetschenien, der mit 4492 Metern höchste Gipfel des Ostkaukasus. Aus Ardoti im Tal des Andaki-Flusses führt der Weg nun nach Mutso. Von Mutso bis Shatili sind es noch einmal 12 Kilometer. (→ S. 263)

Eine Beschreibung, inklusive Diagramme der zu bewältigenden Höhenunterschiede fndet man auch auf der Webseite www.georgiano.de.

Hoch über deiner Brüder Chor,
Kasbek, strebt stolz dein Zelt empor
Und strahlt, im ewgen Eise flimmernd.
Weiß hinter Wolkenschleiern schimmernd,
Schwebt Noahs Arche gleich im Raum
Dein altes Kloster, sichtbar kaum.

Alexander Puschkin

Blick auf das Dorf Kasbegi (Stepantsminda), im Hintergrund erhebt sich der Kasbeg

MTSKHETA UND DIE GEORGISCHE HEERSTRASSE

Mtskheta und Umgebung

Mtskheta ist die altehrwürdigste der georgischen Städte und deshalb eine Schatzgrube für Archäologen. Die in ihrer Umgebung ans Tageslicht gelangten Funde stammen aus einer Zeit, da das Mittlere Ägyptische Reich und Babylon im Zenit ihres Ruhmes standen. Fast 1000 Jahre, von der Mitte des ersten Jahrtausends vor bis zur Mitte des ersten Jahrtausends nach Christus, war sie die Hauptstadt der iberischen und kartlischen Könige, die hier im 4. Jahrhundert zum Christentum übertraten und den Glauben zur Staatsreligion erklärten.

Am Zusammenfluss der beiden wichtigsten Flüsse Ostgeorgiens - Mtkvari und Aragvi - gelegen, war Mtskheta, bevor der Stern des benachbarten Tbilisi auf- und sein eigener unterging, eine der wichtigsten Handelsstädte zwischen Kaspischem und Schwarzem Meer an der Seidenstraße. Die georgischen Chroniken wie auch die Römer Plutarch, Strabon und Plinius wissen von einer Stadt von beachtlicher Ausdehnung zu berichten, die aus mehreren miteinander verbundenen Festungen bestand. Die größte von ihnen war Armasiz Tsikhe, wobei ›tsikhe‹ im Georgischen so viel wie Festung, Zitadelle bedeutet und Armazi der Name des Hauptgottes der polytheistischen Iberer war. Die Mauern der Zitadelle umschlossen den Königspalast und den Tempel, vor dem eine überlebensgroße Statue des Gottes stand. Über die Bedeutung von Armazi streiten sich die Geister: die einen meinen, er sei der Gott des Krieges, die anderen der des Mondes, und die dritten behaupten, Armazi sei ein Erntegott gewesen. Berücksichtigt man, dass sein wichtigstes Fest im Herbst begangen wurde, könnte Letzteres der Wahrheit am nächsten kommen.

Die Festung und ihr Gott überlebten die antiken Jahrhunderte ebenso wie die ›Besuche‹ der römischen Legionen. Den Römern war der Glauben der Völker, die sie sich unterwarfen oder zu Bundesgenossen machten, egal. Das änderte sich mit der Annahme des Christentums, in dessen Name anstelle der alten Kult-

Panorama von Mtskheta von der Jvari-Kirche aus

Karte S. 237

stätten neue entstanden und die alten Götter vertrieben wurden.
Sehenswert in und um Mtskheta sind vor allem die Kirchen Sveti Tskhoveli und Samtavro, beide direkt im Ort gelegen, sowie das ebenfalls in der Altstadt liegende Museum. Gegenüber der Mündung der Aragvi in die Mtkvari thront weithin sichtbar auf einem Felsen die kleine Jvari-Kirche. Alle Kirchen und die zu ihnen gehörenden Bauten wurden in den letzten Jahren restauriert. Sie gehören zum Weltkulturerbe der UNESCO.

Sveti Tskhoveli

Die erste Kirche von Mtskheta, eine kleine Basilika aus den 30er Jahren des 4. Jahrhunderts, wurde im 11. Jahrhundert durch einen Kreuzkuppelbau ersetzt. Sie ist ein Meisterwerk altgeorgischer Baukunst und bis heute eines der wichtigsten Gotteshäuser im Land sowie Wallfahrtsort der Georgier. Den Vorgängerbau ließ König Gorgasali in eine Drei-Konchen-Basilika umbauen, die durch Murwan den Tauben zerstört, Ende des 8. Jahrhunderts wiedererrich-

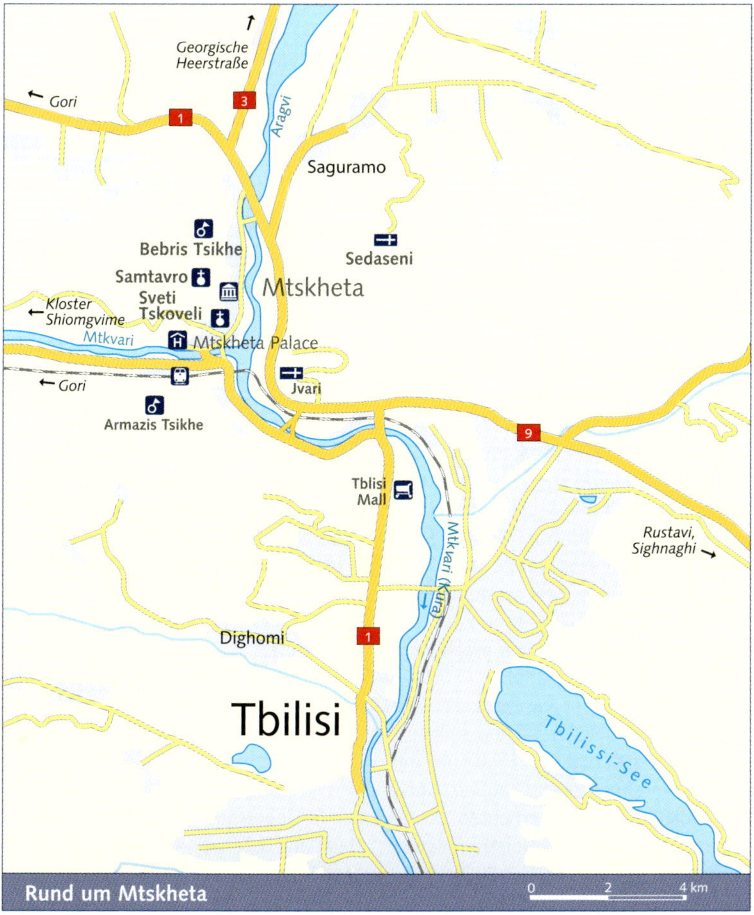

tet und noch mehrmals in ihrem Äußeren verändert wurde, bis sie endgültig dem architektonisch völlig verschiedenen Kreuzkuppelbau weichen musste. Der Name Sveti Tskhoveli bedeutet so viel wie ›lebenspendender Stamm‹.
Die christliche Tradition kennt wundertätige Ikonen und viele Arten von Kreuzen, doch Sveti Tskhoveli ist eine rein georgische Erfindung. Und wie so oft geht der Name auf eine Legende zurück, die mit nichts geringerem als dem Hemd von Jesus zu tun hat, das dieser bei der Kreuzigung getragen haben soll. Als die Jerusalemer Rabbiner nämlich zu Gericht saßen über Jesus und seine Lehre, luden sie Rechtsgelehrte aus allen entfernten Provinzen ein, darunter auch Elias aus Mtskheta. Dessen Schwester Sidonia gab ihrem Bruder mit auf den Weg, keinesfalls für eine Verurteilung zu stimmen. Doch Elias kam zu spät, Jesus war bereits gekreuzigt worden. Er begab sich auf den Berg Golgatha und bestach einen der römischen Legionäre, ihm das Hemd des Gekreuzigten zu überlassen. Mit dem blutgetränkten Hemd von Jesus kehrte er nach Mtskheta zurück. Sidonia, die ihren Bruder auf der Schwelle des heimatlichen Hauses empfing, bat Elias, ihr das Hemd zu geben. Sie nahm es, presste es an ihre Brust und sank wie vom Schlag getroffen zu Boden. Noch im Tod wollten ihre Hände das Hemd nicht freigeben, so dass sie gemeinsam mit ihm begraben werden musste. Aus dem Grab aber wuchs eine mächtige libanesische Zeder.
Knapp 300 Jahre später kam die Syrerin Nino nach Mtskheta und bekehrte zunächst die Königin und nach ihr den König zum christlichen Glauben. König Mirian ließ eine Kirche errichten, die besagte Basilika, und ließ sieben mächtige Bäume fällen, die das Gebäude tragen sollten. Einer der Stämme aber, jener über dem Grab Sidonias, widersetzte sich der Bearbeitung und wollte sich nicht in die rechte Lage bringen lassen. Nino betete und bat Gott um Hilfe bei dem ihm geweihten Werk. Plötzlich erschien ein Leuchten am Himmel, und ein Engel kam hernieder. Der Engel hob die Arme, und unter Hunderten Zeugen hob sich der Baum in die Höhe und stellte sich, von unsichtbarer Hand geführt, an den für ihn vorgesehenen Platz. Aus seinem Stamm traten Tropfen eines wundersamen Balsams, der all jene, die ihn berührten, von allem körperlichen Leid erlöste. Daher der Name: Sveti Tskhoveli, lebenspendender Stamm.
Auch Sveti Tskhoveli entging nicht dem Schicksal fast aller sakralen Bauten: Die Kirche wurde entweiht – von den Arabern für ihre Kamele und den Seldschuken für die Schafe als Stall benutzt – von den Mongolen und Persern, zerstört, wiederaufgebaut und wieder zerstört, das letzte Mal von Aga Mohammed Khan. Unter König Irakli II. entstand die **Wehrmauer**, und als der russische Imperator Alexander I. Anfang der 20er Jahre des 19. Jahrhunderts Georgien einen Besuch abstattete, entfernte man aus diesem Anlass die verfallenen seitlichen Anbauten bis auf die Fundamente und ›hellte‹ das Innere der Kirche mit neuen Wandmalereien auf.
Nach mehrjährigen Restaurierungsarbeiten wurde Sveti Tskhoveli nach und nach wieder zu dem, was sie nach dem Willen ihres Baumeisters einmal gewesen ist. Dieser Baumeister, Arsukidse mit Namen, gehörte zu den Künstlern seiner Zunft, die ihre Spuren auf phantasievolle Art zu hinterlassen pflegten. So befindet sich an der äußeren Nordwand eine bis zum Ellbogen **aus dem Stein gemeißelte Hand** und darüber der Spruch: »Die Hand des Sklaven Gottes Arsukidse. Gedenket seiner.« Man erzählt sich auch die Ge-

▲ Karte S. 237

Ein Schmuckstück: die Kirche Sveti Tskhoveli

schichte, die Hand sei dem Künstler in alter Tyrannentradition abgehauen worden, auf dass er nie wieder ein so prächtiges Bauwerk erschaffe. Dieser Hand, ihrem Besitzer und Sveti Tskhoveli ist der in viele Sprachen übersetzte historische Roman ›Die rechte Hand des Meisters‹ Konstantin Gamsachurdias, der auch verfilmt wurde, gewidmet.

Da der Grundriss der Basilika beim Bau des Kreuzkuppelbaus Berücksichtigung fand, ist das **Kirchenschiff** in der Länge gestreckt. Über dem Kreuz erhebt sich eine mächtige sechzehnkantige Kuppel mit einer pyramidalen Überdachung. In den 16 Kantflächen befinden sich schmale, vertikale Öffnungen, durch die das Licht und in stets wechselndem Winkel die gebündelten Sonnenstrahlen im Innern des Baus phantastische Lichteffekte schaffen. Unter der Kuppel streben die vier Kreuzarme auseinander.

Die Gestaltung des Innenraums der Kirche ist ebenso bescheiden wie feierlich. Besonders prachtvoll sind die erhalten gebliebenen **Fresken** und dekorativen Elemente an der Südwand. Die **Grabplatten** im Kircheninnern erinnern an den hier beigesetzten König Wachtang Gorgasali, und die letzten beiden georgischen Monarchen – Irakli II. und Giorgi XII. Auch Davit-Ulu und sein von den Mongolen hingerichteter Sohn Demetrius sollen hier ihre letzte Ruhestatt gefunden haben.

Im südlichen Seitenschiff befindet sich eine weitere Kirche – die winzige **Kopie der Heilig-Kreuz-Kirche** in Jerusalem über der Grabstätte von Jesus Christus. Dieses kleine Modell einer der heiligsten Stätte der Christen war im 13./14. Jahrhundert für all jene Georgier errichtet worden, die es sich nicht leisten konnten, wenigstens einmal in ihrem Leben nach Jerusalem zu pilgern. Ganz in der Nähe, unter dem steinernen Baldachin aus dem 14. Jahrhundert, sollen die Überreste des dem Grab Sidonias entwachsenen Zedernstammes liegen.

Als Andenken an die Vergangenheit sind im Innern des Kirchenraumes die **Fundamente der ersten Basilika** aus dem 4. Jahrhundert freigelegt. Sie sind durch eine Glasabdeckung geschützt und werden beleuchtet. Auch die Kuppel am Eingang soll noch aus den Zeiten des ersten Kirchenbaus stammen. Sie war einst

Fassadendetail

Portalfresko an der Kirche Sveti Tskhoveli

mit massivem Gold verkleidet, das von Timur Lenk geraubt wurde.
Alljährlich am 14. Oktober wird in ganz Georgien das Sveti-Tskhoveli-Fest begangen, ein kirchlicher und staatlicher Feiertag - der ›Sveti-Tskhovoloba‹.
Samstag- und Sonntagvormittags finden in der Kirche Konzerte eines exzellenten Kirchenchores statt.

Museum

Ein sehenswertes Museum befindet sich im Stadtzentrum von Mtskheta, am Davit-Agmashenebeli-Prospekt. Es wurde in den letzten Jahren erneuert und zeigt eine reiche Sammlung archäologischer Fundstücke aus 6000 Jahren Geschichte (tgl. 10–19 Uhr, 1 Lari).

Jvari

Von wo aus man sich Mtskheta auch nähert, ob von Nordwesten über die S 1 und die Georgische Heerstraße oder von Süden aus Tbilisi kommend oder von Westen über die dem Tal der Mtkvari folgende Nebenstraße - ein Panorama hat man stets vor Augen: das eines Berges, dessen nach Westen mehr als 100 Meter steil abfallende Felswand von einem aus der Ferne winzig wirkenden Bauwerk gekrönt wird. Dieses Bauwerk ist die Jvari-Kirche, die ausschaut, als wäre sie dem Berg entwachsen, nicht aber ihm von Menschenhand aufgesetzt worden. Sie ist eines der vollkommensten Denkmäler frühgeorgischer Baukunst.
Von der S 1 zweigt zwischen der alten und der neuen Brücke eine Straße ab, die in Serpentinen und langen Kehren den Berg hinaufklettert und an einem Parkplatz zu Füßen der Kirche endet. Das Panorama von der Höhe des Berges auf das zu Füßen liegende Tal, das von diesen Höhen ebenso winzig ausschaut wie von unten die Kirche, ist einzigartig. »Weit ist es und atemversetzend gewaltig, aber gar nicht gigantisch, sondern groß vor allem durch den glücklichen Zusammenklang von Berghöhen und Flusstälern, vielfältig bewegt im Detail, und doch nur aus wenigen Elementen gebaut, als habe der Schöpfer ein Musterbild schöner Erde zeigen wollen. Von Norden, aus dem Kaukasus, fließt die Aragvi heran und mischt ihr graugrünes Wasser mit dem grünlichen der Mtkvari, die von Westen heran strömt und durch das stürmischere Temperament des Bergwassers ein wenig nach Süden abgedrängt wird.« (Alfred Renz)
Wenn dieser Panorama-Blick allein schon die Auffahrt lohnt, dann um so mehr noch die Jvari-Kirche, die mit der sie umgebenden Landschaft ein harmonisches Ensemble bildet. Kein Zweifel, dass dieser weithin sichtbare Ort, über dem Zusammenfluss zweier Flüsse, geradezu dafür prädestiniert ist, zu einer Kultstätte zu werden. Er war es auch für die heidnischen Götter, bevor die heilige Nino an dieser Stelle ein Kreuz errichtete, das König Guaram VI. durch eine kleine Kapelle ersetzte. Guarams Sohn Stefanos, sein Bruder Demetrius und der Thronfolger Adarnese stifteten dann an der Schwelle

▲ Karte S. 237

vom 6. zum 7. Jahrhundert eine größere, die Jvari-Kirche, was in der Übersetzung ›Kirche zum Heiligen Kreuz‹ bedeutet. Man kann sich leicht vorstellen, mit welchen Schwierigkeiten der Architekt vor knapp 1500 Jahren zu ringen hatte, um die Kirche so zu positionieren, dass sie weithin sichtbar und doch fest über dem Abgrund vom Stolz eines Glaubens und eines Volkes kündet. Nicht ganz gelang es ihm, das auch heute noch erhaltene, achteckige Fundament des Nino-Kreuzes genau in der Raummitte unterzubringen, weshalb die Seitenarme in ihrer Länge ein wenig voneinander abweichen. Doch der Bau mit seinen die Kreuzarme in alle Richtungen abschließenden halbrunden Apsiden schafft einen Raum, der in seiner Architektur die Kreuzkuppelkirchen späterer Jahrhunderte vorwegnimmt. Das Innere von Jvari ist in ein Halbdunkel getaucht, in das nur spärlich Licht durch die schmalen, vertikalen Fensternischen in den Seitenwänden fällt. Doch wenn man sich daran gewöhnt hat, weckt die Empfindung des Raumes ein »Wohlgefühl, das Zentralbauten vermitteln, und verbindet es mit der feierlichen Wirkung »eines Raumes, der seine an sich bescheidenen Dimensionen übersteigt, der wächst, je länger man in ihm verweilt und der noch immer bergende Hülle bleibt.« (Alfred Renz)

Die Kirche besitzt zwei Eingänge. Den **Haupteingang** an der Südseite überwölbt ein halbrundes Tympanon mit der Darstellung der Auferstehung Christi. An der **Ostfassade be**findet sich ein Relief mit der Darstellung des vor Christus knieenden Stefanos, ihm zur Seite Demetrius und Adarnese.

Feste Armazis Tsikhe

Der in Terrassen nach oben wachsende Berg gegenüber am südlichen Mtkvari-Ufer ist der Bagineti, von dessen Gipfel einst die Feste Armazis Tsikhe und der Königspalast die ihnen zu Füßen liegende Stadt beherrschten. Bis auf einige wenige Ruinen des Schlosses, unter denen sich ein Säulensaal und ein römisches Bad identifizieren ließen – beide aus der Zeit nach der Zerstörung Mtskhetas durch Pompeius –, ist davon nichts übriggeblieben. Auf der dem Blick abgewandten Seite des gleichen Berges kamen bei Ausgrabungen das Grab einer georgischen Fürstin und eine Nekropole für die höchsten Würdenträger des Staates zum Vorschein. Was die Archäologen dort fanden, ist heute im Historischen Museum von Tbilisi zu besichtigen.

Die schöne Jvari-Kirche thront hoch über dem Flusstal

Samtavro-Kloster

Im Radius von nur 25 bis 30 Kilometern um Sveti Tskhoveli befinden sich in und um die Ortschaften entlang der Flüsse Mtkvari, Aragvi und Ksani mehrere Dutzend historischer Denkmale aus den verschiedensten Perioden georgischer Geschichte.

Eines der bedeutendsten von ihnen ist das Frauenkloster Samtavro, nur 10 bis 15 Minuten Fußweg von Sveti Tskhoveli entfernt. Auf dem Gelände des Klosters befinden sich die Überreste des Palastes von König Mirian, der das Christentum zur Staatsreligion erklärte, sowie eine kleine Kapelle – der definitiv erste christliche Sakralbau auf dem Territorium des heutigen Georgiens. Zu Zeiten König Mirians und seiner Gattin Nana war der Palast ein ausgedehntes architektonisches Ensemble mit einem großen Garten gewesen. Nana, die von den Wundern der Nino und ihrer Mission gehört hatte, überzeugte sich selbst von der Heilkunst der Syrerin und lud sie in ihren Palast. Zum Meditieren aber zog sich Nino in den Garten zurück, und an der Stelle, die ihre liebste war, ließ König Mirian eine kleine quadratische Kapelle bauen. Sie stammt nachweislich aus dem ersten Viertel des 4. Jahrhunderts und hat ihr Aussehen bis heute nicht verändert. Die Restaurationsarbeiten von 1979 gaben lediglich der Fassade neue Frische. Die Kapelle ähnelt in ihrer Winzigkeit eher dem Modell einer Kirche, denn einem Gotteshaus, doch auch hier wirkt das Rauminnere durch die Besonderheiten der Architektur bedeutend größer, als seine Abmessungen es vermuten lassen.

Glockenturm auf dem Gelände des Samtavro-Klosters

▲ Karte S. 237

Von den übrigen einst zum Ensemble gehörenden Bauwerken haben lediglich die Erlöserkirche, ein Glocken- und ein Festungsturm die Jahrhunderte überdauert. Die Erlöserkirche ist ein Kreuzkuppelbau aus dem 11. Jahrhundert und in ihrer Fassadengestaltung ein Meisterwerk. Die feinen Stuckarbeiten wurden mit einer solchen Akribie und offensichtlichen Liebe ausgeführt, dass sie, wenn auch Stein Stein bleibt, an das geprägte Pergament alter Handschriften erinnern. Das gilt insbesondere für die Nord- und die Südfassade. Im 13. Jahrhundert zerstörte ein Erdbeben die Kirche fast vollständig; sie wurde wiedererrichtet, geplündert und in den 70er Jahren des 20. Jahrhunderts erneut restauriert, diesmal nach den ursprünglichen Plänen. Die Fresken im Innern stammen aus dem 14./15. Jahrhundert. Einer Legende zufolge sollen in der Südwest-Ecke König Mirian und seine Frau Nana begraben liegen. Die Grabplatte, die darauf verweist, wurde jedoch erst Anfang des 20. Jahrhunderts gelegt. Im Kloster leben einige Nonnen.

Mtskheta

Vorwahl: +995/(0)37.
Touristeninformationszentrum (TIC), gegenüber der Sveti-Tskhoveli-Kirche.

Vorortzüge: Der Bahnhof liegt ca. 20 Minuten Fußweg vom Stadtzentrum entfernt. Fahrplan → S. 426.
Marschrulki ab Tbilisi: Metrostation Didube, in regelmäßigen Abständen bis in die späten Abendstunden, 1 Lar, ca. 30 Minuten Fahrtzeit. Rückfahrt von der Grünanlage gegenüber dem Museum.

Kurz hinter dem Abzweig von der S 1 in Richtung Mtskheta liegt an der Straße das **Restaurant Salobie**. Gute Küche, moderate Preise, Terrasse mit wunderschönem Blick auf die Jvari-Kirche und die am gegenüberliegenden Mtkvari-Ufer gelegene Altstadt; 10–22 Uhr. An den Wochenenden kommen sehr viele Ausflügler aus der nahen Hauptstadt hierher. Man wählt sich einen Tisch, merkt sich die Nummer, geht zur Kasse, bestellt, bezahlt das gewünschte Essen und wartet, bis dieses an den Tisch gebracht wird. Bei Verständigungsschwierigkeiten werden sich immer hilfsbereite Einheimische finden, die Bestellung aufzugeben.
Restaurant Guga, rechts neben dem Museum, gute Küche.

Gästehaus Tamarindi, Arsukides-Str. 23 (direkt gegenüber der Sveti-Tskhoveli-Kirche), Tel. +995/579/037772. Gemütlich, schöner Garten; HP 25 Euro pro Person.
Mtskheta Palace, Agmashenebeli-Str. (gleich links am Ortseingang), Tel. +995/32/2910202; 100–130 Euro pro Person und Übernachtung.

Shiomgvime

In zwölf Kilometern Entfernung, westlich von Mtskheta, befindet sich auf einem hohen Hügel am nördlichen Mtkvari-Ufer die Klosteranlage von Shiomgvime. Den Grundstein legte im 6. Jahrhundert einer der 13 syrischen Prediger, Shiomgvimeli. Zunächst lebte der Missionar in einer Höhle und predigte in den umliegenden Dörfern. Als immer mehr Gläubige zu seiner Gemeinschaft stießen, ließ er erst eine Kirche bauen, um sie herum weitere Gebäude und schließlich eine Wehrmauer. Dazu gesellte sich im 11. Jahrhundert ein Palast, den König Giorgi II. errichten ließ und den sein Sohn, Davit der Erbauer, um eine Gottesmutterkirche erweiterte, deren Fresken im 19. Jahrhundert leider übermalt wurden.

Das Kloster Shiomgvime war für die georgischen Wissenschaften und Künste, insbesondere die Literatur, von ähnlicher Bedeutung wie die beiden Akademien, Gelati im Westen und Ikalto im Osten. Neben dem Gründer Shiomgvimeli, der selbst einige theologische und philosophische Schriften verfasste, wirkte hier der Philosoph Arsen Ikaltoeli.

Die Umgebung des Klosters ist reich an natürlichen Höhlen, in denen sich die Bauern der Region und selbst die Bewohner Mtskhetas bei drohenden Überfällen verbargen. Im Laufe der Jahrhunderte wurden die Höhlen erweitert und mit dem zum Überleben Notwendigsten ausgestattet. Sie sind auch heute zu besichtigen. Sollten keine Touristenführer vor Ort sein, sind die Mönche, die sich hierher gern zum Meditieren und zum Fasten zurückziehen, in der Regel gern bereit, Besucher auf einem Rundgang zu begleiten.

Da das Kloster noch immer genutzt wird und die Mönche hier ihrem Tagewerk nachgehen, empfiehlt es sich, sich entsprechend zu verhalten und vor Video- oder Fotoaufnahmen mit dem Abt oder einem der Vorsteher zu reden.

Gedeckter Tisch für eine Rast unterwegs

Sedaseni

Von der Georgischen Heerstraße bzw. der S 1 zweigt in Höhe des nördlichen Ortsausgangs von Mtskheta eine Nebenstraße Richtung Osten in das Städtchen Saguramo ab, hinter welchem ein steil ansteigender Weg auf den mit 1350 Metern höchsten Berg des Saguramogebirges führt. Dieser Berg heißt Sedaseni, und auch die Basilika auf dem Gipfel trägt seinen noch aus der heidnischen Ära stammenden Namen. Sedaseni war ein Volksheld, der immer mit offenem Visier kämpfte, niemals Hinterhalte legte und viele Feinde besiegte, bevor er selbst in ungleichem Kampf unterlag. Ihm zu Ehren errichtete man auf dem Berg ungefähr 100 Jahre vor Christus einen Tempel, den die ersten Christen zerstörten. Als im 6. Jahrhundert die 13 syrischen Väter nach Georgien kamen, verirrte sich einer von ihnen, Johann, in die Gegend. Er hörte von Sedaseni und errichtete auf dem steilen Felsen eine kleine Kapelle. Sie überdauerte ihn um 200 Jahre, war aber unterdessen baufällig geworden und wurde an der Schwelle zum 8. Jahrhundert durch eine Basilika ersetzt. Auf dem Berg richteten sich Mönche ein, dank deren Übersetzungen unzähliger theologischer und philosophischer Schriften Sedaseni zu einem kulturellen Zentrum des georgischen Mittelalters wurde.

Im 18. Jahrhundert fielen immer wieder Lesghier, islamische Krieger aus dem Nordkaukasus, über die Georgische Heerstraße in das Land ein. Sie erwählten sich das schwer zugängliche und doch in unmittelbarer Nähe Mtskhetas, Tbilisis und des reichen Kachetiens gelegene Sedaseni als Ausgangspunkt für ihre Überfälle. Noch zu sowjetischer Zeit wurde das ehemalige Kloster, einschließlich der Kirche und Wehrmauer, restauriert. Vom Gipfel des Berges bietet sich eines der beeindruckendsten Panoramen im zentralen Teil Kartlis – über die Höhenzüge des Saguramo- und des Muchranigebirges, die silbern gleißenden Flüsse Mtkvari und Aragvi, bis nach Mtskheta und die nördlichen Vororte von Tbilisi.

▶ Karte S. 237

Die Georgische Heerstraße

Die frühesten schriftlichen Überlieferungen von der Existenz eines Karawanenweges, der kürzesten, zugleich aber auch beschwerlichsten Route zwischen dem Norden und dem Orient, stammen vom griechischen Geographen Strabon aus dem 1. Jahrhundert vor Christus. Schon zu jener Zeit war der Bergweg hart umkämpft. Nicht allein die Launen der Berge, die mit Steinschlag, plötzlichen Wetterwechseln, Lawinen und Nebel die Überquerung des Kaukasus zu einem waghalsigen Unternehmen machten, auch die Menschen – Räuber, selbstherrliche Bergfürsten und nomadisierende Krieger nordkaukasischer Stämme – waren den Reisenden und Händlern eine Plage bis ins frühe 19. Jahrhundert hinein. Um den Weg zu schützen, ließ der iberische König Mirwan den nördlichen Zugang, die Daryal-Schlucht, blockieren. Römische Legionäre schützten den Weg, und als das Römische Imperium zerfiel und Georgien immer öfter das Opfer dreister Raubzüge der zwischen Don und Asowschem Meer beheimateten sarmatischen Stämme, insbesondere der Alanen (die späteren Osseten), wurde, ließ Wachtang Gorgasali, der Gründer Tbilisis, in der Daryal-Schlucht mächtige Befestigungsanlagen anlegen. Aus jener Zeit stammt auch der königliche, mit Urkunde und Siegel bekräftigte Auftrag an die georgischen Bergvölker der Region, den Schutz der Trasse zu übernehmen. Kurzzeitig ruhig und sicher wurde der Weg im 11. und 12. Jahrhundert, als Davit der Erbauer die Festung Daryal ausbauen ließ. In den Jahrhunderten der mongolischen, persischen und osmanischen Eroberungen wagte sich jedoch angesichts der Gefahren kaum jemand über den Kaukasus, was sich erst änderte, als Georgien mit dem Traktat von Georgiewsk unter russischen Einfluss geriet. 1799 wurde der 207 Kilometer lange Weg, angesichts seiner strategischen Bedeutung, offiziell zur Heerstraße, mit regelmäßiger Verbindung zwischen Wladikawkas und Tbilisi. Russische Kosaken übernahmen ihren Schutz, und russische Ingenieure schlugen bis 1863 eine Trasse in den Stein.

Nur 20 Jahre vergingen, und die Georgische Heerstraße verlor mit der Fertigstellung des Eisenbahnnetzes, das Wladikawkas über Baku und Tbilisi mit Poti am Schwarzen Meer verband, ihre wirtschaftliche Bedeutung. Ihre militärische hatte sie zu jener Zeit mit dem für Russland siegreichen Krieg gegen die Türkei 1878 bereits eingebüßt.

Zu Ruhm gelangt ist die Trasse jedoch nicht allein durch ihre Geschichte und Bedeutung für die russische Kolonialisierung Transkaukasiens. Mehr noch war sie das schmale Band, auf dem sich der Austausch zwischen georgischer und russischer Kultur vollzog. Puschkin und Lermontow besangen sie, auf ihr reisten Gribojedow, Tolstoi, Ostrowski, Tschechow,

Unterwegs auf der Georgischen Heerstraße

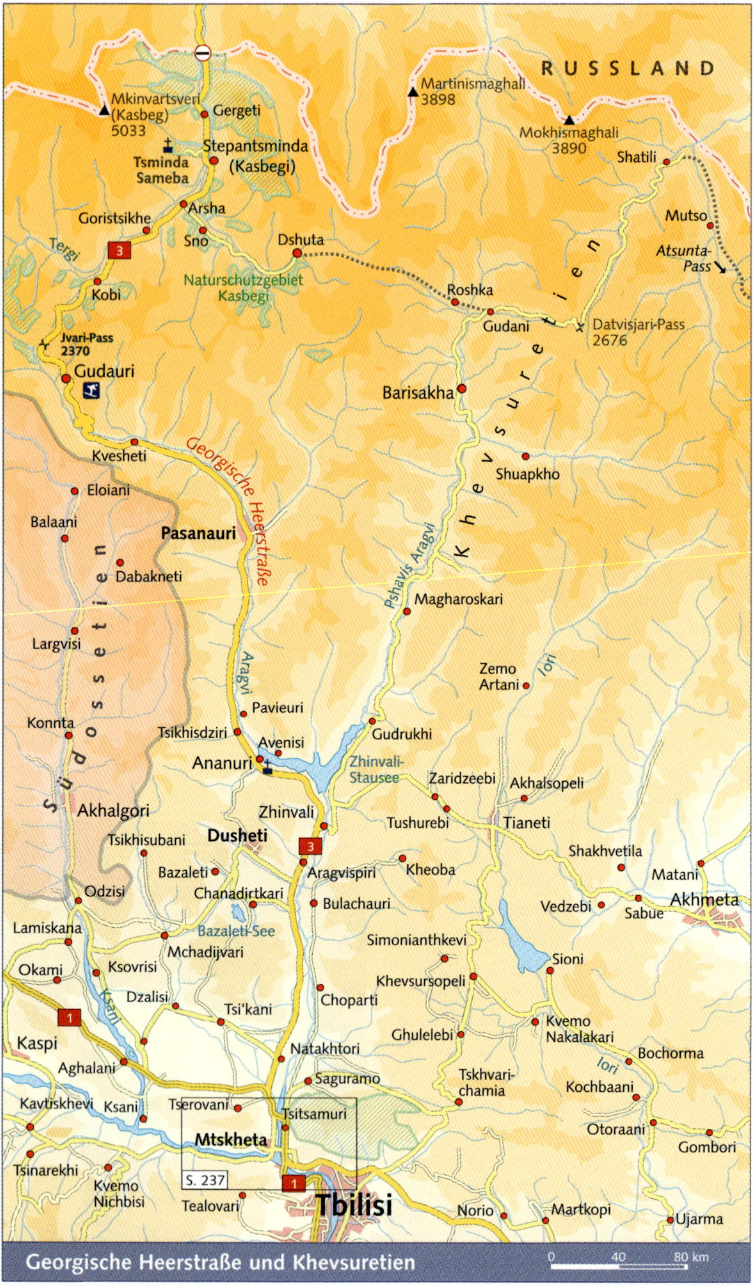

Georgische Heerstraße und Khevsuretien

Tschaikowski, Repin und Gorki. In umgekehrter Richtung machten sich junge Georgier auf den Weg, um an den Universitäten Moskaus und St. Petersburgs zu studieren. Man nannte sie Tergdaleulebi, das heißt ›die vom Wasser des Tergi (dt. Terek) tranken‹. Und auch Westeuropäer entdeckten ihre Schönheit und beschrieben erlebte Abenteuer: Alexandre Dumas, zum Beispiel, in seinem Buch ›Gefährliche Reise durch den Wilden Kaukasus‹, oder der norwegische Schriftsteller Knut Hamsun (›Im Märchenland‹) oder Ernst Haeckel in seinen Reisebriefen.

Nachdem die staatliche Ehe zwischen Georgien und Russland geschieden, Aserbaidschan Ausland und die Trasse entlang des Schwarzen Meeres durch Abchasien blockiert war, hatte die Georgische Heerstraße in den 1990er Jahren zunächst ihre wirtschaftliche Bedeutung zurückgewonnen. Es war der kürzeste Weg nach Russland, sieht man vom Flugzeug ab. Nach dem russisch-georgischen Krieg um Südossetien war der Grenzübergang lange gesperrt. Für den Warenverkehr sowie georgische und russische Staatsbürger ist er inzwischen wieder (mit zeitweisen Sperrungen) geöffnet, aber bei Redaktionsschluss wurden Ausländer, selbst mit einem für Russland gültigen Visum in der Regel abgewiesen. Aktuelle Informationen erhält man im Touristeninformationszentrum (TIC) von Tbilisi bzw. bei der deutschen Botschaft oder bei rechtzeitiger Anfrage im Auswärtigen Amt.

Anreise

Ungehindert befahrbar ist die Trasse über den auf georgischem Territorium liegenden Kreuzpass mit seinen 2375 Metern Höhe nur von April bis Oktober. In den Wintermonaten wird sie von meterhohen Schneebergen blockiert und von Lawinen bedroht.

Ihre Reize kennenzulernen und der Faszination einer einzigartigen Bergwelt zu erliegen – dafür bieten sich verschiedene Möglichkeiten. Am einfachsten und bequemsten ist es, bei einer der Reiseagenturen in Tbilisi einen Ausflug nach Stepantsminda (früherer Ortsname: Kasbegi) zu buchen, inklusive eines Abstechers zur Daryal-Schlucht. Das bietet mehrere Vorteile: Man reist mit Führer, kann auf Zwischenstops fotografieren und entledigt sich aller Sorgen um ein Transportmittel für den Rückweg. Bricht man rechtzeitig aus Tbilisi auf, erreicht man um die Mittagszeit Stepantsminda und ist am Abend zurück in der Hauptstadt.

Aber auch Individualisten können problemlos reisen: mit dem Bus oder der Marschrutka von Tbilisi aus zu den größeren Orten an der Strecke wie Pasanauri (88 Kilometer), Gudauri (120 Kilometer), Stepantsminda (160 Kilometer). Busse und Marschrutki nach Norden verkehren vom Bahnhof Didube in Tbilisi, ebenso Taxis (→ S. 188). Wenn man in Etappen fahren möchte, findet man auf dem Weg in allen drei Orten Unterkunft in einem der Hotels.

Wer mit dem eigenen Wagen, einem Mietauto oder auch dem Mountainbike unterwegs ist, solllte daran denken, dass die Straße zwar im Prinzip gut ausgebaut ist, aber vor allem auf beiden Seiten des Passes durch die im Winter niedergehenden Lawinen und vom Tau- und Regenwasser ausgelösten Erdrutsche problematisch ist.

Zwischen Tbilisi und Dusheti

Wenn man Tbilisi in nördlicher Richtung verlassen und Mtskheta sowie das Lermontow- und Ilja-Chavchavadze-Denkmal passiert hat, gabelt sich die Straße. Die Georgische Heerstraße (S 3) führt schnurgerade in Richtung der im Dunst verschwimmenden Bergketten, während

Landschaft an der Südseite der Georgischen Heerstraße

die S 1 nach Westen abschwenkt. Man passiert nun das weite, vom Unterlauf des Flusses Aragvi gebildete **Tal von Mukhrani**. Von drei Seiten durch Bergrücken begrenzt, wachsen hier Wein, Obst, Weizen und Gemüse.

Bei Kilometer 46 biegt nach links eine Straße zum **Bazaleti-See** ab. Die neue Hotel und Apartmentanlage dort wirkt etwas überdimensioniert, aber das milde Klima, die reizvolle Landschaft am Fuß des Kaukasus, mit Möglichkeiten zu Ausflügen in die Berge, nach Mtskheta und Tbilisi machen sie zu einem guten, wenn auch kostspieligen Ausgangspunkt für Touren in der Umgebung (Bazaleti Tourist Komplex, Tel./Fax +995/32/2755366, www.bazaletilake.ge, 80 bis 100 Euro pro Person).

Wenige Kilometer nördlich des Bazaleti-Sees, umgeben von niedrigen bewaldeten Hügeln, liegt das alte Städtchen **Dusheti** etwas abseits der Georgischen Heerstraße. Zu besichtigen dort sind die Ruinen der Stadtfestung, der Gutsbesitz, der den Namen ›Weißes Schloss‹ trägt, sowie einige kleine Kirchen und Kapellen aus dem XIV. und XV. Jahrhundert. In der Nähe des Sees werden die grauen georgischen Bienen gezüchtet, die einen hervorragenden Honig produzieren. In der Nähe des Dorfes Bodorna lebt die Vergangenheit fort. In den in der Nähe liegenden Höhlen verbargen sich der Überlieferung nach Greise, Frauen und Kinder, wenn sich Feinde dem Ort näherten. Ende des 18. Jahrhunderts eilten 300 Bewohner des Aragvi-Tals aus den Bergdörfern Tschartali, Warschlobi und Pawliauri König Irakli II. zu Hilfe, um Tbilisi vor den Horden Agha-Mohammed-Khans zu schützen. Keiner von ihnen kehrte zurück, woran in Tbilisi ein Denkmal erinnert, das sich an der Metrostation ›300 Aragviner‹ an der Ketevan-Mepe-Straße (unweit des Metekhi-Palace-Hotels) befindet.

▲ Karte S. 246

Festung Ananuri

Zurück auf der Georgischen Heerstraße erhebt sich beim Dorf Zhinvali die Staumauer des Aragvi-Stausees. Etwa einen Kilometer vor der Staumauer zweigt rechts die Straße nach Khevsuretien ab, eine abgelegene Gebirgsgegend, die eine

Das Südportal der Festungskirche

Die Festung Anannuri

eigene Reise wert ist und im anschließenden Kapitel beschrieben wird (→ S. 263). Die Festung Ananuri erhebt sich über den nordwestlichen Zipfel des Stausees. Ursprünglich bestand die Burg aus zwei baulichen Ensembles, von denen das untere, ebenso wie das gleichnamige Dorf zu seinen Füßen, der Flutung des Tales zum Opfer fiel. Von Ananuri aus regierten die im benachbarten Dusheti ansässigen Eristawi (in ihrem Status vergleichbar etwa mit den Kur- oder Reichsfürsten) und kontrollierten in nahezu uneingeschränkter Autonomie das strategisch wichtige Aragvi-Tal. Die Fürsten von Aragvi waren ein stolzes und kriegerisches Geschlecht. Keiner von ihnen starb eines natürlichen Todes; die Burg erlebte nicht nur eine Belagerung. So zum Beispiel 1739, als der benachbarte Fürst von Ksani, Schansche III., mit einer Horde muslimischer Lesghier aus Dagestan Ananuri überfiel und den regierenden Fürst Bardzim samt aller anwesenden Familienangehörigen niedermetzeln ließ. Nachdem Nadir Schah, der persische Statthalter in Ostgeorgien, Schansche vertrieben hatte, setzte er den rechtmäßigen Erben Bardzims als neuen Fürsten in Ananuri ein. Dieser stellte die Festung wieder her und ließ die Mariä-Himmelfahrt-Kathedrale ausmalen. Einige der Szenen stellen das erschütternde Schicksal seiner Familienangehörigen dar; so sieht man Bardzim und seine nächsten Verwandten mit ausgestochenen, blutenden Augen, bevor sie von den Eroberern hingerichtet werden.

Die gut erhaltene Oberburg ist eines der wohl imposantesten Bauwerke der Georgier aus der unheilvollen Epoche der persischen und osmanischen Invasionen. Auf relativ kleinem Raum beherbergt die Festung zwei Kirchen – die kleinere und etwas ältere **Erlöserkirche** (eine Kuppelbasilika) sowie die **Kirche der Mariä Himmelfahrt** (ein Kreuzkuppelbau), einen **Glockenturm**, einen sechsgeschossigen **Wehrturm** an der Westseite, zwei mit der **Wehrmauer** verbundene Wirtschaftsbauten und ein **Badehaus**. Alle Gebäude stammen aus dem 17. Jahrhundert und sind zumindest äußerlich gut erhalten. Beeindruckend ist der Blick auf die mit einem überdimensionalen Kreuz verzierte Südfassade der Mariä-Himmelfahrts-

Kirche hinter dem in die Wehrmauer eingelassenen **Torturm**, dem einzigen offiziellen Zugang zur Burg. Den Reliefsockel schmückt, als Symbol des von Christus bezwungenen Bösen, ein Drachenpaar. Zu beiden Seiten des Kreuzes sind je ein Engel, ein Lebensbaum in Gestalt eines rebenbehangenen Weinstocks, der aus dem Stab emporwächst, und ein heraldischer Löwe abgebildet, die den Triumph des christlichen Glaubens versinnbildlichen. Den persisch-safawidischen Einfluss jener Zeit verraten die Arabesken im Bogen des Südportals.

Aragvi-Tal

Hinter Ananuri tritt die Georgische Heerstraße in das Tal der Aragvi ein. Die Berge links und rechts der Trasse gewinnen mit jedem Kilometer an Höhe, und der Blick in die von den Nebenflüssen des Aragvi gegrabenen Täler und Schluchten steigt bald auf bis zu den Almen jenseits der Baumgrenze. Die Bergbäche, die in den Sommermonaten friedlich in ihrem Kiesbett dahinfließen oder mitunter sogar gänzlich versiegen, schwellen bei heftigen Regenfällen und zur Schneeschmelze mächtig an. Sie verwandeln sich dann in wütende trübe Ströme, und wären da nicht die Steinwälle am Ufer des Aragvi, würden sie alles von Menschenhand im Tal Geschaffene mit sich fortschwemmen.

Im Tal der Aragvi

▲ Karte S. 246

Pasanauri

Nach weiteren 30 Kilometern Fahrt von Ananuri erreicht man Pasanauri (1014 Meter ü. d. M.). Das Dorf stammt aus dem 19. Jahrhundert und verdankt seine Entstehung der Befestigung und dem Ausbau der Heerstraße. Sein Name leitet sich ab von ›sapasse adgili‹, was so viel bedeutet wie ›überteuerter Ort‹. Die wenig romantische Bezeichnung bezieht sich auf die Geschäftspraktiken gerissener Kaufleute, die hier bei den Bauern Kerosin, Salz und Werkzeuge für ein Vielfaches des eigentlichen Wertes gegen landwirtschaftliche Erzeugnisse eintauschten.

Begrenzt wird Pasanauri im Osten durch die Ausläufer des Bergrückens von Gudamakari und im Westen vom Bergrücken Lomissi. Die reizvolle Landschaft, die belebende Gebirgsluft und die zahlreichen Mineralquellen in der Siedlung und in ihrer Umgebung haben Pasanauri einst zu einem der beliebtesten subalpinen Urlaubsorte im zentralen Kaukasus werden lassen. Davon ist heute nur wenig zu spüren. Viele Häuser sind verlassen. Der Ort wirkt heruntergekommen. Die beliebtesten Wanderwege führten einst zum Wasserfall in der Schlucht von Chabarukhi und in die Gudamakari-Schlucht. Besonders häufig trifft man hier auf kleine Kult- und Gebetsstätten - unbehauene Felssteine, in deren Nischen Ikonen untergebracht sind. Man findet sie sowohl in der Nähe kleiner Gebirgsdörfer als auch an schwer zugänglichen, höher gelegenen Stellen. Jede dieser Gebetsstätten hatte einst einen eigenen Priester, die mehr Einfluss

Kleiner Souvenirmarkt am Straßenrand

und größeres Ansehen genossen haben sollen als die offizielle Kirche.
Pasanauri ist auch der Ort, wo die zwei Schwestern Aragvi, von denen die eine, aus den nordöstlichen Bergen kommend, Schwarze und die andere Weiße Aragvi genannt wird, aufeinandertreffen. Das hat mit Mystik nichts zu tun. »Die Flüsse verdanken ihre verschiedene Farbenzeichnung dem Schlamm, den sie führen, und dieser wiederum ist je nach dem Gestein des Flussbettes verschieden. Wo das Gestein hart ist, bleibt das Wasser klar, der Fluss sieht dunkel aus, weil der Grund durchschimmert, und wird also ›schwarz‹ genannt. Rinnt der Fluss über mürbes Gestein, so führt er Schlamm mit sich, dessen Farbe von der Gesteinsart abhängt.« (F. Nansen, Durch den Kaukasus zur Wolga).
Weiter führt der Weg hinauf in Richtung des Passes. Noch in weiter Ferne, aber scheinbar zum Greifen nah, erwachsen riesige Bergrücken, deren Gipfel auch im Hochsommer ihre Schneemützen nicht verlieren. Der eine von ihnen, ein faltiger Riese, sieht mit seinen sich in den von der Spitze auseinanderlaufenden Senken ansammelnden Schneestreifen aus wie ein Zebra. Schon am frühen Vormittag umspielen weiße Wolkenballen die Wipfel, während im Tal noch eine heiße Sonne scheint. Bauernhäuser mit den typischen umlaufenden Veranden beleben das Tal. Mais wird hier angebaut, auch Wein, Gemüse und Obst. Am Straßenrand bieten Dorfbewohner Pelzwaren aus Schafsfell, Selbstgestricktes bzw. einen kleinen Imbiss an. Die Berghänge sind mit Buchen, Eichen, Pappeln, Platanen und Kiefern bestanden, die immer rarer werden und in macchiagrüne alpine Matten übergehen.
17 Kilometer hinter Pasanauri passiert die Trasse die **ehemalige Festung Georgiewsk**, wo Irakli II. 1783 das Abkommen unterzeichnete, das Ostgeorgien russischem Schutz unterstellte und den Weg bahnte für den Anschluss Georgiens an das Russische Imperium. Außerdem befindet sich hier eine Kultstätte zur Verehrung des Pudris Angelori, des örtlichen Schutzengels des heimischen Herdes. Besondere Verehrung genießt bei den Einwohnern der heilige Georg von Lomisi (so der Name des im Westen aufsteigenden Bergrückens), dessen Fest – Lomisoba – am siebten Sonntag nach Ostern begangen wird.

Pasanauri

Hotel Aragvi, in der Nähe des Zusammenflusses von Weißer und Schwarzer Aragvi, schlichter Betonbau; ca. 15 Euro pro Nacht.
Herberge im Ortszentrum. Unscheinbar, aber sehr sauber, zweistöckig, mit Swimming Pool; Übernachtung mit Frühstück 10–15 Euro pro Person.
Hotel Kakhaberi, am Ortseingang aus Richtung Tbilisi kommend (grünes Schild, in georgischer Schrift, Kiosk und kleine Terrasse), Tel. +995/593/258694 (russisch); 3 Zimmer, 20 Euro pro Zimmer. Mit Restaurant (12–23 Uhr).

Mleti und Gudauri

Der letzte größere Ort vor dem Aufstieg der Straße zum Kreuzpass ist Mleti (1556 Meter). Hier ist die Schwarze Aragvi erst 20 Kilometer jung. Sie entspringt einem Bergsee am Hang des Nepris-Kalo. Geradezu öffnet sich das tief eingeschnittene und düstere Gud-Tal, das von einem Berg gleichen Namens, dem sogenannten ›Zebra‹, gekrönt wird. Einer Legende zufolge lebte in diesem Tal einst ein Einsiedler. Von allen Bergbewohnern wegen seiner guten Taten und Weisheit geachtet, entbrannte der Greis plötzlich in heftiger Liebe zur schönen Nino. Die aber hatte einen jungen Geliebten, einen Hirten, dem sie ewige Treue schwor. Der Alte verlor ob seiner Leidenschaft fast den Verstand, und als er dem verliebten Pärchen eines Tages auflauerte und die beiden in inniger Umarmung fand, brach er in ein so lautes, verzweifeltes Gelächter aus, dass die Berge erbebten und Steinlawinen niedergingen, die die Liebenden erschlugen. Davon zeugt noch heute das riesige Steinfeld am Eingang zur Gud-Schlucht. Der russische Dichter Lermontow, selbst ein Experte in unterdrückten Leidenschaften, legte die Legende vom Einsiedler Gud seinem Poem ›Der Dämon‹ zugrunde.

Hinter dem Ortsausgang von Mleti steigen die Berge zu beiden Seiten des Gud-Tales steil in die Höhe. Man kann beim besten Willen nicht erkennen noch erraten, wie sich denn die Georgische Heerstraße über die senkrechten Wälle einen Weg bahnen soll. Fast 1000 Meter Höhenunterschied trennen Mleti noch vom Kreuzpass, und es überkommt den Betrachter eine Ahnung davon, mit welchen Anstrengungen und Gefahren die Erbauer dieser Trasse zu kämpfen hatten. Von 1857 bis 1863 erfolgte der intensive Ausbau dieser Wegstrecke durch den russischen Ingenieur B. J. Statkowskij. Ein Augenzeuge berichtete damals, dass sich die Arbeiter an Seilen hängend über den Abgrund herablassen mussten, um Stufen für die Straßenführung in den Fels zu schlagen.

▶ Karte S. 246

Kvesheti

Hotel Kvesheti, Tel. +995/599/114377, +995/599/543288. Kurz vor Mleti, in dem Flecken Kvesheti, öffnete vor wenigen Jahren dieses Hotel. Die gemütlichen Doppelzimmer verfügen je über ein Bad und kosten mit Halbpension zwischen 25 und 30 Euro pro Tag. Für ab ca. 20 Euro am Tag können auch Pferde ausgeliehen werden.

Skizentrum Gudauri

In 18 haarnadelscharfen Serpentinenkurven windet sich die Trasse bergan, bevor sie das auf einer Hochebene gelegene Dorf Gudauri (2196 Meter) erreicht, eine Ansammlung von über die Hänge verstreuten Gehöften und Villen. In der zweiten Hälfte des 19. Jahrhunderts war Gudauri eine belebte Post- und Passstation, deren Einwohner so manchem Reisenden, der in den Bergen vom Weg abgekommen oder von Lawinen verschüttet worden war, das Leben retteten. Heute ist der Ort eines der beliebtesten Skisportzentren in Georgien und über die Landesgrenzen bekannt. Sieben Sessellifte erschließen insgesamt 50 Kilometer präparierte und markierte Abfahrtspisten, davon ist mehr als die Hälfte als mittelschwer charakterisiert. Zum Skiresort gehören ein Übungshang und ein Snowpark. Die Skisaison beginnt im Dezember und endet in den Höhenlagen im Mai. In 3000 Meter Höhe befindet sich eine Bergstation. Ein Lift führt zur in 2650 Meter Höhe gelegenen Chaldai-Hütte. Die Aussicht auf die umliegenden Berge ist bei klarem Wetter phantastisch. Es gibt mehrere Vier-Sterne-Herbergen sowie eine Reihe von einfacheren Hotels und Gästehäusern.

Wer unberührte Berge liebt, ist hier richtig

Mosaik aus der Sowjetzeit an einer Aussichtsplattform nördlich von Gudauri

Die wachsende Attraktivität Gudauris, auch für Skienthusiasten aus Europa, gründet sich auf die große Zahl von Freeridestrecken, die per Heliski erschlossen sind. In Europa ist Heliski aus Gründen des Umweltschutzes nicht erlaubt, weshalb die Freunde dieses Vergnügens bisher vor allem auf Skiresorts in Kanada ausweichen mussten. Mit dem in den letzten Jahren beschleunigten weiteren Ausbau Gudauris könnte der Ort mit seinen für Abfahrten aus Höhenlagen über 4000 Meter geeigneten, landschaftlich atemberaubenden Strecken zu einer Alternative für finanzkräftige Westeuropäer werden. Einzig das in Russland liegende und zu Sotschi gehörende Krasnaja Poljana (Austragungsort der Olympischen Winterspiele 2014) stellt in Europa eine ernsthafte Konkurrenz dar.

Seit 2012 ist Gudauri administrativ Tbilisi zugeordnet, wodurch sich die Regierung verspricht, Investoren in den Ausbau der Wintersportanlagen, der Hotels und Infrastruktur zu finden. Im Ort selbst und seiner Umgebung sollen Dutzende Gebäude instandgesetzt und mit Wärmedämmungen versehen werden, um auch die einheimische Bevölkerung in die Erschließung der Gegend für den Wintersport einzubinden. Bisher kommen Wintersportler vor allem aus Russland und den übrigen GUS-Ländern. Für diejenigen Georgier, die es sich leisten können, ist Gudauri im Winter der beliebteste Ort für einen Wochenendurlaub.

Gudauri

Infos über Pisten und Unterkünfte unter www.gudauri.info. Hotelbuchungen sind auch unter www.exotour.ge möglich. Zwei Unternehmen bieten Heliski an, die Schweizer Firma **Alpin Travel** (www.alpintravel.ch) und die einheimische Agentur **Heliksir** (www.heliksir.com).

Hotel Gudauri Marco Polo, Tel. +995/32/2202900, www.hotelgudauri.com; EZ ab 120, DZ ab 200 Euro inklusive Vollpension. Vier-Sterne-Hotel direkt am Skilift. Im Winter und im Sommer geöffnet; Skiverleih, Organisation von Ausflügen und geführten Wanderungen.

Hotel Sno 1 & 2 Inn, unweit des ›Marco Polo‹; ca. 70 Euro pro Person mit Vollpension.

Kreuzpasshotel, aus Richtung Tbilisi auf einer Anhöhe am Dorfeingang; 40–75 Euro mit Frühstück.

Cottage Gvirila, bei Frau Nana Gvelebiani, Tel. +995/599/507606; EZ 35, DZ 70 Euro, Vollpension jeweils inbegriffen.

▶ Karte S. 246

Kreuzpass

Weiter geht es in Richtung des Kreuzpasses (Jvari), entlang der südwestlichen Hänge des Bergrückens, über alpine Matten, auf denen im Sommer gelbe Azaleen und sattblauer Enzian blühen. Über die Abfahrt linker Hand gelangt man zu einer **Aussichtsplattform**, die von einer halbrunden Mosaikwand gerahmt ist. Errichtet wurde die Anlage 1983 aus Anlass des 200. Jahrestages des Traktats von Georgiewsk. Das Panorama, das sich hier bietet, ist einzigartig. Unter einem das Tal, winzig die Ortschaften, die Wach- und Signaltürme der Bergvölker, das sich silbern schlängelnde Band der Aragvi und die Berge »Schneeferner und Gletscher überall, durch tiefe Schluchten und Klammen getrennt, zwischen deren senkrechten Wänden in tiefem Grund die weiße Gischt der Flüsse brauste. Wir blicken in den Gud-Khevi, die Teufelsschlucht hinab, durch die die Aragvi vom Gebirge herab braust, ein enger, schwindelnd tiefer Abgrund zwischen fast lotrechten Wänden.«(Nansen). »Man möchte jubeln angesichts dieses Panoramas und wird doch ganz still«, schreibt der Reiseschriftsteller Alfred Renz.

Noch einige Meter, und der Kreuzpass in 2395 Metern Höhe ist erreicht. Er verdankt seinen Namen einem hölzernen Kreuz, das erstmals im Jahre 1803 auf der Passhöhe errichtet wurde. Der Bürgermeister von Khevi, Gabriel Kasbegi, ließ es 1809 erneuern, und 1824 ersetzte es der russische Major Kanonow durch ein auf einem mächtigen Granitsockel ruhendes Steinkreuz mit der Inschrift: »Zum Ruhme Gottes und auf Anordnung des Infanteriegenerals Jermolow vom Major Kanonow, Gouverneur der Bergvölker, 1824 errichtet.«

Auf der höchsten Stelle des Kreuzpasses liegt ein kleiner **Soldatenfriedhof für deutsche Kriegsgefangene**, die hier in den 40er Jahren des 20. Jahrhunderts beim Straßenbau eingesetzt waren.

Geographisch gesehen ist der Pass ein Hochgebirgs-Flachsattel zwischen zwei Gipfeln, dem Brutsabdsela (3010 Meter) im Osten und dem Charissari (3773 Meter) im Westen. Gleichzeitig ist der Pass Wasserscheide für die Einzugsgebiete der Aragvi und des Terek (georg. Tergi), der in Richtung Norden fließt und dessen Lauf die Georgische Heerstraße bis nach Wladikawkas folgen wird.

Jenseits des Passes stürzt die Trasse wieder in scharfen Kurven in die für ihre Steinschläge und Lawinen berüchtigte Bajdur-Schlucht, die in das Khevi-Tal, durch das sich der Terek windet, übergeht. Mineralquellen säumen ihren Weg und in der Ferne, die sehr nah zu sein scheint – trotz des Dunstes, der an den meisten Sommertagen über der Landschaft liegt – bewachen die schneebedeckten Gipfel des Koro (4007 Meter) im Nordosten das Tal.

Am Kreuzpass

Die erste Ortschaft auf der Nordseite des Passes ist **Kobi**, wo ein vom WWF ausgeschilderter sehr schöner **Wanderweg zur Quelle des Terek** seinen Anfang nimmt. Am Rande des nächsten Ortes, **Sioni**, auf einem Berg, erheben sich in der Nachbarschaft eines kleinen heiligen Haines die Ruine eines sechsgeschossigen, pyramidalen **Wehrturms** aus dem 10. bis 12. Jahrhundert und eine dreischiffige **Basilika** aus dem 10. Jahrhundert. Die Kirche genoss einst in der gesamten Region große Verehrung. Man muss den Felsen von Norden her umgehen, um sie zu erreichen.

Die Landschaft wird von den zahlreichen Nebenflüssen des Terek in eine Vielzahl tiefer, baumloser, unwirtlicher Schluchten zerteilt, an deren steilen Hängen mancherorts Schafe weiden. Geformt von erstarrten Lavamassen, die sich vor Urzeiten aus den Vulkanen des Kaukasus über die Berge ergossen, haben die Berghänge mitunter wundersame Formen angenommen, die der Natur einen Hauch Schöpferwillen verleihen; als wäre diese Täler von unsichtbarer Hand, wie gedankenverloren, gestaltet worden.

Mit tierischem Gegenverkehr muss man jederzeit rechnen

▲ Karte S. 246

Die nächste Ortschaft ist **Arsha**, eine kleine Siedlung. Sie wäre der Erwähnung nicht wert, gäbe es in ihrer Nähe nicht eine **Festung** gleichen Namens, die von der Georgischen Heerstraße allerdings nicht auszumachen ist. »Sie ist von unmenschlicher Hand auf hohem Felsen erbaut, von Felsen umgeben und für Menschen nicht zugänglich«, schreibt W. Bagrationi in seiner ›Biografie Georgiens‹. Zur Festung führt ein Fahrweg, der von der Heerstraße nach Süden (rechts) abzweigt.

■ Abstecher ins Sno-Tal

Von Arsha erreicht man durch das Sno-Tal sowie die Ortschaften **Sno** und **Dshuta** den **Roshka-Pass** (3842 Meter), der nach Khevsuretien (→ S. 263) führt. Von dort aus gelangt man entweder zurück nach Tbilisi oder wandert weiter über den Atsunta-Pass nach Tuschetien (→ S. 233). Der Roshka-Pass ist nur mit einem allradgetriebenen Wagen, per pedes oder mit dem Pferd zu bewältigen, und das auch nur von Juli bis Oktober.

In Dshuta findet man seit einigen Jahren Unterkunft bei der Familie Jago und Maja Arabuli, die acht bis zehn Gästen Quartier und Verpflegung bieten. Jago ist Germanist und betreibt eine eigene Webseite: www.kaukasus-tour.de. Weitere Auskünfte auch bei: www.kaukasus-reisen.de. Der Reiseveranstalter Heiner Buhr vermittelt über diese Webseite Trekkingtouren unter anderem durch Khevsuretien und Tuschetien.

Einen weiteren Anbieter der reizvollen Tour findet man auf der Website www.weltweitwandern.at. Auf eigene Faust sollte man sich keinesfalls auf den Weg machen.

Ausgeschilderter Wanderweg bei Kasbegi

Kasbegi/Stepantsminda

Noch einige Kilometer, und die Heerstraße erreicht den Ort Stepantsminda, das in vorsowjetischen Zeiten bereits einmal diesen Namen trug und bis vor einigen Jahren Kasbegi hieß (auf Landkarten kommen beide Namen vor). Der Ort ist 160 Kilometer von Tbilisi entfernt und das Verwaltungszentrum der Region Khevi. Es liegt 1700 Meter über dem Meer; »unmittelbar am Fuß des Berges Kasbek und befindet sich im Besitz des Fürsten Kasbek«, wie Puschkin notierte, als er auf seiner Kaukasus-Reise den Ort passierte. Der Dichter nennt diesen Feudalherren einen ›Riesen‹. Er traf ihn in der Schenke, wo der Hüne aus einem Ochsenfell jungen Rotwein sog. Den Weinsauger hat Brecht in seinem ›Kaukasischen Kreidekreis‹ auf die Bühne gestellt, dem wohl einzigen deutschen Theaterstück, das im Kaukasus spielt.

Als vor gut einhundert Jahren zwei Franzosen die Gegend bereisten, begegnete ihnen ein Hirte mit seiner Schafherde. Sie hatten sich verirrt, sprachen kaum georgisch, geschweige denn den örtlichen Dialekt, und versuchten, sich dem Hirten mit Händen und Füßen verständlich zu machen. Der hörte sich ihr von heftigen Gebärden begleitetes Gestammel eine Weile an und winkte dann ab. Die beiden Herren aus Frankreich wollten schon alle Hoffnung fahren lassen, als ihnen ihr Gegenüber nun in reinstem Französisch antwortete und den Weg erklärte. Als sie, angekommen in Tbilisi, voller Euphorie erzählten, dass in den Bergen selbst die Hirten französisch sprächen, ernteten sie Gelächter. Sie waren nämlich nicht irgendeinem Schäfer begegnet, sondern einem der berühmtesten des Landes – Alexander Kasbegi (1848–1893), seines Zeichens Schriftsteller und Autor zahlreicher Romane, von denen einige auch ins Deutsche übersetzt wurden. In einem von ihnen taucht ein Held auf, der mit unendlicher Willenskraft allen Widrigkeiten des Lebens trotzt, der kämpft und kämpft, als hätte er mehrere Leben. Dieser Held hieß Koba. Er war Stalins Lieblingsromanfigur und einer seiner Spitznamen.

An den Schriftsteller erinnert das **Kasbegi-Denkmal** im Zentrum des Ortes. Sein Geburtshaus gegenüber dem Denkmal beherbergt heute das **Heimatmuseum**, in dem unter anderem Originalmanuskripte seiner Werke und Briefe zu sehen sind. Daneben gibt die Ausstellung Auskunft über Geschichte, Alltagskultur und Brauchtum der Einwohner von Khevi. Zu den wertvollsten Exponaten gehören

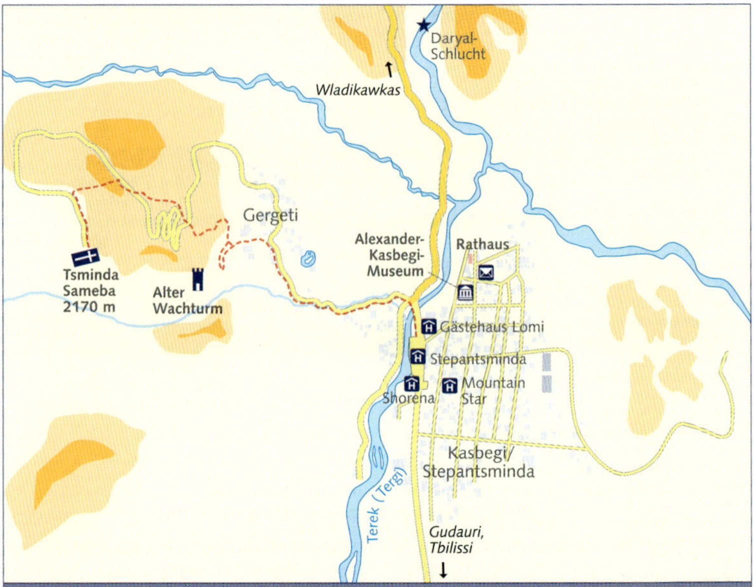

Kasbegi/Stepantsminda

Teile eines antiken Schatzes, der 1877 in der Ortschaft gefunden wurde – Silberbecher, Eisenkrüge und Armreifen sowie bronzene Tier- und Menschenstatuetten. Die Funde aus dem 4. und 5. Jahrhundert vor Christus belegen, dass die georgische Kultur nicht nur in der kolchischen Tiefebene, sondern auch in den unzugänglichen Bergregionen eine frühe Blüte erlebt hatte. Außerdem werden im Museum Säbel und Tabakspfeife Alexander Puschkins aufbewahrt, die diesem 1829 auf seiner Reise nach Erserum geschenkt worden waren und die er später in Tbilisi der Familie der Fürstin Manana Orbeliani als Andenken überließ. Das Museum ist im Sommer täglich, von September bis April Di. bis So. von 10 bis 18 Uhr geöffnet. Eintritt: 3 Lari, mit Führung 15 Lari, Studenten 1 Lar.

Auf dem Hof der Kirche, am Rande der Familien-Kapelle der Kasbegis, befindet sich das **Grab Alexander Kasbegis**.

▲ Karte S. 246

Aber nicht allein ihm und auch nicht dem Kasbek, dem mit 5047 Meter zweithöchsten Berg Georgiens (georgisch: Mkinwarzweri, dt. : Eisgipfel), verdankt der Ort seinen Namen, sondern einem Mann namens Kasibeg Tschopikaschwili, dem Aufseher über die Heerstraße in diesem Gebiet. Für seine in der Mitte des 19. Jahrhunderts erworbenen Verdienste um den Brückenbau in der Daryal-Schlucht war Tschopikaschwili mit dem Adelstitel belohnt wurden, was seine Nachfahren zum Anlass nahmen, ihren Familiennamen zu ändern und sich von nun an Kasbegi zu nennen. Alexander Kasbegi war der Sohn dieses Mannes.

Nordwestlich überragt der **Kasbek** die Szenerie – ein imposanter, vergletscherter Riese, an dessen Wand, der griechischen Sage zufolge, einst Prometheus für seinen Frevel, den Menschen das Feuer gebracht zu haben, büßen musste. Der Kasbek ist nicht der höchste Gipfel des Kaukasus, aber einer der fotogensten und beliebt bei Alpinisten aus aller Welt. Der Aufstieg ist nur mit alpiner Ausrüstung möglich und wird in der Regel in zwei Tagesetappen bewältigt. Nur in den frühen Morgenstunden und bei klarem Wetter zeigt sich der Berg in seiner ganzen Pracht, denn er liebt es, sich schon am Vormittag in undurchdringliche Wolkenhaufen zu hüllen Der Engländer Douglas Freshfield war der erste Mensch, der den Kasbek bezwang, und zwar am 19. Juli 1868.

Tsminda Sameba

Das ›alte Kloster‹, das Puschkin mit seinem Gedicht meint (→, ist die Kuppelkirche von Tsminda Sameba (Dreifaltigkeitskirche), einschließlich ihres Glockenturms, die beide auf einem dem Kasbek vorgelagerten Berg, dem Kvemi Mta (2170 Meter) thronen. Sie stammen aus der Ära Giorgis V. (1318 bis 1346), aus einer Zeit also, da die georgische Kirche sich besonders um ihre während der Mongolenkriege vernachlässigten Schäflein in den Bergen kümmerte. Die waren nämlich, ohnehin nie besonders gefestigt in ihrem christlichen Glaubensbekenntnis, inzwischen zu heidnischen Riten und Bräuchen zurückgekehrt. Tsminda Sameba avancierte zum Wallfahrtsort und ist es auch heute wieder.

Die Seilbahn, die einst zur Kirche hinaufführte, ist schon lange außer Betrieb, so dass man entweder ein Jeep-Taxi von Kasbegi nehmen muss (ca. 50 Lari, inklusive 1 Stunde Wartezeit), oder zu Fuß den Fahrweg über Gergeti (in Gergeti an der Straßengabelung rechts halten, Gehzeit etwa 4 Stunden) hinauf muss. Eine Alternative für Wanderer ist ein Bergpfad: in Gergeti links halten, am Wachturm auf dem Felsen vorbei, Gehzeit 2 bis 3 Stunden, dafür steiler als der Fahrweg.

Tsminda Sameba am Fuße des Kasbek

Jedes Jahr am 28. August begeht die orthodoxe Kirche das Fest Maria Entschlafen – Mariamoba. An diesem Tag pilgern tausende Georgier nach Tsminda Sameba, Opferschafe werden auf dem Kirchhof vom Priester gesegnet, anschließend geschlachtet und dann auf den Wiesen um das Gotteshaus gehäutet, ausgenommen, gekocht oder gebraten und vor Ort verzehrt. Große Mengen Wein und Tschatscha fließen, Gesang erhebt sich und bis in die frühen Abendstunden verwandelt sich der Kasbek in die Kulisse eines rauschenden Festes, dem sich kein zufälliger oder geladener Gast entziehen kann.

Betlemi-Höhle

Noch höher in den Bergen, in 3675 Meter Höhe auf dem Gergetigletscher, befindet sich der Zugang zu einer Höhle. Alte georgische Quellen erwähnen sie als Höhle von Betlemi, die Mönche bereits im 10. Jahrhundert in das Eis und Gestein getrieben hatten. Den Eingang verschließt eine massive, mit Eisen beschlagene Tür, hinter der eine Kette herabhing, an welcher sich die Gottesdiener einen etwa 300 Meter hohen Felsen hinaufzogen. Als die Höhle Ende der 1940er Jahre systematisch erforscht wurde, entdeckte man darin eine Kirche, Mönchszellen, einen Kerzenständer und eine Ikone, aus der das Gründungsdatum hervorgeht. Forscher vermuten, dass sich in ihrer Umgebung noch weitere Höhlen befinden.

Um Betlemi ranken sich Legenden. Eine von ihnen berichtet von einigen jungen georgischen Kriegern, die zur Zeit der Mongolenstürme aus Tbilisi nach Betlemi ritten. In ihren Satteltaschen trugen sie den Staatsschatz mit sich, den sie im Auftrag des Königs in der Höhle versteckten. Damit niemand das Geheimnis verraten konnte, erdolchten sie sich anschließend gegenseitig. Auch gilt die Höhle als überlieferte Stätte der Fesselung Amiranis, des georgischen Prometheus, dem ein schwarzer Rabe täglich Brot und Wein bringt, während sein treuer Hund Qurscha unermüdlich an den Ketten nagt. Doch schlagen an jedem Gründonnerstag von Gott beauftragte Schmiede mit schweren Hämmern auf den Amboss und geben der zerbrechlichen Kette ihre ursprüngliche Festigkeit zurück.

Talschluss nahe Kasbegi

▲ Karte S. 246

Kasbegi/Stepantsminda

Vorwahl: +995/(0)345.

Jedes Jahr im Sommer öffnet das lokale **WWF-Ökotourismuszentrum**. Dreitägige Trekkingtouren auf den Gipfel des Kasbeg (5047 m) kosten mit Führer ab ca. 400 Euro pro Gruppe. Verleih von Mountainbikes für ca. 20 Euro am Tag. Vermittlung von Wanderführern, Kartenverkauf. Das Office befindet sich etwa auf halber Strecke zwischen dem Heimatmuseum (Kasbegi) und der Brücke über den Terek Richtung Grenze.

Die **Marschrutki h**alten an dem kleinen Platz vor dem Hotel Stepantsminda.

Abfahrt in Tbilisi (ab Metrostation Didube → S. 188): von 9 bis 17 Uhr stündlich, 10 Lari, ca. 3 bis 3,5 Stunden Fahrtzeit, manche Fahrer verlangen 15 Lari.

Abfahrt nach Tbilisi: 8, 9, 12.30, 15.30, 17 Uhr und in den Sommermonaten auch um 18 Uhr, 10 Lari; ca. drei Stunden Fahrtzeit.

Ein **Taxi** von und nach Stepantsminda kostet zwischen 80 und 120 Lari, je nach Verhandlungsgeschick und Wagentyp.

Unterkünfte in Stepantsminda/Kasbegi:

Hotel Stepantsminda, zentral am großen Platz, Tel. +995/599/182296, stepantsminda2010@yahoo.com, www.kazbegihotels.ge. 20 Zimmer, schöner Ausblick; DZ mit Halbpension ab 40 Euro. Das Hotel gehört der Brauerei Kasbegi aus Tbilisi (www.kazbegi.com).

Gästehaus Lomi, unweit des Hauptplatzes, Tel. +995/599/403264. Zwei Dreibettzimmer, zwei DZ und ein EZ, Gemeinschaftsdusche, Küche für Selbstversorger, Übernachtung ca. 10 Euro pro Person bzw. 20 Euro mit Halbpension.

Mountain Star Guest House, oberhalb des Hauptplatzes, Tel. +995/599/160012, 504804. Internetanschluss. Bergführer, Trekking-Touren; pro Person mit Verpflegung ab 13 Euro. In der Nachbarschaft befindet sich ein kleines Alpinismus-Museum.

Lela's Guest House, Tel. +995/32/2225151. 4 Dreibettzimmer, georgische und europäische Küche.

Gogi Alibegashvili Guesthouse, Tabidse-Str. 44. Zimmer in verschiedenen Größen und Kategorien, ab 17 Euro pro Person im Dreibettzimmer. Buchbar zum Beispiel über www.booking.com (nach Kazbegi suchen).

Shorena's Hotel & Restaurant, im Zentrum des Ortes, +995/345/252607, +995/598/398274, shorenashoka@gmail.com, facebook: Shorena Shamanishvili; 15 Euro pro Person inklusive Frühstück.

▸ **Unterkünfte im Ortsteil Gergeti (am Hang gegenüber dem großen Platz)**:

Gästehaus Ketino Sujashvili, erste Querstraße links hinter der Brücke hinter dem Terek, Tel. +995/345/252418, +995/571/032439, +995/558/131828, dvs72@mail.ru, ketinosujashvili@gmail.com; 10–12 Euro pro Person und Tag, mit Halbpension knapp das Doppelte. Hilfe bei der Beschaffung von Reitpferden.

Gästehaus Inessa, schräg gegenüber dem Gästehaus Ketino, Doppel-, Drei- und Vierbettzimmer für insgesamt 20 Gäste; 10–12 Lari pro Person und Übernachtung, knapp das Doppelte mit Halbpension.

Gästehaus Vano Sujashvili, Tel. +995/345/252418, +995/599/420414, dvs72@mail.ru. Einfache Unterkunft, ca. 12 Euro pro Person und Tag. Der Besitzer vermittelt Ausflüge mit Jeeps in die Umgebung. Außerdem kennt er auch jeden Fahrer der Marschrutki nach Tbilisi.

Genri Sujashvili, Tel. +995/345/252480, +995/595/500989. Etwas komfortabler als bei Vano, Preis etwa gleich.

Zum Hotel Shorena im Ortszentrum gehört ein Restaurant mit Terrasse hinter dem Haus. Gute Küche.

Außerdem gibt es im Ort einige **Imbissbuden** mit passablem Angebot.

Daryal-Schlucht

Hinter Kasbegi folgt die Heerstraße dem Terek in die fast kahle, beklemmende und sagenumwobene Daryal-Schlucht. An ihrem Eingang liegt die Ortschaft Gergeti, Ausgangspunkt für Bergtouren zum Kasbek. In der kleinen Kirche des Ortes sind Wandmalereien aus dem 14. Jahrhundert erhalten.

Einige Kilometer hinter Gergeti senkt sich die in den Stein gehauene Straße in das Tal, und es ergreift den Reisenden ein Gefühl, als würde er sich dem Höllenschlund nähern, und der Terek wäre nichts anderes als der Fluss Lethe aus der griechischen Sage, der das Reich der Lebenden von dem der Toten trennt. Die Daryal-Schlucht, so wird vermutet, leitet ihren Namen vom persischen ›darija‹ (Tor) her. Der römische Schriftsteller Plinius d. Ä. berichtete im 1. Jahrhundert nach Christus, dass »ein Eisentor, die Sarmatische Pforte, jene großartige Schöpfung der Natur« verschlossen halte. Jenes Eisentor mag nicht mehr als ein Allegorie sein, aber dass die Römer am Ausgang der Schlucht ein Fort errichteten, um ihren Zugang vor den Überfällen der barbarischen Stämme aus dem Norden zu sichern, das ist gewiss. Die Überreste dieser auf einem Felsen gelegenen **Daryal-Festung**, die in den späteren Jahrhunderten von den Georgiern verstärkt und ausgebaut wurde, sind bis heute erhalten. Ihr ursprüngliches Aussehen hatte sie bis in die Mitte des 19. Jahrhunderts bewahrt, wurde dann aber beim Ausbau der Heerstraße beschädigt.

Ein alter Volksglaube berichtet, dass die Festung ursprünglich einer Königin gehörte, Daria mit Namen, die hier ein munteres Leben führte und alle Karawanen ausraubte, die ihre Domäne passierten. Nach ihr seien die Festung und die Schlucht benannt, glauben die Alten.

▲ Karte S. 246

Michail Lermontow hörte die Geschichte auf seiner Durchreise und ließ sich zu einem Gedicht inspirieren:

Wo der Terek im nebligen Schleier
Durchbraust den Pass von Darjal,
Da ragte auf morschem Gemäuer
Ein Turm auf felsigem Wall.
Im Turm bei der Winde Gestöhne
Tamara, die Königin, saß;
Ein Engel an himmlischer Schöne,
Ein Dämon an Tücke und Haß.

Warum Lermontow Daryal durch Tamara ersetzte – ein Geheimnis der Metrik vielleicht? Jedenfalls führten seine Zeilen zu einiger Verwirrung, da einige Leichtgläubige von nun an die Tamara aus dem Gedicht mit der Königin Tamara verwechselten, womit sie Letzterer sicher Unrecht taten.

Die Daryal-Festung thront über dem engsten Teil der Schlucht, den heute ein Tunnel umfährt. An ihrem Ausgang errichtete die russische Armee 1846 ein Fort, das seit langem ungenutzt ist und allmählich verfällt. Man befindet sich nun am Ende des über georgischen Boden führenden Teils der Heerstraße. Überquert man den Terek, ist man bereits in Russland, in Nordossetien. Die Brücke, die den Ausgang aus der Schlucht markiert und gleichzeitig Grenze ist, wurde 1850 von russischen Pionieren anstelle der Teufelsbrücke über den Fluss gespannt.

Gegenüber der Daryal-Festung eröffnete Präsident Saakaschwili 2011 ein **Mönchskloster**.

Kurz vor der Grenze befindet sich am linken Berghang das **Dörfchen Tsdo**, dessen Lage der eines Adlernestes gleicht. Ein Abstecher in das Dorf empfiehlt sich, da man von ihm aus einen phantastischen Blick über die gesamte Daryal-Schlucht genießt.

Khevsuretien

Wenn man der Georgischen Heerstraße nur bis nach Zhinvali folgt, biegt am Stausee rechts eine Straße in eine der reizvollsten und am wenigsten erschlossenen Gegenden Georgiens ab, nach Khevsuretien (Khevsureti). Inmitten gewaltiger Bergriesen leben in Bergsiedlungen die Khevsureten, ein kleines Volk, das seine alten Volkslieder und Legenden nicht nur nicht vergessen hat, sondern sie bis auf den heutigen Tag lebt. Oberhalb von Zhinvali fährt man in Richtung des Stausees, an dessen östlichen Ufer die Straße nach Khevsuretien entlangführt.

Chargali

In Chargali, einem Dorf in einer malerischen Schlucht, etwa 30 Kilometer von Zhinvali entfernt, erblickte der Sänger dieses Volkes, der Schriftsteller und Naturphilosoph Vasha Pshavela, 1861 das Licht der Welt. Das bescheidene Häuschen, in dem er den größten Teil seines Lebens verbrachte, ist heute ein Museum, dessen liebevoll zusammengestellte Sammlung ahnen lässt, was den Dichter zu seiner Kunst inspiriert hat. Im Frühherbst veranstalten die Bewohner Chargalis ein rauschendes Fest zu Ehren des Dichters, das sie Vashaoba, ›Vashas Tag‹ nennen und zu dem Gäste aus dem ganzen Land anreisen.

Barisakho

Von Chargali bis zum Verwaltungszentrum Süd-Khevsuretiens, dem Dorf Barisakho, sind es noch einmal 16 Kilometer. Kurz vor der Ortseinfahrt führt ein Fahrweg zu einem Bergdorf, in dem sich ein **Ethnographisches Museum** und in unmittelbarer Nähe das **Gästehaus Korsha** (25 Euro mit Vollpension, facebook: korsha guesthouse) befindet. Barisakho bietet sich als Ausgangspunkt für Wanderungen und Reittouren auf den zahlreichen Bergpfaden an, durch die Wälder, über die Weiden, entlang der Flussläufe, über Bergrücken bis zu den Gipfeln des **Chaukhi-Massivs** westlich der Roshka-Schlucht, das aus festem Diabasgestein, einem Verwandten des Basaltgesteins, besteht. Unterhalb dieses Massivs liegen inmitten subalpiner

Almwirtschaft

Das Dorf Shatili

Wiesen gigantische Felsbrocken verstreut, zwischen denen blaugrüne, tiefe und bis auf den Grund durchsichtige Bergseen wie azurblaue oder smaragdgrüne Augen den Himmel spiegeln.

Knapp 15 Kilometer nördlich von Barisakho, links oberhalb der Straße nach Shatili liegt der Ort **Roshka** (Abzweig in Ghelisvake), von dem aus dem ein Hirtenpfad über den Roshka-Pass (3842 Meter) ins Sno-Tal an der Georgischen Heerstraße führt (→ S. 256).

Die Khevsureten in den kleineren Ortschaften tragen auch heute noch ihre Volkstrachten aus Wollstoff, auf denen die Ornamentik der Stickereien – Kreuze, Sonne und Blitz – ins Auge stechen. Die traditionelle Ausrüstung der khevsuretischen Krieger bestand zu früheren Zeiten aus Kettenhemd, metallenen flachen Kopfbedeckungen mit rund herum hängenden Kettennetzen, Arm- und Beinschienen, biegsamen Metallabdeckungen für Hand und Finger, kleinen runden Schilden und geraden, nicht sehr langen Schwertern.

Die **Anfahrt mit öffentlichen Verkehrsmitteln** ist von Tbilisi aus möglich: Marschrutki fahren von Tbilisi-Didube Mittwoch und Samstag um 9 Uhr. Rechtzeitiges Kommen (am besten eine Stunde vorher) erhöht die Chancen auf einen der begehrten Plätze. Rückfahrt von Barisakho am Donnerstag und Sonntag um 15 Uhr.

Shatili

Von Barisakho führt die Straße nach Nord-Khevsuretien, immer steiler die Berge hinauf, immer mehr an einen Feldweg, mancherorts gar nur Hirtenpfad erinnernd, über den Bärenkreuzpass (Datvisjvari, 2676 Meter) bis nach Shatili. Etwa 50 Kilometer sind es von Barisakho bis Shatili, die man entweder mit dem geländegängigen Jeep oder zu Fuß zurücklegt. Hat man Glück, vor allem am Wochenende, wird man von Einheimischen, die in Richtung Shatili unterwegs

▲ Karte S. 246

sind, mitgenommen. Der Pass ist nur von Mai bis Ende September/Anfang Oktober begehbar. In der übrigen Zeit des Jahres ist er von Schnee begraben und von Lawinen bedroht.

Shatili, auf einem Felsvorsprung gelegen, ist besonders sehenswert! Die Häuser sind hier jedes für sich kleine, aus massiven Schieferplatten aufgeschichtete Festungen, über denen sich – streng und stolz – die **68 Wehrtürme** erheben. Das Dorf als Ganzes ist eine Burg, eines der erstaunlichsten Baudenkmäler seiner Art im zentralen Kaukasus. Die ältesten Wehrtürme stammen aus dem 6. Jahrhundert. In den 50er Jahren des letzten Jahrhunderts verließen die meisten Bewohner das Dorf und siedelten sich in tiefer gelegenen Orten an. Ganze 15 Personen überwintern noch in Shatili, das von November bis April nahezu vollends von der Außenwelt abgeschnitten ist. Mobiltelefone haben hier keinen Empfang.

Über einen an der Ortseinfahrt nach links abzweigenden Weg gelangt man ins Oberdorf, in dem die Häuser aus den 1970er Jahren stammen.

Von Shatili führt ein **Wanderweg entlang des Andaki-Flüsschens** an der Grenze zu Russland in das bereits vor etwa hundert Jahren aufgegebene **Wehrturmdorf Mutso**. Nach etwa zehn Kilometern Fußweg, erst rechts dann links des Andaki gelangt man zu den Ruinen eines von seinen Bewohnern längst verlassenen Ortes, aus dem ein steiler Bergpfad zu den einsamen Wehrtürmen von Mutso auf knapp 1600 Meter über dem Meeresspiegel, führt. Sie sind aus dem Tal nicht auszumachen. Von Mutso aus erreicht man über einen Bergpfad nach sechs Kilometern Ardoti. Aus Ardoti kann man entweder zum Bärenkreuzpass wandern oder nimmt den Pfad in östlicher Richtung zum Atsunta-Pass (3431 Meter) an der Grenze zu Tuschetien (→ S. 233).

i Shatili

Wer sich auf den Weg nach Khevsuretien begibt, sollte berücksichtigen, dass es in einigen abgelegenen Ortschaften keinen Strom gibt. Eine Taschenlampe und Reserveakkus für die Kamera sowie das Handy sollten deshalb zur Ausrüstung gehören. Bei Übernachtungen empfiehlt sich Vollverpflegung, da die meisten Khevsureten Selbstversorger sind, und es deshalb hinter Barisakho so gut wie keine Lebensmittel zu kaufen, geschweige denn Restaurants zur Einkehr gibt.

Trekking-Touren nach Khevsuretien und Tuschetien bieten verschiedene Reiseveranstalter an, unter anderem Kaukasus-Reisen (www.kaukasus-reisen.de) und Georgia Insight (www.georgia-insight.eu). In den letzten Jahren ist Khevsuretien auch zunehmend ein beliebtes Reiseziel von Motorradtouristen und jüngst auch Mountainbikern geworden. Wie überall in den georgischen Hochgebirgsregionen gilt, dass man sich ohne Bergführer möglichst nicht auf den Weg machen sollte.

Gästehaus Sastumro, in einem restaurierten Wehrturm, Tel. +995/599/543037, +995/598/370317. Telefonisch kann man die Familie nur bis Mai erreichen, solange sie in Tbilisi lebt, man sollte also, so dies möglich ist, eine Übernachtung vorbestellen. Es stehen 14 Betten zur Verfügung, Übernachtung mit Vollpension ca. 30 Euro, nur mit Frühstück ca. 20 Euro. Übernachtung im eigenen Schlafsack auf der Terrasse ist möglich. Die Besitzer, Imeda und Schorena Tschintschrauli, arbeiten mit einem Reiseveranstalter in Tbilisi zusammen, Tel. +995/599/375911.

Hotel Shatili, Tel. +995/577/729362, im Unterdorf, rechts des Baches, der hinter den Wehrtürmen in den Andaki mündet. Der Besitzer ist Vasha Chincharauli, Buchung über www.exotour.ge.

Kartli war und ist das Kernland Georgiens und vermag es bis heute, einen faszinierenden Eindruck von sakraler Baukunst und Geschichte des Landes zu vermitteln.

Die Höhlenstadt Uplistsikhe

KARTLI – KERNLAND GEORGIENS

Das Innere Kartli

Die Region erstreckt sich auf einer von sanften Tälern durchzogenen Hochebene, die an ihren Längsseiten von Bergketten – dem Großen Kaukasus im Norden und dem Kleinen Kaukasus im Süden – begrenzt ist. Durch Kartli führte einst die berühmte Nordroute der Seidenstraße. Das Mtkvari-Tal begrenzt die Hochebene im Süden; einige Kilometer nördlich verläuft die S 1, die meistbefahrene Fernverkehrsstraße Georgiens, die Tbilisi mit dem Schwarzen Meer verbindet. Entlang dieser Trasse oder in ihrer unmittelbaren Nähe liegen die meisten historischen Bauten, die der Provinz ihren unvergleichlichen Reiz verleihen.

Auf knapp 30000 Hektar wird hier Obst angebaut, und bereits im 17. Jahrhundert schrieb der französische Reisende Jean Chardin, dass man »nirgendwo in Europa bessere Äpfel und Birnen« ernte als im Tal der Mtkvari und ihrer Nebenflüsse. Im Frühjahr liegt ein weißrosa Schleier blühender Apfel-, Quitten-, Birnen-, Kirsch- und Aprikosenbäume über dem Land. Bis zu 160 in geschmacklichen Nuancen und Aussehen verschiedene Pfirsichsorten kultivieren die kartlischen Bauern, was damit zusammenhängt, dass die klimatischen Verhältnisse und Bodenbeschaffenheit in jedem Tal verschieden sind.

Das Innere Kartli (Shida Kartli) ist die am dichtesten besiedelte Gegend Georgiens. Die Dörfer sind kompakt angelegt, entlang der schmalen Straßen reihen sich ein- bis zweistöckige Ziegelhäuser mit ziegel- oder schiefergedeckten Dächern auf Fundamenten aus Feldsteinen. Obligates Interieur sind die geräumigen Keller zur Aufbewahrung von Früchten, Wein und Gemüse. Im Gegensatz zu Kachetien liegen die Obst- und Weingärten in der Regel außerhalb der Siedlungen.

▲ Karte S. 269

Die Bischofskathedrale von Samtavisi

Einige Kilometer nördlich von Mtskheta → S. 236 schlägt die S 1 einen Bogen nach Westen, während die Georgische Heerstraße (S 3) auf den großen Kaukasus zuläuft. Auf den Hinweisschildern erscheint als Fahrtziel entweder Sochumi, Kutaisi oder Gori. Die in den Abend- und Nachtstunden durchgängig beleuchtete Trasse wurde in der zweiten Amtszeit Präsident Saakaschwilis zwischen Tbilisi und Gori zu einer Autobahn mit zwei Spuren in beide Richtungen ausgebaut. Die Bauarbeiten bis zum Rikoti-Tunnel an der Grenze zwischen Ost- und Westgeorgien dauerten bei Redaktionsschluss noch an.

Kurz nach dem Abzweig von der Georgischen Heerstraße überquert man eine Brücke über den Fluss Ksani, hinter welcher auf dem Gipfel eines Berggrates die Überreste der mächtigen **Festung von Ksani**, die einst über den Ort herrschte und die Handelswege schützte, sichtbar werden. Man ist nun bereits im Ostteil des Inneren Kartli. Die von der Straße auszumachenden Siedlungen rechter Hand wurden nach dem Krieg mit Russland 2008 für die zahlreichen Flüchtlingsfamilien aus Südossetien errichtet.

Der erste Abstecher, der einen sehenswerten Einblick in die georgische Architektur des Hochmittelalters gewährt, bietet sich ungefähr 40 Kilometer hinter Mtskheta, auf Höhe des Ortes Igoeti. Hier verlässt man die S 1 nach rechts und folgt der beschilderten Abfahrt in Richtung eines Dorfes mit dem eigenartigen Namen Samtavisi, was so viel bedeutet wie ›drei Häupter‹. Nach einem Kilometer auf der Landstraße stößt man auf die Wehrmauer der Bischofskathedrale gleichen Namens. Das Areal dieses Gotteshauses betritt man durch das mit

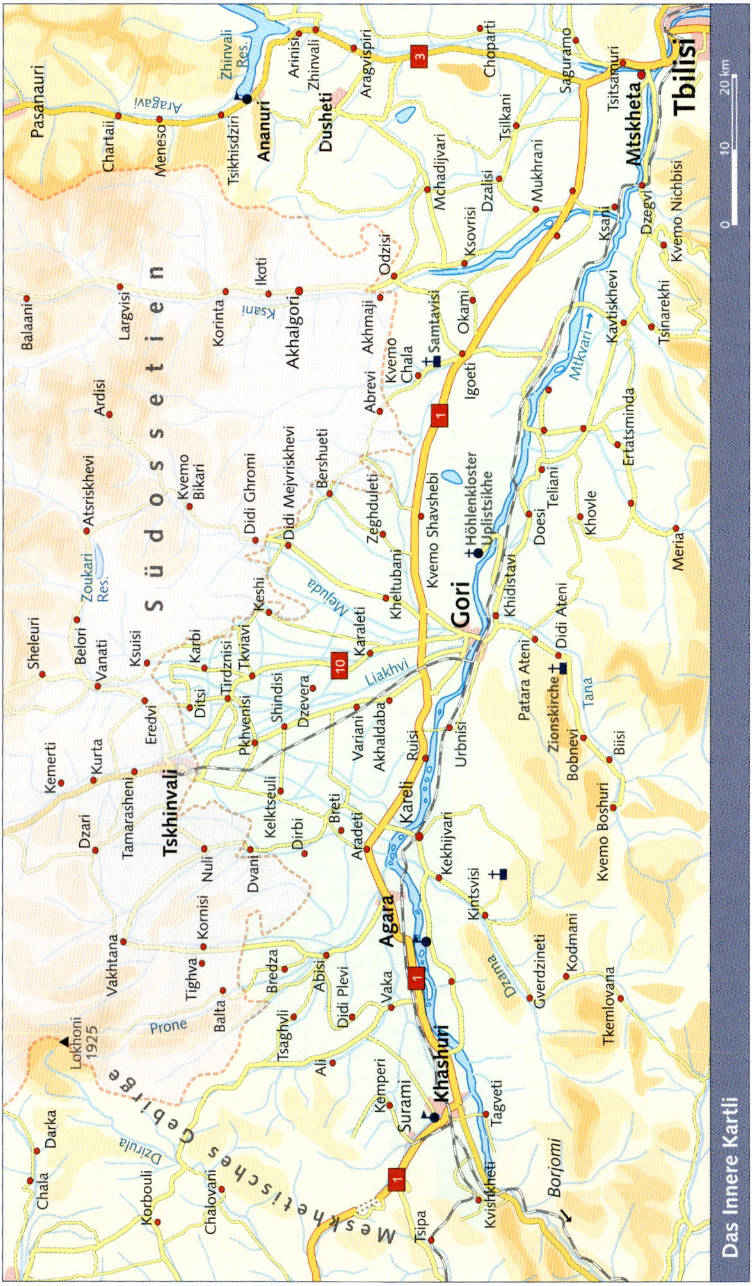

Kartli – Kernland Georgiens

einem Glockenturmaufsatz versehene Nordtor, und man hat die Welt bereits hinter sich gelassen.

Der Bau der Kathedrale, die zum Typus der Kreuzkuppelkirchen zählt, wurde 1030 vom Bischof Ilarion Kantaschwili in Auftrag gegeben; vollendet worden ist sie 138 Jahre später von einem Bischof Johannes. Die Wehrmauer entstand im 15. bis 17. Jahrhundert. Wie die meisten Kirchen des Inneren Kartli und anderer Teile Georgiens litt auch Samtavisi unter Plünderungen, der berechnenden Zerstörungswut islamischer Eroberer und den Erdbeben, die hin und wieder den Kaukasus erschüttern. Die von den Horden Timur Lenks zerstörte Kuppel entstand im 15. Jahrhundert unter Wahrung der ursprünglichen Proportionen neu, während die Rekonstruktionsarbeiten im 19. Jahrhundert, denen die beiden baufälligen Portiken zum Opfer fielen, mit weniger Sorgfalt ausgeführt wurden.

Samtavisi gehört nicht zu den repräsentativsten Sakralbauten des georgischen Hochmittelalters und verdankt es allein den herrlichen **Plastiken** ihrer im ursprünglichen Zustand erhalten gebliebenen **Ostfassade**, dass sie zu den berühmtesten Bauwerken jener Epoche gezählt wird. Lediglich die Bischofskirche von Nikortsminda in der Provinz Racha kann es hinsichtlich der Eleganz, Akkuratesse und geistigen Klarheit ihrer Fassadenplastik mit Samtavisi aufnehmen → S. 335. Während aber Nikortsminda durch die barock anmutende Spielerei der Formen eher ein Gefühl von Schwerelosigkeit und Frohsinn hervorruft, ist die Ostfassade von Samtavisi ein bestechendes Beispiel für eine auf wenige Ornamente reduzierte Darstellung der christlichen Kosmologie in Form eines aufstrebenden Lebensbaumes. Gegliedert wird sie von **Blendfassaden** sowie zwei in die Mauer getriebenen eleganten **Nischen**, deren Ränder kunstvoll von fast freischwebenden lilienartigen Verzierungen abgeschlossen werden. Die Lilie gilt als das Symbol Marias und der reinen Liebe, die in der Vereinigung von Gott und Mensch besteht.

Die Kathedrale von Samtavisi

▲ Karte S. 269

Auf den verschlüsselten Gehalt der Komposition als Lebensbaum-Motiv verweist das **pflanzliche Ornamentwerk** an den beiden **Kreuzarmen**. Nach unten läuft das Kreuz in einem kreisförmigen Motiv aus, dessen halbkuglige Wölbung sternförmig durchbrochen ist – möglicherweise eine stilisierte Andeutung des Golgatha-Hügels, auf dem sich das Kreuz erhebt. Darunter folgen der Rechteckrahmen des Apsisfensters und der bis zum Fundament reichende ›Stamm‹ des Lebensbaumes, von dem rechts und links je ein hochgestelltes Quadrat abzweigt. Die Einheit von Rechteck und Quadrat ist die magische Zahl Vier: die vier Elemente, Jahreszeiten, Himmelsrichtungen, Evangelisten etc. – die Einheit der Welt schlechthin. So symbolisiert das Kreuzbild, reduziert auf wenige geometrische Elemente und die florale Ornamentik, eine der Quintessenzen der christlichen Lehre. Das gleiche gilt für die Komposition der Blendarkaden zu beiden Seiten, die nicht nur rein formal als Einfassung des Lebensbaum-Kreuzes gedacht sind, sondern auch inhaltlich mit ihm korrespondieren. So könnten die bogenförmigen Abschlüsse der beiden Nischen und Blendarkaden als symbolische Anspielungen auf das Himmelszelt verstanden werden und die sich aus den beiden Dreiviertelkreisnischen herausschälenden Kreuze als nochmaliger Hinweis auf Golgatha. Darüber hinaus sprießen pflanzliche Formen (Halbpalmetten, Palmettenkelche, Weintrauben und Pinienzapfen) aus den an den Ecken aufwärts strebenden Nebenstäben hervor.

Reisende bekommen in Georgien viele Kirchen zu Gesicht, eine Fassadengestaltung wie in Samtavisi wird man jedoch nirgends sonst entdecken. Seit 2007 befindet sich die Kathedrale auf der Vorschlagsliste für die Aufnahme ins Weltkulturerbe der UNESCO.

Blick zur Festung Gori

Gori

Weiter geht die Fahrt in Richtung Westen auf der S 1 entlang fruchtbarer, von Erlen, Pappeln und Robinien umzogener Felder, auf denen Sonnenblumen, Tabak, Mais und Wein wachsen, die aber heute einen recht verwahrlosten Eindruck machen (der täuschen kann). Von Tbilisi aus gerechnet, erreicht man nach 86 Kilometern die Abfahrt nach Gori, der mit circa 65 000 Einwohnern sechstgrößten Stadt Georgiens an der Mündung des Flusses Liakhvi in die Mtkvari. Die Stadt selbst ist wenig interessant, aber als Ausgangspunkt für Ausflüge in die Umgebung bestens geeignet.

Festung Gori

Urkundlich wurde Gori erstmals im 12. Jahrhundert erwähnt, bestand aber als Siedlung nachweislich bereits in vorchristlicher Zeit, ebenso wie die weithin sichtbare Felsenfestung Goris-Ziche, die »wie ein Schiff durchs Meer durch das Dächergewirr der alten Häuser pflügt« (Alfred Renz) und der die Stadt Gori ih-

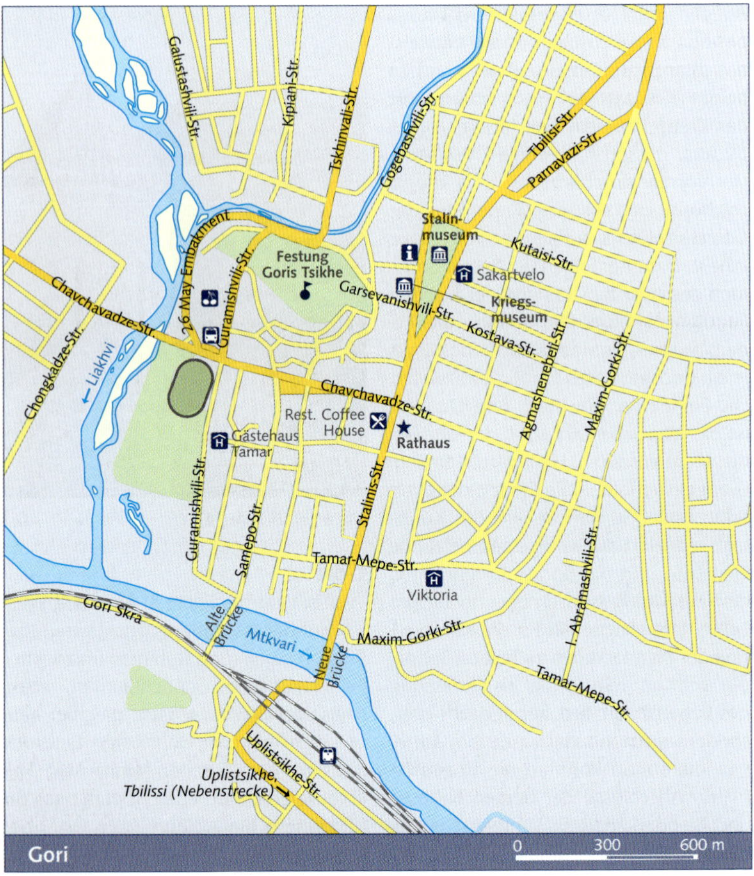

ren Namen verdankt. »Man stelle sich einen eintausendfünfhundert Fuß hohen steilen Felsen vor mit einer Riesentreppe aus Mauern und Türmen, die sich von unten bis zum Gipfel in sieben aufeinanderfolgenden Umwallungen ringförmig übereinander aufbauen. An allen Vorsprüngen ist die Anlage durch Wehrtürme verstärkt. Ganz oben befand sich eine achte Ringmauer um die Schlossruine mit dem Hauptturm.« (A. Dumas) Ihren nachweislich ersten Kriegsruhm aus nachchristlicher Zeit erwarb sich die Festung im Jahre 65 gegen den römischen Feldherren Pompeius, dessen Legionen vergeblich gegen sie anrannten. Davit der Erbauer ließ sie verstärken; das aber, was an Resten heute zu besichtigen ist, stammt aus dem 17. Jahrhundert, als Goris-Ziche eine Schlüsselrolle im Kampf gegen die Türken spielte. Die hatten die Festung 1590 erobert und mit einer starken Besatzung versehen. Als sich 1598/99 die Bevölkerung von Kartli gegen die Osmanen erhob und die Festung belagerte, leisteten die Janitscharen des Sultans zehn Monate Widerstand, mussten sich aber letzt-

▲ Karte S. 269

endlich geschlagen geben. Besonders das Eingangstor mit seinem Kielbogen und den Ziegelornamenten erinnert an die Ära der islamischen Eroberer, während einige Mauerreste in den höheren Lagen mehr als 2000 Jahre alt sein sollen. Die Festung begann bereits im 19. Jahrhundert, als sie von einer russischen Garnison besetzt war, zu verfallen. Ein schweres Erdbeben brachte 1920 die meisten Mauern zum Einsturz. Seitdem nagt der Zahn der Zeit an der Ruine.
Zugang zur Festung erhält man durch zwei erhalten gebliebene Tore an der Süd- und der Westseite. Von der Spitze des Berges schweift der Blick weit über die Mtkvari-Ebene, den Zusammenfluss von Mtkvari und Liakhvi zu den Höhenzügen des Kleinen Kaukasus und des Trialetischen Gebirges.

Stalinmuseum

Gori verdankt seine Berühmtheit Iossif Wissarionowitsch Dschugaschwili alias Koba alias Stalin. Und viele Einwohner Goris lieben den Sohn ihrer Stadt, mehr als jedes andere ihrer Kinder, und sie sind stolz auf ihn, woran sie weder das Chrustschowsche Tauwetter noch Gorbatschows Perestroika und Glasnost hindern konnten.
In Gori stand auch nach dem 20. Parteitag der sowjetischen Kommunisten, der den Personenkult und die Verbrechen Stalins anprangerte, noch bis 2010 ein Denkmal für den Generalissimus, und das Stalin-Museum erfreut sich stets des Zulaufs von Verehrern und Schaulustigen. »Eine breite Achse führt auf einen Garten zu, gabelt sich vor ihm, an dessen Ende vor dem klassizistisch-neugeorgischen Museumsbau das Ziel dieser Via triumphalis steht: ein Säulenpavillon aus Marmor als Schrein für ein altes, ganz bescheidenes und ärmliches Ziegelhäuschen. Gewaltig ragt Stalins Denkmal auf dem weiten und langweilig-öden Hauptplatz. Das Museum – mehr Kultstätte und Lehr- und Propagandaschau als Aufbewahrungsort von irgendwelchen originalen Reliquien, können wir getrost unbesucht lassen: es zeigt nichts, weil es die Wahrheit verschweigt.« (A. Renz).
Ein Besuch lohnt sich dennoch, weil das Museum eine der ganz wenigen Gelegenheiten bietet, mit einigem Abstand die eigenartige Atmosphäre zu spüren, die das sowjetische 20. Jahrhundert beherrschte. Zur Ausstellung gehören das Geburtshaus und der gepanzerte Salonwagen Stalins. Deutschsprachige Führungen sind möglich, dazu man sollte sich aber vorher anmelden – am besten über eine der Reiseagenturen in Tbilisi. Wer mit der Marschrutka aus Tbilisi in Gori ankommt, kann den Fahrer bitten, am Stalinmuseum zu halten, da sich der Busbahnhof 15 Minuten zu Fuß vom Areal entfernt befindet.

Ewige Flamme und Kriegsmuseum

Am gegenüberliegenden Ende des kleinen Parks vor dem Stalinmuseum befindet sich eine Stele mit einem Georgskreuz und vor ihr eine ewige Flamme in Gedenken an die während des Zweiten Weltkrieges gefallenen jungen Männer aus Gori. Ihre Namen sind auf den zehn Gedenktafeln eingraviert.
Das sich links der Gedenkstätte befindende Museum wurde 2009 eingeweiht. Es erinnert vor allem an die Opfer des militärischen Konflikts mit Russland im August 2008. Laut offiziellen Angaben sollen bei den Kampfhandlungen, als die Stadt Opfer von Luftangriffen wurde und russische Einheiten bis ins Stadtzentrum von Gori vordrangen, 258 Zivilisten und 286 georgische Militärangehörige ums Leben gekommen sein. Das Museum ist von Dienstag bis Sonntag von 10 bis 17 Uhr geöffnet, Eintritt 3 Lari.

Gori

Vorwahl: 00995/370.

Touristeninformationszentrum (TIC), gegenüber dem Stalinmuseum in Richtung Goristsikhe. Die Mitarbeiter vermitteln Taxis nach Uplistsikhe (30 Lari, inklusive 1 Std. Wartezeit), in andere sehenswerte Orte und nach Tbilisi (ca. 25 Lari). Der Preis teilt sich durch die Anzahl der Mitreisenden.

Wer in Gori nicht übernachten möchte, könnte auch morgens von Tbilisi mit dem Zug oder dem Bus bzw. Marschrutka (Abfahrt an der Metrostation Didube, → S. 188) anreisen und sich dann ein Taxi zu den verschiedenen sehenswerten Orten in der Umgebung nehmen. Ein Stundenpreis von umgerechnet 5 Euro sollte dafür angemessen sein, der mit steigender Personenzahl auch etwas höher sein kann.

Ab Tbilisi: **Metrostation Didube**, es verkehren Busse und Marschrutki, 4 Lari, 1,5 Stunden Fahrtzeit.

Auch fahren Züge vom **Hauptbahnhof in Tbilisi**. Die Tickets kosten 4 Lari. Die Fahrtzeit beträgt etwas mehr als eine Stunde. Alle Züge von und nach Borjomi, Kutaisi und Batumi halten auch in Gori. Der Bahnhof befindet sich ca. 20 Gehminuten südlich vom Stadtzentrum – Oberleitungsbus Nr. 2 oder mit der Marschrutka.

Nach den Marschrutki in Richtung der auf den folgenden Seiten beschriebenen Orte erkundige man sich im TIC.

Hotel Viktoria, Tamar-Mepe-Str. 76, Tel. +995/32/2951272. Westlicher Standard; EZ ca. 35 Euro. Ca. 10 Minuten vom Bahnhof entfernt, erst Bahnstrecke, dann Fluss überqueren, danach der Seitenstraße rechts noch etwa 300 Meter folgen, geht auch mittels Oberleitungs-Bus oder Marschrutka bis zur ersten Kreuzung.

Hotel Sakartvelo, Stalinis-Str. 28, Tel. +995/599/396163, sastumrosagartvelo@mail.ru; ab 35 Euro pro Standardzimmer.

Gästehaus Tamar, Guramishvili-Straße 18 (in der Nähe des Stadions), einfache Unterkunft, 5 Zimmer mit Gemeinschaftsbad, schöner Garten. Die freundliche Besitzerin kocht auch sehr gut. Man erreicht das Gästehaus vom Bahnhof über den Fluss, dann nach links in die Tamar-Mepe-Str. Ganz am Ende dieser Straße nach rechts und etwa 300 Meter die Guramishvili-Str. nach Norden.

Auch Privatleute bieten Zimmer an. Infos erfragt man am besten im TIC.

Coffee House, in der Stalinis-Str. (schräg gegenüber dem TIC). Englisches Namensschild, gute Küche zu moderaten Preisen.

Stalinmuseum, Stalinis-Str. 32, www.stalinmuseum.ge. Geöffnet ist das Museum täglich von 11 bis 17 Uhr. Der Eintritt kostet 10 Lari, mit Führung 15 Lari.

Uplistsikhe

▲ Karte S. 269

Die Höhlenstadt Uplistsikhe liegt zwölf Kilometer östlich von Gori am nördlichen Ufer der Mtkvari. Sie ist nicht die einzige Anlage dieser Art in Georgien, unterscheidet sich aber deutlich von Vardzia und Davit Gareja. Ihr Alter wird auf dreitausend Jahre geschätzt. Die ältesten, bis heute von Erdbeben, den Horden Timur Lenks und vom Zahn der Zeit verschont gebliebenen Bauten datieren aus dem 2./3. Jahrhundert nach Christus. Die Bewohner Uplistsikhes ernährten sich überwiegend vom Handel, sprich von den vorüberziehenden Karawanen auf der Seidenstraße. Im Mittelalter, zur Zeit ihrer Blüte, sollen hier 20 000 Menschen gelebt haben, was übertrieben scheinen mag angesichts der Ausdehnung der Stadt. Der Verfall begann mit dem Abbruch der Handelsbeziehungen zu Westeuropa nach dem

Untergang des Byzantinischen Reiches; die letzten Bewohner verließen Uplistsikhe im 18. Jahrhundert. Seitdem ist die Höhlenstadt stumme Zeugin der Vergangenheit und dennoch eine der merkwürdigsten Schöpfungen der Georgier, so merkwürdig, »dass selbst der Reisende, welcher die Ruinen von Rom, Theben, Heliopolis und Palmyra gesehen, hier noch Stoff zur Verwunderung findet« (Moritz Wagner, Reise nach Kolchis und nach den Kolonien jenseits des Kaukasus. Leipzig 1850).
Einen großartigen Eindruck vermittelt die Höhlenstadt nicht, aber anhand der erhaltenen Reste lässt sich die einstige Anlage rekonstruieren. Danach befand sich in der Unterstadt, der südöstlichen Zone, das Handwerks- und Handelsviertel, von dem aus ein steiler Aufgang in das zentrale Wohnviertel führte. In dessen oberen Bereich lagen die Kirchen und der Palastbezirk. Das sich über der Oberstadt im nordwestlichen Teil anschließende Areal gibt noch Rätsel auf, denen archäologische Untersuchungen auf der Spur sind.
Anfahrt: Um von Gori nach Uplistsikhe zu kommen, verlässt man die Stadt über den Stalin-Prospekt nach Süden und biegt nach der Eisenbahnüberführung nach links ab. Nach etwa drei Kilometern weist ein Schild wieder nach links. Von hier aus sind es noch einmal sechs Kilometer bis zu einer Hängebrücke zum jenseitigen Mtkvari-Ufer. Am anderen Ufer wendet man sich erneut nach links und erreicht nach knapp einem Kilometer das bei der Anfahrt bereits gesichtete Uplistsikhe. Nimmt man in Gori ein Taxi nach Uplistsikhe, sollte man sich mit dem Fahrer auf einen Preis von ca. 30 Lari, inklusive Wartezeit vor Ort, einigen können. Für den Eintritt zur Anlage zahlt man 16 Lari, mit Führung (auf Russisch).

Besichtigung

Um Uplistsikhe zu besichtigen, wählt man am besten den Aufstieg durch die Poterne, einen Fliehgang ungefähr 50 Meter hinter dem offiziellen Aufgang. Über eine Holztreppe im Innern gelangt man zunächst auf ein im Südwesten liegendes Felsplateau, an dessen steil abfallendem Hang die späthellenistische Anlage liegt. Man erkennt sie an der ungewöhnlichen Giebelarchitektur. Das Tonnengewölbe mit seiner an römische Traditionen erinnernden Kassettierung reicht hier bis an die Spitze des Giebeldreiecks. Man vermutet, dass dieser Teil der Anlage eine antike Nekropole mit vorgelagertem Zeremonialplatz war. Wendet man sich von hier aus ostwärts, gelangt man auf den aus der Unterstadt aufwärts führenden Hauptweg, der am mittelalterlichen Palastkomplex vorbeiführt. Unterhalb der dreischiffigen Felsenbasilika wendet man sich nach links, wo man auf den Zugang zu einer herrschaftlichen Felsenwohnung, den ›Saal der Tamara‹, stößt. Hier haben sich die georgischen Bauleute etwas ganz besonderes einfallen lassen, denn dieser ›Saal‹

3000 Jahre Geschichte: Uplistsikhe

ist nichts anderes als eine in den Fels gehauene Nachbildung eines gewöhnlichen georgischen Holzhauses. Ursprünglich war der Raum durch zwei viereckige Pfeiler in zwei Schiffe geteilt. In den Stein getriebene Nachbildungen von Holzbalken zieren die Decke. Die bogenförmigen Öffnungen in den Seitenwänden führen zu Nebenräumen, die als Vorratskammern und Schlafgemächer dienten. Der Name des Saals legt die Vermutung nahe, dass es Königin Tamara war, die ihn in dieser Gestalt anlegen ließ. Von dieser herrschaftlichen und luxuriösen Anlage einer Felsenwohnung unterscheiden sich die Standardausführungen erheblich. Sie bestanden aus einem einfachen Zentralraum mit einer Feuerstelle, wo gekocht wurde und sich die Familien überwiegend aufhielten. In dem kleinen rückwärtigen Raum schlief man; die Vorräte lagerten in den Wandnischen.

Tana-Tal

Biegt man hinter der oben erwähnten Eisenbahnüberführung in Gori nach rechts ab, gelangt man in Richtung des Dorfes Didi Ateni zum grünen, engen Tal der Tana, eines rechten Nebenflusses der Mtkvari. Dieses Tal ist auf einer Länge von nur 40 Kilometern eines der geschichtsträchtigsten in der ganzen Region und obendrein von einer spröden, doch behaglichen Schönheit, die, wenn man sich auf die Hitze des Tages und den lärmenden Chor der Zikaden in den Abendstunden einzulassen gewillt ist, zur Rast von der Schnelllebigkeit des Alltags einlädt. Die Hänge zu beiden Seiten des Tals gehören schon zum Trialetischen Gebirge, in dem die ältesten Spuren früher, in Georgien beheimateter Kulturen gefunden wurden. Mit ihren schroffen Gesteinsverwerfungen und -auffaltungen ist die Landschaft auch für Geologen interessant; ebenso wie für die Liebhaber guter Weine, wird doch im Tana-Tal seit altersher Weinbau betrieben.

Mehr als **50 Kulturdenkmäler**, die meisten aus dem 7. bis 10. Jahrhundert, säumen das Tal, und viele von ihnen sind legendenumwoben. Wie zum Beispiel die **Chungala-Kapelle**, deren Ruinen rechts von der Straße auf einer Anhöhe von der traurigen Geschichte einer unglücklichen Liebe erzählen, von zwei Geschwistern, die einander sehr lieb hatten, jedoch von Kriegen und bösem Geschick getrennt wurden. Jahre später, vom Leben gereift, trafen sie einander wieder, ohne

In den Stein gehauene Wohnräume

Karte S. 269

zu ahnen, wer sie sind. Die Liebe flammte erneut auf zwischen ihnen, doch ehe sie sich das Ja-Wort geben konnten, ließ ein mächtiger Donnerschlag die Kapelle zerbersten und verhinderte die inzestuöse Verbindung.
Auf dem Berg gegenüber der Kapelle erblickt man die **Kirche Danakhvisi**. Wer den Aufstieg, der ungefähr drei Stunden in Anspruch nimmt, nicht fürchtet, dem bietet sich vor dem Panorama des Kleinen Kaukasus ein weiter Blick über ganz Kartli. In früheren Zeiten brannten hier, wenn ein Feind sich näherte, Signalfeuer, die die Bewohner des Tals warnten und zu den Schwertern riefen. In **Danakhvisi** findet jährlich ein Kirchenfest statt, zu dem in alter Tradition unzählige Gläubige aus der näheren und ferneren Umgebung gepilgert kommen.

Didi Ateni

Das eigentliche Ziel der Exkursion durch das Tana-Tal jedoch ist die verträumte Siedlung Didi Ateni. Bereits im 9. Jahrhundert, also noch vor Gori, ist sie in den georgischen Chroniken als Stadt erwähnt worden, die überwiegend von Georgiern, Armeniern und Juden bewohnt war. Eine rechts der Straße gelegene Festung aus dem 10. Jahrhundert, deren Ruinen bis heute überdauert haben, diente ihrem Schutz.
Durch ein Spalier von Weinreben gelangt man zur **Zionskirche von Ateni**, die auf einem festungsartigen Sockel malerisch über dem Dorf thront. In ihrer exponierten Lage und ihrem Aussehen erinnert sie an die Jvari-Kirche von Mtskheta und ist tatsächlich eine fast originalgetreue Kopie von ihr. Über die Entstehungszeit streitet sich die Fachwelt, für die einen ist sie ein Bau aus dem 7. Jahrhundert, andere datieren ihre Errichtung ins 10. Jahr hundert. Leider sind bei Restaurationen im 16. Jahrhundert, bei der die Kuppel erneuert und Veränderungen an der Fassade vorgenommen wurden, viele bauplastische Details verfälscht und wenig kunstfertige Reliefs hinzugefügt worden. Folglich ist zum Beispiel an der **Ostfassade** lediglich eine Szene zweifelsfrei identifizierbar: Samsons Kampf mit dem Löwen an der Nordecke. Mit einiger Phantasie lassen sich auch andere abgebildete Figuren identifizieren, unter anderem an der **Westfassade** die des Mate, des georgischen Hubertus, der nach der Christianisierung Georgiens auf seinem heidnischen Glauben beharrt haben soll, sich dann aber eines Besseren besann, als ihm auf der Jagd in einem Hirschgeweih das Bildnis Christi erschien. Darüber hinaus entdeckt man an der **Nordfassade** den Heiligen Lukian, der eine Hirschkuh melkt, sowie an der Westseite einen Drachen und ein Stifterproträt mit einem Modell der Kirche in Händen. Das Relief am Tympanon des Nordportals zeigt zwei Hirsche, die eine Scheibe flankieren. Dieses Symbol ist auch in Westeuropa als Metapher für Taufgnade und Erlösung verbreitet, wobei die beiden Hirsche die Seelen der Gläubigen und die Scheibe die Quelle, aus der sie trinken, symbolisieren; gemäß Davids 42. Psalm: »Wie der Hirsch nach frischem Wasser schreit, so schreit meine Seele, Gott, zu dir!«
Der Ruhm der Ateni-Kirche gründet sich auf dem Eindruck, den die meisterhaft ausgeführten **Wandmalereien** vom Ende des 11./Anfang des 12. Jahrhunderts im Innern des Kirchenraumes hervorrufen. Wenn auch die Fresken, besonders in der Kuppel, nur noch fragmentarisch erhalten sind, so lassen sie dennoch die Feierlichkeit und innere Anteilnahme ahnen, die den Gläubigen bei ihrem Anblick erfasst haben müssen. Zion gilt nach christlicher Überlieferung als Grabesstätte der Gottesmutter, weshalb die-

ser mit dem Kind in der Altarapside der zentrale Platz zukommt. Flankiert wird Maria von den Erzengeln Michael und Gabriel, darunter die zwölf Apostel und die orthodoxen Kirchenväter. Im Tonnengewölbe vor der Altarapside thront Christus Pantokrator mit je zwei Propheten ihm zur Seite.

An den Wänden des südlichen und nördlichen Kreuzarmes dominiert der Zyklus der zwölf Kirchenfeste, der sich im Süden mit der Mariengeschichte überschneidet. Dort sind zu sehen: Verkündigung an Joachim und Anna (die Eltern der Gottesmutter), Geburt Mariens und Besuch im Tempel, Verkündigung an Maria, Heimsuchung, Josephs Traum, Geburt Christi und Marientod. Im Norden folgen: Taufe, Kreuzigung, Verklärung, Auferweckung des Lazarus, Auferstehung, Frauen am Grabe und Pfingstwunder. Im Westarm schließt sich das Jüngste Gericht mit der Deesis (Darstellung des thronenden Christus mit Maria und Johannes dem Täufer neben sich) an. Unten rechts verewigte man in der unteren Zone die Stifter (von links nach rechts): Königin Izducht, die Gemahlin König Giorgis II., König Giorgi II., der armenische König Smbat mit seinem kleinen Sohn an der Hand (oder Sohn des Aschot), König Bagrat IV., Davit IV. (›Erneuerer‹) sowie sein Berater Bischof Giorgi Tschkondideli.

Urbnisi

Etwa 15 Kilometer westlich von Gori entfernt, befindet sich das Dorf Urbnisi südlich der Schnellstraße S1. Zwischen dem 4. und 7. Jahrhundert war die von einer hohen turmbewehrten Mauer geschützte Siedlung eine der vier bedeutendsten Städte Georgiens. Aus dieser Zeit (6. Jahrhundert) stammen die **Überreste einer der ältesten georgischen Basiliken**, einer Rechteckkirche, mit der für die georgische Kirchenarchitektur typischen geraden Abschlussmauer, welche die innere Wölbung des Altarraumes verbirgt. Vier kreuzförmige Pfeilerpaare teilten den Kirchraum in die drei Längs- und fünf Querschiffe (Joche) und man täuscht sich nicht, wenn man sich im Innern an die burgundische Romanik erinnert fühlt (siehe auch Kapitel über die georgische Architektur, → S. 98).

▲ Karte S. 269

Kloster Kintsvisi

Um das Kloster Kintsvisi (etwa 35 Kilometer von Gori entfernt) zu erreichen, folgt man der S 1 in westlicher Richtung und biegt dann nach links zur Ortschaft Kareli (in lateinischen Buchstaben ausgeschildert) ab, die man durchquert und sich dann westlich hält, wo eine schlecht asphaltierte Straße zum Örtchen Kintsvisi führt. Man durchquert Kintsvisi und erblickt am Ortsausgang ein Hinweisschild, das die Richtung zum Kloster anzeigt. Von nun an wird die Straße zu einem Alptraum, der bei gutem Wetter glimpflich abläuft; aber nach Regenfällen sollte man sie nicht befahren. Zu Fuß sind es bis zum Kloster etwa 45 Minuten. Der Weg führt zunächst an den letzten Häusern und Gärten von Kintsvisi vorbei, überquert dann Wiesen und mündet schließlich in ein Waldstück. Oben beim Kloster gibt es herrliche Picknickmöglichkeiten und südöstlich, etwas abseits gelegen, eine Quelle mit kaltem Wasser zur Erfrischung. Das Kloster liegt abgeschieden am Hang eines zum Kleinen Kaukasus gehörenden Höhenzuges, in den der Kinzwuri-Bach ein freundliches Tal geschnitten hat.

Über die Geschichte des Klosters ist wenig bekannt. Von der einstigen aus drei Kirchen bestehenden Anlage blieb der Nachwelt nur die dem heiligen Nikolaus geweihte Hauptkirche vollständig erhalten, ein Kreuzkuppelbau, in der für das 13. Jahrhundert üblichen Weise aus

Das berühmte Kintsvisi-Blau

Ziegelsteinen errichtet und außen fast schmucklos belassen. Die einzigen bauplastischen Verzierungen sind die in den georgischen Kirchen öfter anzutreffenden Kirchenmodelle in den Giebelspitzen.

Die Fresken von Kintsvisi

Doch nicht der Fassaden wegen lohnt der Aufstieg. Betritt man die Kirche, verschlägt es einem dem Atem. Ein Traum in Blau! Einem Blau einer ganz besonderen Art, das in die Geschichte der Malerei eingegangen ist – als ›Kintsvisiblau‹ und das dem Raum Leichtigkeit, Frohsinn und Feierlichkeit verleiht; ein intensives, weiches Himmelblau, das die Haupt- und Hintergrundfarbe aller Fresken bildet, mit Ausnahme der wohl früher ausgemalten Kuppel. Es würde genügen, sich dem Zauber dieses Raumes hinzugeben, um ihn nie wieder zu vergessen.
Doch verdienen einige Details besondere Aufmerksamkeit, unter anderem die drei in betender Haltung dem Altar zugewandten Personen königlichen Geblüts im unteren, der irdischen Kirche vorbehaltenen Fresken-›Rang‹ an der Nordwand. Nur zwei Fresken-Porträts der legendenumwobenen Königin Tamara sind in Georgien erhalten geblieben – das eine in Vardzia, das sie mit ihrem Vater Giorgi III. zeigt, als unverheiratete Mitregentin, und das andere hier in Kintsvisi. Flankiert von Vater und Sohn, trägt die Königin den Kopfschmuck verheirateter Frauen unter einer Krone.
Tamara und ihr Vater sind in byzantinische Prunkgewänder gekleidet, während Giorgi Lascha das Gewand eines georgischen Adligen seiner Zeit trägt. Die Gesichter sind nur noch in Konturen erhalten und verraten doch den hervorragenden Zeichner. Der verhangenskeptische Blick Tamaras aus den großen Augen unter schmalen, langen Brauen, die Nase schmal und leicht gebogen, der Mund klein und voll – diese Königin war Herrscherin und Frau zugleich, während Giorgi III. als machtvolle und willensstarke Persönlichkeit dargestellt ist.
Im Mittelfeld an der Nordwand gehört die zugleich schwebende und thronende Gestalt des Engels in der Szene ›Die drei heiligen Frauen am Grabe des Herren‹ zu den unübertroffenen Meisterwerken georgischer Freskenmalerei. Beachtenswert ist auch der heilige Georg, der Schutzpatron Georgiens, südlich gegenüber, dessen durchgeistigtes und zugleich weltlich waches Jünglingsgesicht in seiner irdischen Schönheit an antike Darstellungen erinnert.
In der georgischen Fachliteratur werden die Fresken der Nikolaikirche als Beispiel für die georgische Renaissance erwähnt. Beginnend mit Davit dem ›Erneuerer‹ bis zu den Jahren der Herrschaft seiner Urenkelin Tamara setzte sich in der georgischen Kunst und Philosophie eine diesseitsbezogene, lebensbejahende Haltung durch, der Glaubensfanatismus und Askese fremd waren. Die Kirche des hei-

Die Gottesmutter in der östlichen Apsis der Nikolaikirche von Kintsvisi

ligen Nikolaus und ihre Fresken könnte man als Programm und Symbol dieser Geistes- und Lebensphilosophie interpretieren. Abweichend von der byzantinischen Ikonographie nimmt hier den höchsten Ehrenplatz in der Kuppel nicht das Pantokrator-Motiv des die Welt richtenden Christus, sondern eine schlichte Darstellung des Kreuzes ein, das im Verständnis des frühchristlich-kaukasischen Kreuzkultes Symbol für das Leben und den Triumph des Glaubens ist. Ebenso weicht die intensive Verehrung der Gottesmutter – einer Frau – von dem, was im oströmischen Reich üblich war, ab; ihr gehört in der Nikolaikirche der zentrale Platz in der Ostapside. Das sinnliche Kintsvisiblau schließlich holt den Himmel eines klaren kartlischen Sommertages in die Gemäuer des Gotteshauses, als würde es Diesseits und Jenseits, Gott und die Welt miteinander versöhnen wollen. Und mit dem ›Engel von Kintsvisi‹ letztendlich hat die georgische Freskenmalerei die Qualität der späteren westeuropäischen Renaissance vorweggenommen und zu einer Synthese von durchgeistigter Spiritualität und menschlicher Schönheit und Sinnenfreude gefunden.
In den letzten Jahren wurden die Fresken zum Teil restauriert. Angemerkt sei noch, dass das Fotografieren der Fresken von Ateni und Kintsvisi mit Blitzlicht nicht erlaubt ist.

Die Kreuzkirche von Samtsevrisi

Wenn man von Kintsvisi aus in Richtung S 1 zurückfährt und nach etwa sechs Kilometern links über den Fluss abbiegt, erreicht man einen wermutbewachsenen Hügel mit einer kleinen Kirche aus der ersten Hälfte des 7. Jahrhunderts. Die Kirche liegt inmitten eines Friedhofs, was wohl auf ihre ursprüngliche Bestimmung als Grabkirche hinweist. Sie ist eine verkleinerte Kopie der Jvari-Kirche von Mtskheta, mit der sie jedoch nicht nur wie so viele andere ihrer Nachahmungen das Aussehen, sondern auch den Namen teilt. Ein Kreuz im Tympanon des Südeingangs erinnert daran. Es heißt, dass die Kirche dem heiligen Georg gewidmet gewesen sei, dessen Kopf dort als Reliquie aufbewahrt wurde. Den Portikus der Kirche zerstörte 1940 ein Erdbeben. Bemerkenswert sind die schlangenartigen Einfassungen des Chorfensters, die möglicherweise auf einen in dieser Gegend praktizierten Schlangenkult zurückgehen. Die Inschrift an der Ostfassade weist darauf hin, dass die Kirche über ein Kanalsystem mit Wasser aus der Mtkvari versorgt wurde.
Nördlich von ihr befindet sich ein kleines **Backsteinmausoleum** der Fürstenfamilie Tsitsishvili aus dem 16. Jahrhundert. Die Ostseite im Innern des Mausoleums und die Südfassade sind bemerkenswert durch die Keramikreliefs, in deren Ornamentik orientalische Einflüsse unverkennbar sind. Das Friedhofsgelände, in dem sich Kirche und Mausoleum befinden, wird auch heute noch genutzt. Mitunter ist die Zugangstür verschlossen, aber in der Nähe streichen meist Kinder herum, die Rat wissen.
Gegenüber auf dem Hügel erheben sich die Ruinen einer gewaltigen Festung, vermutlich der Familiensitz der Tsitsishvilis. Ausgrabungen auf dem Burggelände haben zum Teil viertausend Jahre alte Funde ans Tageslicht gebracht. Im Mittelalter diente die Festung dem Schutz der Seidenstraße. Aus dieser Zeit stammt auch die Burgkirche, ein schlichter Saalbau, während der Wohnturm und die Überreste der Befestigungen wohl aus der unruhigen Zeit der osmanischen und persischen Eroberungen stammen, als die Fürsten ihre Besitzungen in nahezu uneinnehmbare Zwingburgen verwandelten.

Surami

Der S 1 weiter nach Westen folgend, gelangt man bei Kilometer 136 in die Stadt **Khashuri**. Im Zentrum des Ortes zweigt am Kreisverkehr die Straße in Richtung Borjomi ab. Die S 1 verlässt hinter Khashuri das Mtkvari-Tal, dem sie bis hierher gefolgt ist, wendet sich nach Nordwesten und steigt nun auf zum Surami-Gebirge (auch Meskhetisches Gebirge genannt), das Ost- von Westgeorgien trennt. Bald erblickt man linker Hand auf einem Felsen die **Surami-Festung**, deren Gründung auf König Wachtang Gorgasali zurückgeht. Eine alte Volkslegende berichtet von ihrem Bau. Immer und immer wieder stürzten die Mauern der Festung ein, so sehr sich ihre Erbauer auch mühten, ihnen Festigkeit zu verleihen. Der Feind war nahe, Angst machte sich breit. Da besann man sich einer Prophezeiung, die ein menschliches Opfer zur Rettung aller verlangte. Ein Jüngling sollte lebendigen Leibes in den Burgwall eingemauert werden. Dieser Jüngling war Surab, und seine Tränen sickern bis heute aus dem Mauerwerk. Die Festung aber wurde uneinnehmbar. In der georgischen Literatur ist das Thema des Menschenopfers von Surami von zwei diametral entgegengesetzten Standpunkten aus behandelt worden. In der 1858 geschriebenen Erzählung, dem einzigen überlieferten Prosawerk des 30-jährig verstorbenen Schriftstellers Daniel Tschonkadse, prangert dieser Feudalverhältnisse und Leibeigenschaft an, die das Opfer sinnlos machen, während sich der Junge in Sergej Paradshanows Film ›Die Surami-Festung‹ freiwillig für seine georgische Heimat opfert.

Der Ort Surami ist ein bekannter Luftkurort, der zu sowjetischen Zeiten vor allem Kindern vorbehalten war. Zu beiden Seiten der Chaussee laden Dutzende **Restaurants und Schaschlikbuden** zur letzten Rast in Ostgeorgien ein, Händler bieten ihre am Rand der Trasse gebackenen, noch warmen Fladenbrote an, bevor die S 1 einige Kilometer weiter nordwestwärts in einem Tunnel verschwindet, der den Bergrücken von Likhi unterquert. Für die Benutzung des Tunnels wird eine Mautgebühr in Höhe von umgerechnet einem Euro je Fahrzeug erhoben. Besonders im Frühjahr ist der Weg über die alte Straße, die den **Sattel von Rikoti** (926 Meter) überquert, aufgrund seiner Aussichten über die mit Laubwald und zahlreichen gelben Azaleen bewachsenen Berge sehr reizvoll. Diese Passstraße erhielt vor einigen Jahren, als der Tunnel modernisiert wurde, einen neuen Belag.

Blick von der Festung auf Surami

Zur Weiterfahrt Richtung Schwarzmeerküste → S. 310.

▲ Karte S. 269

Der Kleine Kaukasus

Das für sein Mineralwasser berühmte Borjomi und der Höhenkurort Bakuriani, der für seine wunderschönen Berglandschaften, als Zentrum des Wintersports und sommerliche Wanderungen gepriesen wird, sind die bekanntesten Reiseziele im Kleinen Kaukasus. Über Borjomi führt zudem der Weg nach Vardzia, dem wohl beeindruckendsten Höhlenkloster auf georgischem Boden.

Von Tbilisi aus gelangt man nach Borjomi über die S 1 in Richtung Kutaisi, der man 136 Kilometer in Richtung Westen bis zum Städtchen Khashuri folgt, wo sich die Trasse im Ortszentrum gabelt. Die S 1 beschreibt einen nordwestlichen Bogen, die von ihr südwestlich abzweigende S 8 führt in Richtung der Berge des Kleinen Kaukasus, die man nach gut einem Dutzend Kilometer Fahrt durch eine fruchtbare Ebene erreicht. Bei Kilometer 28 ab Khashuri beginnt die Borjomi-Schlucht, die dem Kurort ihren Namen gab. In etwa 800 Meter Höhe über dem Meeresspiegel am Zusammenfluss dreier Flüsse gelegen, trennt die Schlucht zwei Bergrücken des Kleinen Kaukasus, das Meskhetische Gebirge im Westen und das Trialetische im Osten. Die Gipfel in der unmittelbaren Umgebung Borjomis klettern im Osten und im Westen bis zu 2500 Meter in die Höhe und schützen den Ort vor extremen Witterungswechseln.

Am Ufer der Mtkvari

Borjomi

Seit jeher war Borjomi Fürstensitz, wovon die Reste dreier über der Mtkvari thronenden Burgen zeugen. Nicht ihnen aber verdankt der Ort seine über die Landesgrenzen hinaus reichende Berühmtheit, sondern einem Schatz, der in unerschöpflichen Reservoirs im Innern der Berge ruht und seit Generationen menschliche Leiden gelindert hat: dem Mineralwasser. Es heißt, dass russische Soldaten das geheimnisvolle Wasser in der Welt bekannt gemacht hatten. Einer dieser Soldaten klagte seit langem über schlimme Magenschmerzen. Er trank täglich aus einer Quelle, deren warmes Wasser ihm Linderung verschaffte. Er blieb lange genug in Borjomi, um nicht nur eine spürbare Verbesserung seines Zustandes zu erfahren, sondern eines Tages sogar gänzlich schmerzfrei zu sein. Der Arzt der Truppe schickte eine Probe des ›Wunderwassers‹ nach Petersburg, wo man seine Zusammensetzung prüfte und dem gewissenhaften Doktor zur Entdeckung der ersten mineralischen Heilquellen auf dem Territorium Russlands gratulierte. Der Soldat, dessen Magengeschwür den Anlass zur Entdeckung gegeben hatte, erhielt als Anerkennung einen Silberrubel. Nur wenige Jahre später, Mitte des 19. Jahrhunderts, begannen russische Pioniere mit dem Ausbau Borjomis zum Kurort.

Baghdati
Shorapani
Puti
Kitskhi
Lushe
Ghoresha
Kutaisi
Gedsamania
1
Tsedani
Surami
Kashuri
Zeda Zegani
Tskaltashua
Sakraula
Kharagauli
Khidari
Golatubani
Tsipa
Moliti
Meskhetisches Gebirge
Sacraula
Khanistskali
Khani
Leghvani
Marelisi
(Ranger-Station)
Vakhani
Kvishkhet
Akhaldaba
Zanavi
Rveli
Kvibisi
Borjomi-Kharagauli-Nationalpark
Sametskhvario
2642
Didi Karta
2315
Borjomi
Sadgeri
8
Dviri
Timotesubani
Tba
Tsaghveri
Kvabiskhevi
Chobiskhevi
Abastumani
Mtkvari
Bakuriani
Atskuri
Sakire
Sviri
Persa
Tiseli
Festung Atskuri
Tsikhisjvari
Varkhani
Agara
Tsinsi
Shavi Klde
2850
Tabatskuri
Akhaltsikhe
Minadze
Indusa
Arali
Rustavi
Ota
Modega
Tabatsku See
Vale
Sapara
Oshora
Bezhano
Tskaltbila
Andriatsminda
Dzveli
11
Orgora
Damala
Azavreti
Kotchio
Aspindza
Turtskhi
Alastani
Uraveli
Kheoti
Khizabavara
Didi Samsari
Atskvita
Khando
Zakvi
Aragva
Tolishi
Machatia
Chunchkha
Petna
Didi Abuli
3300
Diliska
Nakalakevi
Akhalkalaki
Kartikami
Gumbati
2963
Höhlenkloster Vardzia
Kumurdo
Apnia
Gogasheni
11
Toria
Damal
Vachiani
Eshria
TÜRKEI
Okami
Kulalisi
Jigrasheni
Mtkvari
Iariskhev
Balikli
Erinja
Didi Konduri
Khaveti
Sulda
Ninotsminda
Khanchali See
Didi Khanchali
Kartsakhi
Patara Khanchali
Naqalaqev
Jerevan (Armenien)
Kartsakhi See
Choti
Binbashak
Altash
Meriem
Erakatari
3008
Olchak
Konakli
Childir
Chilair See
ARMENIEN
Kleiner Kaukasus
0
10
20 km

Likani-Kurpark

Dieser Kurpark am Westufer der Mtkvari, südlich des heutigen Stadtzentrums, gehörte der Zarenfamilie, und nur sie bestimmte über die Nutzung der im Schatten seiner Bäume errichteten Sanatorien und Paläste. Der originellste dieser Paläste ist das bis heute erhaltene **Likani-Palais**, ein Geschenk des Zaren Alexander II. an seinen Bruder Michail. In den 70er Jahren des 19. Jahrhunderts entstand auf dem Gelände des Parks das erste auf dem Territorium Georgiens errichtete Kraftwerk. Es diente zur nächtlichen Erleuchtung der Grünanlage während der rauschenden Feste des russischen und georgischen Adels.

Auf dem Territorium des Parks befinden sich bis heute die wichtigsten im Ort gelegenen **Heilquellen** mit ihren kohlensäure-, hydrokarbonat- und natriumhaltigen natürlichen Mineralwässern, deren chemische Zusammensetzung, Temperatur (je nach Quelle 18 bis 36 °C) und mineralische Masse von sechs bis sieben Gramm je Liter sich in den mehr als 100 Jahren ihrer Ausbeutung nicht verändert hat. Die Wässer der verschiedenen Quellen haben ihre heilende Wirkung bei der Behandlung verschiedener Krankheiten des Magen-Darm-Trakts, bei Stoffwechselstörungen, Herz- und Gefäßleiden, Erkrankungen des Bewegungsapparates sowie bei Nervenleiden unter Beweis gestellt.

Bereits 1896 entstand eine erste Fabrik zum Abfüllen des Wassers in Flaschen. Seine erste internationale Anerkennung, einen Grand Prix, errang das Borjomi-Wasser 1907 im belgischen Kurort Spa; ihr folgten viele weitere.

Die beste Therapie mit dem Wasser aber ist die vor Ort, in einem der acht Sanatorien auf dem Gelände des ehemaligen Zarenparkes. Das Likani-Palais gehört heute der Präsidialverwaltung und wird als Gästehaus benutzt. Er ist deshalb wie auch der übrige Kurpark für Nicht-Kurgäste nicht zugänglich.

Eine Seilbahn führt hinauf zu einem Vergnügungspark mit Riesenrad

Auf einem Felsen am dem Zarenpark gegenüberliegenden Ufer der Mtkvari liegen die Ruinen der **Petristsikhe-Festung** aus dem 10./12. Jahrhundert. Eine Legende berichtet vom Streit zweier Brüder fürstlichen Geblüts um den väterlichen Nachlass. Anstatt sich zu einigen, zogen die Brüder es vor, ihr Erbe zu zerstören. Die Stele vor dem Likani-Palast mit den

Holzvilla aus der Zarenzeit in Borjomi

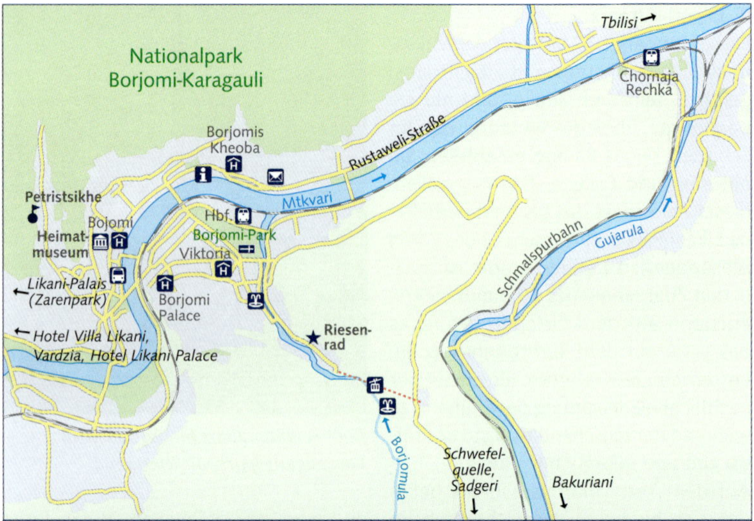

Borjomi

zwei ineinander verschlungenen, verbissen kämpfenden Adlern versinnbildlicht den Streit der beiden Fürstensöhne und ist zugleich das Wappen Borjomis.

Zwei weitere Festungen flankieren die Schlucht im Norden: **Gorgistsikhe** (Festung des heiligen Georg) im Nordwesten und **Gvirgvina** im Nordosten. Beide Burgen befinden sich auf Sichtweite zueinander und liegen auf scheinbar unbezwinglichen Felsen in beträchtlicher Höhe über dem Fluss.

Südöstlich von Borjomi liegt das Dorf Sadgeri, das in Chroniken des 11. bis 13. Jahrhunderts als bestens befestigte und ›unbezwingbare‹ Stadt erwähnt wird. Teile der Befestigungen sind bis heute gut erhalten, ebenso wie eine Kirche aus dem 17. Jahrhundert mit einigen von König Wachtang VI. gestifteten Ikonen. In der Nähe Sadgeris ist die vorzüglich erhaltene Georgskirche aus dem 13./14. Jahrhundert einen Abstecher wert. Nach dem Weg fragt man am besten im TIC oder vor Ort.

Öffentlicher Kurpark

Der Kurpark befindet sich am östlichen Ufer der Mtkvari. Man gelangt zu ihm über die etwas marode Brücke im Stadtzentrum unweit des TIC. Linker Hand befindet sich der **Borjomi-Park** mit dem gleichnamigen Bahnhof. Der Bahnhof wurde Mitte der 1950er Jahre eingeweiht und ist Endstation der Züge aus Tbilisi. Die handgemalten Anzeigetafeln in der heiteren Bahnhofshalle verraten, dass von hier aus früher einmal Züge aus allen großen Städten der Sowjetunion Urlauber und Kurgäste nach Borjomi brachten. Nachdem diese ausblieben, verfiel der Bahnhof und wurde 2007, aus Anlass eines Besuches des seinerzeit in der Ukraine regierenden Präsidenten Viktor Justschenko, aufwändig restauriert. Am Bahnhof gibt es ein kleines Restaurant. Zwei Mal täglich treffen Züge vom Zentralbahnhof in Tbilisi ein, die vor allem von Händlerinnen und Händlern benutzt werden, die auf den Märkten um den Zentralbahnhof in der Hauptstadt Obst,

▲ Karte S. 284

Gemüse oder auch selbst abgefülltes Borjomi-Wasser verkaufen.

Vom Bahnhof gelangt man über die Straße des 9. April, entlang des Bergflusses Borjomula (in den Sommermonaten eher ein Bach) in den öffentlichen Kurpark. Dabei passiert man das Restaurant Inka, das vor allem Kaffee, Tee, Gebäck und leichte Kost anbietet. Kurz vor dem schmiedeeisernen Eingangstor zum Kurpark befindet sich linker Hand die in den letzten Jahren aufwändig restaurierte, prächtige **Villa Fironza**, die sich hier Ende des 19. Jahrhunderts ein persischer Teppichhändler als Sommerresidenz hatte errichten lassen. Gegenüber soll 2015 ein Viersterne-Hotel eröffnen.

Auf dem Platz vor dem Kurpark bieten Händlerinnen Honig, Konfitüre, pulverisiertes, aromatisch duftendes Tannenharz und Souvenirs an. Über eine kleine Brücke gelangt man zu einer rechter Hand gelegenen Quelle, wo sich Einheimische ihre mitgebrachten Plastikflaschen mit frischem, wohlschmeckenden Borjomi-Wasser abfüllen.

Das Wasser aus der **Jekatherinenquelle** im Kurpark selbst ist nur etwas für Hartgesottene. Es fließt mit einer Temperatur von über 30 Grad aus den kleinen vernickelten Wasserhähnen, und sein Geschmack verrät die hohe Konzentration von Schwefel. Der Park liegt in der von der Borjomula gebildeten Schlucht. Im Sommer ist er vor allem ein riesiger Kinderspielplatz. Eine Kabinenseilbahn verbindet den Grund der Schlucht mit einem Plateau oberhalb (1 Lar). Dort befindet sich ein Riesenrad, ein Geschenk des ukrainischen Präsidenten anlässlich seines Besuches in Borjomi im Jahre 2007. Vom Plateau gelangt man über einen schmalen Fußweg zurück ins Tal oder begibt sich auf einem Wanderweg nach Sadgeri (siehe oben, weitere Informationen und Karten, wenn vorhanden, im TIC).

Sehenswert in Borjomi ist auch das **Heimatmuseum**, zu dessen Sammlung 36 000 Exponate aus der Steinzeit bis in die Gegenwart gehören und das in der ehemaligen Kanzlei des Zaren sein Domizil besitzt. Es befindet sich in der Tsminda-Nino-Straße 7 und ist Di. bis So von 10 bis 17 Uhr geöffnet. Eintritt: 3 Lari.

Das **Tschaikowski-Denkmal** im Stadtzentrum erinnert an einen Besuch des russischen Komponisten 1887 in Borjomi. Freunde hatten ihm empfohlen, sich ein paar Tage hier zu entspannen. Er ließ sich überreden. Statt der geplanten 5/6 Tage blieb er zwei Monate und vergoss bittere Tränen, als er sich von Borjomi verabschieden musste.

i Borjomi

Vorwahl: +995/(0)367.

Die Hauptstraße des Ortes ist die Rustaveli-Straße entlang der Mtkvari, hier befinden sich die Marschrutka-Haltestelle, die Post, eine Bank mit Geldautomat, eine Apotheke sowie viele Läden und Restaurants.

Das örtliche **Touristeninformationszentrum** (TIC) befindet sich an der Rustaveli-Straße in einem glasverkleideten Pavillon, einige Meter von der zum Bahnhof und Kurpark führenden Brücke entfernt. Artur Stepaniani, der engagierte Direktor, kennt und liebt Borjomi und Umgebung wie kaum ein anderer und spricht hervorragend Englisch. Er vermittelt Taxis zu den Ausflugsorten und Unterkunft in einem der zahlreichen Hotels, Gästehäuser und Privatwohnungen, in den Sommermonaten auch **Tagestouren zum Höhlenkloster Vardzia**: Abfahrt 8.45 Uhr vom TIC, 30 Lari (Hin- und Rückfahrt) – sofern genügend Teilnehmer zusammen kommen. **Führungen durch Borjomi** mit Besuch eines der Klöster in der Umgebung kosten 50 Lari (vier Stunden), ein Führer für einen Tagesausflug nach Vardzia 80 Lari (12 Stunden) zuzüglich des Preises für die

Anfahrt, **Exkursionen ins Kloster Sapara** (→ S. 297) kosten ab drei Personen 30 Lari pro Person. Tel. +995/367/221397, 220027, +995/599/302513, chopin27@mail.ru, borjomigoldentours@gmail.com.

In Borjomi gibt es **zwei Bahnhöfe**. Die Züge aus Tbilisi (zweimal täglich) halten am **Bahnhof am Borjomi-Park**. 2014 fuhren die Züge ab Borjomi um 7 und um 16.40 Uhr, 2 Lari (Ticket beim Schaffner), ca. 4 Stunden Fahrtzeit; Abfahrt vom Zentralbahnhof in Tbilisi um 7.05 und 16.35 Uhr. Vom **Bahnhof Chornaja-Rechka** am nördlichen Ortsrand (zu erreichen mit der Marschrutka, dem Taxi oder ca. eine halbe Stunde vom TIC zu Fuß, sehr unbequem) fahren Züge einer Schmalspurbahn nach **Bakuriani**. Abfahrt nach Bakuriani (2014) 7.15 und 10.55 Uhr, Fahrtzeit knapp 2,5 Stunden; von Bakuriani um 10 und 14.15 Uhr (siehe Bakuriani), Fahrpreis 2 Lari.

Der Marschrutka-Platz befindet sich im Ortszentrum, in der Nähe der Hochbrücke über die Mtkvari.

Ab Busbahnhof Tbilisi-Didube fahren zwischen 7 und 18 Uhr stündlich Marschrutki nach Borjomi, 8 Lari, ca. 2,5 Stunden Fahrtzeit.

Abfahrtzeiten v**on Borjomi nach Tbilisi-Didube**: von 7 bis 14 Uhr stündlich, 14.45, 15.30, 16.00, 16.45, 17.15, 17.50, nach **Bakuriani**: 9.00, 10.30, 12.15, 14, 15, 16 und 17 Uhr, 3 Lari, ca. 45 Minuten Fahrtzeit.

Nach Akhaltsikhe: 8.45 und 14.45 Uhr, 4 Lari, ca. eine Stunde Fahrtzeit.

Nach Khashuri an der S1 (von dort Anschluss unter anderem nach Gori und Kutaisi): von 9.30 bis 17.30 Uhr alle halbe Stunde, 2 Lari, ca. 50 Minuten Fahrtzeit.

Nach Gori: 7.30 und 10.45 Uhr, 5 Lari, ca. 1,5 Stunden Fahrtzeit.

Nach Poti (am Schwarzen Meer, über Kutaisi): 6.45 Uhr, 15 Lari, 3,5 Stunden Fahrtzeit.

Nach Batumi (über Kutaisi): 9 Uhr, 17 Lari, 5 Stunden Fahrtzeit.

Nach Andeziti (ein Ort südwestlich von Bakuriani): 16 Uhr, 3,5 Lari, ca. 45 Minuten Fahrtzeit.

Nach Tsikhisjvari (südwestlich von Bakuriani): 14 und 17 Uhr, 3,5 Lari, ca. eine Stunde Fahrtzeit.

Taxipreise sind verhandelbar, am besten unter Vermittlung des TIC:

Akhaltsikhe (hin und zurück, inklusive Wartezeit): 30 bis 40 Lari

Vardzia (hin und zurück, inklusive Wartezeit und Kurzstopp am Kloster Sapara und bei der Festung Khertvisi): 100 bis 120 Lari

Bakuriani: 10 bis 15 Lari

Tbilisi: 80 bis 100 Lari.

Flughafen Tbilisi: 120 Lari

In Borjomi gibt es dutzende Hotels und Pensionen. Empfehlungen:

Ate's Homestay, Rustaveli-Str. 89, +995/367/220027, 221397, +995/599/302513, borjomigoldentours@gmail.com. Ein einfaches Zimmer für vier Personen, 10 Euro pro Person ohne Frühstück. Das Frühstück kann man dazubuchen. Artur ist zugleich der Leiter des Tourismuszentrums in Borjomi und sehr hilfsbereit und gut informiert.

Hotel Victoria, Kostava-Str. 31, über einem kleinen Park an der Kirche des Heiligen Nikolai (in der Nähe des Bahnhofs Borjomi-Park), Tel. +995/367/222631, raissa.gelashvili@mail.ru; pro Person und Übernachtung 10–15 Euro.

Hotel Borjomi, Holzvilla in der Tsminda-Nino-Str. 3, neben dem Museum, Tel. +995/367/222212; pro Person und Übernachtung 10–25 Euro.

Spa Hotel Borjomi Palace, Gamsakhurdia-Str. 17, 15 Minuten zu Fuß vom Öffentlichen Kurpark, Tel. +995/367/223075, www.bph.ge. Vier-Sterne-Hotel, mit Vollverpflegung ab 50 Euro pro Person.

▶ Karte S. 286

Hotel Borjomis Kheoba, Rustaveli-Str. 107a, 15 Minuten zu Fuß vom Öffentlichen Kurpark, Tel. +995/(0)367/223072, www.borjomiskheoba.com. Vier-Sterne-Hotel mit Spa Service, ab 40 Euro pro Person mit Vollverpflegung.

Hotel Villa Likani, Meskheti-Str., gegenüber dem Eingang zum Likani-Kurpark, ca. drei Kilometer südlich des Stadtzentrums, auf dem Territorium des Nationalparks, Tel. +995/367/223413, www.villalikani.com. Drei-Sterne-Hotel, mit Vollpension pro Person und Übernachtung 40–45, ohne Verpflegung 25 Euro.

Hotel Likani Palace, Meskheti-Str. 27a, neben der Verwaltung des Nationalparks Borjomi Kharagauli, ca. zwei Kilometer vom Stadtzentrum Borjomi, Tel. +995/367/224249, 222077, +995/599/506343, www.ecorest.ge. Ideal als Ausgangspunkt für Touren durch den Nationalpark. Pro Person und Übernachtung ab 25 Euro, mit Vollverpflegung 40 Euro.

Gästehaus Lilia Old House, in Likani, 5 Kilometer südlich von Borjomi, auf dem Gelände des Nationalparks, Gogebashvili-Str. 8, +995/367/221600, www.highlander.ge; ab 10 Euro pro Person und Übernachtung, ohne Frühstück.

Gästehaus Natvris Che (Baum der Träume), Agmashenebeli-Str. 58, in Tsaghveri (etwa auf halber Strecke zwischen Borjomi und Bakuriani), Tel. +995/599/171532, +995/577/610471; 8 bis 15 Euro ohne Verpflegung, etwa das Doppelte mit Vollpension.

Entlang der Rustaveli-Str. und in den Seitenstraßen gibt es zahlreiche Restaurants und Schaschlikstände. Sehr empfehlenswert ist das Restaurant im ehemaligen Wartesaal des Bahnhofs am Borjomi-Park.

Auf der anderen Seite, in der Kostava-Str, befindet sich unübersehbar das Restaurant **Old Borjomi**, das auch von Einheimischen wegen seiner hervorragenden Küche geschätzt wird.

Ganz in der Nähe, Straße des 9. April, Nr. 2, befindet sich das **Restaurant Inka**. Zweisprachige Speisekarte, aufmerksame und freundliche Bedienung, Pizza ab 7 Lari.

Der Nationalpark Borjomi Kharagauli

Der Nationalpark Borjomi Kharagauli erstreckt sich auf über 85 000 Hektar – etwas mehr als ein Prozent der gesamten Landesfläche Georgiens – und begeistert durch eine vielfältige Flora und Fauna sowie wunderschöne Landschaften. Urwüchsige kolchische Wälder in den tiefer gelegenen Tälern sowie subalpine und alpine Matten in Höhenlagen ab 2000 Metern sind Heimat zahlreicher, teils seltener Pflanzen- und Tierarten. Auch einige Endemiker, wie das schwarze kaukasische Moorhuhn, leben im Park. Es gibt stabile Populationen von Braunbären, Wölfen, Luchsen, Gämsen und Rotwild. Besonderen Schutz genießt der kaukasische Rothirsch, von dem es bei Einrichtung des Parks nur noch 44 Exemplare gab. Steinadler kreisen über den Gipfeln. Jedes Jahr im Frühjahr und im Herbst überqueren Schwärme von Zugvögeln die Berglandschaft.

Die Geschichte dieses Nationalparks reicht lange zurück, denn bereits im Mittelalter wurde das Gelände von ortsansässigen Adeligen als Jagdrevier geschützt. Als Georgien im 19. Jahrhundert Teil des Russischen Reiches wurde, war die Zarenfamilie begeistert von der kaukasischen Bergwelt, und Michail Romanow, Bruder des Zaren, zäunte weite Teile des Waldgebietes um Borjomi ein, reglementierte den Holzeinschlag und die Jagd. Dieses Gelände bildete später die Keimzelle des Borjomi-Kharagauli-Nationalparks.

Die georgische Regierung hat erkannt, dass im umweltverträglichen Tourismus auch wirtschaftliches Potential steckt und gründete 1995 den Park mit Unterstützung der deutschen Bundesregierung und des WWF (World Wide Fund for Nature). Im Jahre 2001 wurde er offiziell eingeweiht; seit 2003 steht er Besuchern offen und gehört seit 2007 zum System der europäischen PAN Parks, die sich dem Schutz, der sanften touristischen Erschließung und Einbindung der in der Umgebung lebenden Menschen verschrieben haben.

Wanderhütte im Nationalpark

Im Nationalpark von Borjomi Kharagauli wurden neun Wanderwege angelegt, die ein- oder auch mehrtägige Touren in Höhen zwischen 800 und 2642 Metern mit zum Teil beeindruckenden Aussichten ermöglichen, besonders im Sommer, wenn die subalpinen Matten in allen Farben blühen. Die Touren bieten unterschiedliche Schwierigkeitsgrade. Ein Teil dieser Wegstrecken ist auch für, ebenfalls ein- oder mehrtägige, Reittouren ausgelegt. Reit- oder auch Lastpferde können für ca. 60 Lari am Tag entliehen werden.

Es ist zwar nicht verboten, auf eigene Faust zu wandern, aber es wird empfohlen, die vorgeschlagenen Touren mit einem Führer zu unternehmen, der von der Nationalparkverwaltung vermittelt wird. Ein besonderes Erlebnis ist die Rhododendronblüte im Mai und Juni. Für Landschaftsfotografen empfiehlt sich der September und Oktober wegen der klaren Luft und des weichen Lichtes als beste Reisezeit. Die meisten Wege sind von Mai bis Oktober begehbar. In vier einfach eingerichteten, reizvoll gelegenen Touristenhütten kann am Wegesrand übernachtet und gezeltet werden.

Wer im Nationalpark unterwegs ist, sollte sich selbstverständlich an die Regeln halten: Feuer ist außerhalb der vor den Hütten befindlichen Feuerstellen untersagt, zum Schutz der Tierwelt sollte kein unnötiger Lärm verursacht werden, und der eigene Abfall muss natürlich wieder mitgenommen werden. Ebenso ist es streng verboten, Pflanzen zu sammeln, zu jagen oder zu fischen Für die Übernachtung in den Hütten ist ein Schlafsack erforderlich. Auch sollte man, falls gleichzeitig zu viele Wanderer unterwegs sind, ein Zelt dabei haben, ebenso wie Proviant für mehrere Tage und warme Kleidung für die im Mai und Herbst mitunter kühlen Nächte. Bevor man sich auf den Weg macht – ob mit oder ohne Führer – ist man gehalten sich entweder in der Verwaltung in Borjomi (Likani) oder aber der in Marelisi (an den Westhängen des Gebirges) kostenlos zu registrieren.

Die Ranger-Station in Marelisi

Karte S. 284

Zelte, Schlafsäcke und anderes Gerät für ein Camping im Freien können für ca. 35 Lari am Tag entliehen werden. Nach Marelisi gelangt man, zum Beispiel, über Charagauli und von dort aus zu Fuß oder dem Taxi (mit dem Marschrutka aus Kutaisi 12.30 Uhr, 3,5 Lari.) Über aktuelle alternative Anfahrwege (zum Beispiel Bahn) sollte man sich rechtzeitig erkundigen.

Der Verleih von Mountainbikes gehört seit kurzem zum Angebot des Nationalparks; es empfiehlt sich, rechtzeitig vorzubestellen.

Im Jahr 2012 besuchten 28 000 Touristen den Nationalpark, ein Jahr später waren es 40 000, davon 60 Prozent Georgier und 40 Prozent Gäste aus anderen Ländern, vor allem aus Deutschland, Polen und Israel.

Übersicht über die Touren im Borjomi-Nationalpark

▸ **Nikolai-Romanow-Weg**: Dreitagestour über 15, 18 und 10 Kilometer von Lukani zum Dorf Marelisi (Ranger Station) an der Westseite des Bergrückens. Der Pfad führt durch ursprüngliche Bergwälder und über alpine Matten. Vom Gipfel des Berges Lomi (2197 Meter) hat man einen phantastischen Rundblick auf die umliegende Bergwelt. Im Juni blüht der Rhododendron. Am Weg liegt die St.-Georgs-Kapelle. Begehbar ist die Strecke von Mai bis Oktober.

▸ **Sankt-Andreas-Weg**: Viertagestour über 16, 9, 19 und 10 Kilometer von der Atskuri-Ranger-Station südlich von Borjomi zum Dorf Marelisi. Der Pfad folgt der Route des Apostel Andreas, den dieser vor knapp 2000 Jahren gegangen sein soll, und führt über die höchsten Gipfel des Gebirgsrückens bis auf 2643 Meter Höhe (Berg Sametskhvario). Begehbar ist die Strecke von Mai bis November.

▸ **Panorama-Weg**: Diese Tour beginnt wie der Sankt-Andreas-Trail an der Atskuri-Ranger-Station, führt allerdings etwas südlicher über den Amarati-Bergrücken (2354 Meter). Höhepunkte sind die gelegentlichen Treffen mit Schäfern, die in diesem Teil des Gebirges ihre Herden hüten. Übernachtung in der Amarati-Hütte. Begehbar ist die Strecke von Mai bis November.

▸ **Kolchischer Wald**: Eintagestour im Ostteil des Nationalparks, die durch unberührten kolchischen Bergwald führt. Ausgangs bzw. Endpunkte der 13 Kilometer langen Strecke sind die Rangerstationen Zanavi (nördlich von Borjomi) bzw. Nunisi. Am Weg liegen die Ruinen des Kirche des Heiligen Elias. Diese Tour und die folgenden sind mit keiner anderen kombinierbar. Es empfiehlt sich, ein Zelt dabei zu haben.

▸ **Zekari-Pass-Rundweg**: Zweitagesrundweg im Süden des Meskhetischen Gebirges von der Ranger-Station Abastumani (zu erreichen von Borjomi mit dem Taxi oder aber bis Akhaltsikhe mit der Marschrutka und von dort aus weiter mit der Marschrutka oder einem Taxi nach Abastumani). Diese landschaftlich sehr reizvolle Tour (höchster Punkt 2490 Meter) an der Grenze zu Adscharien kann man verbinden mit einer Reise nach Adscharien und die Orte entlang der Strecke Akhaltsikhe – Batumi → S. 396. Begehbar ist der Rundweg von April bis November. Es empfiehlt sich, ein Zelt dabei zu haben. Nach Abastumani fahren auch Marschrutki von Kutaisi → S. 319.

▸ **Wildlife-Weg**: Eintagestour zwischen dem Verwaltungsgebäude des Nationalparks und dem Eingang in der Nähe des Dorfes Kvabiskhevi mit einer Länge von ca. 13 Kilometern, der vor allem durch Laub- und Mischwälder und durch enge Täler führt. Der Gipfel des höchsten Berges am Wegrand erhebt sich auf 1800 Metern. Begehbar ist die Strecke von Mai bis November.

▸ **Nationalpark-Naturpfad**: Dieser drei Kilometer lange Weg beginnt und endet am Gebäude der Verwaltung des Nationalparks in Likani. Auf Schautafeln erfährt man viel Wissenswertes über die Tier- und Pflanzenwelt. Am Weg liegen die Ruinen einer Kirche, die einst der Heiligen Nino geweiht war. Begehbar von Mai bis November.

▸ **Megruki-Schlucht**: Tour ins Tal des Megruki-Bergflusses, durch kolchischen Mischwald. Besonders empfehlenswert an heißen Sommertagen. Die Wanderung beginnt an der Schutzhütte Sakhvlari (Teil des Trails Nummer 2). Man sollte je drei Stunden für Hin- und Rückweg, mit Pausen, veranschlagen. Länge der Strecke 5,5, Kilometer.

▸ **Schäfer-Trail**: Diese 14 Kilometer lange Route verbindet Tour 1, 2 und 3.

Winterwanderungen: Jüngste Neuerung im Nationalpark sind zwei Touren, die im Winter mit Schneeschuhen zurückgelegt werden können. Die eine auf zwei Tage angelegte Strecke führt vom Zugangspunkt Likani zur Ranger-Berghütte Chitakhevi zu Füßen des 1916 Meter hohen gleichnamigen Berges (hin und zurück 15,5, Kilometer); die andere beginnt am Zugangspunkt Atskuri und endet zu Füßen des sechs Kilometer entfernten Berges Ochora (2107 Meter).

i Nationalpark Borjomi Kharagauli

Die **Nationalparkverwaltung** befindet sich in Borjomi (Likani), Meskheti-Str. 23, Tel. +995/367/222117, +995/599/233449, www.apa.gov.ge, www.facebook.com/bknp95. Hier können Führungen durch den Park, Übernachtungen, Bergführer und Pferdeausflüge gebucht sowie Wanderkarten heruntergeladen werden. Auch das auf Karten und Navigation spezalisierte Unternehmen Geoland hat eine Trekking-Karte mit den markierten Wanderwegen herausgegeben. Für den Fall, dass sie im Informationszentrum des Nationalparks (im Verwaltungsgebäude) nicht vorrätig ist, sollte man sich in Tbiliisi bei Geoland, 3, Telegraph, Cul-de-Sac, Tel. +995/32/2922553, 2921494, 2143939, info@geoland.de, www.geoland.ge, rechtzeitig eine besorgen.

Direkt am Verwaltungsgebäude beginnt ein **Umwelterlebnispfad** (Trail Nummer 7), der für Kurzbesucher einen Einblick in die Tier- und Pflanzenwelt bietet. In **Marelisi** am Nordrand des Nationalparks unterhält die Parkverwaltung ein kleines **Gästehaus** mit vier Doppelzimmern.

Kloster Timotesubani

Verlässt man in Borjomi, aus Tbilisi kommend ca. einen Kilometer vor dem Stadtzentrum, die S8 nach Südosten, gelangt man in das Bakuriani-Tal. Die gut ausgebaute Straße führt hinauf in die Bergwelt des Trialetischen Gebirges. In den mittleren Höhenlagen fällt auf, dass dort wo einstmals Wälder an den Hängen wuchsen, heute nur noch Unterholz beim Betrachter einen traurigen Eindruck hinterlässt. Einheimische erzählen, dass russische Kampfflieger im August 2008 hier Bomben abgeworfen haben. Den von den Detonationen ausgelösten Bränden fielen – völlig sinnlos – Dutzende Quadratkilometer Wald zum Opfer. Etwa auf halber Strecke, noch vor dem entscheidenden Anstieg nach Bakuriani durchfährt man die Ortschaft Tsakhveri. Etwa in der Ortsmitte, wo auch die Marschrutki von und nach Bakuriani halten, befindet sich ein Wegweiser mit der Aufschrift ›Timotesubani 3,9 km‹. Das gleichnamige Kloster liegt in einem landschaftlich reizvollen Tal des Bergflusses Gojareti. Seine Hauptkirche ist die im 12./13. Jahrhundert durch den Fürsten Schalwa von Akhaltsikhe gestiftete **Kirche zur Heiligen Jungfrau Maria**. Sie ist 28 Meter hoch und – eine Seltenheit in Georgien – aus Ziegelsteinen gemauert. Die Fenster an der Nordseite wurden im frühen 13. Jahrhundert gestaltet.

▸ Karte S. 284

Berühmt ist die Kirche für ihre **mittelalterlichen Fresken**. Sollte die Kirche verschlossen sein, wird einer der Mönche, die in dem zweistöckigen Gebäude neben der Kirche leben, sicher gern behilflich sein, den Schlüssel zu organisieren.

Bakuriani

Der Kurort Bakuriani liegt an der Grenze zur subalpinen Zone in einer Höhe von 1600 bis 1800 Metern über dem Meeresspiegel. Die reine Bergluft und zahlreiche Mineralquellen in seiner unmittelbaren Umgebung prädestinieren ihn als Luftkurort zur Behandlung von Erkrankungen der Atemwege, insbesondere Asthma. Die Durchschnittstemperatur im Januar beträgt minus 7 Grad Celsius, die im August 15 Grad. Die UV-Strahlung ist außerordentlich intensiv.

Um Unterkunft und Verpflegung muss man sich in Bakuriani ebenso wenig sorgen wie überall im Land, zumindest in den Sommermonaten während der Schulferien bis in den frühen Oktober hinein und während der Wintersportsaison, die Anfang Dezember beginnt und Mitte April endet. In der übrigen Zeit sind in Bakuriani nahezu alle Hotels und Restaurants geschlossen.

Da die Wanderwege nicht markiert sind, ist man auf Bergführer angewiesen. Für Mountainbiker gibt es in der Umgebung von Bakuriani phantastische Möglichkeiten, Ein- und Mehrtagestouren in verschiedene Richtungen zu unternehmen. Beliebt sind Reittouren oder das Mieten von Lastpferden für mehrtägige Touren durch die abwechslungsreiche Bergwelt. Vom **Berg Kokhta** hat man einen bei klarem Wetter wunderbaren Blick auf nahezu den gesamten Hauptkamm des Großen Kaukasus – ein Panorama, das man nie vergessen wird und das den etwas mühseligen Aufstieg, der ca. zwei Stunden in Ansprch nimmt, vergessen lässt. Als Ziele in der Umgebung bieten sich unter anderem der im Süden Bakurianis gelegene **Tskhratskaro-Pass** (2454 Meter), zu seinen Füßen der **Tabatskuri-See** (von hier aus gelangt man weiter auf einer holprigen Straße nach Akhalkalaki) sowie das ausschließlich von Griechen bewohnte **Dorf Tsikhisjvari**, einer der am schönsten gelegenen Orte im Kleinen Kaukasus.

In den Wintermonaten verwandelt sich Bakuriani in ein lebendiges **Skisportzentrum**, das bereits zu Sowjetzeiten zehntausende Sportler anzog. In den letzten Jah-

In Bakuriani

ren wurden die Liftanlagen modernisiert. Derzeit stehen Skienthusiasten mehrere Sessellifts und eine Kabinenseilbahn zur Verfügung, die 12 Pisten bedienen. Die Abfahrten sind weniger steil und abenteuerlich als in Gudauri und erstrecken sich über drei Bergrücken: Kokhta Gora 1 (2115 Meter), Kokhta Gora 2 (2269 Meter) und Didveli (2161 Meter). Letzterer gab dem Stadtviertel von Bakuriani seinen Namen, in dem die eher teuren Hotels – in bester Lage zur von der Südtiroler Firma Leitner installierten Acht-Personen-Gondelbahn – liegen.

Der Skipass kostete in der Saison 2014/2015 umgerechnet etwa 12 Euro am Tag. Zum touristischen Angebot gehören auch Langlaufpisten und Ausflüge mit Pferdeschlitten. Besonders beliebt ist Bakuriani bei jungen Georgiern und ihren Gästen. Nachtclubs oder ähnliche Etablissements wird man jedoch vergeblich suchen. Um Neujahr, die Weihnachtsfeiertage (in der orthodoxen Tradition 13 Tage später als nach westeuropäischer Lesart – also Weihnachten am 7. Januar, Neujahrsfest am 13. Januar) verdoppeln sich die Preise für Unterkunft und Verpflegung angesichts der Nachfrage, so dass es sich unbedingt auszahlt, sollte man in dieser Zeit nach Bakuriani wollen, das Hotelzimmer rechtzeitig zu buchen. Dafür liegen die Preise im Sommer durchschnittlich um 20 bis 30 Prozent unter denen während der Skisaison.

Radwegeweiser in Bakuriani

Am Ortsausgang von Bakuriani in Richtung Borjomi befindet sich auf 17 Hektar Land ein 1910 gegründeter **Botanischer Garten**. Die in ihm wachsenden 1200 alpinen Pflanzen- und 66 Baumarten gehören zur Vegetation des Kaukasus, weitere 300 Arten stammen aus Asien. Die Anlage ist vom Spätfrühling bis in den späten Herbst geöffnet.

Eine besondere Attraktion von Bakuriani ist die zwischen Borjomi und dem Kurort in den Bergen verkehrende **Schmalspurbahn** mit ihren beiden bunt bemalten, von einer tschechischen Grubenlok (Baujahr 1966) gezogenen Waggons. Der 900 Millimeter breite Schienenstrang windet sich entlang der Berghänge durch dichten Nadelwald, überquert Brücken, passiert verfallene Bahnhäuschen und, neben anderen, eine von Eiffel persönlich (wie es heißt) projektierte Brücke in der Nähe des Ortes Tsemi. Bakuriani erreicht der Zug nach knapp zweieinhalb Stunden Fahrtzeit. Abfahrt ab Borjomi um 7.15 und 10.55 Uhr, ab Bakuriani 10 und 14.15 Uhr, Fahrpreis 2 Lari. Die Einheimischen übrigens nennen den Zug ›Kukuschka‹ (russ. Kuckuck).

Karte S. 284

Bakuriani

Vorwahl: +995/(0)367.

Fast alle Reiseveranstalter in Tbilisi bieten Exkursionen nach Bakuriani und Borjomi an und vermitteln dort auch Unterkünfte (→ S.413).

Touristeninformationszentrum (TIC), Agmashenebeli-Str. 2 (im Zentrum des Ortes, ca. 200 Meter entfernt vom Bahnhof der Schmalspurbahn am Marschrutka-Platz). Informationsmaterial und Wanderkarten, wenn vorrätig. Außerdem sind die Mitarbeiter behilflich bei der Suche nach Unterkünften und Buchung von Dienstleistungen (Taxi, Reitpferde, Pferdeschlitten, Bergführern, Squads etc.). Zukünftig sollen auch Mountainbikes ausgeliehen werden können

Internetcafé in unmittelbarer Nähe des TIC.

Marschrutki (in der Hochsaison):

Nach Tbilisi (über Borjomi und Khashuri): 8,11, 13, 13.30, 15 und 17 Uhr, 11 Lari, ca. 3 Std. Fahrtzeit.

Nach Khashuri (von dort aus weiter nach Kutaisi, Tbilisi und verschiedene andere Orte): 14 Uhr, 5 Lari, ca. 1,5 Std.Fahrtzeit.

Nach Kutaisi: 15 Uhr, 10 Lari, ca. 3 Std. Fahrtzeit.

Nach Batumi (über Kutaisi): 16 Uhr, 15 Lari, ca. 5 Std. Fahrtzeit.

In den letzten Jahren entstanden in Bakuriani dutzende neue Hotels, Gästehäuser und Privatunterkünfte. Empfehlungen:

Trialeti Palace, 00995/32/2967271 (in Tbilisi), www.kazbegihotels.ge. Mit eigenem Skihang (1200 Meter); DZ ca. 70 Euro.

Apollon, Agmashenebeli-Str. 21, Tel. +995/577/730772, www.welcome.ge/hotel_apollon, ingula006@yahoo.com. Gutes Preis-Leistungs-Verhältnis; DZ ca. 70 Euro.

Hotel Tbilisi, Agmashenebeli-Str. 17, Tel. +995/599/909305; DZ 75 Euro, im EG (ohne Balkon) 55 Euro.

Gästehaus Iceberg, Agmashenebeli-Str. 3, +995/599/105429, +995/367/240016, kumaritashvili@mail.ru. Zum Hotel gehören auch ein Restaurant und eine Tone-Bäckerei; alle Zimmer mit Duschbad und Balkon, Dreibettzimmer ca. 35 Euro mit Verpflegung.

Gästehaus New House, Tavisubleibis 29 (im Ortszentrum). Billardraum und Aufenthaltszimmer, mit Kamin; Zimmerpreise mit Verpflegung ca. 50 Euro, im Sommer Einzelzimmer mit Verpflegung ca. 25 Euro.

Hotel Villa Palace, K.-Zakadse-Str. 1 (im Ortsteil Didveli), www.villapalace.gol.ge, Tel. +995/599/901144 (Handy). Direkt am ›Kinderhügel‹ gelegen, Verleih von Skiausrüstungen, Squads, Reitpferden und Pferdeschlitten. Swimmingpool, Fitness, Sauna; DZ in der Saison ab 45 Euro (mit Vollpension), außerhalb der Saison DZ ab 25 Euro.

Es empfiehlt sich in Bakuriani, mit Voll- oder Halbpension zu buchen, weil es bei den privaten Gastgebern in der Regel am besten schmeckt und es nicht so viele gute Restaurants gibt. Ausnahmen sind:

Café, Agmashenebeli 3. Gehört zum Gästehaus Iceberg; zweistöckiges Restaurant, Panoramafenster mit Blick auf die Straße, gute Küche zu moderaten Preisen.

Teremok, Tavisubleibis 19. Rustikales ukrainisches Restaurant mit mehrsprachiger Speisekarte.

Pizzeria Prego, Mtis Kucha 1 (direkt am Marschrutka-Platz, in der Nähe des TIC), Tel. +995/597/700055, -727755. Mit Lieferservice.

Wanderungen: Wanderkarten gibt es im TIC, das auch bei der Vermittlung von Bergführern und Lastpferden behilflich ist

Reitpferde: 50 bis 70 Lari am Tag, abhängig vom Verhandlungsgeschick.

Pferdeschlitten: ab 10 Lari für eine Tour um die Ringstraße.

Skiausleihe: Beim Hotel Villa Palace (siehe oben) und in der Agmashenebeli-Str. 1, ca. 25 Lari für Ski, Stöcke und Schuhe.

Von Borjomi nach Akhaltsikhe

Folgt man der S 8 von Borjomi aus weiter in Richtung Süden, die Mtkvari flussaufwärts, gelangt man nach etwa 15 Kilometern an einen nach rechts führenden Abzweig. Über ihn erreicht man nach wenigen Minuten Fußmarsch das aus dem 9. Jahrhundert stammende **Mtsvane-Kloster** (Green Monastery – ausgeschildert) mit seiner noch aus den Gründungsjahren stammenden Kirche, einem Glockenturm aus dem 15. Jahrhundert und einer Kapelle.

Je weiter man Borjomi der S 8 folgend hinter sich lässt, desto spürbarer verändert sich die Landschaft. Die Vegetation an den das Tal säumenden Berghängen wird spärlicher, nach und nach lichten sich die Wälder, bis das Tal sich öffnet und der Blick sich weitet. Hier endet das von Tschaikowski gepriesene ›irdische Paradies‹ und man ist nun bereits bis auf Tuchfühlung zu den unwirtlichen Hochplateaus des armenischen und türkischen Erserum-Berglandes vorgedrungen. Kein Gebirgszug schützt diese im Norden vom Kleinen Kaukasus begrenzte Hochebene vor den im Winter kalten und im Sommer heißen, trockenen Luftmassen aus dem Süden und Osten, während die Ausläufer des Meskhetischen Gebirges im Westen die feuchten Winde vom Schwarzen Meer abfangen.

Die Landschaft mit ihren bräunlich-gelben, steil aufragenden oder bucklig krummen Bergrücken und den wie Dinosaurierskelette in der Landschaft liegenden Festungsruinen bildet einen merklichen Kontrast zur Üppigkeit Borjomis und Bakurianis. Zu Zeiten Davits und Tamaras das Kernland Georgiens, verödete die Gegend bis in die Mitte des 19. Jahrhunderts derart, dass die zaristische Regierung hier russische Siedlungen errichten ließ und an russische Bauern Land verpachtete.

▲ Karte S. 284

Bei Kilometer 27 hinter Borjomi befinden sich am gegenüberliegenden Ufer der Mtkvari die Ruinen der einst mächtigen **Atzkuri-Feste**, die im Laufe vieler Jahrhunderte fremden Eroberern den Weg ins Innere Kartlis verwehren sollte und doch nur ein schwaches Bollwerk gegen überlegene Feinde war. Unweit der Festungsruinen, im Dorf gleichen Namens, werden die **Überreste einer mittelalterlichen Stadt** ausgegraben, vor deren Toren König Irakli II. 1770 eine seiner unglücklichsten Schlachten schlug. Vom russischen General Todtleben, der ihm zur Hilfe kommen sollte, im Stich gelassen, nahm es Iraklis Heer mit einer Übermacht osmanischer und nordkaukasischer Krieger auf, der es nach großen Verlusten schließlich weichen musste.

Akhaltsikhe

Die größte Stadt und das Verwaltungszentrum der Region Samtskhe-Javakheti ist Akhaltsikhe. In der ehemaligen Garnisionsstadt der Sowjetarmee leben heute 17 000 Menschen, überwiegend armenischer Abstammung. Der Name der Stadt bedeutet ›neues Schloss‹. Dieses, eher eine gewaltige Burg, erhebt sich auf einem Hügel und beherrscht das Panorama der ansonsten touristisch unspektakulären Kleinstatdt. Die Feste stammt aus dem 12. Jahrhundert. Vom 13. bis 17. Jahrhundert war sie der Hauptsitz des Fürstenfamilie Jakeli, wurde 1578 von den Osmanen erobert und war bis 1828 Residenz der türkischen Paschas, die über das Gebiet herrschten. 1828 eroberte eine russische Armee unter dem Kommando von General Paskewitsch Stadt und Festung; seitdem war sie einer der Außenposten zunächst des russischen, bis 1990 des sowjetischen Imperiums. Die letzten Soldaten verließen 2007 ihre Kasernen am Stadtrand.

Frisch saniert: die Burg von Akhaltsikhe

Die wirtschaftliche Lage der Einwohner ist durch den Verlust der militärischen Bedeutung Akhaltsikhes prekär. Darüber hinwegtäuschen kann auch nicht, dass die Stadt, einschließlich der Burg, in den letzten Jahren umfassend restauriert wurde. In der Arbati genannten **Altstadt**, die die Burg einfasst, erstrahlen so wieder einige der traditionellen georgischen Häuser, Darbasebi genannt, in neuem Glanz. Auf dem Gelände der **Burg** befinden sich außer einem Hotel mit Restaurant eine 1752 erbaute, im 19. Jahrhundert in eine orthodoxe Kirche umgewandelte **Moschee,** die Ruinen einer Koranschule und das **Museum für Geschichte und Kunst der Region**. Das wertvollste Kleinod des Museums ist eine aus dem 16. Jahrhundert stammende Abschrift des ›Recken im Tigerfell‹, des Nationalepos der georgischen Literatur von Shota Rustaveli, der im 12. Jahrhundert in der Umgebung von Akhaltsikhe geboren wurde. Das Museum ist von Di. bis So. von 10 bis 17 Uhr geöffnet, Eintritt 3 Lari. Als die restaurierte Burg im August 2012 mit einem mondänen Fest wiedereröffnet wurde, war einer der berühmtesten Gäste Charles Aznavour, dessen armenische Vorfahren aus Akhaltsikhe stammen. Er gab aus diesem Anlass ein umjubeltes Konzert.

In den Abendstunden wird die Burg von Scheinwerfern bestrahlt – ein beeindruckendes Bild.

Akhaltsikhe ist ein idealer Ausgangspunkt für eine **Besichtigung des Höhlenklosters Vardzia** → S. 299.

■ Kloster Sapara

Sieben Kilometer von Akhaltsikhe entfernt, auf einem Berg über der Mtkvari, befand sich einst eines der berühmtesten südgeorgischen Klöster aus dem 9. Jahrhundert: Sapara. 12 Kirchen beherbergte das Ensemble, von denen nur drei überlebt haben – die Bischofskirche des heiligen Sawwa (Saba) aus dem 13./14. Jahrhundert mit ihren noch sehr guten erhaltenen Fresken, die Muttergotteskirche sowie eine Basilika aus dem 10. Jahrhundert. Ausflüge nach Sapara werden vom TIC und privaten Anbietern in Borjomi und Bakuriani angeboten. Ein Taxi vom Busbahnhof in Akhaltsikhe inklusive einer Stunde Wartezeit sollte nicht mehr als 20 Lari kosten.

Abastumani

Ungefähr 30 Kilometer westlich von Akhaltsikhe befindet sich im Meskhetischen Gebirge der Hochgebirgskurort Abastumani mit seinen warmen Quellen und in seiner Nähe ein Observatorium. Eine der Touren durch den Nationalpark, der Trail Nummer 5, führt durch die Hochgebirgswelt um Abastumani. Am besten gelangt man aus Akhaltsikhe nach Abastumani mit dem Taxi (ca. 25 Lari), aber möglicherweise gibt es inzwischen bereits eine Bus- oder Marschrutka Verbindung, wozu man im TIC sicherlich Auskunft erhält.

Akhaltsikhe

Vorwahl: +995/(0)365.
Touristeninformationszentrum (TIC), Kharistshirashvili-Str. 1, Tel. +995/365/225028, ticakhaltsikhe@gmail.com, Ansprechpartner: Gvantsa Gogoladze (Tel. +995/555/777241). Tgl. geöffnet.

Von Akhaltsikhe fahren Marschrutki nach:
Tbilisi: von 7 bis 19 Uhr stündlich, 10 Lari, ca. 3,5 Stunden Fahrtzeit.
Batumi: 8.30 und 11.30 Uhr, 18 Lari, ca. 6 Stunden Fahrtzeit.
Achalkalaki: 7, 8, 9.30, 13.30 und 15 Uhr, 5 Lari, ca. 2 Stunden Fahrtzeit.
Borjomi: 8.30, 9.30, 16 und 17.30, 4 Lari, ca. 1 Stunde Fahrtzeit.
Vardzia: 10.40, 12.30, 16, 17.30, 4 Lari, ca. 1,5 Stunden Fahrtzeit.
Khulo (in Adscharien, jenseits des Goderdzi-Passes (2025 Meter), jeden zweiten Tag um 9.30 Uhr, 4 bis 6 Lari → S. 397.
Weiterfahrt zum Grenzübergang in die Türkei:
Bus nach Vale (Grenze zur Türkei): 10 Uhr, 1 Lar, von dort mit dem Taxi zum Grenzübergang (ab 20 Lari), zu Fuß über die Grenze und von dort mit dem Taxi oder per Anhalter bis nach Posof (ca. 16 Kilometer hinter der Grenze), von wo aus man nach Ardahan gelangt (ca. 80 Kilometer) und von dort aus mit Bussen weiter ins Landesinnere.
Busse der türkischen Busgesellschaft Özlem Ardahan fahren von Akhaltsikhe über Ardahan (30 Lari) und Erzurum nach Istanbul (80 Lari). Die Abfahrtzeit (regulär 14 Uhr) sollte man am Busbahnhof oder im TIC erfragen. Nicht immer erhascht man einen freien Platz.
Busse nach Armenien:
Gjumri: 7 Uhr, 15 Lari
Jerevan: 7 und 8 Uhr, 15 Lari.

Hotel Lomsia, Kostava-Str. 10 (ca. 15 Minuten zu Fuß vom Busbahnhof), Tel. +995/365/222001, www.lomsiahotel.ge. DZ 125 Euro inkl. Frühstück. Etwas überteuertes Pseudo-Luxushotel mit Restaurant. Organisiert auch Ausflüge und Besichtigungsprogramme.
Hotel Kavkasia, Agmashenebeli 1, Tel. +995/568/334546, +995/555/585676. Einfaches Hotel mit Klimaanlage, 8 Zimmer, pro Zimmer 25–35 Euro inklusive Frühstück.
Hotel Tourist, Parnavaz-Mepe-Str. 29. DZ ab 36 Euro, inkl. Frühstück. Einfaches, aber nettes Gästehaus im Stadtzentrum mit 6 klimatisierten Zimmern und einem schönen Innenhof. Auf Anfrage wird auch gekocht. Buchung über die gängigen Internetportale möglich.

Restaurant Old Pub, Orbeliani-Str. 2, Tel.+995/365/222929, oldpubgeorgia@gmail.com. Rustikales gemütliches Restaurant im Stadtzentrum. Sehr leckere georgische Küche, große Auswahl an Chachapuri und Chinkali, nette Bedienung.
Im Stadtzentrum gibt es einige weitere Restaurants und Cafés.

▶ Karte S. 284

Von Akhaltsikhe nach Vardzia

Um zum Höhlenkloster Vardzia zu gelangen, lässt man die Abfahrt nach Akhaltsikhe rechts liegen und folgt der S 11 in Richtung armenischer Grenze (über Achalkalaki und Ninotsminda), die 2010 einen neuen Belag erhielt.

Hinter Akhaltsikhe hat sich die aus dem Süden, aus der Türkei kommende Mtkvari ein enges Tal in den Sandstein geschnitten. Die Trasse windet sich entlang der Hügel, die wie schlafende Riesen in der Landschaft liegen; fern im Norden die Ketten des Kleinen Kaukasus und ihnen zu Füßen, zu beiden Seiten des Flusses, eine savannenartige Landschaft, die sich von den Menschen nur das Nötigste zum Leben abringen lässt. Am Himmel ziehen Adler und Falken ihre Kreise.

Über **Aspindza** erreicht man nach etwa 70 Kilometern **Khertvisi**, wo man nach von der S 11 abbiegt. Nun nimmt die Landschaft noch einmal überraschend neue Formen an, die, besonders wenn sie von der untergehenden Sonne beschienen werden, anmuten wie im Märchen. Allmählich weicht der Granit der Berge weichem, kalkhaltigem Tuffgestein. Hier und da erspäht man bereits in den rechts der Trasse sich auftürmenden Felswänden Höhlen, die alle einstmals bewohnt waren oder Viehtreibern in den Nächten oder bei Unwettern als Unterschlupf dienten bzw. von den Dorfbewohnern bei Gefahr aufgesucht wurden. Der ganze Landstrich war einst von Wald bedeckt, der jedoch vom 16. bis zum 18. Jahrhundert den Äxten der Türken zur Gewinnung von Brennholz und zur besseren Kontrolle des Landes zum Opfer fiel. Immer dem Lauf der Mtkvari folgend, ist man nach noch einmal 30 Kilometern Fahrt am Höhlenkloster angelangt.

Höhlenkloster Vardzia

Der Anblick Vardzias ist ein unvergessliches Erlebnis: Gut 500 Meter ragen links und rechts der Mtkvari, die sich hier ein tiefes Bett gegraben hat, Felswände in die Höhe. Selbst mit bloßem Auge sind im zerklüfteten Westhang Öffnungen erkennbar, die sich über mehrere, durch Treppen, Galerien und Terrassen miteinander verbundene Etagen erstrecken. Das ganze Ausmaß der Anlage lässt sich erst überschauen, wenn man ihr näher gekommen ist. Besonders beeindruckend ist der Anblick von den gegenüberliegenden Berghängen, wenn man über eine rumplige Straße, die nur mit allradgetriebenen Fahrzeugen nutzbar ist, sich aus Richtung Achalkalaki Vardzia nähert. Die Abfahrt ins Tal über eine enge Schotterstraße, direkt an der Felswand ist abenteuerlich, das Glück ungetrübt, wenn man sie ohne Gegenverkehr überstanden hat.

Durch seine Lage gut geschützt: das Kloster Vardzia

Man schreibt die Gründung Vardzias der Regierung Giorgis III. und seiner Tochter, Königin Tamara zu, doch wird das Kloster, sei es als Einsiedelei oder mönchische Gemeinschaft, bedeutend älteren Ursprungs sein. Erst unter dem König und seiner berühmten Tochter gelangte es zu der Bedeutung und Größe, von der heute die Ruinen künden.

Obwohl die Grenzen des von Tamara regierten georgischen Reiches weit von Vardzia entfernt lagen, ließ die Königin den Klosterkomplex beträchtlich in die Tiefe des Berges und entlang des Hanges erweitern. Einigen Quellen zufolge waren es bis zu 2000 Säle und Kammern, die von kilometerlangen Querstollen im Fels miteinander verbunden waren. Zur Blütezeit Vardzias lebten hier 800 Mönche, die die Anlagen pflegten, verwalteten und Lebensmittelvorräte anlegten. Die Höhlen konnten bis zu 50 000 Menschen aufnehmen, wenn feindliche Heere sich näherten, Städte und Dörfer mit Plünderung und Brandschatzung bedrohten. Das Wasser erhielten sie aus einem riesigen Reservoir, das sich aus Mineralquellen im Bergesinneren speiste und über unterirdisch verlegte keramische Röhren mit dem Fluss verbunden war. Über Öffnungen und raffinierte Windkanäle konnten auch die inneren Höhlen ständig mit Frischluft versorgt werden, ohne dass die vielen Menschen auf engstem Raum an ihren eigenen Ausdünstungen ersticken mussten. Ihre Notdurft verrichteten sie über spezielle Balkone an den Außenwänden. Einer der Räume an der Außenwand ist bis heute als **Apotheke** erkenntlich, in der in speziellen Vertiefungen Kräuterextrakte und verschiedenste Tinkturen aufbewahrt wurden. Besonderen Wert legten die Mönche, ähnlich denen in Ikalto, auf die Bevorratung mit Wein. Es heißt, dass jedem Mönch am Tag eineinhalb Liter zustanden, worauf sie nur dann verzichteten, wenn sie sich zu einsamen, oft tagelangen Meditationen in die dafür vorgesehenen speziellen Nischen im Innern des Berges zurückzogen. Zugänglich war das Kloster über Leitern, die eingezogen werden konnten. Daneben führten einige bestens getarnte unterirdische Gänge vom Ufer des Flusses in den Berg, durch die man über ein Gewirr von engen Treppen und Falltüren ins Innere des Klosters gelangte. Vardzia war eine der bestbewehrten Festungen ganz Georgiens. Es heißt, dass sowohl die Mongolen als auch 1522 die Osmanen ihrer nur dadurch habhaft werden konnten, dass sie durch Verrat von der Lage der unterirdischen Gänge erfuhren. Die Osmanen plünderten das Kloster und vertrieben die Mönche.

In den Stein gehauene Treppe

▲ Karte S. 284

Die folgenden fast drei Jahrhunderte gehörte Vardzia und mit ihm die ganze Region zum Osmanischen Reich. Die Bevölkerung wurde gewaltsam islamisiert, vertrieben oder getötet, so dass die Region verwaiste und nur einigen wenigen Viehtreibern als Weideland diente. Die Höhlen von Vardzia nutzten sie bei Unwettern und in den harten Winter-

Fresken in der Kirche des Klosters Vardzia

monaten als Ställe für das Vieh. Als ein Erdbeben Anfang des 19. Jahrhunderts die meisten Stollen und Säle zum Einsturz brachte, schien es um Vardzia geschehen und niemand würde sich mehr seiner erinnern, wenn nicht im 20. Jahrhundert erste Ausgrabungs- und Restaurationsarbeiten einen Teil des Klosters wiederbelebt hätten. In jahrzehntelanger mühevoller Kleinarbeit stellten georgische Archäologen einen Teil der an der Fassade gelegenen Räume wieder her und öffneten im Innern des Berges bereits mehr als 500 Höhlen. Trotz des knappen Budgets werden die archäologischen Arbeiten bis heute fortgeführt. Den tiefsten Eindruck hinterlässt die kunstvoll restaurierte, einst in das Gestein gehauene **Kirche** des Klosters mit ihren wunderschönen **Fresken** aus der Blütezeit der Anlage. Die beeindruckendste Freske ist das an der Westwand befindliche gemeinsame Porträt Giorgis III. und seiner Tochter Tamara. Dies ist eine von nur zwei in Georgien erhaltenen Freskenabbildungen der großen Königin, die ein Modell der Kirche in ihren Händen hält; das andere befindet sich in Kintsvisi → S. 278. Von künstlerischer Meisterschaft zeugen auch die Engel an den Fensternischen sowie die vielen anderen Details dieses in seiner Geschlossenheit und inneren Harmonie einmaligen Kirchenraums. Man ist geblendet, wenn man das Dunkel der Kirche verlässt und der Blick über die Weite des Tals schweift. Die Höhlen, die sich mit einem Fernglas an der nordöstlich gegenüberliegenden Felswand ausmachen lassen, gehören zu den Überresten eines etwa zu gleicher Zeit entstandenen und später ebenfalls zerstörten **Frauenklosters**, das bis heute leider noch nicht zugänglich gemacht werden konnte.

Ein Besuch von Vardzia ist eines der beeindruckendsten Erlebnisse einer Reise nach Georgien. Derzeit ist ein Tagesausflug am besten – wie beschrieben – von Borjomi aus denkbar, wenn man nicht mit einer der Reiseagenturen im Land unterwegs ist. Im Rahmen des amerikanischen Millennium Challenge Programms erhielt die Ninotsminda (östlich von Achalkalaki) mit Tbilisi verbindende Landstraße (A 303) einen neuen Belag. Auf jeden Fall sollte man sich, bevor man sich auf den Weg macht, mit ausreichend Wasser, Sonnenschutz und eventuell auch Proviant eindecken.

i Höhlenkloster Vardzia

Übernachtung im Umfeld der Höhlenstadt findet man derzeit nur in zwei kleinen, einfachen Gästehäusern, 20 Minuten zu Fuß ab der Hängebrücke. Erfahrungsberichte von Reisenden in der Region erwähnen mit viel Lob das kleine Hotel **Volodias Cottage**, in dem man in sieben Doppelzimmern für 25 Euro pro Person Unterkunft mit Frühstück findet.

Anreise: Marschrutki fahren ab Akhaltsikhe 10.40, 12.30, 16, 17.30, 4 Lari, ca. 1,5 Stunden Fahrtzeit; Rückfahrt ab Vardzia: 8.30, 9.30, 13 und 15 Uhr.

Marschrutka **nach Tbilisi:** 9.30 Uhr, 16 Lari.

Marschrutka **ab Tbilisi** (Metrostation Didube): 10 Uhr.

Niederkartlien

Die Provinz Niederkartlien (Kvemo Kartli) liegt im Süden von Tbilisi und östlich der im vorherigen Kapitel beschriebenen Provinz Samtskhe-Javakheti. Touristisch ist sie bisher noch wenig erschlossen, bietet aber Reisenden, die dem Mosaik der georgischen Eindrücke einige weitere aufregende Erfahrungen hinzufügen wollen, dazu dennoch Gelegenheit. Das Land an der Grenze zum Hochland von Armenien verwandelt sich im Frühjahr in einen grünen Teppich, der bereits im Juni verblasst. Unter den Strahlen der Sonne verdorrt das von nur wenigen Wäldern bedeckte Land, in dem es allerorten an Wasser mangelt. Die Menschen in dieser Gegend ernähren sich von der Landwirtschaft, die aufgrund der guten Böden trotz der Trockenheit erträgliche Ernten erlaubt. Die meisten führen ein karges Leben. Der Esel ist als Lasttier eines der wichtigsten Transportmittel.

Die ehemalige Industriestadt **Rustavi** an der Straße nach Jerevan, die in Sowjetzeiten eine lebendige Arbeitermetropole war, wurde zum Experimentierfeld für die den Überlebenskampf freisetzende Kreativität der Menschen. Am Rand Rustavis befindet sich einer der weltweit größten Märkte für Gebrauchtwagen samt angegliederter Autorennstrecke (›Rustavi-Motorpark‹).

Bolnisi und Umgebung

Die Fernverkehrsstraße S 6 verlässt Tbilisi im Süden in Richtung der armenischen Grenze. Nach knapp 30 Kilometern, im Ort Marneuli, wendel sie sich nach Westen und passiert nach weiteren 23 Kilometern Bolnisi, das ehemalige Katharinenfeld.

Der Ursprung des Ortes geht auf deutsche Kolonisten zurück, überwiegend schwäbische Pietisten. Missernten infolge der napoleonischen Kriege und religiöse Verfolgungen veranlassten viele Großfamilien, ihre deutsche Heimat zu verlassen. Zar Alexander I. verlieh ihnen das Siedlungsrecht auf russischem Staatsgebiet. ›Schwabendörfer‹ entstanden in Abchasien, um Tbilisi, in Aserbaidschan und Armenien. Die Siedlung Katharinenfeld, 1818 von 95 schwäbischen Familien gegründet, war die größte von ihnen. Namensgeberin war die Schwester des Zaren, die Großfürstin Jekatherina Pawlowna (1788–1819), die 1816 in zweiter Ehe den württembergischen Kronprinzen Wilhelm (1781–1864) geheiratet hatte. Die Migranten aus Deutschland errichteten feste Häuser, pflasterten die Straße, betrieben erfolgreich Landwirtschaft, bauten eine Schule, eine Kirche, gründeten Zeitungen, Theatergruppen und Fußballvereine. Bis 1874 genossen sie zahlreiche Privilegien, von denen die Befreiung der jungen Männer von der in Russland praktizierten Wehrpflicht nur eines war.

Mit dem Erstarken des Panslawismus und nationalistischer Stimmungen im Zarenreich verloren die deutschen Enklaven nach und nach ihre Selbstverwaltung. Nachdem die Rote Armee 1921 Georgien erobert hatte, wurde der Ort zunächst in Luxemburg und 1944 in Bolnisi umbenannt. Die neuen Machthaber behandelten die meisten wirtschaftlich erfolgreichen deutschen Bauern als sogenannte Kulaken. So wurden relativ wohlhabende Bauern bezeichnet, die von den Sowjets als Klassenfeinde betrachtet wurden. Sie verloren ihr Land, durften den neu gegründeten landwirtschaftlichen Genossenschaften (Kolchosen) jedoch nicht beitreten. Anfang der 1930er Jahre hungerten viele, einige Jahre später setzten die Verhaftungen und Deportationen ein. Nachdem Hitler 1941 der Sowjetunion den Krieg erklärt hatte, wurden alle nicht mit Einheimischen verheirateten Deutschen nach Sibirien und Kasachstan umgesiedelt. Zwei Jahre nach Stalins Tod, 1955, räumte die Regierung den Vertriebenen das Recht ein, zurückzukehren, aber inzwischen waren ihre Häuser und Eigentum längst unter den Nachbarn aufgeteilt, hatten sie selbst unter den neuen Bedingungen begonnen, sich eine neue Existenz aufzubauen. 1991 gründete sich in Tbilisi der Verein ›Einung – Assoziation der Deutschen in Georgien‹, dem heute etwa 1500 Menschen deutscher Abstammung angehören.

Skulptur in Rustavi

In Bolnisi erinnern an Katharinenfeld ein deutsches Gemeindehaus und ein

Denkmal auf dem Gelände des unter Stalin eingeebneten deutschen Friedhofs. Heute leben vor allem Aseris (Menschen aserbaidschanischer Abstammung) in Bolnisi, von denen die wenigsten kaum Georgisch oder Russisch sprechen.

Bolnisi-Sioni

Etwa acht Kilometer südlich, zu erreichen über einen teilweise asphaltierten Fahrweg, der etwa im Zentrum Bolnisis in Richtung Kvemo Bolnisi nach links abzweigt, liegt die Siedlung Sioni mit der **Sioni-Kirch**e, einer der ältesten Sakralbauten auf georgischem Boden. Errichtet wurde die Basilika Ende des 5. Jahrhunderts. Die wenigen erhalten gebliebenen **Fresken** sind stark verblasst, sehenswert aber ist die Kirche allemal – wegen der ältesten auf georgischem Territorium erhaltenen **Inschrift** in der vom 5. bis ins 9. Jahrhundert gebräuchlichen Assomtawruli-Schrift und die für die frühchristliche Epoche typischen flachen Basreliefs, vor allem Tierfiguren. Ist die Kirche verschlossen, sollte man sich an die Nonne wenden, die in einem Haus schräg gegenüber der Kirche lebt (das zweite Haus am Ortseingang rechts). Sonntags finden Gottesdienste statt.

Nicht weit entfernt befindet sich ein weiteres Gotteshaus – die **Sugrugasheni-Kirche** aus dem frühen 13. Jahrhundert mit einer imposanten Zylinderkuppel. Die Steinmetzarbeiten an den Außenwänden sind gut erhalten. Die Kirche wurde vor wenigen Jahren sorgfältig restauriert. Ein Mönch und der Küster leben hier. Um zu ihr zu gelangen, wende man sich vor der Sioni-Kirche nach links (Süden), gehe bis zur ersten Weggabelung und dort nach links.

▲ Karte S. 302

Burganlage von Kveshi

Etwa neun Kilometer hinter Bolnisi in Richtung Dmanisi, am Dorf Kveshi, befindet sich ein ausgeschilderter Abzweig nach Tandzia (neun Kilometer) und weiter nach Darbasi (15 Kilometer). In Kveshi selbst sieht man auf einem Berg die Ruine einer Burg aus dem Spätmittelalter. Man gelangt zu ihr auf einem Trampelpfad. Die von den Burgmauern umschlossene **Nikolai-Kirche** ist eines der winzigsten Gotteshäuser, das man sich vorstellen kann: Kaum vier Menschen haben in ihr Platz. Auf einem von einigen wenigen Ikonen geschmückten Altar brennen Kerzen. Die Fresken an der Wand sind verblasst. Von den Mauern der Burg hat man einen Rundumblick über das nahezu menschenleere Land.

Das Sulchan-Saba-Museum von Tandzia

Nach Tandzia führt eine staubige Schotterpiste von Kveshi. Das moderne Museum ist aber allemal einen Besuch wert. Neben einer kleinen archäologischen Sammlung präsentiert es die Lebensgeschichte einer der interessantesten Persönlichkeiten des georgischen Geisteslebens vom Ende des 17. und Anfang des 18. Jahrhunderts: des Sprachgelehrten und Bibelübersetzers **Sulchan Orbeliani**.

Der Fürstensohn erblickte 1658 in Tandzia das Licht der Welt. Sein Onkel wurde im Jahr seiner Geburt König von Kartlien. Dank seiner vornehmen Herkunft erhielt er eine ausgezeichnete Bildung. Mit 31 Jahren, nach dem Tod seiner ersten Frau, zog er sich als Bruder Saba in das Kloster Davit Gareja zurück. Dort übersetzte er die Bibel und legte mit seiner Übersetzung die Grundlagen für die neugeorgische Literatursprache. Zu seinen bedeutendsten eigenen Werken zählen ›Die Weisheit der Erfindung‹ (Parabeln und Fabeln), seine Tagebücher ›Die Reise nach Europa‹ und die ›Enzyklopädie der georgischen Sprache‹. Anfang des 18. Jahrhunderts avan-

Die Sioni-Kirche bei Bolnisi

Die Ausgrabungen von Dmanisi

cierte Sulchan-Saba Orbeliani zum Berater von König Wachtang VI. In jener Zeit war Georgien durch die permanenten osmanisch-persischen Kriege und die gewaltsame Islamisierung seiner Bevölkerung ausgelaugt und suchte nach Unterstützung im christlichen Abendland. Orbeliani erklärte öffentlich seine Konversion zum Katholizismus und reiste auf der Suche nach Bündnispartnern zum Papst nach Rom, zum Sonnenkönig nach Versailles und zu Karl VI. nach Wien. Die Mission war ein Misserfolg. König Wachtang VI. und seine Getreuen flohen nach erneuten Auseinandersetzungen mit den Osmanen 1724 nach Moskau, wo Orbeliani ein Jahr später verstarb.

Zum in einem kleinen Park gelegenen Museum gehört auch die Familienkirche der Orbelianis. Das Museum ist täglich von 10 bis 18 Uhr geöffnet, Eintritt 1 Lar. Die Museumsangestellte wohnt im Nachbarhaus. Tel. 577/587458, 593/581040.

Dmanisi

Etwa 13 Kilometer hinter Kveshi, der S6 folgend, gabelt sich die Straße. An der Straßengabelung kündigt eine riesige Tafel die archäologischen Grabungsstätten von Dmanisi an. Man folgt dem Wegweiser nach links Richtung Narikala (5 Kilometer). Etwa 500 Meter vor Erreichen des Ziels weist ein Wegweiser nach rechts zu einem Parkplatz vor einer imposanten Mauer.

Hinter dem Eisentor führt ein Weg nach links zum Kloster Sioni Sameba und der andere nach rechts zu den Grabungsstätten.

▶ Karte S. 302

Sioni-Sameba-Kloster

Mittelpunkt des Klosters ist eine Dreikonchenbasilika aus dem 7. Jahrhundert, der während der Regierungszeit des Königs Giorgi Lascha (1213–1222) ein prunkvoller Westportikus hinzugefügt wurde. Auffällig ist das vergleichsweise hohe Mittelschiff der Basilika. Im Zuge der in den letzten Jahren erfolgten Restaurierung wurden links neben dem Altar Glasscheiben in den Fußboden eingelassen, die einen Blick in den archäologisch interessanten Untergrund zulassen.

Die Ausgrabungen von Dmanisi

In der Umgebung Dmanisis finden seit vielen Jahren Ausgrabungen statt, an denen auch Archäologen des Römisch-Germanischen Nationalmuseums Mainz teilnehmen. Hier fand Dr. Antje Justus 1991 – eher zufällig, Minuten vor Beendigung der Grabungssaison – den 1,75 Millionen alten Unterkiefer eines Hominiden. Dem ersten Fund folgten viele weitere – bis hin zu nahezu vollständig erhaltenen Skeletten und Schädelknochen → S. 49.

Das Georgische Nationalmuseum richtete in einem kleinen Gebäude ein **Museum** ein, in dem im Zuge der Ausgrabungen gefundene mittelalterliche Keramik, Münzen und Artefakte aus Metall und Glas ausgestellt sind.

Der 1999 ausgegrabene, arg ramponierte aber noch als solcher zu identifizierende Schädel eines knapp zwei Millionen alten Hominiden, der bereits viel auf Reisen war, befindet sich, falls er nicht gerade unterwegs ist, im Georgischen Nationalmuseum am Rustaveli-Prospekt in der Hauptstadt (→ S. 165).

Zu den Sehenswürdigkeiten in Dmanisi gehören die Ruinen einer Stadt aus dem 12. Jahrhundert, die an einer der Routen der Seidenstraße lag.

Die georgischen Archäologen bemühen sich um Aufnahme der Ausgrabungsstätte in die Weltkulturerbeliste der UNESCO.

i Bolnisi und Dmanisi

Anfahrt: Da man mit öffentlichen Verkehrsmitteln (Marschrutka) nur mit Umsteigen in die beiden Orte gelangt, empfiehlt es sich, bei einem der Anbieter in Tbilisi (→ S. 412) einen **Tagesausflug** zu buchen, der in der Regel auch eine Besichtigung der Sioni-Kirche bei Bolnisi einschließt. Ein zuverlässiger Anbieter bzw. Ansprechpartner für weitere Auskünfte ist das Touristeninformationszentrum (TIC) in Tbilisi (→ S. 179)

Für ein **Taxi aus Tbilisi**, inklusive Wartezeit, bezahlt man ca. 100 Lari.

Marschrutki verkehren zwischen Tbilisi (Samgori) und Marneuli sowie zwischen Tbilisi und Bolnisi (Samgori und Vagslis Moedani), aber nur bei Bedarf (3,5 Lari). Von Marneuli fahren in unregelmäßigen Abständen Marschrutki nach Bolnisi, mit etwas Glück auch bis Dmanisi. Mit dem **Taxi ab Marneuli** kostet eine Fahrt nach Bolnisi, inklusive der Wartezeit für eine Besichtigung der Sioni-Kirche, ab 20 Lari; für die Strecke bis zu den Ausgrabungsstätten von Dmanisi muss man mit mindestens 40 Lari Fahrpreis rechnen. Da in dieser Gegend nur wenige Menschen Fremdsprachen beherrschen, ist man mehr noch als anderswo dem Zufall ausgesetzt, was auch seinen Reiz hat.

Hotel Deutsche Mühle, in Bolnisi, Sioni-Str. 4, Tel. +995/32/2614750, service@muehle-bolnisi.com, www.muehle-bolnisi.com. DZ inkl. Frühstück ab 85 Euro. Das Hotel, zu dem ein Restaurant gehört, eröffnete 2013 in einer schön restaurierten alten Mühle und ist der ideale Ausgangspunkt für eine Erkundung der Umgebung.

»Pflanze einen Stock in die Erde, und er treibt und wird Früchte tragen«, heißt es in einer für ganz Georgien gültigen, aber in seinem Westen besonders zutreffenden Redensart.

Die berühmte Akademie von Gelati in der Nähe von Kutaisi

WESTGEORGIEN

Die Kolchische Tiefebene

Als Sonnenland – Aia – bezeichneten die antiken Autoren die Ostküste des Schwarzen Meeres; vor allem aber unter seinem historischen Namen Kolchis ist das Königreich in die Mythologie und Geschichte der Griechen eingegangen.
Der **Rikoti-Pass** bildet die natürliche Grenze zwischen Ost- und Westgeorgien und ist gleichzeitig die Wasserscheide zwischen den Einzugsgebieten des Rioni im Westen und der Mtkvari im Osten, zwischen dem Schwarzen und dem Kaspischen Meer. Hat man den Tunnel durchquert (oder man nimmt die vor dem Tunnel links abzweigende kurvenreiche Passstraße, → S. 282), senkt sich die S 1 in zahlreichen Kurven, über Dutzende Brücken, entlang der Bergrücken des Rikotula- und Dsirula-Tales hinab zur Kolchischen Tiefebene. Die Hänge der Berge sind bewaldet und mit dichtem Buschwerk bestanden, zwischen denen zahlreiche Dörfer oder einzeln stehende Gehöfte, die berühmten imeretischen Zeltdachhäuser, hervorlugen. Feigen-, Aprikosen-, Maulbeer- und Nussbäume wachsen in den Gärten und an den Hängen – ebenso wie Rebstöcke. Der Honig aus den Höhenlagen der imeretischen Berge, der hinter dem Pass angeboten wird, ist eine Delikatesse. Einige Kilometer hinter dem Tunnelausgang bieten beim Dörfchen Shrosha Bewohnerinnen und Bewohner aus den umliegenden Dörfern am Straßenrand Töpferwaren aus rostrotem Ton und andere Souvenirs an. Man ist nun bereits in Imeretien, einer der fünf Provinzen Westgeorgiens. Die anderen sind das Obere Swanetien, Racha, zu dem das Untere Swanetien gehört, Megrelien und Gurien. Adscharien im Süden besitzt den Status einer autonomen Republik.
Umrahmt von den Höhenzügen des Surami-/Meskhetischen Gebirges erstreckt sich die Kolchische Tiefebene halbbogenförmig bis zur Küste des Schwarzen Meeres, wo sie im Norden die Ausläufer des Großen Kaukasus und im Süden die des Meskhetischen Gebirges, die hier bis ans Meer reichen, berührt. Das Klima in dieser Region ist subtropisch, mit warmen, mitunter auch heißen Sommern, milden Wintern und häufig fallenden Niederschlägen.

Töpfermarkt am Rikoti-Pass

▲ Karte S. 311

Einst in den Flussniederungen von Urwald und Sümpfen bedeckt, wurde die kolchische Tiefebene nach den Meliorationsarbeiten in den 1920er Jahren ein agrarisches Paradies, in dem Zitrusfrüchte, Feigen, Walnüsse, Granatäpfel, Äpfel, Aprikosen, rot- oder grünblättrige Wildpflaumen (für die berühmten Tkemalisaucen), Mais, Wein und Tee gedeihen. Durch die Dörfer flanieren Schweine, Rinder, Enten und Hühner. Im Unterschied zu den kompakten kartlischen Siedlungen bestehen die Dörfer des imeretischen Flachlandes überwiegend aus von Gärten umgebenen, einzeln stehenden zweistöckigen Häusern, die von einer verglasten oder offenen Veranda umgeben sind. In der oberen Etage befinden sich die Wohnräume, während die untere für Küche, Wirtschaft und Vorratskammern vorgesehen ist.

Bis 1990 gehörten die Kolchosbauern in der Kolchischen Tiefebene zu den wichtigsten Lieferanten von exotischen Früchten für den sowjetischen Markt. Mit der Sowjetunion hörte auch dieser Markt

Kolchische Tiefebene, östlicher Teil

auf zu existieren. Die einstigen Großplantagen wurden unter den Bauern aufgeteilt, die untereinander und mit den Billigimporten aus Europa und der Türkei konkurrieren. Die Lebensmittelpreise in der Region für einheimische Erzeugnisse sind lächerlich niedrig. Für Investitionsrücklagen reichen die Erlöse aus dem Verkauf nicht aus. Doch soll das dem Erlebnis der Region – auch und gerade in kulinarischer Hinsicht – keinen Abbruch tun. Wer Erholung von der Tristesse des westeuropäischen Agrarmarktes sucht und Lust hat auf frisches Fleisch glücklicher Tiere, knackiges Obst und Gemüse aus überschaubaren Gärten – wird hier ganz bestimmt besondere Glücksmomente erleben.

Noch auf dem Weg von Tbilisi nach Kutaisi durchquert man die zu Füßen der Surami-Berge liegende Stadt **Zestaponi**, an deren Ausgang rechter Hand die **Industrieruinen** einer der größten georgischen Eisenhütten liegen, die einst Legierungen aus Eisen und dem in den imeretischen Bergen abgebauten Mangan herstellte. Jahrelang standen hier alle Räder still, was die Region vor dem ökologischen Kollaps bewahrte, aber auch tausende Menschen ihren Broterwerb kostete. Heute ist ein Teil der Anlagen – zumindest zeitweise – wieder in Betrieb.

Kutaisi

▲ Karte S. 313

Weiter geht es über die S 1 nach Kutaisi, der ›Hauptstadt‹ Imeretiens und mit gut 200 000 Einwohnern zweitgrößten georgischen Stadt. Eigentlich sollte Kutaisi bereits 2013 zum Parlamentssitz werden, weshalb in den letzten Jahren getätigte Investitionen das Antlitz der einst verschlafenen westgeorgischen Stadt, zumindest im Stadtzentrum, erheblich veränderten. Mit dem Scheiden von Präsident Saakaschwili waren die Pläne einer räumlichen Trennung von Legislative (Kutaisi) und Exekutive (Tbilisi) zunächst wieder vom Tisch. Inzwischen wird das neue **Parlamentsgebäude** am Rande der Stadt, das an eine riesige Glasschildkröte erinnert, von den Abgeordneten genutzt. Die baumbestandenen Plätze und die vielen Gärten um die Häuser mit ihren Obstbäumen, Magnolien und Myrtenbüschen, mit Oleander, Hibiskus, Lorbeer, mit Zypressen und vereinzelten Palmen tauchen Kutaisi in ein Meer aus Grün. Wie ein Wachturm erhebt sich das nördlich der Altstadt aufsteigende Bergmassiv von Ukimerioni mit der unlängst restaurierten Kathedrale Bagrat III. (›Maria Entschlafen‹). Ihm zu Füßen liegt, als wollte es dort Schutz und Geborgenheit suchen, das alte Kutaisi. Die engen gepflasterten Straßen, die kleinen Plätze und sich aneinanderschmiegenden Ziegelhäuschen haben ihren ursprünglichen Charakter bewahrt und sind eines der ganz wenigen erhaltenen Kleinode georgischer urbaner Architektur.

Geschichte der Stadt

Ausgrabungen im Stadtgebiet haben Funde ans Tageslicht gebracht, deren älteste Stücke aus der Altsteinzeit stammen. Erstmals erwähnt wurde die Stadt von Apollonios von Rhodos (3. Jahrhundert vor Christus) in seinem Poem ›Argonautika‹. Nach ihm verweisen auch andere antike Autoren auf eine Stadt namens Kutäa oder Kutaia als Residenz der kolchischen (egressischen) Könige. Der Name leitet sich ab von dem georgischen Wort kuata, was so viel wie ›steinig‹ bedeutet. Gemeint damit sind die Geröllfelder, die der bedeutendste westgeorgische Fluss, der Rioni, mit Gestein aus den Bergen des Kaukasus zu dessen Füßen abgelagert hat. Den Rioni nannten die Griechen Phasis, der dem Fasan seinen Namen gab, so wie das Messing seine Bezeichnung dem Meskhetischen Gebirge im Südosten verdankt.

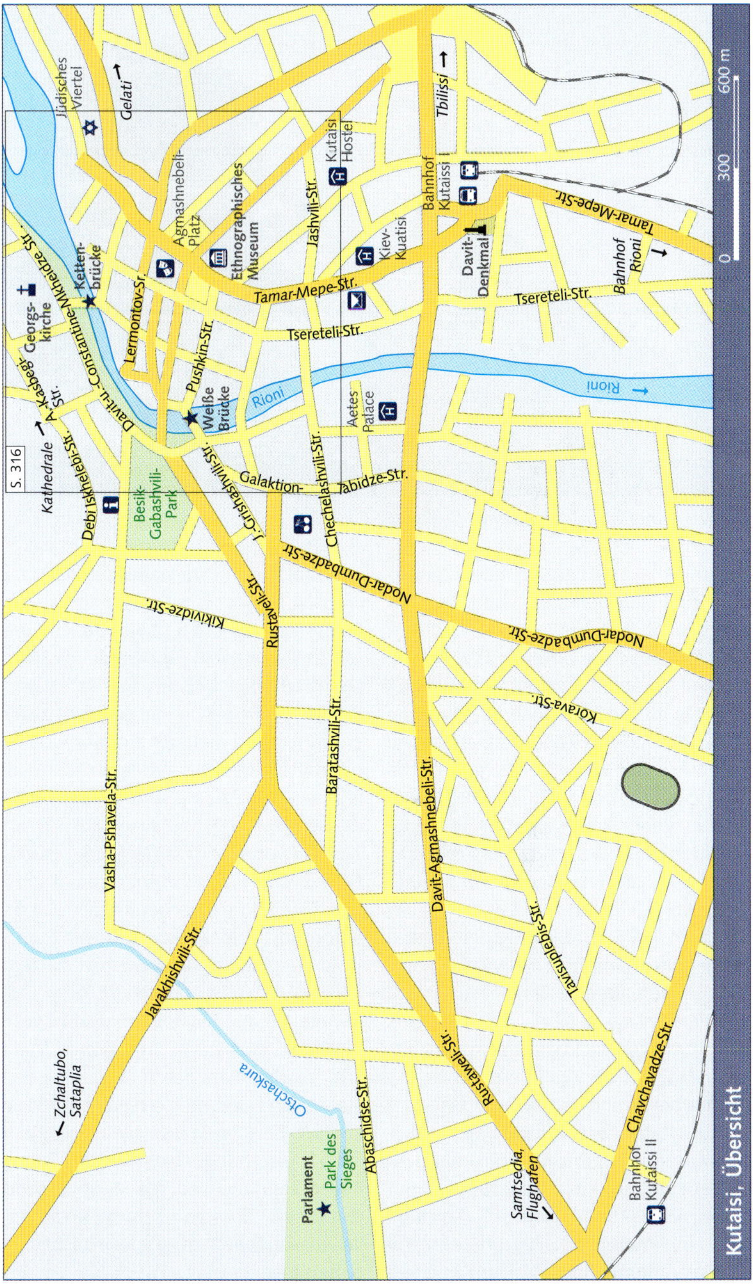

Westgeorgien

Die renovierte Kathedrale Maria Entschlafen

Das antike Kutaisi besaß auf dem Ukimerioni eine Akropolis, die von einer Bastion geschützt wurde, ebenso wie die ihr zu Füßen liegende Unterstadt von Mauern und Türmen umgeben war. Ihre Blüte verdankt die Stadt den Arabern, die im 8. Jahrhundert Tbilisi eroberten und König Artschil zwangen, die georgische Hauptstadt an den Rioni zu verlegen. Als das georgische Königtum zu neuer Macht erstarkt war, stieg das Verlangen des Hofes nach repräsentativen Bauten. Der prächtigste von ihnen war die unter Bagrat III. (973–1014) errichtete Staatskathedrale ›Maria Entschlafen‹. Doch war Kutaisi eben nur eine Behelfshauptstadt und musste sich ab dem 12. Jahrhundert von seiner Vormachtstellung verabschieden, als Davit der ›Erneuerer‹ Tbilisi zurückeroberte und mit seinem Hofstaat an die Mtkvari zog. Kutaisi blieb Mittelpunkt des Königreiches von Imeretien und erlebte, nach den Raubzügen Timur Lenks, vom 15. bis zum 17. Jahrhundert eine Nachblüte. Die imeretischen Könige verlegten ihre Residenz in einen von drei Seiten von Mauern und an der offenen Flanke vom Rioni eingefassten Palast, mit der poetischen Bezeichnung Okros Tschardachi (dt.: Goldenes Zelt). Den vorläufigen Todesstoß versetzten Kutaisi die Osmanen, die die Stadt 1666 eroberten und mehr als ein Jahrhundert besetzt hielten. Sie sprengten den Königspalast und die Kathedrale Bagrats III.; die Bevölkerungszahl sank von 5000 auf 250 Einwohner. Im Jahre 1769 vertrieb ein russisches Korps unter General Todtleben auf Bitten des imeretischen Königs Solomon I. die Türken aus der Stadt. Was die Türken nicht zerstört hatten, fiel den russischen ›Befreiern‹ zum Opfer, die die alte Bastion von Ukimerioni mit ihren einst 20 Metern hohen Mauern, erzählt man sich, und den sieben stattlichen Ecktürmen schleiften und alle anderen Befestigungsanlagen sprengten. Im 19. Jahrhundert wurde der Palast der imeretischen Könige so umfassend restauriert, dass von seinem ursprünglichen Aussehen so gut wie nichts erhalten blieb.

▲ Karte S. 313

Als administratives Zentrum des gleichnamigen Gouvernements erholte sich Kutaisi unter russischer Herrschaft und entwickelte sich unter sowjetischer Ägide zu einem agroindustriellen Zentrum. Wichtigster Arbeitgeber – für 16 000 Beschäftigte – war das Werk zur Produktion von LKWs des Typs KAS, der in nahezu jeder Kolchose des Landes im Einsatz war. Die Produktionslinie stammte aus Deutschland und war eine Reparationsleistung. Die Versuche, nach dem Ende der Sowjetunion einen Investor zu finden, scheiterten aufgrund der inzwischen maroden Produktionsanlagen.

Kathedrale Maria Entschlafen

Die eindrucksvollste Sehenswürdigkeit von Kutaisi ist die restaurierte Kathedrale ›Maria Entschlafen‹. Sie thront weithin sichtbar, auf einer Anhöhe, westwärts des Ukimerioni. Zu erreichen ist die Anlage über einen schmalen Fußweg, der rechts von der Kettenbrücke inmitten grüner Gärten den Hang hinaufführt. Die Restaurationsarbeiten an der 1692 von den Türken zerstörten Kathedrale begannen 1951 und wurden in den 1980er Jahren auf die Überreste der einstigen Festung ausgedehnt. Im Jahre 1994 erklärte die UNESCO die Kathedrale ebenso wie die Akademie von Gelati südöstlich von Kutaisi zum Weltkulturerbe.

Nach der Rosenrevolution 2004 flossen erheblich mehr Gelder als in den Jahrzehnten zuvor in die Restauration bedeutender Baudenkmäler, und auch die Kathedralenruine wurde einer umfassenden Sanierung unterzogen. In den Nächten angestrahlt und Touristenmagnet, fühlt man hier besonders deutlich, dass auch Georgien – zumindest partiell – auf dem Weg zum Disneyland für Kulturliebhaber aus aller Welt ein weites Stück vorangekommen ist. An der Nordfassade der Kathedrale ließen die Verantwortlichen für die Restauration – aus nur ihnen bekannten Gründen – einen modernen, die Harmonie des Bauensembles erheblich störenden Lift anbauen. Manchmal aber, wenn die Wolken tief hängen, das Plateau menschenleer ist und die Sinne geschärft sind, fühlt man sich unter dem weiten kolchischen Himmel immer noch allein gelassen mit der Vergangenheit, wie nach einem Fest, zu dem man sich verspätet hat.

Eine Inschrift an der Nordfassade der Kathedrale lautet: »Als der Fußboden fertiggestellt war, schrieb man das Jahr 223.« Diese Zahl entspricht dem Jahr 1003 christlicher Zeitrechnung. Zur Einweihung lud Bagrat »die nächsten Herrscher, Patriarchen, Erzbischöfe und Äbte aller Klöster und alle Würdenträger der unteren und oberen Schichten der Besitzungen seines und der anderen Königreiche« ein, wie es in einer alten Chronik heißt. Und wirklich war die Kathedrale die bis dahin größte in Georgien.

Der **Innenraum** präsentiert sich in stolzer Feierlichkeit. Die Königsfamilie und hohe Würdenträger hatten ihren Platz auf einer an der Westseite entlanglaufenden Empore gegenüber dem östlichen Sakralbereich; weltliche Macht auf der einen, die ›himmlische‹ auf der anderen Seite, dazwischen die Gemeinde. An der Südwestseite befand sich eine durchgehende, teils von Arkaden durchbrochene Galerie, während in der Nordwestecke ein dreigeschossiger Wohnturm stand, der entweder dem Erzbischof oder der königlichen Familie als Wohn- bzw. Aufenthaltsraum diente. Das Innere war von Mosaiken bedeckt; die mächtigen Säulen mit Verzierungen aus weißem Marmor geschmückt. Da die Restaurationsarbeiten im Innern noch andauern, ist nicht klar, inwiefern die Künstler des 21. Jahrhunderts an die Meisterschaft ihrer Kollegen vor 1000 Jahren anschließen können.

Monumental war auch die Gestaltung der leidlich wiederhergestellten **Fassaden** mit ihren Blendarkaden, Nischen und Apsisfenstern. Die dem Südportal vorgesetzte **Halle** bietet einen besonders einladenden Anblick, der bei näherem Hinsehen noch durch die bauplastischen Verzierungen – zum Beispiel einen Adler, der einen Hasen in den Fängen hält – verstärkt wird. Die Kapitelle der Säulen in den Portiken zeigen neben floralen Motiven Löwen, Adler, Stiere und Fabelwesen wie geflügelte Pferde und Löwen. Im Großen und Ganzen ein beeindruckendes Erlebnis, das durch die weltbezogene Ornamentik noch verstärkt wird.

Östlich der Kathedrale befinden sich die **Ruinen der einstigen Bastion**.

Historisches Museum

Das im Zentrum Kutaisis gelegene historisch-ethnographische Museum an der Rustaveli-Straße ist weniger reich bestückt als die Museen Tbilisis, bietet aber dennoch eine sehenswerte, auf Westgeorgien konzentrierte Sammlung, die von archäologischen Exponaten aus vorchristlicher Zeit bis zur Gegenwart reicht. Die wichtigsten Stücke der Exposition sind ein Minotauros-Kopf aus Goldemail (11. Jahrhundert vor Christus), bronzene Gürtelschnallen mit zu Spiralformen stilisierten Hirschen, Hasen und Vögeln (Ende des ersten Jahrtausends vor Christus), die griechische Bronzestatuette eines unbekleideten Mannes in offener Liebesbereitschaft, kolchische Silber-

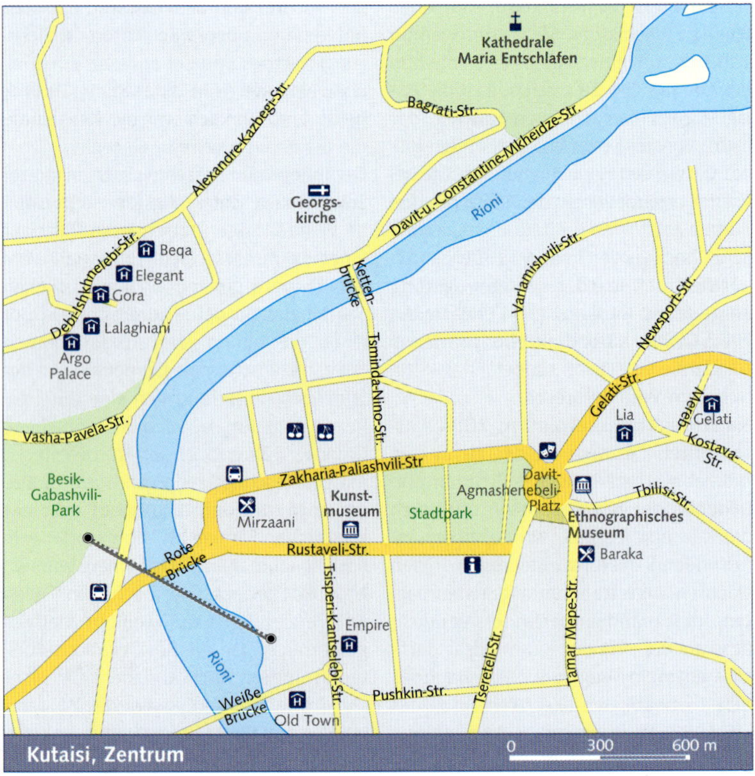

Das Theater am Agmashenebeli-Platz

drachmen und der Stolz des Museums: eine kolchische Golddrachme aus dem 5. Jahrhundert vor Christus.

Die wertvollsten Exponate sind in der **Schatzkammer** untergebracht, darunter ein aus dem 5. Jahrhundert stammendes silberbeschlagenes Reliqienbehältnis mit Teilen des ›wahren Kreuzes‹ Kaiser Konstantins, Ikonen, liturgische Fächer, Prozessionskreuze, ziselierte Dolchscheiden und Schmuck. Von unschätzbarem Wert sind obendrein die zumeist aus der Akademie von Gelati stammenden Folianten. Außerdem beherbergt das Museum eine **ethnographisch-folkloristische Sammlung** mit einer aufwendigen Kollektion von Stoffen und Stickereien sowie landwirtschaftlichen und handwerklichen Geräten. Dazu kommen schließlich Zeugnisse der bürgerlichen Kultur aus dem 19. und beginnenden 20. Jahrhundert (Möbel, eine Kutsche, Musikautomaten, ein nostalgisches Telefon, vergilbte Fotos und Ansichtskarten) sowie eine nach Erlangung der Unabhängigkeit 1990 neustrukturierte Exposition zur Geschichte Georgiens im Zeichen des Sowjetsterns. Das Museum befindet sich am Agmashenebeli-Platz, in einem Eckgebäude an der Tbilisi-Straße.

Weitere Sehenswürdigkeiten

Auf dem Agmashenebeli-Platz, der von Norden vom **Theater** begrenzt wird, befindet sich seit einigen Jahren ein kolchischer Springbrunnen, dessen künstlerische Finesse an die Dekoration eines Spielzeugmuseums erinnert.

Vom Platz führt die Rustaveli-Straße zwischen Park und Verwaltungsgebäude zum Rioni-Fluss. Das Gebäude mit den Figuren am Dachrand in der Straße der Heiligen Nino (Tsminda Nino) 7 (Ecke Rustaveli) gehört dem **Balanchivadze-Opern- und-Balletttheater**, das 2010 nach jahrelanger Rekonstruktion neu eröffnet wurde.

Die Tsminda Nino führt am Stadtpark vorbei zum **Basar** (auf der linken Seite) und weiter zur **Kettenbrücke** über den Rioni, über die man zur Bagrati-Kathedrale gelangt.

In der Rustaveli-Straße, an der linken Straßenseite befindet sich ein **Gymnasium**, das 1902 errichtet wurde. Sein bis dato berühmtester Schüler war der russisch-sowjetische Dichter Wladimir Majakowski (1893–1930). Der georgische Nationaldichter Akaki Zereteli (1840–1915) ging hier in einem Vorgängerbau zur Schule. Sein Denkmal befindet sich auf einem kleinen Vorhof an der Ecke Rustaveli/

Im Stadtzentrum

Das neue Parlamentsgebäude

Tsisperi-Kantselebi-Straße. Eine etwas lädierte Majakowski-Skulptur trauert neben anderen Plastiken im Innenhof des **Kunstmuseums** an der Rustaveli-Straße 8. Es ist Mo bis Sa von 10 bis 16 Uhr geöffnet, Eintritt 1 Lar.

Entlang der Tsisperi-Kantselebi-Straße gelangt man zu einer **Grünanlage am Rioni-Ufer**. Hier befindet sich die **Bodenstation der Seilbahn**, die das Stadtzentrum über den Fluss mit dem **Besiki-Vergnügungspark** auf dem Ukimerioni-Bergrücken verbindet, wo sich einst die im 17. Jahrhundert angelegten königlichen Gärten befanden. Die Fahrt in den niedlichen Gondeln bietet eine schöne Aussicht auf die Stadt. In der zweiten Etage der Bodenstation befindet sich das Office der Reiseagentur Kolkha Tour.

Am Rand der Grünanlage bieten zwei Hotels – das Empire und das Old Town – Gästen Unterkunft. Hinter dem Park quert eine Fußgängerbrücke, die **Tetri-Brücke** (Weiße Brücke) den Rioni. Auf dem Geländer sitzt ein ernsthaft drein blickender **bronzener Jüngling** mit zwei Hüten in Händen. Die Skulptur erinnert an eine Episode aus einem georgischen Filmklassiker ›Eine ungewöhnliche Ausstellung‹ von 1968 des Regisseurs Eldar Schengelaja nach einem Drehbuch von Reso Gabriadze: Zwei Freunde laufen über die Weiße Brücke. Just an der Stelle, wo heute die Skulptur des Knaben sitzt, saß auch im Film ein Junge, der sich anschickte, ins Wasser des Rioni zu springen, aber zögerte. Die Freunde kamen näher. Der Junge tat, als würde er sich nicht trauen. Sie sprachen ihm Mut zu. Als sie sich dabei zu ihm neigten, schnappte er sich die Hüte und sprang mit ihnen in die Tiefe...

Zwei kleine Restaurants, das eine zu Füßen der Brücke, das andere am gegenüberliegenden Ufer, laden zu einer Rast ein.

Die Häuser in der von der Grünanlage in Richtung Altstadt abzweigenden **Pushkin-Straße** wurden sorgfältig restauriert. Durch die Straße gelangt man zu einem kleinen Platz. Vor dem modernen Gebäude mit dem orientalisch anmutenden Turm dreht ein bronzener Kameramann aus den cineastischen Pionierzeiten an der Kurbel seiner Kamera. Der Turm gehört zu einem **Kinderfreizeitzentrum**, in dem sich auch das **neue Kino Kutaisis** befindet. Eröffnet wurde das Zentrum 2013, an historischem Ort, denn an dieser Stelle zeigte 1910 das Kino ›Radium‹, eines der ersten im Land, seinen ersten Film. Vorführer war Wassili

▲ Karte S. 313, 316

Amaschukeli, der sowohl für seine technischen Neuerungen als auch für seine Kurzfilme bekannt war. 1912 drehte er auf 1000 Metern, von denen 400 erhalten sind, die Dokumentation ›Die Reise Akaki Zeretelis nach Racha Lechkhumi‹. Die Aufnahmen zeigen die Begeisterung der Menschen für den seinerzeit populären Dichter, die bäuerlichen Traditionen, die Gesichter der Menschen und Landschaften der Provinz im äußersten Nordosten der Kolchis.

Einige Schritte weiter, an der Ecke Pushkini/Tamara-Mepe-Straße gibt es zwei unscheinbare Kaffees mit schmackhaften Torten und Kuchen. Die Bäckerei in der Straße des Heiligen Nino, ungefähr auf halbem Weg zwischen Pushkini- und Rustaveli-Straße – man orientiere sich am Geruch – verkauft vorzügliches Brot. Sie ist bis 18 Uhr geöffnet.

Unbedingt einen Besuch wert ist der **Basar Kutaisis** im Zentrum der Altstadt. Selten trifft man auf einem Markt so nette, lebenslustige Verkäuferinnen und Verkäufer. Hier gibt es alles – Früchte der Saison, getrocknete Früchte, Käse, Wurst, Mehl, Tschutschchrelo, Tkemali, swanisches Salz und andere Gewürze – und das zu Preisen, die Mitteleuropäern lächerlich vorkommen.

An der **Roten Brücke** über den Rioni (am Ende der Rustaveli-Straße) warten stets **Taxis** auf Kundschaft. Die Preise pro Tour sollten innerhalb der Stadtgrenzen 3 Lari nicht übersteigen. Es gilt wie überall in Georgien: Erst den Preis aushandeln, dann losfahren. Von hier aus gelangt man auch mit dem Bus Nummer 4 bzw. mit den Marschrutki Nummer 38 und 100 zum recht imposanten Gebäude des neuen **Parlaments**.

Etwas außerhalb des Zentrums, an der Ecke Dshvakhishvili- und Bukhaidse-Straße (Ausfahrt Richtung Tskhaltubo) wurde vor einigen Jahren eine **Eishalle** (Ice Square) errichtet, wo man auch im Sommer Schlittschuh laufen kann.

Kutaisi

Vorwahl: +995/(0)431.

Touristeninformationszentrum (TIC), Tel. +995/431/241103, tickutaisi@gmail.com; in den Sommermonaten tgl. 10–19 Uhr, außerhalb der Saison 10–18 Uhr. Das TIC liegt links neben der Stadtverwaltung in der Rustaveli-Str 8, gegenüber dem Stadtpark. Der Standort ist ein Provisorium. Sollte es nicht mehr dort sein, findet man die neue Adresse auf der Webseite des Landesbehörde für Tourismus: www.gnta.ge.

Reiseagentur Kolkha Tours, Büro in der Basisstation der Gondelbahn, Veliko-Anjaparidze-Platz, Tel. +995/431/251199, +995/597/577000, info@kolkhatour.ge, www.kolkhatour.ge. Unterstützung bei der Organisation von Exkursionen, Fremdenführern, Unterkunft und Transfers; einer der Manager spricht recht gut Deutsch.

Kutaisi ist nicht nur die zweitgrößte Stadt Georgiens, sondern auch traditionell ein Verkehrsknotenpunkt. Von Kutaisi bis in die Hochgebirgsregionen des Unteren und Oberen Swanetien braucht man drei bis sechs Stunden, bis nach Poti und Batumi am Schwarzen Meer ca. zwei Stunden.

Achtung: Etwa sieben Kilometer südlich von Kutaisi, an der Straße nach Baghdati, befindet sich der **Bahnhof Rioni**, an dem alle durchgehenden **Fernzüge** zwischen Tbilisi und dem Schwarzen Meer (Zugdidi, Poti, Ozurgeti und Makhinjauri) halten. Auf den beiden Bahnhöfen in Kutaisi halten nur die Züge ab/bis Kutaisi:

Die Züge von und nach Tbilisi verkehren ab dem **neuen Bahnhof** (ehemals Kutaisi 1) und brauchen für die Stecke ca. 4,5 Stunden, etwa eine Stunde mehr als die Marschrutki. Abfahrtzeiten der Züge → S. 426.

Außerdem gibt es Zugverbindungen nach **Batumi** (Vorort Makhinjauri): Abfahrt 9.05, 17.40, 2 Lari, ca. drei Stunden Fahrtzeit; **Tkibuli** (im Nordosten, landschaftlich reizvolle Strecke): Abfahrt 9.35, an 12.43, Rückfahrt 13 Uhr, 1 Lari; Zugdidi: Abfahrt 13 Uhr, Fahrtzeit etwa 3,5 Stunden.
Der Zug nach **Tskhaltubo** (ein vorsintflutlich anmutender Bummelzug) fährt vom **Bahnhof Kutaisi 2**, den Bahnanlagen hinter dem Zentralen Busbahnhof: 8, 11, 18 Uhr, ab Tskhaltubo um 8, 10 und 17 Uhr, Fahrtzeit 48 Minuten

Die meisten Busse und Marschrutki verkehren ab dem **Zentralen Busbahnhof** (beim Bahnhof Kutaisi 2) in der Chavchavadze-Straße 67.
Abastumani (Kurort im Meskhetischen Gebirge → S. 298): 11.30 Uhr, 12 Lari.
Adigeni (über Abastumani): 9.30 Uhr, 12 Lari.
Akhaltsikhe: 8.20, 8.50, 11.30 Uhr, 8 Lari, ca. 5 Stunden Fahrtzeit.
Batumi: 9–17 Uhr, zur jeweils volle Stunde, 10 Lari, ca. 2 Stunden Fahrtzeit.
Kharagauli (an den Westhängen des Borjomi-Kharagauli-Nationalparks→ S. 289, von hier aus Zufahrt zur Ranger-Station in Mareuli): 12.30 Uhr, 3,5 Lari.
Gori: 12 Uhr, 8 Lari, ca. 2 Stunden Fahrtzeit.
Lentekhi (Unteres Swanetien): 9, 14, 16.30, 6 Lari, ca. 3 Stunden Fahrtzeit.
Mestia: 8 Uhr, 20 Lari, ca. 6 Stunden Fahrtzeit. (Es empfiehlt sich, beim TIC um Bestätigung und ggf. Reservierung zu bitten.)
Poti: im Abstand von ca. einer Stunde zwischen 7 Uhr und 18.30 Uhr, 7 Lari, ca. 2 Stunden Fahrtzeit.
Tbilisi: 7–18 Uhr jeweils zur vollen Stunde, 10 Lari, ca. 3,5 Stunden Fahrtzeit. Weitere Marschrutki je nach Bedarf und Anzahl der Mitreisenden. Auch Busse fahren nach Tbilisi.
Zestaponi: 7–18 Uhr jeweils zur vollen Stunde, 2 Lari.
Zugdidi (von hier aus Weiterfahrt nach Mestia im Oberen Swanetien möglich): 6, 7, 8, 9.30, 10.20, 11–14 Uhr jede volle Stunde, 14.30, 16, 16.30 und 17.30 Uhr, 7 Lari, ca. 2 Stunden Fahrtzeit.
Vani: 7, 8, 9, 11.10, 12.10, 13.10, 15.40, 17 Uhr, 3 Lari, ca. eine Stunde Fahrtzeit.
Tskhaltubo (Marschrutka Nr. 30): 9–18 Uhr jede volle Stunde, 1 Lar, ca. 25 Minuten Fahrtzeit.

Abfahrtzeiten von der Roten Brücke (gegenüber der Altstadt):
Ambrolauri: 10 und 14 Uhr, 5,5 Lari, ca. 2 Stunden Fahrtzeit.
Oni: 9 Uhr, 7,5 Lari, ca. 3,5 Stunden Fahrtzeit.
Orbeli (zwischen Ambrolauri und Tsageri): 11 Uhr, 5 Lari, ca. 1 Stunde Fahrtzeit.
Tskhaltubo (Marschrutka Nr. 34): alle 15 Minuten, 1 Lar, ca. 25 Minuten Fahrtzeit.

Im Juni 2012 wurde der Flughafen Kopitnari (KUT) neu eröffnet (www.airportia.com/georgia/kopitnari-airport). Angeflogen wird er vor allem von der ukrainischen Fluglinie Wizz Air (www.wizzair.com), u.a. mit Verbindungen nach Vilnius, Kiev, Budapest und Warschau. Weitere Flugverbindungen bestehen nach Tbilisi und Moskau (Georgian Airways) sowie nach Minsk (Belavia). Zwischen 8 und 18 Uhr fahren im Abstand von ca. 30 Minuten Marschrutki vom Flughafen nach Kutaisi, 2 Lari, ca. 20 Minuten. Ein Taxi bis Kutaisi sollte nicht mehr als 25 Lari kosten.

In Kutaisi Unterkunft zu finden, ist nicht schwer. In den vergangenen Jahren haben einige Gästehäuser geöffnet, die bescheidenen bis hohen Komfort bieten. Fünf von ihnen befinden sich in der **Debi-Ishkhnelebi-Str.** auf dem Ukmeroni-Berg nördlich des Zentrums:
Gästehaus Lalaghiani, Nr. 18, Tel. +995/431/248395; ab 15 Euro pro Person inklusive Frühstück.

Karte S. 313, 316

Gästehaus Gora, Nr. 22, Tel. +995/431/252170, hotelgora@gmail.com, www.hotelgora.ge; ab 25 Euro pro Person mit Halbpension.

Gästehaus Elegant, Nr. 24, Tel. +995/431/245830, 30 Euro mit Halbpension, 15 Euro ohne Verpflegung pro Person und Übernachtung.

Gästehaus Beqa, Nr. 26, Tel. +995/431/246923, DZ mit Halbpension ab 50 Euro. Der Preis ist verhandelbar.

Gästehaus Argo Palace, Nr. 16, Tel. +995/431/248395, DZ inklusive Halbpension ab 50 Euro.

In der Nähe der Maria-Entschlafen-Kathedrale befindet sich die **Privatzimmervermietung Giorgi Giorgadse**, Chanchibadze-Str. 14, Tel. +995/431/243720, +995/599/591511, Übernachtung mit Frühstück ca. 15 Euro pro Person. Der Vermieter spricht englisch.

Vom Agmashenebeli-Platz (mit dem Kolchischen Brunnen) zweigt rechts hinter dem Theater die kleine **Kostava-Straße** ab. In der Nummer 25 befindet sich **Lias Gästehaus**, Tel. +995/431/245012, 17 Zimmer unterschiedlicher Ausstattung zwischen 10 und 50 Euro.

Bergan zweigt von der Kostavastraße die **26 Maisis Kucha** (Straße des 26. Mai) ab, wo sich in der Hausnummer 4 das **Hotel Gelati** befindet, Tel. +995/431/248074, +995/597/965326, +995/597/986222, www.gelati1.narod.ru; ca. 25 Euro pro Person im Doppelzimmer, pro Mahlzeit umgerechnet etwa 4–5 Euro.

Am kleinen Park, in dem sich die **Basisstation der Seilbahn** befindet, also mitten im Zentrum, gibt es zwei Hotels:

Old Town (**Dsveli Kalaki**), Grishashvili-Str. 3/4, Tel. +995/431/251451, +995/593/408445, +995/599/516056, dzvelikalaki@gmail.com; DZ ab 60 Euro, inkl. Frühstück. Kleines privates Hotel mit freundlichem Personal.

Empire Hotel, Grishashvili-Str. 7, +995/431/242328, +995/577/521208, empirehotel@mail.com; DZ ab 60 Euro. In einem schön restaurierten historischen Gebäude.

Weitere, von Einheimischen empfohlene Hotels:

Kutaisi Hostel Centre, G.-Jibladze-Str. 3, Tel. +995/431/251025, tetuka199@gmail.com; Übernachtung ab 7 Euro in Mehrbettzimmern.

Hostel Kutaisi, Tsatskhvebi-Str. 12, Tel. +995/593/548507, hostel.kutaisi@mail.com, www.hostelkutaisien.wordpress.com; 10 Euro pro Übernachtung.

Aeetes Palace, Tabidze-Str. 34, Tel. +995/244407, www.aeetes-hotel.com, Drei-Sterne-Hotel; DZ 50 Euro.

Gästehaus Kiev-Kutaisi, Tamar-Mepe-Str. 25 (vom Agmashenebeli-Platz abgehend), Tel. +995/431/245867, leri.djintcharadze@mail.ru; ab 12 Euro pro Person und Übernachtung.

In Kutaisi gibt es eine Vielzahl von Restaurants, in denen man gut und für wenig Geld speisen kann. Zum Beispiel:

Baraka (bekannt für seine Khachapuri), Tamar-Mepe-Str. 7, 9.30–22 Uhr.

Dzveli Imereti, Nikea-Str. 21a, rund um die Uhr geöffnet.

Modi Nakhe, Chavchavadze-Str. 1a, 10–3 Uhr.

El Depo, Grishashvili-Str. 10 (in der Nähe der Bodenstation der Seilbahn), rund um die Uhr geöffnet.

Mirzaani, Rustaveli-Str. 9; im Stadtzentrum, am Rioni-Ufer, 10–22.45 Uhr. Nach Aussagen von Einheimischen das hinsichtlich seiner Küche beste Restaurants Kutaisis, dennoch preiswert. Hauseigene Brauerei, spezialisiert auf Chachapuri, Terrassen mit Blick auf den Fluss.

Historisch-ethnographisches Museum, Tbilisi-Str. 1, Tel. +995/431/44972. Es ist täglich von 9 bis 18 Uhr geöffnet, Eintritt 3 Lari, Studenten 2 Lari, Schulkinder 1 Lar. Eine virtuelle Tour durch das 2013 renovierte Museum gibt es unter www.presto.ge/projects/etnografiuli im Internet.

EXTRA

Der Mythos vom Goldenen Vlies

Gottvater Zeus rettete die Geschwister Helle und Phrixon, Kinder der Göttin Nephele, vor ihrer irdischen Stiefmutter, indem er ihnen zur Flucht verhalf. Ein Widder mit güldenem Fell trug Bruder und Schwester hinfort durch die Lüfte. Helle, die sich aus Neugierde zu weit über den Leib des Tieres hinausgebeugt hatte, stürzte über den Dardanellen ab, die seitdem Hellespont genannt werden, und allein Phrixon erreichte Kolchis, wo er vom König freundlich empfangen wurde und den Widder Zeus opferte. Das kostbare Vlies befestigte er an einer Eiche und ließ es von einem eisenzahnbewehrten Drachen bewachen.

Die Kunde vom Goldenen Vlies gelangte zu den Griechen, die sich teils zweifelnd, mehr noch aber neugierig und abenteuerlustig die erstaunlichsten Geschichten vom Sonnenland Aia erzählten. Der Palast der Göttin der Morgenröte Aios stünde hier, und feuerspeiende Stiere mit kupfernen Hörnern würden die fruchtbare Erde pflügen. Jason endlich entschloss sich, der Geschichte auf den Grund zu gehen und scharte seine getreuesten Freunde um sich, bestieg das Schiff Argo und segelte gen Osten. Zu den illustren Gesellen, die sich ihm anschlossen, gehörte auch Herakles. Auf dem Weg nach Kolchis verlor dieser seinen Liebling Hylas an die Nymphen, erlangte jedoch unsterblichen Ruhm dadurch, dass er Prometheus von dessen Märtyrium am Felsen des Kasbek erlöste. Unter vielen Gefahren gelangten die Argonauten nach Kolchis. Wie Phrixon in der Sage, genoß auch Jason die Gastfreundschaft des kolchischen Monarchen. Undank aber ist der Welten Lohn. Jason wollte das Goldene Vlies und sonst nichts, und wie so oft führte auch ihn der kürzeste Weg zum Ziel durch das leidenschaftliche Herz einer Frau. Medea, die Tochter des gastfreundlichen, doch misstrauisch gewordenen kolchischen Königs Aietes, verliebte sich in Jason, verriet ihm das Versteck des Goldenen Vlieses und betäubte mit ihren Zauberkräften den Drachen. Sie folgte Jason nach Griechenland, wo sie sich Ruhm erwarb durch ihre Kenntnisse der Kräuter und ihre Heilkunst. Jason aber verließ Medea, und sie soll aus Rache ihre gemeinsamen Kinder getötet haben. (Ein Männer-Mythos, wie Christa Wolf meint, die die Geschichte Medeas neu interpretierte.) Medea, wie auch immer, endete tragisch, aber noch heute begegnet sie uns täglich als etymologische Urmutter der ›Medizin‹.

Der altgriechische Historiker und Geograph Strabon (1. Jahrhundert vor Christus) hielt den Zug der Argonauten für eine historische Tatsache. Was die Griechen nach Kolchis zog, waren die Reichtümer des Landes: Silber, Gold, Mastholz, Teer, Flachs und Früchte, die »wie Gold glänzten«. Im 6. Jahrhundert löste das egressische Königreich Kolchis ab, das mit den Griechen in ständigem Austausch stand.

Medeastatue in Batumi

Die Akademie von Gelati

Es gehört zu den größten Errungenschaften des von Davit dem Erbauer eingeleiteten georgischen Mittelalters, dass dieser König sich nicht allein auf seinen Willen, sein kriegerisches und organisatorisches Talent verließ, sondern der kulturellen und spirituellen Entwicklung Georgiens mehr Aufmerksamkeit schenkte als irgendein Herrscher vor und nur wenige nach ihm. Als Zentrum des geistigen Lebens und Unterpfand für die Einheit Georgiens ließ Davit die Akademie von Gelati errichten, bei deren Bau er selbst Hand anlegte. Es heißt, dass er sich bei den Arbeiten an der Kuppel der Kathedrale so schwer verletzte, dass man um sein Leben fürchtete. Da die besten Ärzte des Hofes versagten, schickte man nach einem berühmten Heiler namens Turmanidse. Der veranlasste, zwölf Hirschkühe zu fangen und sie zu melken. Dann vermischte er die Milch mit Kräutern aus den Bergen, erwärmte sie und hieß den verletzten König in der Milch zu baden. Es half; schon nach wenigen Tagen kehrte Davit zu seinen Regierungsgeschäften zurück. Eine Wundsalbe aber aus dem Extrakt der Kräuter und der Hirschkuhmilch - die soll es, in etwas modifizierter Rezeptur freilich, auch heute noch geben.

Nur wenige Orte fügen sich so harmonisch in die umgebende Landschaft ein wie Gelati; man hat den Eindruck, die Akademie wäre in die Natur hineingewachsen. Man betritt die Anlage durch das Nordtor, das einst auch von den Pilgern, die in der Herberge oder Krankenstation der Akademie Unterkunft fanden, benutzt wurde. Von dieser Herberge, die etwa 200 Meter vor dem Parkplatz auf der linken Seite liegt, sind nur Ruinen erhalten geblieben. Aus dem niedrigen dunklen Torbogen der Einfahrt herausgetreten, ist es zunächst einmal die Weite des sich von der Anhöhe bietenden Blickes, der gefangen nimmt. Sanft fallen die Hügel zu beiden Seiten des Tals ab, an dessen westlichem Ausgang der Ukimerioni und die Kathedrale Bagrat III. kaum noch mit bloßem Auge auszumachen sind. Mit der Sonne im Rücken überwiegen im Bild der Landschaft, die nichts Schroffes oder auch nur andeutungsweise Unwirsches in sich birgt, pastellweiche Farben - blau, grün und gelb. Es muss das Glück der Auserwählten gewesen sein, hier zu studieren oder in einer der Werkstätten als Übersetzer, Miniaturmaler, Gold- oder Silberschmied zu arbeiten.

Gelati ist Wallfahrtsort für viele Georgier. Man trifft hier nicht nur Touristen und Betende, sondern auch Schulklassen, Rekruten und Jungvermählte, die in der Vergangenheit den Stoff suchen, aus dem sie ihre Zukunft weben.

Das Ensemble von Gelati besteht aus drei Kirchen, dem Glockenturm und dem Gebäude der Akademie. Seit 1994 gehört die Anlage zum UNESCO-Welterbe (Anfahrtsbeschreibung → S. 328).

Geschichte

Den Grundstein für die Akademie von Gelati legte König Davit im Jahre 1106, nachdem er sich gegen seine wichtigsten inneren und äußeren Feinde durchgesetzt hatte. Davits Traum war ein starkes, geeintes Georgien und es liegt in der Persönlichkeit dieses Herrschers, der sich nicht mit dem Titel des Augustus (von Byzanz Gnaden) zufriedengab, sondern die Autokratie für sich beanspruchte, dass er seine Schöpfung – den geeinten georgischen Staat - nach Prinzipien errichtete, die in gewissem Sinne die westeuropäische Renaissance vorwegnahmen.

Die Akademie von Gelati, wie auch die von Ikalto im Osten des Landes, sollte die kulturelle Einheit Georgiens, die Wis-

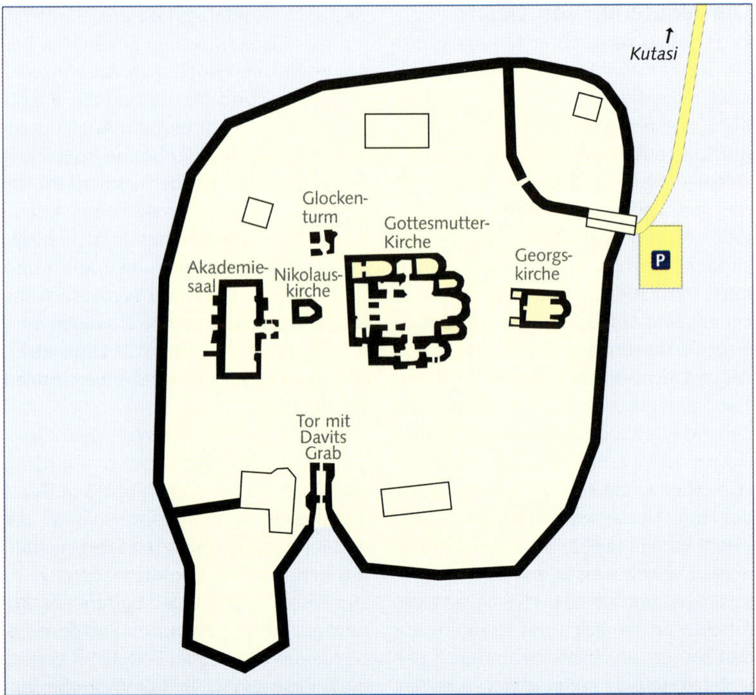

Die Akademie von Gelati

senschaften und Künste fördern. Davit lud namhafte Gelehrte nach Gelati, unter anderem Johannes Petrizi, ihren ersten Leiter, und Arsen Ikaltoeli, die beide an der Mangana-Akademie von Konstantinopel studiert und gewirkt hatten, ihrer neuplatonischen Ideen wegen aber aus Byzanz vertrieben worden waren. Beide Männer waren hervorragende Köpfe und Humanisten in einem Sinne, wie sie das abendländische Geistesleben erst einige hundert Jahre später hervorbrachte. Den Unterricht in Gelati organisierten sie nach dem Vorbild der Akademie von Konstantinopel – Geometrie, Arithmetik, Astronomie, Musik sowie Grammatik, Rhetorik und Dialektik. Ihnen ist es zu verdanken, dass Zeitgenossen Gelati als ›ein zweites Jerusalem‹ und ›ein neues Athen‹ priesen. Auf jeden Fall gab Gelati der georgischen Kultur und dem georgischen Geistesleben die erhofften Impulse, die in den Goldenen Jahren der Regentschaft Davits und seiner Erben auf dem Thron dem Georgischen Königreich ihre prächtig leuchtende Fassade gaben. Gelati teilte das Schicksal Georgiens: Von Eroberern geplündert, wiedererrichtet, erneut zerstört und im Geiste ›verstummt‹, bot es im 19. Jahrhundert, als Alexandre Dumas es besuchte, einen verwahrlosten Anblick: »Leider sind die Fresken fast verwischt«, schreibt der Franzose über die Wandbemalungen in den drei Kirchen. Doch erregten die Schätze der ehemaligen Akademie seine Bewunderung. »Alle diese vom Klerus auf Kosten des abergläubischen, primitiven Volkes

▲ Karte S. 311

zusammengerafften Kostbarkeiten machten in der elenden und schmutzigen Umgebung einen merkwürdigen Eindruck. In der Sakristei war der Fußboden mit alten griechischen und sicher seltenen wertvollen Folianten und Pergamenten bedeckt. Aber dann zeigte man uns eine Truhe mit starken Vorhängeschlössern, die in einen zerschlissenen Teppich eingewickelt war. Man öffnete sie und nahm kostbare Priestergewänder heraus: mit Juwelen besetzte Tiaren, mit echten Perlen bestickte Überwürfe, Schmuckstücke und auch eine alte Königskrone von Imeretien. Bezeichnenderweise waren diese Kostbarkeiten in Lumpen gehüllt und wurden von Leuten vorgezeigt, die man nicht mit einer Zange hätte anfassen mögen. Aufbewahrt waren sie in einem verfallenen Tempel, wo das reine Elend herrschte, und konnten gegen eine kleine Spende besichtigt werden.«
Einige dieser Kostbarkeiten kann man auch heute noch besichtigen, nur nicht in Gelati, sondern im Kunstmuseum von Tbilisi und einige wenige im Museum von Kutaisi, wie Folianten und Karten.

Gottesmutter-Kirche

Die wichtigste Kirche ist die der Gottesmutter geweihte, im Zentrum des Areals. Ihr Bau wurde unter Davit 1106 begonnen und unter seinem Sohn Demetrius 1125 vollendet. In der **Fassadengestaltung** ist das der byzantinischen Kreuzkuppelkirche nachempfundene Gotteshaus schlicht, in seinem Innern von einer berauschenden Farbigkeit über dem Grundton Ocker. Für die **Fresken** gilt nicht nur das, was Dumas von ihnen sagte, sondern sie stammen ebenso aus verschiedenen Jahrhunderten, wobei die Qualität der Ausführung mit Annäherung an die Gegenwart abnimmt. Ihr sakraler und kunstwissenschaftlicher Wert wird dadurch jedoch kaum geschmälert.
Der älteste Wandschmuck ist ein zu zwei Dritteln erhaltenes **Mosaik in der Apsiskuppel** gegenüber dem Eingang. Mosaikarbeiten sind typisch für die byzantinische Tradition; in Georgien sind sie die Ausnahme und in der Muttergotteskirche von Gelati zudem noch recht gut erhalten. Die Arbeit, eine Darstellung der Gottesmutter auf edelgesteintem

Die Anlage fügt sich harmonisch in die Landschaft ein

Plateau, mit segnendem Christus in den Armen und flankiert von den Erzengeln Gabriel und Michael in smaragdgrünem bzw. silberlila Prunkgewand, lässt auf die hohe Meisterschaft des mit Gewissheit in Konstantinopel ausgebildeten Künstlers schließen.

Die **Freskenmalerei** hält sich an die orthodoxe Tradition: in der Kuppel Christus der Weltenherrscher, in den oberen Zonen an den Wänden und Gewölben Ereignisse aus dem Leben Christi, die in den zwölf großen Hauptfesten der Kirche gefeiert werden, die Leiden und Taten Christi, das Marienleben und die Heiligenlegenden, zuunterst die weltlichen Förderer der Kirche und lokalen kirchlichen Würdenträger.

Zu letzteren zählen die **Porträts an der Nordwand**; von rechts nach links: Davit IV., mit dem Modell der Muttergotteskirche in der Linken (die einzig erhaltene, wenn auch postume Darstellung des legendären Königs); der Katholikos Ewdemon Tschcheidse, der imeretische König Bagrat III. (16. Jahrhundert), seine Gattin Elena, ihr Sohn König Giorgi, dessen Gattin Rusudan und ihr Sohn Bagrat.

Georgskirche und Nikolaikirche (rechts)

▲ Karte S. 324

Porträts an der Nordwand der Gottesmutterkirche

Unter den **Freskenfragmenten des 13. und 14. Jahrhunderts** im westlichen und südlichen Anbau befinden sich zwei gut erhaltene Porträts des Enkels der legendären Königin Tamara, Davit Narin, die ihn einmal im weltlichen, dann im geistlichen Gewand zeigen (südlicher Anbau).

Georgskirche

Östlich der Muttergotteskirche erhebt sich ihre verkleinerte Kopie, die im 13. Jahrhundert errichtete Georgskirche. Die **Fresken im Innern** der Kirche stammen aus der ersten Hälfte des 16. Jahrhunderts und gelten als die besten Beispiele der spätmittelalterlichen Sakralmalerei in Georgien. In jener Zeit erlebte Westgeorgien eine kurze Zeit der Blüte.

Nikolaikirche

Gänzlich aus der Reihe der klösterlichen Tradition fällt dagegen die sich im Westen der Hauptkirche anschließende Nikolaikirche (ebenfalls aus dem 13. Jahrhundert), die auf einem torgangähnlichen Geschoss mit seitlichen Arkadenöffnungen thront, an dessen Nordseite eine Treppe zur Kirchentür heraufführt.

Die Schüler und Lehrer mussten den Torgang passieren, wenn sie, aus dem Gebäude der Akademie kommend, zum Gottesdienst oder stillen Meditation zur Muttergotteskirche heraufstiegen oder umgekehrt aus Gottes Haus zu ihren eher weltlichen Beschäftigungen in die Akademie zurückkehrten. Man mag darüber spekulieren, was die Bauherren zu dieser ungewöhnlichen architektonischen Lösung bewogen hat; sichere Quellen, die über ihre Motive Auskunft geben würden, existieren nicht.

Weitere Sehenswürdigkeiten in Gelati

Auch der **Glockenturm**, wenige Schritte neben der Nikolaikirche, stammt aus dem 13. Jahrhundert. Er erhebt sich über dem Brunnen des Klosters, der über Keramikrohre und einen kurzen offenen Kanal aus einer außerhalb des Areals befindlichen Quelle gespeist wurde. Ihr Wasser gilt auch heute noch als heilend.

Vom **Gebäude der Akademie** im äußersten Westen, das ein steiler Abhang begrenzt, haben nur grasüberwucherte Ruinen überdauert. Der östliche Portikus, in dessen Wölbung sich ein sehr schöner Reliefschmuck mit dem halbkugelförmigen Sonnensymbol befindet, stammt vom Ende des 13. Jahrhunderts. König Davits letzter Wille war es, hier begraben zu werden; nicht irgendwo unter einem exponierten Stein, sondern im **Durchgang des Südtores**, das seinerzeit der Haupteingang zum Areal war. Die **Grabplatte** an der Schwelle des Torbaus trägt die Psalmworte: »Dies sei für alle Zeiten meine Ruhestätte! Hier lasse ich mich nieder, denn so war es mein Wille!« Noch im Tode wollte der große König seinen Landeskindern Demut beweisen und legte sich ihnen zu Füßen, denn wer das Gelände der Akademie betrat, musste über das Grab des Königs schreiten. König Davit war der erste georgische Monarch, der sich Gelati zum Begräbnisort erwählte; seine Nachfolger taten es ihm nach. So lange zumindest, bis sich der Westen und Osten Georgiens infolge der Mongolenkriege und des Erbfolgestreits voneinander trennten und ab dem 14. Jahrhundert sich allein die imeretischen Monarchen in der Muttergotteskirche bestatten ließen.

Im Volk hielt sich hartnäckig die Legende, dass auch Königin Tamara heimlich in Gelati begraben wurde – in der südlichen Seitenkapelle, wie die Alten hinter vorgehaltener Hand behaupteten. Ausgrabungen freilich haben keine Anhaltspunkte dafür geliefert, was die wirklich Gläubigen in ihrer Meinung nur bekräftigt. An der Tradition, an jenem Ort alljährlich eine feierliche Messe zum Seelenheil der verehrten Königin abzuhalten, hat die Wissenschaft zumindest nichts ändern können.

Motsameta

Es heißt, dass der Hügel des ›Propheten Elias‹, an dessen Westhang Gelati gelegen ist, einst von 200 Kapellen bedeckt

Bezaubernde Lage: Kloster Motsameta

war. Ob Legende oder Wahrheit – geblieben ist nichts von ihnen. Biegt man aber aus Kutaisi kommend circa einen Kilometer vor der Abfahrt zur Akademie nach rechts ab, gelangt man nach wenigen Minuten Fahrzeit zu einigen Meilern auf der rechten Seite der Straße, in denen Ziegel gebrannt werden. Hat man sie passiert, stößt von links ein Fahrweg auf die Straße, über den man nach wenigen Metern zu einer der historisch berühmtesten christlichen Wallfahrtsorte Georgiens gelangt, der auf einem steilen Felsvorsprung das Tal eines in der Tiefe schäumenden Bergflusses überblickt. Das Ensemble, zu dem eine Kapelle, ein Glockenturm und das direkt am Abhang liegende Pfarrhaus gehören, ist den Brüdern Konstantin und Davit geweiht, deren Reliquien hier aufbewahrt werden. Die beiden Brüder aus einem Fürstengeschlecht hatten sich gegen die Schreckensherrschaft Murwans des Tauben (8. Jahrhundert) erhoben, der sie, als sie ihm in die Hände fielen, steinigen und die Leichen im Fluss versenken ließ. Ein halbes Dutzend Mönche leben an diesem Ort, an dem seit 1956 die kleine Kapelle wieder allen Besuchern offensteht. Die Reliquien, die in den 20er Jahren des 20. Jahrhunderts in einem atheistischen Triumphzug durch Kutaisi geschleppt und am Ufer des Rioni liegengelassen wurden, sind wieder an ihren angestammten Platz zurückgekehrt. Ein Gläubiger hatte sie damals heimlich geborgen und versteckt.

Die Kirche, in der sie aufbewahrt werden, ist architektonisch eher unscheinbar, aber im Innern von einer heiteren Feierlichkeit, die auch von den freundlichen Mönchen geprägt wird. Der Altar mit den Reliquien von Konstantin und Davit befindet sich in der Ostapsis. Um in den Genuß ihrer Wunderkraft zu kommen, kriechen die Gläubigen durch einen engen Gang, was wohl den Leidensweg der beiden Fürsten symbolisiert, und küssen die auf einem Altar unter Glas liegenden Schädel der beiden Heiligen. Die Anlage wurde aufwändig restauriert. An den Wochenenden ist Motsameta Wallfahrtsort und Hochzeitskirche für die Menschen aus Kutaisi und Umgebung.

i Gelati und Motsameta

Anfahrt: Um nach Gelati zu gelangen, verlässt man Kutaisi auf der nach Nordosten in Richtung Tkibuli führenden Landstraße. Ungefähr zehn Kilometer hinter Kutaisi biegt man auf Höhe der Akademie-Anlage, die sich rechter Hand an einem von Laubbäumen bedeckten Berghang vor dem Grün des Waldes abhebt, nach rechts auf einen Fahrweg ein, der direkt zur Akademie führt. Der Abzweig nach Motsameta auf dem Weg nach Gelati ist ausgeschildert und befindet sich etwa einen Kilometer vor dem Fahrweg nach Gelati.

Marschruka-Verbindungen: Nach Gelati und zum in der Nähe gelegenen Kloster Motsameta fahren ab der Brosi-Straße (hinter dem Theater am Agmashenebeli-Platz) Marschrutki, wochentags um 8,11,14, 16 und 18 Uhr. Doch sollte man sich auf diese Zeiten nicht verlassen; wenn der Bus voll ist, fährt er los.

Wer nach Motsameta möchte, sollte den Fahrer bitten, am Abzweig zum Wallfahrtsort anzuhalten; von dort ist es noch ca. ein Kilometer zu Fuß, .

Für ein **Taxi**, inklusive Wartezeit, bezahlt man für eine Fahrt zu beiden Anlagen ca. 25 bis 30 Lari, nur nach Gelati ca. 20 Lari.

In Gelati und Motsameta bieten einige Familien **Gästezimmer** an. Auskunft über die aktuellen Adressen erhält man im TIC in Kutaisi. Beide Orte gehören zur Region Tkibuli: www.tkibuli.net. Wer sich voranmelden möchte, schreibe an Maia Kezevadze, korena_office@gmail.com.

▶ Karte S. 311

Der Naturpark Sataplia

Das Naturschutzgebiet von Sataplia ist eine der Attraktionen in der Nähe von Kutaisi. Nach Sataplia gelangt man über die Straße nach Tskhaltubo, von der man kurz hinter dem Ortsausgang von Kutaisi an einer überdimensionalen Tafel mit der Abbildung von zwei Dinosauriern nach rechts abbiegt. Nach etwa zehn Kilometern Fahrt über eine schmale Straße gelangt man zum Eingang des Naturschutzgebietes. Einige hundert Meter weiter befindet sich in einem Forsthaus die Verwaltung des Naturparks, von dem aus alle Wanderungen durch den Wald ihren Anfang nehmen.

Der Naturpark erstreckt sich auf einer Fläche von 354 Hektar über die Hänge eines erloschenen Vulkans, des knapp über 500 Meter hohen Sataplia-Berges. ›Sataplia‹ bedeutet so viel wie ›der Honigsüße‹ und bezieht sich wahrscheinlich auf die wilden Bienenvölker, die hier einst in großer Zahl beheimatet waren. Eine Wanderung durch den natürlich gewachsenen Wald bietet eine der wenigen Gelegenheiten, in die Fauna und Flora einer Welt zu wechseln, die nach den Meliorationsarbeiten in den 1920er Jahren und nach der in Jahrhunderten systematisch betriebenen Abholzung vieler Waldflächen Georgiens so gut wie gänzlich verloren gegangen ist. Nirgendwo sonst finden sich wie in Sataplia auf engstem Raum seltene Vertreter einer subalpinen Flora neben wärmeliebenden subtropischen Pflanzen. Mehr als 80, teilweise vom Aussterben bedrohte, Baumarten gedeihen hier, außerdem über 300 verschiedene Gräser und Kräuter. In den abgelegenen Waldgebieten tummeln sich Wölfe, einige Bären und andere seltene Tiere, deren Lebensgrundlagen im übrigen Imeretien zerstört worden sind. Seinen Ausbau zum Naturschutzgebiet verdankt Sataplia zwei Funden des Hobby-Naturforschers P. Tschabukiani, die dieser bei seiner Suche nach den Spuren von Urmenschen 1925 hier machte: ein System von Karsthöhlen und seltsame Fußabdrücke. 1934 wurde Sataplia unter staatlichen Schutz gestellt.

Im Naturpark Sataplia wird vor allem der Wald geschützt

Die **Karsthöhlen**, mit ihrer exotischen Stalakmiten- und Stalagtitenarchitektur, sind für Touristen seit 1978 bequem zugänglich. Man durchquert sie entlang eines unterirdischen Flusses, der am Südhang des Sataplia aus dem Berg heraustritt. Entlang dieses Hanges schlängelt sich ein Weg, von dem sich ein herrlicher Blick über die Kolchische Tiefebene bis hin zu den westlichen Ausläufern des Meskhetischen Gebirges bietet. Von einigen Stellen soll in der klaren Morgenluft sogar das Schwarze Meer zu sehen sein. Nach einigen hundert Metern gelangt man zur zweiten Entdeckung Tschabukianis. Einst, vor Millionen Jahren, war die Rioni-Niederung eine Meeresbucht gewesen, an deren Ufer sich allerlei Getier tummelte, zu dem auch Dinosaurier gehörten. Ihre Fußspuren, wie sich herausstellte, waren es, die der Hobby-Forscher in einer lehmhaltigen Mergelschicht gefunden hatte. Augenscheinlich waren

hier Familien entlang flaniert, die einen – fleischfressende Räuber – vor 120 Mio. Jahren, die anderen – Vegetarier – 60 Mio. Jahre später.
Einige Kilometer von Sataplia entfernt (hinter Tskhaltubo) wurde in den letzten Jahren die Prometheushöhle in Kumistavi erschlossen → S. 331.

Sataplia

Geöffnet ist die Anlage Mo–Mi 10–18 Uhr, Eintritt 6 Lari.
Anfahrt: Marschrutka Nummer 45 von der Roten Brücke im Zentrum von Kutaisi, jede volle Stunde, 1 Lar, ca. 30 Minuten Fahrtzeit.
Mit dem Taxi, inklusive Wartezeit, ca. 20 Lari.

Tskhaltubo

Zu Sowjetzeiten war Tskhaltubo der wohl berühmteste Kurort der Sowjetunion. Aus allen Ecken reisten Erholungssuchende an, um sich in den 20 Sanatorien des Ortes zu entspannen und alle möglichen körperlichen Gebrechen wie Gefäß- und Gelenkleiden, verschiedene Frauenkrankheiten sowie Herz-, Kreislauf- und Nervenerkrankungen behandeln zu lassen. Seinen Ruhm verdankte Tskhaltubo den zahlreichen 33 bis 35 Grad warmen radonhaltigen Quellen, in denen schon die Krieger Tamaras ihre Wunden gebadet haben sollen. Im Kurpark der Stadt flanierten des Abends tausende glücklicher Sowjetbürger, besuchten die Freiluftkinos oder amüsierten sich bei einer Bootstour über den Kalten See, der auch eine Badeanstalt besaß. Das Ende der Sowjetunion läutete den Untergang Tskhaltubos ein. Der Ort glich einer Geisterstadt. Während des Bürgerkriegs Schauplatz von kriegerischen Auseinandersetzungen, ließen sich ab 1993 tausende Flüchtlinge aus Abchasien in den Sanatorien und dem Intourist-Hotel der Stadt nieder. In den Parks und Gärten weideten Kühe.

▲ Karte S. 311

In den letzten Jahren sind die Flüchtlinge verschwunden. Das ehemalige Sanatorium des Verteidigungsministeriums in einem weitläufigen Park wurde teilweise saniert und bietet wieder Unterkunft, in beschränktem Maße auch medizinische Versorgung an. Mit einem millionenschweren Investitionsprogramm wurde 2012 mit der Rekonstruktion der Straßen, der Parks und des kleinen Bahnhofs begonnen, aber die Arbeiten werden wohl noch Jahre dauern, die meisten Sanarorien sind bis heute Ruinen.

Tskhaltubo

Vorwahl: +995/(0)340.
Informationen über den Kurbetrieb gibt es unter www.tskaltuboresort.ge.
Im Zentrum Tskhaltubos, im Stadtpark, öffnete vor kurzem ein Fitnesszentrum, wo man kostenlos trainieren und die Sauna besuchen kann.

Siehe Kutaisi, mit dem Zug und den Marschrutka Nr. 30 ab Bahnhof und 34 ab Roter Brücke.

Hotel Nikala, Tsereteli-Str. 6, Tel. +995/790/151502, hotelnikala@mail.ru; www.hotelnikala.ge, Zimmerpreise von 20 Euro (EZ) bis 60 Euro (de luxe), Frühstück und Abendessen: je 5 Lari, Mittagessen: 10 Lari.
Hotel Promethej, Rustaveli 11, Tel. +995/790/428282, hotel.promete@mail.ru, 25 Doppelzimmer, 3 Zimmer de luxe (80 Euro), die übrigen Zimmer für 60 Euro inklusive Frühstück bzw. 65 Euro inkl. Frühstück und Mittagessen bzw. 70 Euro inkl. Vollverpflegung.
Tskaltubo SPA Resort (früher Sanatorium des Verteidigungsministeriums der Sowjetunion), Rustaveli-Str. 23, Tel. +995/436/224173, infokurort@gmail.com, www.tskaltuboresort.ge; 55–155 Euro inkl. Vollpension, Möglichkeit balneologischer Anwendungen.

Sanatorium in Tskhaltubo

Prometheushöhle in Kumistavi

Acht Kilometer nordwestlich von Tskhaltubo befindet sich ein Höhlenkomplex, der Anfang der 1980er Jahre von georgischen Forschern entdeckt wurde. Der Abzweig nach rechts, etwa drei Kilometer hinter Tskhaltubo, ist mit ›Prometheus Cave‹ ausgeschildert. Die heute zugängliche Haupthöhle ist durch unterirdische Flüsse mit einer Vielzahl von Nebenhöhlen verbunden.

Mit Unterstützung französischer Spezialisten entstand in den letzten Jahren einer der gegenwärtig attraktivsten touristischen Schauplätze in Westgeorgien, der im Mai 2012 eröffnet wurde. Teile des Höhlensystems wurden durch Wege und Treppen zugänglich gemacht und von Lichttechnikern aus Deutschland mit effektvoller Beleuchtung versehen.

Der Höhlenkomplex besteht aus sechs unterirdischen Gewölben, deren Besichtigung – nur in Gruppen möglich – knapp eine Stunde in Anspruch nimmt. Im Anschluss wird in einer Grotte mit Zugang zur ›Außenwelt‹ eine Bootsfahrt angeboten. Der Eintritt kostet 6 Lari für Erwachsene, für Kinder und Studenten 3 Lari. Für die Bootsfahrt werden 7 Lari pro Person, unabhängig vom Alter, berechnet. Der Ausgang aus der Höhle befindet sich ca. 15 Minuten Fußweg vom Eingang entfernt.

Auf dem Gelände des Höhlenkomplexes gibt es ein zweistöckiges Restaurant namens ›Sdalaktida‹ im imeretischen Stil mit imeretischer Küche, das sich seit der Eröffnung 2011 einen hervorragenden Ruf erworben hat. Ein weiteres Restaurant im rustikalen georgischen Stil befindet sich an der Straße zwischen Tskhaltubo und Höhlenkomplex.

Ausgrabungsstätte Vani

Das Dorf Vani liegt ca. eine Autostunde von Kutaisi entfernt. Die Straße durch die Niederung des Rioni-Flusses quert zahlreiche Dörfer und passiert Alleen, durch deren dichtes Laubdach kaum ein Sonnenstrahl dringt. Auf einem Hügel oberhalb Vanis befand sich einst eine Siedlung, die in griechischen Chroniken als Surium bekannt war. Im Jahr 1890 spülten heftige Regenfälle einige Goldfunde ans Tageslicht. Diese waren so bedeutend, dass die Petersburger Akademie Archäologen nach Vani schickte. Jahrzehntelang gruben ganze Generationen von Forschern im Erdreich. Was sie hier zutage förderten, waren sensationelle Funde. Die Siedlung bestand aus drei natürlichen, übereinander geschichteten Terrassen, die aus dem ersten Jahrtausend vor Christus stammen. Ihre Blütezeit erlebte sie zwischen dem 6. und dem 4. Jahrhundert. Manche Forscher vermuten, dass es sich um eine Tempelstadt handelte, andere gehen von einer kolchischen Handelsmetropole aus.

Die meisten Originale der Goldfunde befinden sich in den Museen von Tbilisi, doch auch die sorgfältig gearbeiteten Kopien im **Museum von Vani**, in unmittelbarer Nähe des Ortes, wo sie gefunden wurden, begeistern durch die Kunstfertigkeit, mit der die Kleinode vor 2500 Jahren verarbeitet wurden. Die kolchischen Goldschmiede übertrafen in ihrer Liebe zum Detail die hellenistischen Meister jener Zeit, die eher schlichte Motive liebten. Woher sie ihre Inspiration erhielten, bleibt möglicherweise für immer ein Rätsel, denn die berühmten persischen Juweliere unter den Achämeniden betraten historisch gesehen erst einige Jahre nach ihnen die Bühne der Geschichte.

Einige Goldfunde sind bis zu 250 Gramm schwer. 2004 entdeckten die Forscher in einem Grab die Überreste eines Verstorbenen, der hier mit seinen Sklaven bestattet worden war. Sein Leichentuch war mit 15 000 Glasperlen bestickt, er trug die für die Kolchis charakteristischen Schläfenringe; das beigefügte Tongeschirr und die für die Überfahrt ins Reich der Toten nötigen Silbermünzen aber waren griechischen Ursprungs, während sein mit einem Hakenkreuz versehener Kopfschmuck zentralasiatische Einflüsse verrät.

Glanzstück der Sammlung des Museums von Vani ist die in den 1980er Jahren ausgegrabene **Skulptur eines edlen Jünglings**, dessen Original in Vani verblieben ist.

In der Prometheus-Höhle

Karte S. 311

Vani

Das Museum wird seit 2012 aufwändig restauriert und war Ende 2014 noch geschlossen. Weitere Informationen über das TIC in Kutaisi bzw. auf der Webseite www.museum.ge.

Anfahrt: mit der Marschrutka ab Zentralem Busbahnhof in Kutaisi: 7, 8, 9, 11.10, 12.10, 13.10, 15.40, 17 Uhr, 3 Lari, ca. eine Stunden Fahrtzeit.

Das TIC bzw. Kolkha Tour in Kutaisi (→ S. 319) vermitteln Exkursionen, wenn das Museum wiedereröffnet ist.

Geguti

Etwa zehn Kilometer südlich von Kutaisi in einem ehemaligen, einst von jahrhundertealten Eichen bewachsenen Jagdgrund liegt die Ruine der ehemaligen Sommerresidenz der georgischen Könige. Ursprünglich befand sich dort ein zweistöckiges königliches Jagdhaus aus dem 8. Jahrhundert. Bis heute hat sein riesiger Kamin überdauert, in dem ganze Hirsche und Wildschweine gebraten werden konnten. Im 10. Jahrhundert wurde die Anlage zu einem Schloss erweitert, das von den Türken im 17. Jahrhundert bis auf die Grundmauern zerstört wurde. Königin Tamara liebte diesen Ort, in dem sie 1179 zur Mitregentin gekrönt wurde und in den Sommermonaten ihren Regierungsgeschäften nachging.

Der sich über eine Grundfläche von 2000 Quadratmetern erstreckende Bau ruhte auf einem 2,5 Meter hohen Sockel aus behauenen Steinen. Die vom Sockel aufstrebenden Wände waren mit witterungsbeständigen Kachelziegeln bedeckt. In den Ecken der Anlage und in der Mitte der Seiten schoben sich runde bzw. halbrunde Wehr- und Wachtürme aus der monolithischen Wand. Zugänglich war der Palast durch einen von zwei Mauervorsprüngen flankierten Eingang im Norden. Durch ihn gelangte man, vorbei an Bad (rechts vom Eingang) und Wirtschaftstrakt (links) in den zentralen Raum, der von einer gewaltigen Kuppel mit einem Durchmesser von beachtlichen 14 Metern überwölbt wurde.

Gegenüber dem Eingang befand sich der Thron, rechts von ihm die Gemächer des Königs und links die Schatzkammer. Von den prächtigen Wandmalereien sind nur Spuren erhalten geblieben, vom einst edlen Dekor, den kostbaren Teppichen, den gold- und silberbeschlagenen Möbeln, den Kronleuchtern und mit Duftstoffen gespeisten Ampeln blieb nicht mehr als die Erinnerung. Bei Ausgrabungsarbeiten fand man ein mit einer Rosette verziertes Glasstück von annähernd 20 Zentimeter Durchmesser. Die Fenster müssen also verglast gewesen sein, im Mittelalter ein enormer Luxus. Der Palast verfügte zudem über eine Heißluftheizung.

In Geguti gingen Könige und Königinnen mit ihrem Hofstaat zur Jagd und zelebrierten Staatsgeschäfte, die nach dem strengen byzantinischen Zeremoniell verliefen. Zeigte sich der König dem Volk, so tat er das von einer eigens in drei Metern Höhe in der Südwand ausgesparten Tür, ganz so wie es die byzantinischen Kaiser im Goldenen Palast von Konstantinopel zu tun pflegten.

Anfahrt mit dem Taxi aus Kutaisi: ca. 20 Lari, inklusive Wartezeit. Es empfiehlt sich ein Fremdenführer, den das TIC oder Kolkha Tour vermittelt → S. 319.

Chiatura – Bergbaustadt mit Gondeln

Etwa 1,5 Stunden mit der Marschrutka von Kutaisi entfernt, liegt im engen Tal des Kvirila-Flusses, zu Füßen des Großen Kaukasus die Industriestadt Chiatura. Wörtlich übersetzt aus dem Georgischen bedeutet der Name ›Ein Wurm oder keiner‹. Namensgeber war, offensichtlich inspiriert vom Anblick der vielen gewundenen Straßen an den steilen Talhängen, der georgische Nationaldichter Akaki Zereteli. Von 1879 bis in die jüngste Vergangenheit war Chiatura eine Bergbaumetropole par excellence. Im Erdinneren ihrer Umgebung schlummerten Manganerze, die in der Schwerindustrie für die Härtung des Stahls gebraucht werden. Die deutschen Bergbaumagnaten, unter anderem Krupp, hatten sich zu Zeiten des Zarenreiches die Schürfrechte gesichert. Bis zu 60 Prozent des weltweiten Handels mit den Erzen wurden von ihnen bestritten. Die Sowjetregierung nationalisierte die Reichtümer. Noch bis in die 1980er Jahre war Chiatura der wichtigste Manganerzlieferant im Welthandel. Als die Ressourcen in den 1990er Jahren erschöpft waren, meldete der staatliche Bergbaukonzern Chianturmanganuni Konkurs an. Etwa die Hälfte der Einwohner wanderte ab. Chiatura wurde zu einer Geisterstadt, in der Menschen um ihre Existenz ringen, und zugleich zu einem Denkmal des Überlebenskampfes.

Georgische Freunde meinten: »Nehmt diesen Ort um Gottes willen nicht in den Reiseführer auf, wir schämen uns.« Doch warum?! Chiatura, seiner Ressourcen verlustig geworden, hat irgendwie überlebt – und mit ihm sein einzigartiges Transportsystem: 26 Kabinenseilbahnen für den Personenverkehr mit einem Streckennetz von sechs Kilometern, die die Stadtviertel miteinander verbinden, allesamt uralt, in denen über dem Abgrund zu gondeln mehr Mut erfordert als eine Fahrt mit der Achterbahn. Weitere 50 Seilbahnen werden zum Teil auch heute noch zur Aufrechterhaltung der Produktion einiger weniger Industriebetriebe genutzt.

Im Oktober 2013 veröffentlichten die Süddeutsche Zeitung und die Frankfurter Allgemeine Zeitung eine Fotoserie des georgischen Fotografen David Mdzinarishvilis mit beeindruckenden Aufnahmen Chiaturas und seiner abenteuerlichen Seilbahnen. Die Bildagentur Ostblog legte mit eigenen Fotos nach. Die Reiseagentur Georgia Insight (→ S. 413) nahm Chiatura in das Programm einer Fotoreise nach Georgien auf. Auch andere georgische Reiseagenturen bieten mittlerweile Ausflüge an. Wer auf eigene Faust die Stadt besuchen möchte, nimmt in Kutaisi die Marschrutka oder den Zug in Richtung Sachkhere. Auch aus Tbilisi erreicht man Chiatura mit der Marschrutka.

Kloster Katskhi

In der Nähe von Chiatura, hoch über dem Ufer des Flusses Katskhura, eines Nebenflusses des Kvirila, erhebt sich auf der Spitze eines 40 Meter hohen Felsens das wohl winzigste Kloster Georgiens. Jüngste Forschungen datieren den Bau der Anlage in das 10. Jahrhundert. Errichtet wurde sie von Anhängern einer betont asketischen Strömung des Christentums. Neben der Kirche bestand das Ensemble aus drei Einsiedlerzellen und einem Weinkeller.

Viele Jahrhunderte standen sie verlassen, 1995 siedelte sich in den Ruinen auf dem Berg ein Mönch aus Chiatura an. Bis zum Jahr 2009 wurde die Kirche restauriert. Über eine eiserne Leiter hat man nun die Möglichkeit, der Kirche auf dem Felsen einen Besuch abzustatten. Das Kloster gehört zum Programm der von Georgia Insight angebotenen Fotoreise. Auch Reiseagenturen in Tbilisi und Kutaisi bieten Exkursionen an. Informationen erhält man in den TIC. Aus Chiatura gibt es die Möglichkeit, mit dem Taxi bis in die Nähe des Felsens zu fahren (mit Wartezeit ca. 20 Lari). Die Einheimischen wissen Bescheid und weisen in der Regel gern den Weg.

▲ Karte S. 311

Die Provinz Racha

Im Nordosten Imeretiens liegt die Provinz Racha, in deren nordöstlichstem Zipfel der Rioni entspringt. Das Rioni-Tal unterscheidet sich beträchtlich von dem des Tskhenistskali (Unteres Swanetien) und des Enguri (Oberes Swanetien). Nur im Norden und Nordwesten von den Bergketten des Großen Kaukasus umsäumt, geht es am Mittellauf in eine freundliche Mittelgebirgslandschaft über. Nach Racha gelangt man auf zwei Wegen, die beide in Kutaisi beginnen und sich in Ambrolauri, der Hauptstadt Rachas, begegnen. Der kürzere der beiden führt von Kutaisi aus über die Industriestadt **Tkibuli**, einem der einst bedeutendsten Steinkohlereviere der Sowjetunion, über den in etwa 1500 Metern Höhe gelegenen Nakerala-Pass, vorbei am Kharistvala-See, über Nikortsminda bis Ambrolauri. Für den etwas mehr als 70 Kilometer langen Weg sollte man genügend Zeit einplanen. Das gleiche gilt für die Anfahrt über Lechkhumi (siehe das Kapitel über das Untere Swanetien). Hinter **Tsageri**, kurz vor dem Felsendurchbruch, der die Grenze zwischen Imeretien und Swanetien markiert, zweigt ein Fahrweg ab, der das Tal des Tskhenistskali mit dem des Rioni verbindet und diesem bis Ambrolauri folgt. Beide Strecken sind landschaftlich reizvoll. In Ambrolauri findet man preiswert Unterkunft in einem Hotel; es gibt zwei Tankstellen, und es gibt ein Touristeninformationszentrum TIC.
Racha ist die am dünnsten besiedelte Provinz Georgiens. Die Sommer sind heiß, die Winter bitterkalt. Racha ist bekannt für seine Nordmanntannen, benannt nach dem finnischen Botaniker Alexander von Nordmann, der diese Tannenart 1838 bei Borjomi für die Fachwelt ›entdeckte‹ und beschrieb. Sie sind die Urahnen der deutschen Weihnachtsbäume; mehr als 50 Prozent der Samen zu deren Aufzucht stammen aus Racha. Man erhält sie aus den Zapfen, die Einheimische und Saisonarbeiter im September von den Baumwipfeln pflücken. Bis zu zehn Kilo Zapfen braucht man für ein Kilo Samen, die georgische Zwischenhändler für umgerechnet 25 Euro kaufen. Auf dem europäischen Markt erzielen sie Erlöse von etwa 100 Euro.
Aus der Region stammen einige der besten georgischen Weine – der Khvanchkara aus Racha sowie der Ojaleshi und der Tsvishi aus der Provinz Lechkhumi westlich von Ambrolauri.

Die Bischofskirche von Nikortsminda

Die bedeutendste Sehenswürdigkeit in Racha ist die Bischofskirche von Nikortsminda, die auf einem Hügel über dem gleichnamigem Dorf liegt. Von hier aus schweift der Blick des Besuchers über das Rioni-Tal bis zu den im blauen Dunst verschwimmenden Bergketten des Großen Kaukasus. Die Bedeutung des Namens Nikortsminda ist umstritten. Man bringt ihn sowohl mit dem heiligen Nikolaus in Verbindung als auch mit dem Namen einer Stierart und dem in dieser Gegend einst betriebenen Stierkult.
Die Kirche entstand während der Herrschaft Bagrats III. Sie ist mit ihren fünf Apsiden und dem rechteckigen Vorraum ein recht seltener Typus. Der westliche und südliche Vorbau stammen noch aus der ersten Hälfte des 11. Jahrhunderts, während der Glockenturm im 19. Jahrhundert wiedererrichtet wurde.
Das Geschlecht der Adelsfamilie Tsulukidse, die mit Nikortsminda im 17. Jahrhundert vom imeretischen König belehnt wurde, ließ den **Innenraum** ausmalen,

wobei die Szenen aus dem Alten Testament, die den Vorraum zieren, zum Eigenartigsten gehören, was georgische Freskenmalerei zu diesem Thema hervorgebracht hat. 1992 wurde die Kirche durch ein Erdbeben beschädigt.

Seinen eigentlichen Ruhm verdankt Nikortsminda den **Fassaden** der Kirche. Drei georgische Künstler haben hier ein Gesamtkunstwerk geschaffen, das den Höhepunkt georgischer Steinmetzkunst darstellt. Die Figuren und Ornamente sind mit einer Akribie und Leichtigkeit in den Stein gehauen, die nichts mit der strengen Askese der vorherigen christlichen Jahrhunderte gemein haben.

Die **Reliefplatte an der Ostfassade** ist eine Darstellung des Christi-Verklärungs-Motivs mit Petrus, Johannes und Jakobus in der unteren Reihe; im Giebel triumphieren der heilige Georg über die Schlange und der heilige Theodor über den Christenverfolger Kaiser Diokletian, der von den Hufen eines Pferdes zertrampelt wird. Diese beiden Heiligen erfreuten sich unter den Bergvölkern besonderer Beliebtheit und kehren deshalb gleich nochmals im **Tympanon des Westportals** wieder, wo sie Christus flankieren.

Adam und Eva im Innenraum der Kirche von Nikortsminda

Karte S. 311

Das **Giebelrelief an der Westseite** greift außerdem das Motiv von Christus als Weltenrichter auf, das an der Südfassade durch die von den Posaunen der Engel verkündete Wiederkehr Christi zum Jüngsten Gericht ergänzt wird. Auch das Relief im Tympanon des Westportals feiert den Triumph Christi mit der Kreuzeserhöhung.

Eher bescheiden fällt die **Nordfassade** aus, die lediglich von einem Relief mit den beiden Erzengeln Gabriel und Michael geschmückt ist.

Das östliche und westliche Portal, der nördliche Türbogen, die Fenster und Reliefs der Tympana sind zudem mit breiten Schmuckbändern versehen, deren ornamentale Verschlingungen und Tiermotive den christlichen Szenen einen faszinierenden Rahmen geben.

Das **Gurtband des Kuppeltambours** greift mit den Greifen, Löwen, geflügelten Pferden etc. die Motive der Verzierungen auf. Sie sind ein Relikt vorchristlicher Zeiten, als der Tierkult zum täglichen Leben der Menschen gehörte. Diese Vorliebe teilen die Georgier mit ihren vorderasiatischen Nachbarvölkern, deren mythischer Bilderwelt sie Motive wie den Greif, geflügelte Pferde und Hunde entlehnten und sie in ihre eigene, bis ins Hochmittelalter lebendige Bildersprache integrierten. Es empfiehlt sich ein Fernglas, denn nicht alle Motive sind ohne weiteres mit bloßem Auge zu erkennen.

Anfahrt: Von der Roten Brücke in Kutaisi fahren die Marschrutki in Richtung

Ambrolauri und Oni (siehe unten). Man sollte dem Fahrer Bescheid sagen, dass man nach Nikortsminda möchte. Aus Ambrolauri erreicht man die Kirche am besten mit dem Taxi für 20 Lari, inklusive Wartezeit.

Ambrolauri

Die kleine Kreisstadt (ca. 2500 Einwohner) ist touristisch keine Sehenswürdigkeit. Im 17. Jahrhundert befand sich hier eine Residenz der imeretischen Könige, von deren Existenz nur Ruinen zeugen. Wichtigstes Denkmal der Stadt ist eine Flasche. Sie ist der rührende Liebesbeweis der Ratschiner für ihren Khvanchkara-Wein. Der Ort, der ihm den Namen gab, liegt etwa 15 Kilometer entfernt von Ambrolauri. Am Platz an der Flasche halten die Marschrutki in alle Richtungen.

Ambrolauri

Touristeninformationszentrum (TIC), am Hauptplatz der Stadt, Tel. +995/514/700055. Mo–Fr, Ansprechpartner ist Sopho Donadse.

Marschrutki nach Kutaisi: 13 und 17 Uhr, 5,5 Lari, ca. 2 Stunden Fahrtzeit.

Gästehaus Elo, Vano-Kabkhidze-Str. 15, +995/599/408567, +995/514/700099 (Handy von Nano und Valerian Donadse), guesthouse_elo@yahoo.com; Übernachtung für 15 Euro pro Person, mit Halbpension knapp das Doppelte, die Preise sind vor allem bei längerem Aufenthalt verhandelbar. Im Oktober kann die Teilnahme an der Weinlese vermittelt werden.

Oni

Folgt man der Straße durch das Rioni-Tal Richtung Nordosten gelangt man nach 30 Kilometern in diese kleine Kreisstadt. Die touristisch interessantesten Ereignisse in Oni sind die Markttage an den Dienstagen und Samstagen. Außerdem gibt es eine kleine Synagoge aus grauen Steinen, mehr als 100 Jahre alte Holzwohnhäuser, die Überreste eines Wehrturms und einer Burg sowie viel Ruhe und gute Luft in einer Landschaft die an deutsche Mittelgebirge erinnert. Oni liegt etwa 30 Kilometer nordöstlich von Ambrolauri. Die Menschen sind in der Regel arm; knapp die Hälfte der Einwohner hält sich mit einer kärglichen Rente und Gelegenheitsarbeiten über Wasser. Hinter Oni teilt sich die Straße. In östlicher Richtung führt sie nach Südossetien und ist gesperrt; in nordöstlicher Richtung liegen Utsera (12 Kilometer), wo es einst ein Sanatorium gab, und Shovi (28 Kilometer), ein für seine Mineralquellen bekannter Ort. Die Straße ist in sehr schlechtem Zustand und im Winter in der Regel unpassierbar.

Oni

Anreise aus Kutaisi mit der Marschrutka ab Roter Brücke (siehe praktische Reisetipps Kutaisi).
Marschrutka nach Kutaisi ab Oni: 9 Uhr, 7,5 Lari, 3,5 Stunden Fahrtzeit.

Gästehaus Berishvili, Baratashvili-Str. 7, +995/599/157638; Übernachtung mit Vollpension ca. 22 Euro.
Gästehaus Elene und Temur Gugeshvili, Kapianidse-Str. 18 (ehemalige Stalinis-Str.), +995/599/231722, facebook: Family Hotel Gallery. Temur ist Tischler und Holzschnitzer, seine Frau malt, webt und walzt Filz. Auf ihrem Bauernhof bieten die beiden Unterkunft in fünf Doppelzimmern mit Gemeinschaftsbad an; ca. 30 Euro pro Person und Vollverpflegung.
Hotel Orion, Agmashenebeli-Platz, +995/790/255499, www.hotelorion.ge; DZ mit Frühstück ca. 65 Euro. Restaurant mit Speisen zu akzeptablen Preisen.

Megrelien

Die Region Megrelien in der Kolchischen Tiefebene grenzt im Osten an Imeretien, im Süden an Gurien, im Westen ans Schwarze Meer und im Norden an Abchasien. Wer ins Obere Swanetien reisen möchte, fährt auf der S 1 durch Megrelien. Die wichtigsten touristischen Sehenswürdigkeiten sind Zugdidi (die Hauptstadt der Region), der Hafen Poti, die Rioni-Niederung und das Delta des Flusses einschließlich des Kolchischen Nationalparks sowie der neue Badeort Anaklia an der Mündung des Enguri ins Schwarze Meer, einige Kilometer westlich von Zugdidi.

Die Megrelen gehören zu den Kartwelen, dem georgischen ›Urvolk‹. Als sich das Protokartvelische in verschiedene Untersprachen aufspaltete, entstand vor etwa 3000 Jahren auch das Sanisch bzw. Megrelisch, wie es später genannt wurde. Megrelien mit seiner Schwarzmeer-Küste war Bestandteil des Königreiches von Kolchis-Lasika, später des geeinten Georgiens von Davit dem Erneuerer bis zur Königin Tamara, gehörte dann zu Westgeorgien, seit Anfang des 19. Jahrhunderts zum russischen Reich und im 20. Jahrhundert zur Sowjetunion. In der Provinz leben heute etwa 500 000 Menschen, die sich vor allem von der Landwirtschaft – Tee, Zitrusfrüchte und Wein – ernähren. 1928 wurden in Megrelien die ersten Teesträucher angepflanzt; heute ist ein Drittel der landwirtschaftlichen Nutzfläche von Teeplantagen bedeckt. Betrug die Ernte 1989 noch 140 000 Tonnen, was einem Drittel der Teeproduktion Georgiens entsprach, sank sie bis 1996 auf 2500 Tonnen. Alle bisherigen Versuche, den Tee auf dem Weltmarkt in hoher Qualität und zu konkurrenzfähigen Preisen zu positionieren, schlugen fehl. Tee und Zitrusfrüchte haben den Megrelen zu Wohlstand verholfen. Derzeit ist die Region um eine Neuausrichtung ihrer Wirtschaft bemüht. Die Bauern experimentieren mit neuen Rinderrassen und Anbaumethoden, suchen nach Absatzmärkten für ihre Produkte. 2008 erwarb der Ferrero-Konzern in der Umgebung von Zugdidi große Flächen zum Anbau von Haselnüssen.

▲ Karte S. 339

Poti

Die heute neben Batumi wichtigste georgische Hafenstadt ist das auf etwa halbem Wege zwischen Batumi und dem abchasischen Suchumi gelegene Poti, an der Mündung des Rioni ins Schwarze Meer. Fluss und Stadt sind aus der antiken Überlieferung als Phasis bekannt. Jason soll hier an Land gegangen sein. Nachdem ein Erdrutsch die noch bedeutendere griechische Schwarzmeerkolonie Dioskurien, südlich des heutigen Suchumi, ins Meer gerissen hatte, entwickelte sich Phasis zu einem der bedeutendsten Handelsorte an der Seidenstraße. Im 3. Jahrhundert vor Christus wurde hier die berühmte Kolchische Akademie gegründet, an der bis zum 6. nachchristlichen Jahrhundert in griechischer und georgischer Sprache Philosophie, Grammatik, Arithmetik und Rhetorik gelehrt wurden. Das antike Poti verschwand mit den Jahrhunderten im Sumpf des Rioni-Deltas. Im 16. Jahrhundert bauten die Türken in seiner Nähe eine mächtige Festung zur Beherrschung des Hafens, die sie Fash-Kaleh nannten und 1829 an die Russen abtreten mussten.

Im Jahr 1872 erhielt Poti Anschluss an die Transkaukasiche Eisenbahn, was den Handel beflügelte. Am 26. Mai 1918 unterzeichneten Vertreter des Deutschen Reiches und der unabhängigen Republik Georgien in Poti ein Abkommen, in

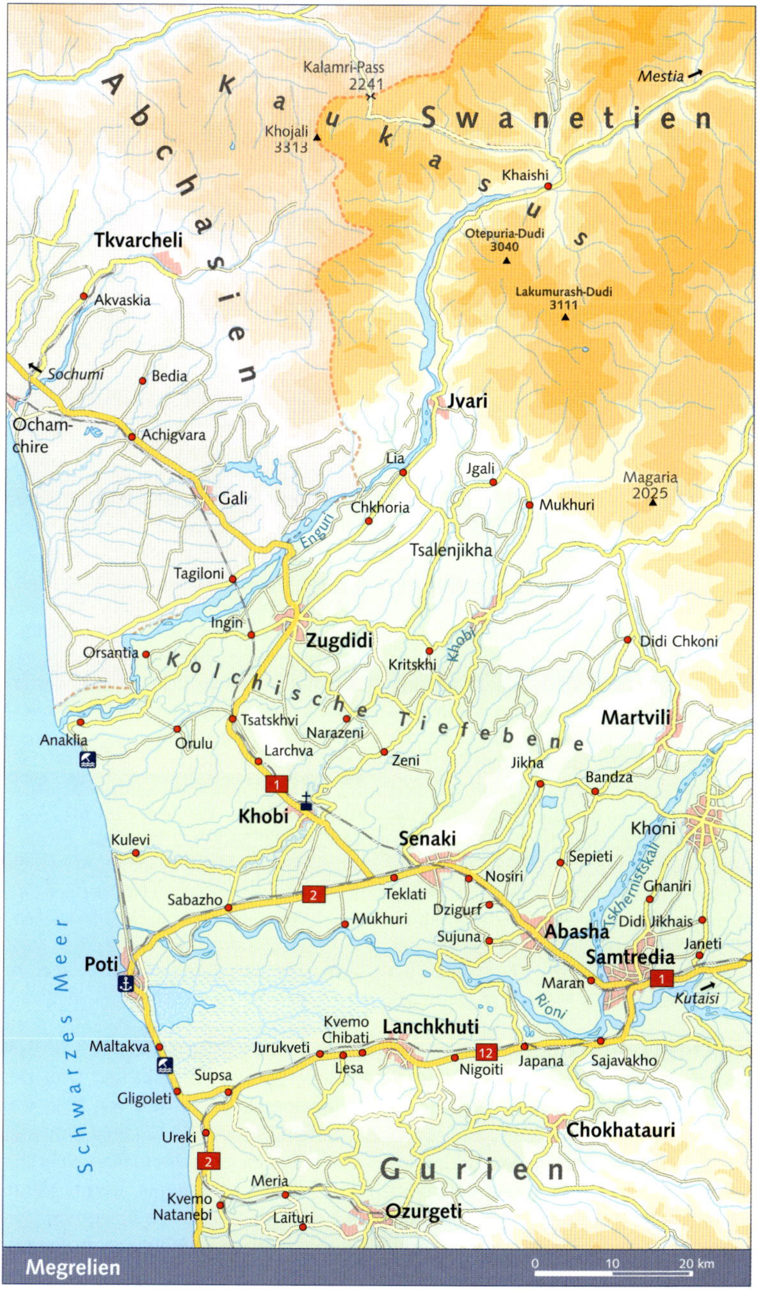

Westgeorgien

dem Deutschland die Eigenständigkeit Georgiens anerkannte und diplomatische Beziehungen mit der neuen Regierung aufnahm.

Der Stadt und dem Fluss Phasis verdankt ein Geschöpf seinen Namen, dem Linné in seinem Artenspiegel den Namen Phasianus colchicus, Fasan, gab. Die Kolchische Tiefebene ist die Urheimat dieses Vogels, der heute leider zu den selten gewordenen Arten gehört.

Am Paleostomi-See in der Nähe Potis befindet sich eine Rennbahn, wo in jedem Jahr im Monat Mai während des Phasissoba-Festes Reiterwettkämpfe stattfinden. Dem Touristen hat Poti wenig Sehenswertes zu bieten. Im Zentrum befindet sich eine Skulptur der ›Mutter Kolchis‹ und in ihrer Nähe eines der ältesten Theater in Georgien. An Jason und seine abenteuerlustigen Begleiter erinnert allein das Argo-Café am Nikoladze-Platz.

Poti

Vorwahl: +995/(0)493.

Die Marschrutka-Haltestelle liegt am Markt. Marschrutki fahren nach **Batumi** (von 8 bis 18 Uhr stündlich), **Kutaisi**, **Zugdidi**, **Tbilisi** und in andere Städte.

Vom Bahnhof verkehren **Züge nach Kutaisi** und **Tbilisi** (→ S. 426). Der Bahnhof befindet sich unweit des Marktes am gegenüberliegenden Ufer des Rioni.

Zwischen **Poti und Odessa** besteht eine Fährverbindung. Die Vertretung der Agentur INSTRA, über die ein Platz auf der Fähre gebucht werden kann, befindet sich in der Nähe des Hotels Anchor, in der Gegidze-Str. 20, Tel. +995/493/321060, www.ukrferry.com. Tickets sollten mindestens eine Woche im Voraus erworben werden. Wer ein bereits bezahltes Ticket hat, muss dieses hier vor der Abreise bestätigen lassen. Änderungen der Abfahrtzeiten und -tage sind die Regel. Die Angestellten sprechen nur Russisch und Georgisch. In Anbetracht der Ereignisse in der Ukraine im Jahr 2014 ist unklar, ob und in welchem Maße der Fährverkehr aufrecht erhalten wird.

Eine Fährverbindung besteht auch zwischen **Poti und Sotschi** in Russland. Die Reise auf der ›Swetlow‹ aber entbehrt jeglichen Komforts und empfiehlt sich nur für Hartgesottene. Auch das Tragflächenboot vom sowjetischen Typ ›Kometa‹, das zwei Mal wöchentlich zwischen Batumi und Sotschi verkehrt, legt in Poti an. Nähere Informationen über den aktuellen Stand erfährt man am besten im Internet oder aber beim TIC in Batumi.

Hotel Anchor, Gegidze-Str. 90, Tel. +995/493/226000, 25308, Fax 24008; DZ ca. 55 Euro. Englischsprachige Rezeption, gutes Restaurant, Hilfe bei der Buchung von Fährtickets nach Odessa. Mit der Marschrutka Nummer 2 über den Agmashenebeli-Prospekt vom Markt in ca. 7 Minuten zu erreichen.

Kolchis-Nationalpark

Das 20. Jahrhundert gab der Kolchis ein neues Gesicht. Das Ringen der Menschen mit der Natur verwandelte die sumpfige Tiefebene zwar in eine blühende Landschaft; gleichzeitig aber fielen ihm die dichten kolchischen Urwälder zum Opfer, von denen heute nur Reste fortbestehen. Eine Ahnung von ihrem einstigen Aussehen kann man sich im Naturschutzgebiet am östlichen Ufer des **Paleostomi-Sees**, unweit von Poti, verschaffen. Dieser 17,3 Quadratkilometer große See ist eine ehemalige Nehrung des Schwarzen Meeres, deren Name auf das griechische ›Paläostoma‹, was so viel wie ›alte Mündung‹ bedeutet, zurückgeht. Einstmals waren die kolchi-

▶ Karte S. 339

Im Kolchis-Nationalpark

schen Wälder artenreiche Mischwälder, in denen Linden, Eichen, Ahorn, Ulmen, Eschen, Edelkastanien und Buchsbäume bis zu 13 und mehr Metern in die Höhe wuchsen, mit dichtem, fast undurchdringlichem Unterholz aus Holunder, Sauerdorn, Weißdorn, Stechpalme, Haselstrauch, wolligem Schneeball und Kirschlorbeer. Um die Bäume wanden sich Kletter- und Schlingpflanzen, unter denen der kolchische Efeu und die wilde Weinrebe am häufigsten auftraten.

Das Gebiet um den Paleostomi-See steht unter Naturschutz. Der Kolchische Nationalpark (Kolkheti National Park) wurde 1935 gegründet und bedeckt heute eine Fläche von knapp 40 000 Hektar. Auf den vermoorten Flächen wachsen Torfmoose und insektenfressender Sonnentau. Neben Erlenwäldern birgt der Park botanische Besonderheiten wie die Kaukasische Flügelnuss. Vor allem aber ist er ein Vogelparadies. Mehr als 190 verschiedene Arten haben Tierschützer seit Bestehen des Reservats ausgemacht. Im Frühjahr und Herbst ist das Rioni-Delta Landeplatz zahlreicher Zugvögel. Tausende Wasservögel überwintern hier. Der weltweit bedrohte Krauskopfpelikan lässt sich zur Zugzeit in seiner ganzen Erhabenheit bewundern. Ein Blockhaus am Ufer des Flusses Churia sowie Beobachtungstürme ermöglichen die Beobachtung von Vögeln zu jeder Jahreszeit. Im Nationalpark werden zwei Bootstouren (18 Kilometer und 26 Kilometer) angeboten.

Die **Verwaltung des Nationalparks** befindet sich im Süden Potis, in der Guria-Str. 222, Tel. +995/77/101896, +995/77/975959, +995/493/223055, katsarava@apa.gov.ge. Weitere Informationen auf der Webseite des Ministeriums für Umweltschutz, auf der Informationen zu allen in Georgien geschützten Territorien aufgelistet sind: www.apa.gov.ge.

Von Kutaisi nach Zugdidi

Die S 1 von Tbilisi wendet sich hinter Kutaisi nach Norden, passiert den Flughafen Kopitnari und einige Kilometer weiter Samtredia.

Gamsachurdia-Museum in Abasha

Der erste größere Ort in Megrelien ist Abasha, eine Kleinstadt mit ca. 6000 Einwohnern und Verwaltungszentrum des Khobi-Distrikts. Aus Abasha stammt der Dichter und Schriftsteller Konstantin Gamsachurdia (1893–1955). In seinem ehemaligen Wohnhaus, das – typisch für die Häuser in der kolchischen Niederung – zum Schutz vor Hochwasser auf Stelzen steht, befindet sich ein kleines Museum.

Der Abzweig von der S 1 zum Museum ist ausgeschildert. Geöffnet ist es täglich außer Montag von 10 bis 17 Uhr. Der Eintritt ist frei. Tel. +995/412/91351.

Senaki

Der nächste größere Ort ist Senaki, wo 30 000 Menschen leben. Von hier aus zweigt eine Nebenlinie der Eisenbahn nach Poti ab. Eine Kuriosität Senakis ist das **Theater**, dessen Architekt eine verkleinerte Kopie des Marinskij-Theaters für Oper und Ballett in St. Petersburg nach Senaki gezaubert hat. In der Nähe des Theaters befindet sich der Bahnhof.

Kloster Khobi

Knapp 20 Kilometer hinter Senaki ist das Kloster Khobi einen Besuch wert. Aus Kutaisi kommend, biegt man vor der über den gleichnamigen Fluss führenden Straße nach rechts ab und gelangt nach fünf Kilometern zu den Ruinen dieses 554 gegründeten und damit ersten westgeorgischen Klosters. Der Überlieferung nach gab ein Mord für seine Gründung den Ausschlag, begangen von den beiden byzantinischen Heerführern Johannes und Rustikos am lasischen König Gubas. Bis in die Gegenwart erhalten geblieben sind eine **Kathedrale** aus dem frühen 13. Jahrhundert, ein **Glockenturm**, eine **Schatzkammer** aus dem Spätmittelalter sowie die **Ruinen eines Palastes** aus dem 18. und 19. Jahrhundert. Die **Fresken im** Inneren der Kathedrale stammen aus dem 13., 14. und 17. Jahrhundert. Außerdem befindet sich auf dem Klostergelände die Familienkirche des georgischen Nationalhelden Fürst Zotne Dadiani. Zum Helden wurde er im 13. Jahrhundert im Kampf gegen die Mongolen. Die beiden Davits buhlten noch in der Wüste Karakorum um die Gunst des Khans, Königin Rusudan war bereits gestorben und das Land ohne König. Einige der Fürsten besannen sich ihres Stolzes und versammelten zuverlässige Krieger um sich, die zu verabredeter Stunde an einem geheimen Ort zusammentreffen und den Kern einer Befreiungsarmee bilden sollten. Doch wie so oft in heiklen Momenten kam Verrat ins Spiel. Der Statthalter der Mongolen kam der Verschwörung zuvor, ließ die Fürsten nach Tbilisi bringen und verhören. Sie beteuerten ihre Unschuld; ihre Zusammenkünfte hätten einzig und allein dem Ziel gedient, zu klären, wie man am besten die Steuern eintreiben könne. Der Statthalter glaubte ihnen kein Wort, brauchte jedoch ihr Geständnis. Um dieses zu erhalten, ließ er die Männer entkleiden, in der gleißenden Sonne an Pfähle binden und mit Honig bestreichen. Fürst Zotne Dadiani war einer der Verschwörer. Er hatte den weitesten Weg und sich deshalb verspätet. Rechtzeitig gewarnt, ließ er seine Krieger umkehren und verbarg seine Waffen. Allein, ohne seine Männer, erschien er in Tbilisi, ritt zu dem Ort, wo die anderen Fürsten ihr Märtyrium erduldeten, zog sich aus und befahl den mongolischen Wachen, ihn ebenfalls an einen Pfahl zu binden. Die

Das Theater in Senaki

▲ Karte S. 339

staunten nicht wenig und brachten ihn zu ihrem Anführer. Dadiani erklärte, er hätte von den gegen seine Freunde erhobenen Vorwürfen gehört, wäre eiligst nach Tbilisi geritten, um deren Unschuld zu bezeugen, denn er auch er hätte an dem Treffen, das ihnen zum Verhängnis geworden war, teilnehmen sollen, sich aber verspätet, und da er nun sehen musste, dass die anderen Fürsten unschuldig zu qualvollem Tod verurteilt seien, wolle er deren schreckliches Los teilen. Die Erklärung Dadianis machte Eindruck. Die Fürsten kamen frei und durften auf ihre Besitzungen zurückkehren.

Im Jahr 2011 begannen auf dem Gelände des Klosters Restaurierungsarbeiten.

Zugdidi

Die Stadt Zugdidi war seit dem 17. Jahrhundert Residenz der megrelischen Fürsten und ist wie Khobi aufs engste mit der Familie der Dadianis verbunden. Das Fürstentum bestand seit Mitte des 11. Jahrhunderts und bewahrte sich seine Eigenständigkeit durch die Wirren der Türkenkriege bis zum Jahre 1804, als es seine Souveränität an die Russen verlor. Noch bis 1854 aber bestand Zugdidi als in Diensten Russlands stehendes Fürstentum fort.

Anfang des 19. Jahrhunderts ließen die Dadianis in der Umgebung ihres Palastes einen **Garten** anlegen, den die Witwe des letzten souveränen Fürsten, Ekaterina Chavchavadze (siehe auch über die Chavchavadzes im Kapitel über Kachetien → S. 211) ausbauen ließ und der in Transkaukasien, wie ein russischer Historiker schrieb, ›nicht seinesgleichen besaß‹. Die Türken, die 1855 während des Krimkrieges auch Megrelien und Zugdidi heimsuchten, fällten alle Bäume, so dass die heutige Anlage nicht mehr ist als ein bescheidener Ersatz, den ein Mailänder Gartenarchitekt gestaltete. Auf Einladung Fürstin Ekaterinas verbrachte übrigens die österreichische Baronesse und spätere Friedensnobelpreisträgerin Bertha von Suttner ihre Flitterwochen in der Stadt. Diese hatte sich 1878 mit dem Industriellensohn Arthur von Suttner verheiratet – gegen den Willen seiner Familie. Gemeinsam flüchteten sie vor den Nachstellungen der Familie nach Zugdidi. Die Eheleute verbrachten insgesamt sieben Jahre in Georgien.

An den Garten der Dadianis schließt sich das im ehemaligen Fürstenpalast befindliche **Geschichts- und Volkskundemuseum** Zugdidis an, das als unerwartete Kuriosität eine der drei Kopien von der Totenmaske Napoleon Bonapartes zu seiner Sammlung zählt. Diese gelangte zusammen mit einigen Möbelstücken aus dem Besitz des französischen Kaisers über Achilles Murat, den Enkel von Napoleons Marschall, nach Zugdidi. Er hatte 1869 die megrelische Fürstin Salome Dadiani, eine Tochter Ekaterinas, geehelicht und war mit ihr von Paris nach Westgeorgien übersiedelt.

Das Museum im Dadiani-Palais ist täglich außer Montag von 10 bis 17 Uhr geöffnet, Eintritt 2 Lari.

Gleich hinter Zugdidi erheben sich die noch immer eindrucksvollen Ruinen der **Festung Ruchi**, die Fürst Lewan II. Dadiani in der ersten Hälfte des 17. Jahrhunderts zum Schutz vor den Türken errichten ließ. Die mancherorts acht Meter hohen Mauern waren bis zu vier Meter dick.

Hinter Ruchi überquert die Straße den aus dem Oberen Swanetien herabfließenden Enguri und geht auf abchasisches Territorium über (kein Grenzübertritt möglich).

Kommt man aus Richtung Kutaisi in die Stadt, erreicht man nach wenigen Fahrminuten das Stadtzentrum, einen von Bäumen bestandenen Boulevard, der

Megrelien liegt am Fuß des Kaukasus

von der Rustaveli-Straße gekreuzt wird, die zum Basar und weiter zum Bahnhof führt. Zu beiden Seiten des Boulevards befinden sich kleinere Restaurants und Imbissbuden.

Zugdidi ist das Tor ins Obere Swanetien → S. 357.

Zugdidi

Vorwahl: +995/(0)415.

Zugverbindungen nach Batumi, Kutaisi und Tbilisi → S. 426.

Vor dem Bahnhof halten die **Marschrutki** nach:

Batumi: 12 Lari, ca. 3 Stunden Fahrtzeit.
Poti: 6 Lari, ca. 1,5 Stunden Fahrtzeit.
Kutaisi: 10 Lari, ca. 2 Stunden Fahrtzeit,
Tbilisi: 15 Lari, ca. 5,5 Stunden Fahrtzeit.

Marschrutki und Taxis (Jeeps) **nach Mestia im Oberen Swanetien (→** S. 360): Ankunft und Abfahrt gegenüber der Nachbildung eines Swanischen Wehrturmes in der Nähe des Basars: Vom Basar der Rustaveli-Straße Richtung Bahnhof folgen, hinter der Brücke nach rechts abbiegen. Bei Ankunft des Nachtzuges aus Tbilisi steht auch oft eine Marschrutka am Bahnhof. Abfahrt der Marschrutki: zwischen 6 und 14 Uhr, wenn alle Plätze besetzt sind. Fahrpreis: 20 Lari (für Einheimische 15 Lari). Die Taxifahrer verlangen in der Regel ca. 150 Lari, geteilt durch die Anzahl der Fahrgäste.

Auf dem Weg zwischen Brücke und Turm befindet sich auch die Haltestelle für Marschrutki **nach Anaklia** (s.u.): jede volle Stunde, 1,5 Lari, ca. 50 Minuten Fahrtzeit.

Zugdidi Hostel, Rustaveli-Str. 8, +995/591/654036, +995/558/102688, www.zugdidihostel.com. Übernachtung in Mehrbettzimmern ab 7 Euro, im Doppelzimmer 12 Euro pro Person. Organisation von Ein- und Mehrtagestouren in die nähere und fernere Umgebung.

Anaklia

Das Dorf Anaklia befindet sich unweit der Mündung des Rioni ins Schwarze Meer, in unmittelbarer Nähe der Demarkationslinie zur abtrünnigen Provinz Abchasien. 2011 eröffnete der damalige Präsident Saakaschwili hier die ›Freie Touristische Zone Anaklia-Sudgidi‹, zu der eine **Promenade** am Meer, eine der längsten **Seebrücken** Europas (550 Meter) und einige Hotels gehören. Die Promenade soll mit dem fünf Kilometer entfernten Nachbarort Ganmuchuri verbunden und parallel zu ihr ein Radweg angelegt werden. Zudem versprach der Präsident staatliche Mittel zur Restaurierung der **Festung von Anaklia** aus dem 17. Jahrhundert. Am gleichen Tag eröffnete das erste 5-Sterne Hotel am Ort. Das Wasser am Strand von Anaklia ist erheblich sauberer als das an den Stränden nördlich und südlich von Batumi, aber ob sich Anaklia zu einem Badeort von Bedeutung entwickeln wird, behauptet drei Jahre nach seiner Eröffnung niemand ohne zugleich Zweifel anzumelden.

Anaklia

Hotel The Golden Fleece, Tel. (Tbilisi) +995/32/2611325, +995/593/200029, goldenfleecehotel@gmail.com; DZ mit Meerblick 80 Euro inklusive Frühstück und Benutzung des Fitnessraums sowie des Innen- und Außenpools.

Hotel Anaklia, Vier Sterne, Tel. (Tbilisi) +995/32/2609990; DZ in der Saison (Mai–November) 105, sonst 80 Euro; jeweils mit Vollpension.

Palm Beach Hotel, +995/559/2073757, pbeach242@gmail.com, www.pbanaklia.ge. DZ ab 60 Euro.

Weitere **Informationen und Buchungsmöglichkeiten** auch unter www.anaklia.travel (engl.).

Die swanische Bergwelt ist eine der majestätischsten und erhabensten ganz Europas; unberührt von Massentourismus und in den Höhenlagen von kaum je einem Menschen betreten.

Wer einsame Berglandschaften liebt, ist hier richtig

SWANETIEN

Die Swanen

Im Nordwesten grenzt Imeretien an Swanetien. Unteres und Oberes Swanetien sind zwei von unzugänglichen Bergketten getrennte Verwaltungsbezirke. Das Untere Swanetien hat im Zuge einer Reform seine Eigenständigkeit eingebüßt und gehört seit 2005 zur Region Racha-Lechkhumi.

Die Swanen sind ein kriegerisches und stolzes Bergvolk mit Traditionen, die sich in der Abgeschiedenheit der Täler des Großen Kaukasus über Jahrhunderte erhalten haben. Eine uralte swanische Legende berichtet von jungen Burschen, die der Sklaverei entkommen wollten und aus der Ebene den Enguri aufwärts zogen. Den Ort, an dem sie sich niederließen, nannten sie ›Sawané‹ – Hort der Sonne. Vielleicht waren sie Sumerer. Ähnlichkeiten in der Benennung der Götter legen diese Vermutung nahe. Der Sonnenkult aber hat vor allem mit der Bergwelt selbst zu tun. Nirgends ist man dem Himmel und der Sonne so nahe wie hier. Nirgends zeigt sie ihre Gesichter – das, welches Leben schenkt, und das, welches Leben verbrennt – so ungeschminkt. Die zahlreichen Oden der Swanen an die Sonne erzählen davon. Das Leben der Swanen war immer entbehrungsreich. Die Menschen hier brauchten viel Mut, Kraft und einen gewissen Stoizismus, um allem Unbill zu trotzen, der ihrem Stolz auf dieses wunderbare Stück Erde, den Göttern so nahe, noch zusätzliche Nahrung schenkte. Christianisiert wurden die Swanen vor ca. 1000 Jahren, oft mit Feuer und Schwert. Während eines ihrer christlichen Feste opfern sie auch heute noch einen weißen Stier.

Swanische Tafel

▲ Karte S. 350/351

Bekannt waren die Swanen bereits den Griechen. Das in den Bergflüssen des Kaukasus gewonnene Gold beflügelte die Phantasie der Hellenen ebenso, wie die Raubzüge der Swanen, die in ihren Kanus mit der Schneeschmelze plötzlich in der Ebene auftauchten, die reichen Handelsstädte überfielen und wieder verschwanden. Der uralte swanische Amiranis-Mythos, Amirani war ein Sohn der Göttin Dali, erinnert an die Prometheus-Legende, ebenso wie die griechische Mutter Erde Gaia Ähnlichkeiten aufweist mit der swanischen Erdmutter Gim.

Strabon, der Geograph und Historiker, beschrieb die Swanen: »Sie sind ein mächtiges Volk, wie mir scheint das tapferste und kühnste überhaupt auf der Welt. Sie leben in Frieden mit allen Nachbarvölkern, sie haben einen König und einen Rat aus 300 Menschen. 200 000 Krieger können sie mobilisieren.« In seiner gesamten Geschichte bis zum 20. Jahrhundert hat sich dieses Volk nie einer fremden Macht unterworfen. Alle Angelegenheiten der Dorfgemeinschaften wurden von Ältestenräten entschieden, und in bedeutenden Fragen besaßen auch die Frauen Stimmrecht. Die größten Feinde der Swanen waren von jeher nordkaukasische Stämme, die in regelmäßigen Abständen die Bergdörfer überfielen. Ihre Wehrhaftigkeit machte die Swanen zu guten Kriegern. Der Überlieferung zufolge bestand die Leibgarde Königin Tamaras, die sich oft in Swanetien aufhielt, ausschließlich aus Swanen. Es heißt bis heute: »Hast du einen Swanen als Begleiter, brauchst du nichts und niemanden zu fürchten.« Was überall in Georgien gilt, dass der Gast heilig und sein Wohl oberstes Gebot ist, das gilt in Swanetien besonders.

Die Swanen lieben ihre Berge, sind selbst meist hervorragende Reiter, Jäger, Alpinisten und Bergführer. Ohne ortskundige Begleitung sollte man keinen Ausflug in die Berge unternehmen.

Es gibt zwei Tore nach Swanetien: Tskhaltubo, 15 Kilometer nördlich von Kutaisi gelegen, und Zugdidi, 80 Kilometer weiter nordwestlich. Die Trasse über Tskhaltubo führt ins Untere Swanetien, die über Zugdidi ins Obere.

Die swanische Küche

Die Swanen sind Gourmets, spezialisiert auf Kräuter, Beeren, Pilze und den besten Sulguni-Käse, den man sich nur denken kann. Die Böden in den Hochlagen sind reich an Mineralien. Weiden und Felder kennen keinerlei chemische Abfälle, und selbst das Regenwasser ist nahezu unverschmutzt von den Ausdunstungen des Industriezeitalters. Die Rinder und Schweine ernähren sich auf natürliche Art und Weise. Man sieht es ihnen an und schmeckt den feinen Unterschied. Öko pur! Das Herz eines jeden Feinschmeckers geht auf, wenn er die einfachen, und gerade deshalb an Geschmacksfacetten so reichen und vor allem gesunden Gerichte serviert bekommt.

An Getränken schätzen die Swanen die natürlichen Mineralwasser, Milch, Kräutertees und Tschatscha (hochprozentig Gebranntes) aus allem, was die Leber verträgt. Wein wächst in Swanetien nicht, aber wer ihn missen kann, wird auf nichts verzichten müssen. Folgende Gerichte gehören zu den Favoriten der lokalen Küche:

Kubdari: mit gewürztem Rind- oder Bärenfleisch gefüllte Teigtaschen.

Gomi: Maisbrei mit Sulgunistücken.

Mamalyga: Brei aus Maismehl.

Tammidschab: Kartoffelbrei, vermischt mit Maismehl und Sulguni.

Tschadi: eine Art Plinsen aus Maismehl, handtellergroß, köstlich mit Tomaten, Käse und Kräutern.

Tschkut: in Hirsemehl gebackener Käse.

Zubereitung von Kubdari

Kutia
Gvandra
Omarishara
Kondori
Sakeni
Sakeni
Nenskra
Shtavleri
3993
Nakru
Tita
Nakra
Abchasien
Kalamri-Pass
Khojali
3313
Kari
Kvemo Marghi
Dizi
Lakhamula
Shdighiri
Enguri
Iskari
Ober-Swanetien
Lakhami
Kveda Ipari
Svipi
Lezgara
Lakhani
Khelra
Lukhi
Khaishi
Leburtskhila
Nalkorvali
Lahili
4008
Ghalidzga
Ghalidzga
Barjashi
Enguri-Stausee
Tskhumaldi
Mananauri
Muzhava
Zemo Ghumurishi
Jvari
Chkvaleri
Lebarde
Chale
Najikhuri
Resort Skuri
Lekukhona
Medani
Saberio
Pakhuloni
Lia
Sachino
Khobi
Tekhura
Dikhazurga
Tkaia
Mukhuri
Mikava
Enguri
Chkhoria
Taia
Zumi
Rike
Godirakri
2520
Kurzu
Khabume
Nathatsu
Pirveli Chogha
Rukhi
Obuji
Taleri
Chkhoushi
Kulishkari
Salkhino
Zugdidi
Jikhaskari
Chkhorotsku
Ingiri
Didi Chkoni
Zeda Kinchkha
Chakvinji
Akhalsopeli
Kirtskhi
Akhuti
1
Skurdi
Zeda Gordi
Dzveli Khibula
Tsivi
Namikolavo Pirveli
Tsaishi
Lesichine
Didi Inchkhuri
Kveda Gordi
Urta
Tekhura
Abastumani
Akhalkhibula
Martvili
Dzedzileti
Narazeni
Zubi
Ledzadzame
Sukhcha
Khamiskuri
Zeni
Gvishtibi
Chanistskali
Sergieti
Matkhoji
Larchva
Jikhu
Bia
Shua Khorshi
Bandza
Lekhaindravo
Nakhakhulevi
Eki
Onoghia
Khobi
Vedidkari
Khoni
Dzveli
Gejeti
Gubistskali
Khorga
Gvimaroni
Senaki
Sepieti
Maidani
Tskhenistskala
Ivandidi
Bataria
Pirveli Ontopo
Poti
Teklati
Kutiri
Didi Gubi
Maghlaki
2
Durdghena
Isula
1
Ghaniri
Didi Jikhaishi
Sagvichio
Mukhuri
Gamoghma Zanati
Abasha
Partskhanakanej
Suiuna

Swanetien

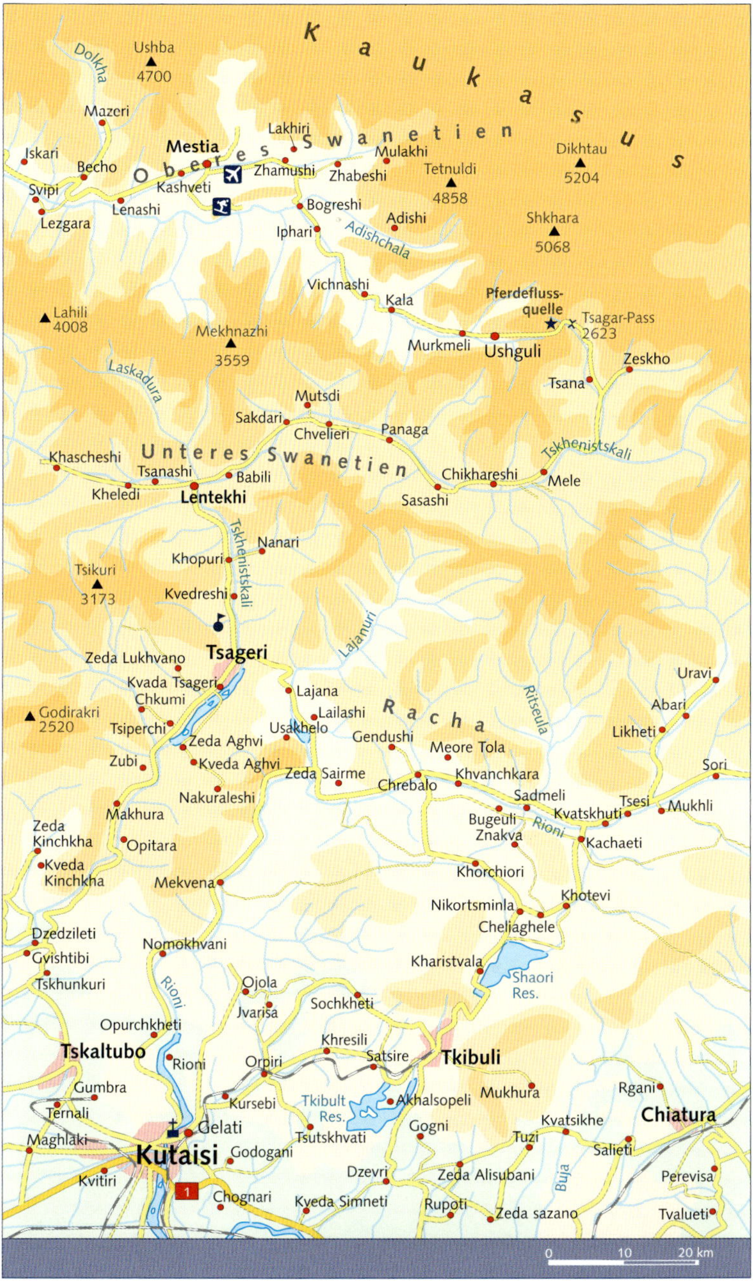
Kaukasus
Oberes Swanetien
Unteres Swanetien
Racha
Ushba
4700
Dolkha
Mazeri
Iskari
Becho
Mestia
Svipi
Kashveti
Lenashi
Lezgara
Lakhiri
Zhamushi
Mulakhi
Zhabeshi
Tetnuldi
4858
Dikhtau
5204
Bogreshi
Adishi
Iphari
Adishchala
Shkhara
5068
Vichnashi
Kala
Pferdefluss-
quelle
Tsagar-Pass
2623
Lahili
4008
Mekhnazhi
3559
Murkmeli
Ushguli
Zeskho
Laskadura
Tsana
Mutsdi
Sakdari
Chvelieri
Panaga
Tskhenistskali
Khascheshi
Tsanashi
Babili
Chikhareshi
Mele
Kheledi
Lentekhi
Sasashi
Nanari
Khopuri
Tsikuri
3173
Kvedreshi
Lajanuri
Tsageri
Zeda Lukhvano
Kvada Tsageri
Chkumi
Lajana
Ritseula
Uravi
Godirakri
2520
Lailashi
Abari
Tsiperchi
Usakhelo
Gendushi
Likheti
Zeda Aghvi
Meore Tola
Zubi
Kveda Aghvi
Zeda Sairme
Khvanchkara
Sori
Nakuraleshi
Chrebalo
Sadmeli
Makhura
Tsesi
Mukhli
Kvatskhuti
Zeda
Kinchkha
Bugeuli
Rioni
Znakva
Opitara
Kachaeti
Kveda
Kinchkha
Mekvena
Khorchiori
Khotevi
Nikortsminla
Dzedzileti
Cheliaghele
Gvishtibi
Nomokhvani
Kharistvala
Shaori
Res.
Tskhunkuri
Ojola
Jvarisa
Sochkheti
Opurchkheti
Khresili
Tskaltubo
Rioni
Orpiri
Satsire
Tkibuli
Gumbra
Mukhura
Rgani
Kursebi
Tkibuli
Res.
Akhalsopeli
Ternali
Chiatura
Gelati
Gogni
Kvatsikhe
Maghlaki
Tsutskhvati
Tuzi
Kutaisi
Godogani
Salieti
Kvitiri
Dzevri
Zeda Alisubani
Buja
Perevisa
1
Chognari
Kveda Simneti
Rupoti
Zeda sazano
Tvalueti
0
10
20 km

Unteres Swanetien

Die von Kutaisi über Tskhaltubo (→ S. 330) und Lechkhumi nach Lentekhi und weiter in die Berge über den in fast 3000 Meter Höhe gelegenen Tsagar-Pass ins Obere Swaneteien (Kvemo Svaneti) führende Trasse windet sich zunächst am Rand der Vorberge des Kaukasus bis zum Tal des Tskhenistskali, dem sie bis zur Quelle folgt. Bis Lentekhi, dem Verwaltungszentrum des Unteren Swanetien, ist sie gut ausgebaut. Tskhenistskali bedeutet so viel wie Pferdewasser. Das Flusswasser ist schmackhaft und reich an verschiedensten Mineralien.

Hat man die Mündung des Pferdewasser-Flusses in die Kolchische Tiefebene erreicht, trifft man auf die erste als Rastpunkt ausgebaute mineralhaltige Quelle auf dem Weg. Das vom Tskhenistskali durchschnittene Tal ist eng. Zu beiden Seiten steigen die Berge steil in die Höhe und geben nur ab und an den Blick frei in die Seitentäler, wo die Gipfel mit jedem Kilometer wachsen, bis sie irgendwann die Schneegrenze erreichen. Die Hänge der das Tal säumenden Berge sind mit dichtem Buschwerk und Wäldern bewachsen. Wo immer möglich, haben die Bauern der Bergdörfer der Natur Boden für ihre Felder abgerungen, auf denen sie Kartoffeln, Roggen, Gerste, Hafer, Gemüse und selbst Wein anbauen.

Einer der berühmtesten georgischen Weine gedeiht hier beim Dorf **Okureshi**, der ›Namenlose‹ (Usakhelouri), eine Rebenart, die nirgends sonst wächst und aus der ein Wein gekeltert wird, der sofort ins Blut geht und besser wirkt als jede Medizin. Die Plantage des ›Namenlosen‹ liegt rechter Hand, kurz vor einem schroffen Durchbruch, den sich das Wasser des Tskhenistskali in den Fels gesprengt zu haben scheint. Dahinter öffnet sich das Tal zu einer circa zwei Kilometer breiten und fünf Kilometer langen geröllbedeckten Hochebene, in der das Dorf **Tsageri** liegt: das Zentrum der historischen Provinz Lechkhumi. Am Ortsausgang gabelt sich die Trasse; der Abzweig rechter Hand führt über einen Pass nach Racha (→ S. 335); geradezu passiert man nochmals eine abenteuerliche Felsenge, die zur Rechten von drei **Burgruinen** flankiert wird, Bauten aus den Zeiten der Königin Tamara. Sie markieren die Grenze zwischen Lechkhumi und dem Unteren Swanetien.

Karte S. 350/351

▲ *Kinder in Swanetien*

Lentekhi

Hinter dem von Tamaras Burgen flankierten Felsdurchbruch sind es noch einmal etwa rund 15 Kilometer bis Lentekhi, dem mit etwas mehr als 3000 Einwohnern größten Ort und Verwaltungszentrum des Unteren Swanetien. Lentekhi liegt auf einer Höhe von rund 950 Metern über dem Meeresspiegel am Zusammenfluss dreier Bergflüsse. Im Unteren Swanetien leben auf 3000 Quadratkilometern etwa 10 000 Menschen, die meisten von ihnen Swanen, in 54 Dörfern entlang des Pferdeflusses und seinen zahlreichen Seitentälern.

Kurz hinter der Ortseinfahrt stehen rechter Hand die Reste eines für die Region typischen **Wehrturms**, in dem das örtliche **Heimatkundemuseum** untergebracht ist. Weiter fährt man über eine Brücke, hinter der geradeaus die Hauptstraße, ein im Mittelstreifen von zwei Baumreihen begrünter Prospekt, beginnt. Auf ihm spielt sich das öffentliche Leben des Städtchens ab, und in den langen Sommernächten promeniert hier die Jugend, was der Allee den Spitznamen ›Börse‹ eingebracht hat. Etwa in ihrer Mitte öffnet sich die Straße zu einem Platz, an dessen Längsseite Bürgermeister und Gouverneur ihren Verwaltungssitz in einem typisch **sowjetischen Verwaltungspalast** haben. Das rechte Eckhaus war einstmals ein Hotel.

Die meisten Menschen der Region ernähren sich von Gelegenheitsarbeit oder von dem, was Landwirtschaft oder ihre handwerkliche Geschicklichkeit hergeben. Die Mehrzahl der Häuser, in denen die Großfamilien leben, hat Warmwasser, ausgebaute Bäder, oft auch Sauna und natürlich Strom, so dass Reisende in der Regel bequem Aufnahme finden.

Die beste Zeit, im Unteren Swanetien Urlaub zu machen, sind die Sommermonate. Die Tage können in den windgeschützten Tälern sehr heiß werden, während die Nächte kühl sind. Die Sommer sind sonnig. Ab Ende Mai sind die Almen zugänglich und Ausflüge zu Fuß und Pferd möglich. Einen Monat später, wenn die Schneefelder bis in Höhen von 3500 Meter abgetaut sind, beginnt die Saison für Bergsteiger. In den klaren Gebirgsbächen kann man Forellen angeln, die, am offenen Feuer gegart, jeglicher kulinarischen Konkurrenz entbehren.

Kirchlein im Oberen Swanetien

In und um Lentekhi, wie auch an allen anderen Orten, entspringen **mineralhaltige Quellen**, deren Wasser gegen alle nur erdenklichen Leiden wirksam ist. Als vor einigen Jahren georgische Wissenschaftler die Qualität des Wassers im ganzen Land inspizierten, stellte sich heraus: das beste Wasser, hinsichtlich seiner mineralischen Bestandteile, organischen Sauberkeit und Heilsamkeit für Haut und Organismus, ist das eines Nebenflusses des Tskhenistskali unweit von Lentekhi. Früher wurde hier eine berühmte Limonade produziert.

Die Winter in den Bergen sind kalt und schneereich. In manchen Jahren ist selbst Lentekhi mitunter für Wochen von der Außenwelt abgeschnitten.

Wirtschaftlich sind die Perspektiven Swanetiens kaum abzuschätzen. Wichtigste Einnahmequellen sind die Viehwirtschaft, vor allem die Rinderhaltung, der Anbau von Kartoffeln, Roggen, Gerste, Hafer, Obst und Gemüse sowie der Holzeinschlag. Das Holz wird billig in die Türkei verkauft und ist für viele Familien die einzige Einkommensquelle, obwohl jeder gefällte Baum Swanetien dem ökologischen Desaster ein wenig näher bringt. Denn der Staat hat kein Geld oder kein Interesse an Wiederaufforstungsprogrammen, weshalb der dünne Boden an den steilen Hängen ohne den ihm von den Bäumen verliehenen Halt bei Regen und Schneeschmelze abzurutschen beginnt und als Morast von den Flüssen fortgespült wird. Ein Teufelskreis, denn die Menschen wollen heute leben, und so ist man gezwungen, auch dort Konzessionen für den Holzeinschlag zu erteilen, wo es eigentlich unverantwortlich ist.

Im April 2005 verursachten tagelange sintflutartige Regenfälle, in deren Folge die Flüsse über die Ufer traten, Schlammlawinen kaum vorstellbaren Ausmaßes. Betroffen waren vor allem Lentekhi, aber auch Mestia im Oberen Swanetien. Straßen und Brücken wurden fortgeschwemmt, ungefähr 60 Dörfer waren für Wochen vollständig von der Außenwelt abgeschlossen. Vieh ertrank oder musste notgeschlachtet werden, Weideland und Felder waren von Schlamm überspült; es gab weder Strom noch Trinkwasser, und tausende Menschen mussten in Sicherheit gebracht werden. Die Katastrophe löste ein Umdenken hinsichtlich ökologischer Vorsichtsmaßnahmen aus, aber praktisch hat sich bis heute nur wenig getan.

In den swanischen Bergen findet man das, was ihnen schon im Altertum mythischen Ruhm beschieden hat: Gold. Der Lentekhi nordwestlich überragende Berg trägt den Namen ›Goldshaba‹, und die Alten behaupten, dass Jason auf seiner Suche nach dem Goldenen Vlies bis hierhergekommen war. Die Vorkommen sind aber heute nur noch gering, obwohl sowohl im Unteren als auch im Oberen Swanetien Gerüchte kuriseren, die von heimlichen Goldsuchern erzählen.

Lentekhi

Anreise von Kutaisi: Abfahrt vom Zentralen Busbahnhof (am Bahnhof Kutaisi 2) jeweils 9, 14, 16.30 Uhr, 6 Lari, ca. 3 Stunden Fahrtzeit.

Marschrutka nach Kutaisi ab Lentekhi: 9, 14, 16.30 Uhr, 7 Lari, 3 Stunden Fahrtzeit.

Gästehaus Maki Leparteliani, Tamara Mepe 36, Tel. +995/599/926574. In diesem Gästehaus gibt es Platz für bis zu zwölf Personen (Anmeldung möglichst auf Russisch). 10–15 Euro pro Person und Übernachtung. Die Preise für Ausflüge in die Berge variieren in Abhängigkeit vom Schwierigkeitsgrad und Anzahl der Tage.

Unterkunft zu ähnlichen Preisen und Bedingungen bieten:

Surab Bakuradse, Agmashenebeli-Str. 14, Tel. +995/599/952945.

Chatuna Oniani, Stalinis-Str. 42, Tel. +995/598/415060.

Surab Liparteliani, Chavchavadze-Str. 31.

Miranda Liparteliani, Tamara Mepe 34, Tel. +995/551/535067.

Irina Kondratewa, Stalinis-Str. 40, Tel. +995/599/194106.

Von Lentekhi zum Tsagar-Pass

Eine Fahrt von Lentekhi entlang des Pferdewasserflusses und weiter, über den Tsagar-Pass, nach Ushguli und Mestia im Oberen Swanetien sollte man nur mit einem einheimischen Fahrer unternehmen. Beliebt ist die Strecke inzwischen auch bei Mountainbikern.

▶ Karte S. 350/351

Auch er wird mal ein riesiger Hirtenhund werden

Von Lentekhi aus führt die Straße, ein befestigter Feldweg nun, nach Nordosten weiter entlang des Pferdeflusses. Das Tal weitet sich. An den Berghängen weiden Rinder. Nach etwa 30 Minuten Fahrt gelangt man in das Dorf **Sasashi**, an dessen Ausgang ein Feldweg nach rechts in den Wald abzweigt. Hier liegt das einst berühmte Touristendorf Moashi, das in etwa 1600 Meter Höhe, umgeben von dichten Tannenwäldern, an einem malerischen Berghang gelegen, der beste Ausgangspunkt für Wanderungen in die umliegenden Berge war. Früher war es schwer, hier im Sommer einen Platz zu bekommen, heute ist das Lager wegen des Ausbleibens von Gästen geschlossen, die Gebäude sind verfallen.

Mele

Mele, sieben Kiometer hinter Sasashi, ist das letzte große Dorf, bevor die Strraße Richtung Nordosten zum Pass aufsteigt. Von Mele heißt es, dass die Siedlung proportional zur Bevölkerung die meisten Wissenschaftler und ›Paten‹ hervorgebracht hat. Der rechter Hand steil aufsteigende, vergletscherte Felsen ist übrigens so etwas wie ein Grenzgipfel, zu dessen Füßen ein nur mit Pferden oder zu Fuß passierbarer Pass nach Racha, die östliche Nachbarprovinz Swanetiens, führt. Ein **Trekkingpfad**, der von Mestia im Oberen Swanetien durch das Untere Swanetien nach Racha (→ S. 335) führt, wurde vor einigen Jahren markiert und ist in den Sommermonaten eine beliebte Strecke bei Wanderern. Man benötigt für die 70 Kilometer Luftlinie mindestens fünf Tage; Übernachtungen sind im Zelt und in Gästehäusern möglich.

Zeskho

Von Mele bis zum Tsagar-Pass nach Oberswanetien sind es noch einmal etwa eineinhalb Stunden, die nur noch mit geländegängigen Allradahrzeugen zurückgelegt werden können. Das Tal des Pferdeflusses wendet sich zehn Kilometer hinter Mele nach Norden und nach weiteren sieben Kilometern wieder nach Westen, wobei es einen schmalen, fast 1000 Meter tiefen, malerischen Einschnitt in das kaukasische Schiefer- und Granitgestein bildet.

Rechts stürzt ein Wasserfall in die Tiefe, und das nördliche Seitental hinter ihm endet in einem Hochgebirgskessel. Von diesem Seitental aus führt ein Abzweig nach Zeskho, eine Alpinistensiedlung zu Füßen der bis zu 4800 Meter hohen, von Schnee- und Eishüten bedeckten Bergriesen. Kurz vor Zeskho passiert man einige Häuser, in denen das ganze Jahr über Familien leben. Fremde sind für sie, die jährlich lange Wintermonate ohne jeglichen Kontakt zur Außenwelt verbringen, eine seltene Abwechslung. Die Bewohner der kleinen Siedlung versorgen im Sommer die wenigen Besucher von Zeskho mit Lebensmitteln, und im Winter ernähren sie sich von der Jagd und dem, was ihre winzigen Felder und Gärten, der Wald und die Berge hergeben. Sie sind moderne Einsiedler, die

Swanetische Bergwelt

ihre Häuser, trotz der harten Lebensbedingungen, um nichts in der Welt aufgeben würden.
Viele Jahre war das in sowjetischer Zeit berühmte Camp Zeskho geschlossen. Im Sommer 2005 wurden die Gebäude restauriert, und eigentlich könnten sie wieder als Ausgangspunkt für ein- oder mehrtägige alpinistische Wanderungen mit unterschiedlichem Schwierigkeitsgrad dienen, aber die Zukunft der Anlage ist ungewiss. Mehrere Reiseveranstalter sowie ein Wanderverein (info@zeskho.ge) können Aufenthalte in Zeskho und Touren in der Umgebung organisieren.

Pferdeflussquelle

Wer nicht nach Zeskho abbiegt, gelangt nach ungefähr weiteren zehn Minuten Fahrt in das in 1800 Meter Höhe gelegene, von nur wenigen Dutzend Menschen, und das auch nur im Sommer, bewohnte Tsana. Der Pferdefluss ist hier nur noch ein Bach, dem die Trasse weiter bis zu dessen Quelle folgt. Den Talkessel verschließt ein mächtiger, knapp 4000 Meter hoher Bergrücken. In Serpentinen windet sich der Weg nun am nordwestlichen Hang hinauf zum **Tsagar-Pass**. Inmitten von Almen, Matten und blumenbewachsenen Wiesen, den 4000 und 5000 Meter hohen Riesen ganz nahe, hat man nun den mit 2950 Metern höchsten Punkt der Reise erreicht. Knapp vier Stunden benötigt man mit dem Wagen von Lentekhi bis hierher. Nur etwa drei Monate, von Ende Juni bis Mitte September, ist der Pass, die einzige für den Verkehr offene Verbindung zwischen Unterem und Oberem Swanetien, schneefrei und befahrbar. Öffentliche Verkehrsmittel überqueren ihn nicht. Vom Pass abwärts gelangt man nach nicht mehr als einer halben Stunde Fahrt nach **Ushguli.** Das Dorf ist – 2200 Meter über dem Meeresspiegel gelegen – einer der höchstgelegenen Orte in Europa (→ S. 372). Den Weg über den Tsagar-Pass nehmen heute fast nur noch Einheimische. Mountainbike-Fahrer, die es bis hierher geschafft haben, werden sich ab nun über lange Abfahrten durch eine der beeindruckendsten Landschaften der Welt freuen.

▲ Karte S. 350/351

Oberes Swanetien

Bei Erscheinen der ersten Auflage dieses Reiseführers war, wer ins Obere Swanetien (Zemo Svaneti) reisen wollte, mit enormen Hindernissen konfrontiert: schlechten Straßen, fehlenden Unterkünften und gar gelegentlichen Raubüberfällen. Das hat sich geändert, und zwar grundsätzlich. Die erhabene, raue und abwechslungsreiche Bergwelt ist heute eines der wichtigsten und aufregendsten Urlaubsziele in Georgien. Hier kann man die Kultur und den Alltag der Swanen erkunden, ihre wohlbehüteten Schätze kennenlernen und auf Trekkingtouren – zu Fuß oder auf dem Pferderücken – die Hochgebirgslandschaften des Großen Kaukasus zu Füßen seines Hauptkammes erleben. Ermöglicht haben dies international geförderte Infrastrukturprogramme und die Initiative einiger engagierter Menschen vor Ort, die im Tourismus eine Lebensperspektive entdeckten. Dabei ist das Obere Swanetien dank seiner Abgeschiedenheit und der langen Anfahrtswege noch immer vom Massentourismus verschont, und wird es auf absehbare Zeit auch bleiben. Wer sich hierher ›verirrt‹, weiß warum und wird unvergessliche Bilder mit nach Hause nehmen.

Man sollte Zeit und Geduld haben, wenn man sich hierher auf den Weg macht und offen sein für Ungewohntes. Während vor gut zehn Jahren gelegentlich noch Wegelagerer die Gegend unsicher machten und man allerorten Bewaffneten begegnen konnte, deren Mienen über ihre Absichten keine Auskunft gaben, sind Belästigungen von Touristen heute die absolute Ausnahme. Dennoch sollte man die in abgelegenen Gegenden weltweit geltenden Sicherheitsnormen beachten und, bevor man sich auf eigene Faust auf Wanderschaft durch die Bergwelt begibt, das TIC in Mestia oder andere Ansprechpartner (siehe unten) über die geplante Route informieren. Die Welt der Berge gehorcht eigenen Gesetzen, die sich zufälligen Besuchern nicht auf den ersten Blick erschließen. Die Begleitung eines Bergführers empfiehlt sich unbedingt.

Die beste Zeit für eine Reise nach Swanetien sind die Monate, von Mitte Mai bis Anfang November. Die Sommer sind trocken und heiß. In den Höhenablagen ab 1600 Metern fällt bereits Mitte November Schnee, in Ushguli noch früher. Bis Anfang Juni, in manchen Jahren auch Mitte Juni sind die Pässe ins Untere Swanetien wegen des Schnees meist nicht passierbar. In der Umgebung von Mestia entsteht derzeit ein Skiresort.

Zwischen Zugdidi und Mestia

Neben dem Tsagar-Pass aus dem Unteren Swanetien (→ S. 354) und einigen Bergpfaden ins benachbarte Abchasien, gelangt man nach Swanetien auf nur einem Wege: einer Straße, die aus Zugdidi in Westgeorgien über Jvari in die oberswanischen Berge nach Mestia, dem Herz der Verwaltungsregion, und weiter nach

Swanetien – das Land der Wehrtürme

Ushguli führt. Während man für diese Strecke (140 Kilometer) noch vor fünf Jahren sechs Stunden und mehr brauchte, und hinter Mestia auf allradgetriebene Fahrzeuge angewiesen war, benötigt man heute weniger als vier Stunden, inklusive einiger Stopps. Die 1937 angelegte Straße wurde vor wenigen Jahren ausgebaut, erhielt einen neuen Belag und soll bis 2015 auch auf den letzten Kilometern zwischen Mestia und Ushguli erneuert werden.

Aus **Zugdidi**, der Hauptstadt der Provinz Megrelien (→ S. 343) fährt man zunächst nach Jvari zu Füßen der swanischen Berge. Die Straße zweigt von der Trasse Richtung Abchasien, hinter der Brücke über den nördlich des Zentrums fließenden Enguri-Nebenfluss, ab. Hinter **Jvari** kreuzt sie einen weiteren Nebenfluss des Enguri, windet sich in die Berge und erreicht das Enguri-Tal von Süden oberhalb des **Enguri-Stausees**. Der Bergfluss wurde hier in den 70er und 80er Jahren des vorigen Jahrhunderts angestaut. Die Staumauer zählt mit 272 Metern Höhe und einer Länge von 680 Metern zu den höchsten Staudämmen der Welt. Der Stausee befindet sich auf von der Zentralregierung kontrolliertem georgischem, das Kraftwerk auf abchasischem Gebiet. Es deckt ungefähr ein Viertel des georgischen Strombedarfs. Noch in den 1980er Jahren wurde mit der Projektion eines zweiten Staudamms oberhalb des ersten, beim Dorf **Khaishi**, begonnen. Umweltschützer verhinderten seinerzeit den Bau, dem das Dorf zum Opfer gefallen wäre, und der unvorhersehbare Risiken für das ökologische Gleichgewicht der Region in sich geborgen hätte. Die Pläne aber wurden unlängst wieder aus den Schubladen geholt. Ihre Umsetzung scheiterte bisher am engagierten Widerstand der Einheimischen und ihrer Unterstützer in der Hauptstadt.

Nördlich der malerisch gelegenen Siedlung Khaishi überquert die Straße den Enguri. Der Abzweig nach Norden führt hinauf in die Berge, ins obere Kodori-Tal, das durch Auseinandersetzungen zwischen Truppen der georgischen Regierung und abchasischen Einheiten in regelmäßigen Abständen in die Schlagzeilen der Weltpresse gerät.

Die Stollen zu beiden Seiten des Enguri-Tals sind Überbleibsel des Bergbaus, der in dieser Region in der Sowjetzeit betrieben wurde.

Die Straße windet sich nun unaufhaltsam in die Höhe. Ab und an sind ein kleines Gehöft oder eine winzige Siedlung unter- oder oberhalb auszumachen. Hoch über dem Enguri-Tal, in einer weit ausholenden Kurve hinter dem Dörfchen Etseri, passiert sie eine Stelle, die von den Einheimischen als ›Schwarzes Loch‹ bezeichnet wird. Hinter der Bezeichnung verbirgt sich ein fast ein Kilometer breiter steiler Hang, der aus Ölschiefergestein besteht. Während der Schneeschmelze oder nach starken Regenfällen kommt es hier immer wieder zu Erdrutschen, die die Straße blockieren oder Teile von ihr in den Abgrund reißen. Vor dem Ausbau der Trasse konnte es vorkommen, dass der Verkehr an dieser Stelle tagelang ruhte.

Hinter dem Hang, nach einer weiteren Linkskurve, öffnet sich vor und weit unter einem das malerische **Dolkha-Tal,** in das sich auf 1200 Metern Höhe über dem Meeresspiegel das Dorf **Becho** schmiegt. Die Dolkha ist ein Nebenfluss der Enguri, die zu Füßen des imposantesten und berühmtesten Gipfel Swanetiens, des **Ushba**, entspringt. Von hier aus ist am Horizont einer der beiden Gipfel dieses Berges auszumachen, der 4737 Meter in die Höhe ragt und eine gewisse Ähnlichkeit mit dem Matterhorn nicht verleugnet. Gottfried Merzbacher

▲ Karte S. 350/351

Unzugängliche Berge im Oberen Swanetien

(1843–1926), ein deutscher Naturforscher, Geograph und Alpinist, der Swanetien 1891/92 besucht hatte, schrieb: »Der Ushba gleicht eher der Vision eines Fieberkranken als etwas Wirklichem. Ein sensationelles Werk, in welchem sich die Natur selbst übertrumpft. Ich weiß mich keines Gipfels zu erinnern, dessen Anblick an Kühnheit und Schönheit den Ushba übertreffen würde.«

Übersetzt aus dem Swanischen bedeutet ›Ushba‹ ›der Fürchterliche‹, ein von Legenden umrankter Gipfel, der als Hort des Bösen galt.

Aus Becho gelangt man über eine holprige Fahrstraße in das Dörfchen **Mazeri**, von wo aus man über verschiedene Wanderwege mit herrlichen Aussichten die Wasserfälle und den Gletscher des Ushba erreicht. In Mazeri befindet sich das Grandhotel Ushba (→ S. 366).

Alpinisten schätzen den Ushba als einen der am schwierigsten zu bezwingenden Gipfel in Europa. Ein englischer Kletterer war der erste, der 1888 den südlichen Gipfel erreichte. Seitdem gibt es in London einen Ushba-Club, dem jeder automatisch angehört, der diesen Berg einmal bezwungen hat. Die ersten Eroberer des etwas niedrigeren

Blick auf Mestia

▲ Karte S. 350/351

Nordgipfels waren deutsche Alpinisten, die 1903 den Aufstieg schafften. Durch das sehr schöne Hochtal führte bis Ende der 1980er Jahre eine der beliebtesten alpinistischen Routen über den Becho-Pass, durch die Eiswelten des Großen Kaukasus nach Russland, direkt in das Elbrus-Gebiet (25 Kilometer Luftlinie). In den Sommermonaten kamen bis zu 200 Wanderer täglich über die Berge, von wo aus sie in der Regel ihren Weg in Richtung Zeskho im Unteren Swanetien fortsetzten. Dieser Passweg ist heute leider gesperrt.

Von Becho braucht man mit dem Fahrzeug noch einmal eine knappe halbe Stunde bis Mestia. Die Straße am Rand des Hochtals führt vorbei an Bergdörfern mit Dutzenden, teilweise restaurierten Wehrtürmen, Feldern, Weiden und Gärten, in denen sich die Äste der Obstbäume im Frühherbst unter der Last der Früchte biegen.

Mestia

Das Verwaltungszentrum der Region Oberes Swanetien liegt 1500 Meter über dem Meeresspiegel. 2000 Einwohner leben in der Siedlung in Einfamilienhäusern, die nur noch wenig von dem verraten, wie der Ort vor 1000 Jahren ausgesehen haben mag.

Das wichtigste Kennzeichen der swanischen Dörfer waren – und sind es teilweise heute noch – die **Wehrtürme**, kleine Burgen, in die sich die swanischen Großfamilien zurückzogen, wenn sie von Feinden aus dem Norden oder nach Blutrache sinnenden benachbarten Familienclans bedroht wurden. Sie bestehen aus drei bis vier Stockwerken und sind 20 bis 25 Meter hoch. Der Zugang befand sich mehrere Meter über dem Erdboden. Bei Gefahr, wenn alle Familienmitglieder im Turm waren, wurde die Treppe eingezogen. In den überein-

Der Seti-Platz in Mestia ist das Zentrum des Tourimus in der Gegend

ander liegenden Stockwerken konnten sich bis zu 80 Personen aufhalten. Die höher gelegenen Etagen erreichte man ebenfalls über Leitern. Selbst wenn etwaige Feinde in den Turm eingedrungen waren, mussten sie Etage um Etage belagern. Durch Schießscharten wurden Angreifer auf Distanz gehalten.

Tausende Wehrtürme ragten noch vor 100 Jahren ins Land, heute sind es in ganz Swanetien nicht mehr als 400, viele von ihnen in einem bedenklichen Zustand. Den Familien fehlt das Geld zu ihrer Instandsetzung, da die Türme keinen Nutzwert mehr besitzen. In Mestia haben 42 Wehrtürme überlebt, vor allem im nördlichen Teil der Siedlung. Ihr Anblick lässt ahnen, wie sich swanische Dörfer einmal dem Blick Reisender präsentiert haben.

Nachdem Präsident Saakaschwili kurz nach seinem Machtantritt 2004 dem organisierten Verbrechen den Kampf angesagt hatte, rückten Spezialeinheiten der Polizei auch in Mestia ein, um den auf illegale Geschäfte spezialisierten Clans das Handwerk zu legen. Bei den blutigen Auseinandersetzungen sollen Dutzende Menschen ums Leben gekommen sein. Einer der Wehrtürme in der Umgebung, in den sich Frauen, Kinder und Bewaffnete zurückgezogen hatten, wurde von Kampfhubschraubern mit Raketen zerstört. Die Brachialgewalt, mit der Saakaschwili vorging, brachte ihm viel Kritik ein, ließ ihn letztendlich, nach Veröffentlichung der in georgischen Gefängnissen gedrehten Foltervideos im Vorfeld der Parlamentswahlen 2012, politisch scheitern. Für den Tourismus in Mestia bedeutete das harte Vorgehen der Zentralmacht den Beginn einer neuen Ära ohne die Allgewalt übermächtiger Clans.

Der Hauptplatz des Ortes hinter dem modernen Gebäude des Bürgeramtes heißt **Seti-Platz**. Seti ist der ursprüngliche Name von Mestia. Ab 2008 wurde der Platz neu gestaltet, einige Häuser restauriert, andere wie die futuristisch anmutende Polizeiwache, neu gebaut. Am Platz halten und fahren die Marschrutki ab. Hier befinden sich das Restaurant Svaneti, das Kaffee Laila, neben ihnen das Touristeninformationszentrum (TIC), das Seti Hostel, ein kleiner Basar sowie ein Denkmal für die Königin Tamara. Zwei der umliegenden Gassen wurden liebevoll neu gestaltet.

In den letzten Jahren bauten viele Einwohner von Mestia ihre Häuser zu Pensionen aus, ein Flughafen wurde errichtet, der jedoch nur selten angeflogen wird. In acht Kilometer Entfernung ist ein Skigebiet im Entstehen. Dabei soll es – insbesondere auf dem Gelände des Flugplatzes und des Skizentrums – zu Enteignungen gekommen sein, von denen Dutzende Familien betroffen waren, da die Swanen traditionell keine Grundbücher besaßen und auch den Grund, aus dem sie geführt werden, nicht einsahen. Die Wälder, Weiden und Felder waren unter den Familien aufgeteilt. Kam es zu Streitigkeiten, schlichtete der Dorfrat. Familienoberhäupter besiegelten den Besitz oder Änderungen der Grenzziehung per Handschlag, der mehr galt als das geschriebene Wort. Von alldem aber wird der Reisende, der in Mestia und Umgebung Urlaub macht, kaum etwas mitbekommen.

Die touristischen Hauptattraktionen von Mestia sind neben der wunderbaren Bergwelt, der reinen Luft und der Landschaften mit Wehrtürmen die drei Museen des Ortes, die einen spannenden Einblick in verschiedene Facetten des Lebens in Swanetien geben.

Machubi-Familienmuseum

Mit dem Wort Machubi bezeichneten die Swanen ihre klassischen Wohnstätten zu Füßen der Wehrtürme, in denen die Großfamilien lebten und gemeinsam mit dem Vieh, sich gegenseitig wärmend, die langen und kalten Winter überstanden. Erst Anfang des 20 Jahrhunderts begannen zunächst die wohlhabenden, später auch die weniger begüterten Familien die Wohnbereiche von Mensch und Tier zu trennen.

Im Zentrum des Raumes befand sich die Feuerstelle, Kera genannt, der Mittelpunkt des Familienlebens. Hier wurde zusammen gesessen, gebetet und gleich neben dem Feuer auch geschlafen. Über dem Feuer hingen kupferne Kessel, in denen die Frauen des Hauses das Essen zubereiteten. Die Kette, an der sie befestigt waren, galt den Swanen als heilig. Um die Feuerstelle gruppiert, standen Bänke - eine für die Männer, eine für die Frauen und die dritte für die Kinder. Das Familienoberhaupt saß auf einem mit reichem Schnitzwerk versehenen Thron gegenüber dem Eingang.

An drei Seiten des Raumes befanden sich an den Außenwänden die Stallungen für die Rinder und Schafe. Die Schweine wurden wegen des strengen Geruchs ihrer

Schweine dürfen überall frei herumlaufen

Ausscheidungen im Herbst geschlachtet. Durch Aussparungen in den oft kunstvoll verzierten Gattern hatten die Tiere Zugang zu den Futtertrögen. Auf Brettern über den Stallungen wurden Matten ausgebreitet, auf denen diejenigen Familienangehörigen, die keinen Platz neben dem Feuer fanden, schliefen. Vom Innenraum erreichte man den Vorratskeller, an dessen Eingang an Hirschgeweihen das gesalzene Schweinefleisch zum Trocknen und Räuchern aufgehängt war. In den Ecken des Raumes hingen mit Tierfett gefüllte Leuchter, denen duftende Kräuter beigegeben wurden. Das Heu für die Tiere wurde auf einem mit Steinplatten gegen den Funkenflug gesicherten Zwischenboden über dem Raum aufbewahrt.

Zum Museum gehören neben dem Machubi aus dem 12. Jahrhundert, ein Wehrturm aus dem 8. Jahrhundert und eine kleine Familienkapelle mit einem eigenen Friedhof. Es gehört der swanischen Familie Margiani und befindet sich am nördlichen Rand des Ortes in der Lanchvali-Str. Öffnungszeiten: tgl. 11–16 Uhr, Eintritt: 1 Lar. Tel. +995/595/974138.

▲ Karte S. 350/351

Historisch Ethnographisches Museum

Dieses ist eines der spannendsten Museen in Georgien. Besonders die überaus wertvolle Sammlung von Ikonen, Gold- und Silberschmiedearbeiten sowie formvollendet gestalteter georgischer Handschriften der Evangelien mit einzigartigen Miniaturen gehören zu seinen Schätzen, darüber hinaus Fotografien des Italieners Vittori Sella aus den 90er Jahren des 19. Jahrhunderts, kolchische Münzen und vieles Erstaunliche mehr. Die Exponate sind georgisch und englisch beschriftet. Das Museum befindet sich ca. 10 Minuten zu Fuß vom Seti-Platz in der Ioseliani-Str. 7, am gegenüberliegenden Flussufer. Geöffnet ist es täglich außer Montag von 10 bis 17.30 Uhr. Eintritt 5 Lari.

Michail-Khergiani-Museum

Dieses Museum in Mestia beherbergt eine dem berühmten swanischen Bergsteiger, dem ›Tiger der Felsen‹ Michail Khergiani (1932–1969), in seinem Wohnhaus gewidmete Ausstellung. Es liegt in der Khergiani-Str. 27 (auf dem Weg zum

Verfallene Wehrtürme

Bei Mestia

Machubi-Museum) und ist täglich außer Montag von 10 bis 17 Uhr geöffnet, zumindest theoretisch. Man sollte, um einen Besuch zu vereinbaren, vorher anrufen, Tel. +995/599/912256. Eintritt 4 Lari.

Skigebiet Hatsvali

Acht Kilometer südlich von Mestia befinden sich drei Abfahrtstrecken – eine rote für erfahrene Skisportler, eine blaue für weniger erfahrene Enthusiasten von je 2600 Meter Länge sowie eine 300-Meter-Piste für die Anfänger.

Der Vierersesselllift der Tiroler Firma Leitner führt aus einer Höhe von 1800 Metern auf 2350 Meter, wo sich eine kleine Sportbar befindet. Ein Skipass kostet derzeit knapp 80 Lari am Tag; dazu kommen noch einmal 40 Lari täglich für den Leih der Ausrüstung und 30 Lari von und zurück nach Mestia mit dem Taxi, so man sich nicht mit den Vermietern der Pension, in dem man absteigt, auf einen eher annehmbaren Preis einigt. Der Sessellift ist in der Regel auch im Sommer in Betrieb, von oben hat man eine phantastische Aussicht.

■ Wanderungen um Mestia

Mitunter machen Menschen Geschichte. In Mestia hat sich der ehemalige Bergsteiger Tsauri Khartolani unschätzbare Verdienste um die Wiedergeburt des Wandersports in Swanetien erworben. 2006 war er einer der Gründer des **Swaneti Tourism Centers**, einer Nichtregierungsorganisation, die sich der Entwickung des Tourismus in der abgeschiedenen Bergregion verschrieb. Es traf sich, dass der damalige Direktor der Friedrich-Ebert-Stiftung in Georgien ein Trekking-Liebhaber war. Er vermittelte die Finanzierung des Programmes durch die Stiftung. Als weitere Geldgeber konnten die Schweizer Direktion für Entwicklung und Zusammenarbeit (DEZA), eine US-Organisation, das Department für Entwicklung der Tschechischen Republik und die georgische Regierung gewonnen werden. Im Rahmen eines EU-Programms wurden Kader für die örtliche Selbstverwaltung ausgebildet. Das Tourism Center erwarb einen halbzerfallenen Wehrturm an der Vittorio-Sella-Gasse 7, fünf Minuten Fußweg vom Seti-Platz entfernt, wo ein Seminarraum und ein Office eingerichtet wurden. Dort, aber auch in den Dörfern vor Ort erhielten interessierte Einheimische einen Einblick in die Kunst des Unterhalts von Pensionen und Gästehäusern, angefangen von den grundlegenden hygienischen Voraussetzungen, wie Toilette und Bad, bis hin zu den Möglichkeiten, westeuropäische Gäste durch eine Mischung aus Komfort und Landeskolorit sowie elementare Fremdsprachenkenntnisse zu beeindrucken. Das Zentrum bildete insgesamt 90 Hoteliers aus, 50 im Oberen und 40 im Unteren Swanetien. Hinzu kamen Kurse für Bergführer und Begleiter von Reittouren. Eigenhändig markierte Tsauri Khartolani insgesamt 18 Touren durch die phantastische Bergwelt, einige von ihnen Tagestouren, andere ausgelegt auf mehrere Tage mit Übernachtungen in den Dörfern und Pensionen entlang des Wegs bzw. im eigenen Zelt. Nicht alle Pensionen seien gleich gut ausgestattet, da die den Familien als Kredit zur Verfügung gestellten Mittel – etwa 250 000 Euro für 50 Familien – den Bedarf nicht decken konnten. Eine der Touren, die man am besten auf dem Pferderücken zurücklegt, verbindet die 39 berühmtesten Kirchen der swanischen Bergregion. Wander- und Reitwege wurden auch ins Untere Swanetien und weiter bis Racha markiert. Da die Finanzierung 2011 eingestellt wurde, ist der Traum von einem durchgängig markierten Wanderweg zwischen dem Oberen Swanetien entlang des gesamten Kaukasus Hauptkammes bis nach Tuschetien erst einmal auf Eis gelegt. Auch die Pläne, eine Navigationshilfe für Wanderer mittels einer Satellitenverbindung zu installieren, sind derzeit Zukunftsmusik. Doch vergleicht man die Situation mit der vor zehn Jahren noch, ist durchaus Anlass zur Hoffnung gegeben. Größtes Problem, so die Einschätzung vor Ort, sei derzeit, wie in anderen Regionen Georgiens auch, die Müllentsorgung.

Auch wenn die NRO aufgehört hat zu wirken, sind Tsauri Khartolani (Tel. +995/568/552282) und seine Mitarbeiterin Shorena (Tel. +995/595/358049) weiterhin wichtige Ansprechpartner für die Organisation von Trekking-Touren in der Region: www.svanetitrekking.ge (die Webseite wurde seit 2007 nicht erneuert), svaneti_trekking_ge@yahoo.com (auch Anfragen auf Deutsch werden beantwortet, es sei denn die Organisation hat endgültig aufgehört zu existieren). Im Office bekommt man Wanderkarten, wenn gedruckte Exemplare nicht mehr zur Verfügung stehen, notfalls auch als Ausdruck vom Computer. Spenden werden gerne angenommen.

▲ Karte S. 350/351

Auch wenn einige Wanderwege zwischen Etseri, Becho, Mazeri, Mestia, Ushguli und dem Unteren Swanetien markiert wurden, heißt das nicht, dass man auf einen Bergführer verzichten sollte. Derzeit kostet die Begleitung, in Anhängigkeit vom Schwierigkeitsgrad und von der Länge der Tour, bis zu 100 Lari am Tag; für ein Pferd bezahlt man ca. 40 Lari am Tag, egal ob man es als Reit- oder Lasttier verwendet. Die Übernachtung in den Pensionen und Gästehäusern kostet ca. 25 Euro mit Vollpverpflegung pro Person, ohne Mittagessen knapp 20 Euro.

Mestia

Touristeninformationszentrum (TIC): am Seti-Platz im Zentrum, Tel. +995/790/357375, +995/599/192970 (Ana Girgvliani), ticmestia@gmail.com. Das TIC vermittelt Unterkünfte, Transportmittel, Bergführer und die Vermietung von Pferden. Eine deutschsprachige Seite informiert über Hilfsprojekte für Mestia: www.promestia.info.

Die Marschrutki halten und fahren ab dem Seti-Platz.

Tbilisi: 6 Uhr, 30 Lari, ca. 7 Stunden Fahrtzeit

Zugdidi: 6 Uhr, ca. 3 Stunden, 20 Lari.

Gerüchteweise fährt um 5.30 Uhr ein Marschrutka auch nach Batumi, 30 Lari, ca. 5,5 Stunden Fahrtzeit.

Es empfiehlt sich, über den jeweiligen Vermieter, so dies möglich ist, einen Platz vorzubestellen. Wenn im Kleinbus alle Plätze besetzt sind, fährt er ab, meistens vor sechs Uhr. Rechtzeitiges Erscheinen, ca. 5 Uhr, erhöht die Chancen.

Für ein **Taxi nach Zugdidi** muss man mit einem Fahrpreis von ca. 200 bis 250 Lari rechnen, geteilt durch die Anzahl der Mitreisenden.

Ushguli: Zwei Mal in der Woche (in der Regel Dienstag und Freitag) fahren von Mestia Marschrutki nach Ushguli (10 Lari), und das auch nur bei Bedarf. Man ist deshalb auf die Vermittlung der Vermieter bzw. des TIC angewiesen.

Für ein Taxi (in der Regel allradgetrieben) beträgt der Preis 150–200 Lari (in Abhängigkeit vom Verhandlungsgeschick und der eigenen Geduld). Dieser Preis wird durch die Anzahl der Mitreisenden geteilt.

Flugplatz ›Königin Tamara‹

Das futuristisch anmutende Flughafengebäude wurde von dem Berliner Architekturbüro J. Mayer H. entworfen. Es befindet sich vier Kilometer außerhalb der Stadt. Die 1200 Meter lange Landebahn ist für kleinmotorige Flugzeuge ausgelegt. Das Passagieraufkommen betrug 2013 ganze 4,8 Passagiere am Tag. 2014 gab es zweimal wöchentlich eine Helikopterverbindung von und nach Tbilisi (Rückflugticket 100 Lari, einfach 50 Lari) sowie mehrmals wöchentlich eine Flugverbindung mit dem Flughafen Natakhtari (bei Mtskheta).

Bis 2013 flog eine kanadische Airline Mestia an, stellte aber den Betrieb ein. Es ist unmöglich zu sagen, ob und in welcher Form der Flugbetrieb 2015 wieder aufgenommen wird. Weitere Auskünfte sollte man im TIC von Mestia oder bei einem Reiseveranstalter in Tbilisi einholen.

Es gibt in Mestia mehr als zehn Hotels sowie zahlreiche Gästehäuser und Familienpensionen. Sollte die eine oder andere Unterkunft überfüllt sein, findet sich mittels des TIC garantiert eine Alternative.

Hotel Chubu, Erekle-Parjiani-Str. 17, Tel. +995/599/800027, www.svanetihotels.com. Aus Zugdidi kommend am Oartseingang links. DZ inkl. Halbpension 90 Euro. Hübsch eingerichtete große Zimmer mit Balkon und Bad mit Frühstück und Abendbuffet. Bei schönem Wetter kann man auch im Garten frühstücken.

Hotel Tetnuldi, Margiani-Str. 9 (Abzweig von der Straße zum Flughafen am dem Stadtzentrum gegenüberliegenden Flussufer), Tel. +995/790/123344,

+995/599/170434; DZ mit Frühstück 75 Euro, mit Halbpension knapp 100 Euro. Internet 5 Lari/Stunde, Leihfahrrad 7 Lari/Stunde. Erste Adresse am Ort.

Hotel Svaneti, Tamara-Mepe-Str. 5, Tel. +995/599/572850; ca. 35 Euro pro Übernachtung mit Halbpension. Empfehlenswertes Restaurant.

Seti Hostel, Seti-Platz 7, Tel. +995/558/730598, snaverlani@mail.ru. Sieben Zimmer mit Doppelstockbetten für bis zu 43 Gäste. Übernachtung mit Frühstück ca. 15 Euro pro Person.

Gästehaus Nino Ratiani, Jondo Kaphtiani/Ecke Phariani-Str., Tel. +995/599/183555, +995/790/183555, ninoratiani@gmail.com. Professionell geführtes Gästehaus, das auch von Reiseveranstaltern in Tbilisi gemietet wird; Übernachtung pro Person ab 10 Euro, mit Frühstück 15 Euro, mit Vollverpflegung 22 Euro.

Gästehaus FaDaLand Iosseliani, Betlemi-Str. 2 (gegenüber Nino Ratiani), Tel. +995/598/850037; Übernachtung 10 Euro pro Person, für jede Mahlzeit 5 Euro.

Gästehaus KOKA, Betlemi-Str. 4, +995/599/910831, +995/598/127617, kokachartolani@yahoo.com; Übernachtung in einem Zimmer mit Bad 15 Euro pro Person, mit Vollverpflegung 40 Euro, ohne Bad 10/27 Euro. Vermittlung von Touren, Pferd pro Tag 40 Lari, Bergführer 50 Lari am Tag.

Gästehaus Paata Kaldani, Betlemi-Str. 13, Tel. +995/599/934992, +599/790/934992, kaldani-gegi@mail.ru; Übernachtung im Doppelzimmer 10 Euro, mit Vollverpflegung ca. 22 Euro. Sohn Gegi und seine Schwester sprechen Deutsch. Gegi arbeitet auch als Bergführer, zum Beispiel Mestia–Ushguli in drei Tagen, zurück mit dem Auto.

Gästehaus Manoni Ratiani, Boris-Kakhiani-Str. 25, Tel. +995/599/568417, +995/790/602040, manonisvaneti@yahoo.com; Übernachtung pro Person 10 Euro, mit Vollpension 25 Euro in Doppel-, Dreibett- und Vierbettzimmern. Im Garten kann man im eigenen Zelt übernachten – 5 Lari pro Person inklusive Benutzung der Dusche; Frühstück und Abendbrot je 10 Lari pro Person. Die Familie besitzt zwei Jeeps für je 7 Personen, mit denen Touren unternommen werden können.

▸ **In/bei Mazeri**:

Grand Hotel Ushba, Tel. +995/790/119192, www.grandhotelushba.com. Kleines, aber feines Hotel unweit des Ortes Mazeri an der Straße Zugdidi–Mestia zu Füßen des Ushba, 10 Kilometer Luftlinie entfernt von der russischen Grenze. Das Hotel wurde 2010 von der swanischen Familie Argvilani eröffnet. Eines der Familienmitglieder betrieb die Bauarbeiten, ein anderes ist ein geschätzter Bergführer, die Mutter soll eine hervorragende Köchin sein. DZ ab 59 Euro, mit Restaurant.

Peak Mazeri Guesthouse, www.hotel-svaneti-mestia.com. In herrlicher Berglandschaft am oberen Ende des Dorfes. Übernachtung ab 15 Euro pro Person, ohne Verpflegung. Vermietung von Pferden. Organisation von ein- und mehrtägigen Trekkingtouren. Zeltplatz neben dem Gästehaus. Informative Internetseite mit Marschrutka-Fahrplänen, Anfahrtsbeschreibung etc.

Am Seti-Platz befinden sich die bekanntesten Restaurants in Mestia:

Kaffee Laila, rechts neben dem TIC, 10–24 Uhr. Gute und preiswerte swanische Küche, an einer Wand können Gäste ihre Autogramme und Wünsche hinterlassen. Die Besitzerin spricht Deutsch und gibt gerne Auskunft.

Restaurant Svaneti, links neben dem TIC, 12–21 Uhr.

Die Besitzerin beider Lokale ist Tamuna Dshaparidse. Sie spricht sehr gut Deutsch und ist eine kompetente Ansprechpartnerin für Touren in die Umgebung. Die Familie richtet derzeit ein eigenes Gästehaus ein. Kontakt: Tel. +995/577/577677, swanuka@yahoo.de.

▸ Karte S. 350/351

Fresken und Ikonen Swanetiens

Neben den Wehrtürmen, die der architektonische Stolz der Swanen sind und über fast ein Jahrtausend ihre typische Form bewahrt haben, bieten auch die in ihrer Mehrzahl zwischen dem 9. und 14. Jahrhundert entstandenen Kirchen und mehr noch die Fresken- und Ikonenmalerei einen tiefen Blick in die Seele der Swanen. Die meisten der Kirchen sind kleine Saalbauten mit gen Osten ausgeformten Altarapsiden. Die Wände sind aus grob gehauenen Steinquadern errichtet, die Fassaden in der Regel schmucklos. Über den Eingangspforten einiger weniger Kirchen befinden sich aus dem Stein gemeißelte Tierköpfe.

Eine eigene Tradition in der Freskenmalerei begann sich in Swanetien Ende des 10./Anfang des 11. Jahrhunderts herauszubilden. Die Malerei mag auf den ersten Blick etwas plump erscheinen, als wäre der Pinsel nicht gemacht für die groben Hände der in der Abgeschiedenheit der Bergwelt lebenden Menschen. Doch ihr eigener, von ihrer Natur und Biografie geprägter Blick auf die Welt offenbaren ein ästhetisches Empfinden, in dem sich heidnische Vorstellungen mit dem Christentum zu vermischen scheinen. Sichtbar wird dies sowohl in der Themenwahl als auch den Gesichtern. Sehr selten sind Darstellungen von Ereignissen aus dem Alten Testament und Bilder aus dem Christigeburts-Zyklus. Dafür verehren die Swanen ihre Heiligen, vor allem den streitbaren Georg, was die Vorliebe der Swanen für das Heldenepos verrät. Davon zeugen auch die expressiven Gesichter der Figuren, in denen spröde Männlichkeit stolzes und kriegerisches Temperament verrät und herbe Weiblichkeit von Entbehrungen und Kampf erzählt. An einigen Kirchen findet man auch Fassadenmalereien, Darstellungen von Schlachtszenen und von Heiligen, die mit dem Schwert in der Hand für ihre Sache kämpften.

An den Nordfassaden der Kirchen von Lashtkhveri und Chashashi sind Szenen aus dem Amirani-Mythos abgebildet, die aus dem 17. Jahrhundert datieren und den Helden der Sage im Kampf mit Drachen und Riesen abbilden. Die in ihrer künstlerischen Meisterschaft am meisten beeindruckenden Wandmalereien stammen von der Hand des ›Königskünstlers‹, Tewdore, in den Kirchen von Iphari (1096),

Ikonen in einer Dorfkirche in Swanetien

Neuerbaute Kirche in den Bergen

Lagurka (1112) und Nakipari (1132). Archaischer als die Fresken Tewdores, aber in ihrer Dynamik bis zur Vollendung getrieben, sind die Malereien Mikel Maglakelis in der Christi-Erlöser-Kirche von Matskhvarishi (1140).

Bemerkenswert sind daneben auch die Arbeiten der swanischen Goldschmiede, die ebenfalls ihre eigene, auf die Traditionen Zentralgeorgiens zurückgreifende Schule schufen. Zu ihrer vollendetsten Entfaltung kam die metalltreibende Kunst in den Ziselierungen der bis zu drei Meter hohen Altarkreuze, auf denen Figuren von Heiligen und Szenen aus ihrem Leben eingeprägt sind. Diese Kreuze stehen auf speziellen Erhöhungen vor dem Altar und werden bei kirchlichen Prozessionen nach außen getragen. Die eindrucksvollsten unter ihnen kann man in den Kirchen von Tsvirmi, Jeli, Tseti, Chashashi und Lagurka besichtigen.

Die swanische Ikonenmalerei bezieht sich auf die gleichen Quellen wie die Fresken: Die Gesichter zeichnen sich durch erhöhte Emotionalität und die feine Zeichnung aus; im farblichen Spektrum dominieren rotbraune und graue Töne. Die Erzengel-Ikone in der Kirche von Iphari, die Gottesmutter mit Kind im Museum von Mestia sowie die Erlöserikone und die Ikone des heiligen Georg aus der Kirche von Murkmeli gehören zum Schönsten, was im 12. und 13. Jahrhundert in Swanetien gemalt wurde. Die Swanen verteidigen ihre Ikonen um den Preis ihres Lebens. Kaum einer weiß wirklich, welche Schätze sie in ihren Kirchen aufbewahren. Unzählige Versuche, ihre Hüter zu überreden, wenigstens einige der Ikonen, um sie vor endgültigem Verlust zu bewahren, in Museen zu geben, scheiterten. Wie die Sammlung des Museums von Mestia zustande gekommen ist, wissen allein die Beteiligten. Die Swanen glauben bis heute an die Wunderkraft ihrer Ikonen. Und als schlimmste Vergeltung für ein Vergehen in Swanetien gilt, wenn jemand im Angesicht einer Ikone verflucht wird.

Zwischen Mestia und Ushguli

Mestia liegt am Fluss Mestiaskhali, der dem Ort seinen Namen gegeben hat. Um nach Ushguli zu kommen, das 42 Kilometer entfernt am Enguri liegt, umfährt man zunächst einen 2500 Meter hohen Gebirgsstock, wobei man verschiedene Dörfer mit imposanten Wehrtürmen passiert. Eines davon ist **Lakhiri** mit dem wohl am besten erhaltenen Turmensemble in Swanetien. Kurz vor dem Dörfchen **Mulakhi** beginnt der Aufstieg zum in knapp 2000 Meter Höhe gelegenen **Ughvir-Pass**. Von hier aus hat man einen bei klarem Wetter unvergleichlichn Ausblick auf die Felsen- und Gletscherwelt des Großen Kaukasus und die Täler zu seinen Füßen. Im Hintergrund erhebt sich der Ushba, dessen beide Gipfel von hier aus sichtbar sind. Rainer Kaufmann schreibt in seinem Reise-Lesebuch über Georgien: »Wie eine nach oben gerichtete Backsteinwurzel sieht er jetzt aus mit seinen beiden Gipfeln, die über den Wehrturmdörfern thronen, die wir eben noch ihrer eigenen Schönheit wegen bewundert haben. Jetzt aber mit diesem Übervater Ushba im Hintergrund bilden sie ein unvergleichliches und zeitloses Abbild des freien und stolzen Swanetien: der steinerne Herrscher bewacht seine Dörfer.« Am Ughvir-Pass sollte man den Reichtum an alpinen Blumen und Orchideen sowie den Ausblick über das Enguri-Tal genießen. Kenner Swanetiens schwärmen von diesem Ort, der zu jeder Jahreszeit fasziniert, aber vor allem im Herbst, wenn das Tal in allen erdenklichen Rot- und Gelbtönen leuchtet.

Hinter dem Pass geht es wieder bergab ins Dörfchen **Iphari**. Im Segani genannten Teil der auf drei Terrassen verstreut liegenden Siedlung befindet sich eine kleine **Kirche**, in dem die berühmte Erzengelikone des Malers Tewdore aus dem Jahr 1096 aufbewahrt wird → S. 367.

Adishi

Aus Iphari lohnt sich ein Abstecher in das kleine Dorf Adishi, in 2100 Meter Höhe zu Füßen des 4858 Meter hohen Berges Tetnuldi. Die Piste zweigt vor der Brücke, an der das Flüsschen Adishchala in den Enguri mündet, nach links ab. Man kann den Weg zu Fuß (mehrere Stunden je nach Kondition) oder aber mit einem allradgetriebenen Fahrzeug bewältigen. Adishi, besser die Reste des Ortes, liegt in einem breiten Hochtal, in dem sich zu Füßen der Eispyramide des Tetnuldi Kartoffel- und Maisfelder sowie kleinere Gemüsegärten erstrecken. 1985 gingen mächtige Lawinen über das bis dahin als lawinensicher geltende Dorf nieder, die mit ihren Schneemassen einen Großteil der Wohnhäuser zerstörten. Einige Wehrtürme und die sieben Kirchen des Dorfes überlebten die Katastrophe. Die Bewohner wurden umgesiedelt, wie viele andere swanische Familien in jenem an Naturkatastrophen reichen Winter auch, und zwar ausgerechnet in die Halbwüste in der Nähe des Klosters Davit Gareja. Einige Familien sind inzwischen zurückgekehrt und bestellen im Sommer

Dorf bei Mestia

die Felder. Nur einige Alte überwintern hier, denn von November bis April ist das Dorf so gut wie vollständig von der Außenwelt abgeschnitten.
Wer die Mühe nicht gescheut hat, hier herauf zu fahren, wird mit etwas Glück Zugang zur kleinen **Jesus-Kirche** erhalten, die sich auf dem kleinen Friedhof an der höchsten Stelle des Dorfes befindet. Die Reliquien der Kirche – Prozessionskreuze und Ikonen vor allem – sind von unschätzbarem Wert. Kunsthistoriker aus Tbilisi wollten sie für die Museen in der Hauptstadt erwerben, aber für die Einheimischen sind sie vor allem heilige und verehrenswerte, lebendige Gegenstände, die sie um keinen Preis an anderen Orten als diesen, wo sie ›geboren‹ wurden, aufbewahrt wissen wollen.
Kurz nach Ostern feiern die Menschen in Adishi und Gäste aus anderen Dörfern das Litschenischi-Fest, ein uraltes Fruchtbarkeitsritual, in der Umgebung einer kleinen Wallfahrtskirche im Hochtal. Der **Wanderweg von Becho nach Ushguli** führt an dieser Wallfahrtskirche vorbei, steigt dann auf zum Chkhunderi-Pass (2722 Meter) und wieder ab zum Dorf Kala.

■ Lagurka-Wallfahrtskirche

Hinter Iphari führt der Fahrweg nach Ushguli durch das sich verengende und immer steiler ansteigende Enguri-Tal flussaufwärts. Bald erreicht man ein aus **Metallteilen errichtetes Kreuz**. Dies ist ein Ort, an dem man einen Augenblick halten sollte. Viele Swanen, die längere Zeit nicht hier waren, beten und bekräftigen ihre Zwiesprache mit Gott mit einem Trinkspruch und einem Glas Hochprozentigen, der eigens mitgebracht wurde. Die Wiese unterhalb des Kreuzes ist mit geleerten Wodkaflaschen übersät. Anlass dieses auf den ersten Blick verstörenden Rituals ist eine kleine Kirche, die sich von hier aus auf einem Felsvorsprung ausmachen lässt: die Lagurka-Wallfahrtskirche, das wichtigste Heiligtum des Bergvolkes. Sie gehört zum aus drei Teilen bestehenden **Dorf Kala**. Der etwa halbstündige Aufstieg aus dem Dorf zur Kirche, der durch einen heiligen Hain führt, ist steil und stellenweise beschwerlich. Die Kirche ist ummauert. Man betritt sie durch eine niedrige Pforte. In einem kleinen Bau auf dem Kirchhof hängt ein Kupferkessel in der Mitte des Raumes. Er wird gebraucht für die Opferrituale während des wichtigsten Wallfahrtsfestes der Swanen, das jährlich im Sommer stattfindet. Die Kirche selbst, ein Saalbau, ist nur über einen Geheimgang zugänglich und von innen verschlossen. Um hineinzukommen braucht es einen guten Kontakt zu den Kirchenwächtern im Dorf, den nur Einheimische vermitteln können. Das Gotteshaus ist dem heiligen Quirikus gewidmet, der der Legende zufolge als dreijähriges Kind mit seiner Mutter Julitta durch die diokletianischen Verfolgungen den Märtyrertod fand.
Die berühmteste, in einem versiegelten und verschlossenen Tresor aufbewahrte Ikone der Kirche ist die **Schaliani-Ikone**, der die Swanen eine wundertätige Wirkung bescheinigen. Sie ist eine Darstellung der Kreuzigung Christi, eine Treibarbeit aus Gold, verziert mit Emailleeinsätzen, deren Herkunft und Alter ungewiss sind. Sie soll einem aus Swanetien stammenden Landarbeiter namens Schaliani dafür verliehen worden sein, dass er ein riesiges königliches Feld allein an einem Tag mähen konnte. Diese Ikone wurde ihm, so die Legende, von einem megrelischen Fürsten als Strafe für den Ehebruch mit dessen Frau abgenommen. Die Swanen holten sich die Ikone mit Waffengewalt zurück, brachten sie nach Ushguli und verteidigten sie gegen die Männer des Fürsten, die ihnen bis

▶ Karte S. 350/351

Wanderparadies Swanetien

Im Wehrdorf Ushguli

hierher gefolgt waren. Als sie der Übermacht zu erliegen drohten, sollen sie die Ikone unter einer gebärenden Frau versteckt haben.

Die **Fresken** in der Kirche von der Hand Tewdores sind nur noch teilweise zu erkennen.

Oberhalb von Kala, linker Hand, befindet sich das Dörfchen Iprali, mit einem großen Bauernhof, auf dem man übernachten kann.

Die Fahrt von Kala nach Ushguli führt durch den wildesten Teil des Enguri-Tales.

Ushguli

Das Dorf ist mit 2200 Meter über dem Meeresspiegel in einem weiten Tal, an dessen Ende der **Gipfel des Shkhara**, des mit 5068 Metern höchsten Berges Georgiens, aufragt, einer der höchstgelegenen bewohnten Orte in Europa. Von November bis Ende April liegt Ushguli umhüllt von Eis und Schnee, und im kurzen Sommer verbrennt eine erbarmungslose Sonne die kahlen Berghänge. Die Menschen leben von der Viehzucht und dem Anbau von Kartoffeln. Die meisten von ihnen verbringen nur die Sommermonate in Ushguli und überwintern in tiefer gelegenen Ortschaften oder aber in Tbilisi und anderen Städten. Das Dorf besteht aus drei Ortsteilen – Chashashi, Chvibiani und Shibiani. Ein vierter Ortsteil, Murkmeli, der Mestia am nächsten gelegene, wurde Mitte der 1980er Jahre unter Lawinen begraben. Wie auch die Einwohner von Adishi wurden die einstigen Bewohner umgesiedelt. Nur einige Häuser sind in den folgenden Jahren wieder hergerichtet worden.

Nachweislich ist Ushguli seit dem 6. Jahrhundert vor Christus besiedelt. Die Sprache der Vergangenheit sprechen die 46 Wehrtürme aus dem 8. bis 12. Jahrhundert, zu deren Füßen moderne Wohnbauten mit zivilisatorischem Komfort die Brücke ins 21. Jahrhundert schlagen. Seit 1996 gehören die Wehrtürme zum Weltkulturerbe der UNESCO. Einer von ihnen, der erst im 18. Jahrhundert zum Schutz vor den Übergriffen der Stämme nördlich des Kaukasus errichtet wurde, zu Füßen des kleinen Hügels linker Hand vom Dorfausgang Richtung Mestia, ist heute ein **Museum** mit wertvollen Ikonen und silberbeschlagenen Kreuzen. 1994/95 drehte das ZDF den Dokumentarfilm ›Terra X: Gletschergold‹, unter der Regie von Tina Radke-Gerlach. Sie schreibt über das Museum im Wehrturm: »Dann steigt

▶ Karte S. 350/351

Pridon über eine finstere Steintreppe in den ersten Stock hoch. Wir folgen ihm und glauben, unseren Augen kaum zu trauen. Ein roter Teppich, Ikonen hinter Glas, Vitrinen mit unterschiedlichen Gegenständen aus vergangenen Zeiten. Pridon zählt jedes Stück und verkündet: Alles da! Die Menschen beten. Das gleiche Zeremoniell wiederholt sich im zweiten und im dritten Stock. Die Wände hängen voller Ikonen: Jesus auf einem swanischen Holzsessel, die heilige Barbara, der heilige Georg. Ihm begegnet man überall: als Sieger über Kaiser Diokletian, der ihn zum Märtyrer machte, oder im Kampf mit dem Drachen. Dieser Kampf wird mit dem der einheimischen Krieger gegen die erbarmungslosen Eroberer und Machthaber gleichgesetzt.«

Der erwähnte Pridon, den auch Rainer Kaufmann in seinem Lesebuch Georgien erwähnt, ist eine der markantesten Persönlichkeiten Ushgulis, zugleich Kunstmaler, Philosoph, Historiker, Kräutersammler und staatlich ermächtigter Museumswärter, denn das Museum im Wehrturm ist eine Filiale des Historisch-Ethnographischen Museums von Mestia. Mit etwas Glück wird man ihn kennenlernen.

An der Außenwand des Museums ist eine Gedenktafel für den am 1. August 2005 durch eine Lawine ums Leben gekommenen kanadischen Bergsteiger Peter Everett angebracht. Die schwere Tür zum Turm ist meist verschlossen, doch braucht man sich nur an Frau Nanuli Tschelidse zu wenden oder eines der Kinder bitten, sie zu verständigen, um Eintritt zu erhalten. (Frau Tschelidse besitzt auch den Schlüssel für die kleine **Lamaria-Kirche** aus dem 12. Jahrhundert.) Tel. +995/599/912256. Eintritt 10 Lari.

Der gut erhaltene Wehrturm aber ist nicht das einzige Museum im Ort. Das andere verdankt Ushguli der unermüdlichen Arbeit eines anderen seiner Bewohner, der im Laufe mehrerer Jahrzehnte Dutzende Gebrauchsgegenstände – Kelche, Schüsseln, Kerzenhalter, einen Pferch für das Vieh, einen Webstuhl, einen Thron für das Familienoberhaupt etc. – geschnitzt und im ehemaligen **Machubi** neben einem zerstörten Wehrturm zusammengetragen hat. Dieses Museum befindet sich im oberen Ortsteil Chvibiani. Nach dem Schlüssel fragt man am besten bei den Vermietern des Gästehauses, in dem man Quartier bezogen hat.

Aus Ushguli führt ein **markierter Wanderweg** durch das Hochtal bis zu den ersten Gletscherzungen des Shkhara, der Quelle des wichtigsten Flusses im Oberen Swanetien, des Enguri. Für den Weg benötigt man zu Fuß ca. drei Stunden. Man kann ihn ebenso auf dem Rücken eines Pferdes zurücklegen.

Ushguli

Gästehaus Bido Nijaradse, +995/595/164352, im Ortsteil Murkmeli, unweit der Schule; Übernachtung pro Person ca. 12 Euro, mit Halbpension knapp das Doppelte.

Gästehaus Lileo, Dato Ratiani und Nanuli Dschelidse, im Ortsteil Chvibiani, ratiani.dn@gmail.com, Tel. +995/599/912256; Übernachtung mit Halbpension 25 Euro, mit Vollpension 30 Euro, ganzjährig geöffnet.

Gästehaus RIHO, Familie Roland Dschelidse, im Ortsteil Shibiani (das Haus mit dem roten Wellblechdach), Tel. +995/598/319134, +995/599/355590, +995/595/961860; Übernachtung mit Frühstück pro Person ca. 17 Euro, mit Vollpension etwas unter 30 Euro. Sehr einfach, freundliche Vermieter. Verleih von Reitpferden für 40 Lari pro Tag.

Gästehaus Oleg Ratiani und Nino Gvarliani, im Ortsteil Shibiani, Tel. +995/551/971194, +995/599/971194, gvarlianinino@yahoo.com; Übernachtung pro Person 12 Euro, mit Frühstück 18 Euro, mit Vollpension knapp 25 Euro.

Die georgische Provinz Adscharien ist mit ihren etwa 100 Kilometern Schwarzmeerküste das georgische Badeparadies schlechthin. Die Hauptstadt Batumi erlebt in den letzten Jahren einen Investitionsboom, der im Kaukasusraum einmalig ist. Auch die kolchischen Wälder und malerische Gebirgstäler mit mittelalterlichen Bogenbrücken lohnen einen Besuch.

Batumi – nicht wiederzuerkennen

ADSCHARIEN

Die autonome Republik Adscharien

Georgien – das sind nicht nur die kaukasischen Berge und Hochebenen, sondern auch das Schwarze Meer, dessen Ufer das Land im Westen begrenzen und nach Europa hin öffnen. Von Sotschi in Russland bis Batumi an der Grenze zur Türkei im Süden reihten sich einstmals berühmte Erholungs- und Kurorte. Alljährlich suchten hier Millionen Menschen Erholung. Heute ist Sotschi Ausland, die abchasischen Kurorte Suchumi, Gagra und Pizunda sind zwar georgisches Hoheitsgebiet, für Touristen aber aufgrund des Konflikts um Abchasien unzugänglich. Den Georgiern und ihren Gästen bleiben deshalb nur die Strände der autonomen Republik Adscharien (Ajara) nördlich und südlich Batumis. Anaklia in Megrelien als Kurort ist noch nicht etabliert und lockt im Vergleich zu den Stränden im Süden verschwindend wenig Urlauber an → S. 345.

Adscharien erstreckt sich auf einem Territorium von 3000 Quadratkilometern entlang der Schwarzmeerküste bis ins Landesinnere, das nur wenige Kilometer hinter der Küste steil bis zu den Höhenlagen des Meskhetischen Gebirges anzusteigen beginnt.

Die geschützte Lage des Landstrichs und seine Nähe zum Meer sorgen mit jährlich 2000 Millimeter Niederschlag für ein mildes und feuchtes, subtropisches Klima sowie eine üppige Vegetation, in der unter anderem Agrumen, Tungbäume, Bambus, Eukalyptus, Dattelpflaumen und Granatäpfel gedeihen. Vor gut 150 Jahren begann man in Adscharien und anderen Gebieten Westgeorgiens mit dem Anbau aus China importierter Teebäume, die die Teeproduktion im 20. Jahrhundert zu einem der wichtigsten landwirtschaftlichen Zweige werden ließen.

▲ Karte S. 378/379

Geschichte

Die Wurzeln der adscharischen Autonomie reichen zurück bis in das 16. Jahrhundert, als es von den Osmanen besetzt und von diesen bis zum Russisch-Türkischen Krieg 1877/78 behauptet wurde. Die Türken islamisierten die Bevölkerung, so dass man in Adscharien unter den Georgiern auch heute noch mehr Muslime (vor allem Sunniten) als Christen findet. Mit dem Anschluss Adschariens und Georgiens an die Sowjetunion erhielt die Region den Status einer autonomen Republik, obwohl die Adscharen ebenso Georgier sind wie die Kacheten oder Imeretiner. Während des georgischen Bürgerkriegs bewahrte Adscharien seinen autonomen Status und hielt sich, mehr noch, aus den Kämpfen heraus, indem es seine Grenzen für alle Kriegsparteien schloss.

Die Herrschaft des Abaschidse-Clans im Regionalparlament brachte Adscharien, vor allem aber der Familie Abaschidse,

Im Hafen von Batumi

wirtschaftliche Prosperität, die in erster Linie auf den Einnahmen aus dem Zollgeschäft, dem Hafen, dem Tourismus und der Landwirtschaft beruhte. Da die lokalen Eliten jedoch eine Politik der Isolation und Loslösung vom Kernland betrieben, war der Konflikt mit dem stärker an der Wiederherstellung der territorialen Einheit Georgiens orientierten Präsidenten Saakaschwili, der 2004 die Führung des Landes übernahm, vorprogrammiert. Aslan Abaschidse, seit 1991 Autokrat Adschariens, wurde im Mai 2004 zum Rücktritt gezwungen und ging nach Russland ins Exil. Die Wahlen im Juni 2004 gewann das Wahlbündnis ›Siegreiches Adscharien‹ von Präsident Saakaschwili mit 75 Prozent der Stimmen. 2007 wurde das georgische Verfassungsgericht nach Batumi verlegt. Nähere Informationen über Politik und Wirtschaft Adschariens findet man unter www.adjara.gov.ge.

Anreise

Von Tbilisi aus gelangt man nach Batumi entweder mit dem Zug (Adscharien-Express) oder auf der Straße über Kutaisi mit dem Bus, Marschrutki oder PKW. Eine weitere Straßenverbindung gibt es aus Akhaltsikhe in Südgeorgien über den 2025 Meter hohen Goderdzi-Pass, die aber im Winter wegen des Schnees oft gesperrt und noch in einem bedenklichen Zustand ist. In den Passlagen sind allradgetriebene Fahrzeuge immer noch das sicherste und effektivste Fortbewegungsmittel.

Von der Fernstraße S 1 zweigt in Samtredia, etwa 20 Kilometer hinter Kutaisi, die Trasse S 12 nach Batumi ab. Man fährt von hier aus durch die kolchische Tiefebene Richtung Westen durch verschlafene Ortschaften, in denen Katzen, Hunde, Schweine, Kühe und Enten ernstzunehmende Verkehrshindernisse sind. Die Straße ist recht gut ausgebaut. Die S 12 trifft kurz vor der Küste auf die aus Poti kommende S 2, auf der man die adscharische Grenze nördlich Kobuletis erreicht. Bis zum Mai 2004 war sie mit quer über die Straße liegenden Betonträgern, schwer bewaffneten Polizisten und eisenzahnbewehrten Sperrketten gesichert. Hier erlebte der Machtkampf zwischen dem neuen georgischen Präsidenten Saakaschwili und dem langjährigen Präsidenten der autonomen Republik Adscharien, Aslan Abaschidse, seine symbolische Kulmination, als Saakaschwili im März 2004 am Betreten adscharischen Territoriums gehindert wurde. Die dramatische Episode, die fast einen Bürgerkrieg ausgelöst hätte, war der Beginn des schnellen Endes Abaschidses.

Der erste größere Ort, den man hinter der Grenze passiert, ist das für seine Strände bekannte **Kobuleti**. Die Straße verläuft nur wenige Meter vom Meer entfernt. Linker Hand wird sie Kilometer um Kilometer von den Villen gesäumt, die sich die einst und heute wieder am Tourismusgeschäft profitierenden Einheimischen haben erbauen lassen. Fast alle bieten Unterkunft und Verpflegung an. Die Straße trägt den Namen Agmashenebeli. Rechter Hand tauchen aus dem Zedernwald dann und wann die Betonkolosse von Hotels und Sanatorien auf, die teilweise immer noch einen verlassenen und trostlosen Eindruck bieten. Weiter führt die hinter Kobuleti serpentinenreiche Trasse längs der rosa- bzw. blaufarbenen Glyzinienbüsche am Straßenrand und der sich bis zu den Hängen des Meskhetischen Gebirges erstreckenden Teeplantagen bis nach Batumi. Der erste größere Vorort von Batumi ist **Makhinjauri**. Her befindet sich die Endstation der Personenzüge aus Tbilisi und Kutaisi solange der Hauptbahnhof von Batumi restauriert wird.

Senaki
Kulevi
Gaghrna
Kariata
Sabazho
Teklati
Durdghena
Isula
Sagvichio
Mukhuri
Gamoghma
Abasha
Rioni
Patara Poti
Siriachkoni
Sujuna
Naesakao
Poti
Pichori
Paliostomi See
Kolchis-Nationalpark
Ketilari
Kvemo Chibati
Lanchkhuti
Japana
Jurukveti
Lesa
Kviani
Nigoitj
Maltakya
Grigoleti
Supsa
Ninoshvili
Atsana
Amaghleba
Tsaltsminda
Chochkhati
Jumati
Mamati
Zomleti
Ureki
Supsa
Nagomari
Kvenobani
Konchkati
Nasakirali
Zeda Bakhvi
Khidistavi
Meria
Mtispiri
Shekvetili
Kvemo Natanebi
Laituri
Ozurgeti
Natanebi
Vakijvari
Choloki
Naruja
Schwarzes Meer
Ochkhamuri
Leghva
Likhauri
Kakuti
Achi
Kobuleti
Khutsubani
Achkvistavi
Chakhati
Kobuleti
Kintrishi
Bobokvati
Kvirike
Tsikhisdziri
Dagva
Meskhetisches
Chakvi
Khino
Khalia
Botanischer Garten
Khino
Khabelashvilebi
Chaisubani
Morvili
Makhinjauri
Chakvistavi
1726
Batumi
Chvana
Mtirala-Nationalpark
Barataüli
Chvanistskali
Dandalo
Akhalsheni
Tskhmorisi
Urekhi
Keda
Shuakhevi
Khelvachauri
Chorokhi
Kolotauri
Marisi
Gonio
Oktomberi
Moprineti
Dghvani
Chinkadzeebi
Kvariati
Acharistskali
Acharistskali
Gogadzeebi
Sarpi
Acharisaghmarti
Maradidi
Kemalpaşa
Kokoleti
Hopa, Trabzon
Detoben
Kars
Chughalistskali
Chorokhi
TÜRKEI
Borçka
Adscharien

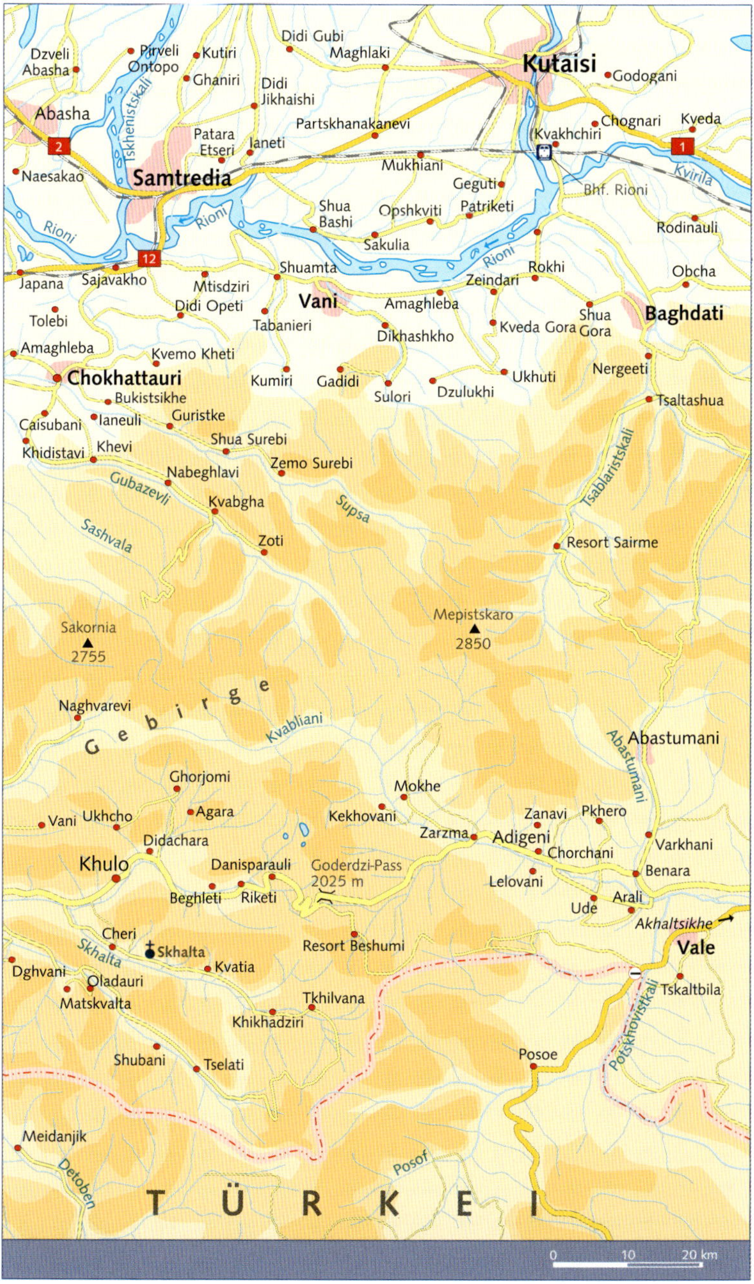
Dzveli Abasha
Pirveli Ontopo
Kutiri
Ghaniri
Didi Gubi
Maghlaki
Kutaisi
Godogani
Didi Jikhaishi
Abasha
Tskhenistskali
Patara Etseri
Ianeti
Partskhanakanevi
Chognari
Kveda
Kvakhchiri
2
1
Naesakao
Samtredia
Mukhiani
Kvirila
Geguti
Bhf. Rioni
Rioni
Shua Bashi
Opshkviti
Patriketi
Rodinauli
Sakulia
12
Shuamta
Rokhi
Obcha
Japana
Sajavakho
Mtisdziri
Zeindari
Vani
Amaghleba
Didi Opeti
Tabanieri
Shua Gora
Baghdati
Tolebi
Dikhashkho
Kveda Gora
Amaghleba
Kvemo Kheti
Nergeeti
Chokhattauri
Kumiri
Gadidi
Ukhuti
Sulori
Dzulukhi
Bukistsikhe
Tsaltashua
Caisubani
Ianeuli
Guristke
Shua Surebi
Khidistavi
Khevi
Zemo Surebi
Nabeghlavi
Tsablaristskali
Gubazevli
Supsa
Kvabgha
Sashvala
Zoti
Resort Sairme
Mepistskaro
2850
Sakornia
2755
Naghvarevi
Gebirge
Kvabliani
Abastumani
Ghorjomi
Mokhe
Agara
Kekhovani
Zanavi
Pkhero
Vani
Ukhcho
Zarzma
Adigeni
Varkhani
Didachara
Chorchani
Khulo
Danisparauli
Goderdzi-Pass
2025 m
Benara
Lelovani
Beghleti
Riketi
Arali
Ude
Akhaltsikhe
Cheri
Skhalta
Resort Beshumi
Vale
Dghvani
Kvatia
Oladauri
Tskaltbila
Matskvalta
Tkhilvana
Potskhovistkali
Khikhadziri
Shubani
Tselati
Posoe
Meidanjik
Detoben
Posof
TÜRKEI
0
10
20 km

EXTRA

Das Schwarze Meer

Das Schwarze Meer bildete einst neben dem Kaspischen Meer einen Ausläufer des Urmeers Thetys, das sich bis in die Erdneuzeit von Spanien bis Südchina erstreckte. Seine endgültige Form erhielt es vor ungefähr 8000 Jahren, erdgeschichtlich gesehen also erst vorgestern, mit dem Bosporusdurchbruch, über den es mit dem Mittelmeer und über dieses mit den Weltmeeren verbunden ist.

Bereits die Taurier und Skythen, die die nördlichen Küsten bewohnten, bezeichneten ihr Meer als ›dunkel‹; im Vergleich zum Türkis des Mittelmeeres wahrscheinlich, wenn nicht andere, heute vergessene Mythen die Bezeichnung erklären. Die rationale Erklärung für die dunklere Färbung aber geben die zahlreichen unter der Wasseroberfläche lebenden Braunalgen. Die frühen Griechen nannten das Meer ›Pontos Axinos‹ – ›ungastliches Meer‹; vielleicht, weil sie zunächst kein Glück bei der Besiedlung der Küsten hatten oder ihre Schiffe den heftigen Stürmen nicht gewachsen waren. Einige hundert Jahre später korrigierten sie sich und verwandelten den Pontos Axinos in den ›Pontos Euxeinos‹, was ›gastliches Meer‹ bedeutet.

Der größte Reichtum des Schwarzen Meeres ist der in Küstennähe lebende, heute selten gewordene Stör, eine uralte Fischart mit einem zum beträchtlichen Teil noch verknorpelten Skelett. Ein Vertreter der Störe ist der Hausen, den die Russen Beluga nennen und der bis zu sechs Meter lang werden kann. Er lebt gern vor den Mündungen größerer Flüsse, und das Weibchen des Hausen produziert den berühmten schwarzgrauen Beluga-Kaviar, der, einst als ›Arme-Leute-Nahrung‹ bezeichnet, im letzten Jahrhundert zu einer raren und teuren Delikatesse geworden ist. Im Vergleich zum Mittelmeer ist der Salzgehalt des Schwarzen Meeres gering, was dazu führt, dass viele typische Salzwasserfische hier nicht heimisch wurden. Der Fischfang als Wirtschaftsfaktor spielt deshalb in Georgien und den anderen Anrainer-Ländern eine untergeordnete Rolle.

Beliebt ist das Schwarze Meer bei Naturfreunden für seine Delphine. Insgesamt 22 Gattungen und 50 Arten gibt es weltweit; nur drei davon im Schwarzen Meer. Der große Tümmler misst erwachsen drei bis vier Meter und wird bis zu 300 Kilogramm schwer. Der kleine Tümmler, auch Braunwal genannt, wird maximal einen Meter lang und wiegt bis zu 30 Kilogramm. Am weitesten verbreitet ist der gewöhnliche Delphin, der ein Gewicht von bis zu 60 Kilogramm erreicht. Begehrt wegen seines Trans und seiner Haut wurden in manchen Jahren so viele Tiere gefangen, dass sich die Populationen, besonders des großen Tümmlers, bis zu einem kritischen Punkt verkleinerten. Seit Ende der 1980er Jahre stehen Delphine unter Naturschutz.

Vor allem im Norden des Schwarzen Meeres und am Azovschen Meer trifft man auf große Vogelkolonien, vor allem Möwen, Enten, Pelikane und Kormorane. Zugvogelschwärme nutzen diese Gegend als Rastpunkt.

Im Schwarzen Meer gibt es kaum Inseln. Die größte von ihnen ist die Schlangeninsel, einige Kilometer vor der Donaumündung, an der Westküste. Sie gilt als der Geburtsort des Achilles, eines der Helden der Ilias.

Badefreunde sollten bedenken, dass es an der Küste praktisch keine Sandstrände gibt, das Ufer besteht aus mehr oder weniger groben Kieseln. Zudem entspricht die Badewasserqualität vor allem im Raum Batumi nicht internationalen Standards.

Batumi

Die Stadt, die als ›Batusi‹ erstmals im ersten nachchristlichen Jahrhundert von Plinius dem Älteren erwähnt wurde, liegt an einer tief eingeschnittenen Bucht am Delta des Chorokhi-Flusses. Ihr Name leitet sich, so erzählt man, vom griechischen ›limen bathys‹, tiefes Gewässer, ab. Dank seiner natürlichen Lage als Hafen geradezu prädestiniert, zog Batumi nacheinander Phönizier, Griechen, Römer, Kaufleute aus Venedig und Genua, Türken und Russen an. Sie ist die jüngste der georgischen Städte und entstand erst, als die Russen Adscharien den Türken entrissen hatten und sie zum wichtigsten südlichen Schwarzmeerhafen ausbauten. 1883 erhielt Batumi Anschluss ans transkaukasische Eisenbahnnetz, und die aus Baku hierher verlegte Erdölpipeline trug noch einmal zu einer Aufwertung des Hafens bei.

Heute ist Batumi der wichtigste Hafen Georgiens, in dem Tanker mit bis zu 80 000 BRT abgefertigt werden. Eine Erdölraffinerie in Hafennähe verarbeitet das aus Aserbaidschan kommende Rohöl. In den letzten Jahren erlebte die Stadt einen Investitionsboom, der im gesamten transkaukasischen Raum seinesgleichen sucht. Ein beträchtlicher Teil der Mittel floss in den Neubau von Hotels. Die Strandpromenade wurde komplett umgestaltet. Hier ragen jetzt neben dem ›Turm des Alphabets‹ zwei riesige Hotelkomplexe auf, das Kempinski und das Radisson Blue. Mit dem Sheraton hat eine weitere internationale Hotelkette Fuß gefasst. Allein in den Jahren 2010/2011 vervierfachte sich die Zahl der in Batumi registrierten Besucher. Auch in die Trinkwasserversorgung und Abwasserentsorgung wurde investiert, wofür allein die deutsche Gesellschaft für internationale Zusammenarbeit (GIZ) etwa 100 Millionen Euro bereitstellte. In Batumi leben gut 100 000 Menschen. Viele von ihnen ziehen im Sommer ihren Landsitz in den Bergen der feuchten Hitze am Meer vor.

Sehenswürdigkeiten

Batumi ist eine grüne Stadt, mit vielen repräsentativen Gebäuden, Parks, Alleen und einer sieben Kilometer langen, in den letzten Jahren komplett erneuerten und erheblich verlängerten Uferpromenade, inklusive dem städtischen Strand.

Bauboom an der Promenade

Batumi
Schwarzes Meer
0 200 400 m
Hotels:
1 Beach Hostel
2 Batumi Hostel
3 Batumi Globus
4 Gulnasis Guesthouse
5 Old Batumi
6 Chao
7 Brighton
8 Amirani
9 Ritsa
10 Rcheuli
11 Galore
12 Sheraton
13 Radisson Blu
14 Intourist Palace
15 Kempinski (im Bau)
16 Piazza
Turm des georgischen Alphabets
Historischer Leuchtturm
Riesenrad
Skulptur Ali und Nino
Jacht-club
Tschatscha-Turm
Café Nostalgia
Dramen-theater
Europa-Platz
Kolonnaden
Literaturului
ALT BATUMI
Armenische Kirche
Kirche des heiligen Nikolai
Piazza
Orta-Jame-Moschee
Busbahnhof
Makhinjauri, Kobuleti
Tbilisi-Platz
Bremen
Kunstmuseum
Synagoge
Ajara-Museum
Kirche unserer Heiligen Jungfrau
Coffee House
Park des 6. Mai
Nuri-Geli-See
Zoo
Laguna
Delphi-narium
Archäologisches Museum
Sazandari
Tanzende Fontänen, Rest. Up and Down
Aquapark, Delphinarium
Gonio, Sarpi, Flughafen
Hotel L-Bakuri
Gogebashvili-Str.
G. Eliava-Str.
Kutaisi-Str.
M. Kostava-Str.
G. Mazniashvili-Str.
Parnavaz Mepe-Str.
S. Gorgasali-Str.
Khulo-Str.
Z. Gamsakhurdia-Str.
S. Zubalashvili-Str.
Komakhidze-Str.
K. Gasakhurdia-Str.
N. Baratishvili-Str.
E. Ninoshvili-Str.
Rustaveli Av.
M. Abashidze Av.
A. Melashvili-Str.
Kakhiani-Str.
D. Tavdadebuli-Str.
L. Asatiani-Str.
Z. Gorgiladze-Str.
Marjanishvili-Str.
Kldiachvili-Str.
V. Pshavel-Str.
Kh. Akhvlediani-Str.
26 Maisi-Str.
Kazbegi-Str.
Melikishvili-Str.
V. Gorgasali-Str.
Paliashvili-Str.
H. Abashidze-Str.
Mataksa-Str.
S. Kimshiasvili-Str.
F. Takaishvili-Str.
I. Chavchavadze-Str.
Lermontov-Str.
Khinikadze-Str.
A. Gibodov-Str.

Die meisten der als Magnet für Touristen und Investoren konzipierten Neubauten der letzten Jahre konzentrieren sich hier, südlich des Hafens, entlang der Küste. Der Kontrast zwischen der Uferpromenade und der restaurierten Altstadt einerseits und den übrigen Stadtteilen Batumis andererseits kann größer kaum sein. Hier dominieren Luxusbauten und eine hypermoderne Skyline, die auf eine rege Geschäftstätigkeit und Prosperität schließen lassen sollen, dort der Alltag eines Landes, in dem große Teile der Bevölkerung am Rande des Existenzminimums leben.

Gegenüber dem Eingang zum Hafen befindet sich die 2011 in Betrieb genommene **Seilbahn** auf die höchste Erhebung im Stadtgebiet – ca. 300 Meter über dem Meeresspiegel. Von dort hat man einen großartigen Blick auf die Stadt und die Bergketten im Hinterland. Auf dem Gipfel hat ein Restaurant geöffnet.

Entlang des Batumi-Boulevard (Strandpromenade)

Den Grundstein für die erste Strandpromenade Batumis legte 1881 der damalige Gouverneur von Batumi, Graf Smekalov. Zum Ende der Sowjetunion war sie zwei Kilometer lang und 1977 um Springbrunnen und sogenannte ›tanzende Fontänen‹ erweitert worden. Die Rekonstruktionsarbeiten, bei der sie um fünf Kilometer verlängert wurde, begannen 2005. Zwei Mal wurden Teile inzwischen durch heftige Stürme ins Meer gespült, aber immer wieder sofort instand gesetzt. In den dunklen Abendstunden werden viele der Details, die ihren zugleich klassischen und modernen Charme ausmachen, beleuchtet.

Erste Sehenswürdigkeit vom Hafen aus gesehen ist die 2010 von der Bildhauerin Tamara Kwesitadse geschaffene **Skulptur Ali und Nino**. Sie erinnert an einen Roman, in dem der aserbaidschanische Autor Kurban Said die wunderbare Liebesgeschichte der Georgierin Nino und des Aserbaidschaners Ali erzählt. Diese Geschichte beginnt in Baku während des Ersten Weltkrieges und endet einige Jahre später mit dem Sieg der Roten Armee im Bürgerkrieg. Nino und Ali kennen sich von Jugend an. Den tiefen Gefühlen, die sie füreinander hegen, steht ihre Herkunft aus zwei verschiedenen Kulturkreisen, dem christlich-georgischen und dem islamisch-aserbaidschanischen, entgegen. Allen Widerständen zum Trotz stehen sie zueinander, weil sie es lernen, die Grenzen zu akzeptieren, die ihnen ihre Persönlichkeiten, ihr Glauben und ihre familiären Bindungen setzen. Das Buch vermittelt durch die Dichte der Darstellung und seine poetische, zugleich nüchterne Sprache ein lebendiges Bild des Innenlebens seiner Protagonisten aus wohlhabenden Familien vor nahezu 100 Jahren. Genauso spannend, wie das Buch selbst ist die Entstehungsgeschichte, denn hinter dem Namen Kurban Said verbirgt sich ein Pseudonym. Aber das ist eine andere Geschichte.

Einige Meter hinter der Skulptur erhebt sich der 130 Meter hohe, aus Glas und Metall errichtete **Turm des georgischen Alphabets**, den ein spiralförmiges Laufband mit allen 33 Buchstaben der georgischen Schrift umschlingt. In gewisser Weise erinnert die Konstruktion ebenso an ein Modell der DNA. Im Obergeschoss befinden sich ein Kaffee und ein Restaurant, ein Fernsehstudio und ein Observatorium. Projektiert hat das Gebäude der spanische Architekt Alberto Domingo Cabo.

Zwischen Skulptur und Turm des Alphabets erhebt sich der 21 Meter hohe **historische Leuchtturm** des Hafens von Batumi, der 1878 von einer Pariser Firma gebaut wurde. Ganz in der Nähe

dreht sich täglich von 10 bis 22 Uhr ein **Riesenrad**. Das Vergnügen kostet 3 Lari. In unmittelbarer Nähe des Hafens befindet sich auch eine der Kuriositäten von Batumi, der sog. **Tschatscha-Turm**, eine detailgetreue Kopie eines bereits Anfang des 20. Jahrhunderts hier errichteten fünfkuppligen Gebäudes mit vier Springbrunnen. Es gibt Gerüchte, dass einmal in der Woche hier statt des Wassers hochprozentiger Tschatscha (georgischer Grappa) aus den Fontänen sprudelt.
Den Zugang zur Altstadt, die von der **Ninoshvili-Straße** (meerwärts) und der Chavchavadze-Straße (stadteinwärts) begrenzt wird, dominieren das 2012 eingeweihte Gebäude der Georgisch-Amerikanischen Technischen Universität, der Trump Tower, das Radisson Blu und das Kempinski. Gleich am Beginn der Ninoshvili-Straße, in einem Glaskasten an der rechten Straßenseite, befindet sich das **Touristeninformationszentrum** (TIC). Hier kann man sich eines der grün lackierten **Fahrräder leihen**. Mindestleihzeit sind 10 Stunden (20 Lari), die innerhalb eines Jahres abgefahren werden können. Im TIC bekommt man Karten, Stadtpläne, Kataloge mit den Adressen

Leuchtturm an der Promenade

▲ Karte S. 382

von Hotels, Gästehäusern und Restaurants sowie Informationen zu allen touristisch relevanten Themen.
Hinter dem Glaskasten des TIC befindet sich der klassische Teil der Strandpromenade – mit den **Kolonnaden** und dem **Sommertheater** direkt am Meer.
Folgt man der Ninoshvili-Straße gelangt man zur **Staatlichen Universität**. Ihr gegenüber liegt der **Park des 6. Mai**, dessen Haupteingang sich an der Nordseite (auf Höhe der Abashidze-Straße) befindet. Zwischen den Säulen des Portals hält die Skulptur einer jungen Frau ein Spielzeugflugzeug in der einen Hand, mit der anderen umfasst sie ein Kind. Das Denkmal erinnert an die erste georgische Pilotin, Fadika Gogitidse, die im Alter von 24 Jahren während des Zweiten Weltkrieges ihr Leben verlor. Der Park unter Bäumen, von denen viele mehr als ein Jahrhundert alt sind, ist eine gemütliche Oase, die Ende des 19. Jahrhunderts von dem deutschen Landschaftsgärtner Ressler und dem Franzosen D'Alphonse gestaltet wurde. In seinem Zentrum liegt der **Nuri-Geli-See** und in der Nähe dessen Ufers ein kleiner **Zoo**, in dem Kängurus, Zebras, Äffchen und exotische Vögel die Hauptattraktionen sind. Der Eintritt kostet 2 Lari.
Auf dem Gelände des Parks befindet sich auch das neu gestaltete und 2011 wiedereröffnete **Delphinarium**. Sieben der 15 dort zur Schau gestellten Tümmler stammen aus Japan, wo Delfine in grausamen Treibjagden in Richtung Küste getrieben und mit Netzen am Entkommen gehindert werden. Naturschützer protestieren gegen die offensichtliche Verletzung des Artenschutzabkommens CITES, das den Handel mit wild gefangenen Tieren für kommerzielle Zwecke verbietet. Vorstellungen finden dennoch täglich außer Montag um 14 und 17 Uhr (Ticket 12 Lari) sowie um 21 Uhr (16 Lari)

Am Europa-Platz

statt. Wer mit den Tieren schwimmen möchte: Kinder von 3 bis 12 zahlen 60 Lari, Kinder und Jugendliche von 12 bis 18 Jahren 100 Lari, alle übrigen Menschen 150 Lari. Weitere Informationen zum Park und zum Delphinarium: www. parkbatumi. ge.

Die Ninoshvili-Straße endet hinter der Universität. Hinter dem Park des 6. Mai gelangt man über die Rustaveli-Straße zurück zur Standpromenade.

Auf Höhe des **Ardagani-Sees** liegt landeinwärts der futuristisch anmutende **Justizpalast**, der 2011 eröffnet wurde, gestaltet nach einem Projekt des italienischen Architekten Michele de Lucchi. Die Skulptur auf dem Platz vor dem Justizpalast ist eine Arbeit der georgischen Bildhauerin Tamara Kwesitadse mit dem Namen ›Rotation‹: Die sich auf einer Glasscheibe drehenden Figuren eines Mannes und einer Frau symbolisieren das gemeinsame Ganze dieser Paarbeziehung.

Der Ardagani-See beherbergt die **Tanzenden Fontänen**. Hinter dem See, weiter südlich, befinden sich zwei interessante Restaurants – das Adsharia House (georgische Küche) und das Up and Down (Kiramala), das aussieht als würde es in der Erde versinken. Der kleine **Leuchtturm** auf Höhe des Adsharia House beherbergt ein Kaffee auf zwei Etagen.

Den Boulevard im Süden begrenzt ein großes Freibad, der **Aquapark**, der in den Sommermonaten täglich von 9 bis 21 Uhr geöffnet ist. Eintritt 25 Lari, für Kinder unter 7 Jahren ist der Eintritt frei.

Alt-Batumi

Das alte Batumi gehörte in der Sowjetunion zu einem der exotischsten Orte im ganzen Land. Von den Zerstörungen der Kriege des 20. Jahrhunderts verschont geblieben, hat sich hier ein Ensemble vom Ende des 19. und Anfang des 20. Jahrhunderts erhalten. Die vornehmlich zwei- und dreistöckigen Gebäude bezaubern mit einer Mischung aus Orient und Okzident. Viele der Häuser aus jener Zeit sind mit Chimären, Löwen und mythischen Figuren geschmückt.

Das Herz des alten Batumi ist der **Europa-Platz** mit der Skulptur der Medea. Er befindet sich an der Ecke Konstantin-Gamsachurdia und Abashidze-Straße und erhielt seinen Namen 2007, nach dem Beitritt Adschariens zur Assembly of European Regions. In den Sommermonaten, aber auch zum Jahreswechsel finden auf dem Platz Konzerte mit hochkarätigen Künstlern aus Europa und Übersee statt. Sting, Julio Iglesias und Placido Domingo haben hier schon vor zehntausenden Menschen gesungen. Am Turm des Hauses Ecke Gamsakhurdia-Straße ist eine astronomische Uhr angebracht, deren Funktionsweise auf einer Tafel erklärt wird.

Folgt man der Gamsakhurdia-Straße stadteinwärts, zweigt hinter der armenischen Kirche die Parnavaz-Mepe-Straße ab. An ihr, Richtung Hafen, befindet sich einer der Zugänge zur ebenfalls vollkommen neu gestalteten sogenannten

Piazza. Die umliegenden Häuser wurden unter der Ägide des georgischen Architekten Vasha Orbeladse restauriert bzw. errichtet; die aufeinander abgestimmte Gestaltung der Schaufenster übernahm die estnische Künstlerin Dolores Hoffmann. An der Piazza haben drei Edelhotels sowie zahlreiche Kaffees und Restaurants geöffnet, die auf einer gemeinsamen Webseite - www.piazza.ge - um finanzkräftige Kunden werben. In den Nächten werden die Gebäude im quasi Neorenaissancestil um den Platz effektvoll illuminiert.

Museen

Im **Kunstmuseum** - in der Zurab-Gorgiladze-Straße 8 - sind auf zwei Etagen Gemälde georgischer Maler zu besichtigen, in der ersten die der jüngeren Generation, und in der zweiten Bilder, unter anderem von Pirosmani, Elena Akhvlediani und Gigo Gabaschwili. Geöffnet ist das Museum täglich, außer Montag, von 11 bis 18 Uhr. Eintritt 2 Lari.

Nur wenige Meter entfernt, in der Jincharadze-Str. 4, befindet sich das 1908 gegründete **Ajara-Museum**, das mit einer Sammlung von fast 200 000 Fundstücken aus der Frühgeschichte ab dem 12. Jahrhundert vor Christus bis zum Ende des 19. Jahrhunderts aufwartet. In der oberen Etage wird zudem eine Sammlung von Waffen aus verschiedenen zeitgeschichtlichen Epochen gezeigt. Öffnungszeiten: täglich außer Montag von 10 bis 18 Uhr, Eintritt 2 Lari.

Das kleinere, erst 1988 gegründete **Archäologische Museum** von Batumi in der Chavchavadze-Str. 77 zeigt bei gemeinsamen Ausgrabungen von Archäologen aus Georgien und England in und um Batumi gefundenen Relikte aus der Bronzezeit bis in die jüngere Vergangenheit. Öffnungszeiten: täglich außer Montag von 11 bis 17 Uhr, Eintritt 2 Lari.

▲ Karte S. 382

Die neuerbaute Piazza

Ein weiteres sehenswertes Museum befindet sich außerhalb des Stadtzentrums: das **Technische Museum der Brüder Nobel**. Die Kollektion vermittelt einen Eindruck vom Erdölboom Ende des 19./Anfang des 20. Jahrhunderts, als durch den Bau der Eisenbahnstrecke und Pipeline aus Baku nach Batumi sowie des Hafens zur Verschiffung des ›schwarzen Goldes‹ nach Europa die Stadt erst entstand und lange profitierte. Die Brüder Ludwig und Robert Nobel, deren Vater in St. Petersburg eine Werkzeugfabrik besaß, waren zusammen mit den Rothschilds zwei der wichtigsten Protagonisten dieses in seinen Ausmaßen und Folgen gewaltigen Projekts, das 1906 in die Gründung der Europäischen Petroleum Union mündete, des Vorgängers von British Petroleum (BP). Das Museum befindet sich in der Villa der Brüder Nobel, die diese sich Ende des 19. Jahrhunderts bauen ließen. Die Ausstellung informiert ebenso über einen der Pioniere der Farbfotografie, Sergej M. Prokudin-Gorski (1863-1944 in Paris), der 1899 an der Technischen Universität zu Berlin Fotochemie studiert hatte, außerdem über den Teeanbau in

Georgien. Insgesamt ein lohnenswerter Besuch. Die Villa befindet sich in der Leselidze-Straße 3 (nördlich der Stadt, an der S 2 Richtung Makhinjauri und Kobuleti) und ist täglich außer Montag von 10 bis 18 Uhr geöffnet. Eintritt 3 Lari.

Bühnen

In unmittelbarer Nachbarschaft zum Technischen Museum der Brüder Nobel befindet sich das **Opernhaus**, das **Batumi Center für Kunst und Musik**. Das Gebäude entstand 1953 im neoklassizistischen Stil jener Jahre als Kulturhaus der Erdölarbeiter. 2011 wurde es einer Generalüberholung unterzogen. Im TIC erfährt man, ob und wann dort Vorstellungen stattfinden. Informationen auch auf der Webseite www.muscenter.ge. Aus der Altstadt verkehrt unter anderem der Bus Nummer 10 in Richtung Makhinjauri (Bahnhof), der am Opernhaus hält. (Haltestelle in der Altstadt: Rustaveli Ecke/Gogebashvili-Straße, Intervall 13 Minuten).

Im nach Ilja Chavchavadze benannten **Dramentheater,** das sich am Rande der Altstadt, in unmittelbarer Nähe des TIC, an der Rustaveli-Straße 1 befindet, wer-

Klassizismus im Stadtzentrum

den Aufführungen ausschließlich in der Landessprache gezeigt. Das Gebäude stammt aus der Zeit der Stadtgründung und bietet 625 Zuschauern Platz. Sehenswert sind die Decken- und Wandgemälde, die Szenen aus dem Nationalepos ›Der Recke im Tigerfell‹ von Shota Rustaveli illustrieren.

Einige Straßenecken weiter, im Herzen von Alt-Batumi befindet sich der **Zirkus**, Nikolas-Baratishvili-Str. 23. Es gibt allerdings kein eigenes Ensemble mehr, und das Gebäude wird nur gelegentlich für Gastspiele genutzt.

Religiöses Leben

In Batumi leben Georgier, Armenier, Juden, Russen und Türken, weshalb in der Altstadt eine Synagoge neben zwei orthodoxen Kirchen und einer Moschee friedlich koexistieren.

Die **Kirche unserer Heiligen Jungfrau** an der Ecke Tavdadebuli- und Chavchavadse-Straße entstand 1899. Ihr Baustil ist eine Mischung aus neogotischen und neoromanischen Elementen. Die Stifter der ursprünglich katholischen Kirche waren die Brüder Zabataschwili. Nach dem Ende der Sowjetunion stellte sich heraus, dass es in der Stadt nicht ein einziges der georgischen Orthodoxie gehörendes Gotteshaus gab, weshalb der Katholikos Ilja II. den Papst bat, die katholische Kirche den georgischen Christen abzutreten. Dieser stimmte zu, und seit 1989 ist die Kirche der Heiligen Jungfrau die Hauptkirche der georgisch-orthodoxen Christen in Adscharien.

In der Nähe der Piazza befinden sich die **gregorianisch-armenische Kirche** und die **griechisch-orthodoxe Kirche des heiligen Nikolai**. Letztere ist das älteste christliche Gotteshaus in der Stadt. Den Grundstein zu ihr legte die griechische Gemeinde in der Stadt 1865. Seinerzeit befand sich Batumi noch unter türkischem Protektorat. Der Sultan stimmte dem Bau der Kirche unter der Bedingung zu, dass sie keinen Glockenturm besitzen dürfe. Das hat sich inzwischen geändert. 2012 wurde das Gotteshaus restauriert und ist heute wieder eine der bei den Christen von Batumi beliebtesten Kirchen. Die armenische Kirche entstand 1885 nach einem Projekt des aus Österreich stammenden Architekten Mohrfeld. Die finanziellen Mittel brachte der Unternehmer und Mäzen Alexander Mantaschew auf (→ S. 172). Bis zum Ende der Sowjetunion diente die Kirche als Planetarium. 1996 wurde sie neu geweiht.

Einige Schritte weiter in Richtung Hafen befindet sich die **Orta-Jame-Moschee**, die 1886 errichtet wurde. Sie ist die einzige Moschee, die die ›gottlosen‹ Zeiten der Sowjetmacht überlebt hat. In der Nähe des Ajara-Museums (Vasha-Pshavela-Str. 33) öffnete 1904 die erste und einzige **Synagoge** der Stadt, die 1929 in eine Turnhalle umfunktioniert wurde. Seit 1998 ist sie wieder das religiöse und kulturelle Zentrum der nach offiziellen Angaben ca. 500 Juden in Adscharien. Unweit der Moschee befindet sich direkt am Ufer die Talstation der bereits erwähnten **Seilbahn**.

i Batumi

Vorwahl: +995/(0)422.

Touristeninformation Batumi: Nach der Vertreibung Aslan Abaschidses vom Posten des Präsidenten Adschariens im Jahre 2004 büßte die Region zwar einen großen Teil ihrer Autonomie ein, doch einige Relikte des adscharischen Sonderweges überdauerten. So auch das schon vor 2004 gegründete einflussreiche Tourismus Department, dessen Chef über fast die gleichen Vollmachten wie ein Minister verfügt, Parnavaz-Mepe-Straße 84/86, Tel. +995/422/274719, info@visitbatumi.travel, www.visitbatumi.travel.

Touristeninformationszentrum (TIC): Ninoshvili-Str. 3, der Glaspavillon am Zugang zu den Kolonnaden, Tel. +995/568/857475, +995/599/523140, tgl. 9–24 Uhr, in den Wintermonaten 9–20 Uhr. Das TIC verleiht **Fahrräder** ab 20 Lari für 10 Stunden, die im Laufe eines Jahres abgefahren werden können. Die Mitarbeiter erteilen Auskünfte über Hostels und Hotels, Verkehrsanbindungen, organisieren bzw. vermitteln Stadtführungen und Exkursionen ins Umland. Ein **Stadtrundgang** für Gruppen von 10 Personen, zum Beispiel, kostet 10 Lari pro Person, 90 Lari für individuelle Führungen. Für **Stadtexkursionen** mit dem Kleinbus berechnet das TIC den dreifachen Preis. Ein Ausflug zur **Festung Gonio** oder zum **Botanischen Garten**, inklusive einer Besichtigung des Nobel-Museums, kostet für Gruppen von 10 Teilnehmern 42 Lari pro Person. In etwa ebenso teuer sind Ausflüge in den **Mtirala-Nationalpark** (38 Lari), bzw. nach Machakhela (39 Lari). (siehe unten) Die Teilnahme an einer Tour, bei der ein oder mehrere **adscharische Weingüter** besucht werden, kostet 100 Lari pro Person in Gruppen ab 10 Teilnehmern. Im TIC gibt es vielerlei Informationsmaterialien, Broschüren, Stadtpläne von Batumi und Landkarten.

Filialen des TIC befinden sich im Badeort Kobuleti nördlich von Batumi, auf dem Flughafen und in Khulo, dem Verwaltungszentrum des gleichnamigen Kreises in den Meskhetischen Bergen, an der Straße von Batumi nach Akhaltsikhe.

Webseiten: www.visitadjara.com (Informationen zur Region), www.tourismadjara.ge (Auskünfte zu touristisch relevanten Zielen und Ökotourismus), www.ajaraheritage.ge (Museen), www.visitbatumi.travel.

Der Bahnhof von Batumi befindet sich in **Makhinjauri**, einige Kilometer nördlich der Stadt in Richtung Kobuleti. Hierher fahren Taxis (ca. 20 Lari) und unter anderem die Busse Nr. 10 und 101.

▶ Karte S. 382

Von **Batumi nach Tbilisi** (und vice versa) verkehren mehrmals täglich Züge, darunter auch Nachtzüge mit Schlafwagen. Die Züge sind ca. neun Stunden unterwegs. In der Saison sollte man sich mindestens ca. eine Woche vor dem Reisetermin um Tickets bemühen; im TIC erfährt man welche Agenturen jeweils Tickets verkaufen, diese wechseln häufig. Man bekommt Fahrkarten aber auch direkt auf dem Bahnhof.

Zwei Mal täglich fahren Züge nach **Kutaisi**. Der Zug nach **Poti** braucht für die nicht mehr als 150 Kilometer vier Stunden.

Informationen zum Fahrplan: (→ S. 426).

Der Busbahnhof befindet sich in der Majakovski-Straße 1, einige Minuten zu Fuß vom Tbilisi-Platz unweit der Kirche zur Heiligen Jungfrau. Von hier aus verkehren die meisten Marschrutki und ebenso Busse nach **Kutaisi**, **Poti** und **Tbilisi**.

Die **Überlandbusse** fahren von der Seite Majakowski-Straße, die Marschrutki von der rückwärtigen Seite in der Schawscheti-Straße.

Marschrutki fahren unter anderem nach:

Akhaltsikhe (über Kutaisi): 8.30, 9 und 11.30 Uhr, 20 Lari, ca. 6 Stunden Fahrtzeit. Wenn die Straße über Khulo und den Goderdzi-Pass instandgesetzt und ausgebaut ist, werden Marschrutki auch diese, bedeutend kürzere, landschaftlich reizvolle Strecke nehmen.

Khulo: zwischen 8 und 17 Uhr jede volle Stunde, 6 Lari, ca. 2,5 Stunden Fahrtzeit.

Kutaisi: zwischen 8 und 18 Uhr jede volle Stunden, 6 Lari, ca. 3,5 Stunden.

Poti: zwischen 8 und 18 Uhr jede volle Stunde, 6 Lari, ca. 1,5 Stunden Fahrtzeit.

Zugdidi (Tor zum Oberen Swanetien): 11, 12, 16 und 18.30 Uhr, 12 Lari, ca. 3,5 Stunden Fahrtzeit.

Tbilisi: zwischen 7 und 2 Uhr (außerhalb der Saison bis 22 Uhr) stündlich, 20 Lari, ca. 6 Stunden Fahrtzeit. Für die Reise nach Tbilisi empfiehlt sich die Fahrt mit einem Reisebus, der komfortabler ist - entweder, wenn noch Platz ist, mit einem der Busse, die aus der Türkei nach Tbilisi verkehren, oder einem georgischen Anbieter. Tickets erhält man auf dem Busbahnhof oder in einem der Reisbüros. Auch das TIC unterstützt mit Informationen über aktuelle Verkaufsstellen und Modalitäten

Direkte Busverbindungen gibt es in die **Türkei** nach Trabzon, Istanbul und Ankara über Sarpi, den Grenzübergang auf georgischer Seite. Informationen: Roland Gargiladse: +995/593/092727.

Golden Ltd: Busse nach Trabzon, 11 und 13 Uhr, 20 Lari, ca. 4 Stunden Fahrtzeit.

Lüx Karadeniz: Antalya, 8 und 16.30 Uhr, ca. 80 Lari, Ankara 14 und 17.30 Uhr, 60 Lari.

Ülüsoy Ltd: 10 Uhr, Istanbul, 65 Lari.

Zum **Grenzübergang Sarpi** fährt der Bus 101 zwischen 7.15 Uhr und 22 Uhr im Intervall von 16 Minuten. Endhaltestelle im Norden ist der Bahnhof in Makhinjauri; der Bus hält auch am Tbilisi-Platz am Rande von Alt Batumi und fährt von dort aus über die Chavchavadze-Straße Richtung Süden.

Der komplett neu gestaltete moderne Flughafen liegt ca. fünf Kilometer südlich Batumis, an der Fernverkehrsstraße zur Grenze mit der Türkei. Im Sommer 2014 gab es mehrmals wöchentlich Flüge zwischen Tbilisi und Batumi. Flugverbindungen bestehen auch zwischen Batumi und Istanbul, Jerevan und verschiedenen Städte in der Ukraine. Im Flughafengebäude gibt es eine **Filiale des TIC**. Der Bus Nummer 10 (Haltestelle vor dem Terminal) verkehrt zwischen 7.30 Uhr und 22.30 Uhr direkt bis ins Stadtzentrum (Rustaveli- Ecke Gogebashvili-Straße) und weiter bis Makhinjauri, wo sich der Fernbahnhof befindet, im Intervall von 13 Minuten. Für ein Taxi bezahlt man 20 Lari.

Kreuzfahrtschiffe, die auf dem Mittelmeer und dem Schwarzen Meer unterwegs sind, legen gern in Batumi an. Der Hafen wurde

in den letzten Jahren modernisiert (www.batumiport.com). Fahrgastschiffe und Fähren verkehren vor allem in die Ukraine, Rumänien und die Türkei.
Derzeit gibt es eine **Fährverbindung** nach Odessa in der Ukraine über Poti (www.ukrferry.com). Tickets erhält man über das INSTRA Büro in der Kutaisi-Str. 34, Tel. +995/422/274119. Die Fähre verkehrt unregelmäßig, auch wenn die Fahrpläne des Hafens und der Schifffahrtsgesellschaft ein anderes Bild suggerieren. Man kann sich im INSTRA Büro in eine Warteschlange eintragen und wird informiert, wenn das Schiff im Hafen liegt.
Zwischen Batumi und Sotschi in Russland ist zwei Mal wöchentlich ein Tragflächenboot vom sowjetischen Typ ›Kometa‹ unterwegs, das in Poti einen Zwischenstopp einlegt und insgesamt 11 Stunden unterwegs ist. So man nach Sotschi reisen möchte, empfiehlt sich die weitaus bequemere Fähre aus dem türkischen Trabzon in die russische Schwarzmeerstadt (zwei Mal wöchentlich).
Es ist geplant, eine Fährverbindung von Batumi nach Trabzon in der Türkei einzurichten.

In Batumi ist an Hotels aller Preisklassen kein Mangel. Im TIC erhält man (wenn vorrätig) einen Katalog aller Unterkünfte. Im Low-Budget-Bereich empfiehlt sich die Webseite: wwww.hostelworld.com. Für Hotels und Unterkünfte der mittleren und gehobenen Preiskategorie sind die im Informationsteil aufgeführten Webseiten auch für Batumi die beste Adresse, Zimmer zu buchen. Fündig wird man auch unter www.hotelsinbatumi.com sowie www.myhotels.ge. In der Saison ist Batumi von Touristen überlaufen, so dass man an eine rechtzeitige Buchung denken sollte. Sind Betten in der gewünschten Kategorie rar, kann man auch in einen der Orte um die Stadt ausweichen. In der Nebensaison bezahlt man für eine Übernachtung in der Regel nur gut die Hälfte bis drei Viertel der Sommerpreise.

▸ **Hostels**

Beach Hostel Batumi, Kldiaschwili-Str. 32 (Seitenstraße der Melikishvili-Str., gegenüber dem Park des 6. Mai), Tel. +995/595/715745; Privatzimmer ab 15 Euro, Unterkunft in Mehrbettzimmern ab 6,5 Euro. 15. Juli bis 1. September.

Batumi Hostel, Giorgi-Mazniashvili-Str. 13 (Ecke Kostava-Str.), Tel. +995/555/507705; DZ 30 Euro, Unterkunft im Sechsbettzimmer ca. 12 Euro. April bis Oktober.

Hostel Batumi Globus, Giorgi-Mazniashvili-Str. 54 (nahe Tbilisi-Platz)Tel. +995/422/276721, +995/593/596096, www.hostelbatumi-globus.com; Unterkunft in Mehrbettzimmern (bis zu 16 Betten) ab 9 Euro pro Person, alle Mitarbeiter sprechen englisch.

Gulnasis Guesthouse, Lermontov-Str. 24A (zwischen Chavchavadze-Str. und Gorgasali-Str.), Tel. +995/599/797224, +995/557/965859, homestay@mail.ru; Übernachtung ab 10 Euro, Abholung vom Bahnhof und Organisation von Tagestouren möglich. Marschrutki vom Busbahnhof: 20, 25, 44, 45, Bus 101 (vom Bahnhof Makhinjauri).

▸ **Hotels**

Old Batumi (Dzsveli Batumi), Kostava 24, +955/422/277015, batgts@yahoo.com; DZ ab 45 Euro.

Hotel Chao, Gorgiladse-Str. 77, Tel. +955/422/222400; DZ ab 40 Euro.

Hotel Irise, Vasha-Pshavela 39 (Ecke Gorgasali-Str.), Tel. +955/422/221301; DZ ab 40 Euro.

Hotel Brighton, Nodar-Dumbadze-Str. 10, Tel. +955/422/274135, www.brighton.ge; DZ ab 90 Euro. In der Nähe des Europa-Platzes.

Hotel Amirani, Giorgi-Mazianishvili-Str. 3, Tel. +955/422/275515; Dreibettzimmer ab 40 Euro.

HotelRitsa, Gamsakhurdia-Str. 16, Tel. +955/422/273292; DZ ab 40 Euro. Schönes Hotel in einem Gebäude im Neo-Jugendstil in zentraler Lage.

Hotel Rcheuli Villa, Noe-Zhordania-Str. 51, Tel. +955/422/270707, www.rcheuli.

▸ Karte S. 382

ge. Das Hotel gehört zur gleichnamigen Kette, die auch Hotels in Telavi, Sighnaghi und Kutaisi besitzt. Standardzimmer ab 60 Euro.

Hotel O. Galogre, Gorgasali-Str. 8, Tel. +955/422/274845, www.hotelgalogre.com; DZ ab 90 Euro.

Hotel Alik, Memet-Abashidze-Str. 14, Tel. +955/422/275801, www.hotelalik.gol.ge; DZ 60–120 Euro. Mittelklase am Europaplatz, Restaurant, Sauna, Fitnessraum etc. Englischsprachige Rezeption, Hilfe bei Flugbuchungen und Ausflügen.

Hotel L-Bakuri, Chavchavadze-Str. 121, Tel. +955/422/276923; DZ ab 50 Euro. Schönes Mittelklassehotel mit Restaurant. Englischsprachige Rezeption.

▸ **Luxushotels**

Hotel Sheraton Batumi, Rustaveli-Str. 28, Tel. +955/422/229000, www.sheratonbatumi.com.

Radisson Blu Batumi, Ninoshvili-Str. 1, Tel. +955/422/255555, www.radissonblu.com/batumi.

IntouristPalace, Ninoshvili-Str. 11, Tel. +995/422/275525, www.intouristpalace.com.

Grand Hotel Kempinski, sollte 2013 öffnen, war aber Ende 2014 immer noch eine Bauruine in bester Lage.

Piazza Boutique Hotel, Parnavaz-Mepe-Str. 25, Tel. +955/322/611513, www.piazza.ge. DZ ab 100 Euro. Außergewöhnliches Hotel in einem Glockenturm an der neu errichteten Piazza. 16 unterschiedlich gestaltete Zimmer, die auf 8 Etagen verteilt sind. Schöne Aussicht auf Stadt und Hafen. Derselbe Betreiber hat noch zwei weitere Hotels an der Piazza.

Up and Down (Kiramala), an der Strandpromenade südlich des Ardagani-Sees. Lasische Küche, beliebt bei Einheimischen und Gästen, die Fassade erinnert an ein untergehendes Schiff.

Am Ardagani-See gibt es weitere Restaurants, unter anderem das **Adjarian House** (ein Café) in der Nähe des Leuchtturms und das **Ukrainochka** (russische und ukrainische Küche, s.u.) mit Terrasse und Meerblick.

In **Alt-Batumi** laden dutzende Cafés und Restaurants ein. Empfehlungen:

Sazandari, Z.-Gorgiladse-Str. 78 (in der Nähe des Parks 6. Mai). Georgische Küche im liebevoll und mit sehr viel Holz gestaltetem Interieur.

Literaturului Café, K.-Gamsakhurdia-Str. 18. Immer gut besucht, sehr gute Torten und Kuchen zu Preisen fast wie daheim.

Privet iz Batumi (Gruß aus Batumi), M.-Abashidze-Str., 36. Beliebtes Café mit ›kleinen‹ Speisen und einer großen Auswahl an Torten und Kuchen.

Café Nostalgia, K.-Gamsakhurdia-Str. 6. Georgische Küche in einem ehemaligen Süßwarengeschäft, orientalisch anmutendes Design.

Coffee House, M.-Abashidze-Str./Ecke Straße des 6. Mai, 11–23 Uhr. Gemütliches, preisgünstiges Lokal mit georgischer Küche.

Restaurant Bremen, Parnavaz Mepe 61. Georgische Küche, wird viel von Einheimischen frequentiert, deshalb für die Innenstadt moderate Preise. Der Name ist kein Programm.

Laguna, Gorgiladse-Str. 18. Gemütliches Restaurant, das vor allem wegen seiner Khachapuri auf adscharische Art beliebt ist.

Clouds Bar, Restaurant in der 19. Etage des Radisson Blu Batumi mit einem phantastischen Blick auf die Stadt und das Meer, Tel. +995/422/255555.

Die **Lokale um die Piazza** setzen vor allem auf ein zahlungskräftiges Publikum mit entsprechenden Ansprüchen an den Service.

In **Makhinjauri**, schräg gegenüber dem Bahnhof, befindet sich das Restaurant **Megrul Lazuri (**Tel. +995/597/673760), das sich mit seiner umfangreichen Speisekarte besonders bei Einheimischen großer Beliebtheit erfreut und als eines der besten Restaurants in Adscharien gilt. Im Sommer wird auch im subtropisch gestalteten Garten serviert. Das architektonisch originelle Gebäude wurde 1917 von einem japanischen Architekten projektiert.

Ausflüge von Batumi

Festung Gonio

Südlich von Batumi, etwa 12 Kilometer vom Stadtzentrum entfernt, befindet sich an der linken Straßenseite Richtung türkischer Grenze die Ruine einer römischen Festung, der vermutlich ersten auf georgischem Territorium. Die 900 Meter lange und bis zu fünf Meter hohe Mauer ist gut erhalten, ebenso 18 der einst 22 Wachtürme. In der Festung soll der Apostel Matthäus begraben sein. Über die Umstände seines Todes gibt die Geschichtsschreibung keine gesicherten Auskünfte. Die archäologischen Ausgrabungen in Gonio begannen in den 1960er Jahren. Inzwischen wurden die Fundamente zahlreicher Bauten, wie sie typisch waren für eine römische Garnison, einschließlich Kasernen, Wohnhäusern und der Therme, freigelegt. Ein **Museum** auf dem Gelände zeigt zahlreiche Fundstücke und erzählt die Geschichte der Festung. In einem der Räume erfährt man anhand von Fotos und erklärenden Texten viel Wissenswertes über weitere Festungen und Kirchen im Bergland östlich von Batumi. Wer diese Region zu besuchen beabsichtigt, kann sich hier einen ersten Eindruck von den zu erwartenden Eindrücken verschaffen. Zu erreichen ist die Festung mit einer der Marschrutka Richtung Sarpi an der georgisch-türkischen Grenze bzw. mit dem Bus 101. Geöffnet ist die Anlage von 9 bis 18 Uhr, Eintritt 3 Lari, Audioguide (englisch, russisch) 5 Lari.

Botanischer Garten

Ein sehenswertes Ausflugsziel ist der 1912 vom bekannten russischen Botaniker Andrej Krasnow gegründete Botanische Garten. Er erstreckt sich auf einer Landzunge nahe dem kleinen, für seinen Kieselstrand und das saubere Wasser beliebten **Kurort Seljonij Mijs** (Grünes Kap), ungefähr neun Kilometer nördlich von Batumi. Krasnow hatte sich bleibende Verdienste bei der Erforschung der subtropischen Pflanzenwelt der Kaukasus-Region erworben und damit die Grundlagen für die Trockenlegung der Sümpfe im Rioni-Delta gelegt. Der 120 Hektar große Park gliedert sich in neun geographische und landschaftliche Zonen mit insgesamt 5000 Arten und Sorten, darunter ein Stück kolchischen Regenwaldes mit seinen blattwechselnden Laubbäumen, dem immergrünen Unterholz und der wuchernden Fülle an Farnen und Lianen. In ungewohnter Umgebung heimisch geworden sind eben-

Die Festung Gonio

▲ Karte S. 378/379

so Bambusgewächse, japanische Kirschbäume und kanarische Phönix Palmen. Mehr als 1200 Arten von Rosen faszinieren den ganzen Sommer über. Man kann hier gut und gern einen ganzen Tag verbringen. Öffnungszeiten: 9 bis 18 Uhr, Eintritt 6 Lari. Von der Chavchavadze-Straße (Tbilisi-Platz) fährt die Marschrutka Nummer 31.

Chakvi

Der nächste Ort weiter Richtung Norden, 13 Kilometer von Batumi entfernt, ist das Küstendorf Chakvi, zu Sowjetzeiten eines der wichtigsten Zentren des Teeanbaus in Georgien. In Chakvi gibt es eine Reihe von Gästehäusern und Hotels, die eine Alternative zu einer Unterkunft in Batumi sind. Eine der empfehlenswerten Anlagen ist das Hotel Oasis auf einem weitläufigen Gelände mit Palmen, Agaven, Eukalyptusbäumen und Nadelgewächsen. Ein Hinweisschild an der Hauptstraße weist den Weg zum Hotel, das in Meernähe liegt. Adresse: Batumi-Str. 16, Tel. +995/32/2472233, +995/599/918381, DZ mit Vollverpflegung ab 55 Euro.

Man erreicht Chakvi von Batumi mit jeder Marschrutka Richtung Kobuleti und Poti. Der Ort besitzt auch eine Bahnstation.

Mtirala-Nationalpark

Kurz vor Chakvi führt eine Landstraße zur Verwaltung des Nationalparks Mtirala in dem Dorf Chakvistavi. Der höchste Gipfel ist der knapp 1400 Meter hohe Berg Mtirala. Der Name Mtirala bedeutet ›Heulsuse‹ und leitet sich ab von den jährlich durchschnittlich 4520 Millimetern Niederschlag, die hier niedergehen. Seit 2006 erst gehört das etwa 16 000 Hektar große Gebiet zu den als Nationalpark besonders geschützten Territorien Georgiens. Die Gegend ist reich an Pflanzen und Tieren. In den Wäldern unter 1000 Metern überwiegen Walnussbäume, Buchen, Erlen, Kaukasische Eichen und Linden. Das dichte Unterholz besteht vor allem aus Azaleen, Lorbeerkirschen und Buchsbäumen. Ab 1000 Metern dominieren Buchen. In den dichten Wäldern leben zu 95 Wirbeltierarten gehörende Tiere, unter anderem Braunbären, Rotfüchse, Dachse, Goldschakale, Hasen, Kaukasische Eichhörnchen, Rehe, Wildkatzen, Wildschweine, vereinzelt auch Luchse und Wölfe. Reich ist auch die Vogelwelt: Zwergadler, Turmfalken, Mäusebussarde, Uhus, Pirole und Wiedehopfe. Einzigartig ist der Kaukasische Salamander.

Das **Besucherzentrum** ist zu überreichen über die Telefonnummer +995/593/618400, +995/593/967495, nino_khakhubia@yahoo.com. Im Besucherzentrum des Parks erhält man vielfältige Informationen zur Arbeit der Naturschützer. Der Park ist durch markierte Wanderwege touristisch teilweise erschlossen. Als einer der schönsten Orte gilt der Tsablinari-Wasserfall. Das Besucherzentrum vermittelt Übernachtungsmöglichkeiten für ca. 25 Euro pro Person. Für ein Taxi von Chakvi bezahlt man zwischen 25 und 30 Lari. Auch das TIC in Batumi → S. 388 bietet Touren in den Nationalpark an.

Für vogelkundlich Interessierte ist die Organisation **Batumi Raptor Count** (BRC) der beste Ansprechpartner: www.batumiraptorcount.org. Im Frühjahr und im Herbst (letzte Septemberwoche), wenn hunderttausende Zugvögel Adscharien überfliegen, führt die BRC Vogelbeobachtungswochen durch. Wer sich in der Nähe der Orte, die als Vogelparadiese bekannt sind, für eine gewisse Zeit einmieten möchte, kann sich private Unterkünfte zum Preis von ca. 50 Lari pro Person vermitteln lassen.

Kobuleti und Umgebung

Der georgische Badeort schlechthin ist Kobuleti, ca. 25 Kilometer nördlich von Batumi. Die Strände bestehen aus kleinen Steinen. Zehntausende aalen sich hier in der Sonne. In Kobuleti vermietet fast jede Familie an Urlaubsgäste. Unterkunft findet man in allen Preisklassen. Einige Kilometer nördlich befindet sich der Badeort **Ureki**, wo vor allem Georgier aus dem Landesinneren ihren Urlaub verbringen.

In der Umgebung von Kobuleti gibt es verschiedene interessante Ausflugsziele in den Vorbergen des Meskhetischen Gebirges, die vom TIC in Batumi als Tagestouren angeboten bzw. vermittelt werden (→ S. 388). Das adscharische Fremdenverkehrsamt verwendet beträchtliche Mühen darauf, diese Exkursionen als Förderung des Öko-Tourismus zu bewerben. Dieser steckt noch in den Kinderschuhen, aber die Begegnungen mit engagierten Menschen vor Ort geben allen Grund zur Annahme, dass sich auf diesem Gebiet in den nächsten Jahren in Adscharien noch vieles tun wird.

Kvirike und das Dorf Sameba

Der Name Kvirike bezieht sich auf die Legende vom Heiligen Quiricus, einem dreijährigen Jungen, der mit seiner Mutter Julitta Opfer der Christen-Verfolgungen durch Kaiser Diokletian wurde. Quiricus ist die Kirche im Oberen Kvirike geweiht. Das Obere Sameba ist ein Höhenkurort zu Füßen des Berges Skurda (1300 m). Der Ort ist bekannt für seine Schwefelquellen. Die Dreifaltigkeits- (Sameba-) Kirche in seiner Nähe, von der nur Ruinen übrig sind, gab ihm seinen Namen. Das Obere und das Untere Sameba liegen im Tal des **Flusses Kintrishi**. Die Straße flussaufwärts führt zum **Kloster Khino**. Sie ist nur mit Allradfahrzeugen passierbar. In dieser Gegend wurden Spuren gefunden, die auf eine Besiedlung vor bereits 11 000 Jahren hinweisen. Die Straße passiert zwei gut erhaltene Rundbogenbrücken, von denen es in Südgeorgien noch Dutzende gibt und von denen im folgenden Kapitel noch die Rede sein wird. Die Ruinen des Klosters Khino befinden sich etwa 40 Kilometer von Kobuleti entfernt in einer malerischen wald- und wildreichen Berglandschaft. Von hier aus können Pferdetouren in die Umgebung unternommen werden.

Strandvergnügen am Schwarzen Meer

Über Natskhavatevi nach Achi

Eine weitere Exkursion führt durch stille Dörfer in den Vorbergen nach Natskhavatevi. Von dort aus gelangt man durch eine alte Kulturlandschaft, von der nur noch Spuren der einstigen Weingärten, Kirchen, Wohnhäuser und befestigten Forts erhalten sind, zum Dorf Achi an der Grenze zu Gurien. Die **St.-Georgs-Kirche von Achi** stammt aus dem 13./14. Jahrhundert. Sie selbst und ihre Fresken sind gut erhalten.

▲ Karte S. 378/379

Durch das Tal des Acharistskali

Das Tal des Flusses Acharistskali, der in den Meskhetischen Bergen entspringt und südich von Batumi ins Schwarze Meer mündet, ist eine der bisher noch immer touristisch am wenigsten erschlossenen Gegenden Georgiens. Im Süden wird sie begrenzt durch den Shavsheti-schen Gebirgsrücken, der die natürliche Grenze zur Türkei bildet. Wunderschöne, ständig wechselnde Berglandschaften, zahlreiche Festungsruinen, Bogenbrücken, jahrhundertealte und neue Kirchen sowie vereinzelt Moscheen bieten allen Sinnen Nahrung. Vor allem in den oberen Lagen sind die Berge von kompakten Nadelwäldern (vor allem Kiefern) bedeckt; in den unteren überwiegen Eichen, Pappeln und Eiben. Die Luft ist von aromatischen Düften durchzogen, und insbesondere für Menschen mit erkrankten Atemwegen sehr zu empfehlen. Der bekannteste Höhenkurort ist Beshumi (ca. 1900 m), südlich des Goderdzi-Passes.

Das Hinterland Adschariens ist reizvoll

Berühmt sind die Täler für die eleganten **Bogenbrücken**, die den Acharistskali und seine Nebenflüsse überspannen. Die Einheimischen sind fest davon überzeugt, dass diese unter der Regentschaft der Königin Tamara, also vor mehr als 800 Jahren gebaut wurden. Die meisten Archäologen datieren den Bau der Brücken in die Zeit zwischen dem 13. und dem 15. Jahrhundert, als Kaufleute aus Genua und Venedig entlang der Schwarzmeerküste Niederlassungen zur Kontrolle des Handels über die Seidenstraße mit dem Orient gründeten. Das Tal des Acharistskali gehörte zu den wichtigsten Routen in das Innere Asiens.

Auch die Ruinen zahlreicher festungsartig ausgebauter **Nachrichtentürme**, auf denen man mittels eines ausgeklügelten Systems Informationen weitergab und auf denen im Gefahrenfall Feuer entzündet wurden, zeugen von der einstigen Bedeutung des Tals für die jeweiligen über es gebietenden Mächte. Zur Zeit des Osmanischen Reiches, das diesen Teil Georgiens Jahrhunderte lang beherrschte, verloren sie ihre Bestimmung und verfielen bzw. dienten den Einheimischen als Baumaterial. Die Bewohner in den umliegenden Dörfern bezeichnen durchweg alle Türme als ›Festungen der Königin Tamara‹ (Tamaristsikhe).

Die meisten Menschen in der Region bekennen sich aufgrund der Jahrhunderte währenden Zugehörigkeit zum Osmanischen Imperium zum Islam. Der georgische Klerus unternimmt Versuche, sie zu missionieren, zum Beispiel durch den Bau neuer Kirchen. Inwieweit die Bemühungen von Erfolg gekrönt sind, lässt sich schwer feststellen. Schätzungen gehen davon aus, dass 30 bis 70 Prozent der adscharischen Bevölkerung Muslime sind. Die Spanne verrät die Ratlosigkeit und vielleicht auch, dass Religion nun wirklich Privatsache sein sollte.

Das wichtigste religiöse Heiligtum ist das Kloster Skhalta aus dem 13. Jahrhundert in der Nähe von Khulo → S. 399.

Die Menschen im Acharistskali-Tal und den Dutzenden Ortschaften in den Nebentälern ernähren sich von der Landwirtschaft, die dank der fruchtbaren Böden und des Wasserreichtums gute Ernten garantiert. Hauptsächlich werden Kartoffeln, Mais, Gemüse, Obst und Tabak angebaut. Allerorts trifft man auf Rinder- und Ziegenherden, denen die Weiden ausreichend Nahrung bieten. Der Honig aus dieser Gegend ist eine Delikatesse. An den tiefer gelegenen Berghängen wächst Wein, dessen kräftige Würze man noch lange am Gaumen spürt.

Die Entwicklung des Ökotourismus wäre für die Region eine wichtige wirtschaftliche Stütze, denn mangels Perspektive wandern immer mehr junge Menschen ab in die Städte, und bereits jetzt sind manche Dörfer vom Aussterben bedroht. In den letzten Jahren hat sich viel getan – neue Hotels und Herbergen wurden gebaut, in der Umgebung Khulos entstand ein Skigebiet, das adscharische Fremdenverkehrsamt und private Anbieter organisieren Ein- und Mehrtagesausflüge zu landschaftlich und historisch reizvollen Zielen.

Die wichtigsten Dörfer und Kreisstädte der Region – Keda, Shuakhevi und Khulo – sind auch mit der Marschrutka von Batumi aus erreichbar. Die Straße ist hinter Shuakhevi in einem bedenklichen Zustand, soll aber in den nächsten Jahren ausgebessert und mit einem neuen Belag versehen werden. Die nur mit allradgetriebenen Fahrzeugen passierbare Trasse führt von Khulo weiter über den Goderdzi-Pass nach Akhaltsikhe jenseits des Meskhetischen Gebirges. Zwischen Mai und Oktober, wenn der Pass schneefrei ist, verkehren Marschrutki zwei Mal in der Woche zwischen Akhaltsikhe und Khulo. Ideal ist die Gebirgswelt für Mountainbiker und Motorradfahrer, für Wanderer und im Winter für einen Skiurlaub. Im folgenden Kapitel wird die Route durch das Tal von Akhaltsikhe aus beschrieben

Von Akhaltsikhe nach Batumi

Von Akhaltsikhe bis nach Batumi sind es 184 Kilometer. Für diese Strecke braucht man derzeit mit dem Auto ca. acht Stunden. Etwa auf halbem Weg liegt Khulo, das Zentrum des gleichnamigen Kreises. Die Anreise von Akhaltsikhe lohnt sich, wenn man zum Beispiel aus Borjomi kommend, Adscharien besuchen möchte (→ S. 296).

Zwischen Adigeni und Khulo

Die erste größere Stadt auf dem Weg ist **Adigeni**, etwa 25 Kilometer westlich von Akhaltsikhe entfernt. Von hier aus bis zum **Goderdzi-Pass** sind es noch einmal 50 Kilometer, die bei den derzeitigen Straßenverhältnissen – egal mit welchem Fahrzeug – ein mühseliges Unternehmen sind. Der Pass liegt in einer Höhe von 2025 Metern über dem Meeresspiegel. Bis in den Juni hinein kann es hier zu Schneestürmen kommen und dichter Nebel umhüllt die Berge dies- und jenseits. Im Winter steigt die Schneedecke in manchen Jahren auf bis zu sechs Meter. Etwa auf Höhe des Passes zweigt von der Trasse eine Nebenstraße (Fahrweg) Richtung Süden ab, der zum auf etwa 1900 Metern liegenden **Höhenkurort Beshumi** führt. Dieser wird vor allem von Einheimischen gern besucht, die in den Sommermonaten vor der schwülen Hitze am Meer fliehen. Übernachtungsmöglichkeiten gibt es in Dutzenden Bungalows. Sind diese ausgebucht, kann man auch sein Zelt irgendwo aufstellen.

▶ Karte S. 378/379

Das Städtchen Khulo

Einige Kilometer hinter dem Pass liegen auf den umliegenden Berghängen verstreut die Häuser des Dorfes **Danisparauli**. Im Sommer 2012 legte hier der seinerzeit noch amtierende Präsident Saakaschwili den Grundstein für zwei von fünf geplanten Hotels, die 2014 eröffnet werden sollen, bei Redaktionsschluss aber noch im Bau waren. Wie in Mestia bemüht sich die Regierung auch in dieser Gegend um die Förderung des Wintersports in einer Region, in der bislang praktisch keine touristische Infrastruktur vorhanden ist. Geplant sind Abfahrtstrecken mit einer Gesamtlänge von 35 Kilometern, die über acht Skilifte erreicht werden, auf einer Höhe zwischen 1700 und 2390 Metern. Dazu sollen eine 1,7 Kilometer lange Gondelbahn in Khulo und ein 1,7 Kilometer langer Sessellift am Goderdzi-Pass, Pensionen und Restaurants sowie ein Kleinflughafen kommen. Die Autoren freuen sich auf erste Erlebnisberichte.

Die Straße vom Pass führt weiter abwärts Richtung Khulo. Dabei passiert sie in der Nähe der Dörfer Beghleti und Diakonidzeebi zwei **Bogenbrücken**. Etwa einen Kilometer vor dem Ortseingang von Khulo befindet sich eine noch intakte **Wassermühle**, die besichtigt werden kann.

Khulo

Khulo ist das Verwaltungszentrum des gleichnamigen Kreises, in dem etwa 37 000 Menschen leben, die sich überwiegend von der Landwirtschaft ernähren. Der Ort erstreckt sich über mehrere Berghänge zwischen 1300 und 1600 Meter über dem Meeresspiegel. Zu seinen natürlichen Reichtümern gehören verschiedene Mineralquellen, die bisher nur von den Einheimischen und ihren Gästen genutzt werden.

Die Hauptstraße Khulos ist die Mamuladse-Straße, die größte Sehenswürdigkeit eine **Seilbahn**, die das Tal des Acharistskali in schwindelerregender Höhe auf einer Länge von 1,7 Kilometern überspannt. Sie ist eine der längsten Seilbahnen Europas und für die Bewohner des Dorfes Tago am gegenüberliegenden Ufer die wichtigste Lebensader, nimmt doch der Weg von einem zum anderen Ufer, wenn die Seilbahn ausfällt, Stunden in Anspruch. Der Seilbahn, noch zu sowjetischen Zeiten gebaut, ist anzusehen, dass der Zahn der Zeit an ihr genagt hat, aber sie wird regelmäßig instand gesetzt und von einem Seilwärter betreut. Wenn Windböen durchs Tal fegen kann es schon mal passieren, dass dieser den Strom abstellt und man sich plötzlich in einer schwankenden Kabine über dem Abgrund befindet. Das dauert nie länger als ein paar Augenblicke, und man kann froh sein, die Kabine mit Einheimischen zu teilen, die die Ruhe behalten. Eine Fahrt kostet lächerliche 20 Tetri, hin und zurück das Doppelte. Die Seilbahn ist täglich von 9 bis 13 und 15 bis 19 Uhr betriebsbereit.

Äußerst sehenswert ist auch das **Ethnographische Museum** in Khulo, das erst vor einigen Jahren eröffnet wurde. Es befindet sich oberhalb der Mamuladse-Straße und besitzt eine liebevoll zusammengestellte Kollektion aus für die Region typischen, in der Landwirtschaft verwendeten Geräte, Küchenutensilien, einigen Ölgemälden und historischen Schwarzweiß-Fotos von Einheimischen. Die Direktorin des Museums ist Nana Schantadse, sie ist zugleich die Gattin des Hotelwirts Dato (Hotel Sastumro), den man vor einem Besuch bitten sollte, seiner Frau Bescheid zu geben, dass Gäste im Anmarsch sind, Tel. +995/593/5366238.

Die Straße weiter hügelauf gelangt man zur 1998 errichteten Verkündigungskirche, die wegen der Fresken und Ikonen aber auch des Blickes auf das Tal einen Besuch lohnt. Auf dem Weg passiert man das nach Reiseberichten beste, bis 2013 auch einzige, Restaurant des Ortes, dessen Köchin wahre Wunderwerke vollbringen soll.

Noch ist Khulo kein Touristenort im herkömmlichen Sinne. Der Reittourismus steckt in den Kinderschuhen, obwohl sich interessante Touren, auch über mehrere Tage nahezu anbieten. Im Norden von Khulo, beim etwa zehn Kilometer entfernten **Dorf Ghorjomi**, gibt es seit kurzem die Gelegenheit, Pferde zu mieten. Genaueres erfährt man im TIC in Khulo.

Ein lohnender Ausflug führt von Khulo nach Khikhadziri → S. 399.

Khulo

Vorwahl: +995/423.

Touristeninformationszentrum (TIC), im Zentrum von Khulo, Tel. +995/577/909132. Filiale des TIC in Batumi.

Hotel Sastumro, Mamuladse-Str. 2, Tel. +995/593/5366238. Doppelzimmer mit Gemeinschaftsbad, kleine Küche für Selbstversorger; ca. 10 Euro pro Zimmer. Das Hotel war das erste im Ort und wird von Reisenden für die Sauberkeit und die freundlichen Besitzer gelobt.

Hotel Khulo, Tbel.-Abuseridse-Str. 2 (parallel zur Mamuladse-Str.), Tel. +995/598/096545. Neu, bietet mehr Komfort als das ›Sastumro‹.

Der Marschrutka-Platz befindet sich auf Höhe der kleinen Geschäfte. Die Abfahrtzeiten sind nur ungefähre Richtwerte:

Batumi: 7.50, 8.45, 9.45, 12 Uhr, 4 Lari, ca. 2,5 Stunden Fahrtzeit. In der Saison fahren weitere Marschrutki. Außerdem fahren Busse nach Batumi: 12.30, 14 und 15.30 Uhr, 3 Lari. Busse und Marschrutki halten auch in Shuakhevi (1 Lar) und Keda (2 Lari) und an jedem anderen beliebigen Ort an der Route.

Akhaltsikhe (über Adigeni): in der Regel jeden zweiten Tag um 9.30 Uhr, 6 Lari, ca. 6 Stunden Fahrtzeit.

Hinter dem Hotel ›Sastumro‹ führt eine lange Treppe den Hang hinauf. Ihr zu Füßen befinden sich einige kleine Läden, in denen man alles bekommt, was man zum Überleben braucht: von Süßwaren bis zu Obst und Gemüse sowie Werkzeug und Schulheften. Neben den Läden werden die Tickets für die Marschrutki verkauft, einige Schritte weiter unterhält die Bank of Georgia eine Filiale mit Geldautomat.

Karte S. 378/379

■ Entlang des Skhalta nach Khikhadziri

Derzeit am bequemsten zu erlaufen (oder man ist mit dem eigenen Mountainbike oder aber mit dem Motorrad unterwegs bzw. bemüht sich beim TIC oder im Hotel um einen Fahrer) ist das nach Südosten abzweigende Seitental des Acharistskali, entlang des **Flusses Skhalta** (in den Sommermonaten eher ein Bach). Der Abzweig ins Tal von der Straße nach Batumi befindet sich gegenüber einer Bushaltestelle neun Kilometer westlich von Khulo. Etwa einen Kilometer zuvor verkündet eine Stele, dass man an dieser Stelle die Grenze zwischen den Verwaltungskreisen Khulo und Shuakhevi überfährt. Nimmt man den Abzweig, gelangt man nach zehn Minuten Fußmarsch zur **Bogenbrücke von Purtio**, die durch eine metallene Konstruktion ergänzt wurde. An diesem ruhigen Fleckchen befindet sich ein beliebtes **Ausflugsrestaurant**, das in den Sommermonaten auch Tagestouristen aus Batumi anzieht.
Von der neuen Brücke führt ein Fahrweg ins Zchalta-Tal, der sich dem Flussufer folgend sanft bergan windet. Nachungefähr neun Kilometern erreicht man das Dorf **Kinchauri**, in dessen Nähe sich das nach dem Fluss benannte **Kloster Skhalta** aus dem 13. Jahrhundert zu Füßen knapp 2400 Meter ansteigender Berge befindet. Das Kloster besteht aus nicht viel mehr als einer kleinen Kirche, deren längst verblasste Fresken und geraubte Ikonen die einsame Vergangenheit in einem erst muslimisch geprägten, dann atheistischen Landstrich verraten. Dennoch thront sie unbeeindruckt über dem Fluss und zieht Gläubige zum Gebet.
Weiter führt der Fahrweg flussaufwärts zum **Dorf Khikhadziri**, das sich 1240 Meter über dem Meeresspiegel befindet und einst, im 10. und 11. Jahrhundert, das wichtigste Zentrum der Region war. Geschützt wurden die in den Ort führenden Handelswege von der einige Kilometer östlich auf einem Berg thronenden **Festung Khikhiani**, deren Ruinen ein beliebtes Ausflugsziel (auch aus Batumi) sind. Man gelangt zu ihr aus dem Nachbardorf Zeda Tkhilvana. Von diesem Ort aus führt auch ein Fahrweg nach Norden zur Tkhilvana-Kirche. Die Ruinen der beiden Nachrichtentürme am Rand Khikhadziris dienten der Sichtverbindung und dem Informationsaustausch zwischen dem Kloster Skhalta und der Festung Khikhiani. Erbaut wurde die Festung in der Regierungszeit des in Khikhadziri geborenen Fürsten Tbel Abuseridse (1190–1240), dessen wegen seiner historischen und astronomischen Schriften und seiner klugen Regierung bis heute gedacht wird. Ihm zu Ehren findet in Khikhadziri jährlich Ende September das Tbeloba-Fest statt.
Am Rand des Dorfes befindet sich eine mineralische Quelle. Die Fotos an der Rückwand der Einfassung erinnern an im Zweiten Weltkrieg gefallene Dorfbewohner.
Nach Süden führt von Khikhadziri ein Fahrweg ins Dörflein **Kalota**, dessen größter Schatz eine Saalkirche aus dem 12. Jahrhundert ist. In ihrer Nähe auf dem Berg Seri fanden Archäologen eine Kultstätte mit Altar und Opferstein aus vorchristlicher Zeit.
Übernachtung in Khikhadziri findet man bei der Familie Roin und Titari Gabeidse, deren Anwesen sich an einem Weg, der gleich hinter der Ortseinfahrt (noch vor der Brücke) nach links abzweigt, liegt. Die Gabeidses vermieten fünf Doppelzimmer für etwa 15 Euro pro Person mit Vollpension. Im Notfall kann auch in Schlafsäcken im geräumigen Aufenthaltsraum übernachtet werden (Tel. +995/593/470559).

Mittelalterliche Bogenbrücke bei Keda

Da es in der Umgebung keine Restaurants und kaum Geschäfte gibt, sollte man sich bei mehrtägigen Ausflügen mit Lebensmitteln bevorraten.

Aus Khikhadziri fährt eine Marschrutka morgens gegen 8 Uhr Richtung Batumi, 7 Lari, 4 Stunden Fahrtzeit.

Man sollte beachten, wenn man sich nur mit Karte (erhältlich im TIC in Batumi bzw. Khulo oder bei GEO Land in Tbilisi) und Kompass auf den Weg macht, dass man sich hier im Grenzgebiet zur Türkei befindet. Wenn irgend möglich, empfiehlt es sich, bei längeren Wanderungen einen einheimischen Bergführer, vielleicht auch eines der Kinder, um Hilfe zu bitten.

Shuakhevi

Shuakhevi ist das Verwaltungszentrum des gleichnamigen Kreises, in dem 23 000 Menschen leben. Im Norden steigen die Berge auf bis zu 2812 Meter an, im Süden grenzt Shuakhevi an die Türkei. Von Shuakhevi zweigt nach Südosten ein Fahrweg ins Tal des Flusses (Baches) Churukhiststskali ab, das von einem bis zu knapp 2500 Meter aufsteigenden Bergrücken vom parallel verlaufenden Skhalta-Tal getrennt ist. Über den Kamm des Bergrückens verläuft ein nicht markierter Hirtenpfad mit Abstiegen in beide Täler.

In Shuakhevi, 14 Kilometer von Khulo entfernt, gibt es eine Filiale des Touristeninformationszentrums von Batumi im Kulturhaus (Tel. +995/577/909131), zwei Restaurants und einige Läden. Der Marschrutka-Platz befindet sich nahe des Ortsausgangs Richtung Batumi. Bis 12 Uhr mittags fahren häufig Marschrutki und Busse in Richtung Khulo und Küste. Marschrutki in die umliegenden Ortschaften verkehren bis in die Abendstunden.

Keda

Die Kreisstadt Keda befindet sich im Unterlauf des Acharistskali, 44 Kilometer östlich von Khulo und 40 Kilometer von Batumi entfernt. Kommt man aus Richtung Khulo, durchfährt man das Dorf Dandalo, kurz hinter dessen Ausgang sich die berühmte **Bogenbrücke von Dandalo** befindet: das bedeutendste Fotomotiv der ganzen Region.

▲ Karte S. 378/379

Dandalo gehört schon zum Kreis Keda. Die Talsohle des Acharistskali liegt hier nur 200 bis 400 Meter über dem Meeresspiegel. Die Sommer sind deshalb heißer als in den Bergen, die Winter milder. Im Tal des Acharistskali und den Tälern seiner Nebenflüsse wachsen Obstbäume, und an den Berghängen kultivieren die Einheimischen Wein. Es gibt beträchtliche Vorkommen von Ton, der in kleineren Betrieben zu Ziegeln gebrannt wird. Auch das Gebiet von Keda ist zu großen Teilen von Wald bedeckt. Im Norden grenzt der Kreis an das Naturschutzgebiet von Kintrischi, das derzeit für Touristen erschlossen wird.

Die Sehenswürdigkeiten der Stadt Keda sind eine **Burg** und eine **Kirche aus dem Mittelalter**, eine **Bogenbrücke** und das **Historische** Museum, durch welches auch kostenlose englischsprachige Führungen angeboten werden. Die Führerinnen haben ihr Gemach am Ende eines Korridors im Obergeschoss und freuen sich über jeden Gast. Das Museum beherbergt eine sehr sehenswerte Sammlung archäologischer Fundstücke aus der Region. Dazu zählen 10000 Jahre alte Steinhämmer, Tongefäße, in denen nachweislich vor 3500 Jahren schon Wein aufbewahrt wurde, Schmuck aus dem ersten Jahrtausend vor Christus, ein aus Silber gewirkter Gürtel, der 400 Jahre alt ist und Fragmente tönerner Wasserrohre. Außerdem gehören zur Sammlung Kleidungsstücke, Waffen, ein Pulverhorn, das Modell eines für die Region typischen, aus Holzstämmen gezimmerten Hauses und einige kunstvoll geschnitzte Möbelstücke, unter anderem eine mit Sonnenzeichen verzierte Truhe des bei Keda lebenden Möbelschnitzers Kemal Turmanidse. Das Museum ist täglich von 9 bis 18 Uhr geöffnet und der Eintritt frei.

Im Ort befinden sich mehrere Restaurants und das Gästehaus Keda in der Vasha-Pshavela-Str. 3, Tel. +995/557/926864.

Etwa zehn Kilometer hinter Keda Richtung Batumi überspannt eine weitere Bogenbrücke, die von **Brücke von Machunzeti**, den Acharistskali. Auf der gegenüberliegenden Flussseite befindet sich ein beliebtes Restaurant.

Einige Kilometer meerwärts mündet der Acharistskali in den aus der Türkei kommenden Fluss Chorokhi, der, bevor er ins Schwarze Meer mündet, ein Delta bildet. Von hier aus sind es nur noch wenige Kilometer bis Batumi.

In Batumi

Reisetipps von A bis Z

Allgemeines

Für die Sowjetbürger war Georgien das Land ihrer Sommer- oder Winterträume. Über fünf Millionen Touristen besuchten jährlich die einstige Sowjetrepublik, unter ihnen viele Ausländer, vor allem aus den ehemals sozialistischen Ländern, die meisten aus der DDR.

Bürgerkrieg und Wirtschaftskrise hatten in den 1990er Jahren die touristische Infrastruktur stark in Mitleidenschaft gezogen. Fast alle Hotels, Sanatorien und Herbergen waren mit Zehntausenden Flüchtlingen aus Abchasien belegt. Die Urlauberströme aus der Ex-Sowjetunion versiegten.

Mit dem Amtsantritt von Präsident Saakaschwili Anfang 2004 verbanden sich große Hoffnungen auf eine touristische Renaissance, die Visumpflicht für Reisende aus EU-Ländern wurde abgeschafft, und es gab steuerliche Erleichterungen für die noch junge private Tourismusindustrie.

Im Jahr 2011 wurde eine Tourismusinitiative gestartet. Seitdem werden im ganzen Land Altstädte und Klosteranlagen renoviert. Der frische Wind führte sofort zu neuen Investitionen in der Branche.

Denkmal für König Wachtang in Tbilisi

Zahlreiche alte und neue Reiseagenturen unterbreiten ihre Angebote. Im ganzen Land entstanden Dutzende neue Hotels unterschiedlicher Kategorien, die Straßen wurden erneuert und Touristeninformationszentren (TIC) geschaffen, die in den touristisch relevanten Orten mit Auskünften zu Verkehr, Unterbringung und wichtigen Sehenswürdigkeiten dienen, wenn vorrätig Karten zur Verfügung stellen und Exkursionen vermitteln (→ S. 421). Selbst in entlegenen Gegenden ist WiFi in Hotels und Cafés selbstverständlich.

Der Tourismus in Georgien ist derzeit einer der am schnellsten wachsenden Wirtschaftszweige, der knapp 7 Prozent des Bruttoinlandsproduktes erwirtschaftet. Tendenz steigend. In den zurückliegenden drei Jahren betrugen die Wachstumsraten ca. 20 Prozent.

Im Jahr 2013 besuchten insgesamt 4,4 Millionen ausländische Personen das Land – fast drei Mal so viel wie 2009. Unter ihnen auch 20 000 Deutsche, davon 8000 Touristen. Die Georgier sind hervorragende Gastgeber, aber nicht immer – im westeuropäischen oder amerikanischen Sinne – die beispielgebenden Dienstleister. Wer sich aber – besonders als Individualreisender – vor Unwägbarkeiten, kleinen Risiken und Überraschungen nicht fürchtet, Spontaneität der Organisation vorzieht und Abstriche an Bequemlichkeit und zivilisatorischer Perfektion bereit ist, in Kauf zu nehmen, der wird in jedem Fall auf seine Kosten kommen, und unvergessliche Eindrücke mit nach Hause nehmen.

Sorgen um die eigene Sicherheit braucht man sich im Land derzeit nicht zu machen, allerdings gibt es einige Ratschläge, die man beherzigen sollte (→ S. 417).

Es gibt verschiedene Arten, Georgien kennenzulernen: individuell oder als Teilnehmer einer Reisegruppe, mit den öffentlichen Verkehrsmitteln oder im Mietwagen (mit oder ohne Fahrer), auf dem Motorrad, Mountainbike oder zu Fuß.

Tankstelle in Swanetien

Anreise mit dem Auto

Die Einreise auf dem Landweg über Russland ist für Ausländer derzeit nicht möglich. Bei der Anreise über die Türkei bietet es sich an, aus Italien oder Griechenland mit der Fähre in einen der türkischen Schwarzmeerhäfen und von dort an der Küste zum Grenzpunkt Sarpi (Name des Grenzortes auf türkischer Seite: Hopa) und von dort aus weiter nach Batumi zu reisen. Die Trasse ist gut ausgebaut, und der Service entspricht dem mitteleuropäischen. Das Abfertigungsgebäude auf georgischer Seite wurde 2011 eingeweiht. Das Projekt stammt vom Berliner Architekturbüro J. Mayer H., das auch das Flughafenterminal von Mestia (Oberes Swanetien) entworfen hat. Eine andere Möglichkeit ist, auf der den alten Karawanenwegen im Landesinnern folgenden Transitstrecken durch die Türkei bis zum Grenzpunkt Wale auf georgischer Seite, südlich von Akhaltsikhe (letzter Ort in der Türkei: Posof) zu fahren.

Die Abfertigungsformalitäten an der Grenze wurden in den letzten Jahren vereinfacht, so dass lange Wartezeiten für PKW unwahrscheinlich sind. Der Aufenthalt in Georgien mit eigenem Auto ist auf 20 Tage, bei Transitreisen auf 10 Tage, beschränkt. Sollten die Fristen ohne Antrag auf Verlängerung überschritten werden, drohen empfindliche Geldstrafen. Weitere Informationen zum Thema Auto unter den Stichworten: Karten, Mietwagen, Straßenverkehr und Tanken.

Anreise mit der Bahn

Von Westeuropa aus ist die direkte Anreise nach Georgien mit dem Zug derzeit nicht möglich. Eine Alternative wäre die Zugverbindung Berlin–Odessa (ca. 37 Std., Schlafwagen mit Platzkartenpflicht) und vom südwestlich von Odessa gelegenen Hafen Ilyichevsk mit der Fähre (→ S. 390) nach Poti oder Batumi. Zum Fahrkartenkauf wendet man sich am besten an eine spezialisierte Bahnagentur; die Ticketschalter der Deutschen Bahn sind mit derart Anfragen in der Regel hoffnungslos überfordert. Empfehlenswert sind zum Beispiel:

Bahnagentur Schöneberg
Crellestr. 7, 10827 Berlin
Tel. 030/76768398
www.bahnagentur-schoeneberg.de

Spezialreisebüro Bahnfüchse
mit Filialen im Berliner S-Bahnhof Spindlersfeld, am S-Bahnhof Köpenick sowie am U-Bahnhof Breitenbachplatz
Anfragen: info@bahnfuechse.de
www.bahnfuechse.de.

Züge nach Tbilisi verkehren aus Jerevan (Armenien) und Baku (Aserbaidschan). Von Baku fahren Züge unter anderem nach Moskau und Kiew.

Für Armenien benötigen EU-Bürger seit 2013 kein Visum mehr, wenn sie sich weniger als 180 Tage im Jahr im Land aufhalten. An einer durchgängigen Eisenbahnverbindung zwischen Baku (Aserbaidschan) über Tbilisi und Achalkalaki nach Kars mit Anschluss an das türkische und über dieses

an das westeuropäische Eisenbahnnetz unter Umgehung Armeniens wird derzeit gebaut. Die Gleise sollen bis Ende 2015 verlegt und die Tunnel gebaut sein. Die Betreiber rechnen mit bis zu einer Million Fahrgäste jährlich.
Der Zentralbahnhof in Tbilisi ist gleichzeitig Schnittpunkt der beiden Metrolinien und Busbahnhof (Ausgang Richtung Osten, Verbindungen (→ S. 187/188). In den kommenden Jahren soll der Zentralbahnhof durch zwei Kopfbahnhöfe ersetzt werden.

Anreise mit dem Bus

Eine weitere Möglichkeit, nach Georgien zu gelangen, ist die Anreise mit dem Bus aus Istanbul, entlang der Südküste des Schwarzen Meeres über Trabzon, Batumi und Kutaisi bis nach Tbilisi. Die Busse verkehren täglich, die Fahrt kostet ab 45 Euro, und die Fahrtzeit beträgt ca. 40 Stunden. Selten kommt es an der Grenze zu längeren Wartezeiten. Manche Abenteurer fliegen auch bis Trabzon fahren dann mit einem Sammeltaxi (in der Türkei ›Dolmus‹ genannt) bis zur georgischen Grenze (knapp 200 Kilometer, ca. 4 Stunden), die sie zu Fuß überqueren, und dann weiter mit dem Kleinbus, der hier ›Marschrutka‹ heißt, bis Batumi. Busverbindungen nach Georgien gibt es auch aus Ankara und Kars.
Weitere Busrouten verbinden Tbilisi mit Jerevan und Baku. Die Busse und Kleinbusse von und nach Jerevan und Baku sind schneller als der Zug (→ S. 188).

Anreise mit dem Flugzeug

Direkt- und Gabelflüge aus Westeuropa nach Tbilisi bieten u. a. die folgenden Fluglinien an, wobei Direktflüge aus Westeuropa nur aus Frankfurt a. Main, München, Wien und Amsterdam möglich sind: Georgian Airways, www.airzena.com (Frankfurt, Amsterdam, Paris, Wien, Prag, Kiev, Moskau, Athen), Lufthansa (Frankfurt), Turkish Airlines (Istanbul), Pegasus Airlines (Istanbul), Belavia (Minsk), British Airways (London) und Austrian Airlines (Wien). Ein Hin- und Rückflug kostet ab 250 Euro.
Seit einigen Jahren bietet Turkish Airlines regelmäßige Flüge zwischen Istanbul und Batumi an, so dass man mit einmal Umsteigen auch von zahlreichen deutschen Flughäfen nach Batumi kommt, bei frühzeitiger Buchung beginnen die Preise ab ca. 200 Euro. Eine direkte Flugverbindung gibt es auch zwischen Kiew bzw. Warschau und Kutaisi (Flughafen Kopitnari).
Vom **Airport Tbilisi** (TBS, www.tbilisiairport.com) gelangt man am besten mit dem Taxi (offizielle grau-rote Flughafentaxis vor der Ankunftshalle, Preis 25 Lari), dem Flughafenzug (futuristischer Bahnhof gegenüber der Ankunftshalle, Preis 50 Tetri) oder mit Bus Nr. 37 (hält ebenfalls vor der Ankunftshalle, Preis 50 Tetri, bis ca. 22 Uhr) ins Zentrum bzw. zu einem der Hotels in der Stadt. Man sollte georgische Lari parat haben, für Bus und Zug braucht man Münzen, Wechselmöglichkeiten gibt es in der Ankunftshalle.
Wer in der Nacht in Tbilisi landet und das Hotel schon gebucht hat, sollte im Voraus einen Transfer vereinbaren; Kosten zwischen 25 und 35 Lari.
Das Touristeninformationszentrum (TIC) auf dem Flughafen ist während der Saison rund um die Uhr geöffnet.
Fahrplan des Flughafenzugs:

ab Airport	an Zentralbahnhof
08.45	09.20
18.05	18.40
ab Zentralbahnhof	**an Airport**
08.00	08.35
17.20	17.55

Am Zentralbahnhof besteht Anschluss an die Metro und zu den innerstädtischen Busbahnhöfen (→ S.188).

Anreise mit dem Schiff

Die einzige regelmäßige Fährverbindung gibt es derzeit zwischen **Poti/Batumi** und **Ilyichevsk** in der Ukraine (südwestlich von Odessa).
Eine einfache Fahrt (Dauer ca. 2 Tage) von Ilyichevsk nach Batumi kostet zwi-

schen 175 und 255 Dollar pro Person in der Doppelkabine, mit Vollpension. Kontakt und Buchung: UKR FERRY, Shipping Company, Vladlen Tarashenko, Marketing & Projektmanager (Kontaktperson, spricht fließend englisch), Head Office 4a, Sabansky Lane, Odessa/Ukraine 65014, Tel. +380/482/347995, 346708, vyt@ukrferry.com, www.ukrferry.com.

Eine Schiffsverbindung zwischen **Trabzon** in der Türkei und **Batumi** ist in Aussicht gestellt. Aus Poti und Batumi gelangt man in den Sommermonaten mit der Fähre oder dem Schnellboot nach **Sotschi** in Russland (Visum für Russland erforderlich!). Besonders die nächtliche Überfahrt mit der altehrwürdigen ›Svetlov‹ ist strapaziös, aber angesichts der Nähe zum ›wahren Leben‹ an Bord ein Erlebnis. Alternierend mit der ›Svetlov‹ verkehren die Schnellboote vom sowjetischen Typ ›Raketa‹. Von Batumi bis Sotschi sind es ca. 11 Stunden Fahrzeit, mit Anlegen in Poti. Genaue Informationen bekommt man derzeit leider nur vor Ort (→ S. 390).

Bahnverkehr innerhalb Georgiens

Die ersten Schwellen für die Eisenbahn in Georgien wurden 1865 verlegt, und sechs Jahre später rollten die ersten Züge. Heute verfügt die georgische Eisenbahn über 1612 Kilometer Schienenwege. Über sie ist Tbilisi mit den wichtigsten Orten an der Küste des Schwarzen Meeres – Batumi, Poti, Zugdidi, mit Jerevan in Armenien und Baku, der Hauptstadt Aserbaidschans verbunden. Von Baku verkehren auch Züge nach Moskau und Kiew. Die Eisenbahnlinie von Batumi über Suchumi in Abchasien und weiter nach Sotschi über Krasnodar nach Moskau ist seit dem Bürgerkrieg Anfang der 1990er Jahre unterbrochen. Es gibt Verhandlungen über die Wiederaufnahme des Zugverkehrs.

Ein weiteres Projekt betreibt die Anbindung der georgischen Eisenbahn an das türkische Schienennetz. 2015 bereits sollen die ersten Züge zwischen Baku am Kaspischen Meer über Tbilisi nach Kars rollen. Sobald der Eisenbahntunnel unter dem Bosporus für den Verkehr freigegeben ist, wäre damit Georgien direkt mit dem Zug aus Westeuropa erreichbar.

Die georgische Eisenbahn hat seit 2004 von erheblichen Investitionen profitiert. Der Wagenpark wurde teilweise erneuert, das Streckennetz modernisiert. Tbilisis Zentralbahnhof erhielt ein neues Gesicht. Weitere Anstrengungen, die Fahrtzeiten zu verringern, werden unternommen.

Dennoch ist die Eisenbahn nach wie vor das Stiefkind des öffentlichen Nah- und Fernverkehrs. Die **Hauptstrecken** verbinden Tbilisi mit Gori, Borjomi, Kutaisi, Zugdidi, Osurgeti und Batumi. Der Bahnhof in Batumi war zum Zeitpunkt des Erscheinens dieses Reiseführers noch im Bau, so dass die Züge auf einem behelfsmäßig, aber modern eingerichteten Bahnhof nördlich der Stadt (Makhindjauri) eingesetzt werden und enden. Von Makhindjauri fahren Kleinbusse und Busse ins ca. 10 Kilometer entfernte Stadtzentrum.

Auf der Webeite der georgischen Eisenbahnen – www.railway.ge (georgisch, russisch, englisch) – erhält man Informationen zu den befahrenen Strecken und Zugnummern. Für weitere Auskünfte – Abfahrtzeiten, Ticketpreise etc. – ist es notwendig, sich auf der Seite zu registrieren. Die Registrierung erlaubt auch den Kauf von Tickets und Platzkarten ab 40 Tagen bis zu zwei Stunden im Voraus.

Es gibt einen Winter- und einen Sommerfahrplan. Auf der Webseite ist der jeweils aktualisierte Fahrplan einzusehen. Die Abfahrt- und Ankunftszeiten, Zugnummern und Preise haben sich in den letzten Jahren jeweils nur geringfügig geändert (→ S. 426).

In den **Passagier-** und **Nahverkehrszügen** kann das Ticket beim Schaffner im Zug erworben werden, auf den meisten Strecken zu Einheitspreisen d.h. unabhängig vom Zielort vor dem Endbahnhof.

Züge mit Schlafwagen (Nighttrains) verkehren zwischen Tbilisi und Batumi, zwischen Tbilisi und Zugdidi sowie zwischen Tbilisi und Osurgeti, Verwaltungszentrum der Re-

Regionalzug in Bakuriani

gion Gurien. Der Service in den Schlafwagen (4 bzw. 2 Bett Abteile) ist annehmbar. Vor allem die Liegeplätze im Zug nach Batumi sind im Sommer sehr gefragt, weshalb es sich empfiehlt, die Tickets einige Tage im Voraus zu kaufen.

Die **Preise** für die Benutzung der Bahn sind im Vergleich zu denen in Mitteleuropa äußerst niedrig. Für den Nachtzug von Tbilisi nach Batumi, zum Beispiel, bezahlte man 2014 für einen Platz im 4 Bett Abteil 24 Lari, für einen Platz im 2 Bett Abteil 41 Lari.

Fahrzeiten 2014:

Tbilisi–Gori (76 km): ca. 1 Std. bis 1 h 20 Minuten

Tbilisi–Borjomi (170 km): ca. 4 Std. 10 Minuten

Tbilisi–Kutaisi (221 km): ca. 5 Std. 30 Minuten

Tbilisi–Zugdidi (317 km): ca. 8 h 35 min. (tags), 9 h 15 min. im Nachtzug

Tbilisi–Poti (312 km): ca. 5 h

Tbilisi–Osurgeti (328 km): ca. 9h 30 min im Tag- und im Nachtzug

Tbilisi–Batumi/Makhinjauri (342 km) – ca. 8 Stunden im Nachtzug, ca. 5 h 30 min. im Express, der tagsüber verkehrt.

Internationale Züge verkehren zwischen Tbilisi und Jerevan (an den ungeraden Tagen) sowie zwischen Tbilisi und Baku (täglich).

Fahrplan der wichtigsten Züge (2014) und ausgewählte Fahrpreise

→ S. 426

Busse und Kleinbusse innerhalb Georgiens

Das schnellste und am besten ausgebaute Verkehrsnetz verläuft über die Straße. Aus Tbilisi gelangt man mit dem Bus und dem schnelleren, meist auch bequemeren Kleinbus (Marschrutka) in fast jede Ortschaft Georgiens.

Als 1991 das ehemals sowjetische Verkehrswesen zusammenbrach, nutzten Kleinunternehmer die Lücke auf dem Markt und schafften sich Kleinbusse an, die sogenannten ›Marschrutki‹. Sie verkehren nach Fahrplan, aber nicht immer, und warten meist so lange, bis auch wirklich der letzte Quadratzentimeter mit Passagieren bzw. Gepäck besetzt ist. Größtes Problem bei der Nutzung der Verkehrsmittel ist wohl die Entzifferung des Fahrtziels auf den Schildern hinter der Windschutzscheibe, die den Bestimmungsort nur manchmal auch in lateinischen Buchstaben anzeigen.

Die **Marschrutki aus Tbilisi** starten von vier Orten (→ S. 188). Alle im Text zu den verschiedenen Orten angegebenen Abfahrtzeiten sind Richtwerte und ohne Gewähr. Sobald die Busse bzw. Kleinbusse voll be-

setzt sind, reisen sie ab. Manche Chauffeure bevorzugen ihren eigenen Rhythmus. An den Busbahnhöfen sollte man besonders auf Geld und Gepäck achtgeben!
Bequeme **Überlandreisebusse** verkehren derzeit nur - und auch das ohne Garantie - zwischen Tbilisi, Kutaisi und Batumi. Ob sich die Situation geändert hat, erfährt man ggf. in den jeweiligen Touristeninformationszentren (TIC) vor Ort, über die Reiseagenturen bzw. im Internet.

Diplomatische Vertretungen in Georgien

Deutsche Botschaft
Die Diplomatische Vertretung der Bundesrepublik Deutschland befindet sich in Tbilisi, in der Davit-Agmashenebeli-Straße 166, das Gebäude wird seit Jahren renoviert, deswegen ist die Botschaft bis auf weiteres im ›Sheraton Metekhi Palace Hotel‹ untergebracht, Telavi-Str. 20, 0103 Tbilisi, Tel. +995/(0)32/2447300, Fax 2447364, www.tiflis.diplo.de.
Mobilfunknummer des Bereitschaftsdienstes: +995/599/586191.
Die Visastelle und die Konsularabteilung befinden sich bereits im Botschaftsgebäude in der Davit-Agmashenebeli-Straße 166, Tel. +995/32/2435399 (Mo–Fr 9–13 Uhr).

Marschrutka in Batumi

Ehrenkonsulat von Österreich
Doesi-Str. 26,
Tel. +995/(0)32/772475
eva.berger@austrian.com
Botschaft der Schweiz
Krtsanisi-Str. 11 (Stadtteil Ortachala),
Tel. +995/(0)32/753001-02
Fax 2753006
tif.vertretung@eda.admin.ch.
Botschaft der Republik Armenien
Tetelashvili-Str. 4
Tel. +995/(0)32/2951723, 2950977 (Konsularischer Dienst), Fax 2964287
armgeorgiaembassy@mfa.am
Botschaft Aserbaidschans
Kipshidze-Str.2, Bloc 2/1
Tel. +995/(0)32/252639
azembassy@internet.ge
www.azembassy.ge

Diplomatische Vertretungen Georgiens

Website (englisch) des Georgischen Außenministeriums: www.mfa.gov.ge.
Georgische Botschaft in Berlin
Rauchstraße 11
13156 Berlin
Tel. 030/4849070
www.germany.mfa.gov.ge
Konsularabteilung
Drakestraße 6
10787 Berlin
Tel. 030/48490719
Fax 030/48490720
berlin.konsulat@mfa.gov.ge
Telefonische Auskunft oder Terminvergabe für Vorsprache:
Di, Mi und Fr 9.30–3 Uhr
(Tel. 030/48490719)
Bereitschaftsdienst außerhalb der Öffnungszeiten:
0162/8855303
Generalkonsulat von Georgien in Frankfurt am Main
Bockenheimer Landstraße 97–99
60325 Frankfurt am Main
Tel. 069/97671137
Mo–Fr 9–18 Uhr
frankfurt.con@mfa.gov.ge

Konsularkreis: Hessen, Saarland, NRW, Rheinland-Pfalz, Thüringen

Georgische Botschaft in Österreich (Konsulat)
Marokkanergasse 18/1
A-1030 Wien
Tel. 0043/1/7103611
Fax 7103610
www.austria.mfa.gov.ge

Georgische Botschaft in der Schweiz
Seftigenstrasse 7
3007 Bern
Tel. 041/(0)31/3515855
Fax 3515862
www.switzerland.mfa.gov.ge
geoembassy.bern@bluewin.ch

Einreisebestimmungen

Im Zuge der Umsetzung des EU-Assoziierungsabkommens wurden zum 1. September 2014 die Einreisbestimmungen für EU-Bürger nach Georgien modifiziert. Grundsätzlich ist die Einreise visumfrei. Überschreitet der Aufenthalt 90 Tage im Halbjahr (180 Tage im Jahr), bedarf es eines Visums, das die Georgische Botschaft in Berlin erteilt. Der Pass muss bei der Einreise noch mindestens sechs Monate gültig sein. Wer also länger zu bleiben beabsichtigt, sollte sich rechtzeitig an die Konsulate bzw. Botschaft Georgiens im Heimatland wenden:

Essen und Trinken

Was überall in der Welt gilt, hat auch in Georgien seine Berechtigung: Man sollte kein ungewaschenes bzw. ungeschältes Obst und Gemüse essen, besonders in den im Sommer heißen Regionen in Westgeorgien und um Tbilisi.

Die georgische Küche mit ihrer ausgeglichenen Mischung aus Gemüse- und Fleischgerichten ist für den westeuropäischen Geschmack und Magen sehr bekömmlich. Viele Köche im Land bereiten hervorragende Fleisch- und Fischmarinaden zu. In fast allen Cafés und kleinen Restaurants kann man gut essen; in manchen vorzüglich. Eines der beliebtesten Gerichte für den kleinen Hunger zwischendurch sind die Khachapuri (Käse-Teigtaschen), die in jeder Region anders zubereitet werden und sehr sättigend sind.

Straßenverkäufer, vor allem von Fleischgerichten, sollte man jedoch meiden.

Der **zentrale Markt von Kutaisi** ist ein orientalisches Schauspiel und schon deshalb unbedingt einen Besuch wert. Gewürze, insbesondere das berühmte swanische Salz, Pasten und Saucen, getrocknete Früchte, Khlapi (gemostete und dann getrocknete Sauerfrüchte), Tschutschchrelo (in Weingelee eingelegte Nüsse am Bindfaden), Obst und Gemüse, die frischen und getrockneten Kräuter und die Fleisch- und Käsestände verleihen ihm ein unverwechselbares Flair. Außerdem gibt es im ganzen Land Lebensmittelgeschäfte, wenn auch die Qualität der Waren mitunter zu wünschen übrig lässt. In den großen Städten erfreuen sich Supermärkte mit fast ausschließlich importierten und überteuerten Lebensmitteln kaum der Beliebtheit der Einheimischen (in Tbilisi: Agmashenebeli 86–90, Chavchavadze 52, Kostava 54).

Das **Leitungswasser** in den Städten gilt zwar als trinkbar, da aber die Leitungssysteme selten gereinigt werden, sollte man dennoch lieber auf die Mineralwässer zurückgreifen, von denen es Dutzende Sorten gibt. Sehr schmackhaft sind die Limona-

Georgischer Imbiss

Marktstand in Kutaissi

den, Biere und Wasser der Kasbegi-Fabrik. Das Bier wird mit französischer Technologie gebraut.

Schwierig ist es nach wie vor um die **georgischen Weine** bestellt. Viele der in den nicht spezialisierten Geschäften angebotenen Flaschenweine sind Fälschungen oder billige Verschnitte. Auch die in manchen Orten am Straßenrand angebotenen selbstgekelterten Tropfen sollte man mit Vorsicht genießen. Vor allem in den kachetinischen Dörfern entlang der ›Weinstraße‹ wird man aber wunderbare Entdeckungen machen können. Ausgeführt darf Wein nur in fabrikmäßig abgefüllten Flaschen (→ S. 213).

Was **Zigaretten** betrifft, so sind zwar so gut wie alle klassischen Marken im Land erhältlich, aber die meisten Sorten werden in Georgien hergestellt – mit spezifisch ›nationalem Aroma‹. (→ Rauchen, S. 412)

Feiertage

Neujahr: 1. Januar
Weihnachten: 7. Januar
Dreikönige: 19. Januar
Muttertag: 3. März
Internationaler Frauentag: 8 März
Ostersonntag: der erste oder zweite Sonntag nach dem katholischen bzw. protestantischen Osterfest, in manchen Jahren fallen sie auch zusammen
Tag der Einheit: 9. April
Tag des heiligen Andreas: 12. Mai
Unabhängigkeitstag: 26. Mai
Marioba (Mariä Himmelfahrt): 28. August
Sveti-Tskhvoloba (Tag des lebensspendenden Stamms): 14. Oktober
Giorgoba (Tag des heiligen Georg): 23. November

Gesundheit

Es sind keine Impfungen vorgeschrieben. Reisemediziner empfehlen allerdings außer den auch in Mitteleuropa wichtigen Immunisierungen (Tetanus, Polio, Diphterie und Hepatitis A) ggf. zusätzliche Impfungen gegen Hepatitis B, Typhus und Tollwut. Dies gilt vor allem dann, wenn man einen Aufenthalt unter einfachen Bedingungen plant (z. B. eine Trekkingtour) oder sich längere Zeit in Georgien aufhalten möchte. Für Kulturtouristen, die eine Pauschalreise mit Aufenthalten in Hotels gebucht haben, ist dies nicht nötig.

Wer die Sommerhitze nicht verträgt, sollte Kohletabletten, Magnesium und Calcium im Reisegepäck haben.

Man bekommt in den Apotheken das Nötigste. Nicht zu empfehlen sind die Apotheken-Kioske, da die Arzneien in der Regel unsachgemäß gelagert werden. Zu empfehlen sind die Apotheken der Kette AVERSI, die Medikamente in guter Qualität und preiswert anbieten.

Selbst in kleineren Ortschaften gibt es meist ein Ambulatorium und zuverlässige Ärzte, die Reisenden bei größeren Beschwerden oder Unfällen zur Seite stehen, wobei man allerdings hinsichtlich der Ausstattung keine westeuropäischen Maßstäbe anlegen darf. Über die Formalitäten der Bezahlung medizinischer Dienstleistungen sollte man sich vor Reiseantritt mit der zuständigen Krankenkasse verständigen, denn die medizinische Versorgung in Georgien ist kostenpflichtig. Auf jeden Fall empfiehlt sich der Abschluss einer privaten Reisekrankenversicherung, die auch die Kosten eines evtl. erforderlichen Rücktransportes abdecken sollte.

Bei Notfällen ist die Deutsche Botschaft über die Mobilfunknummer des Bereitschaftsdienstes (Tel. + 995/599/586191) erreichbar.

Für ambulante Behandlungen empfiehlt die Deutsche Botschaft den **MediClub Georgia** (englischsprachig) in Tbilisi, Tashkenti-Str. 22a, Tel. +995/(0)32/2251991 (24-Std.-Notruf: +995/(0)599/581991), www.mediclubgeorgia.ge. Auf Anfrage stellt die Botschaft weitere Informationen zu Allgemein- und Fachärzten zur Verfügung.

Die im ganzen Land gültige kostenlose Nummer für den medizinischen Notdienst ist 113.

Ein qualifizierter Rettungsdienst mit englischsprachigem Personal ist in Tbilisi unter der Nummer 012 zu erreichen.

Eine private Klinik mit medizinischer Versorgung auf hohem Niveau ist: **IMSS Clinic** Tbilisi, Makashvili-Str. 31, Tel. +995/(0)32/2920928, 2938911, Notrufnummern: +995/599/266669, +995/599/100311, www.imss.ge

Ebenso zu empfehlen ist in Tbilisi die **Gemeinschaftspraxis Curatio** (Tel. +995/32/2430101, www.curatio.ge, 24 Stunden Service) in der Sulkhan-Tsintsadze-Str. 16.

Aktuelle Gesundheitsinformationen finden sich auf der Länder-Website des Auswärtigen Amtes sowie auf der Webseite www.fit-for-travel.de (weltweiter reisemedizinischer Service mit Empfehlungen zum Impfschutz).

Internet

In den meisten großen Orten gibt es Internet-Cafés. Sie sind zu erkennen an der einheitlichen Werbung – einem Telefonhörer und der Aufschrift ›Internet‹. Wer länger im Land ist, sollte sich eine georgische SIM Karte zulegen (→ S. 420). Viele Hotels und Gästehäuser, auch zunehmend in abgelegeneren Gegenden, bieten kostenlosen WLAN-Zugang an.

Karten/Navigation

Für Reisen durch Georgien empfiehlt sich die von International Travel Maps of Vancouver BC herausgegebene Karte im Maßstab von 1:625 000, die man zum Beispiel in Berlin über die geographische Fachbuchhandlung Schropp bekommt: Hardenbergstr. 9a, 10623 Berlin, Tel. 030/23557320.

Der georgische Verlag ›Geoland‹ gibt Auto-, Wander- und Trekkingkarten mit Maßstäben zwischen 1:50 000 und 1:250 000 heraus. Das Geschäft von Geoland befindet sich unter der Adresse 3 Cul des Sac (Telegraph Dead End), unweit des futuristischen Bürgeramtes am Sviad-Gamsakhurdia-Ufer in Tbilissi, Tel. +995/32/2922553, Öffnungszeiten: Montag bis Freitag von 10 bis 19 Uhr, www.geoland.ge. Geoland bietet auch Navigationssysteme an – siehe Straßenverkehr.

Wichtig zur Orientierung in den Städten ist zu wissen, dass viele Straßennamen in den letzten zehn Jahren zum Teil mehrmals geändert wurden, so dass ältere Karten deshalb mitunter in die Irre führen. Außerdem benutzen viele Einheimische die alten Bezeichnungen. Eine Orientierung über GPS ist in der Regel ohne große Probleme möglich. Die Orts- und Straßenbezeichnungen bei GPS und auf praktisch allen erhältlichen Karten sind englisch transkribiert, weshalb wir die Adressen und andere georgische geographische Eigennamen in diesem Reiseführer in der **englischen Schreibweise** angegeben haben, die sich teilweise erheblich von der deutschen unterscheidet. Sollten dennoch Unsicherheiten auftauchen, reicht es, den Stadt- oder Straßennamen bei Google deutsch einzugeben und um ein englisches Wort zu ergänzen, um die international korrekte Bezeichnung zu finden.

In den Touristeninformationsstellen vor Ort bekommt man Übersichtskarten, die von staatlichen Stellen oder touristischen Initiativen herausgegeben werden.

Mietwagen

Die marktführenden europäischen Autoverleiher besitzen auch in Georgien Filialen. Darüber hinaus vermieten manche Reiseveranstalter Autos, zum Teil mit Fahrer. Wenn man einen Ausflug in die Berge plant, sollte man in jedem Fall ein geländegängiges Allradfahrzeug mieten. Die Straßenverhältnisse in den verschiedenen Regionen sind in den entsprechenden Kapiteln beschrieben. Man sollte sich gut überlegen, ob man in Georgien ein Auto mieten möchte. Preislich günstiger ist zwischen den meisten Orten eine Fahrt mit dem Taxi. Der Fahrstil der Georgier, die Ausschilderung der Straßen und andere nationale Besonderheiten sind Umstände, die man vor einer Entscheidung berücksichtigen sollte.

HERTZ, Tbilisi, im Hotel Radisson Blu Iveria, Rose Revolution Square 1 (nördliches Ende der Rustaveli-Straße), Lizenznehmer von Hertz. Weitere Informationen auf der Webseite www.hertz.com.

AVIS, im Hotel Courtyard By Marriott Tbilisi, Freedom Square 4, Tel. +995/(0)32/2923594, auf dem Flughafen (rund um die Uhr geöffnet), Tel. +995/32/2923594, und in Batumi, Airport Highway 220, +995/32/923594, www.avis.ge.

EUROPCAR, Kraselnaya 6, Tel. +995/32/2754471, und auf dem Flughafen, Tel. +995/32/754471, www.europcar.de.

Zur Suche nach weiteren Anbietern empfehlen sich auch die Webseiten: www.mietwagen-check.de sowie www.billiger-mietwagen.de.

Russischer Oldtimer

Zwei in Georgien ansässige deutschsprachige Reiseagenturen bieten Mietwagen zum Verleih, mit und ohne Fahrer, an: Insight Georgia und Kaukasus-Reisen.

Auch andere georgische Reiseagenturen vermieten Autos, zum Beispiel Caucasus Travel und Concord Travel (→ S. 414).

Motorradfahren

Auch die Freunde des Motorradsports kommen in Georgien auf ihre Kosten. Man sollte dabei unbedingt geländegängige Modelle, die an den Kraftstoff keine allzu großen Anforderungen stellen, bevorzugen. Begeisterte Reiseberichte findet man unter den Stichworten ›Motorrad Georgien‹ im Internet zuhauf.

Naturerkundungen

Teile der vielfältigen Natur Georgiens – Hochgebirgslandschaften, die kolchische Niederung, Steppen und Halbwüsten im Osten sowie subtropischen Wälder um Batumi – mit ihrem immensen Artenreichtum werden in Nationalparks und Schutzgebieten geschützt. Diese entstanden in den letzten 20 Jahren oder wurden reorganisiert, zum Teil erweitert, und für den nachhaltigen Tourismus erschlossen. Pflanzenkundliche Exkursionen, Begegnungen mit Säugetieren und Vogelbeobachtungen gehören zum Programm fast aller Nationalparks.

Aktuelle Informationen zu den Nationalparks bekommt man auf der Webseite der **Agentur für die Geschützten Territorien**: www.apa.gov.ge.

Im Kolchischen und im Mtirala-Nationalpark besteht die Möglichkeit, im Frühjahr und im Herbst Vogelzüge zu beobachten. Weitere Informationen und Reiseangebote zur Beobachtung von Vögeln unter anderem auf der Webseite: www.wingsbirds.com

Wertvolle Hinweise erhält man auf Wunsch auch beim World Wide Fund for Nature (WWF) für den Kaukasus. Die Repräsentanz des WWF in Tbilisi befindet sich in der

Aleksidse-Str. 11, Tel. +995/32/2237500, office@wwfcaucasus.org, www.panda.org/Caucasus.

Notfallnummern

Feuerwehr 111
Polizei 112
Krankenwagen 113
Public Defender (Ombudsman) of Georgia +995/32/2234499, 2913814

Printmedien

In Tbilisi erscheint das deutschsprachige Monatsblatt ›Kaukasische Post ‹ unter der Redaktion von Götz-Martin Rosin und Rainer Kaufmann, www.kaukasische-post.de. Gegründet wurde die Zeitung 1906, stellte 1922 ihr Erscheinen ein und nahm es 1994 wieder auf. Die Kaukasische Post erhält man im Reiseshop in Tbilisi, in der Barnov-Str. 31.

Die Berliner Georgische Gesellschaft publiziert ein zweimonatlich erscheinendes Mitteilungsblatt, das man über folgende Adresse beziehen kann: Prof. Dr. Rolf Schrade, Berliner Str. 25, 15831 Mahlow, Tel. 03379/39352, Email: brischra@aol.com, Webseite: www.bggev.de.

Englischsprachige Zeitungen in Georgien sind ›Georgian Times‹ (www.geotimes.ge) und ›The Messenger‹ (www.messenger.com.ge).

Radfahren

Immer mehr Menschen entdecken in den letzten Jahren Georgien als Ziel für Fahrrad- und Mountainbike-Touren. Einige Reiseveranstalter haben sich dem Zeitgeist angepasst und bieten explizit Radreisen an. Die bergige Landschaft ist eine Herausforderung, ebenso wie die Straßenverhältnisse und die mitunter krude Fahrweise der georgischen Chauffeure es sind. Lesenswerte Berichte über Radtouren durch Georgien findet man unter anderem auf: www.andmoments.com (Cycling Tour in Georgia) und www.durch-georgien.blogspot.de. Tunnel sollte man möglichst umfahren. Werkzeug gehört unbedingt ins Gepäck.

Rauchen

Nichtraucher sollten sich darauf einstellen, dass praktisch überall, auch in Restaurants und Cafés, geraucht werden darf und die Georgier auch ausgiebig von dieser Möglichkeit Gebrauch machen.

Reiseveranstalter in Georgien (deutschsprachig)

Erka Reisen GmbH
Robert-Stolz-Str. 21
76646 Bruchsal
Tel. +49(0)7257/93039-0
Email: service@erkareisen.de
Webseite: www.erkareisen.de

Die von Gabi und Rainer Kaufmann gegründete Reiseagentur ist seit mehr als 20 Jahren erfolgreich in Georgien tätig. Zum Angebot gehören sowohl Gruppen- als auch Individualreisen zu allen touristisch interessanten Orten, wobei die vielen freundschaftlichen Beziehungen der Betreiber zu Menschen in allen Landesteilen tiefe Einblicke in den Alltag der Georgier erlauben. Zum Angebot gehören auch Reisen nach Armenien. Erka-Reisen betreibt ein eigenes Hotel und Restaurant in Tbilisi (›Kartli‹, → S. 183). Rainer Kaufmann engagiert sich außerdem als Autor und Filmemacher. Sein Lesebuch Georgien – eine Neuauflage ist in Arbeit – vermittelt tiefe Einblicke in po-

Leihräder in Batumi

litische Zusammenhänge und das Alltagsleben der Menschen. Jährlich offeriert das Unternehmen Spezialreisen, so 2014 unter anderem eine Weinstudienreise.

GEORGIA INSIGHT GmbH
Leo-Kiacheli-Str. 17
0108 Tbilisi, Georgien
Telefon: +995 322 29 55 32
Mobil: +995 555 40 74 94
Deutsches Festnetz: 0711 46050129
E-Mail: info@georgia-insight.eu
www.georgia-insight.eu
Die 2011 gegründete deutsch-georgische Reiseagentur hat sich binnen kurzem zu einem der wichtigsten Anbieter von Gruppen- und Pauschal-, Kultur-, Trekking und Fotoreisen durch Georgien entwickelt. Die Gründer der Agentur, George Tevdorashvili und seine Frau Katrin, sind seit vielen Jahren im Tourismus tätig. Der Internet-Auftritt von Georgia Insight gibt über das umfangreiche Reiseprogramm hinaus wissenswerte Informationen zum Land und Reiseberichte. George begleitete 2011 die MDR-Reporterin Julia Finkernagel für ihren sehenswerten vierteiligen Film über Georgien durch das Land.

Kaukasus-Reisen
0105 Tbilisi, Sayat-Nova-Str. 17
Tel. +995/(0)599/570554
Email: kaukasus@gmail.com, info@kaukasus-reisen.de, hansheinerbuhr@gmail.com.
www.kaukasus-reisen.de
Das von dem Maler und Deutschlehrer Hans Heiner Buhr und seiner Frau Teona Papuashvili gegründete Unternehmen organisiert seit Sommer 2000 Reisen durch Georgien mit einem vielfältigen Angebot: Kultur, Weine, Trekking, Fahrradtouren und Reitsport. Das Interesse der Betreiber gilt den Bergregionen Khevsuretien und Tuschetien. Außerdem engagieren sie sich für intensive Kontakte zwischen Künstlern aus der Kaukasusregion und Westeuropa. Kaukasus-Reisen arbeitet mit dem Germanisten Jago Arabuli zusammen, der seit vielen Jahren als Bergführer in Khevsuretien und Tuschetien Touristen durch die Berge begleitet. Kontakt:
Jago (Kviria) Arabuli
Tel. +995/599/533239,
+995/32/2570634
Email: info@kaukasus-tour.de
Webseite: www.kaukasus-tour.de.

Reiseveranstalter in Georgien (englischsprachig)

Als Ansprechpartner für Individualreisende bieten sich zahlreiche Reiseagenturen an, deren Service die Vermittlung von Unterkünften, Transfers, Exkursionen in die Berge und mehrtägige Touren umfasst.

Caucasus Travel
Tbilisi, Peritsvaleba-Str. 10
Tel. +995/(0)32/2987400, 2931175, 2987399, Fax 29331175
www.caucasustravel.com
Mehr als 200 Touren, Organisation von Kur-, Urlaubs- und Geschäftsreisen nach individuellen Bedürfnissen

Colour Tour Georgia
Leselidze Str. 27
Tbilisi 0105, Georgien
Tel: +995/(0)322/920520
Mob. +995/599/555242
www.colourtourgeorgia.com
Vielfältiges Tourprogramm zu verschiedenen Themen bzw. Aktivitäten mit einer Dauer von wenigen Tagen bis zu mehreren Wochen; auch individuell zusammengestellte Touren

Concord Travel
Tbilisi, Vasil-Barnov-Str. 82
Tel. +995/(0)32/225151
www.concordtravel.ge
Vielfältiges Angebot an Touren durch das Land (Kultur, Trekking, Wein, Gourmet etc.), Autoverleih

Explore Georgia
Tbilisi, Shevchenko-Str. 5
Tel. /Fax +995/(0)32/2921911
Tel. +995/(0)32/2180201
www.exploregeorgia.com
Vielfältiges Angebot – Kultur, Bergwandern, Alpinismus, Ökotourismus, kulinarische Erfahrungen

Georgica Travel
Tbilisi, Irakli-Str. 5

Fremdenführer im Kloster Davit Gareja

Tel. +995/(0)32/2252199, 2474720
www.georgica.caucasus.net
Kultur- und Abenteuertourismus in ganz Georgien, inklusive Bergwanderungen und Alpinismus

GEO Wonderland
0134 Tbilisi, L. Asatiani-Str. 44
Tel. +995/593/937679
www.geo-wonderland.com
Spezialisiert auf Trekking Touren in ganz Georgien

Heliksir
Pekini-Str. 28, 0160 Tbilisi
Tel. +995/(0)32/2243503, Mob. +995/595/350900 Tamara Mdivnishvili), +995/595/404606 (Anna Ananiashvili), www.heliksir.com
Heliskiing rund um Gudauri

Silk Road Travel
0108 Tbilisi, Rose Revolution Square 1
Tel. +995/32/2402213, 2140140
www.silkroadtravel.ge
Kultur- und Wanderreisen. Hotel- und Ticketbuchung. Visaservice

Visit Georgia
0105 Tbilisi, Nishnianidze-Str. 14
Tel. +995/32/2922246,
Fax +995/32/2922247
Handy: +995/599/558998
www.visitgeorgia.ge
Gruppen- und Individualreisen durch Georgien, Trekking, Reiten, Naturbeobachtungen und Spezialangebote

Reiseveranstalter, international

Arcus Tours
Bakuntsi Str. 4, Office 50
Yerevan, 0076 Armenia
Tel. 00374/10/6724-42, Fax 22
www.arcustours.com
Armenischer deutschsprachiger Kulturreiseveranstalter, der auch individuelle Programme für Einzelpersonen sowie kleinere und größere Gruppen anbietet

Reiseveranstalter in Deutschland und der Schweiz

AchiTours
Archil Tsintsadze
Faulerstraße 2
79098 Freiburg
Tel. 0761/3836850
www.achitours.de
Wandern, Skifahren, Radfahren, Kultur

Baikal Tours
Ostkirchstr. 65
47574 Goch
Tel. 02823/41974-8, Fax -9
www.baikaltours.de
Erlebnis- und Trekkingreisen im Kaukasus, vor allem Elbrus-Gebiet. Länderübergreifende Touren

biss Aktivreisen
Fichtestr. 30
10967 Berlin
Tel. 030/69568767
Fax 6941851
www.biss-reisen.de
Spezialist für Aktivtourismus: Wandern, Reiten, Radfahren in Georgien und Armenien

Diamir Erlebnisreisen
Berthold-Haupt-Str. 2
01257 Dresden
Tel. 0351/31207-532
www.diamir.de
Trekking, Bergsteigen, Expeditionen, Skitouren, Mehrländerreisen

Eberhardt Travel
Zschoner Ring 30
01723 Kesselsdorf
Tel. 035204/9211-2, Fax -5
www.eberhardt-travel.de
Bewährter Pauschalreiseveranstalter mit Studien- und Wanderreisen

Elbrus-Erlebnisreisen
Schillerplatz 2
D-14471 Potsdam
Tel. 0331/2805354
www.elbrus-reisen.de
Skitour auf den Kasbek, Kasbek von Norden (aus Russland)

Ex Oriente Lux Reisen
Neue Grünstr. 38
10179 Berlin
Tel. 030/62908205
www.eol-reisen.de
Rundreise durch Georgien, Armenien und Aserbaidschan

German Travel Network
Rothenburgerstr. 5
90443 Nürnberg
Tel. 0911/92899185
www.g-t-n.de
Studienrundreisen, Kleingruppenreisen durch Georgien, Armenien und Aserbaidschan

GoEast Reisen
Bahrenfelder Chaussee 53
22761 Hamburg
Tel. 040/8969090, Fax 894940

Inschrift an der Kirche von Ananuri

www.go-east.de
Kulturreisen Georgien, Armenien, Aserbaidschan

Haase Touristik
Dickhardtstr. 56
12159 Berlin
Tel. 030/8418322-6, Fax -7
www.haase-touristik.de
Individuell zusammengestellte Reisen zu verschiedenen Themen

Hauser Exkursionen
Spiegelstr. 9
81241 München
Tel. 089/235006-0, Fax -99
www.hauser-exkursionen.de
Spezialist für Wander- Trekking- und Skireisen in Georgien und im gesamten Kaukasus

Ikarus Tours
Postfach 1220
61425 Königstein
Tel. 06174/29020
www.ikarus.com
Studienreisen, Kaukasus Rundreisen (Georgien, Armenien, Osttürkei), Wanderreise nach Swanetien

Kira Reisen
Badstr. 31
CH–5400 Baden
Tel. 056/20019-00, Fax -11
www.kirareisen.ch

Spezialist für Russland und den Kaukasus, Reisebausteine sowie Pauschalangebote

Kulturreisen Gordion
Schillerstr. 13
71638 Ludwigsburg,
Tel. 07141/488723-0, Fax -2
www.kulturreisen-gordion.de
Rundreisen durch Georgien

Lernidee Erlebnisreisen
Kurfürstenstraße 112
10787 Berlin
Tel. 030/7860000
www.lernidee.de
Bahnreise durch die Türkei (Istanbul-Pergamon-Ephesos-Konya-Erzurum-Kars) mit anschließendem Aufenthalt in Georgien, Georgien-Rundreisen

Ost & Fern
An der Alster 40, 20099 Hamburg
Tel. 040/28409570
www.ostundfern.de
Kulturrundreisen Georgien und Armenien, Weinreise nach Georgien

Paradeast
Orhalm 6a
93177 Altenthann
Tel. 09408/869270
www.paradeast.de
Zahlreiche Georgien-Reisen mit unterschiedlichen Schwerpunkten, auch in Verbindung mit Armenien, Russland, Türkei und Iran

Schmid Reisebüro AG
Seminarstrasse 54
CH-5430 Wettingen, Schweiz
Tel. 056 426 22 88
www.schmidreisen.ch
Familiengeführtes Spezialreiseunternehmen für Kunst- und Kulturreisen in Begleitung durch professionelle Erfahrung kompetenter Reiseleiter

TSA Travel Service Asia
Riedäckerweg 4
90765 Fürth
Tel. 0911/979599-0
www.tsa-reisen.de
Spezialveranstalter mit individueller Reiseplanung für Einzelreisende, Paare und Gruppen.

Georg (Gogi) Tchelidze
Am Berge 7
58313 Herdecke
Tel. 02330/888408
georg@tchelidze.de
www.kaukasus-georgien.de
Wanderungen und pflanzenkundliche Beobachtungen in kleinen Gruppen in der Gegend um Kasbegi und in Khevsuretien

Ventus Reisen
Krefelder Str. 8
10555 Berlin
Tel. 030/39100332/33, 39 84 96 41/43
www.ventus.com
Organisation von Programmen für Individualreisende und Kleingruppen

Via Verde
Paul-Kemp-Str. 2a
53173 Bonn
Tel. 0228/92616390
www.via-verde-reisen.de
Wanderstudienreisen für Individualisten nach Georgien, Armenien und Aserbaidschan

Wigwam Tours
Lerchenweg 2
87448 Waltenhofen
Tel. 08379/9206-0, Fax -16
www.wigwam-tours.de
Spezialist für Natur- und Expeditionsreisen. Organisiert auch Privatreisen.

Reiten

Die meisten als Trekkingtouren ausgewiesenen Routen lassen sich auch auf dem Rücken eines Pferdes zurücklegen, bzw. man nutzt die Möglichkeit, ein Packpferd zu leihen und selbst zu laufen. Anbieter für Reiturlaube in Georgien finden sich zum Beispiel auf der Webseite: www.reiten-weltweit.de. Auch Reiseveranstalter vor Ort bieten Reiturlaube an.

Restaurants

Sie sind alle gut, manche besser und einige unübertrefflich. Wo immer man auch einkehrt – es schmeckt, und die Gerichte

In Swanetien

sind preiswert (abgesehen von denen in den Nobel- und Hotelrestaurants in Tbilisi und Batumi). Nähere Hinweise in den Kapiteln über die einzelnen Urlaubsziele. Generell gilt, dass man unbesorgt in jedem Restaurant oder an jedem Imbissstand, auf den man unterwegs trifft, essen kann. Trinkgelder (10 Prozent) sind üblich, insbesondere wenn Service und Küche den Erwartungen entsprechen oder sie gar übertreffen.

Eine kleine Liste verbreiteter Gerichte samt georgischer Schriftzeichen befindet sich auf → S. 437.

Sicherheit

In den ersten knapp zwei Jahrzehnten nach Erlangung der Unabhängigkeit haben der wirtschaftliche Verfall und die schamlose Korruption in Georgien zu mehr Kriminalität geführt. Diese zu bekämpfen war eines der vornehmlichen Ziele der Regierung unter Präsident Saakaschwili. Die Reorganisation aller Machtorgane und bessere Entlohnung der Polizisten sowie einige im ganzen Land durchgeführte Sonderoperationen gegen das organisierte Verbrechen haben Resultate gezeigt.

Wenn man die überall auf der Welt geltenden Sicherheitsregeln beachtet, ist Georgien ein sehr sicheres Reiseland. Erfahrungsberichte individuell Reisender legen jedoch nahe, dass Frauen nach Einbruch der Dunkelheit - insbesondere außerhalb der großen Städte - möglichst nicht allein unterwegs sein sollten.

Vorsicht ist überall geboten, wo große Menschenmengen unterwegs sind - auf Märkten zum Beispiel oder im Zentrum von Tbilisi. Es empfiehlt sich, darauf zu verzichten, Geld außerhalb der Wechselstuben zu tauschen oder von ›zufälligen‹ Händlern angebotene Schmuckstücke bzw. antiquarische Werke zu kaufen. In den Cafés und Restaurants sollte man, vor allem wenn die Tische auf belebten Bürgersteigen stehen, auf Taschen, Fotoapparate und Jacken achten.

Auch in den Bergen sollte man es an Vorsicht nicht fehlen lassen. Nicht, dass man dem Reisenden hinter jeder Wegbiegung auflauern würde, doch leben die Bergvölker nach eigenen Gesetzen, die man akzeptieren sollte. Auch empfiehlt es sich, als Reisender auf die Einheimischen zu hören. Wenn empfohlen wird, die eine Richtung der anderen vorzuziehen oder lieber erst am nächsten Tag aufzubrechen, so hat das meist seine Gründe.

Reisen nach **Südossetien** und **Abchasien** sind auf absehbare Zeit nicht möglich (siehe auch die Reisewarnungen auf der Homepage des Auswärtigen Amtes, www.auswaertiges-amt.de).

Das Bergdorf Ushguli im Oberen Swanetien

Friseursalon in Batumi

Sollte dennoch etwas passieren, so gilt im ganzen Land die Nummer 112 als Notfallruf der Polizei, in Tbilisi zusätzlich 122.

Souvenirs und Ansichtskarten

Zu den beliebtesten Souvenirs gehören Trinkhörner, Tongefäße, Ikonen, landestypische Kleidungsstücke und Holzarbeiten. In einigen Gegenden, an der Georgischen Heerstraße und vor bzw. hinter dem Rikoti-Pass, verkaufen Bäuerinnen Wollstrümpfe, Hüte, verschiedene Arbeiten aus Ton und Hängematten. Die berühmten tuschetischen Schaffellmützen, Bochochi, bekommt man am günstigsten an der Georgischen Heerstraße, auf einem kleinen Markt vor dem Aufstieg nach Gudauri.

Wertvolle Ikonen, Bilder, Gemälde oder andere Kunstgegenstände (vor allem Antiquitäten) unterliegen entweder einem Ausfuhrverbot oder bedürfen einer speziellen Ausfuhrgenehmigung durch das Ministerium für Kultur.

Postkarten und Briefe, von denen erwartet wird, dass sie Ihren Empfänger recht bald erreichen, sollten nach der Rückreise im Heimatland eingeworfen werden.

Straßennummerierung

Die wichtigsten Verkehrsadern zwischen den großen Städten (so von Tbilisi nach Telavi, nach Gudauri und Borjomi) sind inzwischen recht gut ausgebaut. Die Ost-West-Magistrale von Tbilisi nach Poti am Schwarzen Meer nach Kutaisi und weiter nach Poti, Zugdidi und Batumi entspricht zumindest streckenweise westeuropäischem Standard. Die meisten Straßen- und Hinweisschilder sind georgisch beschriftet, in größeren Städten und auf den wichtigsten Überlandstraßen auch in lateinischer Transkription. Ortsschilder sind fast durchgehend georgisch und englisch beschriftet. Die großen Tafeln vor wichtigen Abzweigungen vermerken links oder rechts unten die Entfernung bis zum eigentlichen Abzweig. Nicht immer sind die Ausschilderungen ausreichend, um ohne Umwege den richtigen Weg zu finden.

Wer ältere Karten besitzt, sollte berücksichtigen, dass die wichtigsten Straßen des Landes neue Bezeichnungen erhalten haben. Die Hauptstraßen sind mit einem ›S‹ (in manchen Quellen auch mit einem M) und der dazugehörigen Zahl markiert:

S 1 Tbilisi–Kutaisi–Zugdidi (E 60 von Tbilisi bis Senaki und weiter als E 97 bis zur russischen Grenze, E 117 Tbilisi–Mtskheta) – bis hinter Gori ausgebaut als Autobahn.

S 2 Senaki–Poti–Batumi–Sarpi–türkische Grenze (E 60 und E 97 zwischen Senaki und Poti, weiter als E 70 bis zur türkischen Grenze)

Teppichwerkstatt in Sighnaghi

S 3 Georgische Heerstraße (E 117)
S 4 Tbilisi-Rustavi-Ziteli Chedi (Krasny Most - dt. Rote Brücke) - aserbaidschanische Grenze (E 60)
S 5 **Tbilisi-Bakurtsikhe-Lagodekhi-aserbaidschanische Grenze**
S 6 Tbilisi-Marneuli-Bolnisi-Saatlo-armenische Grenze (über Vanadzor nach Jerevan, E 117)
S 7 Marneuli-Sadachlo-armenische Grenze (ebenfalls Richtung Vanadzor, E 001)
S 8 Khashuri-Borjomi-Akhaltsikhe-Vale-türkische Grenze (ab Akhaltsikhe E 691)
S 9 Tbilisi-Stadtring, vornehmlich für LKW im Transitverkehr (E 60)
S 10 Gori-Tskhinvali und weiter durch den Roki-Tunnel nach Russland (durch Südossetien, derzeit nicht befahrbar)
S 11 Akhaltsikhe-Achalkalaki-Ninotsminda und weiter nach Armenien (E691)
S 12 Samtredia-Lantschchuti-Supsa (Verbindung zwischen S 1 und S 2 in Westgeorgien, E 692)

Straßenverhältnisse

In den **Bergregionen** verlieren die Trassen mit zunehmender Höhe über dem Meeresspiegel an Gestalt und gehen an mancher Stelle in Feldwege über, die mit gewöhnlichen Personenkraftwagen kaum noch zu befahren sind. Vorsicht vor Schlaglöchern, die mitunter sehr tief sein können. Generell eignen sich in Georgien, vor allem für Fahrten in die Bergregionen, am ehesten allradgetriebene Jeeps. Das zuverlässigste und robusteste Auto ist der russische Niwa, der sich sogar dort einen Weg bahnt, wo man selbst zu Fuß kaum noch von der Stelle kommt. Auch eigentlich passabel ausgebaute Strecken, wie die über den Kreuzpass nach Kasbegi, sind nur in den Sommermonaten frei passierbar. Im Frühjahr können Schnee- und Frostschäden bzw. Schlammlawinen nach starken Regenfällen auch im Sommer das Weiterkommen behindern.
Vor den Reformen Präsident Saakaschwilis erzählte man sich den Witz: Frage: »Findet ein Esel am Wegrand genügend Nahrung? Antwort: Ja, wenn man ihn in die Uniform

Vieh wie dieser Wasserbüffel ist ein häufiges Verkehrshindernis

eines Polizisten steckt.« Seit 2004 erhalten die Polizisten erheblich erhöhte Bezüge und können auch bei kleineren Vergehen zur Verantwortung gezogen werden. Sie tragen Uniformen, die den amerikanischen ähnlich sind und fahren meist Opel. Das Recht, ein Fahrzeug anzuhalten, besitzen sie nur bei konkreten Ordnungswidrigkeiten. Dabei haben sie sich mit Name, Dienstgrad und Einheit vorzustellen. Bei Verstößen stellen sie lediglich Strafzettel aus, dürfen aber nicht selbst kassieren. Alles Weitere ist dann, wie in Westeuropa auch, Sache der Ämter.
Die Georgier sind passionierte Autofahrer, und man sollte sich nicht wundern, wenn sie bei Rot Gas geben und bei Grün bremsen. Gefragt nach den Gründen, antworten sie bei Rot, dass sie das Risiko lieben und bei Grün, dass das alle Georgier tun. Sich wie in Europa auf die Vernunft allein zu verlassen, wäre fahrlässig, ebenso wie es den Georgiern nachzutun. Will man auf Nebenstrecken überholen, sollte man zunächst hupen.
Das häufigste **Verkehrshindernis** in Georgien ist das Vieh. In stoischer Unkenntnis aller drohenden Gefahr räkeln sich wiederkäuende Kühe auf der Fahrbahn, überqueren Schweine, Hunde, Hühner, Enten,

Schafe oder Ziegen gemächlich die Straße oder benutzen sie als Gehweg. Man sollte nicht glauben, dass die Hupe genügt, um die Tiere von dort zu vertreiben.

Das bis 2013 einzige funktionierende **Navigationssystem** wurde von der Firma Geoland programmiert - www.geoland.ge. Derzeit können nur die Navigationssysteme von Garmin mit einer von Geoland erstellten Datenbank aktualisiert werden. Die Firma ist auch der wichtigste Hersteller von Auto- und Trekkingkarten. (→ S. 179)

In Georgien gilt die **Null-Promille-Regel**. Die **Höchstgeschwindigkeit** auf den Landstraßen ist auf 80 Kilometer pro Stunde begrenzt, und es besteht Gurtpflicht. Bei Nichtbeachtung von Parkverboten sind Bußgelder bis zu 40 Lari fällig.

Diejenigen Kennzeichen auf den Nummernschildern, die mit A beginnen, sind aus Tbilisi, die mit B aus Batumi, C - Suchumi, N - Borjomi, O - Gori, R - Kachetien, KZY - Radsha, PZY - Kasbegi. (siehe auch Anreise mit dem Auto, Mietwagen)

Tanken

Für den Kraftstoff gilt das gleiche wie für den Wein: Es ist nicht immer drin, was drauf steht. Dennoch hat sich die Situation erheblich verbessert. Außer in den entlegenen Bergregionen ist das Netz der Tankstellen dicht gestrickt. Will man Superbenzin tanken, dann sollte man das an den Großtankstellen in den Städten tun. In den letzten Jahren sind die Kraftstoffpreise erheblich gestiegen und haben in etwa die Hälfte des westeuropäischen Niveaus erreicht.

Dorftankstelle

Taxi

In den Städten fährt es sich am besten mit Taxis, die entsprechend gekennzeichnet sind. In der Regel einigt man sich mit dem Fahrer vor Beginn der Fahrt auf den Preis. Zur Orientierung: Eine Fahrt vom Zentrum Tbilisis bis in die Vorstädte kostet 7 bis 12 Lari, im Stadtzentrum 3 bis 5 Lari. Für die zehn Kilometer lange Strecke von Kutaisi nach Tskhaltubo sollten einem keineswegs mehr als umgerechnet etwa 10 Euro (25 Lari) abverlangt werden. Ausländer sind für manche Taxi-Fahrer willkommene Melkkühe. Man sollte sich nicht scheuen, wenn einem der Preis übertrieben erscheint, ein anderes Taxi zu nehmen.

Auch für Überlandfahrten ist das Taxi eine Alternative zum Bus oder Kleinbus. Von Tbilisi bis Kutaisi bezahlt man ca. 200 Lari, also weniger als 100 Euro (für 300 km). In manchen Regionen (Oberes Swanetien, Tuschetien, zum Beispiel) bieten Autofahrer Mitfahrgelegenheiten an - der Preis wird dann durch die Anzahl der Reisenden geteilt. Weitere Informationen in den einzelnen Kapiteln.

Auch Privatpersonen befördern Passagiere. Sofern man zu erkennen gibt, dass man einen Wagen braucht, wird man auch einen bekommen; es hängt vom Verhandlungsgeschick ab, zu welchem Preis. Sollte man unterwegs per Anhalter mitgenommen werden, empfiehlt es sich, auch wenn die Fahrer sich vehement wehren sollten, sich mit ein paar Lari oder einem kleinen Geschenk zu bedanken.

Telefonieren

Aus dem bzw. ins Ausland: Die internationale Vorwahl für Georgien ist 00995 bzw. +995, die für Tbilisi +995/(0)32.

Aus Georgien ins Ausland wählt man die Landes-Vorwahl (Deutschland +49, Ös-

terreich +43, Schweiz +41), dann die Vorwahl der Stadt ohne Null, und dann die gewünschte Telefonnummer.
Innerhalb Georgiens wählt man vom Festnetz und Handy die jeweilige Ortsvorwahl (siehe Infokästen zu jeder Stadt) inklusive der ›0‹ und dann die Teilnehmernummer. Die früher gültigen Inlandsvorwahlen wurden abgeschafft, es gibt jetzt wie bei uns nur noch eine einzige Vorwahl, egal, von wo man anruft.
Achtung: 2011 wurden alle Festnetznummern um eine vorangestellte 2 erweitert. Nummern in Tbilisi sind jetzt 7-stellig, Nummern in anderen Orten 6-stellig. In diesem Reiseführer ist die Änderung berücksichtigt, allerdings gibt es noch einige Quellen, auch im Internet, welche die alten Nummern verzeichnen.
Mobilfunk: Mit einem ausländischen Mobiltelefon wählt man die Landesvorwahl Georgiens, dann die Vorwahl, dann die Teilnehmernummer. Die Vorwahlen der meisten Mobilfunktelefone beginnen mit einer 5, zum Beispiel 599, die der kleineren Anbieter Silknet und Magtifix mit einer 7. Innerhalb Georgiens wählt man von Handy zu Handy ohne eine zusätzliche ›0‹ vor der Vorwahl, also 5xx/Nummer.
Eine Abdeckung durch Mobilfunknetze ist in der Regel im Umkreis der größeren Städte und Ortschaften, nicht aber in den entfernten Bergregionen gegeben. Das gilt auch für den mobilen Internetempfang.
Man sollte sich vor der Abreise bei seinem Anbieter im Heimatland über die Roaming-Konditionen erkundigen, bei längeren Aufenthalten lohnt es sich möglicherweise, eine georgische SIM-Karte zu erwerben.
Die wichtigsten Anbieter sind: Magticom, Geocell und Beeline. Die Preise unterscheiden sich nicht wesentlich. Das am meisten verbreitete Netz wird von Magticom betrieben. Auf den Webseiten der Firmen finden sich die Adressen der Servicecenter, in denen man die SIM Karten erwerben kann, in Tbilisi unter anderem:
Magticom
www.magticom.ge
zum Beispiel Rustaveli 22, geöffnet tgl. außer an den Feiertagen von 9–21 Uhr, an den Wochenenden bis 18 Uhr. Anrufe im Netz von Magticom kosten 1 Tetri pro Minute, in die Netze anderer Anbieter 12 Tetri. Für einen USB Stick im 3G Netz zahlt man 15 Lari pro Monat und 1 GB Datentransfer, das Doppelte für 5 GB Datentransfer.
Geocell
www.geocell.ge,
zum Beispiel Rustaveli 14,
geöffnet Mo–Sa 10–20 Uhr.
www.beeline.ge
zum Beispiel Rustaveli 14, geöffnet
Mo–Fr 10–19 Uhr, Sa 10–17 Uhr.

Touristeninformationzentren (TIC)

▸ **Tbilisi**
Rustaveli-Str. 3
Tel. +995/32/2931260
tictbilisi@gmail.com, tgl. 10–18 Uhr
Nino Sirbiladze, Tel. +995/555/947977
Tbilisi Airport
Tel. +995/32/2310007
ticairport@gmail.com
geöffnet rund um die Uhr
Mtskheta
Arsukidze-Str. 3
Tel. +995/32/2512128
ticmtskheta@gmail.com
tgl. 10–18 Uhr

Unterwegs in den Bergen

Gvantsa Kobaladze,
Tel. +995/598/000110

▸ **Kachetien**

Telavi
Erekle-II.-Str. 9
Tel. +995/350/275317
tictelavi@gmail.com
tgl. 9–18 Uhr
Irina Kotorashvili, +995/595/380925

Sighnaghi
Kostava-Str. 10
Tel. +995/355/232414
ticsignagi@gmail.com
tgl. 9–18 Uhr
Tea Djavashvili, +995/595/225651

Kvareli
Rustaveli-Str. 8
Tel. +995/352/221340, 221350
tickvareli@gmail.com
tgl. 9–18 Uhr
Tinatin Avazashvili, +995/558/133155

▸ **Kartli und Kleiner Kaukasus**

Gori
Kutaisi-Str. 23a
Tel. +995/370/270776
ticgori@gmail.com
tgl. 9–18 Uhr
Natalia Berianidze, +995/593/717997

Borjomi
Rustaveli-Str.
Tel. +995/367/221397
ticborjomi@gmail.com
tgl. 9–18 Uhr
Arthur Stepanian, +995/599/302513

Bakuriani
Agmashenebeli-Str. 1
+995/367/240036; 240037
ticbakuriani@gmail.com
tgl. 9–18 Uhr
Marika Makieva, +995/593/335058

Akhaltsikhe
Kharistshirashvili-Str. 1
Tel. +995/365/225028
ticakhaltsikhe@gmail.com
tgl. 9–18 Uhr
Gvantsa Gogoladze, +995/555/777241

▸ **Westgeorgien**

Kutaisi
Rustaveli-Str. 8a
Tel. +995/431/241103
tickutaisi@gmail.com
tgl. 10–18 Uhr
Nino Tortladze, +995/558/174977

Kutaisi Airport
Tel. +995/555/590602
tickutaisiair@gmail.com

Ambrolauri (Racha Lechkhumi)
Zentraler Platz
Tel. +995/514/700055
tgl. 10–18 Uhr

Mestia (Oberes Swanetien)
Seti-Platz 7
Tel. +995/790/35 73 75
ticmestia@gmail.com
tgl. 10–18 Uhr
Ana Girgvliani, +995/599/192970

▸ **Adscharien**

Batumi
Ninooshvili-Str. 3 (Glaspavillon)
Tel. +995/422/294412;
+995/577/909091
tictbatumi@gmail.com
tgl. 9–24 Uhr,
in den Wintermonaten bis 20 Uhr

Batumi Airport
Tel. +995/577/141712
tictbatumiair@gmail.com
geöffnet rund um die Uhr
Tatia Bedineishvili,
Tel. +995/555/020210

Sarpi (Grenzübergang zur Türkei, südlich von Batumi)
Tel. +995/577/909093
geöffnet rund um die Uhr
Tamta Dolidze, +995/557/508711

Kobuleti
Tsholokhi
Tel. +995/422/294412
geöffnet rund um die Uhr

Khulo
Khulo Stadtverwaltung
Tel. +995/557/538002

Unterkunft

Ein Bett und ein Dach über dem Kopf lassen sich im ganzen Land in der Regel problemlos finden. Die gebotenen Bedingungen mögen nicht überall berauschend

Zimmervermietung in Borjomi

sein, aber man hat meistens die Wahl. In Tbilisi und Batumi sind die internationalen Luxushotelketten vertreten. In diesen beiden Städten öffneten zudem Hostels, die für Rucksacktouristen Gemeinschaftsunterkünfte anbieten.

Die Touristeninformationszentren (TIC) verfügen über eine Datenbasis mit nahezu allen verfügbaren Hotels, Gästehäusern, Familienhotels und Privatunterkünften. Die Mitarbeiter sind gern bereit, sich mit den Vermietern in Verbindung zu setzen. Besonders im Falle preisgünstiger Offerten sollte man berücksichtigen, dass Gemeinschaftsbäder und -toiletten nicht die Ausnahme sind. Außerdem sollte man sich ggf. nach fließend warmem und kaltem Wasser, Verpflegung, W-Lan, Sprachkenntnissen, touristischen Angeboten und anderen interessierenden Details erkundigen.

In manchen Orten – vor allem Stepantsminda (Kasbegi), Mestia und Borjomi – werden mit dem Marschrutki ankommende Individualtouristen oft schon bei der Ankunft von privaten Vermietern umringt und bedrängt, bei ihnen abzusteigen. Die wenigsten seriösen Anbieter sind auf diese Schlepperdienste angewiesen.

In kleineren Ortschaften empfiehlt es sich, die örtlichen Verwaltungen um Hilfe zu bitten, so man eine Unterkunft braucht. Auch kann man dort auf Unterstützung rechnen, wenn man ein Transportmittel zur Weiterfahrt benötigt. Zudem wissen die Angestellten am besten über die Sicherheitslage in ihrer Region Bescheid und geben entsprechende Hinweise.

Das Zelten in freier Natur ist gestattet. Entschließt man sich dazu, sollte man den Sicherheitsfaktor nicht außer Acht lassen. Generell wird empfohlen, das Zelt nach vorheriger Absprache auf den Grundstücken Einheimischer unterzustellen und sich mit einigen Lari zu bedanken.

Ist man im Land unterwegs und kennt ungefähr die Reiseroute, könnte es hilfreich sein, sich vorab an eine Agentur oder einen Reiseveranstalter zu wenden, nicht zuletzt deshalb, weil die teilweise recht teuren Hotelzimmer über einen Veranstalter in der Regel preiswerter zu buchen sind.

Wir haben im Informationsteil zu den Städten und Ortschaften auf einige Unterkünfte verwiesen. Die Auswahl basiert auf eigenen Erfahrungen, Tipps von Einheimischen und Reiseberichten. Sollten die Angaben inzwischen überholt sein, bitten wir um Nachsicht; Georgien ist ein sehr dynamisches Land.

Hinweis auf Übernachtungsmöglichkeiten in Kvemo (Swanetien)

Viele Hotels, auch im mittleren und unteren Preissegment, werden über die internationalen Hotel-Suchmaschinen angeboten: www.booking.com, www.hotels.com, www.tripadvisor.de, www.holidaycheck.de, www.trivago.de, www.hotels-tbilisi.com und andere. Hostels findet man unter anderem auf den Webseiten: www.hostelbookers.com, www.hostels.com, www.hostelworld.com. Eine georgische Buchungsseite ist www.myhotels.ge. In der Saison lohnt es sich, die Unterkunft im Voraus zu buchen.

Weitere Informationen zu Unterkünften erhält man auch auf der Webseite des Reiseveranstalters Georgia Insight (www.georgia-insight.eu) oder in Tbilisi unter www.info-tbilisi.com.

Verhaltenstipps

Ein Sprichwort lautet: Gehst Du in ein fremdes Kloster, vergesse das Statut Deines eigenen.

Die Georgier sind in der Regel gastfreundlich, Fremden gegenüber aufgeschlossen, hilfsbereit, gesellig, oft herzlich und tolerant. Religiöse Werte nehmen im Weltbild der meisten Menschen einen wichtigen Platz ein. Die im ›Westen‹ geführten Diskussionen um Abtreibungen, gleichgeschlechtliche Lebensformen, genderpolitische Fragen etc. stoßen bei der Mehrheit der Bevölkerung auf wenig Verständnis oder Abneigung. Die meisten Menschen haben andere Sorgen und sind vor allem mit dem täglichen Überleben beschäftigt. Zärtlichkeiten unter Männern deuten in den meisten Fällen nicht auf ihre sexuelle Orientierung hin, sondern ihre Freundschaft. Gleichgeschlechtliche Paare, die gemeinsam Georgien besuchen, sollten überlegen, inwieweit sie die Art ihrer Zärtlichkeit und Zuneigung in der Öffentlichkeit zeigen.

Das Nacktbaden verbietet sich. Selbst in abgelegenen Gegenden sollte man möglichst darauf verzichten.

In den Kirchen sind Frauen angehalten, Kopftücher und möglichst statt Hosen einen Rock zu tragen. In den meisten touristisch interessanten Kirchen liegen deshalb Kopftücher zur zeitweisen Benutzung aus. Männer tragen in Kirchen lange Hosen und nehmen, im Gegensatz zu den Frauen, ihre Kopfbedeckung ab.

Kirchentür in Tbilisi

Generell sollte man seine Kleidung so wählen, dass man nicht durch ein Zuviel an Eleganz und Schick Befremden weckt. Wertvollen Schmuck und teure Uhren braucht man in Georgien als Tourist nicht.

Kleine Geschenke festigen die Freundschaft und sind gern gesehen: Ansichtskarten des Heimatortes, kleine Bildbände, Kugelschreiber, Süßigkeiten für die Kinder, Schlüsselanhänger, kleinere Souvenirs etc. Sie erleichtern es, eine Einladung anzunehmen, zu einem Fest, zum Beispiel, zu dem man unvorbereitet eingeladen wird. Vor allem bei Geldgaben (zum Beispiel beim Zelten auf dem Grundstück oder beim Trampen) wird man zunächst auf höfliche Abwehr treffen, die man beim dritten Anlauf überwindet. Schenken ist eine Kunst ebenso sehr, wie beschenkt zu werden.

Verständigung

Die meisten Georgier sprechen neben ihrer Landessprache ein oder zwei Dialekte und zumindest die älteren auch Russisch. Die Schulkinder lernen Englisch oder Deutsch, doch sprechen es die wenigsten oder genieren sich. Der Sprachführer in diesem Buch wird erste Hilfe leisten. Wenn man auf eigene Faust unterwegs ist, ist die Mitnahme eines ausführlichen Sprachführers Russisch/Deutsch empfehlenswert. Russisch stellt immer noch die (wenn auch manchmal ungeliebte) Lingua franca dar.

Wandern/Trekking

Der Kaukasus ist ein Paradies für Trekking-Liebhaber. Der Ausbau der touristischen Infrastruktur in den drei Hochgebirgsregionen Swanetien, Khevsuretien und Tuschetien ermöglicht Touren durch nahezu unberührte Gletscher- und Felslandschaften, über Almen und durch Täler. Die teilweise verlassenen Dörfer mit ihren Wehrtürmen sind ein besonderes Erlebnis dieser Reisen durch den Raum und die Zeit. Wir haben bereits mehrmals darauf hingewiesen: Man sollte sich möglichst nicht ohne Bergführer auf den Weg machen, sondern entweder über eine der aufgelisteten Reiseagenturen (→ S. 412) oder vor Ort nach einem solchen suchen. Auf der Webseite www.georgiano.de findet man eine Liste von zertifizierten Bergführern mit Fremdsprachenkenntnissen. Auch vor Ort ist es nicht schwer, einen ortskundigen Begleiter zu finden; man frage in den TIC, bei den Nationalpark-Verwaltungen oder bei den Vermietern der Unterkunft nach.

Jugendliche in Tbilisi

Eines der beliebtesten Wandergebiete außerhalb des Großen Kaukasus ist der Nationalpark Borjomi-Kharagauli, dessen Gipfel über 2500 Meter aufsteigen.

Währung

Die Landeswährung ist der Lar (GEL), Plural: Lari. Ein Lar sind 100 Tetri.
Lar ist ein altgeorgisches Wort für Geld. Tetri bedeutet ›weiß‹ und war der Name der kolchischen Silbermünzen. Im Sommer 2014 bekam man für 1 Dollar etwa 1,7 Lari und für 1 Euro etwa 2,4 Lari. Da der Lari an den Dollar gebunden ist, schwanken die Kurse entsprechend dem Wert des Dollars. Die beliebtesten Fremdwährungen sind Dollar und Euro, die man entweder in den Wechselstuben problemlos tauschen oder aber am Bankautomaten abheben kann. Kreditkarten werden in vielen größeren Hotels in Tbilisi und Batumi akzeptiert. Die meisten kleineren Hotels sowie Gästehäuser, Geschäfte und Restaurants akzeptieren nur Bargeld.
Bankautomaten gibt es im ganzen Land (EC- und Kreditkarten). Man sollte sich vor der Reise bei der eigenen Bank nach den Gebühren für Geldabhebungen und die Besonderheiten der eigenen Geldkarte hinsichtlich ihrer Verwendbarkeit in Georgien erkundigen (V-Pay-Karten funktionieren nicht!).
Bei Fahrten ins Landesinnere empfiehlt es sich, ausreichend Bargeld mitzunehmen, da in den kleineren Orten die Geldautomaten, wenn es überhaupt welche gibt, nicht immer mit Scheinen bestückt sind.
Geldüberweisungen sind über Western Union möglich (→ S. 179).
Reiseschecks werden zwar theoretisch von den Banken und den größeren Hotels akzeptiert, das Prozedere der Monetarisierung aber hat schon so manchen Reisenden an den Rand der Verzweiflung gebracht.

Wasser und Strom

Der wirtschaftliche Verfall in den 90er Jahren hatte sich nachhaltig auf die Wasser- und Stromversorgung ausgewirkt. Bis vor kurzem waren Abschaltungen die Regel. Das hat sich inzwischen geändert. Rigoros jedoch gehen die Versorger mit säumigen Zahlern um: Der Strom wird abgestellt, wovon mitunter das ganze Haus betroffen ist. Die Stromversorgung erfolgt bei 220 V mit 50 Hz. Die Steckdosen sind wie in Deutschland zweipolig. Schukostecker sind die Regel. In manchen Häusern gibt es noch die etwas engeren sowjetischen Modelle, für die man einen Adapter braucht.

Zeit

In Georgien gilt die Mitteleuropäische Sommerzeit nicht. Der Zeitunterschied beträgt also in den Sommermonaten plus zwei, in den Wintermonaten plus drei Stunden.

Zollbestimmungen

Es bestehen keine besonderen Einfuhrbeschränkungen, auch nicht für größere Geldmengen oder persönliche Ausrüstung. Die maximale Aufenthaltsdauer für private PKW beträgt 20 Tage (Transit 10 Tage, siehe oben – Anreise mit dem Auto). Manche Quellen geben auch 90 Tage Aufenthaltsdauer an, aber das ist unbestätigt.

Wer länger mit dem eigenen Fahrzeug bleiben will, muss es ummelden oder eine Fristverlängerung beantragen, ansonsten drohen hohe Geldstrafen. Die **Ausfuhr** von Teppichen und Antiquitäten muss vom Kulturministerium genehmigt werden. Wertvolle Antiquitäten und bedeutende Kulturgüter dürfen nicht ausgeführt werden. Man sollte diese Fragen vor dem Kauf mit dem jeweiligen Händler klären.

Bei der **Wiedereinreise in die EU** dürfen für den privaten Verbrauch maximal 200 Zigaretten, 1 Liter Schnaps sowie 4 Liter Wein pro Person (mind. 17 Jahre alt) zollfrei eingeführt werden. Andere Waren (z.B. Textilien, Kunstgegenstände oder wertvolle Souvenirs) dürfen bis zu einem Wert von 300 Euro zollfrei eingeführt werden. Wer wertvolle Dinge oder über die Freimengen hinausgehende Waren in Georgien erwirbt, sollte diese im Zweifel bei der Heimreise deklarieren. Die erhobenen Zollgebühren für Privatpersonen sind im Vergleich zum Ärger, den man sich bei illegaler Einfuhr einhandeln kann, gering.

Fahrplan der wichtigsten Züge (2014) und ausgewählte Fahrpreise

Ausgewählte Fahrpreise in Lari				
Zugnummer	Sitzwagen	Liegewagen	Schlafwagen 4er Abteil	Schlafwagen 2er Abteil
12		6	11,5	
18		5	10	
24		6	11,5	
622		15	23	40
644		4,5	10	
654		5,5	11	15
605	1			
697	4			
677, 683	4			
618, 686	2			
852		12		
874		8		

Zug Nummer	von - nach	Abfahrt	Ankunft	Abfahrt in umgekehrter Richtung	Ankunft in umgekehrter Richtung	Anmerkung	Erklärung zu den Ortschaften
Internationale Züge (Schlafwagen)							
37/38	Tbilisi-Baku	17:30	9:10	20:30	11:45	täglich	
371/372	Tbilisi-Yerevan	20:20	6:55	21:30	7:50	an ungeraden Tagen	
201/201	Yerevan-Makhin-jauri	15:30 (00:12 Uhr ab Tbilissi)	7:10	15:35	07:25:00 (21:40 an Tbilissi)	ab 15.6. täglich	
Schlafwagenzüge							
602/601	Tbilisi-Zugdidi	21:10	6:25	21:30	6:35	täglich	Verwaltungszentrum von Imeretien
622/621	Tbilisi-Makhinjauri	22:45	6:55	22:10	7:00	täglich	Ausweichbahnhof von Batumi
644/643	Tbilisi-Kutaisi I	21:10	2:50	0:20	6:35	Kurswagen des Zugpaa-res N602/601 bis zur Ri-oni-Station südlich von Kutaissi	
654/653	Tbilisi-Ozurgeti	21:10	6:50	20:30	6:35	Kurswagen des Zugpaares N602/601	Verwaltungszentrum der Region Gurien, ca. 70 Ki-lometer südwestlich von Kutaissi
Schnellzüge							
12/11	Tbilisi-Ozurgeti	8:50	18:20	9:10	18:20	Kurswagen des Zugpaares N24/23 über Samtredia	
18/17	Tbilisi-Kutaisi I	8:50	14:17	12:25	18:20	Kurswagen des Zugpaares N24/23 über Rioni-Sation	

Zug Nummer	von - nach	Abfahrt	Ankunft	Abfahrt in umgekehrter Richtung	Ankunft in umgekehrter Richtung	Anmerkung	Erklärung zu den Ortschaften
24/23	Tbilisi-Zugdidi	8:50	17:25	9:55	18:20	täglich	
870/869	Tbilisi-Zugdidi	7:30	13:50	17:55	23:45	täglich	
852/851	Tbilisi-Makhinjauri	8:40	14:05	16:30	22:01	täglich	
858/857	Tbilisi-Makhinjauri	18:15	23:39	7:55	13:22	täglich	
872/871	Tbilisi-Poti	8:20	13:45	17:40	22:55	täglich	
874/873	Tbilisi-Poti	17:50	23:17	8:00	13:10	täglich	Hafen am Schwarzen Meer
Passagierzüge (Elektritchka)							
606/605	Tbilisi-Nikozi	18:25	21:45	5:40	9:15	täglich	an der Grenze zu Südossetien
611/612	Tbilisi-Sadakhlo	17:10	19:45	4:55	7:30	täglich	über Marneuli, Sadakhlo liegt an der armenischen Grenze
618/617	Tbilisi-Borjomi	7:05	11:15	16:40	21:25	täglich	
633/634	Kutaisi I-Sachkhere	5:15	9:44	10:00	14:38	täglich	über Zestafoni und Chiatura, im Nordosten von Kutaissi
635/636	Kutaisi I-Sachkhere	16:00	20:26	20:40	1:10	täglich	
678/677	Tbilisi-Kutaisi I	15:35	21:15	4:50	11:00	täglich	
683/684	Makhinjauri-Kutaisi I	8:03	11:50	16:45	20:50	täglich	
686/685	Tbilisi-Borjomi	16:35	21:05	7:00	11:55	täglich	
698/697	Kutaisi-Zugdidi	13:00	16:28	7:40	11:03	täglich	

Zug Nummer	von - nach	Abfahrt	Ankunft	Abfahrt in umgekehrter Richtung	Ankunft in umgekehrter Richtung	Anmerkung	Erklärung zu den Ortschaften
Nahverkehrszüge							
6305/6306	Batumi-Ozurgeti	17:30	19:45	7:55	9:58	täglich	
6314/6313	Kutaisi I-Samt-redia	6:30	7:50	8:05	9:30	täglich	nordwestlich von Kutaissi
6323/6324	Kutaisi I-Tkibuli	9:20	12:10	12:50	15:55	täglich	nordöstluch von Kutaissi
6325/6326	Kutaisi I-Tkibuli	18:00	20:50	5:15	8:20	täglich	
6372/6371	Kutaisi I-Tskaltu-bo-Kutaisi II	5:40	7:48	8:00	8:48	täglich	
6374/6373	Kutaisi II-Tskal-tubo	9:10	9:58	10:10	10:58	täglich	
6376/6375	Kutaisi II-Tskal-tubo	15:00	15:48	16:00	16:48	täglich	
6378/6377	Kutaisi II-Tskaltu-bo-Kutaisi I	17:35	18:23	18:35	20:30	täglich	
6413/6414	Tbilisi-Gardabani	7:05	8:10	8:30	9:40	täglich	südlich von Rustawi
6415/6416	Tbilisi-Gardabani	18:55	20:00	20:15	21:20	täglich	
6446/6445	Khashuri-Zestafoni	8:10	10:25	10:55	13:04	täglich	
6448/6447	Khashuri-Zestafoni	14:35	16:53	17:18	19:28	täglich	
6467/6468	Borjom-Bakuriani	7:15	9:40	10:00	12:23	täglich	
6469/6470	Borjom-Bakuriani	10:55	13:21	14:15	16:32	täglich	
6603/6604	Tbilisi-Airport	8:00	8:35	8:45	9:20	täglich	
6607/6608	Tbilisi-Airport	17:20	17:55	18:05	18:40	täglich	

Sprachführer

Im Georgischen werden weder einzelne Buchstaben oder Silben im Wort betont, noch kennt die Sprache eine ausgeprägte Intonation im Satzgefüge. Ausgenommen davon sind die in verschiedenen Gegenden gesprochenen Dialekte bzw. emotional geladene Situationen.

Das Georgische kennt keine Klein- und Großbuchstaben. Die Sätze werden von links nach rechts gelesen. Es gibt kein grammatisches Geschlecht. Will man das natürliche Geschlecht eines Lebewesens unterstreichen, ergänzt man ein geschlechtsspezifisches Wort, zum Beispiel männliche Ente, weibliche Ente, oder Stier-Hirsch bzw. Kuh-Hirsch. Besonders kompliziert im Georgischen sind die Verben; einfacher und freier dagegen die Wortstellung im Satz.

In diesem Buch haben wir für alle geographischen Angaben die englische Umschrift verwendet, da diese die Georgier auch selbst benutzen (zweisprachige Ortsschilder, lateinisch beschriftete Landkarten etc.). Abweichend davon haben wir für die allgemeinen Begriffe im Sprachführer die deutsche Umschrift gewählt, da sie der Aussprache der georgischen Wörter näher kommt.

Das georgische Alphabet

	deutsche Umschrift	nationale (engl.) Umschrift	Aussprache
ა	a	a	wie in Sand
ბ	b	b	wie in Bank
გ	g	g	wie in Gold
დ	d	d	wie in Dank
ე	e	e	wie in Bett
ვ	w	v	wie in Wind
ზ	s	z	stimmhaft wie in Sonne
თ	t	t	wie in Tisch
ი	i	i	wie in Bild
კ	k (unbehaucht)	k	wie ck in Glück
ლ	l	l	wie in Löwe
მ	m	m	wie in Mann
ნ	n	n	wie in Name
ო	o	o	wie in Bottich
პ	p (unbehaucht)	p	wie in Lappen
ჟ	sch	zh	stimmhaft wie in Regie
რ	r	r	gerollt wie italienisch prego
ს	s (ß vor ch)	s	stimmlos wie in Essen
ტ	t (unbehaucht)	t	wie spanisch Tortilla
უ	u	u	wie in Busch
ფ	p	p	wie in Papier

ქ	k	k	wie in Kegel
ღ	gh	gh	angedeutet wie in französisch toujours
ყ	q	q	wie ch in Lachen
შ	sch	sh	wie in Schule
ჩ	tsch	ch	wie in Tschechien
ც	z	ts	wie in Zeit
ძ	ds	dz	wie ds in Fundsache
წ	z (unbehaucht)	ts	stimmhaftes ts
ჭ	tsch (unbehaucht)	ch	kurzes tsch
ხ	ch	kh	wie ch in Buch
ჯ	dsch	j	stimmhaft wie Jim
ჰ	h	h	wie in Held

Deutsch	deutsche Umschrift	Georgisch
Zahlen		
1	[erti]	ერთი
2	[ori]	ორი
3	[ßami]	სამი
4	[otchi]	ოთხი
5	[chuti]	ხუთი
6	[ekwßi]	ექვსი
7	[schwidi]	შვიდი
8	[rwa]	რვა
9	[ßchra]	ცხრა
10	[ati]	ათი
11	[tertmet'i]	თერთმეტი
12	[tormet'i]	თორმეტი
13	[zamet'i]	ცამეტი
14	[totchmet'i]	თოთხმეტი
15	[tchutmet'i]	თხუთმეტი
16	[tekwßmet'i]	თექვსმეტი
17	[tschwidmet'i]	ჩვიდმეტი
18	[twramet'i]	თვრამეტი
19	[zchramet'i]	ცხრამეტი
20	[ozi]	ოცი

Deutsch	deutsche Umschrift	Georgisch
21	[ozdaerti]	ოცდაერთი
22	[ozdaori]	ოცდაორი
30	[ozdaati] (20 + 10)	ოცდაათი
31	[ozdatertmet'i] (20 + 11)	ოცდათერთმეტი
40	[ormozi]	ორმოცი
50	[ormozdaati]	ორმოცდაათი
100	[aßi]	ასი
Anrede		
Guten Tag!	[gamardshoba]	გამარჯობა
Plural bzw. Höflichkeitsform	[gamardshobat]	გამარჯობათ
Antwort auf den Gruß	[gagimardshos]	გაგიმარჯოს
Antwort in der Höflichkeitsform oder im Plural	[gagimardshot]	გაგიმარჯოთ
Guten Morgen!*	[dila mschwidobißa]	დილა მშვიდობისა
Guten Abend!	[ßag'amo mschwidobißa]	საღამო მშვიდობისა
Gute Nacht!	[g'ame mschwidobißa]	ღამე მშვიდობისა
Schlaf' gut!	[dsili nebißa]	ძილი ნებისა
Herr	[bat'oni]	ბატონი
Frau	[kalbatoni]	ქალბატონი
Guten Tag,	[gamardshobat,	გამარჯობათ
Herr Peter!**	batono petre!]	ბატონო პეტრე
Das ist Herr Peter.**	[es aris batoni petre.]	ეს არის ბატონი პეტრე
* Mschwidoba bedeutet Frieden; man wünscht sich also einen friedlichen Morgen		
** Im Unterschied zum Deutschen gebraucht man bei der Anrede nicht den Familiennamen, sondern den Vornamen des oder der Angesprochenen.		
Zeitangaben		
heute	[dg'eß]	დღეს
morgen	[chwal]	ხვალ
gestern	[guschin]	გუშინ
vorgestern	[guschinz'in]	გუშინწინ
übermorgen	[seg]	ზეგ
am Morgen	[dilit]	დილით
am Abend	[ßag'amoß]	საღამოს

Deutsch	deutsche Umschrift	Georgisch
Deutsch	Umschrift	Georgisch
in der Nacht	[g'amit]	ღამით
jeden Tag	[qoweldg'e]	ყოველ დღე
früh	[adre]	ადრე
spät	[gwian]	გვიან
jetzt	[echla]	ეხლა
immer	[qoweltwiß]	ყოველთვის
oft	[chschirad]	ხშირად
selten	[ischwiatad]	იშვიათად
manchmal	[sogdsher]	ზოგზერ
Jahreszeiten		
Winter	[samtari]	ზამთარი
im Winter	[samtarschi]	ზამთარში
Sommer	[sapchuli]	ზაფხული
im Sommer	[sapchulschi]	ზაფხულში
Frühling	[gasapchuli]	გაზაფხული
im Frühling	[gasapchulse]	გაზაფხულზე
Herbst	[schemodgoma]	შემოდგომა
im Herbst	[schemodgomase]	შემოდგომაზე
Wochentage		
Montag	[orschabati]	ორშაბათი
am Montag	[orschabatß]	ორშაბათს
Dienstag	[ßamschabati]	სამშაბათი
am Dienstag	[ßamschabatß]	სამშაბათს
Mittwoch	[otchschabati]	ოთხშაბათი
Donnerstag	[chutschabati]	ხუთშაბათი
Freitag	[paraskewi]	პარასკევი
Samstag	[schabati]	შაბათი
Sonntag	[kwira]	კვირა
Ortsangaben		
wo?	[ßad?]	სად
dort	[ik]	იქ
weit	[schorß]	შორს
hinten/hinter	[ukan]	უკან

Deutsch	deutsche Umschrift	Georgisch
in der Nähe	[achloß]	ახლოს
Wo ist…?	[ßad aris]	სად არის
Personalpronomen		
ich	[me]	მე
du	[schen]	შენ
er/sie/es	[iß]	ის
wir	[tschwen]	ჩვენ
ihr	[tkwen]	თქვენ
sie	[ißini]	ისინი
ich bin	[me var]	მე ვარ
du bist	[schen char]	შენ ხარ
er ist	[iß aris]	ის არის
wir sind	[tschwen wart]	ჩვენ ვართ
Ihr seid	[tkwen chart]	თქვენ ხართ
sie sind	[ißini arian]	ისინი არიან
Erste Bekanntschaft		
Wie heißen Sie?	[ra gkwiat]	რა გქვიათ
Wie heißt du? (bei der Anrede von Kindern)	[ra gkwia]	რა გქვია
Ich heiße	[me mkwia]	მე მქვია
Wo kommen Sie her?	[ßadauri chart]	სადაური ხართ
Ich bin aus	[me war germaniidan]	მე ქარ გერმანიიდან
Deutschland		
Wo arbeiten Sie?	[ßad muschaobt]v	სად მუშაობთ
Ich arbeite…	[me wmuschaob]	მე ვმუშაობ
… in der Schule	[ßkolaschi]	სკოლაში
… im Krankenhaus	[ßaawadmqopboschi]	საავადმყოფოში
Wie alt sind Sie?	[ramdeni z'lißa chart]	რამდენი წლისა ხართ
Ich bin … Jahre alt	[me war … z'liß]	მე ვარ … წლის
Die wichtigsten Redewendungen		
ja (höflich)	[diach]	დიახ
ja (umgangssprl.)	[k'i] (oder Fo cho)	კი
nein	[ara]	არა
nicht	[ar]	არ

Deutsch	deutsche Umschrift	Georgisch
nein, danke	[ara gmadlobt]	არა გმადლობთ
Ich trinke nicht.	[me ar wßwam]	მე არ ვსვამ
Ich kann nicht trinken.	[me wer wßwam]	მე ვერ ვსვამ
auf keinen Fall	[arawitar schemtchwewaschi]	არავითარ შემთხვევაში
gern, mit Vergnügen	[ßiamownebit]	სიამოვნებით
Es ist gut.	[k'argia]	კარგია
unbedingt	[auzileblad]	აუცილებლად
Bitte kommen Sie! (Einladung ins Haus zu kommen, sich zu setzen etc.)	[mobr zandi(t)]	მობრძანდით
Bitte schön! (wenn man etwas anbietet)	[inebe(t)]	ინებეთ
Was wünschen Sie?	[ra gnebawt]	რა გნებავთ
Nehmen Sie Platz!	[dabrdsandi(t)]	დაბრძანდით
Sprechen Sie Deutsch?	[lap'arakobt germanulad]	ლაპარაკობთ გერმანულად
... Englisch	[...inglißurad]	ინგლისურად
... Russisch	[...rußulad]	რუსულად
Ich will (möchte)	[me minda (msurs)]	მე მინდა
Darf ich?	[tu scheidsleba]	თუ შეიძლება
danke	[gmadlob(t)]	გმადლობთ
vielen Dank	[didi gmadloba]	დიდი მადლობა
nichts zu danken	[arapriß]	არაფრის
Es schmeckt.	[gemrielia]	გემრიელია
Entschuldigung!	[bodischi]	ბოდიში
Es tut mir leid!	[ßamzucharoa]	სამწუხაროა
Im Falle von Gefahr		
Lassen Sie mich in Ruhe!	[tawi damanebe(t)]	თავი დამანებეთ
Weg von hier! Raus!	[gadi(t) akedan]	გადით აქედან
Hilfe!	[mischwele(t)]	მიშველეთ
Im Falle von Krankheit		
Arzt	[ekimi]	ექიმი
Zahnarzt	[kbilis ekimi]	კბილის ექიმი
Apotheke	[aptiaki]	აფთიაქი

Deutsch	deutsche Umschrift	Georgisch
Mir ist schlecht	[zudad war]	ცუდად ვარ
Ich brauche eine Quittung	[me mtschirdeba qwitari]	მე მჭირდება ქვითარი
Es tut hier weh	[ak mt'kiwa]	აქ მტკივა
Wo ist ein Krankenhaus?	[ßad aris ßaawadmqopo]	სად არის საავადმყოფო
Verkehr		
Wo ist...?	[ßad aris...]	სად არის
Straße	[kutscha]	ქუჩა
Bus	[awtobußi]	ავტობუსი
Bahnhof	[ßadguri]	სადგური
Flughafen	[aerop'ort'i]	აეროპორტი
Station	[gatschereba]	გაჩერება
Auto	[automankana]	ავტომანქანა
Fahrkarte	[bileti]	ბილეთი
Halten Sie bitte hier an!	[gaatscheret]	აქ გააჩერეთ
Geld und Banken		
Geld	[puli]	ფული
US-Dollar	[amerik'uli dolari]	ამერიკული დოლარი
Geld wechseln	[pulis gadachurdaweba]	ფულის გადახურდავება
Wie ist der Wechselkurs?	[rogoria k'urßi]	როგორია კურსი
Lari	[lari]	ლარი
Tetri	[tetri]	თეთრი
Übernachtung		
Hotel	[ßaßt'umro]	სასტუმრო
Zimmer	[otachi]	ოთახი
private Unterkunft	[kerdzo bina]	კერძო ბინა
Haben Sie ein Zimmer frei?	[gakwt tawißupali otachi]	გაქვთ თავისუფალი ოთახი
Was kostet das?	[ra g'irß]	რა ღირს
für eine Nacht	[erti g'amit]	ერთი ღამით
für eine Woche	[erti k'wirit]	ერთი კვირით
pro Person	[erti k'azi]	ერთი კაცი

Deutsch	deutsche Umschrift	Georgisch
mit Frühstück	[ßausmit]	საუზმით
Im Restaurant		
Restaurant	[reßt'orani]	რესტორანი
Café	[k'ape]	კაფე
Frühstück	[ßausme]	საუზმე
Mittagessen	[ßadili]	სადილი
Abendbrot	[wachschami]	ვახშამი
Bringen Sie bitte	[moit'anet]	მოიტანეთ
Speisen		
Gemüseragout	Adshipsandali	აჯაფსანდალი
eine Art Bouletten	Apkhazura	აფხაზურა
Auberginen mit Walnusspaste	Badridshani Nigvsit	ბადრიჯანი ნიგვზით
dicke Hühnersuppe	Chhakhochbili	ჩახოხბილი
Hammel mit Pflaumensauce	Chakapuli	ჩაქაფული
Gemüse-Hammel-Ragout	Chanakhi	ჩანახი
Maisbrei	Ghomi	ღომი
Hackfleisch am Spieß	Kababi	ქაბაბი
Käse-Teigtaschen	Khachapuri	ხაჭაპური
Reissuppe mit Tomaten	Chartscho	ხარჩო
Teigtaschen mit Fleisch (ähnlich Pelmeni)	Chinkali	ხინკალი
gegrillte Würstchen aus grobgehacktem Fleisch	Kupati	კუპატი
Kidney-Bohnen mit Zwiebeln, Knoblauch und Kräutern	Lobio	ლობიო
Joghurt	Matzoni	მაწონი
Maisfladen	Mtschadi	მჭადი
Gemüsepaste mit Walnuss und Kräutern	Pchali	ფხალი
kaltes Hühnerfleisch mit Nuss-Sauce	Saziwi	საცივი
eine Art Mozarella (auch geräuchert)	Sulguni	სულგუნი

Geographische Bezeichnungen*

deutsche Bezeichnung	nationale (engl.) Umschrift	georgische Schreibweise
Abhang, Hang	akhmarti	აღმართი
Platz	moedani	მოედანი
Straße	kucha	ქუჩა
Allee, Prospekt	gamsiri	გამზირი
Gasse, Reihe	rigi	რიგი
Fluss	mdinare	მდინარე
Berg	mta	მთა
Burg	tiskhe	ციხე
Dreieinigkeit	sameba	სამება
heilig	tsminda	წმინდა
Regionen Georgiens		
Abchasien	Apchaseti	აფხაზეთი
Adscharien	Ajara	აჭარა
Chewi	Khevi	ხევი
Chewsuretien	Khevsureti	ხევსურეთი
Dschawachetien	Javakheti	ჯავახეთი
Gurien	Guria	გურია
Imeretien	Imereti	იმერეთი
Inneres Kartli	Shida Kartli	შიდა ქართლი
Kachetien	Kakheti	კახეთი
Kaukasus	Kavkasia, Kavkasionas Kedi	კავკასია, კავკასიონის ქედი
Letschumi	Lechumi	ლეჩხუმი
Megrelien	Samegrelo	სამეგრელო
Meßchetien	Meskheti	მესხეთი
Mtiuleti	Mtiuleti	მთიულეთი
Pschawi	Pshavi	ფშავი
Ratscha	Racha	რაჭა
Schwarzes Meer	Shavi Sghva	შავი ზღვა
Swanetien	Svaneti	სვანეთი
Tuschetien	Tusheti	თუშეთი
Unteres Kartli	Kartli	ქვემო ქართლი
Städtenamen		
Achalziche	Akhaltsikhe	ახალციხე
Alawerdi	Alaverdi	ალავერდი
Ananuri	Ananuri	ანანური
Bakuriani	Bakuriani	ბაკურიანი

deutsche Bezeichnung	nationale (engl.) Umschrift	georgische Schreibweise
Batumi	Batumi	ბათუმი
Bodbe	Bodbe	ბოდბე
Bordshomi	Borjomi	ბორჯომი
Dawit Garedscha	Davit Gareja	დავითგარეჯა
Gelati	Gelati	გელათი
Gori	Gori	გორი
Ikalto	Ikalto	იკალთო
Kasbegi	Kazbegi	კაზბეგი
Kutaissi	Kutaisi	ქუთაისი
Lentechi	Lentekhi	ლენტეხი
Mestia	Mestia	მესტია
Mzcheta	Mtskheta	მცხეთა
Nikorzminda	Nikortsminda	ნიკორწმინდა
Ninozminda	Ninotsminda	ნინოწმინდა
Poti	Poti	ფოთი
Rustawi	Rustavi	რუსთავი
Signagi	Sighnaghi	სიღნაღი
Suchumi	Sukhumi	სოხუმი
Sugdidi	Zugdidi	ზუგდიდი
Tbilissi	Tbilisi	თბილისი
Telawi	Telavi	თელავი
Uplisziche	Uplistsikhe	უფლიითციხე
Uschguli	Ushguli	უშგული
Wardsia	Vardzia	ვარძია
Nichtgeorgische geographische Namen		
Armenien	Sasomcheti	სასომხეთი
Aserbaidschan	Aserbaijani	აზერბაიჯანი
Deutschland	Germania	გერმანია
Jerewan	Erevani	ერევანი
Georgien	Sakartvelo	საქართველო
Istanbul	Istambuli	სტამბული
Österreich	Avstria	ავსტრია
Schweiz	Shweitsaria	შვეიცარია
Russland	Ruseti	რუსეთი
Türkei	Turketi	თურქეთი

*Da die meisten georgischen Orte inzwischen zweisprachige Ortsschilder haben, wird hier die innerhalb Georgiens verwendete, ans Englische angelehnte Umschrift angegeben.

Literatur

Abuladze, Lia; Ludden, Andreas: Lehrbuch der georgischen Sprache, Buske Helmut Verlag 2005. Das Lehrbuch ist auch auf CD erhältlich.

Ansari, Nana: Die georgische Tafel. 150 Rezepte, Wien 2004.

Bakradse, Lascha: Georgisch Wort für Wort, Kauderwelsch Bd. 87, Bielefeld 1993. Kleiner, handlicher Sprachführer für Anfänger.

Bitow, Andrej: Georgisches Album. Auf der Suche nach Heimat, Suhrkamp 2003. Aus dem Klappentext: Das ›Georgische Album‹, das erstmals vollständig auf Deutsch erscheint, versammelt Reisebilder und autobiografisch gefärbte Erzählungen, die zu Bitows stärksten Prosastücken gehören – Erinnerungsblätter, die nicht nur den Landschaften des ›russischen Italien‹, sondern auch den geliebten Orten und Menschen seiner Heimatstadt Petersburg gewidmet sind.

Dumas, Alexandre: Gefährliche Reise durch den wilden Kaukasus 1858-1859, Lenningen 1995. Eine Bildungsreise, die zum Abenteuer wird, mit scharfsinnigen, zum Teil bis heute zutreffenden Urteilen über die Landschaften und die Bewohner des Kaukasus.

Eich, Clemens: Aufzeichnungen aus Georgien, Frankfurt a. M. 1999. Interessantes Zeugnis der Begegnung eines deutschen Schriftstellers mit dem Georgien der 1990er Jahre.

Fähnrich, Heinz: Geschichte Georgiens von den Anfängen bis zur Mongolenherrschaft, Aachen 1993. Der Georgien-Experte Heinz Fähnrich, ehemaliger Leiter der Abteilung für Kaukasuskunde an der Friedrich-Schiller-Universität in Jena, setzt sich in zahlreichen Büchern mit der Kultur Georgiens auseinander.

Fähnrich, Heinz: Lexikon Georgische Mythologie, Wiesbaden 1999.

Fähnrich, Heinz: Georgische Literatur, Aachen 1993.

Gelaschwili, Naira: Georgische Prosa des 20. Jahrhunderts, Frankfurt a. M. 2000.

Gelaschwili, Naira: Schewardnadse, Edouard: Georgien. Ein Paradies in Trümmern, Berlin 1993.

Gippert, Jost; Tandaschwili, Manana (Hrsg.): Georgische Gegenwartsliteratur. Eine Anthologie. Georgisch-Deutsch, Reichert Verlag 2010. ›Die Texte (kurze Erzählungen bzw. Romanausschnitte) von sechs georgischen Gegenwartsautoren sind nach dem chronologischen Ablauf der historischen Ereignisse angeordnet und stehen stellvertretend für verschiedene Epochen der jüngeren georgischen Geschichte.‹ (aus der Verlagsankündigung)

Grischaschwili, Iosseb: Niemals hat der Dichter eine Schönere erblickt. Über die alte Stadt Tbilisi, Metropole Georgiens, mit ihren Festen, Bädern, Bräuchen und Aschugenliedern Mit 33 Bildern aus dem alten Tbilisi von Oskar Schmerling. Herausgegeben von Leonhard Kossuth, übersetzt von Kristiane Lichtenfeld. NORA Verlagsgemeinschaft Dyck & Westerheide, Berlin 2007. ›Grischaschwilis Buch ist eine vergnügliche (und informative) Lektüre – ein Geflecht aus Reiseberichten, Märchen, Legenden, Sprichwörtern, Szenarien, Porträts, Versen..., die dem Leser das unverwechselbare Georgien nahe bringen.‹ (Gisela Reller)

Jelden, Michael: Wörterbuch Deutsch-Georgisch/Georgisch-Deutsch, Hamburg 2001.

Kalnein, Wend Graf von: Georgisches Tagebuch. Fünf Jahre kriegsgefangen im Kaukasus, Fibre Verlag 2003.

Kaufmann, Rainer: Kaukasus, München 2000. Ein Klassiker zu den politischen Geschehnissen der 1990er Jahre.

Kaufmann, Rainer: Georgien. Ein Reise-Lesebuch, Erka-Verlag Bruchsal, 2008. Fortsetzung des ersten Buches von R. Kaufmann, mit vielen landeskundlichen Informationen aus erster Hand.

Merzbacher, Gottfried: Aus den Hochregionen des Kaukasus : Wanderungen, Erlebnisse, Beobachtungen, Duncker & Humblot, Leipzig, 1901. Reisebericht des fränkischen Naturforschers, der sich vor auch mit den

Legenden und der Geschichte der Georgier beschäftigt.
Mokhashvili, Marine: Einführung in die georgische Schrift, Buske Helmut Verlag 2007.
Morchiladze, Aka: Santa Esperanza, Pendo Verlag 2006. Georgische Prosa.
Nasmyth, Peter: Walking in the Caucasus – Georgia, I B Tauris & Co Ltd 2005. Trekking- und Wanderführer.
Neukomm, Ruth (Hrsg.): Georgische Erzähler der Neueren Zeit, Zürich 1970.
Nielsen, Fried: Wind, der weht. Georgien im Wandel, Frankfurt a. M. 2000. Nielsen schildert den Alltag, die Traditionen und Mentalitäten der in Georgien lebenden Völker in geschichtlichem Kontext.
Nielsen, Fried (Hrsg): Europa erlesen. Georgien, Wieser Verlag 2006.
Nielsen, Fried: Georgien im Wandel. Reportage, Wieser Verlag 2006.
Pasternak, Boris: Briefe nach Georgien, Frankfurt a. M. 1967.
Pleitgen, Fritz: Durch den wilden Kaukasus, Frankfurt a. M. 2002. Ein literarisch-politischer Reisebericht über den Kaukasus, seine Landschaften und Kulturen.
Quiring, Manfred: Pulverfass Kaukasus. Konflikte am Rande des russischen Imperiums. Ch. Links, Berlin 2009. ›Manfred Quiring, Korrespondent für Die Welt in Moskau, hat den 1500 Kilometer langen Gebirgszug und die angrenzenden Regionen seit 1982 immer wieder bereist, die Konflikte zum Teil persönlich miterlebt. In seinem Buch geht er ihren Ursachen nach, verbindet Geschichtliches mit der Neuzeit und eigenem Erleben.‹ (aus der Kurzbeschreibung des Verlags)
Renz, Alfred: Kaukasus. Georgien, Aserbaidschan, Armenien, München 1987.
Rustaweli, Schota: Der Mann im Tigerfell, Zürich 1991.
Scholl-Latour, Peter: Das Schlachtfeld der Zukunft. Zwischen Kaukasus und Pamir, München 1996.
Schewardnadse, Edouard: Die neue Seidenstraße. Verkehrsweg ins XXI. Jahrhundert, München 1999.
Shengelia, Michael; Wirth, Wolfgang: Volk ohne Krankheit. Die Schätze der georgischen Volks- und Klostermedizin für alle Heilungssuchenden zugänglich gemacht, Ennsthaler 1990.
Shurgaia, Gaga; Magarotto, Luigi; Günther, Hans-Christian (Hrsg): Nik'oloz Baratasvili. Ein georgischer Dichter der Romantik, Koenigshausen & Neumann 2006.
Hermann von Skerst: Der Gralstempel im Kaukasus. Urchristentum in Armenien und Georgien, Stuttgart, Urachhaus, 1986.
Steavenson, Wendell: Gestohlene Geschichten. Aus Georgien. Europäische VA 2004. Eine junge Journalistin lernt Georgien kennen.
Schröder, Bernd (Hg.): Georgien – Gesellschaft und Religion an der Schwelle Europas, St. Ingbert 2005.

Neuerscheinungen in deutscher Übersetzung:

Anthologie: Techno der Jaguare, Frankfurter Verlagsanstalt 2013. Sechs Prosatexte und ein Einakter georgischer Autorinnen der jüngeren Generation.
Chwedelidze, Beso: Der Geschmack von Asche. Vier Erzählungen, Leipzig 2014. Kurzgeschichten. ›Chwedelidzes Texte überraschen durch ihre surrealen Wendungen, die von der absurden Wirklichkeit eines Lebens im gesellschaftlichen Umbruch inspiriert sind.‹ (aus der Verlagsankündigung)
Davrichewy, Kéthévane: Am Schwarzen Meer, S. Fischer Frankfurt, 2011. ›Tamouna erwacht an ihrem 90. Geburtstag in ihrer Pariser Wohnung. Sie erwartet ihre georgische Großfamilie zum Feiern. Sie erwartet auch Tamaz, die Liebe ihres Lebens. Und erinnert sich an ihre Kindheit am Schwarzen Meer, an ihrer erste Begegnung mit Tamaz, und, als Georgien von den russischen Bolschewiken annektiert wurde, an die Flucht nach Frankreich. Die Flucht zerstört ihre Liebe, und macht sie gleichzeitig unsterblich...‹ (Kurzbeschreibung des Verlages)
Haratischwili, Nino: Mein sanfter Zwilling, Frankfurter Verlagsanstalt 2011. Die aus Georgien stammende und auf Deutsch schreibende Autorin Nino Haratischwili

(geb. 1983) wurde für diesen Roman als ›neue Heldin der deutschsprachigen Literatur‹ gefeiert und erhielt 2011 den Preis der Hotlist für den besten Roman unabhängiger Verlage.

Kordsaia-Samadaschwili, Anna: Ich, Margarita, Schiller H 2013. Erzählungen und ›Kurzgeschichten über Männer und Frauen, Liebe und Hass, Sex und Enttäuschung – ausdrucksstark, emotional, leicht überspannt und ein wenig zynisch.‹ (aus der Verlagsankündigung)

Melaschwili, Tamta: Abzählen, Unionsverlag 2012. ›Der Krieg aus der Sicht von Teenagern – allein das Thema ist ungewöhnlich. Noch bemerkenswerter ist aber der Stil der jungen Schriftstellerin. Das Tempo ihres Textes, die Dynamik der Dialoge und der schnodderige Jugendjargon machen ›Abzählen‹ zu einem Werk der Atemlosigkeit.‹ (Carmen Eller in Spiegel online) Für diesen Roman erhielt die Autorin 2011 den georgischen Literaturpreis Saba und 2013 den deutschen Jugendliteraturpreis.

Tschiladse, Otar: Der Garten der Dariatschangi, Matthes & Seitz 2013. Ein opulentes Sittengemälde der antiken Kolchis zu Zeiten der sagenumwobenen Medea.

Georgien im Internet

Es gibt im Internet inzwischen Dutzende Seiten zu Georgien. Zur Orientierung seien hier nur einige aufgelistet. Wichtig: Ruft man im englischsprachigen Internet ›Georgia‹ auf, wird man zuallererst eine Unmenge Informationen über den gleichnamigen US-Bundesstaat erhalten. Darum empfiehlt es sich zusätzlich ›tbilisi‹ oder ›caucasus‹ als zweites Stichwort für die Suche anzuhängen.

www.germany.mfa.gov.ge
Homepage der Georgischen Botschaft in Berlin, ausführliche Linksammlung zu georgischen Regierungsstellen.

www.mfa.gov.ge
Seite des Georgischen Außenministerium, Einreisebestimmungen, Informationen über internationale Kontakte und Programme.

www.gnta.ge
Offizielle englischsprachige Seite des Tourismus-Ministeriums mit Informationen zum Land, zu Unterkünften, Reisemöglichkeiten etc.

www.georgiano.de
Sehr empfehlenswerte deutschsprachige Webseite mit vielen Informationen zu Tourismus und Landeskunde, inklusive einer Auflistung von Bergführern, des Georgiers David Chitadze.

www.georgien-nachrichten.de
Private Sammlung von aktuellen Presseberichten in deutscher Sprache sowie zahlreichen weiteren Informationen zu Georgien.

www.tedsnet.de
Webseite des in Deutschland lebenden georgischen Geographen Dr. Tedo Tavkhelidse mit vielen interessanten Informationen zum Land. Die Seite wurde lange nicht erneuert.

www.georgienseite.de
Webseite der Übersetzerin Irma Berscheid-Kimeridze. Viele Wissenswerte Informationen zur Kultur und Geschichte Georgiens. Leider seit 2011 nicht erneuert.

www.georgienshop.de
Kulinarisches, Bücher, CDs.

www.dgz-gelsenkirchen.de
Seite des Deutschgeorgischen Zentrums für Internationale Beziehungen, umfangreiche Informationen zu Flugverbindungen und Veranstaltungen, touristischen Empfehlungen, Linksammlung.

www.freunde-georgiens.ch
Webseite der Schweizer Vereinigung der Freunde Georgiens, unter anderem mit Neuerscheinungen deutschsprachiger Übersetzungen georgischer Literatur.

www.georgien-art.de
Zeitgenössische Kunst aus Georgien.
www.georgien.bilder-album.de
Informationen und Fotos aus Georgien.
www.geokulturforum.de
Interessante Beiträge zur Kultur und Kunst des Landes.
www.georgiaabout.com
Eine gute aufbereitete englischsprachige Seite zu Kultur, Traditionen, Tourismus und Kulinarischem.
www.civil.ge
Online-Nachrichtenagentur, die vom Entwicklungshilfeprogramm der Vereinten Nationen unterstützt wird.

Alle Links auch im Internet unter www.trescher-verlag.de

Danksagung

Dieser Reiseführer wäre niemals entstanden ohne die Unterstützung vieler Menschen, denen wir an dieser Stelle unseren Dank für ihre Anteilnahme und Gastfreundschaft bei unseren Reisen durch Georgien ausdrücken. Vor allem bedanken wir uns beim ehemaligen Chef der Verwaltung des Niederen Swanetiens, Herrn Davit Liparteliani, der uns auf jede erdenkliche Weise unterstützt hat. Unser besonderer Dank gilt Badri Bendeliani aus Lentekhi, der uns furchtlos in die unwegsamsten Berggegenden begleitete und uns mit einigen Geheimnissen des swanischen Lebens und der Seele der Swanen vertraut machte.
Desweiteren danken wir Koba Schubitidse, dessen Lebensfreude und Temperament uns auf vielen Wegen aufrecht hielten, Timuri Liparteliani, der die Strapaze auf sich nahm, uns mit seinem Kleinbus nach Borjomi, Bakuriani und Vardzia zu fahren, Emiri Chabuliani für seine Sorgen um unser Wohl bei unseren Ausflügen durch das Niedere und Obere Swanetien und natürlich Thea Kwastiani.
Unschätzbare Hilfe leisteten uns darüber hinaus Niko Kwaratzchelia, Sasa Nakaschidse, Gia Achobadse, Tengis Mcheidse, Natela und Natalia Liparteliani, Aleko Kankawa, Mirab Lomia, Beso Kwastiani, Davit Schakaraschwili, Herr Knut Gerber und Tata Jaiani von der Vertretung des GTZ in Tbilisi, sowie Rainer Kaufmann und George Tevdorashvili, Sakro Mogobadse und die Mitarbeiter der Touristeninformationszentren (TIC) in Tbilisi, Kutaisi, Borjomi und Batumi. Ein ganz spezieller Dank gilt auch Natela, der Zahnärztin von Tskhaltubo.
Außerdem bedanken wir uns bei Wolfgang Gaul für seine wertvollen Hinweise und die uns zur Verfügung gestellten Fotos, ebenso bei Annekathrin Bucholtz und mit einem großen Ausrufezeichen bei Ortrud Graetz für die Redaktion der Texte sowie den Mitarbeitern des Verlages für die freundschaftliche Zusammenarbeit.
Auch nach der 6. Auflage des Buches vor zwei Jahren erhielten wir eine Vielzahl wertvoller Hinweise, für die wir uns herzlichst bedanken. Sofern sie uns hilfreich erschienen, haben wir sie in dieser 7., vollständig überarbeiteten und aktualisierten Auflage berücksichtigt.
Herzlichen Dank auch an Jörg Ratayczak für die wertvollen Hinweise zum Naturtourismus in Georgien.

A

B

Bildnachweis

Konstantin Abert: 45
Vahan Abrahamyan/shutterstock.com: 385, 386
Autoren: 39, 41, 43, 46, 50, 72, 76, 99, 100, 107, 138u., 196, 203u., 208, 239o., 248o., 279, 280, 310, 336, 341, 360, 372, 399, 409
Baciu/shutterstock.com: 322
Baclu/shutterstock.com: 19u.
Ana Bogush/shutterstock.com: 106, 128/129, 282, 140, 145, 173, 175
Hans Heiner Buhr: 224
Chirva/shutterstock.com: 270, 303
Chubykin Arkady/shutterstock.com: 119
Department of Tourism of Georgia: 37, 234/235, 276
De Visu/shutterstock.com: 32
ET1972/shutterstock.com: 48, 160, 166, 170
Avtandil Gabitashvili/shutterstock.com: 18u.
Wolfgang Gaul: 52, 54, 58, 89, 244
Gelia/shutterstock.com: 242
Georgia Insight: 15, 26, 84, 120, 121, 123, 192, 193, 203o., 210, 212u., 213, 214, 217, 218, 219, 222, 224, 228, 229, 418u.,
IgorGolovniov/shutterstock.com: 162
Alexander Gonschior: 157, 305, 306
Yulia Grigoryeva/shutterstock.com: 143, 329
Anton_Ivanov/shutterstock.com: 83, 241
Kharkhan Oleg/shutterstock.com: 167
kojoku/shutterstock.com: 93
Maria Komar/shutterstock.com: 384
Thomas Laburda/shutterstock.com: vordere Umschlagklappe
nicolasdecorte/shutterstock.com: 190/191
nsafonov/shutterstock.com: 297, 308
Detlev von Oppeln: 24, 29, 30, 31, 34, 38, 70, 115, 124, 126, 348, 349, 352, 359, 362, 363, 364, 368, 376, 387, 392, 394, 395, 400, 402, 408, 411, 417, 420, 425
Magdalena Paluchowska/shutterstock.com: 16, 19m., 56, 62, 105, 107, 151o., 231, 264, 271, 397
posztas/shutterstock.com: 331, vordere Umschlagklappe
Prometheus72/shutterstock.com: 18o.
Claudia Quaukies: 64, 69, 74, 101, 159, 240, 255, 326
roibu/shutterstock.com: 23
Rosliak Oleksandr/shutterstock.com: 4

Iryna Savina/shutterstock.com: 95
A_Sh/shutterstock.com: 20/21
Tilman Schimmel: 27, 40, 53, 59, 67, 135, 139, 141, 150u., 169, 184, 185, 186, 187, 199, 236, 239u., 249, 256, 415
smit/shutterstock.com: 346/347, 369, 371
Karin Steinmetzer: 290
Andreas Sternfeldt: 28, 36, 61, 81, 133, 136, 137, 138o., 144, 148, 149, 150o., 154, 155, 156, 174, 181, 197, 200, 202, 293, 294, 314, 317, 318, 327, 332, 342, 344, 353, 355, 357, 361, 381, 403, 406, 407, 412, 414, 418o., 419, 423o., 424
Artur Synenko/shutterstock.com: 19o.
Marc Venema/shutterstock.com: 12
Przemyslaw Wasilewski/shutterstock.com: 92, 374/375
Ulrich Wegener: 14, 96, 114, 142, 147, 151u., 168, 205, 206, 212o., 220, 221, 245, 248u., 250, 251, 253, 254, 257, 259, 260, 263, 266, 275, 283, 285, 299, 300, 301, 325, 326

Titelbild: Die Kirche Taminda Sameba in Kasbegi, Magdalena Paluchowskaya/ shutterstock.com

Kartenregister

Stadtpläne

Übersichtskarten

Natur-, Kultur-, Wander-, Erlebnis- und Studienreisen
ARCUS TOURS
Ihr kompetenter und zuverlässiger Reisepartner in
ARMENIEN & GEORGIEN
Bakuntsi Str. 4, # 50, 0076 Jerewan
Tel.: +374 93 770027, Fax: +374 60 522722
info@arcustours.com, arcustours@yahoo.de
www.armenienreisen.info
Tel.: +995 568 150901
e-mail: georgien@arcustours.com
www.arcustours.com

Foto: Batumi
Mit den Experten nach
Georgien
Tbilisi • Mzcheta • Kachetien
Kutaisi-Gelati • Gori • Georgische Heerstraße
Dawit Garedscha • Batumi
Reisen zu Geschichte, Literatur
und Gesellschaft
auch nach Armenien, Aserbaidschan,
Russland, Belarus, Baltikum, Ukraine, Polen,
Usbekistan, Republik Moldau, Rumänien, Bosnien,
Serbien, Albanien, Bulgarien, Mazedonien, Thessaloniki und New York
Ex Oriente Lux
REISEN
Historisch-Literarisch-Aktuell
Katalog kostenlos von
Ex Oriente Lux Reisen
Neue Grünstr. 38, 10179 Berlin
Tel. 030/62 90 82 05, Fax: 030/62 90 82 09
www.eol-reisen.de, info@eol-reisen.de

Gruppen-Rundreise
14 Tage Georgien: entdecken Sie jahrtausendalte Kulturen
Swanetien, im Kaukasus und am Schwarzen Meer:
Tbilisi – Mzcheta – Kachetien – Steppenwüste
Garedja – Georgische Heerstraße – Uplisziche – Kutaisi
Ihre Eberhardt-Vorteile:
• persönliche Betreuung durch Eberhardt-Reisebegleitung ab/an Deutschland
• erfahrene örtliche, Deutsch sprechende Reiseleitung
• kleine Reisegruppe: maximal 14 Personen
• hochwertiger Reiseführer bereits mit der Reisebestätigung
• Zubringerflüge ab/an allen deutschen Flughäfen und Rail & Fly zubuchbar
max 14
Informationen zu unseren Reise-Angeboten, Katalogbestellung und Buchung unter:
www.eberhardt-travel.de
Gelangen Sie direkt zur Reise:
Foto: Georgia Insight
eberhardt
Richtig reisen. In die ganze Welt.

Kartenlegende

- Bahnhof
- Basar
- Brunnen
- Burg/Festung
- Busbahnhof
- Denkmal
- Dorfkirche
- Festungsruine
- Flughafen
- Hafen
- Hotel
- Kirche
- Kloster
- Kino
- Leuchtturm
- Moschee
- Museum
- Post
- Ruine/Ausgrabungsstätte
- Sehenswürdigkeit
- Supermarkt
- Synagoge
- Theater
- Touristeninformation
- Turm
- Zoo

- ★ Sehenswürdigkeit
- Burg
- Kirche
- † Friedhof
- Zeltplatz
- ▲ Berggipfel
- Seilbahn

- Autobahn
- Schnellstraße
- Hauptstraße
- sonstige Straßen
- E 65 Europastraße
- A 65 Autobahn
- 243 Bundesstraße
- Eisenbahn
- Grenzübergang
- Staatsgrenze
- Hauptstadt
- Stadt/Ortschaft

Zeichenlegende

- Allgemeine Informationen
- Busbahnhof
- Bahn
- Flughafen
- Hotel, Übernachtungsmöglichkeit
- Restaurant, Café
- Museen
- Theater, Kino- und Konzerthäuser
- Einkaufsmöglichkeiten
- Ärztliche Hilfe

Kartenregister

→ S. 451